KB021572

가치는 어디로 가는가?

Où vont les valeurs?

First published by the United Nations Educational, Scientific and Cultural
Organization(UNESCO), 7, place de Fontenoy, 75352 PARIS 07 SP,
France and éditions Albin Michel, 22 rue Huygens, 75006 PARIS.

현대의 지성 130

가치는 어디로 가는가?

유네스코, 21세기의 대화 ; 세계의 지성 49인에게 묻다

문학과지성사
2008

현대의 지성 130

가치는 어디로 가는가?
유네스코, 21세기의 대화 ; 세계의 지성 49인에게 묻다

제1판 제1쇄 _ 2008년 6월 30일
제1판 제4쇄 _ 2010년 2월 8일

엮은이 _ 제롬 뱅데
옮긴이 _ 이선희 · 주재형
펴낸이 _ 홍정선 김수영
펴낸곳 _ ㈜**문학과지성사**
등록 _ 1993년 12월 16일 등록 제10-918호
주소 _ 121-840 서울 마포구 서교동 395-2
전화 _ 02)338-7224
팩스 _ 02)323-4180(편집)   02)338-7221(영업)
전자우편 _ moonji@moonji.com
홈페이지 _ www.moonji.com

ISBN 978-89-320-1876-8

유네스코의 미래전망 분과와 철학 및 인문과학 분과는 미래의 중대한 쟁점들에 관한 세계적 논쟁에 기여할 목적으로, 1997년부터 '21세기의 대화' 시리즈를 진행하고 있다. 이 토론의 각 회기에서는 국제적으로 저명한 전 세계의 과학자, 지성인, 창작자 또는 정책결정권자 두 사람 내지 세 사람이 미래를 전망하고 학제를 아우르는 정신으로 한 자리에 모인다.

이 책은 2001년 9월 19일에 있었던 '대화'의 10번째 회기부터 20번째 회기까지, 이 미래전망적인 만남에서 제시된 성찰들의 모음집이다. 미래전망 분과와 철학 및 인문과학 분과는 또한 9월 11일의 사건들 직후, 2001년 12월 8일에 제2차 '21세기의 대담'을 기획했다. 이 자리에는 20명 이상의 매우 중요한 국제적 참가자들이 "가치들은 어디로 가는가?"라는 일반 주제를 중심으로 모였다.

우리는 '대화'와 '21세기의 대담'에 값진 기여를 한 저자들에게 감사하고 싶다. 그들이 아니었다면 이 책은 가능하지 않았을 것이다.

서문

매우 널리 퍼져 있는 통념에 따르면, 오늘날 우리는 가치들의 위기를 겪고 있다. 많은 평자가 우리의 행위와 삶에 깊은 의미를 주는 어떤 것의 쇠퇴를 불안해하고 있는데, 이는 비약적인 세계화의 흐름 탓으로 간주된다. 오로지 기술적인 과정만을 염두에 두는 세계화는 영혼 없는 물질성일 것이다. 이것은 우리의 행위를 이끌지 못하며 가치들의 중요성에 무관심하다. 어떻게 우리는 이런 세계화에 이르게 되었는가? 흔히 주장되던 바에 따르면, 근대의 여명기인 르네상스 시대 그리고 계몽주의 시대부터, 두 가지 근본적인 윤리적 사유가 서로의 자리를 마련해주면서 세계화를 향한 길의 좌표를 설정했는데, 이상의 절대성에 기초한 보편주의와 실천의 다양성에 기초한 다원주의가 그것이다. 여기에서 관건은 윤리적 나침반이었다. 하지만 전 지구화된 세계의 강가에 이르게 된 뒤부터, 우리는 더 이상 이 세계의 복잡성을 탐험하기 위한 도구들을 가지고 있지 않다. 세계화가 완전히 새로운 영토를 만들어냈으며, 여기에서 우리의 오래된 항해 도구들은 쓸모없는 것이 되어 버렸기 때문이다.

이것은 우리가 윤리 없는 세계로 나아간다는 사실을 의미하는가? 나는 그렇게 생각하지 않는다. 가치들은 언제나 존재한다. 우리는 심지어 인간의 역사에서 지금만큼 많은 가치가 있었던 적도 없다고까지 말할 수 있다. 세계화는 그 1차적인 결과들 중 하나로 지금껏 우리가 완전히 무시해온 문화적 다원성과 가치의 다원주의를 드러내지 않았는가? 그러므로 세계화 현상의 낯설음은 가치들의 허상적이고 수사적인 소멸에서 비롯된 것이 아니다. 어쩌면 오늘날 너무나 많은 가치가 있는 것인지도 모른다. 왜냐하면 우리가 겪고 있는 위기는 우리가 윤리적 나침반을 잃어버렸으며, 나아가야 할 지평을 보지 못한다는 것을 가리키기 때문이다. 우리가 직면하고 있는 것은 가치들의 위기라기보다는 가치들이 갖는 의미 자체의 위기이며, 스스로를 통제하는 능력의 위기이다. 따라서 시급한 문제는 어떻게 가치들 사이에서 방향을 잡을 것인가이다.

우리가 목격하는 윤리적 대혼란이 도덕적인 재앙이라고 말할 수는 없다. 위기는 무엇보다도 비판적 시험의 순간이 아니던가? 재검토 작업이 행해져야 한다. 모든 문화는 똑같이 존엄하며, 그렇기에 동등하다. 모든 문화는 제각각 인간적 총체성을 구체적인 이미지로 실현하기 때문이다. 그래서 모든 문화는 존중되어야 한다. 하지만 반인륜적 범죄들, 외국인 혐오증, 문화유산의 의도적 파괴 행위를 볼 때, 모든 가치가 등가인 것은 아니라고 생각하게 된다. 사람들은 종종 문화들과 그 문화들에서 발견하는 가치들을 동일시해야 한다고 주장했다. 반면, 각각의 문화는 정당한 것과 부당한 것을 구분하는 데서 시작해, 모순된다고 판단되는 가치들 사이에서 제 나름으로 선별 작업을 행한다. 따라서 모든 가치는 재평가될 수 있다. 그렇기 때문에 보편주의와 상대주의의 결함은 가치들이 진화한다는 사실을 모른다는 것뿐만 아니라 특히 가치들이 공동으로 만들어질 수 있고, 종종 매우 상이한 행위자들 간의 논쟁과 계약의 대상이 될 수 있다는 사실을 모른다는 점에 있다. 모든 문화는 동일한 가치와 동일한 존엄성을 갖지만, 모든 가치가 동등한 것은 아니다.

중요한 것은 인간 문화의 창조적인 다양성인데, 이것은 하나의 결론이라기보다는 그 이상의 것, 하나의 규범이다. 오늘날 제기되는 도전은 대부분의 윤리적 작업이 세계적 공동체의 층위에서 이루어져야 한다는 것이다. 우리는 문화들 간의 대화라는 이념에서 새로운 윤리적 방향 잡기를 기대할 수 있다. 그러한 대화는 다음과 같은 것을 전제할 것이다. 즉 문화들은 존중되어야 하지만, 가치들은 〔어떤 공론장에서〕 다 함께 평가될 수 있다. 이 윤리를 형성하는 고유한 가치들은 공통으로 검토될 것이며, 〔강제로〕 부과되기보다는 존중될 것이다. 유네스코의 사명은 내일의 가치들을 다시 정의하고 예측하는 그런 윤리적이고 전망적인 논쟁들을 불러일으키고 한데 모으는 것이다. 바로 이런 정신에 따라 우리는 "가치들은 어디로 가는가?"라는 물음을 제기했다. 실제로, 우리는 가치들이 인류에게 제시할 수 있는 방향에 대해 심도 있게 논의해야 한다. 윤리적인 성찰은 섬세하게 이루어져야 한다. 왜냐하면 윤리적 성찰은 예측 감각을 필요로 하기 때문이다. 윤리적 성찰은 가치들을 기술하려고 하기보다는 어떻게 가치들이 변형될 수 있는지 또 어떻게 우리를 변형시킬 수 있는지 이해하려고 애써야 한다.

고이치로 마츠우라(유네스코 사무국장)

| 차례 |

일반적인 서론

제롬 뱅데

오늘날 우리는 허무주의, '의미의 상실' '가치들의 사라짐' 또는 '문명의 충돌'과 소위 환원 불가능한 가치들의 충돌을 거론한다. 허무주의의 문제, 따라서 가치들의 문제는 20세기 철학적 질문들의 중심에 있었다. 이미 19세기 말엽부터, 예언자 니체는 역사를 허무주의 과정과 동일시했으며, 이를 "최고 가치들의 탈가치화"라는 정식으로 요약했다. 그의 개념화 속에서 "신의 죽음"은 인간의 죽음으로 이어진다.* 이렇게 해서 니체는 『말과 사물』의 미셸 푸코를 예고했다. 하이데거에게 허무주의는 존재를 망각하게 만들고 가치로 완전히 변형시켜버리는 운동이다. 어떤 철학자들, 특히 잔니 바티모**는 니체와 하이데거 사이에서 접근 방법의 차이를 넘어 허무주의에 관한 이 두 정의가 갖는 친연성을 보았다. 허무주의는 "존재를 교환 가치로 환원시키는 것"일지도

---

* 질 들뢰즈Gilles Deleuze가 아주 잘 지적했듯이.
** 잔니 바티모Gianni Vattimo, 『근대성의 종말 *La Fin de la mordernité*』, Paris: Seuil, 1988.

모른다. 가치라는 관념이 현기증을 일으킬 만큼 엄청난 잠재성을 지니며 자유로워질 수 있는 것은 역설적이게도 "최고의 가치들"이 몰락했기 때문이다. 그때 가치들은 "전환 가능성이라는 자신들의 진정한 본성 속에서" "교환 가치들의 일반화 운동 속에서" 자신을 드러낼 것이다.*

21세기의 여명기는 가치들의 재전유 기획들이 와해되는 듯 보이는 때이다. 그것이 해방의 혁명적 정치 기획들이건 철학적·정신적·이데올로기적·정치적 재정초에 관한 내기들이건 간에 말이다. 지금 몇몇 카산드라는 다음—인간의 도래, 더 나아가 비인간의 도래를 예언한다. 또 지금 비극적인 사건들이 우리의 준거점을 뒤흔들고 '역사의 종말' 가설을 불신하게 만들고 있으며, 사회는 새로운 윤리를 추구하기 위해 온갖 힘을 기울이고 있다. 이런 시기에, 유네스코는 다음의 물음에 대답하고자 고심하는 전망적이고 철학적인 성찰을 피할 수 없을 것이다. "가치들은 어디로 가는가?"

계몽의 세기에 볼테르는 아직 어떤 의심도 하지 않았다. "단 하나의 기하학이 있듯이 단 하나의 도덕이 있을 뿐이다." 하지만 이러한 보편주의적 확실성은 도덕의 너무나 인간적인 기원이 폭로되면서 오래전에 무너져버렸다. 탈신비화의 다양한 기획들이 가치들을 권력 메커니즘을 은폐하는 이데올로기적 외투로 환원시키고자 노력했으며, 이와 함께 가치들의 문화적·역사적 상대성에 대한 의심이 절대적인 진, 선, 미에 대한 철학적·종교적·예술적 믿음을 뒤흔들었다. 지난 두 세기를 뿌리째 동요시켰던 가치들의 이 엄청난 위기는 결국 다수의 불확실성에 이르렀다. 영원한 가치들이 부동의 하늘에 정박하기 위해 또는 의

---

* 잔니 바티모, 같은 책.

심할 수 없는 계시를 통해 이 가치들을 단 한 번에 받아들이기 위해 필요한 초월적인 토대의 부재는 가치들의 황혼을 의미하는 것이 아닐까? 아니면 문화들의 전 지구적 만남으로 특징지어지는 세계에서 우리는 상반된 가치들 간의 격렬한 적대들과, 폭력적일 수도 있을 충돌들에 대비해야만 하는가? 그것도 아니면 오늘날 상이한 기원과 방향 설정을 갖는 가치 체계들 사이에서, 우리는 예기치 못한 혁신적인 혼성화를 목격하게 될 것인가?

20세기는 사회, 역사, 인간에 관한 우리의 확신들을 문제 삼는 고통스러운 작업을 행했다. 동시대가 겪고 있는 가치들의 위기는 더 이상 단지 위대한 종교적 신념들이 물려준 전통적인 도덕적 틀의 위기만을 의미하지 않는다. 이 위기는 또한 이를 대체하며 계승했던 세속적 가치들(과학, 진보, 민중 해방, 연대주의적이고 인본주의적인 이상들)의 위기이기도 하다. 20세기에 큰 족적을 남긴 잔혹함이 다시 우리의 미래를 위협하는 것 같다. 결정적이며 예측 불가능한 동시에 통제할 수 없는 변화를 일으키는 기술의 발전은 결국 알아볼 수 없을 만큼 변해버린 인류로 이어질 위험이 있는 것은 아닐까? 이미 어떤 이들은 이런 인류를 '다음-인간'이라는 혼란스러운 용어로 지칭한 바 있다. 유전혁명의 진보는 인간 종(種)의 자기 길들이기를 불러올 것인가? 우리는 순식간에 인간 종 전체에 영향을 끼치고 지정학적인 균형들을 바꾸어놓을 수 있을 근원적인 혁신과 단절의 세계 속에 있다. 이 세계에서, 어떻게 연속적인 대문자 역사를 사유하고, 최대 다수를 위한 가장 좋은 삶이라는 바람직한 유토피아를 견지할 것인가? 우리는 다수의 유산들과 양립 가능하며, 그 유산들의 역사적인 교착들로 풍요로워지는 하나의 보편적 기획이라는 목표를 견지할 수 있을 것인가?

폴 발레리는 도덕적 가치나 미적 가치에 대한 우리의 개념화는 투기가 지배하는 세계에서, 주식시장적 가치 모델에 다가가고 있다고 이미 말한 바 있다. 더 이상 가치들의 고정된 본위(本位), 안정적이며 절대적인 척도는 존재하지 않는다. 다만 모든 가치가 하나의 광대한 시장 속에서 변동하며, 가장 주관적인 열광들, 공황들, 내기들에 따라 그들의 시가가 오르내릴 뿐이다. 발레리는 유쾌한 어조로, '정신'의 가치는 '밀'이나 '금'의 가치와 다르지 않으며, 끊임없이 그 가치가 떨어지고 있다고 말했다. 이렇게 해서 유행 현상은 지금까지는 의상같이 단지 자의성과 관습을 따르는 영역에만 관련되었지만, 이제는 우리의 모든 가치 개념을 침범한다. 우리는 일회성, 점점 더 빨라지는 무가치화, 주관적인 변덕 속에서 살고 있다. 마치 가장 성스러운 가치들이 이제 토대를 잃어버리고 유동 가치들의 거대한 시장 안으로 들어가 떠다닐 수 있게 된 것 같다. 가치들을 정황에 따라, 순간적인 것으로 인식하는 이 투기적 방식은 현대 세계의 윤리적 현상이나 미적 현상 대다수에 적용된다. 정보와 대중매체는 이러한 방향 설정을 강화하는 역할을 한다. 왜냐하면 유행과 단기 경향의 논리처럼 가치들의 주식시장적 논리에는 순간 정보를 즉각적으로 포착하는 다수의 일시적인 '지표들'에 대한 고려가 포함되는데, 이런 순간 정보가 대문자 역사의 의미, 그리고 해독할 수 없게 된 이 대문자 역사의 긴 전개 과정에 대한 인식을 대체하기 때문이다.

가치들의 **하찮음***이 압도적으로 중시되는 분위기인 것 같다. 여기에

---

* 장-조제프 구Jean-Joseph Goux, 『가치의 하찮음 *Frivolité de la valeur*』, Paris: Blusson, 2000을 보라. 글쓴이는 장-조제프 구가 2001년 12월 8일, 유네스코 주관 아래 기획된 '21세기의 대담'의 회기에서, 가치들의 전망에 관해 유네스코가 문제를 정의하는 데 기여한 값진 공헌에 대해 감사하고 싶다.

서 어떻게 여전히 가치들의 **진지함**을 사유할 것인가? 일회적인 이미지들의 정서적·지적 영향이 두드러지는 변동하는 세계 속에서 어떻게 교육에 대한 중심 물음의 자리를 찾아낼 수 있을까? 21세기는 이상한 모순에 붙들리게 될 수도 있다. 일회적인 것이 그렇게까지 높이 평가된 적은 없을 것이다. 그럼에도 불구하고 만인을 위한 평생교육을 더 이상 단순한 하나의 꿈이 아니라 하나의 실제적 기획으로 만들 지식 사회의 출현은 진지하면서도 유희적이고 젊은 장기적 가치들을 위한 새로운 도구의 비약적 발전을 예시해주는 것 같다.* 인생의 세 연령대 간의 경계가 희미해질 때, 인지적인 동시에 전망적인 새로운 가치들이 출현하는 것처럼 보인다. 이 가치들은 물려받는 것이라기보다 발명되는 것이며, 재생산된다기보다는 창조되는 것이고, 받아들여진다기보다는 전달되는 것이다.

　따라서 우선 무엇보다도 이 가치들을 창조하는 것이 중요하므로, 우리는 가치들의 심미화를 향해 나아갈 것인가? 심미적인 것이 경제와 윤리의 최상 단계가 될 것인가? 말라르메가 말했듯이 오늘날 예술가와 부르주아 사이의, "심미적인 것과 정치경제적인 것" 사이의 적대는 사라졌다. 예술가는 충분히 인정받고 영예를 얻을 뿐만 아니라, 아마 그 어떤 시대보다도 오늘날 가장 높은 자리에 오르며, 의미와 새로움을 생산해내는 활동의 모델이 된다. '창조'는 도처에 있다. 우리는 모두 '창조자들'이거나 혹은 그렇게 되기를 열망한다. 모든 생산, 모든 기획, 모든 행위는 예술적 창조의 모델에 따라 사유된다. 개인의 삶에서,

---

* 2000년 9월 26일, 파리에서 열린 유네스코의 '21세기의 대화' 15번째 회기에서 서론적 발표문, 제롬 뱅데Jérôme Bindé, 「내일은 점점 더 젊어질 것인가?Demain, de plus en plus jeunes?」 참조. 이 글은 『르뷔 데 되 몽드Revue des Deux Mondes』, 2002년 10·11월 호에 실렸다.

우리들 각자는 안정적이고 영구적인 준거 틀의 부재 속에서 단지 자신의 존재 방식만이라도 창조하도록 내몰리게 된다. 개인은 '삶의 방식'을 발명해야만 한다. 경제적인 삶에서, 혁신은 발전의 동력 자체로 인식된다. 시장의 힘은 공급[생산물]의 유혹, 욕망의 무한한 증식을 가장 중요한 것으로 평가하는데, 이는 오로지 마음을 사로잡는 끊임없는 창조적 활력을 통해서만 유지될 수 있는 것들이다. 그러므로 이 일반화된 심미화는 스펙터클(대중매체, 광고, 시청각적 환경) 사회에 영향을 줄뿐만 아니라, 윤리 원칙과 기업 동력의 핵심 자체에도 영향을 미친다.

그렇다면 우리는 새로운 가치들의 창조를 예측할 수 있을 것인가? 20세기에 세계 여러 지역에서 전통적인 종교 교리들에 대한 집착은 분명 상당히 쇠퇴했지만, 동시에 정신적인 유형의 개인적이거나 공동체적인 탐구들이 이례적으로 다양화되는 현상도 나타났다. 이 소수들의 통로가 미래를 위해 본질적이며 갱신의 원천으로 드러날 강력한 가치들을 실어 나를 것인가? 마찬가지로, 물려받은 관계들과 정립된 정체성들을 파괴하며 점점 더 급진화되어가는 개인주의가 부상하면서 사회적 시멘트[유대]가 해체되고 있다. 그렇지만 다른 한편 우리는 새로운 형태의 단체 활동들이 전례 없이 급성장하고, 새로운 유형의 연대가 탄생하는 것을 목격한다. 이 (기술적 혁신이 조성하는) 전대미문의 친화적·동맹적·소통적 네트워크들은 어떤 가치들을 실어 나를 것인가? 경제적 이윤 추구라는 동기와 소비, 쾌락주의, 단기 만족이라는 물질적이고 나르시스적인 가치들이 점점 더 지배하는 세계에서, '탈-물질주의적'이라고 부를 만한 대안적 가치들의 출현을 분별해낼 수 있을까? 이 물음들에 가부장적 틀(더불어 이 틀의 윤리적·제도적·문화적·형이상학적 차원들)의 와해가 연결된다. 이 엄청난 파괴는 가치의 여성화

20

에 이르게 되는데, 이것이 낳는 심오한 귀결들은 아직 충분히 가늠하기 어렵지만 모든 측면에서 다가올 세기의 방향을 바꾸어놓지 않을 수 없을 것이다.

가치들에 관한 문제 제기는 심층적인 변이들의 징후이며, 이 변이들은 우리 사회에서 세계화와 신기술이라는 두 가지 중대한 현상이 접합되어 낳는 결과들로 일어난다. 세계화는 흔히 이해되곤 하는 것과는 달리, 시장들이 자유롭게 단 하나로 통합되거나; 전 지구적인 사유가 등장하는 것으로 환원되지 않는다. 세계화는 세계에 속해 있다는 감정으로서 오랜 기간에 걸쳐 생겨난 것이며, 사실상 수 세기가 걸린 것이다. 철학자들이 최초로 세계주의cosmopolitisme의 개념을 사유했던 것은 바로 로마 제국 시대였지 않은가? 에드가 모랭이 강조한 대로 첫번째 세계화의 역사, 즉 탐험가와 위대한 발견자, 식민화의 역사에서는 온갖 종류의 헤게모니와 온갖 형태의 정치적 · 경제적 · 문화적 지배가 득세했지만, 이 때문에 두번째 세계화, 즉 의식들의 세계화가 있다는 것을 간과해서는 안 된다. 라스 카사스*와 몽테뉴로부터 NGO와 현대의 세계 시민운동들에 이르는 이 세계화는 문화적인 만큼이나 정치적 · 철학적 · 정신적인 현상이었으며, 우리의 공통적인 인간성에 대한 사유와 지구적 시민성에 대한 전망적 통찰에 근거해 있었다. 이것은 협조적이고 평화적인 세계화를 지지하는 사람들이 예언한 문화들 간의 조화로운 공존이 가능할 것임을 의미하는가? 이쯤에서 명백한 불평등이 세계적인 층위와 국가적인 층위에서 견고하게 존속하고 있다는 점을 강조

---

* (옮긴이 주) 바르톨로메 드 라스 카사스Bartolomé de las Casas(1474~1566). 16세기 스페인의 도미니크회 수도사. 아메리카 인디언들의 문화를 유럽에 알리고 그들의 권리 보호를 주장했으며, 인디언들에 대한 아메리카 식민 지배자들의 잔혹행위를 직접 목격하고 책으로 기록하여 고발하는 등 스페인 식민주의에 적극적으로 저항했다.

하는 편이 좋을 것이다. 세계화에 수반되는 새로운 기술과 '정보혁명'의 역할 또한 떠올려야 한다. 왜냐하면 진행 중인 발전들 때문에 부자와 가난한 자 사이의 수적·경제적·사회적 골이 더 심화될 위험이 크기 때문이다. 이 골은 이미 북반구 국가들과 남반구 국가들 사이의 분리와 더 이상 정확하게 일치하지 않는다. 지식의 보편적인 공유 방식과 문화들 간의 진정한 교환에 대한 고려가 그 어느 때보다도 필요한 실정이다.

이런 관점에서, 문화의 다원성에 대한 문제 제기는 가치들에 관한 논쟁이나 상대주의의 문제에 한정되지 않을 것이다. 세계화와 신기술의 시대에, 새로운 도전 과제는 어떻게 문화적 다양성을 보존할 것인가이다. 왜냐하면 문화적 다양성이 직면해 있는 위협들은 과소평가될 수 없기 때문이다. 언어들의 미래에 관한 물음은 이를 첨예하게 드러내준다. 현재 5,000~7,000개의 언어가 사용되고 있다. 이 숫자는 이제 시작된 이 세기가 끝날 무렵에는 절반으로 줄어들 수도 있다. 인터넷에서 진정으로 여러 언어가 사용되지는 않는다는 사실은 단지 언어들의 이러한 절멸과 침식 현상을 가속화하는 데 지나지 않을 것이다. 문화적 다양성을 보존하기에 적합한 수단들에 관한 향후 논쟁에 앞서, 우리 모두는 무엇보다도 이 다양성을 위협하는 위험들에 대한 진단이 필요하다는 것을 알고 있다.

새로운 도전들은 새로운 응답들을 부른다. 우리 앞에서 모습을 드러내고 있는 새로운 세계로 인해 우리 사회의 버팀목인 사회 계약들이 재검토되어야 할 필요가 있는지에 관해 이야기해야 한다. 앞서 기술된 전 지구적 변동들은 세계적 층위에서 정치적이며 사회적인 재정초 기획을 위해 노력할 것을 촉구한다. 유네스코의 작업들은 네 개의 계약*

에 대한 이념과 관련하여 이러한 노력의 밑그림을 그리고자 하는 것이었다. 전 지구적인 쟁점들이 제기되는 지구촌 사회에서, 이 기획의 주요 축들은 만인을 위한 평생교육 위에 정초한 새로운 사회 계약, 그리고 자연 계약, 문화 계약, 윤리 계약이다. 만인을 위한 평생교육의 보편화 없이 어떻게 절대 빈곤을 척결하고, 어떻게 민주적 가치들을 효과적으로 증진시킬 것이며, 어떻게 진정한 지식 사회를 건설하겠는가? 이제부터 인간을 더 이상 자연의 '지배자이며 소유자'가 아니라 자연의 관리자(수탁자)로 만들 자연 계약 없이 어떻게 지속 가능한 발전 가능성을 회복 불가능할 정도로 압박하고, 바로 이 때문에 미래 세대들이 지닌 기회들을 압박할 위험이 있는 현재의 과도한 자원 착취를 끝장내겠는가? 어느 것 못지않게 고안해내기 어려운 문화 계약 없이 문화적 다양성의 고갈에 맞서 무엇에 의지하겠는가? 인권이라는 이상 자체의 기초가 되며 인간의 안전을 위한 틀(골자)을 규정하게 해주는 윤리적 요청들을 다시 정의하지 않고서, 어떻게 미래의 민주주의와 전 지구적 시민권의 토대들을 마련하겠는가? 이는 우리에게 주어진 임무의 규모가 얼마나 방대한 것인지를 말해준다.

이 재정초 프로그램을 완수하는 과정에서 중요한 것은 미래전망적인 접근 방식의 손익을 곰곰이 따져보는 것이다. 마키아벨리는 다음과 같이 말했다. "현명한 군주들은 단지 현재의 무질서를 보는 안목뿐 아니라 도래할 무질서에 대한 안목도 가지고 있어야 한다. 〔……〕 그가 미

---

* 유네스코의 세계 전망 보고서인 『눈앞의 세계: 형성 중인 우리의 미래 *The World Ahead: our Future in the Making*』, Londres: Zed Books-Éditions UNESCO, 2001 참조. 프랑스어로는 다음의 제목으로 출간되었다. 『새로운 세계 *Un Monde nouveau*』, Paris: Odile Jacob-Éditions UNESCO, 1999. 또한 『21세기의 실마리 *Les Clés du XXIe Siècle*』, Paris: Seuil-Éditions UNESCO, 2000도 참조.

래의 무질서를 미리 내다보는 만큼 그는 그것을 쉽게 고칠 수 있다. 하지만 만약 그것이 다가오기를 기다린다면, 치료하기에는 너무 늦게 되며 이제 병은 고칠 수 없는 것이 된다."* 유네스코는 미래전망적 사명을 가진 조직체로서 정치와 예방적 지혜를 결합시키기 위해 최고의 과학자, 탐구자, 사유자, 창조자, 국제적 공인에게 호소하고 있다. 이제 우리는 과학 자체는 그 창조성을 구속받지 않는 한에서 똑같이 사전 예방의 원칙**을 따라야만 한다는 것을 안다. 특히 유전혁명의 귀결들에 대해, 윤리가 해결하지 못하는 사회적 특혜와 차별적 적용의 관점에서뿐만 아니라 윤리의 영역에서도 물음을 제기해야 한다. 왜냐하면 인간종의 자기 길들이기라는 가능성을 구실삼아, 오래된 악마들과 오래된 유령들이 되돌아오는 것을 우리는 보고 있기 때문이다.

너무 많은 문제 제기 때문에 우리가 정신을 못 차릴 위험에 빠진 것은 아닐까? 앞서 허무주의의 특징들을 통해 거론했던 의미의 상실을 다소 너무 성급하게 진단해버린 것은 아닐까? 〔하지만〕 분명 의미 상실의 위험은 우리에게 몇몇 물음이 반복적으로 제기되는 지평으로 남아 있다. 현재의 우리 사회는 시간을 잃어버리고서, 영혼도 잃어버린 지점에 와 있는 것 같다. 단지 현대의 다양한 정신병리학적 형태들을 고찰해보는 것만으로도, 이를 이해할 수 있다. 마치 지금은 단기 수익

---

* 마키아벨리Machiavelli, 『군주론』, 제3장.
** (옮긴이 주) 어떤 행위나 정책이 환경에 돌이킬 수 없는 위해를 끼칠 가능성이 있다면, 이 가능성이 아직 과학적으로 확증되지 않은 상태라고 해도 그 행위나 정책을 중지하고 필요한 조치를 적극적으로 취해야 할 충분한 근거가 된다는 원칙이다. 1960년대 말부터 서독의 환경 정책에 도입되어 발전되어온 'Vorsorgeprinzip(사전 배려 원칙 또는 사전주의 원칙)'에서 유래했다. 이 원칙은 이후, 1992년 지구 환경 보호에 관한 기초적 법 원칙들을 선언한 '환경과 개발에 관한 리우 선언'에 채택됨으로써 국제적으로 통용되기 시작했다.

의 시대이고, 우리는 스트레스의 숭배와 긴급함의 폭정에 굴복해버린 것처럼 모든 일이 벌어진다. 장 보드리야르의 말을 따르면, 이것이 바로 "자기 자신을 극대화하고, 성과를 내도록 협박하며, 인간존재를 하나의 프로그램으로서 무조건적으로 실현하려는 이상"의 대가로 바친 무거운 공물 아닌가?

하지만 의미의 상실은 아마도 단지 환상, 우울한 환상에 지나지 않을 것이다. 지금 이 책이 그렇게 하듯 사람들이 "가치들은 어디로 가는가?"라는 물음을 제기할 때, 의미의 상실은 단지 슬프고 부분적인 대답일 뿐이다. 오히려 의미의 미끄러짐과 새로운 의미들의 창조에 대해서 말해야만 한다. 그러니 하나의 내기로 끝을 내자. 만약 우리가 희망했던 재정초가 다름 아닌 지식을 통해서 그리고 지식들의 혼합을 통해서 실현되어야 한다면 어떻겠는가? 그리고 만약 가치들의 사회 이후 지식 사회가 나타나야 한다면 어떻겠는가? 왜냐하면 지식은 과학적 절차의 고유한 특성인 의문을 제기하는 것으로, 의심하는 것으로 환원되지 않을 것이기 때문이다. 지식은 또한 창조, 갱신이며, 인식적 차원에서의 변화이다. 유네스코에게는 이 새로운 윤리의 길을 보여주는 것에 헌신하는 것보다 더 훌륭한 야심찬 계획은 없다.

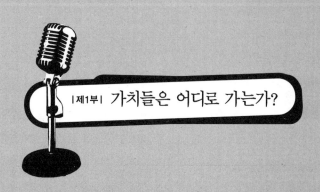

|제1부| 가치들은 어디로 가는가?

서론

아지자 베나니*

오늘날의 세계는 물질적 발전을 우선시했으며, 종종 수많은 도덕적 · 정신적 가치들을 물질적 진보라는 신의 제단에 제물로 바쳤다. 주요한 경제적 · 정치적 · 사회적 · 문화적 · 교육적 여건들은 진화했고 변화했으며, 따라서 시대에 뒤처진 우리의 세계관, 가치, 도식은 우리가 중요한 문제들에 적합한 해결책을 채택하도록 항상 도와주지는 못한다. 게다가 우리를 지배하는 전 지구적 경제, 시장의 규칙, 매우 유용하기는 하지만 또한 우리를 사로잡는 새로운 기술들은 우리의 가치, 문화와 단절되어 있으며, 우리는 이 단절을 언제나 성공적으로 피하지는 못했다. 우리 삶의 경험에 본질적인 두 극 사이에 있는 간격은 여기에서 생겨났다. 따라서 문화적 자기중심주의들과 종교적 이데올로기들은

---

* 아지자 베나니Aziza Bennani는 1994년부터 1998년까지 모로코 문화부 장관을 역임했으며, 유네스코의 모로코 대사를 지냈다. 이후 2001년부터 2003년까지 유네스코의 집행이사회 의장으로 활동했다. 그녀는 또한 지중해 여성 포럼 상임 사무국 회원이자 유네스코 세계문화유산 위원회의 위원이기도 하다.

종종 그 진정한 의미에서 벗어나 점점 더 자신을 유일한 하나의 대답으로 강요하게 되었다. 이 때문에 우리의 가치 체계를 강화해야 할 필요가 있다. 제롬 뱅데가 『21세기의 실마리』에서 썼듯이 "민족들의 사회를 수립한 뒤, 정신들의 사회를 세우려고 노력해야" 할 필요가 있는 것이다.

오늘날 우리가 맞서 싸우고 있는 위험, 그것은 어떤 이들이 말하는 것처럼, 문명의 충돌이 아니라 공유된 가치들의 부재이다. 2001년 9월 11일의 범죄들, 그리고 그것들이 끼친 영향과 불러일으킨 수많은 물음은 심도 있는 분석을 요구한다. 그래서 오늘날에 대한 우리의 성찰은 일반적인 동시에 시사적인 맥락 안에 기입되어 있다. 좀 더 정당하고 좀 더 연대적인 세계, 완전히 열린 세계를 향해 있는 가치들에 기초한 윤리에 대한 지지가 그 어느 때보다도 더 필요하다. 이 열린 세계에서는 자유, 평등, 평화, 비차별, 다양성에 대한 존중, 모든 문명이 가진 풍요로움에 대한 인정이 힘을 발휘할 것이다. 하비에르 페레스 데 쿠에야르*는 우리에게 "다양성은 창조적이다"라고 말한다.

그러므로 그러한 가치들에 대한 우리의 애착을 다시 단언하는 것, 그런 가치들을 우리의 행위를 위한, 타자와 우리의 공존을 위한 자양분을 제공하는 토대로 만드는 것이 근본적이고 시급한 책무이다. 현재의 국제적 상황에서, 유네스코의 사명의 핵심을 이루는 가치들은 가장 우선적인 차원에 놓여 있다. 이 가치들은 그것들이 어떤 신비로운 주문이 되지 않도록 좀 더 구체적인 방식으로 표현되어야만 한다. 우리는 이를 위해 개인들을 더 어렸을 때부터 교육시킨다. 또한 우리는 각

---

* (옮긴이 주) 하비에르 페레스 데 쿠에야르Javier Perez de Cuellar(1920~). 페루의 외교관. 제5대 유엔 사무총장(1982~1991)을 역임했다.

자에게 자신들만의 차이〔개성〕를 도야하고 평온한 분위기 속에서 스스로를 꽃피우고 발전시킬 수 있는 기회를 제공하고 있다.

어느 누구도 다른 이에게 자신의 세계관, 문화, 사고방식, 도덕 준칙을 강요해서는 안 된다. 다양성을 받아들이는 것, 다양성을 보편성으로 통합시키되 상대주의에 빠지지 않는 것이 분명 최상의 길이다. 과거에, 특히 코르도바의 칼리프의 황금시대에, 알-안달루스*는 다수의 정체성 위에서 찬란한 문화를 이루어낼 가능성을 증명했다. 호르헤 루이스 보르헤스Jorge Luis Borges의 표현을 다시 취하면, 이 모든 것은 "이 위대한 정신의 모험 덕분"이었으며, 함자 라미Hamza Rami가 썼듯이 "사유의 이 운 좋은 만남 덕분"이었다. 또한 그 당시 사회의 상이한 구성원들이 공유한 가치들, 우리가 오늘날 근대성에 고유한 것이라고 지적하는 것과 매우 가까운 가치들 덕분에, 매우 다양한 감성들이 표현될 수 있었으며 당시 존재하던 상이한 문화적 전통들은 자신들의 고유한 정체성을 손상시키지 않고도 다른 전통의 도움을 받을 수 있었던 것이다. 우리 시대를 지배하는 가치들에 관해 자문해볼 때, 이 예는 상당히 주목해볼 만하다. 상이한 민족들의 기억 속에는 이런 종류의 예들이 무수히 간직되어 있는데, 이 예들은 인간과 공동체 사이의 관계를 재건하기 위한 영감을 불어넣어줄 수 있다. 이 예들을 다시 강조할 필요가 있지만, 물론 향수 어린 방식으로 그러는 것은 아니다. 이 예들은 공유된 보편적 가치들 위에 기초하며 인간에게 가장 커다란 자리를

---

* (옮긴이 주) 알-안달루스al-Andalus는 스페인 남부 지방을 가리키는데, 이 글에서는 서기 711년 이슬람교도의 이베리아 반도 침략 이후 756년에 이슬람의 옴미아드 왕조가 이 지역에 세운 국가를 가리킨다. 이 알-안달루스의 수도가 코르도바였으며, 칼리프는 이슬람 제국의 최고 통치자를 가리키는 말이다. 1031년 내전으로 알-안달루스 왕국이 붕괴되기까지 수도 코르도바는 지중해 교역의 중심지이자 유럽 문화의 중심지였다.

마련해주는 미래 기획을 구성하기 위해서 강조할 필요가 있다. 역사의 가장 위대한 순간들은 언제나 인간 그 자체를 중요시했던 순간들이다. 우리 시대의 주요한 관심사는 갱신된 인간주의적 기획의 틀 안에서 차이들을 존중하면서, 이렇게 〔모두가〕 인류에 속해 있다는 사실에 어떤 하나의 의미를 부여하는 일이어야만 한다.

제1장

황혼, 가치들의 충돌인가 혼성화인가?

2001년 9월 11일 이후, 가치들의 충돌은 치유 불가능한가? 세계화의 맥락에서, 가치들의 보편성과 그것들의 힘이 갖는 도덕적 확실성은 분명 사라진 것 같다. 의견 충돌과 자기주장의 폭력에 직면해서, 조금씩 우리의 담론에 부과되었던 가치의 상대성이라는 관념은 더 이상 문제에 접근하는 만족스러운 방식이 아닌 것 같다. 우리는 가치들의 황혼을, 가치들의 '전쟁'을 보게 될 것인가? 아니면 상이한 역사들로부터 나온 가치들의 혼성화를 보게 될 것인가? 20세기를 특징지었던 가치들의 위기에 직면해서 가치들의 미래에 관한 전망적 성찰의 필요성이 대두되고 있다.

잔니 바티모는 전통적으로 서양에 결부되어온 '쇠퇴의 문명'이란 관념을 다시 취해서, 이를 포스트모던적 인간이 가치들과 맺는 관계로 확장시킨다. 이렇게 해서, 그는 광적인 자기주장의 폭력과 모두에게 서양적인 모델을 부과하려고 하는 저 단순한 형태의 유럽 중심주의 사이에서 제3의 길을 그려보도록 제안한다. 이 세번째 길은 '쇠퇴의 문명'의 구상으로서, 가치들의 상대성에 대한 인정과 〔가치들 사이의〕 협상 작업의 필요성을 동시에 아우른다.

아르준 아파두라이 또한 협상이 그가 '전술적 인간주의'라고 부르는 것의 초석이라고 주장한다. 이 전술적 인간주의는 현대 세계를 특징짓는 새로운 폭력 형태들의 출현이라는 맥락 속에 놓여 있는데, 그는 이를 두 가지 유형의 조직화 사이의 단순 대립에서부터 분석해나가기를 촉구하고 있다. 즉 이에 대한 분석은 한편으로는 민족국가라는 옛 모델과 다른 한편으로는 세계화의 흐름과 네트워크가 부과하는 신흥 모델 사이의 대립에서 출발하는데, 후자에 따르면 가치의 보편성을 기정 사실로 간주하는 것은 전적으로 불가능하다.

장 보드리야르는 그 자신의 입장에서 세계적인 것mondial과 보편적인 것universel 사이의 대립이라는 가설을 정식화한다. 그에 따르면, 세계화의 힘은 분리와 분열을 강제하여 보편적인 것을 파괴한다. 그는 이런 견지에서 독특성들의 반란과 그 반란의 가장 극단적 형태, 즉 테러리즘을 이 보편적인 것의 결여의 증상으로 그리고 세계화의 최종 단계로 해석한다.

가치들의 황혼을 향하여?

잔니 바티모

우선, 나는 오스발트 슈펭글러가 1918년에 출간한 저작의 제목부터 언급하겠다. 그것은 *Der Untergang des Abendlandes*, 즉 『서양의 쇠퇴(문자 그대로는 '황혼')』*이다. 그렇지만 내가 우파, 더 나아가 유럽 파시즘의 오래된 주제를 되가져왔다고 비난하지 않기를 바란다. 나는 슈펭글러의 묘사적인 관점이 갖는 함축들 중 몇 가지는 그대로 보존하면서, 정치적인 관점에서 그의 표현에 다른 의미를 부여하고자 한다. 나는 특히 그가 서양의 쇠퇴와 제국주의 사이에 설정해놓은 연관성을 강조할 것이다. 물론, 서양 세계는 노쇠의 징후를 보여주고 있다고 주장하는 문명의 생애에 관한 생물학적 이론에 내가 공감하는 것은 아니다. 그렇지만 나는 서양 세계가 성숙함의 징후를 보이고 있다는 것은

---

* (옮긴이 주) 오스발트 슈펭글러Oswald Spengler의 이 저작은 국내에 『서구의 몰락』이라는 제목으로 번역되어 있다. 하지만 이 글에서 글쓴이가 독일어 Untergang에 해당하는 프랑스어 déclin에서 주목하는 측면은 멸망의 함의가 강한 '몰락'이 아니라 곧 나오듯이 힘이 약해졌다는 의미의 '쇠퇴'에 가깝다. 따라서 이 글에서는 '몰락' 대신 '쇠퇴'라는 번역어를 택했다.

인정한다. 이 성숙함은 서양 세계의 운명 혹은 적어도 사명을 특징짓는 것이다.

이러한 생각을 현재의 상황, 즉 9월 11일의 사건들이 낙인찍고 다른 곳에서 많은 사람이 서둘러 '묵시록적'이라고 특징지었던 맥락 안에서 전개하는 것만큼 더 쉬운 일은 없다. 내 생각으로는 9월 11일은 완전히 새로운 어떤 것도 만들어내지 않았다. 월스트리트의 쌍둥이 빌딩은 이미 그전부터 테러리스트들에게 공격을 받았기 때문이다. 그 당시에 우리는 [이미] 테러리스트들의 의도와 그들이 가져올 충격의 크기를 가늠할 수 있었다. 더구나 미국의 경기 침체는 9월 11일부터 시작된 것이 아니다. 경기 침체는 2001년 3월부터 감지되었기 때문이다.

새로운 것은 조지 부시 미국 대통령이 테러에 반대하는 '성스러운 동맹'을 구축할 수 있었던 그 전대미문의 힘과 단결력이다. 그렇지만 아프가니스탄 전쟁이 끝나감에 따라, 이러한 [군대 및 물자의] 동원은 점점 더 지속 가능하지 않은 것처럼 보인다. 왜냐하면 사람들은 이 전쟁에 뒤따를 세계 테러리즘의 '모든' 기지들의 파괴가 어떤 양상을 띠게 될 것인지를 자문해보고 있기 때문이다. 처음에 그 작전에 주어졌던 'Infinite Justice(무한한 정의)'라는 이름 자체가 이 임무는 종결 불가능할 것이라는 점을 말해준다.

세속화에 반대하는 생기론

비록 우리가 헌팅턴*이 말했던 "문명의 충돌"을 목격하지는 않았지만, 중동과 여러 테러 현장에서 터진 사건들은 성숙한 세계에 대항한 공격으로 아주 훌륭하게 기술될 수 있다. 이 성숙한 세계는 우리의 세계인데, 여기에는 윤리적·종교적 이상을 위해 자신을 희생할 준비가 되어 있는 자들과 젊은이들이 가진 때때로 절망적인 폭력도 열광주의도 없다. 물론 알카에다의 모든 전사가 영웅이거나 성자인지는 의심스럽다. 자신의 폭탄과 함께 솟구쳐 오르는 광신도들이나 비행기를 타고서 뉴욕 타워에 부딪혀 스스로 짓이겨져버리는 자들 곁에는, 분명 종교를 '인민의 아편'으로 이용하는 냉소주의자와 상당히 현세적이고 세속적인 정치적 목적을 위해 폭력을 사용하는 냉담한 신도들이 있다. 하지만 서양 측면에서뿐만 아니라 이슬람 근본주의자의 측면에서도, 가장 인상적인 것은 사람들이 전쟁과 테러의 비대칭성으로 묘사하는 차이가 정신적 태도의 심오한 차이 또한 표현한다는 사실이다. 언론의 말을 믿는다면, 9월 11일 이후로 심지어 그 전부터 우리 중 많은 사람이 서양 소비 사회는 목숨을 건 싸움에 뛰어들기에는 너무 회의적인 사회가 되었다고 생각하고 있다. 이는 마치 더 원시적이고, 더 강력하며, 더 용감한, 그리고 특히 슈펭글러의 의심스러운 생물학적 용어법을 사용하면 더 젊은 북쪽의 야만인에 맞서 스스로를 지켜내지 못하고 쇠퇴했던 로마 제국과 상당히 비슷하다.

루카치가 지멜에 대해 말할 때 사용했던 표현을 따르면, 비록 20세기 철학에서 '사회학적 인상주의' 방식이 매우 빈번히 두드러졌다고 하더라도, 내가 보기에는 현재 서양 세계와 그 적들 간에 발생하는 투쟁의 주요한 측면 중 하나가 현존하는 사회의 세속화 정도에 놓여 있다는

---

* 새뮤얼 헌팅턴Samuel Huntington, 『문명의 충돌과 세계 질서의 재편 *The Clash of Civilizations and the Remaking of World Order*』, New York, Simon and Schuster, 1996; 프랑스어 번역판, 『문명의 충돌 *Le Choc des civilisations*』, Paris: Odile Jacob, 1997.

것을 부정할 수는 없을 듯하다. 어떤 것들이 이런 변경[즉, 세속화]의 원인인지 말하기는 어렵다. 우리의 지식은 이 변경의 서양적 측면에만 거의 국한되어 있다. 유럽 사회에서 있었던 주요한 세속화 단계들만을 언급하면, 중세의 교황과 제국 사이의 경쟁, 프로테스탄트 종교개혁, 계몽주의 시대가 있다. 게다가 이 목록에 기술혁명을 추가해야만 할 것이다. 기술혁명의 본질적인 계기들 중 하나는 19세기 대도시의 탄생인데, 보들레르, 발터 벤야민, 지멜이 보았던 대로, 이 대도시에서는 '중심의 상실,' 즉 보편적 전통의 와해와 공유된 가치에 대한 믿음의 붕괴가 대중적인 현상이 되었다. 카를 만하임이 1930년대에 지식인의 특징으로 보았던 태도, 즉 자신을 이데올로기로부터 자유로울 수 있는 진정한 '비계급적 계급'으로 만들었던 일종의 회의적 댄디즘*은 이제 산업 세계에 정착하여 상품과 정보를 소비하는 거대한 대중적 시민의 일반적 태도이다.

니체는 1874년 자신의 두번째 『반시대적 고찰』에서 이러한 태도를 그 세기의 지식인이 가졌던 태도로 묘사했었다. 이 지식인들은 문화적 · 역사적 정보를 잔뜩 짊어진 채 역사의 정원을 마치 연극 의상 창고인 양 거닐면서 비록 얼마 안 가 바꿀지라도 이 정원에서 마음대로 자신들이 원하는 스타일을 고를 수 있었다. 이것이 지식인들로부터 모든 창조적 능력을 앗아가며 우리의 문명을 퇴폐적인 것으로 만든다. 기억

---

* (옮긴이 주) 댄디즘dandyism은 멋쟁이를 의미하는 댄디dandy에서 유래한 말로, 세련된 복장과 몸가짐을 중요시하는 태도를 일컫는다. 19세기 초 영국 사교계에서 유행했는데, 프랑스로 건너가 일종의 미학적 태도로 고양된다. 즉 단순히 외양만을 멋지게 치장하고 자랑하는 것이 아니라 그러한 멋 부리기에 들어가는 자기 관리와 규율의 태도를 중시하여 삶 자체를 주체적 · 능동적으로 관리, 통제해야 할 예술작품으로 간주하는 것이다. 보들레르는 이런 미학적 댄디즘을 잘 보여주었다.

과 추억을 너무 많이 가지고 있으면 새로운 가치를 창조하지 못하게 된다. 니체는 자신의 성숙기 저작들에서 아주 명시적으로 이 청년기의 생기론적 입장을 부인했다. 그는 1889년 1월 토리노에서 보낸 '광기의 편지'에서 자신이 대문자 역사의 모든 이름을 갖고 있다는 느낌이 들었다고 쓰기까지 했다. 광기이든 아니든 간에——왜냐하면 광기의 편지는 역설적인 방식으로 성숙기의 니체가 품었던 아직은 '병리적'이지 않은 관념들을 표현하고 있기 때문이다——이 부단한 변장의 성향은 니체의 사유에서 포스트모던적 인간의 특징들 중 하나로 남아 있으며, 우리는 이 성향이 이제 단지 카를 만하임이 비판했던 지식인에게만 있는 것이 아니라 텔레비전과 인터넷의 확산을 통해 통합되는 대도시의 모든 거주자에게도 있는 특징이라고 생각한다.

말하자면, 청년 니체와 니체 이후 『서양의 쇠퇴』의 슈펭글러가 범했던 오류는 황혼이 어떤 부정적인 것이라고 생각했다는 점에 있다. 나는 주저 없이 그들의 생기론을 하이데거가 형이상학이라고 명명했던 것이 끈질기게 남아 표현된 것으로 간주한다. 데리다 같은 철학자는 이를 로고스 중심주의라고 불렀을 것이다. 또는 더 분명히 말해 그는 '현전의 지배,' 더 나아가 '현전의 신화'라고 불렀을 것이다. 이것은 기억과 미래에 대한 기대에 대립되는 존재의 충만함이다('황혼crépuscule'이란 말은 해 질 무렵의 해가 기우는 것뿐만 아니라 또한 해가 뜨는 것을 예고하는 희미한 빛을 의미하기도 한다). 요컨대 그것은 보이고, 만져지고, 측정되는 진리보다 더 참되다고 주장하는 정신적으로 더 고양된 모든 조건에 대립한다.

행복한 쇠퇴

이러한 성찰이 우리를 어디로 이끌고 갈지 예측하기란 어렵지 않다. Abendland——서양——가 여러 측면에서 일종의 쇠퇴를 겪고 있는 이상, 우리는 이 쇠퇴를 진지하게 고려해서 여기에 현전의 이상화, 충만의 이상화와 '참된 생'을 구성하는 듯 보이는 모든 요소에 대한 이상화까지 포함시켜야 하지 않겠는가? 사실 이 요소들은 모든 결정적인 현전이 가하는 폭력, 의심할 여지없는 명증성이 가하는 폭력과 분리될 수 없는 것으로서 드러나는데, 이 명증성은 모든 궁극적인 물음을 침묵으로 환원시켜버리고 너무나도 쉽게 권위주의——그것이 비록 근본 원리들의 권위주의라고 하더라도——와 뒤섞여버린다.

니체는 "우리는 더 이상 사회를 위한 질료가 아니다"라고 썼다. 이것은 우리의 개성화 수준 때문에 우리가 집단적 규준을 따를 수 없게 된다는 것을 의미한다. 그렇지만 우리 사회의 대중-개인의 경우가 이렇다는 것은 아닌데, 왜냐하면 이 대중-개인은 경제와 사회의 장(場)에서 취향, 행동, 가치의 동질화라는 원리에 근거하고 있기 때문이다. 이 동질화는 가치의 측면에서 볼 때에는 연약한 동질화로 드러난다. 사회가 다행스럽게도 전통적인 공동체 성격들을 많이 잃어버렸기 때문이다. 우리는 이를 지멜이 말했던 지적인 댄디즘의 형태를 취하는 '대중 역사주의'로 정의할 수 있다.

이 연약함을 부정적인 여건으로 간주할 수 있을까? 이 질문은 내가 철학 용어로 하이데거적 의미에서 형이상학의 잔존이라고 불렀던 것과 분리될 수 없다. 충만한 현전(에네르게이아 *energeia*)의 생기론적 신화로서의 이 형이상학은 명증성일 뿐만 아니라, 모든 종류의 파시스트를 사로잡은 완력, 에너지, 결단주의적 해결책이기도 하다. 하이데거와 니체에 따르면, 형이상학은 마치 어떤 철학자가 형이상학이 가진 오류의 근본 원리를 발견해내는 것과 같은 식으로 이론적인 이유에서 위기에 처하는 것이 아니다. 식민지와 제국의 연결이 여기에서 다시 슈펭글러의 항들에 대칭적으로 대립하는 항들 속에 놓이게 되는 것은 이런 까닭에서이다. 형이상학은 무엇보다도 하나의 오류로 드러나지 않는다. 형이상학은 한때 형이상학 자체와 제국주의를 적법한 것으로 만들었던 대문자 역사에 대한 어떤 관점을 구식으로 만들어버리는 사회적이고 정치적인 변형들 때문에 불가능해진다. '제3세계' 민중들은 철학이 정식화되는 경험적 맥락을 변화시킴으로써 봉기하고 자신들의 자유를 획득한다. 이 자유는 이론적으로 주어진 것이 아니라 하나의 사실로서 실현된 것이다. 헤겔이 바라보았던, 말을 탄 채 예나 앞에 서 있던 나폴레옹을 잊지 말자. 형이상학의 추락은 옛 식민지 민중들의 해방을 통해 가능해졌다기보다는 필연적인 것이 되었다.

제3세계 민중은 더 이상 선형적 역사의 서양 신화 안에 자리 잡지 않는 다른 문화이다. 그들은 타자이지, 서양이 가진 '참된' 과학의 수단으로 진리를 인식하고 우리의 원리 선언이 지닌 '참된' 가치를 깨닫기를 갈망하는 원시인이 아니다. 현전의 신화를 불가능하게 만든 것은 문화의 다원주의이다. 왜냐하면 이 신화는 어떤 유일한 진리에 대한 이념을 함축하고 있기 때문이다. [이 신화에 따르면] 단 하나의 방법을 통해서만 파악될 수 있는 이 진리가 상이한 관점들을 넘어서 자신을 강요할 자격을 갖게 될 것이다. [하지만] 비트겐슈타인이 강조했던 것처럼 만약 누군가가 나와는 다른 방식으로 계산한다고 해도, 나는 결코 결정적인 방식으로 그가 틀렸는지 아니면 다른 수학을 사용했는지 입증할 수 없다. 그런데 어려움은 수학에서보다 가치의 영역에서 더욱 더 크다. 이를 의식한다는 것은 바로 제한된 믿음의 태도로 가치들을 이해한다는 사실을 의미하는데, 이것은 포스트모던적 문명의 대중적 인간이 취하는 전형적 태도이다. 니체가 『즐거운 학문』에서 "우리가 꿈꾼다는 것을 알면서 계속해서 꿈꾸어야 한다"라고 쓰고 있는 한, 그는 이러한 상황을 부정적인 어떤 것으로 간주하지 않았다. 이것이 초인의übermenschlich 능력이며, 이런 것이 모든 인종주의적 모호함을 넘어서 니체의 초인을 특징짓는 것이다. 니체는 진리의 형이상학의 수인으로 남았기에, 아마도 모순적이지 않은 방식으로 초인을 정의하는 데 이르지는 못했을 것이다. 초인은 오직 자기 자신에 대한 강력한 믿음을 통해서만, 따라서 어떤 진리에 대한 믿음이 살아남아 있을 때에만 폭력적이고 전제적인 형태들로 실현될 수 있는데, 이 형태들 역시 니체의 몇몇 페이지에서 이론화되고 있기 때문이다.

자비의 가치―쇠퇴의 문명을 위하여

니체를 넘어서기 위해, 또는 어쩌면 바로 니체의 사유에 숨겨진 기독교적 뿌리들로 되돌아오기 위해, 초인이 진리의 수인으로 남기를 원치 않는다면, 그는 어떠한 희생을 치르더라도 마땅히 옹호될 만한 하나의 가치를 소유한다는 생각에 자신을 내맡겨서는 안 될 것이다. 그는 차라리 자비, 즉 다른 주체들에 대한 존중과 결합되어 있는 합리성의 기준들에 눈을 떠야 한다. 가치를 향한 이런 회의적 태도, 가치를 절대적인 것으로 간주하지 않으면서 견지하는 이런 능력은 우리 문명의 쇠퇴를 규정하는 요소들 중 하나가 아닐까? 그렇다면 우리는 가치들의 황혼으로부터 문명의 쇠퇴로, 즉 우리 문명의 쇠퇴로 나아가게 될 것이다. 이 표현을 뒤집어서 쇠퇴의 문명에 대해 말할 수는 없을까? 우리가 살고 있는 세계는 항상 발전을 이야기해야만 하는 곳이기 때문에, 이는 난감한 일일 것이다. 발전에 '지속 가능한'이란 형용사를 붙인 것도 고작 몇 해 전부터이다. 하지만 경제 영역에서조차, 한계 없는 발전이라는 관념은 점점 더 모순적인 것으로 드러나고 있다. 우리는 날마다 직원을 줄이고 종종 생산량까지 줄이는 기업들의 주식 가치가 증가하는 것을 본다. 적어도 순수하게 양적인 관점에서 발전을 무한히 추구할 수는 없다는 것은 이제 잘 알려져 있다.

만약 우리의 성찰을 가치의 차원으로 옮긴다면, 우리는 세속화의 주제를 발견하게 된다. 특히 '제3세계' 국가들의 미완의 세속화가 문제이다. 사람들은 이 제3세계에서 우리를 위협하는 테러리스트들이 오는 것일지도 모른다고 말한다. 하지만 이런 관점에서 보면, 우리의 발전된 사회 핵심에 이르기까지 도처에 테러리스트들이 있게 된다는 것(시인들 역시 그러하듯?)을 잊지 말자. 이것은 어떤 역사주의적 진보 신화를 다시 취하게 만드는 듯 보인다. 이 신화에 따르면 그러한 사회들은 우리 수준까지 올라오기 위해 그리고 더 이상 우리에게 위협이 되지 않도록 여전히 더 나아가야 한다. 하지만 미완의 세속화라는 이 주제도 이런 단순화하는 역사주의적 진보 신화, 즉 제3세계 사회가 우리의 수준까지 올라와 더 이상 우리에게 위협이 되지 않도록 여전히 완성되어야 한다는 생각으로 되돌아가는 것은 아닐까? 우리는 위선 없이 제3세계를 언급할 수 있을까? 제3세계는 식민 지배의 수많은 귀결로 얼룩져 있다. 예를 들어 토착 부르주아는 미완의 세속화로 위장한 유럽 중심주의나, 우리의 국제기구들이 결정적으로 규정해놓은 인권에 대한 보편주의적 이데올로기를 택하지 않고서는 출현할 수 없었다.

유럽 중심주의와 보편주의 사이에서 제3의 길을 발견할 수 있을까? 이 길은 상이한 전통들을 존중하면서도 우리의 전통을 저버리지 않는 명시적 협상으로 이루어져 있는 것인지도 모른다. 우리는 제3세계 국가들에게 가치에 대해 우리가 지니고 있는 황혼적 태도를 강요할 수 없다. 우선 우리 자신이 이 황혼적 태도를 실현해야 하고, 그렇게 해서 근본주의 집단이나 사회의 공격을 피하는 유일한 방법은 우리 자신이 근본주의자로 되돌아가는 것이라고 믿는 오류를 범하지 말아야 한다. 그럼에도 불구하고 교회와 일부 좌파 민주주의 지식인을 필두로 몇몇 사람은 바로 이런 해결책을 향해 우리를 이끌어가려고 애쓴다. 그들은 비극적 현실주의란 명목으로 때로는 벤야민을, 그러나 카를 슈미트를 더 자주 원용하면서 우리에게 가치들에 대한 '진정한' 열정을 되찾으라고 권고한다. 다른 말로 하면, 그들은 우리가 인위적인 회춘술을 받아들이기를 원하겠지만, 이 회춘은 단지 폭력, 더 나아가 전쟁으로의 회귀에 이를 뿐이다.

상황의 새로운 측면은 우리가 가치를 실천하는 방식에 있다는 것이 맞는 말일 수 있다. 사실 유럽 국가들을 대립시켰던 과거의 전쟁은 집단심리학의 관점에 볼 때 대칭적이었다. 모든 투사는 다소간 같은 정도로 그들의 가치에 대한 믿음이나 불신을 공유했다. 오늘날, 서양의 강점과 약점은 우리가 "더 이상 가치를 믿지 않는다"는 사실에 있다. 반면 우리의 적은 죽을 준비가 되어 있으며, 특히 죽일 준비가 되어 있는 광신도들이다. 다시 폭력적이게 되고 '젊어질' 수 있다는 이 유혹에 굴복하는 것은 "*propter vitam vivendi perdere causas*(살기 위해서 살아갈 이유를 잃어버린다)"를 의미할 것이다. 즉 생물학적 의미가 아닌 '전기적'이며 윤리적인 의미에서 우리 삶을 구성하는 것을 포기하는 대가를 치르고서 살아남는다는 뜻일 것이다.

따라서 미완의 세속화는 무엇보다도 우리〔서양인〕와 관련된 현상이다. 이 세속화는 우리가 우리 삶의 방식에 대한 모든 '군사적' 방어를 포기해야 한다는 것이 아니라, 무기가 유일한 해결책이 될 때에는 더 이상 우리를 구원할 기회가 없음을 깨달아야 한다는 것을 의미한다. 우리 삶의 방식이 위험에 처해 있고, 군사적 패배 또는 예를 들어 이스라엘을 고통스럽게 하는 것과 같은 영구적인 불안전의 위험을 겪고 있는 한, 우리는 쇠퇴의 문명을 고안해내야 한다. 이것만이 대중 테러리즘의 조건들이 갖춰지는 것을 막을 유일한 방법이다.

이렇게 발전을 개인 간에 그리고 사회 간에 맺고 있는 관계들의 질이라는 구도 위에서 재정의함으로써, 우리의 발전에 덜 공격적인 차원을 부여해야 한다. 세계의 여러 다른 나라 사이에서 이루어지는 부의 분배 방식을 보면, 우리에게는 참다운 환원 문화가 필요하다는 것을 알 수 있다. 세계은행장인 제임스 볼펜손James Wolfensohn 자신이 우리에게 그러한 전환을 권고하고 있다. 공중이 순수 실용주의를 통해서라도 이 어려운 길을 선택할 수 있도록, 상상력과 집단심리학의 관점에서 그들을 이끄는 과제는 결국 문화와 교육의 몫이다.

전술적 인간주의

아르준 아파두라이

이름들의 위기

우리는 2001년 9월 11일에 무언가가 일어났으며, 이로 인해 어떤 긴박한 위기와 단절에 대한 우리의 직관을 발휘해야 한다고 느끼고 있다. 그날 우리가 들어간 세계를 무엇이라고 부를지 알아야 했다. 그날 이후, 많은 용어와 이름이 이런 필요에 응답하고자 밀어닥쳤다. 테러가 이런 이름 중 하나이다. 문명도 이 중 하나이다. 인류가 자신의 타자를 위한 이름을 찾아야 한다는 도덕적 요청 또한 도처에서 제기되고 있다.

이름들과 이름 붙이기의 위기는 응답을 요구한다. 9월 11일의 폭력에 반대하는 대다수에게 미국과 영국의 폭력적인 응답은 똑같이 끔찍한 것이었다. 새뮤얼 헌팅턴의 '문명의 충돌'이라는 모델은 심지어 그가 우려했던 것 이상으로 현실이 되어버린 듯하다.

그러나 이것은 문명의 충돌이 아니며, 이 이름은 우리의 요구에 제대로 부합하지 않는다. 그 이유는 많은 사상가가 지적해왔듯이 이슬람교 세계가 통일되어 있지 않다는 데 있다. 알카에다는 미국과 대립하는 만큼이나 많은 아랍 체제와 대립하고 있다. 코란에는 민간인에게 가해지는 일반화된 폭력에 관한 어떠한 명령도 담겨 있지 않다. 서로 전쟁 중인 종교들은 늘 관용을 모욕해왔다.

그렇지만 우리 모두는 이것이 말들words과 세계들worlds의 전쟁이라고 느낀다. 내가 보기에 이것은 얕지 않은 전쟁, 심층적인 전쟁이다. 즉 이 전쟁은 어떤 위기와 관련한 전쟁인데, 이 위기는 그 동기라고 주장된 것들을 넘어서며, 심지어는 관련된 특정 행위자와 국가마저 넘어선다. 이 전쟁은 문화civility, 주권, 도덕적 권위의 장소로서 그리고 적법한 폭력의 독점자로서의 민족국가의 미래와 관련된 전쟁이다. 세계무역센터에 대한 공격은 보이지 않고 알려지지 않은 행위자들이 수행한 거대한 규모의 행위였다. 이 사건은 어떤 국가도 그 지휘자로 지명하지 않고서 적을 지명했다. 단번에 이 사건은 우리가 지휘자 없는 전쟁의 시대라고 부를 만한 것을 개시했다. 그런 전쟁은 우리를 정당한 전쟁과 부당한 전쟁이라는 물음을 넘어서 영토, 주권, 국경, 국익으로 이루어진 익숙한 지도가 없는 전쟁의 시대로 옮겨놓는다. 이것은 지구촌 금융 경제의 군사적 구현, 즉 일시적으로만 승자와 패자가 있을 뿐인 국경 없는 전쟁이다. 이 전쟁은 기술적으로 끔찍하며, 전통적인 근거나 경계에 완전히 포함되지 않는다. 세계무역센터에 대한 공격은 히로시마와 나가사키에 가해진 무시무시한 원자폭탄 공격 이상의 것이었다. 그것은 단순히 민간인을 죽이려는 시도가 아니라 민간인이라는 관념을 끝장내려는 시도였다.

아프가니스탄을 폭격하는 것(초기에 음식 꾸러미를 떨어뜨리며 보상

물자를 제공하던 모습과 함께)과 관련한 미국의 대응은 하나의 새로운 모호성을 보여주었다. 민간인의 시대가 끝났음을 인정하는 한편, 인간적 참상이 있었으며 이것은 어떻게든 보상되어야 한다는 견해도 유지되고 있기 때문이다.

진단적 전쟁

나는 다른 곳에서 세계화로 인해 집단 정체성에 관한 특정한 형태의 불확실성이 야기되었으며, 이 불확실성은 인종ethnicity이란 이름으로 벌어지는 새로운 종류의 집단 폭력을 낳는다고 주장한 바 있다. 1980년대와 1990년대에 벌어진 대규모 인종 전쟁들에서는 신체에 가해지는 극단적인 만행을 포함하는 엄청난 범위의 인종 폭력이 자행되었다. 이러한 폭력을 낳은 것은 국경을 넘는 피난민들의 이동, 민족국가 정치학의 내적 파열, 경제적 혼란에 대한 공포, 토착권력의 폭정에 대한 풍문이었다. 나는 이러한 폭력은 생체해부학적 발견의 섬뜩한 형태이며, 여기에는 가장된 표면 뒤에서 진정한 정체성을 '발견하고' 드러내려는 의도가 있다고 주장했다. 이것은 과학적 방법의 끔찍한 변형판이다.

세계무역센터에 가해진 무시무시한 공격과 미국이 주도하는 연합군이 아프가니스탄의 협곡, 도시, 동굴에 가한 계속된 폭격에서, 우리는 이러한 형태의 생체해부학적 폭력이 국가 주도 아래 확장되는 것을 본다. 이는 '진단적 전쟁'이라고 부를 만하다. 진단적 전쟁이란 폭력 행위의 주요 목표가 적을 발견하고 무차별적으로 죽이는 것*에 있는 전쟁이다. 이러한 전쟁이 하나의 구성요소를 이루는 세계에서 폭력은 알려진 적에게 행사되는 것이 아니라 적을 찾으려는 시도이다.

9월 11일의 결과, 우리는 진단적 절차의 세계 속으로 들어갔다. 이 진단적 절차는 계속되는 폭격과 자살 공격에만 적용되는 것이 아니라 도처에서 벌어지는 안보를 위한 대응에도 적용된다. 이러한 대응은 다양한 방식으로 이루어지는 무작위적이고 폭력적인 침략 행위를 통해 테러리스트들 한가운데에서 증거 자료를 찾고 테러리스트들을 분류하고 고립시키고 색출하려는 시도로 이루어져 있다. 수염들, 이름들, 억양들 등등에 대한 추적은 진단적 전쟁과 신체 심문의 시대가 가진 안쓰럽고도 무서운 색인 목록이다. 우리는 모든 얼굴이 가면이 될 수 있는 세계로 들어갔다. 또한 이런 의미에서 우리는 민간인의 죽음을 애도할 것이다. 만약 민간인이란 말이 자신의 일상적인 겉모습만으로도 배반자나 적으로 간주되지 않기에 충분하다고 믿는 사람을 뜻하는 것이라면 말이다. 거의 아무도, 전쟁을 하고 있는 나라에서는 특히, 자신이 적일 수 있다는 의심(그들이 테러리스트이건 아니건)을 피하지 못하기 때문에, 세계 여러 곳에서 사람들은 새로운 형태의 불안을 경험한다. 이 세계는 더 이상 적이 전쟁을 일으키는 세계가 아니라 전쟁이 적을 규정하고 진단하는 세계이다. 예를 들어, 파키스탄은 진단적 압력 때문에 어쩔 수 없이 연합군에 가담해야 했다. 이 때문에 정당한 전쟁에 대해 생각하는 것은 다소 요점을 벗어난 듯하다. 왜냐하면 [정당한 전

---

* (옮긴이 주) 여기에서 "무차별적으로 죽이다"로 번역한 영어 단어는 decimate인데, 현재 이 말은 "한 집단 전체 내지 일부를 죽인다" 정도의 의미로 쓰이고 있다. 하지만 본래 이 낱말은 로마 시대에 폭동이나 반역을 일으킨 무리에서 10명당 한 명꼴로 제비를 뽑아 사형을 집행했던 사실과 관련 있다. 이 어원에 나타난 사형의 자의성은 본문의 맥락에서 "민간인의 관념을 끝장내려는 시도"와 연결되어 있으며, 이런 의미에서 "무차별적으로 죽이다"라는 번역어를 선택했다. 프랑스어 번역본에서는 똑같은 어원을 가진 낱말 décimer로 옮겨놓고 있다.

쟁과 관련한) 그런 논쟁은 국가적 대의, 적에 대한 증오, 전쟁 행위 사이에 통상적인 인과적 연결을 전제하기 때문이다.

세계 체계들의 전쟁

이것은 문명들의 충돌이 아니라 분명히 세계 체계들의 충돌이다. 나는 이 충돌을 이해하는 가장 좋은 길은 '척추동물적' 세계를 '세포적' 세계와 대조해보는 것이라고 생각한다. 척추동물적 세계는 민족국가의 세계이며, 다소간 실재론적 용어들로 정의된다. 세계적·다국적 기업들 또한 이 척추동물적 세계를 이루는 부분인데, 이들은 국경을 넘어설 수 있고 또 실제로 넘어서며 (국가에 대한) 충성심을 흐려놓지만 여전히 실질적으로는 현존하는 형태의 국가권력을 선출하고 침해하고 투기하고 매수하면서 기능한다. 세계화에 서명하는 자본주의는 그 주요 행위자, 절차, 관심사가 중심화된 다양한 구조들과 명확하게 연결되어 있는 한, 확고하게 척추동물적이다. 이 중심화된 구조들은 미국과 브레튼우즈 체제에서부터 WTO, GATT, 그리고 더 새로운 여타의 다각적 통치 기구들에 걸쳐 있는데, 그 목적은 현존하는 민족국가들의 주권과 공시적으로 궤를 같이 하는 전 지구적 토대(아무리 모순적이라고 할지라도) 위에서 자본을 조정하고 통치하려는 데 있다.

세포적(또는 척추동물적이지 않은) 세계는 흐름과 네트워크의 세계일 뿐만 아니라, 완전히 다른 형태의 좌표와 결합 방식을 통해서도 작동한다. 이 세계는 명령에 의해서라기보다는 기능적 단위들의 분리, 증식과 공감이나 모방을 통해 기능하며, 매우 적은 몇몇 원리──그것이 이데올로기적이든 기능적이든 간에——가 갖는 무한한 재생산 가능성에 의존한다. 세계무역센터에 대한 공격 배후에 있는 네트워크들은 (이것들을 알카에다로 한정해두든 아니든 간에) 이런 세포성의 탁월한 예이다.

하지만 우리는 그런 세포성이 단지 게릴라적 테러만을 전담하는 은밀한 네트워크의 모습일 뿐이라고 잘못 가정할 수도 있다. 세포성은 또한 수많은 세계화 운동의 핵심적인 양상이며, 이런 세계화 운동은 매우 비슷한 방식으로 국가적 경계를 넘어서 기능하고 있다. 시애틀, 프라하, 워싱턴, 밀라노 등 극적인 세계화의 대표적 사례들 뒤에는 전자메일로 연결된 매우 다양한 세포적 조직들, 분산된 금융 자산들, 비정부적인 권위 기관들, 준정부적인 형태의 소통과 통제가 있다. 그러므로 소위 전 지구적인 시민사회는 종종 세포적 형태를 취한다.

어떻게 보면 기업 세계가 지닌 더 은밀한 측면들 역시 이러한 세포적 특성을 지닌다. 이 측면들은 유사 범죄적 연결망과 자원, 비과세의 해외 피난처들, 비공식적인 송금 방법, 공식적인 기록보다는 개인적인 친분에 기초한 거대 규모의 상거래에 의존해 있다. 기업 메커니즘이 테러리스트 네트워크의 세계와 만나는 공간에 대해 하나의 예만 들면, '하왈라'*적 지불 메커니즘을 떠올릴 수 있다. 이것은 실제로 화폐권이나 통화를 옮기지 않고서도 원거리 송금이 가능한 훌륭한 방식이다. 하왈라식 자금 융통은 확실히 테러리스트 세계에서 큰 부분을 차지하지만 또한 더 일반적으로는 세계화되어가는 시대에 재정과 상업의 회색 세계에서도 큰 부분을 차지한다.

---

* (옮긴이 주) 하왈라hawala는 지급 결제 시스템이 제대로 갖추어져 있지 않은 이슬람권에서 전 세계적인 네트워크를 형성하여 이루어지는 비공식적인 대체 송금 시스템을 의미한다.

간략히 말해, 우리가 목격하고 있는 충돌은 베스트팔렌 협정 이후 생겨난 국가 주권 및 국제법의 원칙을 따르는 전 세계적 통치의 전체 체계와, 더 새로운 세계 사이에서 일어나고 있다. 이 새로운 세계는 세계적 흐름들, 동맹들, 신의들의 세계이며, 세포적일 뿐 아니라 완전히 전 세계적인 군사 동원 및 금융 유통의 세계이다. 이런 의미에서, 세포적 세계화의 기술들(예를 들어 전자메일, 국경 개방, 전문적 형태의 노동력〔전문가들〕에 대한 비자, 전 세계적으로 이식 가능한 소프트웨어의 새로운 형태들, 파생 상품같이 쉽게 양도 가능한 형태의 부)은 주권, 영토, 법적 권위의 고전적인 외피인 국가에게 사실상 맞겨룰 수 없는 위협이 되고 있다.

산업자본주의의 초기에는 지배계급과 국가, 전 세계적 자본주의 사이에 더 순수한 노동 분할이 있었던 것 같다. 이 관계는 이제 수많은 모순에 직면해 있으며, 여기에는 자본 자체가 가진 '척추동물적' 차원과 '세포적' 차원 사이에서 발생하는 모순이 포함된다. 다른 방식으로 표현하면, 언제나 모순에 시달렸던 자본주의는 이제는 그 자체가 세포적 차원과 척추동물적 차원으로 분할되었다. 전자가 비밀, 범죄, 국경을 넘는 유동성에 의존한다면, 후자는 여전히 국가적 보호, 관료 기구, 국가적으로 규정된 시장에 의존한다.

많은 평자의 직관과 논증에 따르면, 세계의 더 가난한 지역과 계급들 사이에서, 특히 1989년 이후 세계화라는 거대한 게임에서 패배한 자들의 세계에서 분노, 좌절감이 점점 커져가는 일반적인 추세와 9월 11일의 공격 사이에는 어떤 관련이 있다. 그러나 이 평자들 중 상당수는 또한 전 세계적 수탈과, 자본 영역에서 미국과 미국의 전 세계적 동맹들에 대한 분노 사이의 인과관계는 단순하지도 직접적이지도 않다고 이야기했다.

나로서는 9월 11일의 폭력, 그리고 우리가 그때 이후로 보았던 세계적 규모의 동맹관계의 변화는 세계화의 세포적 형태와 척추동물적 형태 사이의 좀 더 근본적인 투쟁의 일부이며, 이 투쟁에서 세포적 형태가 남반구 지역 대부분에서 오랫동안 활성화되어 있었던 미국에 대한 공포와 분노를 포착하는 과정에서 당분간은 더 성공적이었다고 생각한다. 이슬람 세계는 토착권력의 폭정, 배제된 다수, 미국의 현존 그리고 새로운 종류의 아랍 지식인들이 겪는 절망 사이의 관련성을 보여주는 좋은 예이다. 하지만 이런 공식은 다른 많은 지역에도 쉽게 적용될 수 있을 것이다. 바로 이 때문에, 테러를 이슬람과 동일시하고 이슬람을 단지 아랍 세계와만 동일시해서는 논의가 그리 멀리 나아가지 못한다. 미국에 대해 말하면, 이 나라에 대해 세계 여러 지역이 갖고 있는 강렬한 증오는 이 나라의 이중적 성격과 관련되어 있는 것 같다는 점에 주목할 수 있을 것이다. 말하자면 미국은 좋은 삶에 대한 꿈을 독점하는 자이지만, 또한 꼼꼼한 문지기이기도 하다. 미국은 이민을 제한함으로써 또는 더 가난한 나라들에게 시장, 정치, 발전에 관한 특정한 관념을 강요함으로써 많은 사람과 계급들이 이 매우 좋은 삶에 접근하지 못하게 만든다.

전술적 인간주의

9월 11일의 사건들 이후 대중매체의 전문가들, 서양의 국가 관료들 및 공인들은 독단적인 묵시록주의(즉, 미국의 주요 복합 건물이 파괴되었기 때문에 세계가 영원히 바뀌었다고 보는 경향)를 내비친 바 있다. 비록 우리가 이런 관점을 피하도록 주의를 기울인다고 하더라도, Y2K의 혼란이라는 형태로 예상했던 새 천년이 '9·11'로 은밀하게 드러났다는 것은 인정하지 않을 수 없다.

그리고 분명히 가치는 그때 이후 벌어진 전투들, 특히 아프가니스탄의 도시와 산에서 있었던 전투가 벌인 살육의 일부이다. 바미안의 석불들*과 내파된 세계무역센터 빌딩들이 양쪽 끝에서 이 가치의 도살장을 상징하고 있다. 이 가치들의 도살장을 어떻게 사유해야 하는가?

충돌의 이미지는 너무 약해 보인다. 너무 많은 충돌이 있고, 문명이라는 단층선은 명백하게 이 충돌들을 묘사하기에는 단순한 동시에 위험하기 때문이다. 다른 대안이 없다면, '박명twilight'의 이미지가 아마도 더 나을 것이다. 이 이미지는 섬뜩한 인식론적 긴장에 대해 말하기 때문이다. 그렇다. 우리는 새로운 세속주의가 새로운 근본주의에 대응하여 떠오르는 것을, 테러 이미지가 혼성적으로 전개되는 것을, 또 9월 11일의 공격을 지지하고 반대하는 동맹들이 혼성적으로 뒤섞이는 것을 보고 있다. 전쟁과 정의에 대한 새로운 논쟁이 상이한 전통들 속에서뿐만 아니라, 이슬람 세계 내에서도 드러나기 시작했다. 국경을 가로질러(예를 들어 인도와 파키스탄같이 적대적인 지역에서) 지식인들과 비평가들 사이에 많은 의견 교환이 있었다. 이렇게 온갖 방식으로, 불가피한 혼성화 작업이 전 지구적 흐름과 유동을 가능케 하는 기술들을 동력 삼아 계속되고 있다.

---

* (옮긴이 주) 바미안Bāmiyān은 아프가니스탄 중부에 위치한 도시이다. 이곳에는 유네스코 지정 세계문화유산인 세계 최대 규모의 마애석불들이 있는데, 극단적인 이슬람 근본주의자인 탈레반이 2001년 9·11 테러가 일어나기 몇 개월 전에 이 석불들을 우상숭배를 이유로 파괴해버렸다.

나는 이미 이것이 하나는 세포적이고 다른 하나는 척추동물적인 두 종류의 세계화된 세계 체계들 간의 충돌이라고 주장했다. 하지만 어떤 종류의 가치들이 이 투쟁을 가로질러 우리를 이끌 수 있을 것인가? 이 투쟁은 이제 겨우 시작되었고, 대부분 무방비 상태에 있는 우리를 사로잡았다. 단순한 마니교주의(선악 이분법)도, 혼성화가 언제나 최고의 가치들을 전면에 부각시킬 것이라는 자유주의적 믿음도 우리를 이끌 수 없으리라는 사실은 분명하다. 이런 믿음이 마지막에 가서는 참이라고 할지라도, 비상사태의 세계에서는 거의 위안이 되지 못한다.

요청되는 것은 일종의 전술적 인간주의, 보편적인 것들을 점근선적으로 접근 가능한 목표들로, 즉 미리 주어진 공리에 기초한 것이 아닌 끊임없는 타협에 종속된 것으로 여길 준비가 되어 있는 인간주의이다. 이것은 변장한 상대주의적 권고가 아니다. 전술적 인간주의는 모든 가능한 도덕적 세계들이 동등한 권리를 갖는다고 믿지 않기 때문이다. 이것이 믿는 바는, 심지어 폭탄이 떨어지고 옛날의 민족주의적 목소리가 제멋대로 배반의 죄를 뒤집어씌우는 와중에도, 참여한 논쟁으로부터 가치들이 생산되리라는 것이다.

그러한 전술적 인간주의를 위해서는, 우리가 더 이상 국가의 도덕적 확실성에 의존할 수 없다는 점을 인정하는 것이 필요하다. 말하자면 우리는 민간인이 될 수 있는 권리를 고통스럽게 다시 정립해야만 하는 시기로 들어섰으며, 예견 가능한 미래에는 세포적 네트워크들이 다른 전 세계적 통치권의 형태들을 앞지를 것이고, 일이 벌어진 뒤에야 적을 찾고 자기 자신의 정의를 찾는 진단적 전쟁을 더 많이 보게 되리라는 점을 인정해야 한다. 그러한 세계에서, 우리는 이제 보편적인 것들을 당연하다고 간주하지 말고 그때마다의 위기 상황에 따라 보편적인 것들을 건설하는 기술을 연마할 필요가 있다. 어렵기는 해도 아마도 우리가 가진 최선의 전망은 이것일 듯하다. 이것은 어떤 타협 불가능한 보편자도 동반하지 않고서 국경을 가로질러 타협할 준비가 되어 있는 인간주의이다.

보편적인 것에서 독특한 것으로
—세계적인 것의 폭력

장 보드리야르

세계적인 것이란 용어와 **보편적인 것**이란 용어 사이에는 어떤 거짓된 유비가 있다. 보편성은 인권, 자유, 민주주의에 관한 용어이다. 세계화는 기술, 시장, 관광, 정보에 관한 용어이다. 세계화는 되돌릴 수 없는 것처럼 보이는 반면, 보편적인 것은 사라지고 있는 중인 듯하다. 적어도 서구적 근대에 따른, 다른 어떤 문화권에서도 찾아볼 수 없는 가치 체계로 구성된 것으로서 보편적인 것은 사라져가고 있는 듯 보인다. 보편화되는 모든 문화는 자신의 독특성을 잃어버리고 파괴된다. 우리가 강제로 동화시키면서 파괴했던 문화들이 이런 경우에 해당하지만, 보편적인 것으로 자처하는 우리의 문화 역시 마찬가지이다. 차이점이라면 다른 문화들은 독특했기 때문에 죽었던 것인 반면, 우리는 모든 독특성을 상실하고, 우리의 모든 가치가 일소되어버리기 때문에 죽게 될 것이라는 점이다. 전자가 아름다운 죽음이라면 후자는 '나쁜 죽음'이다.

보편적인 것을 파괴하는 세계화

우리는 모든 가치의 운명이 보편적인 것으로의 고양이라고 생각하는데, 이때 이 상승이 구성하는 치명적인 위험은 고려해보지 않는다. 사실 〔이 상승은〕 어떤 고양이라기보다는 환원이라고 할 수 있다. 혹은 차라리 가치의 영도(零度)를 향한 고양이다. 계몽시대 이래 보편화는 상승하는 과정을 따라 높은 쪽으로 이루어졌다. 오늘날 보편화는 낮은 쪽으로, 가치들의 증식화와 무한정한 범위 확장에 따른 가치들의 중화를 통해서 이루어진다. 여타의 것들 중에서도 〔특히〕 인권, 민주주의가 이런 보편화에 속한다. 이것들의 범위 확장은 그들의 가장 빈약한 정의에, 그들의 최대 엔트로피에 상응한다.

사실 보편적인 것은 세계화 속에서 소멸된다. 초월성으로서, 이상적 목적으로서, 유토피아로서 보편적인 것의 힘은 그것이 현실화될 때 더 이상 그 자체로 존재하지 않게 된다. 교환의 세계화는 가치의 보편화를 끝장낸다. 이것이 보편적 사유에 대해 단일한 사유가 거두는 승리이다. 세계화되는 것, 이것은 우선 시장이고, 모든 교환과 모든 생산물의 뒤섞임이며, 돈의 영속적인 흐름이다. 문화적인 측면에서 세계화되는 것은 모든 기호, 모든 가치의 뒤섞임, 즉 포르노그래피이다. 포르노그래피는 네트워크를 따라 이뤄지는 임의의 모든 것의 세계적인 혼합, 연속이기 때문이다. 포르노그래피에 성적 외설성은 필요 없다. 이러한 상호적인 짝짓기만으로도 충분하다. 이 과정의 끝에 이르면, 더 이상 세계적인 것과 보편적인 것 사이에 차이는 없게 된다. 보편적인 것 자체가 세계화되고, 민주주의와 인권은 정확히 어떤 임의의 세계적 생산물로서, 석유나 자본처럼 순환한다. 보편적인 것에서 세계적인 것으로의 이행을 통해 도래하는 것은 무한히 동질화되는 동시에 파편화되는 체계이다. 네트워크들의 세계적인 상호 연결은 파편들의 탈구와 뒤섞인다. 중심적인 것의 뒤를 잇는 것은 국지적인 것이 아니라 탈구된 것*이다. 동심적인 것의 뒤를 잇는 것은 탈중심적인 것이 아니라, 이심적인 것이며, 따라서 보편적인 것의 탈통합화[붕괴]이다. 세계화는 동질화인 동시에 증가하는 변별화이다. 추방, 배제는 우발적인 결과가 아니다. 이것들은 세계화의 논리 자체에 속하는데, 이 논리에 따르면 보편적인 것과는 반대로, 현존하는 구조들을 더 잘 통합하기 위해서 그것들을 무너뜨려야 한다. 곳곳에서 간격이 벌어지고 있으며, 이 간격들은 종종 회복 불가능하다.

세계 질서—폭력과 무질서

우리는 이제 보편적인 것이 그 자신의 비판적 대중에 이미 굴복해버

---

* (옮긴이 주) 이 문장에서 각각 '중심적인 것' '국지적인 것' '탈구된 것'으로 번역된 낱말들은 le central, le local, le disloqué이다. 통상 중심성에는 국지성이 대립한다고 생각하지만 사실 이 양자는 이런 대립관계 속에서 하나의 체계를 형성한다. 중심성은 국지성을 통해 자리 매김되고 국지성 또한 마찬가지로 중심성을 통해 자리 매김되기 때문이다. 따라서 중심적인 것에 진정으로 대립하는 말은 자리를 잃어버린 것, 자리에서 빠져나온 것, 즉 탈구된 것이다. 우리 말에서는 잘 나타나지 않지만 보드리야르는 장소를 나타내는 라틴어 어근 localis를 염두에 두고 이 낱말들을 체계적으로 사용하고 있다. 이어지는 문장에서 나오는 '동심적인 것le concentrique' '탈중심적인 것le décentré' '이심적인 것l'excentrique'도 동일한 맥락에 있다. 즉 앞의 '동심적인 것'과 '탈중심적인 것'이 서로 대립하면서도 서로 의존하여 서로를 규정하는 것이라면, '이심적인 것'은 중심centrum을 둘러싼 중심-탈중심의 관계로부터 아예 빠져나와(ex-) 있는 것이 된다.

58

렸는지 그리고 담론과 공식 도덕이 아닌 다른 곳에는 결코 뿌리내릴 수 없는 것인지 자문해볼 수 있다. 어쨌든 우리에게 보편적인 것의 거울은 깨졌다. 사실 우리는 여기[보편적인 것의 거울]에서 인류의 거울상 단계*와 같은 어떤 것을 볼 수 있다. 하지만 아마도 이는 하나의 기회일 것이다. 보편성의 이 깨진 거울 파편들 속에서 모든 독특성이 다시 솟아나기 때문이다. 즉 우리가 위협받았다고 믿었던 것들이 살아남아 있으며, 우리가 사라졌다고 믿었던 것들이 다시 솟아오른다.

보편적인 가치들이 자신의 권위와 적법성을 잃어버림에 따라 상황은 변화하고 첨예해진다. 보편적인 가치들은 매개적인 역할을 담당함으로써 독특성들을 다소간 성공적으로 통합할 수 있었다. 독특성들은 차이의 보편적인 문화 속에 있는 차이들이 되었다. 하지만 이제 이것들은 더 이상 성공적으로 통합되지 않는다. 승승장구하는 세계화가 완전히 무차별한 하나의 문화 혹은 비문화를 개시함으로써, 모든 차이와 모든 가치를 백지화했기 때문이다. 일단 보편적인 것이 사라지고 나면, 독특성들은 다시 야만화되어 자기 자신에게 내맡겨지며, 전능한 세계적 기술 구조만이 이런 독특성들과 마주한 채 남아 있게 된다. 보편적인 것이 역사적으로 실현될 기회를 가졌던 때도 있었다. 그러나 오늘날 자유, 민주주의, 인권에 관한 개념들은 한편으로는 대안 없는 세계 질서, 항소할 수 없는 세계화와 마주해 있고, 다른 한편으로는 독특성들의 끈질긴 반란 또는 일탈에 직면한 채, 단지 사라진 보편적인 것의 유령에 지나지 않는 창백한 형상을 만들어내고 있을 뿐이다. 이 개념들

---

* (옮긴이 주) 정신분석학에서 말하는 거울상 단계는 보통 자아 정체성이 확립되는 단계를 말한다. 유아는 이전까지는 자신을 파편화된 존재로 인식하지만 거울 단계로 들어서게 되면서 자기 신체에 대한 단일한 이미지를 통해 비로소 자아의 통일성을 획득하게 된다.

이 단순한 정치적 유희를 통해 재로부터 다시 태어날 수 있다고 상상하기는 어렵다. 정치도 동일한 규제 철폐의 흐름에 붙들려 있으며 이제부터는 더 이상 도덕적 힘과 지적 힘 이상의 토대는 갖고 있지 않기 때문이다.

보편적인 것은 초월성의 문화, 주체와 개념에 대한 반성의 문화였고 공간, 실재, 표상이라는 3차원을 가진 문화였다. 가상공간은 영사막, 네트워크, 내재성, 디지털의 공간이다. 그런데 이 네번째 종류의 차원〔가상공간〕은 다른 차원들에 덧붙여지는 것과는 거리가 멀다. 이 차원은 다른 차원 모두를 폐지시켜버리기 때문이다. 모든 차원 간의 충돌을 창조하면서, 세계적인 것의 영사막은 하나의 1차원적인 우주 또는 차라리 차원 없는 하나의 시·공간을 창조한다. 우리의 표상들을 강제로 이 네번째 차원 속으로 침몰시키는 폭력을 우리는 아직 잘 가늠하지 못한다. 이 폭력은 바이러스적인 폭력, 즉 네트워크의 폭력이며 가상적인 것의 폭력이다. 이것은 조용한 절멸의 폭력, 유전학적·소통적 폭력, 합의의 폭력이고 사회를 성형수술하는 강압적인 공생의 폭력이다. 또한 이것은 예방을 통해, 정신적인 규제와 대중매체를 통한 규제를 사용하여, 악과 모든 급진성의 뿌리 자체를 강제로 제거하려고 하는 투명함과 무해함의 폭력이다. 이것은 죽음 자체라는 독특성의 이 궁극적 형태까지 포함하여 모든 형태의 부정성, 독특성을 몰아내는 체계의 폭력이며, 우리에게 부정성, 투쟁, 죽음의 가능성을 금지하는 그런 사회의 폭력이다. 또는 어떻게 보면 폭력 자체를 끝장내는 폭력이다. 하지만 폭력 자체를 끝장내는 이 폭력은 신체적 질서가 되었든 성적 질서, 탄생이나 죽음의 질서가 되었든 간에 모든 자연적 질서에서 해방된 세계에 자리를 마련해주는 기능을 한다. 폭력 이상으로, 유독성*에 대해 말해야만 하는 것인지도 모른다. 이 폭력은 바이러스적이다. 이 폭력은 전면적으로 작동하는 것이 아니라 인접함을 통해서, 전염을 통해서, 연쇄반응을 통해서 작동하며 우리가 모든 면역력을 잃어버리는 것을 목표로 한다는 점에서 바이러스적이다. 또한 파괴적인négative 역사적 폭력과는 반대로, 이 폭력은 암세포처럼, 적극성의 과잉을 통해, 즉 끊임없는 증식, 부풀어오름, 전이를 통해 이루어진다는 점에서 바이러스적이다. 가상성과 바이러스성 사이에는 일종의 공모관계가 있다. 세계화의 이 바이러스적 폭력, 보편적인 것을 통해 모든 독특성에 가해지는 폭력, 세계적인 것을 통해 보편적인 것에 가해지는 폭력, 유전적 조작을 통해 종에 가해지는 폭력에 저항해야만 한다. 하지만 쇠약해진 보편적 가치들의 세계화가 아니라 근본적인 독특성, 독특성의 사건을 이 폭력에 대립시키면서 저항해야 한다.

독특성들의 반란

세계화가 미리부터 승리를 거둔 것은 아니다. 경기들은 치러지지 않았다. 용해시키고 동질화하는 힘에 직면하여, 우리는 도처에서 단지 차이 날 뿐 아니라 적대적이고 환원 불가능한 이질적 힘들이 부상하는

---

* (옮긴이 주) '유독성'의 원어는 virulence인데, 이 말은 의학 용어로 유독성, 발병력을 의미할 뿐만 아니라 신랄함, 격렬함을 의미하기도 한다. 이 말은 바로 앞에 나온 단어 violence(폭력)와 형태적으로 유사할 뿐만 아니라 바로 다음에 나오는 '바이러스적virale'이란 표현과도 연결된다. virulence는 격렬함, 신랄함이라는 의미에서 일종의 폭력을 가리킨다고 볼 수 있는데(보드리야르는 이 점을 두 단어 간의 형태적 유사성을 통해서도 암시하고 있다), 이 폭력은 내적 증식과 전이(바이러스적인 유독성, 발병력)를 통해 작동한다는 점에서 파괴를 통해 작동하는 일반적 폭력과는 구분된다.

것을 본다. 점점 더 격렬해지는 세계화에 대한 저항들, 근대성에 대한 옛날 방식의 거부로 보일 수 있는 사회적이거나 정치적인 저항들 뒤에서, 보편적인 것의 지배에 대한 반작용을 읽어내야 한다. 즉 근대의 성취들에 관해 그리고 진보와 역사 관념에 관해 비판하는 일종의 수정주의를 읽어내야 하며 화두가 되고 있는 세계적 기술 구조뿐만 아니라 보편적인 것의 영향력으로 모든 문화, 모든 대륙을 동일화시키는 정신적 구조도 거부하는 움직임을 읽어내야 하는 것이다. 독특성의 이러한 재출현, 더 나아가 독특성의 이러한 반란은 우리의 계몽적 사유의 관점에서 보면 폭력적·변칙적·비합리적인 면모를 보일 수 있다. 또한 이것은 민족적·종교적·언어적 형태를 취할 수도 있고 개인 수준에서는 성격장애나 신경증의 형태를 취할 수도 있다. 이런 폭발들을 대중적이라거나 낡았다고, 더 나아가 테러리스트적이라고 비난하는 것은 근본적인 오류이다. 서구적 가치들에 대한 이슬람의 적대까지 포함하여, 오늘날 사회적 이목을 끄는 모든 사건은 이 추상적인 보편성에 대항하여 일어난다. 이슬람이 현재 제1의 적이 된 것은 이슬람이 오늘날 서양의 세계화에 대해 가장 맹렬하게 항의하고 있기 때문이다.

세계 체계의 파열에서 솟아오를 수 있는 것은 독특성들이다. 그런데 독특성들은 긍정적인 것도 부정적인 것도 아니다. 그것들은 세계 질서에 대한 하나의 대안이 아니다. 그것들은 다른 층위에 있으며, 더 이상 가치판단에 복종하지 않기에 최상의 것일 수도 최악의 것일 수도 있다. 그들이 주는 유일한 절대적 혜택은 전체성의 구속을 깨뜨린다는 것이다. 우리는 독특성들을 하나의 총체적인 역사적 행위로 조직해낼 수 없다. 그것들은 지배적이고 단일한 모든 사유를 절망에 빠뜨리지만 그렇다고 단일한 대항 사유인 것은 아니다. 독특성들은 자신들의 놀이와 그 놀이에 고유한 규칙들을 창안해내기 때문이다.

독특성은 섬세할 수 있고 비폭력적일 수 있다. 다양한 언어들이 가진 독특성, 언어 자체의 독특성, 예술적 독특성, 말의 올바른 의미에서의 문화적 독특성들이 그러하다. 하지만 다른 독특성들, 폭력적인 독특성들이 있으며, 테러리즘은 그중 하나이다. 테러리즘은 그것이 죽음을 이용하기 때문에 하나의 독특성이다. 죽음은 아마도 최후의 독특성, 근원적인 독특성일 것이다. 뉴욕 테러 사건에서, 모든 것은 죽음 위에서 이루어진다. 이 사건에서 죽음은 실시간 생중계로 영사막에 들이닥쳐서, 극히 소량으로* 우리에게 스며들던 죽음과 폭력의 시뮬라크르들을 한 방에 쓸어버리기만 한 것이 아니다. 여기에서는 또한 실재보다 더한 죽음, 상징적이고 희생적인 죽음, 즉 변경할 수 없는 절대적인 사건으로서의 죽음이 들이닥쳤다. 테러리즘은 환원될 수 없는 독특성을 일반화된 교환 체계 한가운데에서 복원시키는 행위이다. 모든 독특성은 그것이 종의 수준, 개체의 수준에 있건, 아니면 문화들의 수준에 있건 간에 단 하나의 권력이 지배하는 세계적 유통 구조가 정착되면서 자신들의 죽음을 그 대가로 치렀는데, 오늘날 이들은 이런 테러리즘적 전이를 통해 복수한다.

이런 폭력적 반작용의 객관적인 조건들을 만들어냈던 것은 체계 자체이다. 체계는 모든 패를 독점하면서, 타자에게 놀이와 놀이의 규칙을 바꾸도록 강제했다. 내기 [자체]가 가혹한 까닭에, 놀이의 새로운 규칙들은 가혹하다. 힘의 과잉이 해결할 수 없는 난제로 제기되는 체

---

* (옮긴이 주) 여기에서 '극히 소량으로'라고 옮긴 것은 à doses homéopathiques이다. 이 표현은 숙어로 '극히 소량의'를 의미한다. 하지만 말 그대로 풀면 동종 요법적 복용량을 뜻한다. 즉, 대중매체를 통해 조금씩 조금씩 죽음의 이미지에 접하면서 우리가 은연중에 죽음에 대해 면역되어가는 상황, 무감각해져가는 상황을 시사한다.

계에 대해, 테러리스트들은 어떠한 교환도 성립하지 않는 행위로 대응한다. 이는 테러에 반대하는 테러, 체계의 테러에 반대하는 테러리즘이다. 그런데 테러는 폭력이 아니다. 그것은 실재적이고 규정된 역사적인 폭력, 즉 하나의 원인과 끝〔목적〕을 갖는 폭력이 아니다. 테러는 끝이 없다. 그것은 극단적인 현상, 즉 어떻게 보면 끝 너머에 있는 현상이다. 테러는 폭력보다 더 폭력적이다. 오늘날, 어떤 전통적 폭력이라도 나름의 의미를 갖는 한에서 체계를 재생산한다. 실제적으로 체계를 위협하는 것은 오직 상징적 폭력, 즉 어떤 의미도 없고, 어떤 이데올로기적 대안도 그 안에 담고 있지 않은 폭력뿐이다. 그런데 테러리즘이 어떠한 이데올로기적이거나 정치적인 대안도 구현하지 않는다는 것은 분명하다. 테러리즘은 바로 이러한 점에서 이목을 끈다. 그것은 연속적인 역사, 실제적 역사의 일부가 아니라, 순수 사건의 질서에 속한다. 순수 사건은 자신의 원인과 단절하고 어떤 실제적 결과도 낳지 않는다. 사건은 연속적인 원인과 결과의 질서가 아니라 단절의 질서에 속한다. 이런 의미에서 사건이라고 불릴 수 있을 만한 모든 사건은 테러적 사건이다. 상징적 행위로의 이행에는 어떤 특정한 형태의 환희가 있다. 테러리즘은 목적을 갖지 않는다. 상징적 행위로의 이행 속에 있는 이 특정한 환희는 사건과 그것의 폭력에 연결되어 있으며, 우리가 실재 속에서 또는 사물들의 실재적 질서 속에서는 결코 찾을 수 없는 환희이다.

이처럼 테러리즘은 목적을 갖지 않으며 그것의 실재적 결과들을 통해서 판단되지 않는다. 그러므로 테러 행위의 무용성과 어리석음을 유감스럽게 여겨서는 안 된다. 테러가 정치를 가로지르게 되는 것, 즉 체계 자체의 불안정화, 혈전증, 자기 파괴적 연쇄반응을 일으킬 수 있는 정치 횡단적 효력을 얻게 되는 것은 바로 자살이라는 이 비싼 대가를 치렀기 때문이다. 이 환희는 분명 매우 모호하며 죽음과 관련되어 있다. 우리는 테러리즘이 갖는 상징적 측면에서의 절대적 우월성을 다음과 같은 점에서 읽어낼 수 있다. 즉, 테러리즘은 적의 힘을 낚아채서 적에게 되돌려 보내는 전략을 이용할 수 있다. 반면 적의 힘은 결코 테러를 가지고 그처럼 이용할 수 없다. 테러리스트의 무기를 낚아채거나 그에게 되돌려 보내기란 불가능하다. 그의 무기는 자기 자신의 죽음이기 때문이다. 적은 일방적인 힘 관계 속에서 테러리스트를 으스러뜨리지만, 그런 만큼 자신의 고유한 내적 약점에서 벗어나지 못한다. 즉 적은 자신의 힘이 자신에게 되돌아오는 것을 피하지 못하는데, 이 힘은 매번 외관상의 승리를 거둘 때마다 반대로 점점 커져간다. 적은 타자의 죽음에 대해 영향력을 행사하지 못한다. 타자가 이미 죽음을 선택했고 떠맡았기 때문이다. 우리는 테러리스트를 사라지게 할 수 없다. 사실상 그는 이미 사라졌기 때문이다. 빈 라덴의 존재 여부, 생존 여부는 중요하지 않다. 그는 단지 파트와의 내사*를 통해서만, 자기 자신과 싸우는 힘이라는 이 약점을 통해서만 존재한다.

이런 의미에서 테러리즘은 세계화의 궁극적 단계로서 바이러스처럼 편재해 있다. 테러리즘은 세계화 과정 자체의 중심에 있으며, 모든 것을 자신을 지원해줄 수단이나 행위자로 이용한다. 그것이 우리 모두가 퍼뜨리는 루머가 되었든, 탄저병과 관련한 공포나 더 나아가 자연재해에 관한 공포가 되었든 간에 말이다. 모두들 테러리즘에 민감한 반응

---

* (옮긴이 주) 파트와fatwa는 이슬람 지도자의 율법적 결정을 가리키고, 내사introjection는 정신 분석학의 용어로, 주체가 환상을 통해 대상이나 그 대상에 내재한 특질을 바깥에서 안으로 들여오는 것을 가리킨다.

을 보이게 되었다. 세계무역센터 건물들과 함께 하나의 보호 영사막이 결정적으로 무너졌으며, 이 깨진 거울 조각들에서 우리는 절망적으로 우리의 이미지를 찾는다. 아마도 여기에는 깊은 이유가 있을 것이다. 견딜 수 없는 것, 그것은 그 사건이 불러온 불행, 고통, 비참이라기보다는 힘 자체와 그것이 가진 오만함이다. 견딜 수 없으며 용납할 수 없는 것, 그것은 이 완전히 새로운 세계적 힘의 출현이다.

제2장

비인간의 도전들
——21세기 사회의 가치는 어떤 것들인가?

볼테르에 따르면 "모든 악덕들 중 최악"인 비인간성은 종종 인간에 관한 담론들 한가운데에서 생겨나고, 그런 만큼 더욱 위협적이다. 비인간성은 우리의 문화적 담론들의 일탈적 변화를 표현하는데, 이러한 일탈을 민감하게 감지하는 것은 중요하다. 이런 의미에서 인간주의의 관념을 갱신하고 유지하는 과정에서, 또 전통과 가치들의 정당한 관계를 확립하는 과정에서 지식인들이 중요한 역할을 해야 한다.

엘레 베지는 문화적으로 자기를 내세우는 주장들이 행사하는 폭력과 오늘날 전통적 담론들이 취하게 되는 난폭한 선회를 강조한다. 이 선회는 전통적 담론이 때때로 '문화들 간의 대화'로 불리는 것으로 대체되어버릴 때 일어난다. 그녀에 따르면 근대적 인간주의의 비인간적 얼굴이 뚜렷해지는 것은 가치들의 이 비극적인 전환을 통해서이다. 민족이 윤리를 제거해버리는 일을 피하고 싶다면, 우리의 근대성과 전통이라는 관념 간의 관계를 전적으로 재정의해야 한다.

페터 슬로터다이크는 우리의 문화적 담론들의 더 오래된 일탈을 강조하면서, 그 또한 인간을 옹호한다. 그는 악마의 변호사를 자처한다. 이 악마의 변호사는 기독교적 과오의 무거운 짐을 인간에게서 덜어주고 거리와 차이의 원칙들을 위한 자리를 인간 담론들 안에 마련해주면서, 결국 자아 중심주의와 반란을 옹호한다.

폴 리쾨르는 정체성이나 가치에 대한 담론들에서 유행하는 절반의 불완전한 진리들을 폭로하고, 우리의 무궁무진한 유산을 갱신하는 데 장애가 되는 이 편견들의 함정을 피할 것을 요청한다. 그는 이 담론들의 재정초를 위해 노력하자고, 그리고 보편적인 것에 대한 탐구를 우리 유산의 다양성에 대한 의식과 화해시키자고 제안한다.

비인간의 문화

엘레 베지

'비인간의 문화'를 다루기로 하면서, 나는 원칙적으로는 모순적인 두 단어를 결합시킨 셈이다. 왜냐하면 현대인은 문화가 우리 인간성의 토대 또는 본질이라는 점을 가장 분명하게 깨달았기 때문이다. 문화— 이 문화가 어떠한 것이든 간에—와의 이 명확한 관계 없이는 우리는 자신을 인간이라고 느낄 수 없을 것이다. 탈식민지는 유럽 철학의 영향 속에서 확대된 인간주의의 원칙을 발견했다. 이 원칙은 **문명이라는 위계적 관념**에 대한 대안으로서, 모든 문화는 서로 동등하며 보편적으로 인정받을 수 있다고 전제한다. 문명 관념은 어두운 식민주의적 행적 때문에 너무 오염되어버렸다. 우리는 모든 문화의 존엄성을 복권시켰고 문명인에 관한 인종차별적 편견을 부수어버렸다.

그런데 이 탈식민지의 민족국가적 승리 직후, 문화적 인간주의는 다른 형태를 취했다. 독립한 이들은 "진자의 회귀"(알베르 멤미*의 표현을 따라서)를 통해, 즉 뒤집힌 식민주의적 편견을 통해 새로운 형태의 문화적 교만을 찾아냈다. 처음에는 그토록 생산적이었던 다원주의, 다양성, 차이는 인종주의 이데올로기만큼이나 악독하고 관용 없는 차별주의의 싹이 되었다. 문화적인 것이 인종적인 것을 대신하게 될 때, 각 문화는 그것이 강력하든 약하든 간에 오늘날 어떤 이성도 비판할 수 없는 자기 변론이 된다. 왜냐하면 각 문화는 자기 자신만의 이성을 내세우기 때문이다. 각 문화는 자신만의 놀이 규칙들을 확정하기 때문에 어떤 중립적 위치에서 심판하는 것은 더 이상 가능하지 않다. 또 각 문화는 자신만의 신념들을 바탕으로 자신만의 권리들을 공포하기 때문에 어떤 법도 더 이상 판결 내릴 수 없다.

문화적 자기주장들의 폭력

나는 '문화들 간의 대화'는 하나의 커다란 오해라고 생각한다. 오늘날 종교적 본성을 가진 폭력은 이런 모든 문화적 자기주장 속에 거하고 있다. 이때 나는 생각의 자유를 의미하는 '정신적'이란 용어보다는, 신앙의 폭정을 의미하는 '종교적'이란 용어를 사용하고 있다. 신앙의 폭정은 **종교적인 것과 정신적인 것의 분리**로서의 문화가 가진 가장 비인간적인 징후들 중 하나이다. 문화 영역에서 모든 인간 해방의 기원에 있었던 자유의 추구는 동일성의 추구 앞에서 지워진다.

---

* (옮긴이 주) 알베르 멤미Albert Memmi(1920~). 튀니지 출신의 프랑스 작가, 에세이스트. 1953년 알베르 카뮈가 서문을 써준, 첫 소설 『소금 석상*Statue de sel*』을 출간했다. 튀니지 독립 운동을 지지했으며, 식민 지배 문제를 다룬 에세이 『식민지의 초상, 식민 지배자의 초상 *Portrait de colonisé, portrait de colonisateur*』(1957)은 프란츠 파농의 저서들과 함께 이 분야의 고전이다.

이 새로운 미신은 인간은 자신의 문화로부터 유전된 특성들로 환원된다는 끔찍한 허구를 널리 퍼뜨린다. 이 문화적 유전은 잔인한 짓을 저질렀을 때에도 면책특권을 부여해줄 옛 귀족 가문의 문장과 어느 정도 비슷하다. 문화적 기원은 하층민들의 새로운 귀족주의인 것이다. 차이의 담론들은 원칙적으로는 이타성이라고 불리는 것에 더 주의를 기울이도록 만들어야 하지만, 반대로 동일성에 대한 욕구만을 불러일으켰을 뿐이다. 각 문화는 비인간이 될 권리들을 자신만의 것으로 가로채며, 따라서 문화적 권리들은 비인간의 특권들이다.

그렇지만 부단히 침입해오는 근대성에 직면하여, 즉 필연성의 이 새로운 얼굴, 조국 없는 세계의 비인격성에 직면하여, 각각의 문화가 어떤 거처, 어떤 계보, 어떤 과거, 어떤 역사적 존재, 어떤 친숙한 지평에 대한 기억을 복원시킨다는 것은 외면할 수 없는 사실 아닌가? 이런 기억은 각자에게 세계의 시련 앞에서도 다치지 않을 것이라는 느낌을 준다. 인간 앞에 국경 없는 세계의 심연, 길의 부재, 정처 없는 방황의 무정형한 풍경이 펼쳐져 있을 때, 진보의 권리들에 맞서 전통의 권리들에 자리를 마련해주는 것은 정당한 일 아닌가?

문명의 도식들(과학, 이성, 진보, 공화주의, 도덕, 그리고 마르셀 고셰 Marcel Gauchet의 표현을 따르면 "쇠퇴 상태에 있는 그 밖의 대문자로 표기되는 본질들")을 고찰해보면, 근대적 개인은 근대적 형태의 노예화를 통해 이 도식들의 반격을 받고 있다는 것을 확인하게 된다. 의사들은 이 근대적 노예화를 **스트레스**라고 부른다. 근대적 개인은 실제로는 단지 군중의 모호한 욕망들에 봉사할 뿐인데도 여전히 자기가 자신의 주인이라는 환상에 사로잡혀 있는 희생자이다. 그는 개인주의가 창조적 독특성이 아니라 대중의 이데올로기가 되는 역설적 상황에 처해 있다.

프로이트는, 문명이 실현될 때 사람들은 비인간적인 것으로 체험되는 어떤 심리적 포기와 어떤 실존적 절망을 그 대가로 치르게 될까 봐 두려워할 수 있다고 주장한 바 있다. 이를 염두에 둘 때 우리는 **동일성**에 대한 욕구가 **자유**에 대한 욕구를 폐위시켰으리라는 것을 이해하게 된다.

우리의 내적 시간과 외적 시간 사이에서 극적인 단절이 만들어지는 만큼, 우리는 이를 더욱 잘 이해할 수 있다. 가장 첨예한 현재의 악은 아마도 우리가 내적 시간에 대한 지배권을 잃어버리고, 이로써 **정신을 한데 모으는** 능력(명상), '감시함' '경계함'이란 옛 의미에서 세계를 **돌보는** 능력을 잃어버린다는 데에 있을 것이다. 사회적 시간과 내적 시간은 서로 마디가 맞지 않는다. 분명 **정신적인 것**le spirituel은 심리적인 것le psychique으로 환원되지 않기 때문에——이 둘을 혼동하는 것은 무수한 오해의 원천이다——정신분석la psychanalyse은 이 시간들을 화해시킬 줄 모른다. 이런 관점에서, 종교는 **정신이 요구하는 것**이라기보다는 **심리적인 증상**인 한에서 아마도 하나의 질병이 되어버렸을 것이다.

우리는 전통의 권리들이 진보의 도덕적 곤궁에 직면하여 어떤 내적인 에너지, 어떤 주관적인 구원, 삶의 고통스러운 악에 대한 인간적 위안을 주리라고 기대했다. 하지만 정반대로, 전통 자체는 모든 면에서 정신적인 것을 결핍한 채로 쇠퇴하여 야만적인 관념, 새로운 스트레스가 되어버리고, 그 결과 스스로 가장 잔인한 면모를 지닌 근대성을 싹틔우게 된다.

전통들은 그들의 재생〔르네상스〕에 대한 권리를 주장했으며, 이 권리가 유럽 정신에는 소중하다. 유럽 정신은 고대적인 것을 근대성의 원천으로 인식하기 때문이다. 탈식민화된 민중들은 그들의 방위 기점,

그들의 동양Orient을 재발견함으로써('방향 잡다orienter'는 어원상 동쪽 방향으로 건물 세우는 것을 의미한다) 그들의 전통을 재생시킬 수 있었다. 이리하여 흑인성, 아랍성, 유대성, 이슬람성 등등의 개념들이 생겨났는데, 나는 역설적이게도 이 개념들이 자기 지배의 권리라는 그 원칙의 측면에서 계몽 철학 자체를 보여주고 있다고 생각한다. 그러므로 이 일원적 근본주의에는 어떤 애매함이 있다. 이 근본주의는 타자와의 동일시이면서 동시에 유럽과의 관계에서는 거리 두기이기 때문이다.

전통들의 부활은 변질되는데, 왜냐하면 탈식민화된 국가들에서 전통적 권리들은 종종 평등과 자유가 아니라 종속과 복종과 공포를 위해 활용되기 때문이다. 우리는 무장한 이슬람주의가 기독교 국가들보다 이슬람 국가들 자체 내에서 훨씬 더 많은 희생자를 만들었다는 사실을 (알제리에서는 10만 명 이상의 사상자가 나왔다) 너무 자주 잊어버리고 말하지 않는다. 이로부터 하나의 동일한 문화 내지 동일한 종교에 속해 있다고 해서 정치적 관용이나 성공이 보장되지는 않는다는 점이 드러난다. 정치적 유대를 만드는 것은 문화적 유대가 아니라 시민적 유대이기 때문이다.

문화적 권리들을 비인간적인 것으로 만드는 또 다른 특징은 이 권리들이 아랍, 유대, 이슬람, 코르시카, 바스크, 세르비아, 아메리카, 서양 등등의 문화적 조건을 인간적 조건 위에 놓는다는 점이다. 바로 이러한 측면에서 문화적 환상은 가장 큰 피해를 입힌다. 이때 우리는 인간은 자연적으로 인간인 것이 아니라 오직 하나의 문화를 가지기 때문에 인간이라고 믿으며, 인간의 존엄성을 인간의 민족적·종교적·국가적 또는 제국적 기원 속에 가둔다. 이제 우리는 더 이상 '문화'라는 말을 자기의 자유로운 완성으로 이해하지 않고 애초부터 우월하다고 결정된 것에 대한 충성심으로 이해한다. 사람들이 아이히만에 대한 한나 아렌트의 분석*을 근거로, 충분히 '유대인을 사랑하지' 않는다고, 절대적인 방식으로 유대인을 믿지 않는다고 그녀를 비난했을 때 그녀가 말한 경고를 떠올려보자. "이 사람들은 더 이상 자기 자신밖에는 믿지 않을 것인가? 거기서 과연 무엇이 나올 수 있단 말인가?" 이어서 그녀는 유대인에 대해서도, 독일인, 프랑스인 또는 미국인에 대해서도, 노동계급에 대해서도 어떤 사랑도 느끼지 않았다고, 자신이 믿는 유일한 종류의 사랑은 인간들에 대한 사랑이라고 덧붙였다. "나에게 유대인들에 대한 이 사랑은, 바로 나 자신이 유대인이기 때문에, 차라리 의심스러운 것으로 보인다"라고 그녀는 말했다.

셋째로, 전통에 대한 권리들은 자신들이 근대성과 싸우고 있다고 믿는 바로 그 점에서 잘못을 저지르는데, 왜냐하면 [실제로는] 근대성을 전통이 가진 최악의 것에 합류시키고 있기 때문이다. 즉 새로운 우상 숭배가 기술을 통해 고양되어 엄청난 범위와 속도로 전파되고 있다. 대중매체가 사유의 권리들을 찬탈했다는 것은 이미 잘 알려져 있으며, 이런 대중매체에 광신은 매우 확실한 가치를 지닌다. 만약 콩도르세를 따라서 반계몽주의를 '간계가 무지에게 휘두르는 폭정'으로 정의한다면, 대중매체는 스스로를 대중의 통치자로 여긴다는 점에서 그에 고유한 반계몽주의가 있다. 대중매체는 비록 우리에게 세계의 정보를 전달해주는 최초의 수단이지만, 지성과 관련해서는 가장 마지막에 자리하는 수단이다. 사람들은 서로를 이해하는 능력이 아니라 자신을 표현한

---

* (옮긴이 주) 한나 아렌트Hannah Arendt. 독일의 정치 철학자. 1961년 이스라엘에서 나치 전범 아이히만Eichmann에 대한 재판을 보고 1963년 『예루살렘의 아이히만: 악의 평범성에 대한 보고서 *Eichmann in Jerusalem: A Report on the Banality of Evil*』란 책을 저술한 바 있다.

다는 환상을 이용한다. 대중매체는 지성으로 알 수 없는 것을 증대시킨다. 반면 생명력 있는 문화의 1차적 의무는 우리에게 지성적 세계를 돌려주는 것, 즉 칸트의 소논문 제목을 다시 취하면, '사유에서 방향 잡기'를 할 수 있는 인간을 만드는 것이다. 대중매체를 통한 의사소통에서 일어나고 있는 방향 상실은 여론의 관심을 끄는 데에만 열중하는 문화적 경쟁으로 나타난다. 종교적 대상은 무차별적으로 광고의 대상이 되며, 광고의 대상은 종교적 대상이 된다. 불관용을 극복한 것으로 여겨졌던 도구들이 불관용을 가장 잘 이용하고 있는 것이다.

고대적인 것은 초근대적인 것이다. 고대적인 것은 자신의 예언 수단들을 시청각적 형태의 전례 없는 조명 기교와 뒤섞으면서, 무관심한 동시에 매혹된, 냉소적이면서도 겁먹은 관중과 장단을 맞추기 때문이다. 지상의 혜택받지 못한 자들이 살아남기 위해 이용하는 도구들은 지상의 특권받은 자들이 지배하기 위해 이용하는 바로 그 도구들이다. 우리들 각자가 〔자신의 고유한 문화에 대한〕 소속감을 불러일으킴으로써 획일화에 맞서 싸운다고 믿을 때, 대중매체를 통한 의사소통은 자기가 가진 힘의 작은 일부분들을 낱개로 팔아넘기고 있을 뿐이며, 이는 루소의 아름다운 정식에 따라 "약한 자들을 설득하기 위해 강한 자가 지불"하는 비용에 불과하다.

전통의 신비함이 사람들이 믿는 것 이상으로 대중매체를 통한 의사소통의 세계적 기준에 훨씬 더 적합한 것과 마찬가지로, 부족사회 또한 단지 전통의 잔재인 것만은 아니다. 왜냐하면 근대 사회는 자신들의 방어 본능과 생존 본능의 측면에서 부족의 성격을 갖기 때문이다. 결국 우리가 서양을 매우 복잡한 하나의 거대한 부족으로 보지 못할 이유가 어디 있겠는가? 서양은 민족문화학을 통해 복권된 문화적 의식에서 자신의 존재 근거를 끌어오는 하나의 부족이다. 이 문화적 의식에 따르면, 각각의 문화는 자신의 역사적 존재를 고양시킬 권한을 부여받았으며, 따라서 서양의 경우 자신의 프로메테우스적 에너지, 탐험 취향, 기술적 탐욕을 고양시킬 권한을 부여받았다. 비록 그러기 위해서 서양의 광대한 톱니바퀴들의 무제한적인 힘에 무의식적으로 봉사하는 자들이 희생되더라도 말이다. 모두에게는 각자의 문화적 우수성을 발전시킬 권리가 있다는 바로 그 이유에서, 몇몇 문화가 자신들은 세계적인 소명을 띠고 있다고 주장하는 것을 사실 어느 누가 막을 수 있겠는가?

비인간의 얼굴을 한 인간주의

이리하여 근대 문화는 모든 종류의 인간 권리가 비인간적 코드로 전환된다는 사실로 특징지어진다. 자기 자신에 대해 가지는 지배권인 **주권**은 타자들에 대해 취하는 지배권인 패권으로 대체된다. 불관용의 거부인 **관용**은 불관용의 권리〔관용을 베풀지 않을 권리〕가 된다. 볼테르는 말했다. "불관용의 권리는 부조리하며 야만적이다." 민주주의는 헤게모니나 신정(神政)의 표어가 된다. 대중매체적 의사소통은 이해 대신에 지성으로 알 수 없는 것들을 퍼뜨린다. 평화롭게 다양화되었어야 했던 문화적 차이들은 서로 뒤섞여 폭력이라는 동일한 실천이 된다. 약한 자들의 편에 서기를 바라는 **인도주의**는 초권력, 즉 '신의 섭리에 따르는 비인간성'이 된다는 점에서, 신적 섭리의 차원을 동반한다. 반인종주의 또한 인종주의만큼이나 불관용적인 것이 된다. 반식민주의 또한 식민주의만큼이나 전체주의적인 것이 된다. 개인주의는 내부의 병들을 치료하지 않고 증가시켰다. 성차별반대주의는 성에 대한 강박관념을 조성한다. 가장 약한 자들의 권리는 가장 강한 자들의 권리 남용을 모델로 삼으며, 그 결과 희생자들의 권리는 살인자들의 도덕으로 표현된다. 파리 1대학 교수인 카트린 라브뤼스-리우가 말했듯이, 인권들은 강등되어 "개인주의적이고 자의적인 이데올로기에 따라 해석되는 모호한 원칙을 위한 것이 된다. 이는 권리가 고독한 개인의 고양이 아니라 무엇보다도 인간관계들의 수립이며, 이 관계들은 권리들과 의무들로 이루어진다는 이념을 무시하는 것이다. 고독한 개인의 무한정한 자유는 그가 타인에게 휘두르는 권력과 같은 것이며, 따라서 타인의 자유나 존엄성을 손상시키는 것이다."*

그러므로 제약 없는 문화적 권리들이 힘의 위장된 욕망들이 되어버릴 때, 인간주의 자체가 비인간의 가장 교묘한 난제들 중 하나의 원천이 된다. 인간주의가 처음으로 자기 자신으로부터 배반당했던 것은 유럽인이 문명이라는 명목으로 최초의 문화적 권리, 즉 식민화라는 범죄를 발명했을 때였다. 압제로부터 벗어난 탈식민지가 자신의 문화적 전통이라는 명목으로 압제자를 세웠을 때, 인간주의는 두번째로 배반당했다. 끝으로, 세번째 배반은 서양이 '야만인'을 평정한다는 똑같은 군사적 근거를 내세우면서 약자들의 전체주의를 향해 문명화 사명이라는 자신의 기치를 다시 드높일 때였다.

이제 비인간성은 폭력도, 인간이 지닌 동물성(이는 **인간성의 부재***a-

---

* 카트린 라브뤼스-리우Catherine Labrusse-Riou, 「인격과 가족의 권리들Droits de la personnalité et de la famille」. 이 글은 미레유 들라마-마르티Mireille Delamas-Marty와 클로드 뤼카 드 레이사크Claude Lucas de Leyssac가 편집한 『자유와 기본권 Libertés et droits fondamentaux』(Paris: Seuil, 1996)에 실려 있다.

*humaine*이다)도 아니다. 비인간성은 오히려 문명화된 혹은 문화적인 증오의 담론으로 드러난다. 이 담론은 자신의 잔인함을 어떤 하나의 문화적 관습으로 위장하여 권리상 고상한 것으로 만들고 이를 통해 지성적으로 또는 문화적으로 이 잔인함을 정당화한다. 문화적 다양성을 위해서 인종 관념을 너무나 경계하는 바람에 우리는 고찰할 만한 자격이 있는 유일한 것, 즉 인간 종을 잊어버렸다. 과감히 말하면, 인간 자체가 **인종적 증오의 대상**이 되어버렸다.

문화적 이미지들에 대한 우리 동시대인들의 이 열광 속에는 인간에 대한 표상이 결여되어 있다. 인간의 이미지는 문화 속에서 발견될 수 없다. 문화는 더 이상 우리의 인간성에 접근하게 해주지 않는다. 추상화(抽象畫)가 세계 속에 있는 내면성, 밀도, 인간적 내면성의 떨림을 그려내기 위해 형상화를 넘어설 때, 우리에게 말해주는 바는 아마도 이런 사실일 것이다. 문화적 기준은 더 이상 인정의 윤리를 위한 토대를 마련해주지 않는다. 결국 **민족**l'ethnique이 **윤리**l'éthique를 청산한다. 문화적 가면 아래 숨은 채, 우리는 이성의 이 "자연적인 빛" "정념들의 침묵 속에서 양심의 목소리를 듣기 위해" 자기 자신 안으로 들어가는 이 루소적 능력을 망각해버렸다.

모든 참된 문화는 비인간적인 것으로부터 인간적인 것을 구별해내는 것을 사명으로 삼는다. 하지만 사람들은 인간적인 것이 자신의 차이들을 흐리게 만들 정도로 차이에 대한 선호를 너무 멀리까지 밀어붙였다.* 사람들은 더 이상 사람들을 닮기를 원치 않는다. 누구도 더 이상 인간적 정체성의 옛 기준들에 관심을 갖지 않는다. 사람들은 타인과

---

* (옮긴이 주) 차이를 너무 선호한 나머지 인간적인 차이들은 차이로 간주되지 않을 정도가 되었다는 의미이다. 인간적인 차이들은 '인간적인 것'이라는 공통 유로 묶일 수 있기 때문이다.

구별되기만 한다면, 어떤 다른 수식어——가령 '괴물'과 같은——로 자신을 괴상하게 꾸밀 것이다. 사람들은 괴물의 이미지를 도야한다(여기에서 괴물monstre은 몬스트로monstro, 몬스트라레monstrare라는 말들과 관련되는데, 이는 '보여주다montrer' 혹은 '나타내다se montrer'를 뜻한다. 또는 괴물은 모네오moneo, 모네레monere라는 말들과 관련되는데, 이는 몬스트룸monstrum을 주는 것, 즉 자연의 바깥에 존재하는 어떤 놀라운 현상을 주는 것을 뜻한다). 인간은 더 이상 자신의 본성과 그렇게 깊은 관계를 맺지 않는다. 그는 자신의 차이를 주장하기 위해 비인간적인 문화에 순응한다. 괴물은 더 이상 자신이 인간에 속해 있다는 사실에 신경 쓰지 않고, 어떤 다른 종이 되기를 원하며, 심지어 괴물이 되기 위한 철학적 권리를 내세우기까지 한다. 이 괴물은 타인의 고통뿐만 아니라, 자신의 고통에도 무감각한 자이다.

근대와 전통 사이의 문제적 관계

우리 시대에 테러는 이미 작용하고 있는 악이 단지 가장 화려하게 표현된 것일 뿐이다. 이 악은 바로 인간적 정체성의 파산, 인간임을 식별하게 해주는 기준들의 상실이다. 이러한 인간성의 결핍에 직면해서는, 탈식민지도 더 이상 문화적 잠재성들에 포함되었던 약속을 지키지 못했다. 즉 탈식민지는 더 살기 좋은 문명의 모델을 창조해내지 못했다. 탈식민지는 또한 근대성의 대안으로 스스로를 내세우려는 시도에서도 실패했다. 탈식민지는 [단지] 근대성의 부정적인 돌발 사건이다. 근대와 전통은 서로 대면함으로써 자신들의 영감을 잃어버리게 되었다. 이 대면은 이데올로기적으로는 근대와 전통을 자극했지만, 도덕적으로는 이 둘을 신뢰할 수 없는 것으로 만들어버렸다. 이렇게 해서 근대와 전통은 그들 각자의 빛을 통해서가 아니라 그들 각자의 그림자를 통해서, 그들 각자가 행한 창조를 통해서가 아니라 그들 각자가 행한 파괴를 통해서 다시 만난다. 이런 점에서, 테러리스트들의 범죄 기도는 근대성 안으로 진입하려는 의지로 나타난다. 비록 이것이 창조라기보다는 오히려 파괴를 통해서 이루어지기는 하지만 말이다.

근대는 옛것에 관한 물음을 무시할 수 없을 것이다. 이 물음은 외적 시간과 단절된 내적 시간에 관한 물음일 뿐만 아니라 또한 우리들 각자에게 있는 이전의 시간에 관한 물음이기도 하다. 근대인은 잃어버린 시간과 되찾은 시간에 대한 프루스트의 우화 속에서 이 이전의 시간이 갖는 중요성을 의식했다. 우리가 **타자성**이라고 부르는 것은 사실 시간상에서 우리의 고유한 **과거성**으로 이해될 수 있으리라. 뒤로 물러난 영혼의 지층들이 우리 앞에 출현하고 진보의 이념은 뒤에 있게 된다. 하지만 옛것이나 새것, 부동의 과거나 미래의 화살은 이것들의 인간적 대응물을 발견하지 못했다. 사람들이 세계성이라고 부르는 현재의 악은 시간성의 이러한 위기, 찾을 수 없는 시간의 위기에 대한 표현이다. 이 위기 속에서 신의 재출현은 신의 죽음과 만나고, 과학은 미신과 만난다. 또 옛것은 기술과 만나며, 기억의 비대한 팽창은 기억상실과 만난다. 어쨌든 우리는 우리 시대의 '방향,' 즉 현재의 의미를 잃어버린다.

왜냐하면 단지 망각 속에서 드물게 일어나는 돌발 사건에 지나지 않는 진보가 미래를 갖지 않는 것과 마찬가지로, 모든 의미를 독점하기를 원하는 기억은 자신의 고유한 과거를 파괴할 것이기 때문이다. 이 두 경우——새것의 속박이나 옛것의 폭정——에는, 시간상의 착란이 있

다. 우리 인류는 기억의 환상들과 진보에 대한 불-신 속에서 지쳐버린
다. 인류는 **고향의 부재**——뿌리뽑힘——와, 고향의 과잉——광신——사
이에서 길을 잃었다. 세계 문화가 표현하는 것은 헤게모니적 모델과
분리주의적 또는 광신적 모델 사이에 있는 시간의 무력함이다. 이제
세계성은 전통과의 관계에서는 근대성의 파산으로 나타나며 근대성과
의 관계에서는 전통의 파산으로 나타난다. 근대성은 자신의 강력한 재
능을 의식의 시간과 화해시킬 줄을 몰랐고, 어떤 문화적 전통도 단지
세계 속에서 실존할 뿐 세계를 바꾸는 노동이 될 수 없었다.

하지만 세계성은 모든 형태의 제국이나 제국주의를 넘어선다. 제국
은 여전히 정치적 차원에 속해 있는 반면, 세계적인 것은 바로 그 정치
가 더 이상 파악할 수 없는 차원에 있다. 세계적인 것은 그것이 질서에
속하든 무질서에 속하든 간에 통치되지 않는다. 이제, 사람들이 세계
를 통치하는 것이 아니라 세계가 사람들을 통치한다. 세계적인 것 안
에서, 각 문화의 헤게모니적 본능은 자유롭게 발산된다. 세계성과 의
사소통을 표방하는 모든 것은 은밀하게 지배로 향한다.

장 보드리야르를 따라서, 나는 세계적인 것은 보편적인 것이 아니라
고 주장한다. 보편적인 것은 세계적인 것과는 다른 어떤 장소의 존재
를 전제하기 때문이다. 아마도 우리 시대의 가장 본질적인 교환들이
이 장소에서 일어나고 있을 것이다. 세계적인 것은 보편적인 것의 단
지 아주 작은 부분일 뿐이다. 세계성을 표방하는 모든 문화는 그것이
인간적 교환의 총체성을 구현한다고 주장할 때 비인간적인 것이 된다.

만약 단지 하나의 세계만이 있다면, 그 세계는 살아갈 수 없는 곳이
될지도 모른다. 인간적 우주가 존재하기 위해서는, 적어도 두 개의 세
계가 있어야만 한다. 전쟁터와 피난처, 여행과 복귀, 과거와 미래, 땅

과 하늘, 빠름과 느림, 해 뜨는 곳과 해 지는 곳, 서양과 동양, 우리가 그로부터 나온 장소와 우리가 갈 안식처, 출발지와 지평이 있어야 한다. 만약 우리가 단지 미래의 긴장 속에서만 존재한다면, 우리는 파괴된다. 또 만약 우리가 과거의 기억 속에서만 존재한다면, 우리는 응고된다. 세계를 인간화하기 위해서는 두 가지 시간이 필요하다. 거주지를 위한 터를 닦기 위해서는, 세계의 거처를 마련하기 위해서는 가까운 곳과 먼 곳, 이곳과 또 다른 곳이 필요하다. 어떤 또 다른 세계를 상상하고 꿈꾸기 위해서는 한 세계가 충만하게 현전해야 하듯이, 세계의 유배, 추방을 겪지 않기 위해서는 두 세계에 대해 상상해야 한다.

악마의 변호사,
윤리적인 것과 체계적인 것 사이에서

페터 슬로터다이크

나는 악마의 변호사란 은유를 여기에서 환기시키고 싶은데, 이는 도덕철학의 현재 상황을 도덕과 형이상학의 역사가 제공하는 관점 속에 기입하려는 의도에서이다. 또는 더 정확하게는 이 현재 상황을 신학적으로 규정되는 세계 이미지 구성의 역사 속에 기입하기 위해서이다. 근대가 도래하면서 이 구성들은 분명 중단되었지만, 결코 성취된 것은 아니다. 우리가 증명해야 하겠지만, 이런 세계 이미지의 구성들은 우리가 이 세계의 악을 신적인 제1원인들의 영역에서 비롯된 것으로 보지 못하게 만든다는 점에 그 의의가 있었다. 이는 인간의 자유를 과도하게 해석함으로써 가능했는데, 그로 인해 인간존재는 도덕적으로 너무 많은 부담을 지게 되었다.

우리 시대 도덕철학의 주요 문제는 타자의 자아주의*의 해방이다.

---

* (옮긴이 주) 자아주의l'égotisme는 단순한 이기주의라기보다는 자아 완성을 추구하는 태도를 가리킨다. 원래는 스탕달이 작가 자신의 정신적·육체적 개성을 묘사하는 문학 기법으로 사용

이 현상은 '정치적인 인권 선전'이란 이름으로 알려져 있는데, 이 공식은 널리 받아들여질 수 있다는 이점이 있기는 하지만, 체계적으로 말하면서 타자의 자아주의가 갖는 깊은 의미를 은폐할 수 있다는 단점이 있다.

대지의 저주받은 자들, 즉 아직 이런 자기중심적 삶의 형태가 주는 환희에 접근하지 못하는 자들은 그들의 자기중심적 요구들을 옹호해주는 어떤 변호사의 도움을 받아야만 한다. 〔그런데〕 이 자기중심주의는 언제나 서양 도덕철학의 주요한 적이었기 때문에, 타자의 자기중심적 욕구들에 대한 변호는 필연적으로 전통이 '악마의 변호사'라고 불렀던 것의 근대적 형태를 취하게 된다.

악마의 변호사의 역할

우리가 알고 있듯이, 여기에서 '악마의 변호사'라는 표현은 로마 교황청의 용어 혹은 더 정확하게는 그 용어의 통속화된 표현에서 가져온 것이다. **악마의 변호사**advocatus diaboli는 하나의 은유인데, 이것은 바티칸의 예식들의 집회에 앞서 펼쳐지는 시복식, 즉 성화 과정에서 쓰이다가 속어로 옮겨왔다. 이것의 모델은 사람들이 **증성인**(證聖人)promotor fidei이라고 불렀던 자이며, 이자의 임무는 망자의 성화를 변호했던 논증들에 대해 반론 테스트를 해보는 것이었다. 신학 교육을 받지 않았던 로마 거리와 광장의 구경꾼들은 이런 역할이 갖는 아이러니한 측면

한 말이다. 이 글에서 글쓴이는 같은 맥락에서 égoïste, égoïsme, l'égocentrisme이란 말들도 사용하고 있으므로 각각 '자기중심적' '자기중심주의' '자아중심주의'로 옮긴다.

을 그 소송 절차의 중력에 사로잡힌 소송의 여러 중심인물보다 더 분명하게 인지했다. 이 외부의 구경꾼들은 **신의 변호사**advocatus Dei로서 〔망자의 죄를〕 면제해주도록 변호했던 이의 역할에 대해서도 동일한 아이러니를 느꼈다. 우리가 알고 있는 변호사에 관한 대중적인 생각들을 여기에 덧붙인다면, 이런 명칭들이 가질 수 있는 뉘앙스를 잘 이해할 수 있다.

악마의 가장 큰 관심사는 어떻게 해서든 **성자 공동체**communio sanctorum에 새로운 자가 들어가지 못하게 하는 것이다. 반대를 말하는 자의 관점에서 볼 때, 그가 어떤 방식으로도 더 이상 타락시킬 수 없는 이들의 무리는 이미 너무 많기 때문이다. 그의 머리 위에 모인 증인들의 무리 속에 다른 자가 새로 들어간다면, 악마에게 이는 짜증나는 일일 뿐만 아니라 또한 전복을 시도하게 만드는 저항할 수 없는 사전 맥락이기도 하다. 악마는 언제나 충분한 근거들을 가지고, 성자로 가정된 자들이 참된 성자가 아니었다는 것을 증명하고자 한다. 이런 그의 관심사에는 아이러니가 없지 않은데, 왜냐하면 이 지옥의 앞잡이는 부정하고 전복하지만, 결국에는 이를 통해 언제나 자신의 적이 만들어놓은 놀이를 하게 되기 때문이다. 그에게는 소송을 부조리하게 만드는 것, 즉 외관상의 성자와 함께 참된 성자까지도 사라지게 만드는 것은 금지되어 있으며, 이 금지를 존중하는 한에서만 그는 자신의 직무를 다할 수 있다.

아마도 우리는 이로부터 결국 악마는 이 소송에서 그 나름의 역할을 하는 신부 못지않게 신실하다고 결론 내릴 수 있을 것이다. 소송 논쟁상의 이 입장이 갖는 아이러니는 우리가 언급했던 증성인, 즉 공격하고 비난하는 역할을 맡는 자는 특별히 경험 많은 신학자여야 한다는 사실에서 기인한다. 한 후보자에게 성자나 복자의 존엄성이 있는지 확인하려는 이 소송 절차가 교회 법령의 관점에서 타당한 결과를 낳기를 바란다면 이는 없어서는 안 될 조건이다. 게다가 이는 증명의 전형적이며 초기적인 형태인데, 오늘날 증명은 최상의 논증을 통해 실행되는 '제한 없는 제한'의 형태로 알려져 있다. 근대적 형태의 증명에서보다 이런 초기적 형태에서 우리는 더 분명하게 무엇이 가장 좋은 논증으로 간주되는지 식별해낸다. 가장 좋은 논증은 매번 바람직한 합의가 이루어질 수 있도록 더 효과적으로 기여하는 논증이다. 여기에서 또한 합의는 언제나 이미 신성한 합의이며, 이것은 세속적 소송 절차에 우월한 합리성이 은혜롭고도 충만하게 주입되는 것에 의존한다.

이런 합리성은 사람들이 다른 편의 논증을 이해하는 척한다는 점을 언제나 함축한다. 마치 다른 편의 논증들도 동등한 가치를 지니며, 합의는 진리를 생산하는 신뢰할 만한 절차들이 낳은 결과이기라도 한 듯 말이다. 여기에서 드러나는 방법적 경건성은 신앙을 저버리고 선택 메커니즘으로서의 절차들 속에서 완전무결하게 기능한다. 이 메커니즘들에서 선택을 행하는 것은 **로고스** 자신이다(게다가 달리 할 수 있는 것도 없다. 인간적 변화의 선택지가 행사되고 나면 소송 절차의 선택지만이 남기 때문이다). 그래서 성령은 매번 마치 더 이상 자신이 원하는 대로가 아니라 그 절차가 허용하는 대로 찾아오는 듯,* 흔쾌히 절차가 낳는 결과에 깃든다. 이렇게 해서 절차적 여과기는 **성자 공동체**의 서열들 안에 순전히 외관상으로만 성자인 자는 한 사람도 없다는 것을 보장해주는 듯하다. 따라서 이것은 또한 우리가 악마적인 모방자들을 확실히

---

* (옮긴이 주) "영감은 인지를 넘어서, 예측할 수 없이 찾아온다L'esprit souffle où il veut"란 성서의 표현을 염두에 둔 문장이다. 보통 종교에서 신앙은 이성보다 우월한 것이지만 글쓴이는 이와 달리 증성인의 절차에서는 이성이 주도권을 갖고 신앙은 뒤따르게 된다는 점을 지적하고 있다.

피할 수 있게 해준다. 이는 하버마스의 게임 규칙들을 따르는 의사소통 과정 방식과 정확히 동일하다. 이 방식에 따르면, 〔비합리적인 자들의〕 최종적인 제거 후에 우리는 진정으로 합리적인 방식으로 의사소통하는 자들의 원환 안에 있게 될 것이며, 여기에는 이견을 가진 어떤 이론가도, 어떤 다원주의자도, 어떤 구성주의자도, 그리고 특히 어떤 예술가도 더 이상 발견될 수 없으리라고 확신할 수 있다.*

게다가 악마의 변호사라는 은유는 의심할 여지없이 근대 초에 로마 교회의 형식적 절차로부터 벗어났으며, 유용한 부정성이라는 순수하고 단순한 상징으로 변형되었다. 성화 소송에서 **악마의 변호사**의 유일한 임무가 결국 그만큼 더욱 뛰어난 방식으로 최종 판결을 실증적으로 긍정하는 일이 되었던 것과 마찬가지로, 근대의 부정성은 언제나 악을 원하지만 언제나 선을 창조하는 힘의 일부로서 어쩔 수 없이 능력을 발휘해야 했다. 최근까지도 독일인들은 이 힘을 충분히 이용했다. 독일의 어느 프란체스코회 신부는 이 논리에 설득되어서, 1960년 교황청의 예식들의 집회에서 가리옷 유다의 성화 절차를 요구하기까지 했다. 그의 신실한 배신이 없었다면 예수의 수난도 결코 일어나지 않았을 것이니 말이다. 이 요구가 받아들여졌는지는 알려지지 않았다. 만약 헤겔, 셸링, 또는 솔로비요프가 바티칸의 공식 선출 철학자들이었을 경우에만, 따라서 성 토마스 아퀴나스의 근대적 지지자들이었을 경우에만 이 요구는 받아들여졌을 것이다. 그런데 우리가 알고 있듯이, 교황청은

---

* 니클라스 루만Niklas Luhmann, 「나는 네가 보지 못하는 것은 보지 못한다Ich sehe nicht, was du nicht siehst」, 『사회학적 계몽 5권: 구성적 관점Soziologische Aufklärung, 5, Konstruktive Perspektiven』, Opladen, 1993, pp. 228~34 참조. 루만은 비판 이론의 구조적인 불관용성과 이 이론이 함축하는, 유일한 진리라는 절대적 개념에 고정되어 있는, 강요된 합의주의적 성격을 강조한다.

후설에게 유리한 쪽으로 선택했다.

소송 중인 인간

내가 왜 지금 악마의 변호사 모델을 그 역사적 기원으로부터 떼어내어 재정의하려는지, 왜 역사적으로 그리고 근본적으로, 다른 방식으로 기술된 문제들의 장 안에서 이 모델에 하나의 역할을 맡기려는지에 대해 납득할 만한 이유를 제시하는 것은 어렵지 않은 일이다. 내가 말하려는 바는 성화 절차의 반대에 해당한다. 즉 아담의 자손 전체에 제기된 장기적인 고발 절차들, 이 말썽 많은 유형의 추종자들을 언제나 큰 죄를 진 피고인의 입장으로 밀어 넣어왔던 절차들이다. 이것은 서양 기독교 사상사에서 쟁점이 되는 절차인데, 성 바울의 기독교 그리고 특히 성 아우구스티누스의 기독교가 인간과 인간을 타락시키는 초월적 존재인 악마를 비난하기 위해 사용했던 것이 바로 이런 절차이다. 여기에서 필멸할 존재〔인간〕는 역사의 초기 단계에서 타락하여 **원죄** *peccatum originale*의 멍에를 진 피조물의 자손으로 묘사된다.

원죄란 표현에서 고려되는 것은 무엇보다도 형용사임을 강조해야 한다. 왜냐하면 만약 우리가 여기에다 **원**이란 낱말을 통해 인간 조건에 근거해 있을 어떤 유전적인 짐, 더 나아가 어떤 형이상학적인 짐이 원래부터 있어야만 한다는 점을 덧붙이지 않는다면, 인간들이 약한 피조물들이라는 것 혹은 이렇게 말해도 된다면 그들이 종교적·도덕적 과오와 기회주의적 분열을 저지르는 경향을 갖고 있거나 규범들에 반항하는 경향을 갖고 있다는 점은 너무나도 관습적인 확인에 불과할 것이기 때문이다. 성 아우구스티누스 시대 이후로, 인간 변호론의 특징은 인간존재에게 과중한 죄를 지우려는 엄격한 경향이었다. 그래서 만약 근대가 옛 유럽의 전통에서 벗어났다는 사실을 정당화하는 잘 알려진 근거들에 또 다른 근거, 제대로 주목받지 못했지만 그럼에도 불구하고 매우 정당한 다른 근거 하나를 덧붙여야 한다면, 이는 아마도 18세기 이후를 가리키는 소위 계몽시대가 인간존재의 무죄를 위한 영구적인 투표를 기획하고자 노력했다는 사실이 될 것이다. 또는, 인간존재의 근본적인 유죄성에 대한 어떤 새로운 투표를 요구하는 여러 세대에 걸친 청원이 적어도 계몽시대에서 유래했다는 사실이 될 것이다. 우리는 오늘날 근대성에 대한 도덕 비판의 문헌들에서 이 청원을 엿볼 수 있는데, 이 문헌들에는 몽테뉴와 시오랑Cioran, 베이컨과 루만만큼이나 다양한 사상가들의 기여가 포함된다.

그러므로 옛 유럽의 기본적인 담론 구조에서는, 소송 절차 중에 변호사의 대리가 필요했던 것은 악마가 아니라 인간존재였다. 인간은 성 바울과 성 아우구스티누스부터 파스칼, 도스토예프스키와 최근에는 레비나스에 이르는 기독교 고발자들이 그의 어깨에 지웠던 과오의 엄청난 부담에 직면하여 변호사가 필요했다.

문제 전개의 이 단계에서, 성 아우구스티누스가 타락한 인류의 조건을 해석하고 묘사하는 데 늘 사용했던 정식들을 떠올려보는 것이 좋을 듯하다. 우리는 이 정식들에서 어떤 문제 틀에 대한 최초의 접근, 최초의 이해를 발견한다. 이것들은 단지 근대의 정점에 이를 때에만, 그래서 자아중심주의가 인간과 체계에서 좋은지 나쁜지에 관한 문제가 다시 나타날 때에만 새로운 응답을 불러올 것이다.

성 아우구스티누스는 고대 회의주의에 대항하여 가톨릭적 우주를 안정화시키는 데서 죄의 개념이 갖는 전략적 중요성을 인식했었고, 따라서 위대한 통찰력으로 신으로부터 나오지 않은 것과 신으로부터 멀어지는 것을 존재론적으로 연역해내려고 했었다. 사실 모든 것이 훌륭하게 만들어졌다는 사실로 특징지어지는, 신이 창조한 이 세계에서, 급진적인 발산들이 시작되는 지점을 밝혀내는 것은 쉬운 일이 아니다. 그렇지만 인간에게서 오로지 인간에게서만 분리의 힘을 찾아야 한다는 것은 분명하다. 또, 이미 종교적 전통에 길들여져 있는 죄란 용어를 되풀이하는 것만으로는 문제가 되는 사실에 대해 더 이상 어떤 해명도 덧붙이지 못한다는 점도 현재로서는 자명하다. 차라리 신의 법에 대한 저항 가능성의 조건들을 이해하고 이 조건들 속에서 원죄적 분열을 낳는 최초의 형이상학적 동기들을 밝히는 것이 관건이다. 여기에서, 성 아우구스티누스의 분석은 근대적 주제들을 따라간다. 왜냐하면 이 분석은 타락한 인간 주체성의 구조들에 대한 일종의 심층 진단에 이르게 되는데, 오늘날 이 진단은 대화의 철학자들에게서 되풀이되는 확신의 형태로 우리가 들을 수 있는 것과 유사하기 때문이다. 이 대화의 철학자들은 프로테스탄트 계열, 가톨릭 계열, 유대 계열, 그리고 정신분석 계열에 속하며, 이렇게 해서 이 확신은 어떤 하나의 인간학적 정신병리학을 정당화하는 담론들 안에서 반복되고 있다.

타락한 주체성에 대한 분석

타락한 주체성의 형태는 사탄적 주체성에 예시되어 있기 때문에, 이 최초의 거부자에서 출발하여 그가 신성한 전체로부터 이탈해가는 과정을 관찰하는 것으로 〔타락한 주체성에 대한 분석은〕 충분하다. 우리가 외재성을 형이상학적으로 연역할 수 있게 되는 것은 여기에서이다. 우리는 한 편의 신화를 발견하게 되는데, 이 신화에서 피안의 전주곡은 차안의 역사 일반의 시나리오를 보여준다. 성 아우구스티누스의 사탄은 근본적인 원칙 밑의 층계에서 일어나는 부정에 대한 일종의 알레고리적 표현이며, 여기에서 유일하게 확실한 것은 이 사탄이 기원에 맞선 자신의 반항에 대해 외적인 동기들을 주장하지 않는다는 점이다. 그는 자기 자신에게서 또는 더 정확히 말하면 자신의 자유 능력에서, 자신의 가장 중요한 재능에서 이 반항에 필수적인 모든 것을 찾아낸다. 이 능력 덕분에 그는 **무로부터의** 신적인 창조를 패러디해서, 어떤 동기도 없는 의지로부터 자신의 '아니오'가 솟아오르게 만들 수 있다. 그러므로 왜 또는 어디로부터 사탄이 자신의 사악한 의지를 갖게 되는지 여기에서 물을 수 없다. 그는 자신이 원하는 대로 원할 뿐, 그 이상 어떤 것도 원하지 않는다. 의지 또는 더 근대적인 용어로 말하면, 이탈의 욕망은 존재론적으로 도덕적으로 그 자신에 맞서 있거나 그에 앞서 있는 어떤 절대적 타자가 아니라 자기 자신을 향해 나아간다. 사탄은 자유롭고 제한 없는 방식으로 자기 자신으로부터 시작하기에, 우리는 일탈을 그의 탓으로 보아야 한다. 일탈은 언제나 전적으로 그의 탓이다. 비록 사탄이 더 오래되고 더 존엄한 어떤 다른 시작을 존중했어야 했음에도 불구하고, 자기 자신으로부터 시작한다는 이 사실 자체는 성 아우구스티누스와 그 이후의 모든 보수주의자의 관점을 따르면 죄와 자아주의의 시작이다. 죄는 어떤 동작의 개시를 알리는 작용인데, 기원성과 부정성은 이 작용 속에서 밀접하게 얽혀 있다. 죄를 범한다는 것, 결국 이것은 언제나 하지 말아야 할 일을 할 때 시작된다. 설령 이것이 겉으로는 그저 해오던 일을 계속 하는 것처럼 보인다고 하더라도 말이다.*

이런 식으로 사탄은, 유럽에서 수천 년 동안 불쾌한 자아중심주의이자 필멸자가 저항할 수 없는 경향으로 고발되었던 모든 것, 더 나아가 필멸자의 타고난 결함으로 간주되었던 모든 것의 모델을 정초한다. 성 아우구스티누스는 이 사탄적 선택 배후에 외적인 제한들이 있다고, 특히 대항 원칙들이 있다고 가정하지 말아야 한다는 점을 강조한다. 악마는 어떤 악한 두번째 신의 부하가 아니다. 더 나아가 그에게 문제 있는 어머니가 있었기 때문에 자폐증자가 되었다고 가정하면서 변명해서도 안 될 것이다. 악마는 근본적으로 악한 정신을 갖기 위해 불행한 유년기를 필요로 하지 않는다. 그에게 중요한 것은 순수한 반항이다. 그는 전능한 일자와의 대면으로부터, 회전**을 통해 벗어나거나 빠져나오기를 원한다. 그는 이 회전 그 자체를 원한다. 오직 동기 없는 자유에서 시작할 때에만 그는 신적 질서와 구속을 표상하는 모든 것에 대한 그의 선회를 성취할 수 있다. 그는 이 완고함을 소유한 자로서 자신을 실현하고, 이를 통해 악은 일탈적인 의지의 방향으로 실체화된다. 플라톤적 용어로 말해 어떤 단순한 **결여적 악** malum privativum으로 시작된 것이 기독교적 용어로 말해 악마의 **자아** 속으로 압축되고, 결국 치유 불가능한 자폐증이라는 영악하고 개인적인 영역이 된다. 악마의 주위에서 그려지는 악의 원환은 체계적인 폐쇄성을 상징한다. 이렇게 해서 악마, 즉 이 세계의 지배자는 자아중심주의의 지배자가 된다.

---

* 그러므로 만약 우리가 분열이나 분리의 피히테적 용어법을 사용한다면, 이는 '근원적 행위 archi-action'의 성격을 갖는다.

** (옮긴이 주) 이후의 맥락에서 볼 수 있듯이 회전rotation이란 표현은 아우구스티누스의 '자기 자신 안으로의 만곡'과 관련되는, 자아중심적인 자폐적 원환을 만든다는 의미이다.

아마도 좀 덜 순진한 것이 될 최종적 관점에서 보면, 우리는 이러한 묘사 속에 어떤 전제가 숨어 있다는 것을 덧붙여야 한다. 만약 이 전제가 명백하게 표현된다면 조화로운 배열의 총체성을 필연적으로 파괴해버릴 것이다. 이 파괴적인 역설에 따르면, 자유는 어떤 질서와 종속에 대한 엄격한 기대와 연결되어 있으며, 따라서 인간은 자신의 신화적 보호자인 사탄과 마찬가지로 자유를 이용하지 않겠다고 결심했을 때에만 잘못을 저지르지 않고 자신의 자유를 이용할 수 있었던 것인지도 모른다.* 이와 반대로 자유를 이용한다 함은 [사실] 반란 상태에 스스로를 놓는 것이며, 자신의 고유한 실존적 해방을 선택하기로 결정하는 것이다. 또한 거리와 저항을 선택하기로 결정한다고도 말할 수 있을 것이다. 이 분석에 따르면 반란은 어떤 거리를 낳는데, 창조자와 피조물 사이의 통일성이 외적인 방식으로 관찰될 수 있는 것은 오직 이 거리가 있을 때뿐이다.

인간의 사탄적 해방을 위하여

이제 거리는 고전 형이상학의 문제아가 된다. 지금까지 소외에 대한 어떤 이론도 과오라는 주제를 포기할 수 없었는데, 이 주제는 전제된 근원적인 통일성에 대한 거리 두기를 통해 표현되었다. 하지만 이런 관점에서 사고할 때, 우리는 하나의 단순한 사실을 시야에서 놓쳐버린

---

* (옮긴이 주) 기독교의 신은 인간에게 선택의 자유를 주었으나, 실제로 인간은 올바른 길만을 선택해야 하기 때문에 이때의 자유란 단지 질서에 대한 자발적 종속일 뿐이라는 점을 지적하고 있다.

다. 대개 낯설음은 분리의 드라마와 함께 가지 않는다는 사실 말이다. 낯설음은 자신의 트라우마적 기억 흔적 속에 고착되어 있지 않다. 낯설음은 개인들 사이의 최초 상황이며 자연스럽고 무죄이다. 이 개인들은 지금껏 일부라도 한 집단으로 통합된 적 없이 그저 우연히 마주칠 뿐이다. 오직 통일성의 형이상학적 편견만이 낯설음을 소외로 생각하도록, 따라서 대중에게서 이 낯설음의 존재론적 존엄성을 빼앗고 그와 함께 그것의 실천적 무죄성을 빼앗도록 강요한다.

창조자와 마주해 있는 위치에서 해방된 피조물이 자신의 내부를 향해 회전해 들어가는 것을 가리키기 위해, 성 아우구스티누스는 역학적으로나 도덕적으로나 똑같이 매우 유익한 하나의 **전문 용어**, 즉 그 유명한 **자기 자신 안으로의 만곡**incurvatio in se ipso을 도입한다. 사람들이 외부 방향을 따르지 않거나 실제로 대상을 향하지 않고 자신을 타자와의 관계보다 앞에 둘 때마다 언제나 이런 태도가 비판받았다. 이 표현은 어떤 죄—오늘날 사람들은 이 죄를 대화하려고 애쓰거나 대화를 요구하는 타자를 직접 대면하지 않는 '소통의 단절'로 특징짓는다—를 지었다는 직접적인 사실만을 가리켰던 것은 아니다. 이 표현은 또한 비록 주체가 선한 의지를 갖고 있더라도 그가 더 이상 바로잡을 수 없는 잘못된 도덕적 입장을 완고하게 고수한 결과와도 관련된다. 만약 성 아우구스티누스가 자가 치료에 관한 현상학자로서, 타락 이후의 인간 조건에 대해 어두운 진단을 내놓는다면, 그리고 만약 누군가가 인간존재와 그의 구원 가능성에 대해 말 그대로 파멸적인 결론을 내린다면, 이는 그가 이 추락을 하나의 회전으로, '추락했음'을 '방향을 바꾸었음'으로, 그리고 이 후자〔방향을 바꾸었음〕를 잘못되었으나 돌이킬 수 없는 태도로 해석하기 때문이다. 타락 이후에 아담과 사탄의 후손인 필멸자들은 그들의 파국 속에 갇혀버렸다. 그렇기에 그들은 더 이상 스스로의 만곡을 펼쳐낼 수 없으며, 따라서 제 힘으로 위대한 전체와 이 전체의 인격적 원리, 즉 모욕당한 신과의 파기된 계약을 다시 맺을 수 없다. 필멸자들은 돌이킬 수 없을 만큼 타락하거나 '자신 안으로 말려 있으며,' 다른 편의 선의에 전적으로 의존해 있다.

이 선의는 한 시대 전체에 걸쳐 '은총'이란 이름으로 나타난다. 이 용어는 만곡의 교정에 대한 실마리를 주는데, 이 교정은 오로지 절대적 타자만이 성취할 수 있다. 그러므로 나는 타자를 향한 개방성으로 우리를 이끌어줄 필수적인 통로로서, 근대적 지식인의 형태로 나타나는 **악마의 변호사**라는 은유를 제안하고 싶다. 근대적 지식인은 종종 자기도 모르는 사이에, 아직 해방되어 자유롭지 못한 타자의 자아주의를 위한 변호사로 일한다. 이때 이 근대적 악마의 변호사가 해야 할 일은 기독교적 과오의 무거운 책임을 인간에게서 덜어내고, 결국 자아중심주의와 반란을 변호하는 것이다. 이를 위해 그는 거리 두기의 원칙을 인간 담론들 속에 자리 잡게 만들어야 하는데, 이 원칙이야말로 궁극적으로 진정한 악마의 차원이다.

보편적 기획과 유산들의 다수성

폴 리쾨르

"가치들은 어디로 가는가?"라는 물음에 대해, 나는 우선 지식인들의 책임은 불투명하며 무수한 정황들에 종속되어 있는 〔가치들의〕 발전을 예측하는 것이 아니라고 답하겠다. 지식인의 책임은 정치가들, 경제 전문가들, 사회과학의 전문가들과 거리를 두고서 공적 교육자 역할을 계속하는 것이다. 게다가 우리〔지식인들〕가 단지 소수일 뿐이라는 점을 감안하면, 우리는 전 세계적인 범위에서 더 큰 다수를 위해 노력해야 한다. 그리고 이를 위해서 무엇보다도 우리의 고갈될 수 없는 유산을 새롭게 만드는 과정에서 장애물이 되는 편견들을 폭로해야 한다.

문화 담론들의 반(半)진리들

나의 첫번째 권고는 다음과 같다. 우리는 문화 상호 간의 관계들을 국경의 관점에서가 아니라 국경을 무시하는 빛을 발하는 초점들 사이에서 교차되는 영향들의 관점에서 이해해야 한다. 물론 국경들은 민족국가 시대 때의 넘어설 수 없는 기능을 간직하고 있다. 이 민족국가들은 유엔이 인정하는 유일한 최상위의 정치적 단위로 남아 있다. 사실 국경들은 국가 주권, 즉 국가의 사법적 능력과 군사력의 한계를 표시한다. 이와는 반대로 세계 속에 퍼져 있는 문화적 중심들은 초점들이란 명칭으로 불릴 수 있다. 이것들이 빛처럼 퍼져나가는 영향, 빛과 같은 영향을 외부에 행사하기 때문인데, 이 빛에서 나오는 광선이라고 할 수 있을 작용은 빛을 내뿜는 광원의 영향력만큼이나 이를 받아들이는 다른 중심들의 능력에도 의존해 있다. 이런 방식으로 나는 세계의 문화적 지도를 촘촘한 그물코들로 짜인 네트워크를 형성하는 조명효과들의 상호 교차로 본다. 예를 들면 오늘날 러시아는 모든 이웃 국가에 대해 국경을 형성하고 있다. 하지만 러시아는 비록 심화되며 확장되고 있는 통합 유럽과 온갖 종류의 다양한 군사적·상업적·정치적 관계들을 맺고 있기는 하지만, 통합 유럽의 정치기구들에 속하지 않는다. 그러나 이런 우발적인 정치적 관계들 때문에 푸슈킨, 톨스토이, 도스토예프스키, 솔제니친, 음악가들, 무용가들이 발하는 빛이 정치적 국경들을 넘어서지 못하는 것은 아니다. 바로 이런 예를 통해서 나는 지구 전체를 가로질러 퍼져나가는 광원들의 교차되는 놀이를 시각화하고 있다.

또 다른 함정은 국가적인 것이든 공동체적인 것이든 간에, 어떤 집단적 동일성의 관념에 놓여 있다. 안정성을 추구하는 본능은 이 관념을 본질적이거나 실체적인 본성을 가진 불변적 특징들의 선언으로 이끄는 경향이 있다. 〔하지만〕 동일성은 본질적으로 역사적인 본성을 갖는데, 이는 동일성이 시간적 우연성에 빠져 있고 비일관적이며 가상적이라고 말하는 것이 아니다. 동일성은 역사적이라고 말하는 것, 이는 이야기의 수준에 존재하는 집중성, 축적성, 이해 가능성을 낳는 어떤 변화 방식을 동일성에 부여하는 것이다. 이야기의 줄거리는 다양한 사건들, 다수의 주인공들, 우연들의 뒤섞임, 이질적인 인과관계들, 의도들, 기획들을 갖고서 의미의 통일성을 만들어내는데, 이 통일성은 오로지 이야기된 행위의 이해 가능성에만 의존해 있다. 나는 이 점에서 '이야기적 동일성'에 대해 말할 것이다. 하지만 이는 집단적 동일성의 단지 한 얼굴, 이야기된 과거를 향해 있는 얼굴일 뿐이다. 또 다른 얼굴은 미래 속으로의 기획 투사이다. 약속을 한다는 것만으로는 아직 부족하다. 약속을 지키는 것, 이것이 동일성을 유지하게 해준다. "나는 〔약속을〕 지킬 것이다"라고 어느 국가 표어*는 말한다. 이야기와 약속 간의 결합에서 생기는 이 동일성은 반복의 오만과 모욕 모두를 피하면서 반복의 함정을 빠져나간다. 동일성의 선언은 이제 더 이상 관련된 자들에 대한 망각이라는 술책의 먹잇감도, 억지로 기념하는 반복적 기교들의 먹잇감도 되지 않는다. 이것은 특히 역사적 공동체의 기초가 되는 사건들을 기념하는 행위에 적용된다. 이런 기념 행위는 영원히 고정된 동일성을 선언하는 전형적인 경우이기 때문이다. 동일한 사건들을 그 사건들에 대한 해석을 새롭게 하는 데 기여하는 새로운 기획들을 따라서 다르게 이야기하는 법을 배워야만 한다. 특히 어떤 이들의 굴욕이 다른 이들의 영광과 일치할 때에는, 자기 자신의 역사가 다른 이들을 통해 이야기되도록 놔두는 법까지도 배워야만 한다. 이 점에서 우리는 망각과 반복 사이의 중도에서 어떤 기억 작업에 대해 말할 수

---

* 네덜란드의 국가 표어이다.

있다.

이제 참된 것이라고 주장되는 윤리적 가치들과 정신적 가치들에 대해 말할 때, 이야기적인 동일성과 미래에 대한 약속이란 이중의 채를 통해 선별되지 않을 유형의 보편성은 포기해야 한다. 바랄 만한 가치가 있는 유일한 보편성은 의미론적 유산들 간의 교환이 일어나는 지평으로서만 추구될 수 있을 뿐인데, 이 의미론적 유산들은 자연언어들을 통해 형성되어 전수되며, 이 자연언어들 자신은 필연적으로 인간의 다원성에 종속되어 있다. 어떤 한 문화의 내부에 있는 가치 지평들의 변이에 대해서만 해도 이미 말할 것들이 많다. 이 지평들은 모두 똑같은 리듬으로 진화하지 않는다. 나는 이 지평들을 달리는 기차에서 바라본, 달라지는 속도에 맞춰 펼쳐지는 풍경들의 윤곽과 비교하고 싶다. 속도에 따라 시선은 이전의 풍경들에서 멀어지며, 중간 지평을 향하거나 거의 움직이지 않는 바탕 위에 멈추게 되는데, 이 바탕 위에서 더 빠르게 이동하는 것들이 떨어져 나간다. 어떤 동일한 문화 내부에서 도덕적 가치들에 영향을 주는 변화들을 평가할 때, 만약 이 평가가 단기, 중기, 장기라고 말할 수 있는 변화의 시간적 리듬의 차이들에 대해 고려하지 않는다면, 우리는 큰 오해를 하게 된다. 서양의 예를 들면, 결혼 제도에 영향을 주는 혼란들이 가족적 유대——비록 재건된 것이라고 할지라도——의 공고함을 은폐해서는 안 되며, 그에 못지않게 근친상간 금지, 소아성욕에 대한 비난과 같이 여전히 유지되는 기본적인 금지들, 그리고 유아들에 대한 보호와 사랑을 은폐해서도 안 된다. 사회적 질서 또는 정치적 질서에서의 다양한 투쟁들에도 불구하고 수 세기에 걸쳐 끊임없이 읽어낼 수 있었던 정의와 자유에 대한 요구도 마찬가지의 경우이다.

번역의 기적

　이런 언급들은 아직은 단지 장기 지속적인 문화적 복합체들의 변화에만 관련되어 있지만, 멀리 떨어져 있는 문화적 초점들 간의 상호 불빛 교차에 관한 앞서의 성찰이 예고했던 어떤 요소를 추가한다면, 여러 문화권 간의 비교로 확장될 수 있다. 이 추가 요소는 번역의 역할과 관련되어 있다. 번역은 바벨 신화가 강조하는 분산과 혼란의 양상까지 포함하여, 인간의 다원성이라는 거부할 수 없는 현상에 대한 결정적인 항변이다. 어느 유명한 책의 제목을 따르면 우리는 "바벨 이후에" 살고 있다.* 번역은 여행자, 상인, 대사, 밀수업자와 배반자들이 자생적으로 실천하는, 그리고 번역자와 해석자들이 전문적 분과로 세워놓은 어떤 기술로 환원되지 않는다. 번역은 단지 언어에서 언어로의 교환에 대한 패러다임일 뿐만 아니라 문화에서 문화로의 교환들 일체에 대한 패러다임이기도 하다. 실재적 공동체들의 문화사로부터 떨어져 나온 추상적인 보편성의 측면에서 보면 길은 닫혀 있지만, 번역 작업이 낳는 구체적인 보편성의 측면에서는 열려 있다. 왜냐하면 보편적인 언어는 존재하지 않으며, 단지 우리가 인공언어들과 대조해서 자연적이라고 부르는 언어들만이 있다는 것이 근본적인 사실이기 때문이다. 그러므로 라이프니츠가 시도했던 것처럼, 설령 누구도 음성언어로는 사용할 수 없는 인공언어를 문자로 사용할 수 있다고 하더라도, 이 인공언어와 자연언어들 사이에는 넘을 수 없는 간극이 남아 있을 것이다. 자

---

* 조지 슈타이너George Steiner, 『바벨 이후*Après Babel*』, trad. L. Lotzinger et P.-E. Dauzat, Paris: Albin Michel, 1998 참조.

연언어는 그것의 사용을 통해 특징지어지며, 복잡하고 모호하지만 또한 통제할 수 없는 창의성을 갖고 있다. 원칙적으로 자신의 모어(母語)로 주어진 한 언어를 말하는 모든 이는 다른 언어를 배울 수 있으며, 따라서 자신의 언어를 다른 언어들 중 하나로 간주할 수 있다. 이렇게 본래 자신이 사용하는 언어에 대해 융통성을 발휘할 수 있기에, 그는 자신의 언어로 말하는 내용이 다른 언어에서는 다른 방식으로 말해질 수 있다는 것을 상상할 수 있게 된다. 그는 또한 이 다른 언어들로 자기 언어의 관용적 표현들을 통해 말해지는 것과는 다른 어떤 것을 말할 수 있다고 상상할 수 있다. 번역의 기적이란 의미의 가정된 동일성을 창조해내는 것이다. 이 가정된 동일성은 두 언어를 비교할 수 있는 제3항이 없다는 점에서 [사실] 동일하지는 않지만, 그럼에도 불구하고 이것을 처음의 의미에 대한 등가물로서 내세울 수 있다. 이렇게 되면 이 등가성을 확증할 수 있는 것은 오로지 번역의 실천, 그리고 특히 재번역의 실천뿐이다. 확실히 어떤 번역도 원본을 반복하지 않지만, 그럼에도 불구하고 우리는 언제나 번역하고 있고, 그게 아니라면 적어도 번역하기를 시도할 수 있다. 여기에는 언어들이 근본적으로 번역될 수 없을 만큼 서로에 대해 낯설지는 않다는 점이 가정되어 있다. 비록 이 공통적인 토대를 보여줄 방법은 손님 언어가 표현하는 것과 주인 언어가 구현하는 것이라는 두 지배자를 배반할 위험을 무릅쓰고 번역 작업을 통해 이 토대가 드러나게 하는 것 외에는 달리 없지만 말이다. 사람들은 항상 번역해왔다. 하지만 그뿐만 아니라, 방대한 텍스트 문헌들의 수준에서 이루어지는 번역을 통한 일종의 혼성화에서 새로운 문화들이 생겨나기도 했다. 예를 들어 토라*를 히브리어에서 그리스어로, 그리스어에서 라틴어로, 라틴어에서 각 민족어로 번역하는 과정에서 새로운 문화들이 생겨났다. 또 세계의 다른 쪽 끝에서 일어났던, 방대한 불교 문헌들을 산스크리트어에서 중국어로, 또 한국어와 일본어로 번역하는 과정에서도 새로운 문화들이 생겨났다.

오늘날 공통 언어를 찾는 탐구 과정에서 내가 문화적이며 정신적인 유산들 간의 교환을 언급할 때 생각하고 있는 것은 이런 종류의 현상들이다. 이 공통 언어는 18세기에 발명된 인공언어들과 비슷하지 않을 것이다. 그리고 비록 위에서 언급한 것들과 견줄 만한 혼성화 방식으로 진행되는 경우가 드물다고 하더라도, 다른 언어에서 직접 말해지는 것이 일종의 내적인 전환을 통해 우리 언어에서 말해지기 시작하는 일은 매번 각 언어의 내부에서 일어나며, 이는 특히 주인 언어가 가진 대중적인 표현들의 개척되지 않은 보고(寶庫)에서 [번역을 위한 자원들을] 길어내면서 이루어진다. 각 언어가 자신에 대해 행하는 이 끈기 있는 작업은 지배 언어의 모델을 너무 자주 모방하는 공식 번역들보다도 더 강력한 미래의 전달자이다. 지배 언어[가 가진 말들]의 등가물을 다른 문화들에서 발견하기는 어렵기 때문이다. 그래서 만약 어떤 한 문화의 가장 뛰어난 사상가들이 이 문화가 다른 문화에 보편적인 가치들을 전해줄 수 있다고 진지하게 생각한다면, 그들은 이 가치들이 비준받고, 전유되고, 적용되며, 인정받기를 추구하는 가정된 보편성들이라는 점을 받아들여야 한다. 그러므로 역사를 통해 또 동시에 역사에 대한 비판적 시선을 통해 특징지어지는 이 구체적인 보편성들을 찾는 일을 지탱하는 것도 역시 번역 작업이다. 단 하나의 확실성만으로 충분하다. 즉 번역 불가능한 절대성이란 없다는 확실성, 번역은 자신의 본

---

* (옮긴이 주) 토라Torah. 모세5경을 가리킨다.

질적인 불완전성에도 불구하고, 단지 다원성만이 있을 것 같은 곳에서 유사성을 창조한다는 확실성만으로 충분하다. '보편적 기획'과 '유산들의 다수성'이 화해하는 것은 번역 작업을 통해 창조된 이 유사성 안에서이다.

애도 작업

막다른 길들과 접근 가능한 길들에 대한 이 그림에 마지막 손길을 덧붙여보자. 우리의 문화유산이 단지 축적된 획득물들로 이루어져 있다고 생각해서는 안 되며, [유산을] 어떤 상실의 관점에 따라서도 생각해야 한다. 기억 작업은 애도 작업 없이는 진행되지 않는다. 이 애도 작업은 우리 삶—개인적인 것이 되었든 집단적인 것이 되었든 간에—의 역사, 더 특정하게는 우리 전통들의 기초가 되는 사건들을 다르게 이야기하기 위한 시도들에 반드시 영향을 끼친다. 어떤 시기에도 영토, 인구, 영향력, 존경, 신용의 상실을 겪지 않았던 국가는 없다. 유럽의 잔인한 20세기는 이러한 고찰[모든 국가가 어떤 상실을 경험했다는 고찰]을 하도록 만들었다. 애도할 수 있는 능력을 끊임없이 배우고 또 배워야 한다.

우리 삶의 역사에는 해독할 수 없는 어떤 것이 있으며, 우리의 갈등 속에는 화해할 수 없는 어떤 것이 있고, 우리가 겪고 당했던 손실들에는 회복할 수 없는 어떤 것이 있다는 사실을 받아들여야 한다. 우리가 이런 애도의 역할을 받아들였을 때, 슬픈 기억은 가라앉게 되며 우리는 다양한 문화적 초점들 간의 교차되는 불빛들에, 즉 우리의 역사에

대한 상호적 재해석과 한 문화를 다른 문화로 번역하는 미완의 작업에
기대를 걸 수 있다.

제3장

진지한 가치들인가, 하찮은 가치들인가?

오늘날 가치들에 대해 제기된 소송은 여러 형태를 갖고 있다. 가치들은 탈신비화되고, 상대화되고, 평가절하된다. 그리고 가치들은 특히 우연성, 변덕스러움, 즉 하찮음 때문에 고발당한다. 하찮음이라는 관념은 분명 가치들에서 모든 토대를 회수해버리는 것 같다. 그렇지만 역설적으로 가치의 관념은 점점 더 우리의 담론 속에 뚜렷이 드러나게 되고, 겉으로 보기에는 점점 더 많은 의미를 갖게 되는 것 같다. 어떻게 이 상충하는 두 경향을 화해시킬 것인가?

모하메드 아르쿤은 이 논쟁이 서양의 도덕적·철학적 사유의 역사적 맥락으로 제한되어야 한다는 주장은 받아들일 수 없다는 점을 환기시킨다. 진지한 가치들과 하찮은 가치들이라는 허울 좋은 구별보다는 가치들의 전복적인 발생이라는 관념을 선호하면서, 그는 종교와 사회과학이 우리의 집단 기억들을 구성하는 과정에서 맡는 각각의 역할을 재정의하고자 한다.

에드가 모랭은 윤리적 복합화를 옹호하며, 발산들의 중요성을 인정하고 이를 우리 행위와의 관계 속에 아우를 필요가 있다는 점을 일깨운다. 이 발산들은 복합화와 관련해서 상이한 가치 체계들 사이에서 나타나지만 또한 과학, 윤리, 정치만큼이나 상이한 영역들 사이에서도 나타난다.

끝으로 장-조제프 구는 거의 심미적인 것에 가까운 창조 행위들을 통해 자신의 자유를 입증하고자 애쓰는 근대인을 계몽시대의 인간과 비교함으로써 현재 가치 관념에 관련되어 있는 상대주의를 밝혀낸다. 그에 따르면 가치들과 맺는 이 근대적 관계는 [가치가 갖는] 어떤 근원적인 불안정성과 하찮음을 두려워하게 만들 수도 있지만, 어떤 일이 있더라도 우리가 가진 자유의 양태들 중 하나로서 견지되어야만 한다.

가치들의 전복적 발생을 위하여

모하메드 아르쿤

　19세기부터 구성되었던 신화역사적 범주들은 세계의 나머지 지역들에 대한 서양의 진보와 우월성을 또렷이 드러내기 위한 것이었다. 이 범주들은 다소간 은폐된 형태로, 심지어 소위 탈식민화 이후에도 계속해서 기능해왔다. 가치들에 관한 니체의 비판적 급진주의를 따르는, 9월 11일에 대한 계보적 역사연구는 어떤 은밀한 통로들을 보여줄 것이다. 이 통로들은 '지도적' 전사인 빈 라덴을 중심으로 하는 모국 없고, 정확한 국적 없고, 표현 가능한 역사적 기억 없는 이데올로그들로 이루어진 집단에 닿아 있는데, 이 집단이 완수하려고 하는 묵시록적 행위는 궁극적으로는 가치들에 관한 문제를 겨냥하고 있다. 가치들에 관한 문제는, '참된' 가치와 '거짓된' 가치와 관련하여 서로 경쟁하며 영향력을 행사하는 오늘날의 어떠한 위대한 사유 전통 내에서도 아직까지 적절하게 제기된 적이 없다. 이 문제는 잘못 제기되었고, 논쟁적이고 이데올로기적인 방식으로 악용되기만 했을 뿐이며, 반복해서 말하면 니체의 철학적으로 전복적인 계보학적 관점 속에서 제기되지는 않았다. 그렇기 때문에 이 문제는 그 어느 때보다도 더 어떤 정치적 주제로 변형되는데, 이것의 목표는 세속적 '서양'이 '정당한 전쟁'이라고 부르는 것과 빈 라덴의 이데올로기적 교서——이 교서는 많은 이슬람인의 상상적 심금을 울렸다——가 **지하드***라고 부르는 것을 정당화하는 일이다. 나는 다른 곳에서 이 두 개념〔정당한 전쟁과 지하드〕이 매우 정확하게, 전쟁 폭력에 대한 정당화 속에서 발견되며 그와 동시에 이 정당화를 신학적으로 구성하는 담론들의 역사적 발생 과정 속에서 발견된다는 것을 보여주었다. 이 담론들의 발생은 기독교인들에게는 성 아우구스티누스까지 그리고 이슬람교도들에게는 7~10세기의 신학자들과 법학자들까지 거슬러 올라간다.

역사적 관점들

기독교주의, 이슬람주의, 끝으로 유대주의가 수 세기 전부터 '가치들'——이 가치들에 대한 관리는 정치권력과 결탁한 종교적 권위에 넘겨졌다—— 을 위해 싸우던 지중해 공간을 넘어서, 오늘 나는 세계의 모든 문화에까지 가치들에 관한 논쟁을 확장시킬 것이다. 〔물론〕 나는 우리가 이런 영역에서 단번에 모든 것을 할 수는 없다는 사실을 알고 있다. 여기에서는 **사유할 수 없는 것들과 사유되지 않은 것들** 속에 억압되어 있던 물음들이 **사유 가능한 것**의 공간들 안에서 논쟁적으로 되풀

---

* (옮긴이 주) 본래 이슬람교를 전파하기 위한 이슬람교도의 의무를 가리키지만, 통상 성전(聖戰)을 의미한다. 본문의 맥락에서도 성전이라는 의미에서 사용되고 있다.

이되는 물음들보다 미래를 위해서 더 중요하고 더 결정적이다. 사유 가능한 것은 성스러운 것의 관리자들이나, 계몽적 이성의 세속적 성직 자들——계몽적 이성도 최초 싸움들이 벌어졌던 때부터 정치적 주권의 새로운 소유자들과 동맹을 맺고 있다——이 용납한 것에 불과하다. 이 런 이유로 『인간적인 너무나 인간적인』의 저자, 『즐거운 학문』의 저자, 『선악의 저편』의 저자는 '새로운 계몽'의 창립을 위해 끊임없이 작업했 다. 니체의 이 기획이 바로 서양의 철학적 사유에 의해 맞이하게 된 운 명은 이데올로기적 메커니즘을 매우 잘 예시해주고 있다. 이 메커니즘 은 **사유 가능한 것**으로 선별된 것들은 장려하고, 사유의 막다른 길에서 빠져나오는 것을 목표로 하는 전복적 주제들과 탐구들은 억압하여 **사 유 불가능한 것** 속으로 밀어 넣는다. 계몽 이성은 우리에게 인간 조건 의 해방을 위한 좀 더 확실하고 좀 더 생산적인 가치들을 약속했었다. 〔하지만〕 실제로는, 이 이성은 고전 형이상학의 역사적이면서 초월적 인 공리들, 공준들, 주제들을 과학적이고 세속적인 관습으로 포장했을 뿐이다. 그래서 이것들의 관념론적·몽상적인, 그리고 특히 기만적인 수사들을 보여주기 위해서는 해체주의자들(미셸 푸코, 자크 데리다, 클 로드 레비-스트로스……)이 개입할 때까지 기다려야만 할 것이다. 미 국의 연구자 로버트 케이건은 서구 유럽이라는 지리역사적 지역에서 국가들이 어떤 이중적 기준의 활용에 기초한 사유 체계를 이용했던 방 식을 잘 보여주었다. 이 이중적 기준이란 고전 형이상학의 계열 안에 서 관념화된 도덕적이고 정치적인 가치 기준과 군사력, 과학 기술력의 가치 기준을 가리킨다.*

---

* "미국인들은 이상주의자이지만, 그들은 자신이 가진 힘에 의지해서만 그들의 이상을 고양시킬 수 있었다〔……〕. 개리 쿠퍼는 마을을 방어할 것이다. 이 마을 주민들이 이를 바라든 바라지

나는 현재 이슬람에서 일고 있는 유행적 사고방식에 한 번도 가담한 적이 없다. 이 사고방식은 서양 유럽이 7세기에서 13세기에 이르는 고전기 이슬람 문명의 철학적·과학적 공헌에 대해 지고 있는 역사적 빚을 끊임없이 환기시킨다. 이러한 정신적 태도는 근본적으로 호교론적이면서 동시에 이데올로기적인 것이며, 이는 가치들의 문제에 관해 입장을 취하도록 요구를 받은 비판적 이성이 저지르는 주요한 두 개의 배반이다. 이슬람 사상사가인 한에서, 나는 기독교주의와 그리스의 사유에 관한 니체의 작업을 사유와 믿음의 체계 전체에까지 확대시키면서 가치들을 계보학적으로 재독해할 필요가 있다고 생각한다. 이 사유와 믿음의 체계들은 유일하고 참되며 넘어설 수 없는 대문자 진리를 소유하고 가르치는 것을 자신의 소명으로 삼거나 또는 이런 소명을 방어하면서 상호 침투해 있다. 이들의 대문자 진리는 존재론적으로는, 계시된 사실에 정초해 있거나 또는 외적인 모든 도그마로부터 독립해 있는 세속적 이성을 통해 공식적으로 통제되는 계몽에 정초해 있다. 9월 11일 이후 도처에서 확산되었던 담론들은 우리가 어느 정도까지 이분법적 사고, 이원론적 대립, 신성화, 초월화, 본질화, 실체화 작용과 같은 오래된 범주들 속에 갇혀 있는지 입증해준다. 이런 모든 작용은 중세 신학으로부터 물려받은 것들이며, 고전 형이상학(플라톤주의, 아리스토텔레스주의)을 통해 이어져왔고 오늘날에조차 승리한 자유주의적 사유의 실용주의, 기능주의, 경험주의에 의해 이어지고 있다.

종교의 회귀나 신의 회귀를 찬성하고, '서양'의 '물질주의적' 가치들에 대면하여 이슬람이—언제나 어떤 이슬람인지 자문해야만 한다—

않든 간에 말이다."(로버트 케이건Robert Kagan,『르 몽드*Le Monde*』, 2002년 7월 28일)

권하는 가치들의 패권을 찬양하자는 생각에 나는 동의하지 않는다. 우리는 단지 본성상 정치적인 강력한 운동들이 있으며, 이 운동들은 이데올로기적인 쪽으로 향한다는 것, 그리고 어떤 경우에는 광신주의적인 방향으로까지 나아간다는 사실만을 인정할 뿐이다. 이 운동들이 내세우는 이슬람은 이슬람이 출현하고, 지리적으로 확장되고, 신학적이고 신화·역사적인 측면에서 구성되는, 13세기까지 거슬러 올라가는 여러 계기와 완전히 단절한 이슬람이다. 이슬람은 1970년대부터 모든 종파와 모든 신분의 전사들이 구호로 휘두르고 있는 것이지만 사실 이미 이슬람 형제단 운동*이 출범한 1930년대에도 있었던 것이며, 세 가지 강력한 요소의 변증법적이며 근본적으로 이데올로기적인 산물이다. 첫째 요소는 고전적인 근대성의 압력들인데, 이것은 1989~1990년 이후 미국에서 선포된 '역사의 종말'에 뒤이어 등장한 '야만적인' 세계화의 근대성에 동화되면서 확대되고 있다. 두번째 요소는 문화적·사회적 퇴행의 정치인데, 이것은 실제로는 전체주의자이자 약탈자인 대다수의 이른바 민족국가 체제에 의해 강제로 부과되고 있다. 셋째 요소는 인간사회의 역사 속에서 알려져 있지 않은 풍부함을 간직한 민주주의적 추진력이다. 약탈자의 체제들은 정치·재정적 마피아와 기생 계급이 부상하도록 조장했을 뿐 한 번도 이 추진력을 육성했던 적이 없다.

---

* (옮긴이 주) 이집트에서 생겨난 이슬람 근본주의 운동. 하산 알-반나Hasan al-Banna(1906~1949)가 1928년 이집트의 이스마일리야에서 이슬람의 대중화를 목적으로 이슬람 형제단을 창설했다. 이들은 사회, 경제, 교육, 군대 등 모든 분야의 개혁을 촉구하는 계몽 운동을 벌였다. 범이슬람주의를 내세워 많은 아랍인의 지지를 받았다.

가치들의 전복적 발생

우리는 '우월한' 가치들과 '위험한' 가치들의 생성에 대해 철학적으로 사색하거나 정치적으로 논쟁을 벌이기에 앞서, 역사적 사실들, 언어사회학, 문화사회학, 법사회학, 그리고 모든 문화에 대한 비판으로서의 인류학을 통해 우리의 정신을 함양해야만 한다. 가치들은 위험한 것이 될 수 있다. 그것들이 어떤 수치스러우며 비난을 받을 만한 기획들의 위장복으로 이용되는 문화나 맥락 안에 놓여 있을 때에는 말이다. 이 기획들은 특권을 확보하고 지배하고 착취하려는 목적을 가지며, 이를 위해 피지배자들을 희생시키지만 사실 이 피지배자들의 도움 없이는 권력을 가진 지배자들은 자신들이 독점하고 있는 어떤 것도 가질 수 없다. 가치들은 끊임없이 재정초되어야만 한다. 왜냐하면 가치들을 관리하고 보호하는 책임을 지고 있다고 자처하는 자들이 가치들을 압수해 버리기 때문인데, 이들이 보호 관리하는 가치들은 비타협적 사유가들의 전복적인 비판적 창안들로부터 벗어나, 신성하며 인간주의적이고 보편적인 것으로 간주된다. '하찮은' 가치와 '진지한' 가치 사이의 구분은 그 자체가 정당화가 필요한 것이지만 현대의 윤리적 이성은 이런 정당화를 납득할 만한 방식으로 구상해내는 데 어려움을 겪을지도 모른다.* 언어학자들이 의미의 파괴적 발생에 대해 말하듯이 내가 가치들의 전복적 발생에 대해 말하기로 한 것은 바로 이 때문이다. 가치들의 삶은 인간 주체의 사회화 조건들로부터 분리될 수 없는데, 이 인간 주

---

* 모니크 칸토-스페르베르Monique Canto-Sperber, 『도덕적 불안과 인간의 삶 *L'Inquiétude morale et la vie humaine*』, Paris: PUF, 2001을 보라.

체 각자는 변화하는 다양한 동기들을 갖고 다른 행위자들과 항상적으로 상호 작용하며 경쟁하는 하나의 사회적 행위자가 된다. 가치들의 생성을 고려하기 위해서는 끊임없이 이런 매개변수들을 파악해야 한다.

가치들에 대한 이러한 비판적 접근은 신의 계명이나 칸트적인 초월적 주체의 범주적 정언명령을 통해 그 영속성이 보장되는 불변적 가치 체계의 규범적 정의들과는 반대 방향으로 나아간다. 하지만 독단적 신학이나 유심론적 형이상학의 공리들은 단지 근본주의적〔토대주의적〕 사유의 틀 안에서만 기능할 수 있으며, 우리는 이 근본주의적 사유가 사회적·정치적 장을 침범할 때 끼치는 병폐들을 알고 있다.

이슬람적 사유에는 다른 문화에 대해, 특히 이성의 철학적 태도에 대해 개방되어 있던 매우 생산적인 시기가 있었다.* 사람들은 가치들의 종교적·철학적 토대들과 대면하여 가치들에 대해 깊이 성찰했었다. 이 시기는 완전히 잊혀졌다. 그리고 1198년 아베로에스의 죽음 이후로는 사실상 철학적 이성에 준거하지 않게 되었다. 또 30년 전부터 시작된 근본주의적이며 이데올로기적인 분위기 속에서, '사상가들'(이런 명칭과 지위를 받을 자격이 거의 없는)이나 세속적인 에세이스트들만큼이나 종교의 사제들도 가치들에 대한 물음에 관심을 갖지 않게 되었다. 이데올로기적 투쟁이 사유, 창조, 탐구의 모든 장에 침입하여 이 장들을 타락시킨다. 사회들은 어떤 조각들의 도움을 통해서 살아가고 있다. 이 조각들은 잔재물로 축소되어버린 전통 문화가 될 수도 있고, 잘못 이해되고 불평등하게 분배된 서양 문화가 될 수도 있다. 이런 서양 문

---

* 나는 부이데스Bûyides 이란 왕조 치하의 이란-이라크에서의 『4~10세기 아랍 인간주의 *L'Humanisme arabe au IV*ᵉ~*X*ᵉ*siècle*』(Paris: Vrin, 1982)라는 저작 하나를 할애하여 이에 대해 자세하게 연구한 바 있다.

화는 소위 '진정한' 이슬람적 '가치들'을 위해 종종 폭력적으로 거부되곤 하는데, 이 가치들은 실제로는 탈통합시키는 동시에 다소간 적절하게 조합하는bricolage 동일한 힘들에 종속되어 있다. 서양의 '문화적 침략ghazw fikri'이라는 분노에 찬 선언은 정치적 투쟁의 역할을 하지만, 그와 동시에 사회적 인정과 정치적 직위를 부여하는 어떤 도덕적 훈계의 **에토스***를 유지하는 역할도 한다. 정치적 직위들은 사업(비즈니스)에서의 다양한 성공과 함께 사회적 지위 상승의 주요한 원천이 되었으며, 소위 종교적인 직위들은, 이러한 정치 영역, 경제 영역의 '사회적 지위 상승' 메커니즘 속으로 옮겨지면서 점점 더 윤리적 가치나 정신적 가치와의 연결고리를 잃어버리게 된다. '가치들'과 길들의 변화, 사회적 지위 상승의 원천들의 변화가 이슬람적 맥락에 고유한 것은 아니다. 이런 변화는 서양 사회에서도 발견되기 때문이다. 그렇지만 서양 사회에서는 지성적 · 과학적 · 예술적 · 문화적 창조성 또한 더 지속 가능하고 더 만족스러운 사회적 지위 상승 방식을 추구하는 영역으로 남아 있다.

새로운 가치들을 찾아서

이렇게 가치들의 전복적 생성에 대해 열려 있는 관점에서, 모든 사회적 행위자가 구별 없이 가치라고 부르는 것을 생산하는 과정에서 또는 반대로 도착적인 것으로 만드는 과정에서 이른바 '종교적인 것의 회귀'가 하는 역할을 다시 고찰해보는 것이 내가 보기에는 시급한 일인

---

* (옮긴이 주) 원래 풍속을 통해 형성되는 기질, 성격을 의미했던 그리스어로 이 말에서 '윤리éthique'란 낱말이 유래했다. 여기에서도 이러한 의미로 이해할 수 있다.

듯하다. 전통, 정치적·문화적 환경, 그리고 2010~2020년 사이에 일어날 미래의 변화와 관련해서 각각의 종교가 처해 있는 현 상황은 매우 상이하다. 서유럽의 기독교주의(가톨릭과 프로테스탄티즘)는 근대성의 긍정적이며 해방적인 성취들로부터 동유럽의 기독교주의, 이슬람주의 또는 심지어 유대주의보다도 더 많은 이득을 얻었다. 나는 아시아의 거대 종교들의 경우는 유보해두고 싶다. 우리는 세속적인 서양이 종교, 즉 이 경우에는 기독교의 외부로 탈출하는 데 '성공했다'는 사실에 만족해한다는 것을 알고 있다. 하지만 오늘날 유럽과 미국에서 비기독교적인 종교들이 교세를 확장하기 시작한 이후, 서양이 종교적 영역에 대한 근대적 정책을 고안하거나 실시하지 못하고 있는 것은 이런 탈출 때문이다. 다원주의적 민주주의 사회에서 공식화되는 요구들에 적합한 가치들이 생산될 새로운 역사적 장이 여기에 있다. 그런데 우리는 가치들에 대한 이 새로운 요구들에 적절한 응답이 나타나는 것을 보지 못하고 있다. 서양의 기독교주의는 그 어느 때보다도 공적 공간의 정책적 관리에 따른 타협으로부터 자유롭다. 그렇기 때문에, 이 기독교주의는 성직권과 세속권을 분리한 결과로 실현된 진보들을 가장 잘 통합할 수 있게 해줄 가치들을 제안하고 진보시킬 가능성을 갖고 있다. 요한 바오로 2세는 이런 방향으로 매우 많은 노력을 기울였다. 하지만 그는 또한 유럽을 다시 기독교화하고, 유럽을 가로질러 세계를 다시 기독교화하자고 말한다. 그렇지만 그런 기획은 또한 세계와 근대를 이슬람화하자고 말하는 어떤 이슬람주의와 혹은 익히 알려져 있는 정치적 열의를 가지고 자신의 독특성을 방어하는 어떤 유대주의와 모방적 경쟁관계를 다시 활성화시킬 위험에 빠진다. 우리는 이 점을 알고 있다. 가치들은 어디에 있는가? 당대의 모든 사회, 문화, 종교가 싸움을 벌이고 있는 혼란, 혼동, 체계적 폭력을 뛰어넘을 수 있는 가치들을 창조하는 정신들과 이를 전달하는 작업들은 어디에 있는가? 나는 수사적인 것이 아니라 프로그램적인 이 물음들에 집중하겠다. '가치들'과 우리의 관계 속에는 개시해야 할 작업들, 채워야 할 상당한 결여들, 기획해야 할 새로운 탐색들, 실행해야 할 근본적인 개혁들이 무수히 많다. 이런 모든 활동이 서양 유럽에서 진행 중이다. 하지만 두 가지 확장 작업을 해야 한다. 하나는 서양 사회 자체 내부에서의 작업인데, 이는 일회적 사유의 전적인 지배와 점점 더 자유 시장의 냉혹한 법칙들에 종속되는 대중문화의 전적인 지배 간의 현행 관계들을 뒤집기 위한 것이다. 이 관계는 인문과학과 사회과학의 비판적 사유를 확산시키고 전달할 수단과 방법이 축소되는 것으로 나타난다. 사람들은 기술적technique 전문 용어들, 지나친 박학함, 추상적인── 하지만 정당한──사변들을 몰아낸다는 구실을 내세우지만, 이런 맥락하에서는 사회과학, 역사학, 언어학, 기호학, 인류학, 정치적 사유와 법적 사유의 비판, 윤리적 질의 등과 같은 영역들에서의 탐구를 통해 실현되는 진보들의 대규모 전파는 약화되고 말 것이다.

다른 확장 작업은 분석되지 않은 사회들, 수치스럽게도 무시된 문화들에 대한 연구에 사회과학을 체계적으로 적용시키는 것과 관련된다. 또한 매우 영향력 있고 결정적이기까지 한 체계들에 대한 연구에도 이러한 적용이 이루어져야 하는데, 이 체계들은 토대적인 사유 또는 토대의 추구이자 신화·역사적이고 신화·이데올로기적인 표상들의 도움을 받아 구성된 근본주의적[토대주의적] 상상이기도 하다. 나는 지금 주류 신문사, 잡지사의 편집장들, 더 나아가 주류 출판사의 편집장들조차 이해하지 못한다고 말하는 '전문 용어'를 사용하고 있다. 왜인가?

글쓴이가 용어 만들어 쓰기를 좋아하기 때문인가, 아니면 어떤 현대 사회—가장 많은 대학이 있으며 과학적 성과들이 가장 풍요로운 사회까지 포함하여—도 신화·역사적이며 신화·이데올로기적인 표상들 없이 지낼 수는 없다는 사실을 편집장들 자신이 생각하지 못하기 때문인가? 소위 교양 있는 국민은 신화·역사적 표상들의 속박을 무시하는 합리성의 공리에 따라 이른바 진보한 사회에서 살고 지각하며 해석하는 최초의 인간들이다. 온갖 형태의 통속적 문화로 인해 황폐해진, 분석되지 않은 사회들에 관해 말하면, 호메이니의 소위 이슬람 혁명 이후 대문자 I로 표기되는 '이슬람Islam'이란 단일한 이름 아래 하나의 이데올로기적 괴물이 구성되었으며, 이와 관련한 모든 복합성은 '상식'의 용어법에 따라 무화된 채로 언론매체가 대중화한 근본주의적 용어를 통해 전달된다. 이렇게 해서 이슬람 사상사가는 모두가 직접적으로 알 수 있는 '상식'의 언어의 관점에서 끊임없이 검열을 받는다. 그는 '대문자 이슬람'에 대한 상상력의 한계를 넘어서기를 싫어하는 서양 사회에서 끊임없이 검열을 받으며, 마찬가지로 인문과학적인, 사회과학적인 문화가 절망적일 정도로 부재한 이슬람의 사회적 맥락에 따라서도 검열을 받는다. 내가 지금 고발한 일반적인 상황이 가치들의 현 상태에 결정적이고 지속적인 방식으로 도착적 영향을 끼치지 않는다고 누가 말할 수 있겠는가? 시급히 개입하여 지성적 장, 사회과학, 체계들의 실천을 전복시키고, 단지 지식을 전파할 뿐만 아니라 오늘날의 세계를 사유하고 신화·역사적 과거들을 다시 해석하는 방식도 전파하는 통로들을 전복시켜야 한다. 이 신화·역사적 과거들은 우리의 집단 기억, 사회적 상상, 실재에 대한 우리의 해석을 가로막아 결국 우리도 모르는 사이에 '가치들'을 도착적인 것으로 만들고 마는데, 우리는 이런 '가치들'을 위해 무용하지만 파괴적인, 또 그만큼 냉혹한 전쟁을 벌인다.

힘의 철학

'테러리즘'에 맞서 미국에서 진행 중인 성전 때문에, 내가 여기에서 권하고 있는 방식의 전복들은 점점 더 역사적으로 시급한 과제가 되어 가고 있다. 우리는 **체계적 폭력**에 대항하여 싸워야만 한다. 이 체계적 폭력은 힘과 의미를 사유하는 '서양적' 방식을 통해 작동한다. 이 방식에 따르면 모든 명제는 기능적이며 확실한 참된 의미에 의존하고, 한 '국가'의 존재에 의존하며, 억제력에 의존하는데, 이 억제력은 언제라도 한쪽 진영의 적에 대한 완전한 승리를 보장하는 파괴력이 될 수 있다. 동등한 군사력과 자원을 바탕으로 벌어지는 전쟁의 시대에, 이런 힘과 의미의 철학이 제공한 정당화는 [원칙적으로] 용납할 수 있는 것은 아니었지만, 어쨌든 받아들여졌다. 하지만 적어도 18세기부터 인류는 근본적으로 동등하지 않은 전쟁의 시대로 들어갔다. 과학과 기술의 진보 덕택에 서양은 권력의 모든 영역에서 패권을 장악하여 도전할 수 없는 존재가 되었다. 이것이 정글 게릴라와 테러리즘을 통한 저항에 의존할 수밖에 없게 만드는 요인들 중 하나이다. 이 중요한 사실이 '테러리즘'에 대항하는 '정당한 전쟁'에 대한 정당화에서는 거의 고려되지 않는다는 점에 주목한다면, 현재의 '서양적' 사유에서 윤리적 물음에 붙어 있는 한계들에 대해 알 수 있다. 전쟁에 관한 어떤 새로운 법이 필요하지만 미국이 이런 방향으로의 모든 진전에 저항하고 있다는 사실을 다들 알고 있다. 그렇지만 식민 전쟁 때부터 반 '테러리즘' 전쟁에 이르기까지 체계적 폭력이 제기한 모든 문제를 통합할 어떤 새로운 법에 대해 의견을 나누고 협상하는 것이 각각의 테러 행위에 과잉 보복으로 응답하지 않는 가장 근본적인 방식일지도 모른다. 이는 또한 근대의 동태복수법(同態復讐法)으로 제도화되어 있는 체계적 폭력의 악순환을 깨뜨리는 가장 근본적인 방식일 것이다. 서양 유럽의 지정학적 전략들에서 분리될 수 없는 체계적 폭력이 냉전 시대의 공포에 의한 균형을 계승했다는 것은 분명하다. 이 힘과 '의미'의 '철학'이 지배하는 한, 윤리적 요청의 역사상 최초로 보편화될 수 있는 가치들에 관한 논쟁에 참여하는 것은 무익하고 기만적인 일일 것이며, 자신의 책임에 대한 어떤 관념을 간직하고 있을 인간 정신에 걸맞지 않는 일일 것이다.

이제 우리가 서양의 도덕적·철학적 사유의 역사적 맥락 안에서만 가치들의 운명에 대해 관심을 가진다는 것은 얼마나 놀라운 일인가? 이것은 이성적으로 받아들일 수 있는 일인가? 이것은 학문적으로 용납되는 일인가? 나는 통합 지중해사(史)의 기초를 세우고자 30년 동안 논쟁하며 싸워왔다. 왜냐하면 바로 이러한 통합사적 틀 속에서 가치들의 역사적 생산과 연대가 창조될 수 있기 때문이다. 이 가치들 자체는 잉여 존재의 상태로 축소된 모든 민중이 참여함으로써 구성될 것이다. 나는 이 점과 관련하여 이성과 계몽의 도구화가 바로 유럽 한복판에서, 가장 기본적인 인간주의에 대항하여 작용했다는 사실을 지적하고 싶다. 이렇게 변질된 서구적 이성은 제2차 세계대전과 이로 인해 야기된 계획적인 역사적 비극들에 영향을 끼쳤을 뿐만 아니라 우리가 겪었던 사건들의 직접적인 원인들 중 하나이기도 하다. 수에즈 위기, 알제리 전쟁, 6일 전쟁, 키푸르 전쟁, 걸프 전쟁, 그리고 오늘날의 미국 원정이 그 사건들이다. 앞으로도 상황은 마찬가지일 것이다. 만약 국가 간의 은밀한 결합관계가 아닌 민중의 연대에 기초한 역사가 형성되도록 그에 필요한 지성적 조건들을 우리가 창조해내지 못한다면 말이다. 왜냐하면 자기 국민에 맞서서 기능하는 국가들이 있기 때문이다. 정당하긴 하지만 희생자의 담론을 취했던 식민지들은 식민지 경험으로부터 해방적 역사의 기획을 이끌어낼 줄 몰랐으며, 그 결과 우리는 국가들이 자신의 국민에게 입힌 끔찍한 이데올로기적 영향을 목격했다. 이슬람은 1960년대와 1970년대의 해방에서 어떤 성찰을 끌어내지 않았고 이슬람 자신의 고유한 과거에 대해 다시 성찰하지도 않았다. 즉 서양의 유대·기독교주의, 기독교주의와 계몽이 물려준 가치들에 관해 우리가 했던 것과 같은 근본적이고도 급진적인 비판을 자신의 과거에 대해서 행하지 않았다. 그러기는커녕, 7세기에서 8세기에 이르는 이슬람 사유의 고전기와 현대의 이슬람적 담론들을 완전한 분리시켰을 뿐이다. 오늘날에도 이슬람교도들은 여전히 이 시기에 대해 어떻게 말해야 할지 알지 못한다. 이슬람에 대한 역사적 탐구가 상당히 지체되고 있기 때문이다. 우리가 자신의 유산을 이해하지 못하고 있는 만큼, 내가 이런 한계에도 불구하고 현재 이 토론회에서 하려고 하는 것과 같이 우리가 새로운 가치들의 토대를 위해 유럽인들과 대등하게 대화하는 것은 더더욱 불가능하다.

현재의 이슬람은 이슬람의 지식인들, 그리고 더 특정하게는 아랍의 지식인들이 19세기 '르네상스'라고 불렸던 기간 중에 통합하려고 했었던 근대성의 조각들 또한 잊어버렸다. 이러한 망각은 대개 그 이후에 근대성이 식민지에 부정적인 영향을 끼쳤다는 사실을 통해 설명된다. 근대성은 자신의 긍정적인 공헌들을 문화들에 대한 지배 및 부정과 연결시켰기 때문이다. 결론을 내리면, 나는 우리 모두를 위해 민중과 문화의 위계에 기초한 역사로부터 연대성에 기초한 역사로 이행하기 위한 조건들을 창조하는 것이 필요하다는 점을 강조하고 싶다. 이런 이행이 우리가 우리 모두의 희망이라고 부르는 미래의 가치들 전체를 구성하기 위해 필요하다.

복잡성의 윤리와 21세기 가치들의 문제

에드가 모랭

21세기의 가치들에 대한 문제는 윤리적 복잡화로부터 올 것이다. 지금까지, 가치들의 토대에 대한 문제는 극히 단순한 것이었다. 인간이 선(善)을 완성할 수 있도록 신이 인간에게 법을 주었다. 강하게 결속되어 있는 사회들의 세속적 맥락에서도 사정은 마찬가지이다. 윤리적 명령들이 아주 깊숙하게 내면화되어 있었기 때문이다. 가치들에 복종하고 가치들을 존중하는 것은 자명한 일이었다.

물론, 개인들의 자율성과 책임이 증대함에 따라 상황은 변한다. 명령은 더 이상 신으로부터도, 종교로부터도, 국가로부터도, 사회로부터도 오지 않고 칸트의 범주적 명령에 따라 개인 자신으로부터 오기 때문이다. 이 명령은 고립된 섬과 같은 것이 되었으며, 스스로 생산되며 스스로 정당화되는 것이 되었다. 그리고 이런 상황은 인간은 단지 개인, 사회 또는 생물 종일 뿐만 아니라, 이 세 가지 항이 상호 의존하면서 구성하는 삼중적 존재라는 사실을 의식하는 것에 맞추어 진보해야만 한다. 그러므로 이런 관점에서 가치들은 책임성, 존엄성, 덕과 명예를 통해 개인과 관련되지만, 또한 특히 세계화의 맥락에서 집단과 종을 통해서도 개인과 관련되어 있다. 이 세 가지 요구 수준을 동시에 고려하기는 어렵기 때문에, 의무의 갈등들이 빈번하게 일어난다.

예전에는 과학적 인식과 윤리 간의 관계에 대한 문제는 제기되지 않았다. 서양의 근대 과학이 일체의 정치적·종교적·윤리적 간섭을 거부하면서 기초를 다지고 발전했기 때문이다. 결과가 어떻게 되든 간에, '인식'해야만 했다. 이 두 영역의 독립성은, 윤리는 가치 판단에 관련되며 과학은 사실 판단에 헌신한다는 점에서 비롯되는 것이 아니라, 과학적 영역 내에서 사실 판단이 최상의 가치를 갖는다는 점에서 비롯된다. 그런 분리는 20세기가 될 때까지는 문제가 되지 않았다. 20세기부터 과학들은 파괴력 혹은 거대한 조작적 지배력의 발전에 도취되었다. 오늘날 윤리위원회들의 증가는 과학적 인식과 윤리 사이의 관계가 결정적인 것이 되었다는 점을 우리에게 입증해준다. 과학과 윤리가 분리되어버렸기 때문에, 그만큼 과학을 통제하는 윤리의 능력이 확립되지 않고 있는 것이다. 이렇게 해서 결합되어 있어야 했을 요소들이 완전히 분리된 것으로 드러난다.

행위의 생태학

순수 도덕의 불충분성은 그것이 절대로 결과에 대해 염려하지 않는다는 사실에서 비롯된다. 순수 도덕은 선한 의도가 선한 행위를 가져올 것이란 말을 믿는다. 그렇지만 파스칼은 다음의 원리를 정식화했다.

"올바르게 사유하도록 노력하는 것, 이것이 도덕의 원칙이다." 이는 윤리적인 행위들을 하기 위해서는 올바르게 사유하는 것만으로 충분하다는 것을 의미하는 말이 아니다. 사람들이 진정으로 가치들을 위해 행동하는지를 알기 위해서는 그런 행위를 위한 조건들을 인식하는 것이 필요하다는 말이다. 이로부터 가치들을 위한 선의의 행위의 실행 조건들에 중점을 둔 행위의 생태학이 출현한다.

페리클레스*는 다른 국민들은 무모한 자들이거나, 겁쟁이 내지 비겁한 자들이었던 반면, 아테네인들은 대담함과 신중함을 완벽하게 결합시킬 줄 안다고 말했다. 이러한 단언은 모든 정당한 행위는 결단력 있는 태도, 위험을 감수하는 태도를 필요로 하지만 또 그와 반대되는 것〔신중함〕과도 결합되어야만 한다는 점을 강조한다.

행위의 생태학은 또한 목적들과 수단들 사이의 관계 속에 있는 불확실성을 이해해야만 한다. 어떤 고귀한 목적을 위해서 고귀하지 않은 수단들을 너무 오랫동안 사용할 때, 이 수단들은 결국 그 목적을 오염시키고 만다는 것, 그리고 심지어는 그 목적을 대체하고 만다는 것을 우리는 잘 알고 있기 때문이다. 반대로, 비도덕적인 행위들은 그에 대한 반발로 본성상 고결한 결과를 불러일으킬 수 있다. 이것이 괴테의 『파우스트』가 묘사하고 있는 바이다. 선한 파우스트는 마르게리타의 행복을 원하지만, 그녀를 위해 단지 파국만 불러일으킬 뿐이다. 반면 그녀가 불행해지기를 바라는 메피스토펠레스는 신의 개입을 야기하고, 이로써 마르게리타를 구한다.

---

* (옮긴이 주) 페리클레스Perikles(B.C 495 ?~B.C 429). 고대 아테네의 정치가, 군인. 참정권을 확대하여 아테네 민주정치를 완성하고 파르테논 신전을 건축하는 등 문화 발전에 힘썼으며, 대외적으로도 거의 모든 주변국을 속국으로 만들면서 아테네의 최전성기 시대를 열었다.

마찬가지로 행위의 생태학의 엄격한 원칙은 상호 작용과 소급 작용의 놀이, 즉 행위가 일어나는 역사적·사회적 환경의 놀이 속으로 들어가는 것도 함축한다. 이런 놀이 속에서 행위는 행위자(의 의지)에 반해 그 행위자를 없애버릴 위험이 있다. 역사 속에서 우리는 이렇게 최상의 의도들이 교란되는 것을 얼마나 많이 보았던가? 고르바초프의 예만 인용해도 충분하다. 그는 소련에서 바람직한 행위들을 시도했지만, 이 행위들은 그 나라의 분할로 이어졌다.

그러므로 우리가 막을 수 없는 불확실성의 원리가 존재하는데, 이 때문에 우리는 우리가 항상 판돈을 걸고 있다는 것을 반드시 의식하게 된다. 우리는 아주 장기적인 관점에서 우리 행위가 갖는 의미를 예언할 수 없다. 완전한 예견 불가능성의 법칙이 존재하기 때문이다. 어느 누가 프랑스 대혁명의 의미를 규정할 수 있겠는가? 대혁명은 인권들만큼이나 근본적인 원리들을 위해 시작되었으나 (결국) 그토록 많은 피를 흘리게 했으며, 여전히 누구도 최종적인 대차대조표를 만들지 못하고 있다.

모순적인 명령들

막스 베버의 표현에 따르면 "가치들의 다신론"이 존재하는 순간부터, 상반된 윤리적 명령들 간의 갈등이 빈번하게 일어난다. 그런 까닭에 안티고네는 경애심을 구현하지만 또한 그녀를 그녀의 오빠와 묶어주는 의무에 대한 충실성을 구현하기도 한다. 크레온은 정치를 구현하는 동시에 그가 매장을 금했던 도시의 적 한 사람에 대한 반역죄도 구현한다.* 오늘날, 우리는 반대로 윤리적 단순화의 세계 속으로 들어갔는데, 우리가 후진적이라고 판단하는 문명들은 이를 겪지 않았다. 우리는 환대와 약속의 성스럽기까지 한 원리들을 잊고 있을 정도로, 여러 측면에서 어떤 윤리적 저개발 상태에 처해 있다. 우리는 어떤 단체나 당파에 속해서 정당하지만 또한 그만큼 추상적인 가치들을 지키기위해 싸우면서도, 자신의 가족은 완전히 저버릴 수도 있다. 반대로, 자신의 가족에 헌신하면서 박애정신을 잊어버릴 수도 있다. 다른 차원에서, 우리는 양차 세계대전 사이의 기간에 스탈린주의와 나치주의라는 두 괴물 중 어느 것을 선택하는 것이 옳은가의 문제와 관련하여 주요한 윤리적 갈등들이 생겨나는 것을 보았다. 이런 불확실성 때문에 제2차세계대전 중에 양립할 수 없는 파트너들 간에 부자연스러운 동맹이 맺어지기까지 했다.

윤리적 모순들은 언제나 존재했으나, 오늘날에는 과학적 진보를 통해 다시 나타난다. 과학적 진보로 인해 의학 그리고 더 넓게는 생물학의 모순적 원칙들은 서로 대립하게 된다. 이렇게 해서, 죽음에 맞서 싸울 것을 명하는 히포크라테스의 명령은 하나의 딜레마에 직면하게 된다. 뇌사자의 삶을 연장해야 하는가, 아니면 다른 사람을 구하기 위해이 사람의 장기를 꺼내야 하는가? 안락사 문제도 분명 마찬가지로 첨예한 방식으로 제기된다. 또 낙태에 대해서는 뭐라고 말해야 하는가? 낙태는 여성 해방의 한 요소이지만, 모든 태아가 갖는 삶의 권리, 공동

---

* (옮긴이 주) 소포클레스의 희곡으로 유명한 안티고네 비극과 관련된 언급이다. 안티고네는 오이디푸스 왕의 딸인데, 아버지가 죽은 뒤 다른 형제, 자매와 함께 테베로 돌아왔다. 그 후 그녀의 두 형제 에테오클레스와 폴리네이케스가 왕위를 두고 다투다 둘 다 죽자, 숙부인 크레온이 왕위에 오른다. 크레온은 에테오클레스를 애국자로 대우했지만, 폴리네이케스에 대해서는 역적으로 간주하고 매장을 금했는데, 안티고네는 이를 어기고 폴리네이케스를 매장한다. 이에 분노한 크레온은 안티고네를 감옥에 가두는데, 안티고네는 결국 자결하고 만다. 본문에서의 '도시의 적 한 사람'은 바로 폴리네이케스를 가리킨다.

체가 공인한 살인 금지와 충돌한다.

만약 지구의 역사에서 극단적으로 잔인한 지배가 있었다면, 분명 16세기부터 시작된 다른 나머지 세계에 대한 유럽의 지배가 그에 해당할 것이다. 식민화, 노예제도, 또는 흑인 매매를 떠올려보기만 해도 이 주장을 충분히 인정할 수 있을 것이다. 그런데 이런 지배의 중심이었던 서양은 보편화될 잠재성을 지닌 가치들을 생산했으며, 노예들은 해방되기 위해 이 가치들을 손에 움켜쥐었다. 탈식민지들은 사실 민중의 권리와 민족의 권리라는 가치를 자신들과 관련지어 다시 취함으로써만 식민지 상태로부터 벗어날 수 있었다. 서양적 권리들의 이러한 전파는 이처럼 해방적 잠재력을 간직한 것이기에, 오늘날 여성권들, 인권들과 시민권들의 불충분한 보편화만이 아쉬울 따름이다. 물론 이런 보편화는 이 권리들이 피지배자들의 근본적인 열망들에 부합하는 한에서 이루어져야 한다. 오늘날 이슬람 국가들은 두 가지 흐름 사이에서 분할되어 있다. 한 흐름은 자신들의 정체성과 전통을 잃지 않으면서 서양 문화가 가져온 최상의 것들로부터 혜택을 얻고자 하는 열망을 표현하고 있으며, 다른 흐름은 서양의 가치들을 이슬람적 미덕에 대한 근본적인 훼손으로 보고 있다.

윤리를 복잡화한다 함은 과학, 윤리, 정치 사이의 관계를 인식하고 이 관계를 확립하고자 노력하는 것, 즉 가치들의 문제를 섬과 같은 고립 상태에서 벗어나게 만드는 것이다. 그리고 윤리를 복잡화한다 함은 각각이 다른 것들만큼이나 강력한 윤리적 명령들 간의 갈등을 인식하는 것이다. 또한 윤리를 복잡화한다 함은 최상의 선의를 갖고 가치들을 존중하며 이뤄진 행위가 어떤 결과를 낳을지는 결국 불확실하다는 점을 인식하는 것이기도 하다.

가치들의 하찮음을 향하여?

장-조제프 구

우리가 오늘날 미래의 가치들에 대해 자문해보고 있다면, 이는 우리가 부동의 동의들, 고정된 **신조들**, 지워지지 않는 글자들로 새겨지게 될 진, 선, 미의 절대 법칙들에 대한 신뢰를 포기했다는 것을 의미한다. 이런 불확실함은 동시에 지나친 책임이기도 한데, 문명사의 층위에서는 매우 최근의 것이다. "단 하나의 기하학이 있듯이, 단 하나의 도덕이 있을 뿐이다." 볼테르는 이렇게 말했고, 칸트는 아마 이 문장을 부정하지 않았을 것이다.

소송 중에 있는 가치들

우리가 여전히 속해 있는 계몽의 세기—이 시기에 현재 우리가 가진 최상의 것들이 나왔다는 점에서—가 비록 재검토, 확인, 혁명의 세기였을지언정, 허무주의의 세기는 아니었다. 부정의들, 잘못 만들어진 법들, 왜곡되고 타락한 신학들을 넘어서, 볼테르와 루소 같은 이들이 여전히 감춰진 어떤 보편성을 간파했기 때문이다. 그들은 어떤 보편적이고, 자연적인 법칙이 나쁜 사회에서 그것이 겪어야 했던 우연적인 일탈들 너머에서 존재한다고 생각했다. 이 법칙은 모든 시대에 걸쳐 언제나 인류 전체를 침묵 속에서 지배하고 있다. 따라서 폭정과 무지로 인해 겪어야 하는 삶의 질곡들 뒤에서 언제나 완전하고, 언제나 빛을 발하고 있는 이 법칙을 재발견하기만 하면 되었다.

그런데 아마도 우리가 반복하기 어렵거나, 더 이상 반복하기를 원하지 않는 것은 자의적이고 기만적인 교리들 너머에 있는, 인간의 불변적 본성 바깥이 아니라 그 안에 새겨져 있는 바로 이 자연적 법칙에 대한 헌신일 것이다. 바로 이런 점에서, 소위 '보편적'인 것으로 선언된 우리의 가치들(자유, 평등, 인권들 등등)에도 불구하고, 우리와 계몽의 해방자들을 연결했던 원동력은 파괴되었다. 거대한 탈신비화와 의심의 물결이 일어났고, 그 때문에 계몽의 원동력은 파괴되었다. 이 의심 때문에 우리는 명석함 속에서, 더 나아가 냉소 속에서 획득했던 것을 확신과 열정 속에서 잃어버렸다. 이 거대한 탈신비화를 이끌었던 자들은 만인에게 동일하며, 언제 어디서나 존재하는 영원한 법칙들은 하늘에도 마음속에도 새겨져 있지 않다고 우리에게 말한다. 우리가 하늘 또는 본성에서 나오는 무조건적이며 초월적인 행위라고 간주하는 것은 [사실] 단지 인간적 관점들, 상대적이거나 주관적인 선택들에 지나지 않는다. 이것들은 인간적인, 너무나 인간적인 시각만을 표현하며, 오직 어떤 형이상학적 광학의 가상을 통해서만 절대적인 가치들이라고 간주될 수 있다.

이런 평가절하 해석은 우리에게 가치들이 확립되는 어두운 메커니즘을 해명해주는 것처럼 보인다. 절대 선, 절대 악, 거대한 도덕적 명령들, 이런 것들은 가장 비천하고 가장 물질주의적인 소유 본능, 지배 본능이 당당하게 자랑하는 관념론적 위장이 아닌가? 개인적이거나 집단적인 이익이라는 원동력이 우리 행위의 숨겨진 근원이 아닌가? 이런저런 계급, 이런저런 집단이나 이런저런 국가의 정치권력 또는 경제력을 향한 의지가 가치들을 확립하는 어두운 기원이 아닌가? 이때 가치들은 자신의 제국을 좀 더 확장하기 위해 사실과 달리 보편적이라고 자처하는 것들이 된다. 절대적이고 성스럽다고 간주되는 것을 침식하는 이 날카로운 의심, 19세기의 가장 명석하며 가장 우상파괴적인 사상가들은 이러한 의심에 강박적으로 사로잡혀 있었다.

게다가 바로 이 시기에 **가치**의 관념이 편재하게 되었다. 사람들은 가치들을 재검토하고 전복하고 변형시키자고 주장한다. 그리고 특히 가치들을 창조하자고 주장한다. 그때까지는 단지 전능한 신에게만 부여되었던 어떤 하나의 능력, 즉 무로부터의 창조라는 능력이 이제는 인간존재의 프로메테우스적인 주체성에게도 인정되었기 때문이다. 인간, 아니 차라리 개인은 창조자이며 자유로운 자이다. 그는 무의 토대 위에 우뚝 서서, 모든 절대적 기준의 부재 속에서, 위험과 우발성 속에서, 무엇이 선이며 무엇이 악인지 단언한다. 개인은 자연에도, 역사에도, 어떤 초월성의 하늘에도 연결되어 있을 것을 전제하지 않는 의식의 무제약적 자유를 누린다. 이런 자유는 뿌리 뽑힌 주체의 자유, 외딴 섬과 같은 개인의 불안한 자유이다.

가치들의 심미화

사람들은 무신론적 실존주의의 대표자인 사르트르를 그의 자유 개념과 관련하여 비판했었다. 그의 개념에 따르면 자유는 자연적이거나 초월적인 토대 없이 가치들을 창조하기 위해 무로부터 출현하는데, 여기에는 무상성의 위험이 있기 때문이다. 그때 사르트르는 피카소의 그림을 예로 들며 이에 응답했다. 피카소가 그림을 그릴 때, 그는 이전의 어떤 규범도, 선에 대한 어떤 관념도, 미술에 대한 어떤 영원한 이상도 따르지 않지만, "우리가 피카소의 화폭에 대해 말할 때, 우리는 결코 그것이 무상하다고 말하지 않는다." 그는 아무렇게 아무것이나 그리지 않는다. 오히려 그는 엄격하다. 분명 그는 자신만의 기준들을 창조하지만, 그를 완전히 만족시키는 하나의 결과물을 얻을 때까지 이 기준들에 스스로를 종속시킨다. 그렇기 때문에 그는 가치들의 창조자인 것이다.*

사르트르가 예술가의 예, 정확하게는 입체파 미술의 선구자의 예를 통해 무상성이라는 이의 제기에 대해 답해야만 했다는 것은 의미심장하다. 예술가는 인간 행위의 가장 고귀한 모델이다. 좀 더 정확히 말하면, 이런 모델이 되는 자는 전위 예술가이다. 즉 제약 없이 창조하기 위해 지각된 실재를 왜곡하고 가장 예기치 않은 주관적 요구들을 따를 위험을 무릅쓰고, 예술의 확립된 규범들과 단절하는 자이다. 이렇게 해서 니체 이후, 우리는 윤리의 심미화라고 부를 수 있을 어떤 것을 목

---

* 장-폴 사르트르 Jean-Paul Sartre, 『실존주의는 인간주의이다 L'Existentialisme est un human- isme』, Paris: Nagel, 1946.

격한다. 푸코는 예술작품으로서의 삶에 대해 말할 것이고, 들뢰즈는 개념 창조로서의 삶에 대해 말할 것이다. 따라서 앎과 권력을 넘어서, 어떤 예술적 작용, 어떤 예술적 의지가 있을 것인데, 이는 거대한 설명적 관념들을 세우거나 가치들을 고정시키는 합리주의적이고 규범적인 모든 시도를 파괴해버린다.

비주류적인 발명들과 도전들이 부족하지 않은데도, 현대 예술이 어쨌든 어떤 정당화의 위기에 처해 있으며, 무상함의 위기에 해당하는 어떤 숨 가쁜 시기를 겪고 있는 것처럼 보이는 만큼 이런 심미화는 더욱 당황스럽다. 예술에 대한 참조는 편재한 반면, 역설적으로 예술 그 자체는 예술의 목적을 확립해줄 미리 설정된 어떤 원칙도 발견하지 못하며, 종종 아이러니한 방식으로 자신의 무용함과 혼란함을 시험해보고 있다. 사실, 격렬한 반대의 대상이 될 만큼 확고한 미학 규범들은 더 이상 없다. 피카소가 「우는 여자」*의 모습을 왜곡시키고, 마르셀 뒤샹이 변기를 전시하고, 또는 트리스탄 차라**가 모자에서 무작위로 낱말들을 꺼내면서 시를 쓴 뒤로 이미 거의 한 세기가 지났다. 그 이후에도, 이 놀라운 해체들은 멈추지 않았다. 오늘날 디자인 분야에서 스타르크***의 난쟁이들을 보라.

---

* (옮긴이 주) 피카소의 1937년 작품. 에스파냐 내전 중에 만난 다섯번째 연인 도라마르를 모델로 하여 그린 그림이다. 입체파를 처음으로 선보인 작품들 중 하나로 그의 대표작으로 꼽힌다.
** (옮긴이 주) 트리스탄 차라Tristan Tzara(1896~1963). 루마니아 출신의 프랑스 시인. 1916년 스위스에서 다다이즘을 제창한 것으로 유명하다. 브르통 등과 함께 초현실주의 운동에도 잠시 참여했으나 만년에는 스탈린식 사회주의 리얼리즘을 옹호했다.
*** (옮긴이 주) 필리프 스타르크Philippe Starck(1949~). 프랑스의 유명 산업디자이너. '스타르크의 난쟁이'란 그가 1999~2000년에 디자인한 카르텔 사의 정원의 난쟁이 의자 시리즈를 가리킨다. 정원의 난쟁이는 1870년경부터 독일에서 생산되기 시작한 기념품인데 원래는 정원을 가꾸는 근면성실함을 의미했으나 근대에 와서는 키치의 대명사가 되었다.

가치들의 증권 거래 방식

이 무상함 또는 무용함의 위기에는 어떤 다른 유용성이 있는데, 나는 이를 '가치들의 증권 거래 방식'이라고 부를 것이다. 이는 내가 말해온 심미화와 어떤 식으로도 모순되지 않는다. 경제적 가치들은 심미적·윤리적·정신적 가치들과 같은 차원에 있지 않다. 하지만 가치라는 말이 정확한 하나의 의미를 갖는 것은 우선은 경제적 영역에서였으며, 가치를 절대적이고 안정적인 것이 아니라 주관적이고 변화 가능한 것으로 만들려고 하는 과정이 출현하기 시작했던 것도 분명 경제, 금융 영역에서였다.

애덤 스미스 이후 고전 경제학자들은 노동, 즉 생산에 필요한 수고가 시장에서 교환되는 재화들의 가치에 대한 보편적인 척도를 제공할 수 있다고 믿었다. 그들은 생산에 필요한 노동 시간을 통해, 재화들의 교환을 다소간 의식적으로 통제하는 보편적 효력을 가진 일종의 법칙을 가질 수 있다고 믿었다. 하지만 1870년대에 확인 가능한 실질 가격만을 고려하는 태도가 생겨났는데, 이 태도는 가치에 대한 어떤 다른 개념화를 낳았다. 왜냐하면 실질 가격은 예측할 수 없으며, 언제나 재검토되는 수요와 공급의 놀이로 인해 불안정하며 일시적인 방식으로 시장에서 결정되기 때문이다. 가치를 결정하는 것은 노동이 아니라, 어떤 한 순간에 이런저런 재화에 대한 필요나 욕구의 주관적인 강도이다.

신고전주의 경제학자들은 재화들이 얼마나 가치가 있는지 결정하기 위해 가치를 계산하는 것은 〔재화를〕 욕구하고 향유하는 소비자의 관점이지 생산자의 관점이 아니라고 우리에게 말한다. 따라서 만드는 데

들어간 수고의 관점에서가 아니라 소비자의 만족이라는 관점에서 가치가 계산된다. 순수한 형태의 시장, 즉 신고전주의 경제학자들이 내세우는 완벽한 경쟁의 시장은 경매나 증권 거래와 비슷하다. 여기에서는, 본질적으로 다수의 요인(주관적 욕망, 일시적인 열광, 우발적인 내기)이 공급과 수요의 놀이를 통해서 하나의 순간 가격을 결정할 뿐, 교환의 쌍방이 합의하게 되는 가격 결정을 설명할 수 있을 만한 어떤 안정적인 토대나 보편적이고 항구적인 법칙은 발견할 수 없다. 가장 제멋대로인 변덕이 가장 주의 깊은 성찰과 똑같은 비중을 차지할 수 있다. 사람들이 객관적이고 비인격적이라고, 적어도 경향적으로나마 그러하다고 믿고 싶어 하는 가치의 고정은 주관적이거나 상호 주관적이며, 결국은 잠정적이고 일시적인 어떤 하나의 가치로 대체된다. 이런 가치는 공급과 수요의 항구적인 대면 너머에 있는, 시장의 작용들을 뛰어넘을 어떤 규제적 법칙도 따르지 않는 것 같다. 가치는 더 이상 규범의 차원에 속하지 않고 사건의 차원에 속한다. 이 쾌락주의적·주관적 전회는 경제 이론에서 이루어졌고, 우리 시대에 이르기까지 경제학 이론을 계속 지배했음에 틀림없다.

프랑스에서 신고전주의 경제학을 창시한 발라Walras의 주의 깊은 독자였던 폴 발레리는 이러한 전회를 아주 잘 파악했으며, 그 철학적 함의를 감지했다. 1930년대 말의 맥락에서, 그러므로 서양이 겪었던 가장 끔찍한 금융 가치의 위기를 통해 그리고 도덕적 가치들, 정치적 가치들과 관련한 깊은 혼란을 통해 특징지어지는 10년간, 발레리는 가치들의 증권 거래적 모델을 빌려와 인간의 모든 활동을 사유했다. 경제 영역에서와 마찬가지로, 도덕적이거나 심미적인 영역에서도, 더 이상 절대적인 본위(本位), 즉 가치들에 대한 안정적인 척도는 없다. 사회는 자신의 물질적·정신적 산물들과 함께 증권시장의 원칙을 따라 모든 것이 변동하는 하나의 거대한 시장이다. 가치들은 단기적 정세에 따라 오르내린다. "석유, 밀, 금의 가치가 있듯이 '정신'이라고 이름 붙여진 하나의 가치가 있는데 불행하게도 이 가치는 계속해서 떨어지고 있다"고 발레리는 익살스럽게 말한다.* 우발적인 것, 주관적인 것, 덧없는 것이 토대, 초월성, 지속에 관한 일체의 이념들을 대체한다. 유행의 논리는 자의적인 것의 영역이며, 일시적인 만장일치나 일시적인 위반의 재가를 받는 것으로서, 단지 존재의 2차적 측면들에만 관련되어 있었다. 하지만 이제 그것이 모든 것을 침범한다.

1980년대부터, 그리고 특히 오늘날, 발레리의 직관은 더 잘 이해될 수 있다. 화폐의 불환성은 이런 상황의 특징이다. 이미 오래전부터, 화폐는 더 이상 그 자체로는 가치가 없다. 화폐는 하나의 정보, 표식처럼 기입되고 전달되며, 텅 비어버린 금고를 가진 은행들을 거쳐 전 세계의 전산망들을 가로지른다. 상품 화폐와 노동 가치의 세계가 있었으며, 여기에서 금은 그 자신이 나름의 상품으로서 유통되었다. 그 뒤 단지 금을 표상함으로써만 자신들의 가치를 유지할 수 있었던 기호들의 유통이 있었다. 오늘날에는 유동적인 불환 화폐 기호가 있는데, 이것은 단지 사람들이 이것에 부여하는 신용을 통해서만, 이것에 대한 다소간 만장일치되어 있는 요구를 통해서만 자신의 가치를 유지한다. 그런데 이런 요구는 있을 수도 있고 없을 수도 있는 것이다. 단지 경제적 가치들뿐만 아니라, 모든 가치가 이런 방식으로 일종의 상대성, 상대주의를 통해 획득되는 것 같다. 결국 모든 가치는 인플레이션, 과평가, 가

---

* 폴 발레리Paul Valéry, 「정신의 자유La liberté de l'Esprit」, 『현재 세계에 대한 시선들 및 다른 에세이들Regards sur le monde actuel et autres essais』, Paris: Gallimard, 1946.

치 폭락, 감가 (가치 하락) 현상들에 종속되어 있다.

늘 달라지는 실재를 항상 추구하는 불환 기호와 예측할 수 없는 변화들에 의존하는 증권 거래적 가치의 체제가 아마도 우리 문화 전체를 침범하려 하고 있다. 또는 적어도 가장 두드러지고 가장 스펙터클한 것이 되고 있다. 스펙터클한 것 그 자체, 즉 정보는 바로 눈덩이의 논리, 인플레이션의 논리에 사로잡혀 있는데, 이 논리는 현실감을 상실하게 만들 수 있다. 정보 거품과 금융 거품은 서로 연결되어 있다. 증권 거래적 내기들은 바로 세계 차원에서 급속히 변화하는 다원적 지표들에서 출발하여 전염 효과를 낳으면서 작동한다. 경향을 뚜렷하게 보여주는 현상들을 갖는 장기 역사 대신 어떤 프랙탈적 현상*을 가진 유동적이며 지진계적인 역사가 대두하고 있다.

증권 거래적 금융과 투기의 세계는 순간적인 기호들이 가로지르는 세계이다. 이 세계에서는 할당 몫의 변동과 저점과 정점 사이의 차이들이 난맥상과 같은 무수한 인간 활동의 축도(縮圖)이다. 전 세계 차원에서 이루어지는 기업들의 거대한 생산 활동은 그 정점에 이르면, 가장 비합리적인 내기를 통해 특징지어지는 어떤 항구적인 놀이로 귀착되는 것 같다. 마치 재화를 생산하기 위한 기획들과 실현 과정들의 진지함이 카지노의 노름꾼들을 사로잡는 것과 비슷한 열광으로 변형되기라도 하는 듯 말이다. 바닥에는 인내와 노력이, 꼭대기에는 주사위 던지기가 있다.

---

* (옮긴이 주) '프랙탈fractal'이란 말은 수학자 만델브로트가 1975년 부서진 상태를 뜻하는 라틴어 *fractus*를 이용해 만들어낸 단어로, 전체가 부분 속에서 반복되는 자기 유사적 형태를 가리킨다. 보통 일정한 패턴의 반복을 통해 생겨나는 불규칙한 구조를 프랙탈 구조라고 부를 수 있는데, 이 개념은 부분 차원에서의 극히 작은 변화가 예측 불가능한 거대한 변화를 전체적 차원에서 일으킨다는 카오스 이론과 밀접한 관계를 맺고 있다.

분명, 가치들이 〔단지〕할당 몫을 의미하는 세계는 하찮고 불안정한 가치들만을 제공할 위험에 빠진다. 이런 가치들은 게다가 과잉과 사치의 조건들에, 더 나아가 빈부 격차에 본질적으로 연결되어 있다. 이 세계는 보편적인 효력을 잃은 세계이다. 그렇지만 증권시장, 유행, 미디어들의 불안정하고 혼돈스러운 스펙터클은 그 영향력에도 불구하고 아마도 거대한 역사적·사회적 현상들의 단단한 핵심을 붙잡지 못하는, 반짝이는 표면의 놀이에 지나지 않을 것이다.

종종 투기 경제나 디지털 경제를 실물 경제와 대립시킬 때처럼——비록 다른 관점에서 재검토해볼 만한 대립이기는 하지만——, 심미적 또는 윤리적 가치들에도 불안정성, 더 나아가 경박함이 있는데, 이런 불안정성과 경박함은 아마 단지 거품 효과에 지나지 않을 것이다. 전쟁이나 궁핍의 위협과 같이 무거운 사건들이 예기치 못하게 닥쳐오자마자, 투기적 스펙터클이 흩뜨려서 없애버리려고 했던 가치들의 위계는 매우 빠르게 다시 세워지는 것처럼 보인다. 무거운 경향을 가진 실물 경제가 시장의 소위 비합리적 과잉들을 '교정하듯'이 말이다.

자유와 하찮음 사이의 복잡한 관계

우리의 계몽 철학자들은 우리에게는 없는 자원들을 이용했었다. 그들은 관습들, 순간적 정념들, 사교관계를 통해 생겨나는 변화들 너머에 있고, 변치 않고 영원한 것으로 남아 있는 인간 본성에 의지할 수 있었다. 엘베티우스, 콩도르세, 볼테르는 바로 이런 방식으로 하찮음에 대해 사유했다. 하찮음은 "계속해서 과거의 어리석음을 새 어리석음으로 대체하는"* 유행의 정신이라고 엘베티우스는 말한다. 오늘날 우리의 의심은 해소하기가 더 어렵다. 발레리가 시사했던 대로, 만약 가치들의 증권 거래적 체제가 모든 가치를 오염시키고 우리 세계에서 예술의 가치든 도덕 또는 정치의 가치든 상관할 것 없이 모든 가치의 존재 방식이 된다면, 우리는 인간 본성의 관념이나 자연법의 관념이 제공했던 규범적이지만 때로는 해방적이기도 한 모든 의지처 또한 잃어버릴 것이다. 본래 의미에서의 유행, 즉 미디어적 스펙터클이나 경기(景氣), 그리고 경매와 순간적인 시세에 속하는 모든 것은 더 이상 하나의 표면 효과에 불과한 것이 아니라 어떤 한 세계 속에 있는 유일한 존재 방식이다. 이 세계는 덧없는 것과 하찮은 것의 지배를 향하는 가치들의 상업적 심미화를 통해 특징지어진다.

그렇지만 가치들로부터 모든 토대를 빼앗아버리는 것 같은 증권 거래적 모델의 이러한 심미화와 확장은 위대한 자유, 해방과 한 짝을 이룬다는 것을 인식해야 한다. 이 자유와 해방은 민주주의를 최상의 원칙으로 삼으며 인간적 욕망과 창조적 혁신의 가능한 길들에 관한 어떤 **선험성**도 강요하지 않는 사회적 삶의 체제 안에서 무제한적인 것으로 나타난다. 경제학자 장-밥티스트 세Jean-Baptiste Say의 잘 알려진 격언인 "공급이 수요를 창출한다"란 말이 오늘날의 세계를 열어젖힌다. 이 세계에서는 가장 초현실주의적인 시인보다도 더 헝클어진 차림새를 한 기업가와 충격, 차이, 놀라움을 통해 〔구매자의〕 욕망을 자극하는 예측할 수 없는 새로움의 발명가가 예술 활동의 모델에 따라 자신을 예술가라고 생각한다. 지배적 가치들의 인간학적 회춘은 이데올로기적 청

---

* 클로드 아드리앵 엘베티우스Claude Adrien Helvétius, 『정신에 대하여De l'Esprit』, 두번째 담론, 제19장, Paris: Durand, 1758.

춘주의를 넘어 여기에서 자신의 자원을 발견한다.

끝으로 우리는 우리의 가치들 속에서 하나는 무겁고 다른 하나는 하찮은 두 가지 경향 사이에 있을 수 있는 이 긴장을 잘 보여주는 어떤 역설을 확인할 수 있다. 한편으로, 우리는 자연과의 동맹을, 즉 일방적 지배가 아니라 인간이 지구와 함께 유지하기를 원하며 또 유지해야만 하는 상호성의 연대를, 그리고 우리는 생태계의 연약한 일부이며 인류의 생존은 더 이상 확실한 것이 아니라는 인식을 점점 더 중요시하고 있으며 또 중요시해야 한다. 새로운 화합 속에서 이루어지는 인간과 자연의 결혼을 통해, 어머니 자연을 두려워하며 신성시하는 옛날의 관계와 제한 없이 착취할 재료로서의 자연이라는 근대적 가정을 동시에 넘어서고 있으며 또 넘어서야 한다. 이런 의미에서, 혼돈스럽고도 새로운 방식으로, 우리는 자연의 관념을 우리의 윤리적 방정식 속에 재통합한다. 지구에서의 생존이란 관념 자체는 세대적인 책임성, 즉 가장 아득하며 모호한 약혼 속에 뿌리 내린 미래와 후손에 대한 관계를 함축한다. 하지만 다른 한편, 단기적 변동들에 매여 있는 가치들의 파괴적이고 지나친 경박함으로부터 생기는 어려움 또한 존재하는데, 이는 우리가 이 가치들에서 우리의 자유와 안전을 동시에 보호해줄, 쓰이지 않고 정식화되지 않은 법칙들을 위한 초석을 찾아내려고 할 때 부딪치게 되는 어려움이다.

제4장

심미적인 것은 정치경제와 윤리의
최상 단계인가? 가치들의 심미화를 향하여?

심미화의 현재 경향들은 어떤 방식으로 가치들에 영향을 미치는가? 미(美)가 준거 기준이 되어버린 맥락에서, 우리는 무엇이 윤리적 차원에 남아 있는지 생각해볼 수 있다. 이 등식에서 예술 자체의 역할 또한 매우 불확실하다. 예술은 어떤 이들에게는 세기의 망설임들이 반영되는 용광로이며, 다른 이들에게는 근대성의 불협화음이 불안정하게 만든 인간적 열망들이 재투자되는 장소이다. 예술이 제안하는 것처럼 보이는 모델은 가치들의 파편화에 대한 하나의 해결책을 제공할 수 있을 것인가?

볼프강 벨쉬는 예술 그 자체의 위치를 이런 현재의 심미화 맥락 속에서 정의하려고 한다. 이 심미화가 예술의 죽음으로 이르지 않도록, 그는 예술이 개인적이지도 사회적이지도 않은, '초인간적인transhumaine' 새로운 위치를 점하게 하자고 제안한다. 이는 예술에 고유한 인간의 초월에서 출발하여, 예술에서 '이성적 불교'의 장소를 발견하게 해주며, 인간이 가치들과 세계와 맺는 관계에 대한 재해석의 단초 또한 발견하게 해준다.

미셸 마페졸리도 마찬가지로 이러한 심미화에서, 미적 경험으로부터 영감을 받은 어떤 새롭고 국지적인 윤리를 토대 짓게 해주는 요소들을 발견한다. 우리가 보편주의의 종말과 가치들의 일반적 상대화를 목격할 때, 예술적 이미지들 주위에서 이루어지는 공동체communion는 인정과 앎이 [지금까지와는] 다르게 관계 맺는 모델이 될 수 있을 것이다.

빅토르 마쉬는 반대로, 우리가 열망하는 보편적 가치들을 다른 곳에서 찾자고 호소한다. 그에게 예술과 기술의 동맹을 통해 강화되는 가치들의 심미화는 세계의 '심미적 식민화'를 야기하는데, 이것은 가치들에 부정적인 영향을 미치고 모든 형태의 대화를 배제하면서 가치들을 퇴화 상태에 빠뜨린다. 이제 이 불협화음 뒤에서 보편적인 진리의 목소리를 되찾고자 노력하면서 근대적 가치들의 파편화에 저항하는 일이 관건이 될 것이다.

심미주의를 넘어선 예술

볼프강 벨쉬

경제적 가치들과 윤리적 가치들 간의, 현금 가치와 도덕적 가치 간의 기성의 등식은 다소 놀라울 수 있다. 하지만 그러한 관점은 우리가 오늘날 경험하는 심미화의 물결이란 상황에서, 즉 적어도 대부분의 서양 국가들에서 심미적 독특성이 실제로 주도적인 흐름이 된 상황에서— 그리고 이 서양적 모델은 점점 더 전 세계에 걸쳐 지배적인 것이 되고 있다—나름대로 어떤 의미가 있다.

심미화에 찬성하거나 반대하거나

여기에서 심미화 현상들에 대해 이야기할 필요는 없다. 이 현상들은 너무나도 분명한 것이며 25년 동안 충분히 논의되었다.* 내가 던지고 싶은 물음은 예술이 현재의 일상적 심미화와 관련하여 어떻게 자신을

140

자리 매김하는가이다. 넓게 보아 두 가지 선택지가 구분될 수 있다. 하나는 이 유행에 협력하는 것이고, 다른 하나는 이에 저항하는 것이다.

많은 예술가, 심지어 가장 유명한 이들 중 몇몇조차도 우리의 일상적 환경을 심미화하는 것을 돕는 데 관심을 기울이고 있다. 하나의 동기는 분명 심미화 붐이 커다란 일자리 기회들을 제공한다는 점, 일상을 아름답게 만드는 것은 수지맞는 사업이라는 점에 있다. 하지만 이런 경제적 동기 외에, 또한 특별히 미학적인 동기가 있다. 우리의 세계를 심미화하여 복구하고자 하는 것은 미학자들의 오랜 꿈이었다. 심미화를 통해서만 우리는 근대적 파편화를 극복하고 "우리 본성 속에서의 하나됨"**을 회복할 수 있다는 실러의 선언이나, 미학은 새롭고 완벽한 사회적 통일체를 만들어낼 것이며, 이는 심지어 인류 최후의 가장 위대한 업적으로 간주되리라는 헤겔의 주장을 생각해보라. 또는 바우하우스Bauhaus와 같이 미를 [세계 속에] 투입하여 우리의 세계와 사회를 개선하려는 운동들이 가진 희망들을 생각해보라. 이 모든 운동은 심미화가 우리의 삶과 세계를 개선하고, 더 나아가 복구하리라는 확신에 차 있다.

이 꿈이 결국 실현되고 있는 것인가? 물론 아니다. 결과는 명백하게 기대를 거스른다. 총체적 심미화는 자신의 반대로 귀착된다. 모든 것이 아름다워진다면, 어떤 것도 더 이상 아름답지 않다. 그리고 심미화에서 자극적인 것으로 이동하는 점증적 추세도 도움이 되지 않는다. 영속적인 자극은 결국 무관심에 이른다. 심미화는 최종적으로 비심미화

---

* 볼프강 벨쉬Wolfgang Welsch, 『미학을 파괴하기Undoing Aesthetics』, London: Sage Publications, 1997을 보라.

** 프리드리히 실러Friedrich Schiller, 『인간의 미적 교육에 관한 편지Letters on the Artistic Education of Man』, trans. Reginald Snell, Bristol: Thoemmes Press, 1994의 여섯번째 편지.

에 이른다. 우리는 더 이상 모든 것 속에 주입된 미를 분간해내고 알아보지 못한다. 또는 심지어 미를 역겨운 것으로 경험하고는 억지로 심미화되어 극단에까지 이른 환경에 대항하여 눈과 귀를 닫아버리기까지 한다.

역설적으로, 일상의 완전한 심미화는 예술을 불필요한 잉여로 만들어버린다. 지나치게 아름답게 꾸며진 환경은 더 이상 예술을 필요로 하지 않는다. 심지어는 모든 것이 예술적이기 때문에, 어떤 것이 소위 진정한 예술인지 구분하는 것조차 불가능해진다. 장 보드리야르가 사반세기 전에 저작 『상징적 교환과 죽음』에서 적절하게 지적한 대로, 심미화는 예술의 무덤을 판다. "인공성artifice이 실재의 한복판에 놓여 있기 때문에, 예술은 도처에 있다. 그러므로 실재는 죽은 것이다. 〔……〕 실재 그 자체가 〔……〕 그 자신의 이미지로부터 분리될 수 없게 되었기 때문이다."*

이런 실패의 맥락에서 보면, 또 다른 예술가 집단이 심미화를 단호히 반대하면서 반대 입장을 취해야 했다는 것은 이해할 만하다. 그들은 일상을 심미화하는 운동에 통합되길 거부하는 어렵고 신비한 예술 작품들을 계속해서 창조한다. 이런 방식으로 그들은 예술의 생존을 확보하기 위해 예술의 타자성을 유지한다.

비록 내가 후자의 입장에 공감하지만, 이 입장이 동시대의 조건들과 보조를 맞추고 있다고 생각하지는 않는다. 오늘날의 '문화 기계'는 차이의 창조를 요구하고 지원한다. 계속 존재하기 위한 자극으로서 기계는 차이의 창조를 필요로 하기 때문이다. 따라서 이런 저항의 태도는

---

* 장 보드리야르Jean Baudrillard, 『상징적 교환과 죽음L'Echange symbolique et la mort』, Paris: Gallimard, 1976.

결국 이 문화 기계를 지지하는 것과 같다. 시스템에 반대함으로써 시스템으로부터 도망갈 수는 없다. 그렇게 하는 것은 정확히 시스템의 논리에 따르는 것이기 때문이다. 나에게 이런 실제적 동맹을 가장 충격적으로 보여준 것은 폴록Pollock의 경우였다. 폴록은 유럽의 예술 서클에서 유명해지기도 전에, 『보그』지를 통해 유럽 공중에게 소개되었다. 1951년, 『보그』가 창간된 지 바로 1년 뒤에, 그의 그림(그 후 매우 유명해진) 「32번」은 가장 최근의 **오트 쿠튀르** 모델들의 발표 무대 배경으로 쓰였다. 예술 세계에서는 여전히 난폭한 것으로 등급 매겨져 있던 것이 패션 세계에서 환영받고 사용된 것이다.

그러므로 (심미화에 찬성하거나 반대하는) 이 두 가지 선택지는 어디로도 〔우리를〕 이끌고 가지 않는다. 심미화와 현대의 문화 기계는 예술적 가치와 심미적 가치의 개념들을 실제로 무용한 것으로 만들어버렸다. 그러므로 예술의 종말은 나름대로 일리 있는 이야기이다.

인간을 넘어서

하지만 또 다른 가능성, 순응이나 저항을 거부하고 개인주의적이지도 사회적이지도 인간적이지도 않은, 어떤 의미에서는 초인간적인 입장을 취하는 가능성이 있다. 역사에는 허약한 인간을 넘어서려고 하는 예술에 대한 예들이 많이 있다. 나는 이런 경향이 20세기 예술의 주요 동기로 나타난다는 것을 보여주고 싶다.

아폴리네르는 1913년에 다음과 같이 선언했다. "무엇보다도 예술가는 비인간inhuman이 되고자 하는 사람들이다. 그들은 고통스럽게 비인

간성의 흔적들을 찾는다."* 약 10년 뒤, 오르테가 이 가세트는 "예술의
탈인간화dehumanization"를 근대적 전통의 전형적 현상으로 진단했다.**
메를로-퐁티는 세잔의 그림을 인간 본성의 비인간적 토대를 드러내주
는 것으로 간주했다.*** 그리고 아도르노는 예술은 "오로지 예술을 향하
는 비인간성을 통해서만 인간성에 충실"할 수 있다는 유명한 선언을 했
다.**** 한편, 캘리포니아의 위대한 시인인 로빈슨 제퍼스는 다음과 같
이 썼다.

우리는 우리 자신으로부터 우리의 마음을 떼어놓아야 한다.
그래서 우리는 우리의 시야를 약간 비인간화해야unhumanize 하며, 확
신을 가져야 한다.
우리를 이루는 바위와 대양처럼.*****

화가들도 예술을 통해서, 그와 같은 탈인간화를 생산하고자 했다.
말레비치는 특히 검은색을 사용하여 우리가 어떤 우주적 차원을 경험
하게 만들려고 시도했다. 검은색을 볼 때, 시선은 갑자기 바라볼 곳을

---

* 기욤 아폴리네르Guillaume Apollinaire, 「미적 성찰, 입체파 화가들Méditations esthé-
tiques, les peintres cubistes」, 『산문 전집 Œuvres en proses complètes』, vol. 2, Paris:
Gallimard, 1991.
** 호세 오르테가 이 가세트José Ortega y Gasset, 「예술의 탈인간화La deshumanización
del arte」, 『예술의 탈인간화와 소설에 대한 생각들 La deshumanización del arte e ideas
sobre la novela』, 1925.
*** 모리스 메를로-퐁티Maurice Merleau-Ponty, 「세잔의 의심Le doute de Cézanne」, 『의
미와 무의미 Sens et non-sens』, Paris: Nagel, 1948.
**** 테오도르 아도르노Theodor W. Adorno, 『미학 이론 Aesthetic Theory』, 1970.
***** 로빈슨 제퍼스Robinson Jeffers, 「카르멜 산 정상Carmel Point」, 『로빈슨 제퍼스 시 선집
The Collected Poetry of Robinson Jeffers』, Stanford, 2001.

잃어버리고 말 그대로 무한 속으로 빨려 들어가버리기 때문이다. 퐁피두 센터에 전시되어 있는, 석고판에 그려진 말레비치의 「검은 사각형」을 처음 봤을 때, 나는 처음으로 이런 경험을 했다.

뒤뷔페는 자신의 분야에서, 대지적인 초인간의 세계를 드러내려고 시도했다. 특히, 1950년대 후반과 1960년대 초반의 연작들 「지형학, 조직학, 현상Topographies, Texturologies, Phénomènes」과 「질료학Matériologie」에서 이런 시도가 두드러진다. 그는 "주체들, 인간들, 그리고 그의 응시의 탈인간화에 기초한"* 그림들을 창조하고 싶다고 말했다. 동시에 그는 다음과 같은 반(反)문화적 입장을 확고히 취했다. "우리의 문화는 맞지 않는 옷이거나 또는 어쨌든 이제는 맞지 않게 된 옷과 같다."**

월터 드 마리아Walter de Maria의 「2000 조각The 2000 Sculpture」(내가 가장 좋아하는 예이다) 같이 엄격하게 기하학적인 작품들조차 동일한 효과를 생산한다. 당신이 이 작품 주위를 걷는다면, 놀라운 관점들의 다양성을 발견할 것인데, 이 중 어느 것도 안정적이지 않거나 작품 **그 자체가** 취하는 관점으로 드러나지 않는다. 여기에는 관점들의 흐름밖에 없다. 그래서 이 작품은 완벽하게 기하학적으로 배열되어 있음에도 불구하고, 당신은 이해 불가능하다는 느낌을 강하게 받는다. 당신의 지각 한가운데에서, 인간적 기대와 이해를 초과하는 어떤 것이 솟아오른다.

존 케이지John Cage나 모턴 펠드만Morton Feldmann의 작품들도 비슷한 효과를 생산한다. 음들은 주제의 논리에 따라 전개되는 것이 아니라 그 자체로 출현하는 듯 보인다. 그것들은 어느 곳으로부터도 오지

---

* 장 뒤뷔페Jean Dubuffet, 『팸플릿과 그 이후의 모든 글들Prospectus et tous écrits suivants』, Paris: Gallimard, 1967.

** 장 뒤뷔페, 「반문화적 입장들Positions anticulturelles」, 『일하는 보통 사람L'Homme du commun à l'ouvrage』, Paris: Gallimard, 1951.

않는다. 이렇게 전개되는 음들을 듣고 있을 때, 우리는 그들의 흐름 속으로 흡수되어 결국 우리가 관찰자가 아니라 듣고 있는 것의 요소들인 양 그 흐름과 함께 움직인다. 우리는 우리 자신을 인간적 차원에 속하지 않는 어떤 세계 속에 받아들여지고 그에 참여하는 존재로 경험한다.

합리적 불교

이런 종류의 작품들은 근대적 입장을 비판함으로써 우리를 닫힌 인간 세계 너머로 이끌고 간다. 왜냐하면 근대인은 우리가 준거로 삼는 세계가 기본적으로 인간 정신에 의해 구성된 것이기에 원리상 인간 지성에 제한되어 있다고 생각해왔기 때문이다. 근대적 관점은 근본적으로 인간 중심적이다. 디드로는 1755년에 "인간은 우리가 출발점으로 삼아야만 하며 모든 것에서 기준을 삼아야 하는 유일한 개념이다"*라는 전형적인 선언을 했다. 몇 년 뒤 칸트는 인식론적으로 완벽하게 정당화된 근대적 입장을 제공한다. 칸트의 기본적인 생각, 모든 근대적 사유의 독창적 원천이 된 생각은 "우리는 단지 우리가 만든 것만을 인식할 수 있다는 것"이었다. 그러므로 세계에 대한 우리의 인식은 본질적으로 세계는 어떤 주어진 것이 아니라 (적어도 그 근본적 구조에서는) 우리에 의해 생산된 어떤 것이라는 점을 입증한다. 그래서 디드로의 격언과 근대적 입장은 모두 옳다. 우리는 실제로 우리 자신을 유일한 출발점이자 준거점으로 삼는다. 하지만 언급된 유형의 작품들은 이런

---

* 드니 디드로Denis Diderot, 『백과전서 *Encyclopédie*』, vol. 3, Paris: Hermann, 1976.

자기 준거의 근대적 감옥을 깨뜨리고 열어젖히려는 시도를 하고 있다.

아마도 언급된 저 예술가들 중 몇몇, 즉 케이지, 펠드만, 월터 드 마리아 같은 이들은 동양 예술과 사유에 친근감을 느꼈을 것이다. 인간은 근본적으로 인간-보다-위대한 세계에 대립하고 있는 것이 아니라 참여하고 있다고 보면서 초인간적 관점을 옹호하는 것은 서양적 사유보다는 동양적 사유에서 더 자연스럽다. 서양적 관점에서, 인간은 본래부터 세계에 대립해 있는 것으로 간주되는 반면('자연의 나머지에 반하는 인간'은 적어도 서양 **근대** 사유의 원형적 공식이다), 동양적 의식은 세계와 우리의 깊은 연결을 깨닫고 있다.

내가 참조한 예술작품들은 일상의 심미화와는 아무런 상관이 없다. 이 작품들은 차라리 근대성의 현재적 틀을 초월하려고 한다. 인간-보다-위대한 세계와의 연결이란 관점에서 우리 자신을 이해하는 일은 나에게는 우리가 미래를 위해 찾아야만 할 길인 듯 보인다. 내가 다른 곳에서 다룬,* 그러나 지면상 여기에서 이야기할 수는 없는 어떤 철학적 고찰들은 그러한 전환에 찬성하는 주장을 펼치고 있다. 문제들을 호두껍데기 속으로 밀어 넣자면[간략히 말하면], 서양은 일종의 '합리적 불교'와 마주할 필요가 있다.

이는 인간 중심적 근대성을 이것의 비인간적 반대극으로 보완하는 것으로 충분하다는 점을 의미하지 않는다. 많은 사상가가 종교적 영감에 의지하여 이렇게 했다. 플라톤과 아리스토텔레스는 우리의 신적 본성에 호소했으며, 칸트는 우리의 '예지적 인격'에 호소하고, 하이데거,

---

* 저자가 '동시대 철학의 새로운 관점들New Perspectives in Contemporary Philosophy'이란 강연에서 발표한「인간 정신의 근대적 폐쇄성을 초월하여Transcending the modern closure of the human mind」, Universidade do Estado do Rio de Janeiro, 8~10 August 2001.

셸러, 또는 리오타르 같은 몇몇 철학자는 우리의 초월적 본성에 대해 말한다. 모든 경우에서, 인간의 독점적 배타성이 문제의 매듭으로 남아 있다. 이런 방식은 단지 보통의 인간 지성이 너무 편협한 것 같기에 이 지성을 그것의 반대로 보완하려는 시도에 지나지 않는 것이다.

만약, 반대로 우리가 어떻게든 초인간적 관점을 발전시킨다면——그리고 나는 많은 예술가가 21세기에 이렇게 할 것이라고 확신하는데——이는 가치들과 관련하여 무엇을 의미하는가?

우선, 이 새로운 틀은 우리가 가치들을 새로운 방식으로 볼 것을 요구한다. 이 방식에 따르면, 가치들은 단지 우리가 만든 것들에 속하지 않는 어떤 세계 속에 깊이 새겨져 있다. 대조적으로, 근대적 개념화는 인간을 만물의 척도로 간주하면서 가치들을 편협한 인간주의적 입장에서 이해했다.

둘째로, 새로운 가치 목록은 우리가 세계에 연결되어 있다는 사실을 존중할 것을 요구할 것이다. 이 가치들은 인간 중심적이라기보다는 상호 작용적이다. 이 말이 낭만적 또는 생태학적 사유처럼 들릴 수 있다. 하지만 낭만주의와 생태학 둘 모두는 인간 중심적 모델로부터 파생된다. 낭만적 접근은 세계가 근본적으로 인간적이라고 가정하며 생태학적 접근은 기능주의적이고 기술적인 덫에 걸리기 때문이다.

셋째로, 우리의 관습적 가치들, 즉 근대적 가치들은 이 새로운 틀에 따라 재해석될 필요가 있다. 예를 들어, 자율성은 어떤 더 큰 진화적 틀, 더 나아가 어떤 우주적인 틀 안에서 부분적인 가치로 평가될 수 있다.

분명 이런 선들을 따라 훨씬 더 많은 성찰이 요구될 것이다. 하지만 어쨌든 예술 영역에서의 새로운 접근들이 이미 근대성의 장벽을 깨뜨려버렸으며, 우리의 관점들을 변경시키고 있다는 것만은 확실하다.

심미적인 것*의 포스트모던 윤리학을 향하여?

미셸 마페졸리

막스 베버는 『학자와 정치』에서, 우리에게 "일상의 높이에서 존재"할 것을 권장한다. 또한 그는 근대성의 시초들에 대한 자신의 분석에서, "비실재로부터 실재를 이해하는 것," 즉 일상적인 것과 상상적인 것을 화해시키는 것이 중요하다고 시사했다. 1960년대에 사람들은 다음과 같이 말했다. "우리의 관념들은 모두의 머릿속에 있다." 아리스토텔레스의 금언이 추천하는 대로, "문제들을 아름답게 제기"하려고 노력하면서 나는 이런 생각들을 한 자리에 모아보고 싶다. 이것이 지식인의 고유한 임무가 아니겠는가.

인간이란 동물의 특수성은 스스로에 대해 말한다는 데 있다. 문화나

---

* (옮긴이 주) 여기에서 '심미적인 것'으로 옮긴 말은 esthéthique이다. 그런데 이 말의 어원인 그리스어 αισθητικός는 '아름다운' '심미적인'의 의미뿐 아니라 '감성적인' '감각적인'이라는 의미 또한 갖고 있다. 이 글에서 글쓴이는 후자의 의미를 더 강조해서 esthéthique란 말을 사용하고 있다. 따라서 '감성적' '감각적'이라고 옮기는 것이 더 적합하겠으나, 이 장의 전체적 통일성을 염두에 두어 '심미적'이라는 번역어를 택하기로 한다.

가치들이라고 부르는 것, 그것은 하나의 존재 방식에 대한 말하기와 다르지 않다. 이 말하기에는 우리가 지금의 방식으로 존재하고, 사유하며, 먹고 사랑하게 만드는 자명한 것들이 포함된다. 우리가 현재 확인하고 있듯이, 이런 자명한 것들이 넘쳐나게 될 수 있다는 사실을 떠올리는 것이 중요하다. 체험 자체와 체험에 대해 생각된 것 사이에는 간격이 있다. 오늘날 우리가 참여하고 있는 논쟁과, 이런 논쟁을 불러일으키는 무수한 글들은 **반대로** 더 이상 자명한 것이란 없다는 점을 보여준다. 그러므로 관성적으로 계속해서 존재하며, 특히 우리의 모든 제도 속에 있는 자명한 것들의 여백에서 생겨나고 있는 것을 분석하는 일이 시급해진다. 대학 강단은 어떤 극적인 법칙에서 벗어나지 못하는데, 이 법칙은 우리가 아마도 더 이상은 존재하지 않는 것을 계속 반복하게 만든다.

보편주의의 종말

나를 강박적으로 사로잡고 있는 생각은, 우리가 가치들의 상대화에 주의를 기울여야 한다는 것이다. 이 상대화는 지식인들의 **편견**doxa으로 남아 있는 것, 즉 보편주의에 대항하여 실행되고 있다. 우리가 무엇을 말하든, 무엇을 하든 간에, 체험된 것이 상대주의의 차원에 머물러 있을 때에도 보편주의는 우리 곁을 떠나지 않는다. 스스로를 상대주의자라고 말하는 것이 듣기 좋은 말은 아니지만, 나는 미련 없이 경험적 상대주의자일 뿐만 아니라 이론적 상대주의자라고 주장하겠다.

지멜이 보여주었듯이, 이론적 상대주의는 앎의 무능력이 아니라 인정과 앎의 관계 맺음이다. 이런 관점에서 현재의 질주하는 다문화주의를 고려하는 것이 중요하다. 이것은 단지 체험적 수준으로 자리를 옮긴 상대주의이기 때문이다.

보편주의는 모하메드 아르쿤이 강조했듯이, 하나의 서구적 예외이다. 왜냐하면 지구의 어느 한 작은 지역에서 만들어진 가치들이 세계 도처로 수출되고 외삽되었기 때문이다. 내 생각으로는, 근대는 16세기에 시작된 것도 18세기에 시작된 것도 아니다. 그보다 훨씬 전에, 성 아우구스티누스가 유대-기독교적 유산을 근대성으로 결정화(結晶化)시킴으로써 근대성을 정초했을 때 시작되었다. 『신국론』에서, 그는 구원론적 세계 개념을 옹호하지 않았던가? 즉 그에 따르면 세계는 구원의 추구에, 따라서 도래할 어떤 것에 바쳐진 것이다. 그때부터 어떤 구원의 경제, 우리가 대문자 역사라고 부르는 것의 씨실인 구원의 역사가 전개되었으며, 이는 19세기를 특징지었던 이론적 전통들에까지 이어졌다. 이 전통들은 도래할 완전한 사회를 추구하며 싸웠다. 우리를 형성했던 모든 해방 이론은 성 아우구스티누스 때부터 꽃피기 시작했던 것이다. 원죄로부터, 불완전성으로부터, 소외로부터 해방되어야만 한다. 아우구스티누스는 악이 즉자적으로 존재하는 것이 아니라고 가정하지 않았는가? 악은 단지 **선의 결여**일 뿐인가? 내가 보기에는 이로부터 있어야 함〔당위〕의 논리, 즉 도덕주의가 어떻게 만들어지는지 이해할 수 있을 것 같다.

게오르그 루카치는 『역사와 계급의식』(1923)에서 우리의 세계관에서 일상의 질서에 속하는 것들은 수치스러운 것으로 판단된다는 점을 보여주었다. 그는 "존재자의 수치"를 언급하는 데까지 나아갔다. 존재자는 스스로에 대해 말하지 않는다. 존재자에게는 단지 비판받는 일만

이 남아 있을 뿐이다. 프로이트적 관점에 서면, 일상의 치욕적 낙인이 좀 더 잘 보인다. 이 정신분석의 정초자는 다음과 같이 선언했다. "지식인, 그는 증오의 기사이다." 그리고 우리는 그가 이 증오에 긍정적인 역할을 부여했다는 사실을 알고 있다. 마찬가지로 우리는 괴테가 "언제나 아니오를 말하는 정신"을 주기적으로 되풀이해서 참조했다는 사실을 발견한다. 우리는 있어야 함의 논리가 이런 상이한 명제들을 가로질러서 윤곽을 드러내고 있는 것을 잘 볼 수 있다. 나는 이 논리를 '지배의 논리'라고 부른 바 있다. 자기에 대한 지배, 세계에 대한 지배가 계몽 철학과 그로부터 나오는 19세기의 거대한 사회 시스템들을 정초한다. 이렇게 해서 미래주의는 도래할 향락을 약속한다. 이 향락은 자신과 세계에 대한 노동의 결실로 주어지겠지만, 이는 하이데거가 기술했던 "세계의 몰아세움"*을 대가로 치러야 한다. 에드가 모랭이 시사했던 칸트적 정언명령들이 그랬던 것처럼 오늘날 다시 한 번 도덕과 지정학에 생기를 불어넣는 것은 바로 이 목표이다. **지배의 리비도**libido dominandi는 **앎의 리비도**libido sciendi로부터 분리될 수 없다.

---

* (옮긴이 주) '몰아세움'에 해당하는 프랑스어는 arraisonnement인데, 이 말은 기술의 본질을 가리키는 하이데거의 용어 Gestell을 프랑스어로 옮긴 것이다. 하이데거는 현대 사회에 만연한 도구화와 인간 소외 문제의 근본 원인을 인간과 존재가 맺는 근원적 관계 양상에서 찾는데, Gestell은 이런 관계 양상을 나타내는 개념이다. 독일어 Gestell은 본래 작업대, 선반, 또는 해골의 뼈대 등을 의미한다. 하지만 하이데거는 이 낱말의 전철 Ge-가 '한데 모음' '집약'의 의미를 갖는다는 점을 강조하여 Ge-stell로 표기하면서, 기술의 본질은 존재자를 강제로 끄집어내어 현전하게 만드는 활동들의 집약이라고 주장한다. 기술은 인간과 존재가 강제적인 몰아세움의 관계를 맺도록 만들고 이 때문에 존재 자체는 철저하게 망각되고 만다. 본문에서는 하이데거의 개념을 끌어와 지배를 목표로 하는 근대 문명이 결국 인간의 자기소외를 야기했다는 점을 지적하고 있다.

지배의 리비도로부터 감각의 리비도로

내가 보기에, 우리 사유상에서의 자명한 것들은 더 이상 〔실제로〕 자명한 것들과 일치하지 않는다. 이 간격을 좁히기 위해, 나는 더 이상 자기와 세계에 대한 **지배의 리비도도**, 어떻게 내가 나 자신과 세계를 지배해야 할지 알게 해주는 앎의 리비도도 아닌, **감각의 리비도**, 즉 감각하려는 욕망으로부터 시작하자고 제안하고 싶다. 우선, 이렇게 양극성을 역전시키는 일은 가장 나쁜 것뿐 아니라 가장 좋은 것도 야기한다는 점을 정확히 해두자. 이것은 유목주의의 회귀와 부족주의로부터 시작된다.

퇴보나 퇴화라고 말해야만 할까? 우리는 저절로 이렇게 말하게 된다. 〔하지만〕 정확히 하면, 아마도 '되돌아옴'과 같은 식의 용어를 고안해야 할 것이다. 고대적이란 말의 어원적 의미(근본적인 것, 최초의 것)에 따라 고대적인 요소들을 고려하기 위해서 말이다. 야만인들이 여기 있다는 것, 심지어 우리 안에 있다는 것을 인정해야 한다. 그래서 나는 윤리의 차원에 속할 어떤 것을 정치적·추상적·보편적 도덕에 대립시킬 것이다. 사실, 윤리란 도덕과 다른 것이다. 이것은 시멘트〔정신적 유대〕이며, 국지적이고 뿌리박힌 가치들이다.* 나는 이 국지주의는 대문자 역사와는 다른 것에 대응한다고 가정한다. 니체는 다음과 같이 말하면서 독일의 어느 작은 마을을 떠올렸다. "여기에서, 우리는 살 수 있을 것이다. 우리가 여기에 살고 있으므로." 국지주의와 연결되어 있는 역동적인 정착의 한 형태가 여기 있다. 니체는 '**운명애**_Amor fati_'를

---

* (옮긴이 주) 여기에서 글쓴이는 윤리를 가리키는 낱말 éthique의 어원적 의미, 즉 생활 풍속을 뜻하는 _ethos_를 염두에 두고 있는 것 같다.

말하지만, 우리는 더 나아가 있는 그대로의 세계에 대한 사랑을 표현하는 **세계애**_Amor mundi_를 말할 수 있을 것이다. 이것은 심미화의 한 형태일 수 있다. 이때 이런 심미성은 보편적 도덕의 관점에서는 비도덕적인 것이겠지만, 체험된 가치들을 통해 지금 여기에서 타자들과의 유대를 형성해준다는 점에서 또한 윤리적인 것으로 이해된다. 더 이상 유일무이한 대문자 역사는 없다. 운명 공동체나 여러 역사가 있을 뿐이다.

더 나아가서, 심미성의 윤리가 있을 수 있다. 나는 20여 년 전에 오르지(**오르게**: 공통적 감정)*의 사회학을 제안했었다. 왜냐하면 나는 스포츠 공동체, 음악 공동체나 소비자 공동체, 또는 종교적 공동체가 보여주듯이, 이 공통적인 감정들이 일상적 질서에 속한다고 생각하기 때문이다. '오르지주의'는 심미적 관점에서는 타자 속에서의 자기 상실이며, 이는 자기의 경제, 세계의 경제와 대립한다. 이제부터 경험적 신체주의(신체에 대한 숭배)가 사회적 신체를 정초한다. 왜냐하면 흥분한 개별적인 신체는 집단적 신체 속에 용해되는데, 이것이 바로 쾌락주의의 고유한 효과이기 때문이다.

발레리는 "지식인들은 자연스럽게 _de profundis_(깊은 곳에) 있다"고

---

* (옮긴이 주) '오르지'는 프랑스어 orgie를 옮긴 것이고, '오르게'는 고대 그리스어 _orge_를 옮긴 것이며, 조금 밑에 나오는 '오르지주의'는 프랑스어 l'orgiasme을 옮긴 것이다. 프랑스어의 orgie란 낱말은 보통 디오니소스 축제, 또는 거기에서 파생된 의미로 통음난무의 요란한 연회를 가리킨다. 하지만 글쓴이는 여기에서 이 낱말이 본래 유래한 그리스어 orge(οργή)를 염두에 두고 있으므로 통상적인 의미로 옮기기에는 적절치 않아 보여 음역했다. 문제가 되는 그리스어 οργή는 원래 자연적인 충동, 경향, 기질, 기분 또는 격정, 분노를 뜻한다. 글쓴이는 이런 의미들을 공통적 감정이라는 표현으로 종합하고 있는데, 이는 사람들이면 누구나 갖는 감정을 의미하는 것이 아니라 한 공동체의 성원들이 다 같이 참여하는 감정을 의미한다. 운동경기 관중들이 다 같이 빠져드는 열광의 감정이나 음악회 청중들이 느끼는 감동과 같은 것이 예가 될 수 있다.

역설적으로 말했었다. 이자들은 한탄하면서 실제로는 언제나 깊은 곳을 찾는다. "*De profundis clamavi ad te Domine.*"* 우리는 반대로 사물들의 표면에 있는 것을 보는 데 전념해야 한다. 지멜, 베버, 니체 모두 깊은 곳은 어떤 시기에는 사물들의 표면으로 숨는다는 점을 상기시켰다. 이 깊은 곳은 쾌락주의, 신체주의인데, 이를 통해 자기 자신 안에 갇힌 개인은 국지적인 목적을 가진 한 공동체에 자리를 양보하게 되며, 동시에 최선의 것과 최악의 것을 위한 하나의 특정한 윤리가 생겨난다.

나는 여러 공동체가 우리의 방법론적 개인주의를 넘어, 이미지들 주위에서 활동하고 있는 것을 확인한다. 실제로 어떤 사회적 성애érotique가 있는데, 단지 범주적 정언명령들의 관점만을 이용해서는 더 이상 이것을 해석할 수 없다. 오르테가 이 가세트는 "분위기의 정언명령들을 작동"시켜야 한다고, 즉 더 이상 도덕과 있어야만 할 것으로부터가 아니라 있는 것으로부터 지역적 풍토를 이해해야 한다고 썼다. 스포츠가 불러일으키는 흥분, 전쟁이나 테러와도 같은 격렬한 흥분들과 이것들이 우리의 도시 주변에서 일으키는 소란들은 심미적인 것들이다. 그리고 이 심미적인 것은 사회적 성애에, 즉 사람들이 공유하며 그 주위로 모여드는 이미지들이나 신화들에 연결되어 있다. 여기에는 더 이상 경제적 소비의 질서에 속하지 않고 낭비의 질서에 속하는 어떤 것이 있다. 우리는 타자 속에서, 낯선 이 속에서 자신을 상실한다. 이렇게 해서 우리는 정치적 도덕으로부터 심미성의 윤리를 향해 미끄러진다. 이러한 현상은 사회적·민족국가적 또는 국제적 계약의 개념이나 자신을 지배하는 합리적 개인과 같은 우리의 특권화된 분석 도구들을 통해서

---

* (옮긴이 주) "깊은 곳에서 주께 부르짖나이다." 성서 「시편」 130편.

는 더 이상 사유될 수 없다. 그러므로 심미성의 윤리가 제기하는 도전
은 한나 아렌트가 정식화했던 그런 민주주의적 이상의 곁에 또는 그 안
쪽에 있을 수 있는 것, 곧 공동체적 이상에 대한 성찰로 이루어진다.
발터 벤야민은 "각 시대는 다음 시대를 꿈꾼다"라고 말했으며, 나는 우
리가 지금 태어나고 있는 것을 책임지는 일이 중요하다고 생각한다. 이
꿈이 악몽이 되는 것을 보는 고통을 감수하고라도 말이다.

가치들의 영혼

인류가 생겨난 이래로 우리는 진리, 선, 성스러움, 미 같은 절대적 가치들, 대문자 역사의 독립적이고 비시간적인 가치들을 추구해왔다. 허무주의는 "신은 죽었다"라고 선언하면서, 진리 가치의 와해에 상당히 기여했다. 허무주의는 선의 관념을 재검토하는 윤리적 상대주의에서 곧바로 자신의 등가물을 찾아냈다. 왜냐하면 윤리적 상대주의는 우리의 가치들을 하나의 동일한 평면 위에 놓고 재평가하자고 제안하기 때문이다. 이제 권력, 이익 또는 원한과 연결된 주관적 선입견들을 고려해본다면, 우리는 우리의 준거적 가치들이 단지 목표일 수밖에 없다는 사실을 깨닫게 된다. 때때로 도덕적 가치들의 통일체 또한 탈통합되어 [단지] 방어적 자기중심주의의 보호 관습들을 축적해놓은 것이 되어버린다. 왜냐하면 사실 윤리적 가치는 사회적 결집을 보장하는 역할만으로 축소되어, 자신의 진정한 지평, 즉 인간적 보편성의 지평을 잃어버렸기 때문이다.

내가 보기에 철학적 허무주의와 윤리적 상대주의는 종교적 근본주의와 공통점이 많다. 어떤 하나의 신앙과 결합된 성스러운 가치가 종파적 다양성을 배제할 것을 요구할 때, 신앙은 권력의 한 형태로 전환된다. 그런 단계에서 신앙은 자신의 가장 확고한 토대, 즉 모든 권력으로부터 독립해 있는 대화의 능력을 잃어버린다. 계시의 힘은 박사의 말에 길을 양보했다. 성스러운 것이 배제를 정당화하게 되면, 결국 성스러운 것은 세속적인 것으로 강등되어버린다. 이때부터 맹목적인 광기가 세속적이고, 전복된 사회에서 마음껏 활개를 칠 수 있게 된다.

심미화의 위험들

예술은 통상 우리가 미라고 부르는 가치를 표현한다. 이 가치는 역사의 장 여백에 머무르는 것에 만족하고 마는가? 만약 말로가 『상상의 박물관』에서 한 말을 믿는다면 그렇지 않다. "오늘날 예술은 자신의 모든 형태 속에서 일군의 다양한 모험들을 보여주고 있는데 이에 대해 심미적인 성찰을 하기는 어려우며, 특히 아름답다고 느끼기는 힘들다. 동시대 예술의 혼돈스런 복잡성은 전통적 가치들의 관점에서 미를 정의하려는 기획을 의심스러운 것으로 만들어버리며, 우리 시대의 위기를 예증하고 있다. 우리 시대는 자신이 증거하고 있는 것의 독특하고 유일한 가치를 설명할 수 있는 가치 평가 방식들을 모색하는 과정에서 위기에 처해 있다."[*]

---

[*] 앙드레 말로André Malraux, 『상상의 박물관 *Le Musée imaginaire*』, Paris: Gallimard, 1965.

많은 이에게 예술은 역사에 대한 찬양의 표현이다. 〔하지만〕세계를 찬양하는 태도는 현재의 혼돈에 적합하지 않다는 것을 인정할 수밖에 없다. 사실, 예술은 단지 찬양이 아니다. 릴케가 "미는 무서움의 시작일 뿐이다"*라고 썼을 때, 그는 이미 이를 아주 분명하게 느끼고 있었다. 이런 사실에도 불구하고 나는 과감히 창조의 자유가 혼돈과 가장 거대한 전투를 벌여 승리하는 것은 예술의 영토 위에서라고 주장한다. 이는 사실 자명하다. 예를 들어 근대 예술은 쓰레기를 설치 예술의 틀 안에 끌어들임으로써, 최대치에 이른 통합의 형이상학적 의지를 표현할 뿐만 아니라 탈통합된 실재 또한 입증해냈다. 여기에 우리 시대 예술의 모호성과 탈중심화 양상의 원천이 있다. 이런 예술의 드라마는 또한 첨단에 서서 탈주하고 있는 기술 진보와 예술이 동시대적이라는 사실로부터도 나온다고 말할 수 있다. 예술과 기술은 혁신, 감성 형식들의 창조, 새로운 재료들의 생산 및 활용 등 동일한 측면에서 서로 경쟁하기 때문이다. 그렇지만 그들의 접근 방식들은 본질적으로 상이하다. 예술은 그 자체가 목적이며 인간 정신의 궁극적인 표현인 반면, 기술은 단지 하나의 실천 수단일 뿐이다. 때때로 기술에 천재성이 요구되기도 하지만 사정은 마찬가지이다.

예술이 우리가 겪고 있는 기술혁명의 거대한 공범자라는 사실은 여전히 맞는 말이다. 예술은 기술혁명이 발견한 재료들을 활용하며, 이를 근대의 산물들을 아름답게 꾸미는 데 사용하기 때문이다. 어떻게 보면, 예술과 기술은 동맹을 통해 세계를 아름답게 꾸미는 데에 기여하면서 세계를 지배했다. 심지어 무수한 예술작품들의 파괴를 불러일

---

* 라이너 마리아 릴케Rainer Maria Rilke, 「제1비가」, 『두이노의 비가 Les Élégies de Duino』, trad. fr. Joseph-François Angelloz, Paris: Flammarion, 1992.

으켰던 뉴욕 타워의 공격마저도 그런 동맹을 다시 의문시할 수는 없는 것 같다. 세계의 심미화는 인간 대중의 감수성에 돌이킬 수 없는 영향을 끼쳤기 때문이다. 심미화는 인간 대중에게 새로운 취향, 흥취, 쾌락을 제시하는데, 이것들은 재빠르게 그만큼의 욕망으로 변형된다.

보편적이지 않은 메시지들을 막아주는 역할을 하던 공공장소는 심미화된 이미지로 만들어진 광고들의 차지가 되었다. 도시 곳곳에서 볼 수 있는 유혹적인 아름다운 작품들이 재화의 끊임없는 소비를 불러일으킨다. 단순히 책 한 권 또는 어느 패션쇼를 소개하거나, 정치적 캠페인의 시작이나 심지어는 어느 공장의 개업을 알리는 일도 화장술적 손질의 대상이다. 모든 미디어 매체가 전달하는 호전적인 뉴스, 범람하는 이미지들은 결국 무한히 반복되는 의례가 되고 마는 행사들이며, 이러는 와중에 미학적 기준들이 지배하게 된다. 우리 시대의 삶에서는 외관이 실재에 우선한다. 삶의 스펙터클이 삶 자체보다 더 참된 것 같다.

예술은 자연에 대한 인간의 승리를 나타내는 기교의 힘을 세계의 기술적 심미화에 보탠다. 칸트에 따르면, "무목적적 합목적성"이 되어야 했던 미는 장식된 무대 연극의 방식으로 나타나는 집단적 삶을 형성하는 데 협력한다. 이렇게 해서 대중매체의 무대가 실재에 대한 최고 재판소의 지위를 얻게 되었다.

예술과 기술의 결합된 작용을 통해 이루어지는 세계의 심미적 식민주의의 영향은 가치들의 세계를 변화시키는 것에 그치지 않는다. 왜냐하면 우리는 철학적 허무주의와 윤리적 상대주의가 결합하여 미치는 영향들 아래에서 무상한 행위라는 관념에 직면했기 때문이다. 이 관념은 공격적이고 필사적인 근본주의를 의식(儀式)적이고 자기애적인 방식으로 재활성화시킨다. 이것이 우리가 목격하고 있는 바이다.

진리의 목소리

편재하는 가치들의 심미화는 경제구조와 결합됨으로써, 대체의 힘을 이용하여 가치들을 퇴화시키거나 회수해버린다. 전문화의 진보는 각 가치의 파편화를 가져왔다. 철학적 영역에서, 상이한 이론 분야들 간에 세워진 경계는 대화를 이해할 수 없게 만들어버린다. 똑같은 현상이 윤리와 종교의 영역에서도 일어난다. 이제부터 파편이 우리를 지배한다. 상이한 스타일들의 표현은 불협화음이 되었다.

파편적 가치들은 대문자 역사의 방향을 잡아줄 수 없다. 파편적 가치들은 부차적인 목적에 봉사하기 때문이다. 전문적인 의무론들로 나누어진 윤리는 인간 존엄성을 시야에서 놓쳐버린다. 세계의 혼돈을 표현하는 데 참여하며 이를 뽐내는 미학은 미와 세계의 바람직한 동맹이 아니다. 이질적이며, 여기저기에 흩뿌려진 파편들의 접합이 만들어내는 문화는 분명 하나의 멋진 스펙터클일 수는 있겠지만, 어떤 경우에도 의미를 생산하지는 않는다. 유흥, 속도, 시끄러운 소음, 폭력적인 감각, 은밀한 황홀경은 모두 현대적 심미화의 형태들이다. 이것들 덕분에 우리는 세계를 획득하지만, 우리의 영혼은 잃어버린다.

가치들의 영혼을 되찾기 위해서는 진리, 선, 미, 성스러움이 인간이 갈망하는 궁극의 목적들이며, 이 중 하나를 포착하는 일은 다른 모든 것에 영향을 끼친다는 사실을 인식해야 한다. 심미화가 믿게 만드는 것과는 반대로, 이 목적들은 분리될 수 없다. 근본적으로 진리는 미의 얼굴들 중 하나이고, 인간 존엄성의 연장이자 성스러운 것에 대한 직관이다.

오늘날 가치들의 생명은 반성과 침묵 외에 대단한 수단을 필요로 하지 않는다. 심미화의 유혹을 넘어서, 매개나 중개 없이 진리의 목소리를 듣고, 올바르거나 영웅적인 행동에서 나오는 평온을 느끼고, 미를 경탄하며 신비의 매력을 느낄 수 있어야 한다.

제5장

새로운 가치들의 창조를 향하여?

20세기는 역사적 동력과 전통적 준거 틀의 변화를 겪었다. 새로운 네트워크, 새로운 물음, 새로운 우선권이 나타나 이런 변화에 동반하면서 종종 이 변화를 증폭시키고 있다. 반면, 우리는 마찬가지로 새로운 가치들도 출현하고 있다고 말할 수 있을까? 이런 변화에 직면해서, 개인적인 것이든 집단적인 것이든 간에, 준거가 될 만한 가치들을 모색하는 일은 언제나 우리 사회의 관심사이다. 따라서 가치들의 갱신 가능성에 대해 성찰해보아야 한다.

이 물음은 분명 정체성이나 문화를 다루는 우리 담론의 모든 수준에 적용된다. 칸디도 멘데스는 우선 포스트모던 담론의 본성 자체와 그것이 갖는 함축들에 관해 성찰해보기를 제안한다. 티에리 고뎅은 어떤 하나의 새로운 모델의 출현, 즉 인지적 분석 모델의 출현을 명확하게 드러내는데, 그가 보기에 이 모델은 이전 세기의 낡은 과학적 모델을 대체하러 오는 것이다. 이런 관점에서 21세기는 '정신의 세기'가 될 것인가? 술리만 바쉬르 디아뉴는 종교 관념으로 되돌아오는 길을 택한다. 그는 만약 우리가 종교에서 고유하게 정신적인 차원만을 발전시키기로 결정한다면, 종교 때문에 정체성이 화석화되지는 않는다는 점을 상기시킨다. 로제 쉬는 현재 비약적으로 증가하고 있는 여러 단체 활동들로부터 자유주의의 낡은 전제들을 피하게 해주는 어떤 새로운 모델을 끌어내자고 제안한다. 반면, 줄리아 크리스테바는 가치들의 가능한 갱신은 몇몇 여성적 가치들의 특수성 안에서 모색되어야만 한다고 생각한다. 이 가능한 갱신은 시간과의 그리고 세계와의 어떤 상이한 관계를 포함한다.

가치들과 주체성의 구성
—변증법과 저(低)매개*

칸디도 멘데스

    가장 문제적인 포스트모던적 해체는 가치론적 담론들의 해체이다. 주체성의 구성이 **로고스**의 감옥으로부터 풀려나려고 시도하는 한, 그 것은 포스트모던적이다. 어떻게 **로고스**를 해체하고, '갈등l'agonistique'에서 출발하여 가치들을 느끼고, 보고, 경험할 것인가? 이때 갈등은 동일성과 차이 사이의 긴장으로 이해된다. 우리가 획득한 담보들에도 불구하고, 오늘날 우리는 사물화의 과정이 모사물, 문화적 보철물, 문화와 문명 사이에 항존하는 혼동과 같은 해로운 형태를 취하며 재개되는 것을 보고 있다.

---

* (옮긴이 주) 저(低)매개sous-médiation. 프랑스어 접두사 sous는 보통 '~ 아래, 밑에' 또는 '종속' '불충분' '아류' 등의 의미를 담고 있다. 이 글에서는 변증법이 작동하기 위한 매개가 되기에 불충분한 것을 가리키는데, 이 점에서는 변증법에 '종속'되어 있는 것이지만, 또 다른 관점에서는 이 때문에 변증법이 파괴되는 것으로서 오히려 변증법을 넘어서는 것이기도 하다. 이런 복합적 의미를 살리기 위해서 한자말 '저(低)'로 옮겼다. 이 낱말은 보통 '낮음'을 가리키므로 sous의 1차적 의미에 어느 정도 부응하면서 또 '저개발'이란 말에서 볼 수 있듯이 불충분성과 종속성의 의미 또한 포함할 수 있다.

제롬 뱅데는 새로운 가치들의 창조가 무엇인지 명료하게 정의했다. 이 영역에서 하나의 대안을 찾는 것은 우리가 모순율을 알 수 있으리라는 것을 전제한다. 그런데 우리는 포스트모던적 모호함 속에서 언제나 어찌할 줄 모르고 있으며, 여전히 몽유병적인 하나의 변증법이 우리를 길들 위에서 방황하게 만든다. 이 길들에서는 교환, 유행 또는 하찮은 것의 영역에서 관찰할 수 있는 것처럼, 흩어짐이 우위를 점하고 있다.

내가 제기하려는 물음은 다음과 같다. 우리는 새로운 가치들에 대해 말하고 있는 중인가, 아니면 여전히 이 가치들의 포스트모던적 해체에 참여하고 있는가? 몇몇 연설자가 우리에게 협상에 대해 말하는 것을 들을 때, 또는 아르준 아파두라이가 우리에게 진단적 전쟁에 대해 말할 때, 우리는 변증법적 틈을 가늠하게 된다. 이 변증법적 틈은 잔니 바티모가 말하는 '약한 시기'가 출현하면서 생겨났으며, 장 보드리야르가 언급한 '낚아챔'과 관련 있다.* 이 모든 은유에서 관건이 되는 것은 우리가 변증법적 폭정을 넘어서도록 해주는 것을 목표로 하는 **실천** *praxis*이다.

'갈등'이란 무엇인가? 이런 접근 방식이 의존하고 있는 생각은 가치들은 존재-방식에 관한 것이고, 초월관계가 아닌 동등관계 속에서 정립된다는 것이다. 가치들의 포스트모던적 이해에는 저매개들이 있다. 말하자면 그에 따라 변증법을 향한 도정이 결정적으로 깨어지게 되는

---

* (옮긴이 주) 잔니 바티모의 '약한 시기'는 현대 사회로 접어들면서 개인을 사회에 연결하던 강한 전통적 규범들이 약화된 사실과 관련된다. 이 책에 실린 글에서 바티모는 '약한 동질화'에 대해 말한 바 있다. 장 보드리야르가 언급했다는 '낚아챔'에 해당하는 원어는 détournement 이다. 원래 이 말은 '방향 전환'을 의미하기도 하지만, 이 책에 실린 자신의 글에서 보드리야르는 이 말을 비행기 납치 테러와 관련지어 사용하면서, 테러가 지배권력의 힘을 '낚아채서' 그에게 되돌려보내는 전략을 이용한다고 말한 바 있다.

원리들이 있다. 차이의 문제가 지시와 외연의 문제와 관계를 맺는다면, 동일성 문제의 저매개는 절대자이다. 이 절대자는 곧 존재 결여의 가능한 저매개이다. 이는 다른 한편 차이가 솟아나는 장소인 존재와 타자가 스펙터클의 저매개와 관계를 맺는 한에서 그러하다. 그러므로 가치론적 해체는 절대자와 스펙터클이라는 저매개의 이 두 근본 요소에 이르게 된다.* 그리고 만약 '갈등'이 **로고스**의 세력을 벗어난다는 것이 사실이라면, 사물화는 이 **로고스**의 세력을 최악의 방식으로 되살린다.

동일성은 모사물에 의해 매개되는 반면, 차이는 커다란 사회적 과정들 속에서 헤게모니에 의해 매개된다. 그 결과, 모사물은 사물화의 놀이를 추구한다. 이로부터 귀결되는 사회는 상호 주관적 문화와 문신, 그리고 인정에 의존하는 부족들의 공존으로 환원되어버리며, 보편자 관념과 단절한다. 우리는 이미 모사의 환원을 실행해버렸는가, 아니면 동일성의 관념 안에서, 자신 안으로의 물러남이 표현하는 것에 머물러 있는가?

문명과 문화 사이의 그토록 빈번한 혼동과 관련하여, 문명은 합리성의 거대한 사물화 과정과 결합되어 있다는 점을 환기시키고 싶다. 이

---

* (옮긴이 주) 의미가 상당히 분명하지 않은 대목이다. 우선, 여기에서 말하고 있는 변증법은 모든 차이를 매개를 통해 동일성 안으로 환원하는 작용을 가리키는 것으로 볼 수 있다. 따라서 이런 매개를 통한 동일자로의 환원을 실패하게 만드는 두 가지 근본 요소가 절대자와 스펙터클인 셈이다. 이런 맥락에서 보면 이 절대자는 전통 철학적 절대자, 동일자와 같은 절대자라기보다는 어떠한 유사성도 거부하고, 따라서 어떤 매개도 거부하는 독특성으로 이해해야 할 것 같다. 절대자를 설명하는 '존재 결여의 가능한 저매개'라는 표현 또한 이런 맥락에 닿아 있다. 어떤 매개도 거부하는 절대적 독특성은 종종 존재하지 않는 것으로 간주되기 때문이다. 반대로 스펙터클은 존재와 타자를 구분해주는 차이가 사라지는 것으로서의 스펙터클, 즉 구경거리이다. 모든 것이 스펙터클화되면서 이제 진리와 가상의 구분은 무효화되기 때문이다. 이렇게 본다면, 절대자와 스펙터클은 동일자 안으로 매개되는 차이라는 변증법적 구조를 각각 동일자와 차이의 측면에서 파괴하는 요소들로 이해할 수 있다.

시 외곽 거주 지역들이 확대되어왔다. 2005년경에는, 세계 인구의 절반이 도시로 이주할 것이다. 현대 사회에서 이러한 도농 분할의 인구 통계적 균형점은 80퍼센트의 도시 인구와 20퍼센트의 농촌 인구이다. 따라서 도시의 내적 폭발은 배제와 커다란 사회적 어려움들을 동반하면서 다음 세기[즉, 21세기] 초에도 계속될 수밖에 없다. 과학과 기술이 가난한 자들과 배제된 자들을 위해 활용되는 시대가 될지도 모른다.

기술 체계의 변화(산업혁명)의 경우, 새로운 기술은 육체노동의 지위를 떨어뜨린다. 19세기에, 농촌 탈출과 도시의 내적 폭발 현상은 1848년의 혁명에 이르렀다. 따라서 주도적 계급은 거대한 국제적 프로그램들(파나마 운하, 철도망 건설, 오스만*의 도시계획)의 생-시몽주의적 전략에 의지했다. 오늘날, 우리는 1830~1835년에 기조Guizot**가 살았던 상황과 비교될 만한 상황에 처해 있다. "부자 되세요"는 우리가 매일 뉴스를 통해 받는 메시지이다. 그렇지만 이것이 배제된 자들을 통해 제기되는 문제도 해결하는 것은 아니다. 오히려 그 반대이다.

인지적 문명

네 개의 극(물질, 에너지, 시간의 구조화, 생명체와의 관계)을 가진

---

* (옮긴이 주) 조르주-외젠 오스만Georges-Eugène Haussmann(1809~1891). 프랑스 제2 제정 시대(1852~1870)에 파리 지사로 재임하면서 도시 반란과 치안 유지를 목적으로 대대적으로 도시 재건축을 단행, 파리를 근대화했다.
** (옮긴이 주) 프랑수아 기조François Guizot(1787~1874). 프랑스의 정치가, 역사가. 본문에서 언급된 1830년에서 1835년 사이의 기간은 프랑스 7월 왕정 초기인데, 이때 은행가, 자본가, 대실업가들이 국정을 좌우하며 산업혁명을 이끌었다.

산업 체계는 1인당 상당한 양의 시멘트, 강철, 석유를 생산하면서 '물질/에너지'의 수평 축에 기대고 있었다. '인지적 문명'이라고 불리는 새로운 기술 체계는 '시간의 구조화/생명체와의 관계'라는 수직 축을 포함한다. 유전자라는 생명의 코드를 조작하는 것, 조물주의 힘을 인간에게 주는 것이 오늘날 가능하기 때문이다(그럼에도 불구하고 이 인간은 영장류의 본능을 간직하고 있다). 산업 체계 내에서, 수평 축은 유물론, 과학주의, 오귀스트 콩트 방식의 합리성으로 특징지어졌던 반면, 인지적 사회들에서는, 비록 생명과 시간이 물질과 에너지($E=mc^2$)처럼 내적인 관계를 통해 결합되어 있다고 하더라도, 쟁점은 더 이상 생산이 아니라 인정과 깨달음이다.

우리는 여성적 가치들이 지배하는 '조절'의 시대에 살고 있다. 확언, 정복 또는 권위의 세기들은 끝났다. 인간 종은 현재 인구수를 조절하며, 자신과 자연의 관계도 조절한다. 노령 인구수와 새로운 경제적 조건들이 증대함에 따라 인구통계적 추이가 노인 문제를 제기하기 때문이다. 10년 전에 사람들은 2100년에는 세계 인구가 100억 명에 이르러 안정화될 것이라고 예측했다(출처: 유엔). 오늘날 동일한 계산 결과는 연령대 피라미드의 역전이라는 매우 드문 현상과 함께 거주자 85억 명에서 정점에 이른다. 2030~2040년대에, 60~65세 집단은 0~50세 집단보다 더 많아질 것이다. 노후 보장 기금의 재정적 문제들이 해결된다고 하더라도, **베이비 붐** 시대의 아기들은 조부모들의 노후보다 덜 안락한 노후를 보내게 될 것이다.

가장 본질적인 가치들이 변화했다. 정복적 과학의 시대와 19세기 합리주의의 시대에 가치 있었던 과학적 패러다임은 인지적 패러다임에 자리를 내준다. 과학의 주체, 즉 '사람들on'(사람들은 말한다. 사람들은 안다. 사람들은 보게 될 것이다. 사람들은 더 이상 아무것도 말할 수 없다)은 과학 공동체의 지식이 매 순간 축적되고 시대에 맞춰 갱신되는 지점이다.

인지적 패러다임 속에는, 세계에 대한 상이한 해석을 가진 다수의 주체들이 있으며, 이 주체들의 상호 인정과 상호 의사소통이라는 문제가 있다. 이 때문에 우리는 의식적인 집단 존재들의 구성에 관해 자문하게 된다. 기업들이나 유네스코는 의식적인 집단 존재인가? 더욱이 이런 추론은 우리가 인간 종과 의식에 대해 물음을 던지도록 이끈다.

12세기, 18세기(산업혁명) 또는 심지어 기원전 6세기(페니키아의 내적 폭발)——인도에서 부처가 태어나고 또 중국에서 노자가 태어났던 무렵이기도 하다——에 있었던 기술 체계상의 거대한 변화들은 언제나 정신성의 영역에서 거대한 변화들을 동반했다. 이때 본질적 가치들이 재해석되었던 것처럼 보인다. 21세기도 이렇게 '정신의 세기'가 될 것인가?

종교적 세기인가?
아니면 정신적 세기가 될 것인가?

술리만 바쉬르 디아뉴

내 주장은 **종교적인 것**과 **정신적인 것** 사이의 대립에 근거하고 있다. 이 대립은 한편으로는 분리된 인간성들과, 다른 한편으로는 다원적 인간성 사이에서 확인된다. 분리된 인간성은 오로지 자기 자신만을 중심으로 삼고 있기에 외딴 섬처럼 고립되어 있는 것이며, 다원적 인간성은 후설의 은유를 다시 취하면, 하나의 동일한 바다의 물결들에 비유할 수 있는 정신적 형상들이고, 그런 한에서 통합되기를 거부할 것이다. 내가 다음에서 보여줄 것처럼, 이 차이는 정신적이지만 종교적이지는 않은 가치들이 어떤 범인간적인 목표를 향하는 대화 및 탈중심화의 가치들과 근본적으로 결합되어 있다는 사실 속에 놓여 있다. 이렇게 이해된다면, 정신적인 것은 협소한 상업적 현실성을 넘어선 세계화에 호소하는 데 기여할 수 있다. 정신적인 것은 시인 레오폴드 세다르 상고르*의 값진 표현에 따르면, "보편적인 것의 문명"을 목표 삼는다. 보편적 문명이 아니라, 보편적인 것의 문명이다. 이는 다시 한 번 보편적인 것이 만들어내거나 목표로 삼는 문명을 세계성이라는 단순한 사실로부터 나올 문명과 구분해야 하기 때문이다.

종교, 정체성의 궁극적 표현인가?

우리나라** 일부 여론의 반응이 보여주듯이, 9월 11일의 사건은 사람들이 정신성과 관련해서 맺을 수 있는 관계를 독특한 방식으로 뒤흔들었다. 실제로 나는 세네갈의 한 라디오 방송에 출연하여 대문자 역사는 새뮤얼 헌팅턴이 옳았다는 것을 보여주었으며, 헌팅턴은 자신의 방식으로 앙드레 말로가 옳았다는 것을 보여주었다고 얘기해달라는 요청을 받았다. 나는 헌팅턴과 말로의 차이를 애써 강조했다. 헌팅턴*** 그 자신은 베를린 장벽의 붕괴로 시작된 세기는 종교적인 것**이며**, 그 결과 일반화된 투쟁이 우리를 위협한다고 선언한 반면, 말로의 것으로 간주되는 정식의 의미는 종교적인 것(정신적인 것?)이 물질 숭배에서 비롯된 의미 상실과 단조로움의 세기를 구해내리라는 것이었다. 그리고 이를 통해 나는 사람들이 우리 대담의 전제 자체여야만 한다고 생각하는 것을 거부하고자 했다. 헌팅턴에 따르면, 마치 어떤 반발 충격과

---

* (옮긴이 주) 레오폴드 세다르 상고르Léopold Sédar Senghor(1906~2001). 세네갈의 정치가, 교사, 작가, 시인. 세네갈이 프랑스로부터 독립한 1960년, 초대 대통령으로 선출되어 1980년까지 다섯 차례 연임했다. 1983년에는 아프리카인 최초로 아카데미 프랑세즈 회원으로 선출되었다. 주요 시집으로 『어둠의 노래 *Chants d'ombre*』(1945), 『마다가스카르 혹인 신시(新詩) 선집 *Anthologie de la nouvelle poésie nègre et malgache*』(1948), 『야상곡 *Nocturnes*』(1961) 등이 있다.
** (옮긴이 주) 바로 뒤에 나오듯이 여기에서 '우리나라'는 세네갈을 가리킨다.
*** 새뮤얼 헌팅턴S. P. Huntington, 『문명의 충돌』.

같은 것을 통해, 종교로의 **회귀**를 불러일으키고, 따라서 종교의 회귀라는 모습으로 세계의 재주술화를 불러일으켰던 것은 20세기 후반에 세계를 휩쓸었던 사회적·경제적·문화적 근대화의 과정 자체이기 때문이다. 이런 패러다임의 귀결은 세계의 파편화인데, 이 파편화는 '문명들'을 분할하는 선들을 따라 재편된다. 이 세계에서 일어나는 운동들은 재(再)이슬람화, 재(再)힌두화, 재(再)기독교화 등등이라고 말해질 재중심화 운동들이다.

헌팅턴에 따르면, 우리는 도처에서 '토착화'의 과정, 즉 그에 따르면 **명백히** 세계의 탈세속화를 이끄는 과정을 목격한다. 왜냐하면 토대들을 향한 회귀는 최초의 정체성 한가운데에서 종교를 만날 것이기 때문이다. 그는, 근대 세계에서 종교는 확실히 민중들을 고취하고 움직이게 할 수 있는 중심적인 힘이라고 평가한다. 다른 모든 정체성 형성 작용들은 종교적 외관에 달라붙어 있고, 그 주위를 위성처럼 돌고 있으며 그 속에 흡수되어 있다. 말로의 것으로 간주된 정식은 어떤 풍부함, 존재 차원들의 확대를 의도했던 반면, 우리는 단순화, 의욕상실, 빈곤화를 느끼고 있다.

아마도 '아프리카성'에 대한 헌팅턴의 생각만큼 세계에 대한 그의 이런 단순화를 더 잘 묘사하고 있는 것은 없으리라. 아프리카는 헌팅턴의 '문명들'의 지정학에 대한 최초 초고들 속에서는 오만하게도 무시되어버렸지만, 1995년의 결정본에서는 하나의 커다란 의문부호 형태로 은밀하게 나타난다. 사실 이는 세계 지도에서 우선 아프리카를 지워버렸던 이전의 행동을 정당화하는 것이었다. 그는 문명이란 주제를 다루는 연구자 대다수는 아프리카성이 하나의 구분된 문명이라고 생각하지 않는다고 쓰고 있다. 브로델을 제외하고서라고 덧붙이기는 하지만 이 예외—그렇지만 무의미한 것은 아닌—에 멈춰 서지는 않는다. 또한 우리는 '문명 연구자 대다수'란 표현이 무엇을 가리키는지 알지 못한다.

특히 그의 책에서 넘쳐나는 참고문헌들의 풍부함과 대조적으로, 그 분야[아프리카성의 문제]에서 아프리카인들이 그들 자신에 대해 말하는 것, 아킬레 음벰베의 정식을 빌려오면, 그들의 '자신에 대한 기록'은 헌팅턴에게는 어떠한 관심거리도 아니라는 것을 확인할 수 있다. 그가 여기에 의문부호를 갖다 붙인 것은, 남아프리카 주위에서 '아프리카적 정체성의 어떤 의미'가 융합을 통해서 출현할 가능성이 있다고 생각했기 때문이다. 이런 주장들의 결과는 헌팅턴이 그리고 있는 1990년 이후 어마어마한 문명들의 세계지도이다. 여기에서 우리는 아프리카성이 말하자면 남아프리카의 반투족 세계와 적도 북쪽의 좁은 가장자리 지역으로 축소되며, 그 나머지는 그에게 이슬람 문명에 속한다는 것을 보게 된다.

레오폴드 세다르 상고르의 나라가 이슬람적 정체성을 가지고 있다는 것은 의심할 바 없는 일이지만, 그 나라가 아프리카성으로부터 추방되어 있다는 것은 하나의 역설이다. 이 역설은 헌팅턴의 사유의 토대에는 우선 어떤 다원주의도 정체성을 구성할 수 없다는 생각이 깔려 있다는 사실을 명확히 지적해준다. 정체성, 그에게는 특히 독특한 것의 정체성은 화석화되어 하나의 단순화된 지정학 속에서 '블록'을 형성할 수 있는 것으로 정의된다. 다원성, 이것은 '블록들'의 다원성이다. 그리고 자연 상태의 이 전체주의적 판본에서 블록들의 다원성은 각 블록에 대한 각 블록의 다소간 폭력적이며, 공공연하거나 은밀한, 일반화된 투쟁을 의미한다. 우리가 더 정확하게 가치들의 관점에서 볼 경우, 이는 또한 가치들은 그들의 맥락 바깥에서는 더 이상 의미를 가지지 못할 것이며, 더 이상 어떠한 문화 횡단적 장소——이것이 무엇이 되었든 간에——를 향해 호소하지 못한다는 것을 의미한다. 가치들은 다른 언어들로 번역할 수 없는 언어들에 속해 있다. 그러므로 내가 지금까지 묘사했던 전망은 이 전망이 표현하는 테제들의 세부 사항을 넘어서 다음의 질문을 제기한다. 20세기 말에 정착된 탈식민지의 세계에서, 보편적인 것의 문명의 지평이 모든 제국주의적 기획 바깥에서 주어지는 것이 아직도 가능한가? 즉 **현실주의적**인가? 이런 세계에서, 문화들을 분리된 인간 집단들에 해당하는 것이 아니라, 말하자면 하나의 범인간적 목표를 향해 있는 것으로 인식할 수 있는가?

범인간주의

에마뉘엘 레비나스 자신도 『다른 인간의 인간주의*Humanisme de l'autre homme*』에서, 이 탈식민 시대가 보여주는 광경에 대해 자문했다. 그가 "무수한 문화들의 사라반드"라고 불렀던 것은 확실히 탈서양화되었지만 마찬가지로 "탈동양화된" 세계 속에 있다. 그러므로 가치들에 대한 물음은 문화들 간의 마주침에 관한 물음이다. 이 마주침은 인간들의 사회라는 관념을 **향해 있을** 때에만 일어날 수 있다. 세계화가 이런 사회를 가능하게 만들어야 하지만, 세계화는 또한 이런 사회를 방해하기도 한다. 그것이 세계 인구의 다수에게 배제와 가난을 의미할 때에는 말이다. 인간들의 사회는 **정의**의 이념 위에서 구성될 것이다. 정의의 이념은, 타자는 동일자로 환원되지 않으며 동일자 쪽으로 데려올 수 없지만, 그렇다고 해서 또한 타자의 환원 불가능한 이타성이 투쟁을 의미하는 것은 아니라고 주장하는 비(非)제국주의적 이념이다. 이렇게 해서 에마뉘엘 레비나스는 우리 시대에 보내는 요청을 정식화한다. "정의는 오직 이웃과 먼 자 사이에 구분이 없는, 하지만 또한 가장 가까운 이웃을 무시할 수도 없는 사회에서만 정의로서 머무른다."

이렇게 규정된 정의에 대한 요청과 현실주의는 총체적으로 대조를 이룬다. 현실주의는 어떤 거짓되고 무용한 '자명성'에 의존해 있다. 이 자명성에 따르면, 사람들은 자신의 딸을 조카딸보다 더 좋아하며, 이 조카딸을 그녀의 외사촌들보다 더 좋아한다는 식으로 동심원들을 따라가며 추론하는데, 이는 결국 마지막 원, 즉 문명을 정의할 궁극적인 '우리'의 원에 이른다. 그러므로 이것〔정의〕은 현실주의의 문제가 아니라, 윤리의 문제이며 따라서 요청의 문제이다. '이웃들'과 '먼 자들' 사이에 차이가 없다는 것, 이는 현실주의적이지 않다. 그래서 실제로 사람들은 때때로 '다보스 문화' *로 불리곤 하는 것이 갖는 보편주의적 선의를 비웃을 수 있다. 이것은 확실히 현실주의적인 것이 아니라 윤리적인 것이다. 그것은 실재 **속에 씌어져 있지** 않지만 실재에게 **명령한다.** 그런데 여기에서 우리는 하나의 단순한 정식만을 다루고 있는 것 아닌가? 뚜렷한 종교적 형태를 취하는 확고한 블록들의 대결이라는 지정학적 논리에 대해 설교하는 정도의 효력을 가질 뿐인 정식 말이다. 만약 '이웃들'과 '먼 자들' 사이에 차이를 두지 않는 정의의 윤리적 명령이 종교들 한가운데에서 어떤 받침점도 찾을 수 없다면, 아마 그럴

---

* (옮긴이 주) 다보스Davos 문화는 새뮤얼 헌팅턴이 저서 『문명의 충돌』에서 사용한 말이다. 다보스는 스위스의 다보스에서 매년 개최되는 '세계경제포럼' 총회를 가리킨다. 헌팅턴은 이 포럼에 모이는 이들과 같은 세계 최정상 엘리트들이 형성하는 국제 문화가 어떤 보편적인 세계 문명을 이끌 것이라고 예상한다.

것이다. 그런데 이 받침점이 종교의 핵심에, 즉 종교가 가져올 수 있는 정신성의 핵심에 존재한다. 게다가 국경을 넘나드는 교섭에서 이 받침점이 얼마나 중요한지는 아무리 강조해도 지나치지 않을 것이다. 왜냐하면 이 받침점이 없다면 우리는 문화들 간의 대화 대신에 단지 나란히 늘어놓은 독백들만을 갖게 될 것이기 때문이다. 하지만 방향 설정이 필요하다. 즉 윤리적 요청의 받침점이 각 문화 한가운데에 존재할 수 있어야 한다. 물론, 이는 모하메드 아르쿤이 일깨워주었듯이 각 문화가 자신의 역사에 대한 이해와 연결되어 있을 때에만 가능하다.

정신적 개방성

헌팅턴이 제안한 패러다임은 결국 정체성은 근본적으로 종교적이며 종교의 본질은 어떤 **화석화**를 만들어내는 것이라고 가정한다. 이 화석화는 블록을 형성하는 정체성 형성 작용들이 치명적인 방식으로 대립하게 만드는 것이다. 반대 패러다임은 종교 자체는 또한 탈중심화 운동의 원리이기도 하다는 점을 일깨울 수 있을 것이다. 종교는 유동성이며 이런 유동성이 종교의 정신적 차원을 구성한다. 헌팅턴적 패러다임이 고려하는 세계의 거대 종교들에 대해서도, 아마 이것들도 모두 똑같이 이러한 유동성의 차원을 가진다고 말할 수 있겠다. 즉 그 종교들에는 정신성의 차원이 있는데, 우리는 위대한 텍스트들, 위대한 정초적 서사들과 나란히 전개된 이 종교들의 핵심 문헌들 속에서 이를 읽을 수 있다. 이 문헌들은 그 위대한 텍스트, 정초적 서사들—이렇게 말할 수 있다면—을 전복했다. 이렇게 해서 우리가 종종 보게 되는 것은, 정신성은 자신의 표현을 차라리 시적인 노래로서, 즉 감성적 언어에서 발견한다는 점이다. 또 정신성은 은유, 암시, 일화나 교화적인 우화 그리고 때로는 단순히 명언이나 사람들이 '재치 있는 말'이라고 부르는 것을 사용한다. 즉, 이런 문헌에서 심각한 것은 하찮은 것의 방식으로 말해지며, 여기에서 사람들은 심오한 것을 가볍게 다루는 법에 익숙해진다. 이런 문헌에서 정신적인 것은 어떤 탈중심화의 기예, 어떤 거꾸로의 기예로 이해해야 할 것이다.

정신적인 것은 자기로부터 거리 두기의 기예이다. 그것은 열정적인 확신들이 포함할 수 있는 독단주의, 불관용 혹은 폭력으로부터 거리 두기의 기예인 것이다. 결국 정신적인 것은 근본적으로 관용의 가치와 결합되어 있는데, 왜냐하면 정신적인 것을 통해 우리는 진리가 모든 것 속에 반영되는 다양한 방식들을 주의 깊게 감지하는 태도를 배우기 때문이다. 그러므로 나는 상대주의와 보편주의 사이에서 벌어지는 토론을 넘어서기 위해 이런 반영의 주제를 제안할 것이다. 정신성의 언어로 이를 말하면, 사랑에 빠진 남자는 도처에서 그가 사랑하는 여자를 본다. 만약 우리가 타자 속에서 진리를 보지 못한다면, 이는 우리가 충분히 사랑하지 않는다는 것이며, 라일라를 위한 마지눈의 눈*을 갖고 있지 않다는 것이다.

종교에서 정신성을 본다는 것, 이는 종교적 패러다임이 우리에게 마

---

* (옮긴이 주) 라일라layla와 마지눈Majnun은 7세기경의 아라비아 설화에 등장하는 연인인데, 12세기 시인 네자미Nezami가 이 이야기를 바탕으로 페르시아어로 시를 썼다. 마지눈은 라일라와 첫눈에 사랑에 빠지지만, 라일라 아버지의 반대로 라일라는 다른 남자와 결혼하고 만다. 상심한 마지눈은 사막을 방랑하고, 그런 중에 라일라는 마지눈을 그리워하다 죽고 만다. 그 소식을 들은 마지눈은 라일라의 무덤으로 되돌아와 슬피 울다 죽는다. 이 이야기에서 마지눈이란 이름은 남자 주인공의 본명이 아니라 별칭인데, 원래 '마지눈 라일라'이며 이는 '라일라에 미친 사람'이라는 뜻이다.

련해놓은 양자택일로부터 빠져나온다는 것이다. 즉 종교들의 전쟁이거나 종교들에 관한 전쟁이라는 양자택일로부터 빠져나오는 것이다. 이것이 레비나스가 묘사한 방향 설정 속에 있는 자기와의 만남이며, 진정한 대화의 조건이다. 이런 방향 설정의 본질적인 한 가지 측면은 비판 정신, 곧 자기비판이라는 근본적 가치이다. 오늘날 문명들 간의 새로운 비교주의적 관점에서, 사람들은 자주 다음과 같이 말하곤 하는 것 같다. 자기로 회귀하며 자기를 재비판하는 이 정신은 아마도 서양이라고 불리는 특정한 문화의 소유물일 것이라고 말이다. 사람들은 또한 문화들이 내재적으로 가치가 있다는 것이 참이라고 해도, 각 문명은 다른 문명들과 동등한 가치를 지닌다는 것이 참이라고 해도, 서양은 변별적인 가치를 지닌다고 말한다. 이들이 말하는 변별적 가치란 아마도 스스로를 이해하고 스스로를 비판하기 위해 자기 자신에게로 회귀하는 능력일 것이며, 이렇게 해서 혁신뿐만 아니라 타자와 상이한 문화들에 대한 이해 또한 도모할 수 있는 능력일 것이다. 게다가 마르크스는 자기 자신에 대해서는 결코 아무것도 이해하지 않았던 인간들을 이해할 가능성에 대해 말한 바 있다.

그래서 최근* 움베르토 에코가 "서양적 우월성"에 호소해야 한다고 믿었던 이탈리아의 최고위 정치 인사를 비판할 때, 그는 문화인류학의 교훈들을 상기시킨 다음, 그런 판단의 매개변수들을 평가해보기만 해도 그런 매개변수들의 절대적인 성격은 완전히 사라져버린다고 설명했다. 하지만 그 뒤, 그는 매개변수들 자체를 비판하는 능력을 서양 문화에 고유한 '용기'로 만들어버렸다! 따라서, 열린사회의 조건일 뿐만 아

---

* 2001년 10월 10일자 『르 몽드 Le Monde』지에 실린 한 논설에서.

니라 대화를 가치 있는 것으로 만들어주는 조건이기도 한 것 자체가 특정한 문화 속에 담겨버릴지도 모른다.

그렇게 된다면 우리는 어떤 하나의 특정한 정체성에 대한 헌팅턴식 묘사로부터 빠져나오지 못할지도 모른다. 이 특정한 정체성의 고유한 본성은 아마도 영구적인 탈중심화 운동일 것이다. 하지만 이 탈중심화는 다른 정체성들을 향하는 것이 아니라 신경질적인 수축과 화석화를 고유한 본성으로 갖는 차이들을 향해 나아간다. 그래서 최근 노벨 경제학상 수상자인 아마르티아 센Amartya Sen은 다음과 같이 썼다.* "만약 혁신을 장려하고 타자와 다른 사회들에 대한 최상의 이해에 필수적인 존중과 동정심을 장려하는 가치들이 근본적으로 '서양적'이라면, 그때에는 걱정해야 할 온갖 이유들이 있게 된다." 이 말은, 우리는 그런 경우 대화의 관념 자체를 잃어버리게 된다는 것을 섬세한 완곡어법으로 이야기해주고 있다. 대화를 가능하게 만들어주는 것이 문명들 중에서 오직 어느 한 문명의 고유한 목적이 될 테니까 말이다.

자기로 회귀하는 능력의 영도, 자기에 대한 재비판을 실행하는 능력의 영도는 없으며, 이 능력은 열린사회의 조건이다. **정신적인 것**이 의미하는 바는 바로 이 점이다. 설령 현실주의적인 입장을 취해야만 하며, 권위적인 정치 세력들은 똑같이 다원주의를 부정하기 때문에 이들은 결국 서로 대립하는 근본주의에 참여하고 있다는 사실을 인정해야만 한다고 하더라도, 마찬가지로 다음의 생각을 확고하게 견지해야만 한다. 즉, 하나의 문화는 그것이 인간성의 한 가지 **정신적** 형태인 한에

---

* 「동양과 서양: 이성의 범위East and West: the Reach of Reason」, 『뉴욕 북 리뷰New York Review of Books』, 2000년 7월 호. 이 글은 2000년 12월, 『에스프리Esprit』지에 「이성, 동양과 서양La Raison, l'Orient et l'Occident」이란 제목으로 프랑스어로 번역되어 실렸다.

서, 언제나 자기 안으로의 닫힘을 거부할 수 있고——이를 방해할 수 있는 힘들 아래에 있으면서도—— 전통을 노예적으로 모방하는 무기력함(이슬람교적 정신성이 **타클리드**taqlîd, 즉 '전통의 노예적 모방'이라고 비난하는 것)에 지나지 않는 운동을 거부할 수 있다. 그래서 문화는 타자들과의 만남의 조건이며, 따라서 자신의 고유한 미래와의 만남의 조건인 탈중심화 능력을 가지고 있다.

단체들의 발전과 새로운 연대성

로제 쉬

나는 무엇보다도 가치들의 세 가지 차원을 구분하고 싶다. 이 차원은 원리적 가치들, 내면화된 가치들, 실천되는 가치들이다. 나는, 이 세 단계는 서로 깊이 관련되어 있지 않으므로 뒤섞지 말아야 한다고 믿는다.

계몽의 세기는 개인, 자유, 평등의 가치들을 긍정하면서 추상적이거나 원리적인 가치들도 함께 가져다놓았다. 비록 이 원리적 가치들이 잘 알려져 있기는 해도, 사람들이 이들로부터 분리될 수 없는 단체의 가치를 한쪽에 제쳐두었던 것은, 내 생각에 옳지 않다. 왜냐하면 다른 가치들이 살아남을 수 있기 위해서는, 개인들 사이에 단체라고 불리는 특수한 사회적 연결이 있어야만 하기 때문이다.

사회 계약의 학설들은 그것이 영국적인 것이든 프랑스적인 것이든 간에 이런 단체관계가 선재하지 않고서는 유효한 계약을 성립시킬 수 없었다는 점을 고려했다. 우리는 사상사를 평등으로부터 혹은 더 많은 자유로부터 사회 계약을 실현시키려는 의지로 읽을 수 있다. 우리는 여기에서 자유주의와 공동체주의라는 두 가지 주요한 흐름을 발견하는데, 이 두 흐름은 단체를 이용하여 기원적 가치들을 재발견하려는 경향을 갖고 있다. 사실, 개인들이 계약할 수 있을 만큼 자유롭고 평등하지 못하다면, 그런 계약이 무슨 의미가 있겠는가? 근대성은 추상적 가치들과 이 가치들의 실제적인 비(非)실현화 사이의 딜레마에 맞설 수밖에 없었다. 이런 비실현화는 사회 계약의 성립을 의심하게 만든다.

원리적 가치들의 내면화

오늘날 내가 보기에, 우리가 추상적인 보편적 가치들의 단계에서 내면화된 가치들의 단계로 나아갔다는 점에서 상황은 변화한 것 같다. 비록 이 가치들이 아직 실천되는 가치들이 된 것은 아니더라도, 기원적·추상적 가치들은 결국 인간화되고 믿음의 대상이 되었으며 통합되었다. 그러므로 이런 변화는 개인 간의 관계들이 이제부터는 이전보다도 훨씬 더 단체적 양상으로 체험된다는 것을 설명해주는 어떤 중대한 일보이다.

개인주의는 추상적 가치들이 일상 속에서 구현되도록 해주었던 요소들 중 하나이다. 긍정적으로 수용된 개인주의는 이 가치들 중 첫번째 것이다. 우리는 공동체주의로부터 해방된 개인주의, 따라서 자기 안으로 그리고 내면성의 영역으로 물러남을 함축하는 개인주의를 지나 각 개인이 스스로를 유일무이한 자로 생각하는 순간에 이르렀다. 우리는 오늘날 평등을 동일성이 아니라 차이를 통해 훨씬 더 잘 이해할 수 있다.

가치들의 내면화는 또한 헤르베르트 마르쿠제의 표현에 따르면, "사회적 시간들의 전복"에도 연결되어 있다. 1967년부터 마르쿠제는 노동 시간과 노동에서 풀려난 시간 사이에 있는 하나의 전복을 관찰했다. 이 것은 노동의 세계로 들어가지 않았던 이들과 그 세계로부터 빠져나오기 시작했던 이들 모두에게 좋은 소식이다. 우리는 노동을 통한 개인의 긍정을 신뢰했었다. 하지만 이제 우리는 근대성이 자기만의 시간, 해방되어 마음대로 이용할 수 있는 시간 속에서 개인을 긍정하는 것을 가능케 했다는 사실을 확인하고 있다. 가치들의 층위들이 재정의될 수 있는 것은 여기에서이다. 이 가치들이 단지 위계적·권위적인 것에 불과하지는 않을 것이며, 또 대다수 사람을 여전히 소외시키고 있는 노동 세계의 가치들에 순응하지도 않을 것이다.

가치들의 내면화를 진전시키게 했던 세번째 변화는 분명 문화적 수준의 향상이다. 왜냐하면 이를 통해 개인이 자기 자신에 대해 생각해보는 것이 가능해졌기 때문이다. 만약 우리가 이런 토대들을 염두에 두지 않는다면, 한 구(區)의 단체에서부터 NGO에 이르기까지 그토록 많은 단체와 단체 행사들이 나타난 것을 이해할 수 없을 것이다. 더 나아가 가족사회학자들은 단체-가족 또는 네트워크로 이루어진 사회를 말하기까지 한다. 이 네트워크란 것이 단체에 대한 기술적 은유가 아니라면 달리 무엇이겠는가? 그리고 나는 기술들의 우연적인 발전을 믿지 않기 때문에, 우리가 이런 기술들의 발전이 나타나는 것을 보게 되는 까닭은 단체적 사회 결합이 강화되기 때문이지 그 반대는 아니라고 생각한다. 오늘날 프랑스인 10명 중 8명이 단체 활동에 몰두한다는 것은 이런 요인들로 설명된다.

우리는 인적 자본의 경제가 전개되는 것을 보고 있는데, 단체는 이 경제 한가운데에서 강력한 역할을 하고 있다. 우리가 지식과 교육이 기초가 되는 사회로 나아갈수록, 개인들은 그만큼 더 단체적 관계들을 유지하려고 할 것이다. 우리는 개인들에게 "앉아서 창조적인 자가 되라"고 말하면서 일을 시킬 수는 없을 것이다. 개인들을 하나의 과정으로 단합시켜야 한다.

단체들은 우연히 창조되지 않는다. 교육과 건강이란 주제들이 다시 공적인 논쟁의 중심이 되고 이로 인해 단체들이 강화되고 있다. 왜냐하면 단체는 공공 서비스와 시장에 대한 대안을 제공함으로써 이제 '성장의 성장'이 될 인적 자본을 개발하기 때문이다.

어려운 실천적 실현

그렇지만 내가 방금 묘사한 활력은 어떤 한계들에 부딪힌다. 첫번째 한계는 우리가 세번째 단계(가치들의 실천적 실현)가 아니라 아직 두번째 단계(가치들의 내면화)에 있다는 사실에서 비롯된다. 게다가 가치들의 내면화와 가치들의 체험 사이의 이 간극은 사회적 불안의 근원이다. 남/여관계들 또는 노동관계들의 현 상태는 우리에게 어떤 점에서 가치들의 구체적인 실현을 향한 그 길이 먼 것인지를 보여준다. 그럼에도 불구하고 나는, 만약 근대적 가치들이 진보하지 않았더라면 우리는 또한 몇몇 주제를 감지하지 못했을 것이라는 점에 주목한다. 우리가 자꾸 [오늘의] 상황들을 수치스러운 것으로 고발하려고 하는 까닭은, 그만큼 우리가 경험하는 가치들이 더 이상 어제의 가치들이 아니라 현대의 가치들이기 때문이다.

현재 과정의 두번째 한계는 우리가 개인들 간 결합관계의 변형을 사회적·정치적·경제적으로 표현해낼 줄 모른다는 사실에서 비롯된다. 15세기 무렵에 출현한 개인이 18세기에 이르러 인권선언문과 함께 최초로 개화할 수 있게 되기까지는 몇 세기가 필요했다. 그러므로 내 생각에, 오늘날 주요한 변형들은 시민사회에 확산되는 단체적 결합을 통해 전달되는 것 같다. 비록 우리가 아직 그 변형들을 실천으로 표현해낼 줄 모르기는 하지만 말이다. 이런 관점에서, 시민사회에서 관찰되는 단체의 새로운 형식은 어떤 정치 형식 속에 반영될지 자문해볼 수 있다. 단체는 위임도 아니고 대표〔대리〕도 아니다.

2001년이 세계 자원봉사자의 해였으며, 국가를 가로지르는 시민사회의 구성에 기여할 수 있었을지도 모를 한 해였다는 것을 아는 사람이 얼마나 될까? 2001년은 또한 단체들에 대한 법이 세워진 지 100주년이 되는 해였다.* 이 법이 시민적인 공공 공간의 창조로 표현되어서는 안 될 이유가 있겠는가? 분명 두번째 단계와 세번째 단계 사이의 길은 매우 길며, 이런 관점에서 오늘날 권력을 갖고 있는 사람들의 책임은 크다.

---

* (옮긴이 주) 1901년 제정된 프랑스의 협약 단체 결성의 자유에 관한 법을 가리킨다.

가치들의 여성화를 향하여?

줄리아 크리스테바

나는 〔이 글 제목의〕 의문부호를 강조하고 싶은데, 왜냐하면 이 부호가 실로 적절한 것이기 때문이다. 우리가 자문하는 물음은 여성들이 하나의 인간 집단으로서 사회적 · 정치적 · 문화적 삶 속에 자신들의 자리를 마련해가고 있는 중인지를 알기 위한 것이 아니다. 이 물음은 우리가 이런 삶을 정초하는 토대가 될 수 있다고 평가하는 가치들이 여성적인 것인지*를 알기 위한 것이다.

최근의 예만 들면, 프랑스에서 남성과 여성의 인간적 대등성**에 관

---

* (옮긴이 주) 여기에서 '여성적인 것'으로 옮긴 본래 표현은 se décliner au féminin이다. 이 표현은 원래 어미가 여성형으로 변화, 굴절하는 것을 가리킨다. 따라서 본문에서는 이런 가치들이 여성적인 성격을 갖는 것인지, 여성성으로부터 나오는 것인지의 문제가 제기되고 있다. 즉, 제목의 의문부호는 여성이 사회 · 정치 · 문화적으로 남성과 대등한 위치에 올라섰는지에 관한 것이 아니라, 여성적 가치가 사회, 정치, 문화를 정초하는 보편적 가치가 될 수 있는지에 관한 것이다.

** (옮긴이 주) '대등성'으로 옮긴 말은 parité로, 원래 홀짝 맞춤, 짝패를 의미한다. 따라서 이는 차이가 나지만 또 서로 동등한 한 쌍을 가리키므로, 남/여의 근본적인 차이와 동등성을

해 벌어진 논쟁 도중에 여성들을 포함한 많은 사람이 남성과 여성 사이에 차이가 있을 수 있다는 생각에, 특히 도덕적·문화적, 또는 정치적 선택의 차원에서 차이가 있다는 생각에 반대했다. 이렇게 대등성을 비방하는 사람들의 추론을 이끄는 것은 보편적인 유대를 보존하려는 관심이다. 이는 곧 새로운 공동체주의에 굴복하지 않고자 하는 것이기도 하다. 이 새로운 공동체주의는 인간 종을 구성하는 남/여 두 존재에 기초해 있으며, 따라서 인간을 둘로 잘라서 우리를 성들의 전쟁 속에 가둬놓을 수도 있는 것이기 때문이다. 따라서 이 사람들은 망설임 없이 성적 차이 자체를 부정한다. 〔반면〕 나로서는, 대등성의 편에 확고하게 서 있었으며 지금도 그러하다.

우리가 도달한 현 단계에서, 내가 보기에 우리 사회는 대등성에 대한 법과 같은 장려 행위들을 통해 다양한 사회생활 영역에 여성들이 진출하도록 만들 필요가 있다. 나는 성적 차이가 심리적 차이들을 함축하며, 따라서 보편적인 유대를 변조하고, 이 유대를 위협하지 않으면서 유연하게 만들고 풍부하게 만들 수 있는 문화적이고 이데올로기적인 차이들을 함축한다고 생각한다. 다른 말로 하면, 여성들의 창조성은 가능하다. 여성들의 창조성은 역사 속에서 자신을 드러냈으며, 내가 보기에는 지난 한 세기 동안 더욱더 두드러지게 나타나는 것 같다. 인간은 이 창조성을 통해 더 분화되고 더 복잡한 존재가 될지도 모른다. 그렇지만 바로 그런 만큼 가치들의 '여성화'가 가능한가에 관한 물음은 여전히 정당하다. 나는 여성권을 위한 여성들의 최근 투쟁사에서 이 문제 틀과 관련하여 일어났던 진보를 고려하면서, 이 주제에 관한

동시에 지시한다. 이 낱말은 또한 임금이나 근무 조건의 평등을 가리키기도 한다. 따라서 다음 문단에 나오는 '대등성에 관한 법'은 남녀고용평등법과 같은 법을 가리킨다.

내 사적 느낌을 이야기하고 싶다.

평등의 투쟁

여성 해방을 위한 여성들의 투쟁은 근대에 세 가지 단계를 겪었다. 우선 여성 참정권론자들에 의한 정치적 권리들의 요구가 있다. 다음 단계는, 남성들과의 존재론적 **평등성**('차이 속의 평등'에 반대하여)을 주장하는 것인데, 이를 위해 시몬 드 보부아르*는 남성과 여성의 자연적 특수성을 넘어서 이들 간의 우정을 증명하고 예언했다. 끝으로, 세 번째 단계는 1968년 5월과 정신분석을 따라 이루어진 성들 간의 차이에 대한 탐구였다. 이 차이는, 정치에서 글쓰기에 이르는 사회적 실천들의 영역뿐만 아니라 성적 경험에도 존재하는 여성적인 독창적 창조성을 간직하고 있을지도 모른다. 이 모든 단계에서 목표였던 것은 여성 전체의 해방이었다. 이 점에서, 여성주의자들은 계몽철학에서 생겨난 자유주의적 운동들이 가진 전체화의 야망을 거스르지 않았다. 더 거슬러 올라가면, 자유주의적 운동들은 반항적 부정성, 종말론적 목적론을 통해 종교적 대륙을 이 지상 세계에 실현시키기를 열망했으며 이를 위해 종교적 대륙을 붕괴시키려는 의지를 품었는데, 여성주의자들은 이런 의지도 거스르지 않았다.

우리는 전체주의적이지는 않다고 하더라도 총체적인 이러한 약속들의 장애물이 너무 많다는 사실을 잘 알고 있다. 유럽과 미국에서 여성

---

* 시몬 드 보부아르Simone de Beauvoir, 『제2의 성Le Deuxième Sexe』, Paris: Gallimard, 1949.

주의의 다양한 조류들이 어떤 것들이건 간에, 여성주의 자체는 이런 목표를 벗어나지 않았으며, 이런 경향은 결국 내일 없는 전투주의로 굳어지고 말았다. 이 전투주의는 주체들의 독특성을 무시한 채, 필사적인 만큼이나 또한 격렬한 하나의 요구 주장 속에 모든 여성을 가두어 놓을 수 있다고 믿는다. 마치 만국의 프롤레타리아나 제3세계 전체처럼 말이다.

그렇지만 시몬 드 보부아르는 이런 여성주의의 지도자들 중 가장 저명한 사람이었음에도 불구하고, 여성 속에서 '주체'나 '개인'을 평가절하하는 것과는 거리가 멀었다는 사실을 인정해야 한다. 그녀에 따르면 여성은 "자신을 초월하려는 무한정한 욕구를 경험하는" 자이기 때문이다. 이런 실존주의적 도덕관에 충실하게, 그리고 자신의 방식으로 마르크스주의를 전유하면서, 시몬 드 보부아르는 여성을 소수자들의 지위에서 벗어나게 하려고 애썼다. 이런 지위는 여성을 남성의 타자로 강요하는데, [반면] 남성은 타자로서 구성될 권리나 기회를 갖지 않는다. 따라서 기획과 초월의 가능성을 빼앗긴 채, 남성들이 지배하는 사회의 역사를 통해 구성된 '여성'은 영원히 내재적인 존재로 남아 있을 것이며 대상으로 응결될 것이다. "여성의 초월성은 본질적이고 주권적인 하나의 다른 의식에 의해 영속적으로 초월당하기 때문이다." 그리고 이 다른 의식이란 남성의 의식이다. 그러므로 여성에게는 이 또 다른 의식이 될 역사적 가능성이 없다.

시몬 드 보부아르의 근본적인 투쟁은 여성을 단 하나의 생물적 본성으로 환원하는 것에 대해서였다. 우리는 이 유명한 명제를 알고 있다. "사람은 여자로 태어나는 것이 아니라 여자가 되는 것이다." 이런 논쟁을 넘어서, 사실 그녀가 노여움을 가라앉힐 수 없었던 것은 형이상학에 대해서였다. 왜냐하면 형이상학은 여성을 **타자** 속에 가두어버림으로써, 여성을 **사실성**과 **내재성**의 차원에 두고, 참된 인간성, 즉 자율적이며 자유로운 인간성에 접근하지 못하게 만들기 때문이다. 그렇지만 보부아르는 여성과 남성의 평등성이란 문제 틀을 위해 차이의 문제 틀을 제쳐두었기 때문에, 자신이 예고까지 했었던 실존주의적 기획을 멀리까지 밀고 나아갈 수 없었다. 이 기획을 밀고 나갔더라면, 그녀는 여**성들의** 조건을 통해, 독특한 인간존재인 여성들 각자의 자유를 위한 기회들에 관해 숙고하게 되었을지도 모른다. 그럼에도 불구하고 우리 모두가 잘 알고 있듯이 그녀는 『제2의 성』에서 성녀 테레사에서 구르네 양 또는 테루아뉴 드 메리쿠르를 거쳐 콜레트에 이르는, 상이한 여성적 경험들에 대해 많이 말하기는 했다. 『제2의 성』의 천을 짜는 것은 개인들이다. 하지만 그 기획은 결국에는 '각각의 여성'이 아니라 '모든 여성'과 관련된 것이다. 여성들의 사회 · 경제적 조건 속에서, 무수한 장애물이 여성 해방을 구속했던 때에, 시몬 드 보부아르는 여성적 독특성을 옹호하기에는 아마도 너무 일찍 온 사람일 것이다. 근대 이후 펼쳐지는 지구적 시대의 주요 문제는 보수주의와 의고주의가 될 것이라고 전망되고 있다. 따라서 오늘날까지 제기되어왔던 여성적 문제 틀의 방향을 이제 바꾸어야 할 필요가 있다.

당당하게 여성적 독특성을 긍정하기

만약 사람들이 '주체'를 평가절하하면서 단지 '조건'에 대해서만 걱정한다면 **모든 이의 조건**과 **각자의 자유로운 실현** 사이의 '투쟁'이 결말지어질 수 있을지는 확실치 않다. 나는 다음과 같은 물음들을 제기할 때가 왔다고 믿는다. 어떤 점에서 각 여성은 독특한가? 어떤 점에서, 우리 모두는 동일한 조건 아래 있으면서도, 앞서 긍정적 개인주의에 대해 말하면서 우리가 일깨운 이 독특성에 접근할 권리가 있는가? 나는 오늘날의 여성들의 이야기를 듣고서 우리가 자유에 대한 요구의 새로운 단계 앞에 있음을 믿게 되었다. 이 여성들은 사회적 운동을 통해 자신을 표현하는 사람들이며, 자신들의 인격적 독특성 속에서 인정을 받기를 원하며 특수하고 독특한 인식과 창조성을 추구하는 사람들이다.

남성과 여성의 권리들이 지향하는 궁극적인 목표는 우리의 독특성이 활짝 피어나도록 보살피는 것, '임의의 어떤 것' 속에 '누군가'가 도래하도록 배려하는 것, 즉 둔스 스코투스가 **이것임**ecceitas이라고 불렀던 각자의 독특성이 도래하도록 배려하는 것과 다르지 않다. 내가 지난 몇 년을 천재 여성 연구에 바쳤던 것은 이런 이유에서이다. 나의 의도는 여성 일반이 무엇인가에 대해 총계를 내는 것이 아니라, 여성적 독특성들의 부화를 부각시키는 것이었으며, 이를 위해 나는 한나 아렌트, 멜라니 클라인, 콜레트라는 20세기의 개별적인 세 개의 궤적을 다루었다.

이 횡단 연구에서, '천재'라는 도발적인 과장은 이 세 여성이 철학자, 정치학자, 정신분석학자 및 문학가라는 각자의 영역에서 행했던 자기 조건 넘어서기를 해독하는 데 도움을 주었다. 이런 해독은 결국 우리 각자가 자기 넘어서기를 행하도록 북돋우기 위한 것이었다. 아렌트, 클라인, 콜레트 그리고 그와 같은 이들은 자신의 자유를 실현하기 위해 '여성적 조건'이 무르익기를 기다리지 않았다. 천재란 정확히 상황을 가로지르고 넘어서는 이런 돌파구가 아닌가? 남성들 각자 그리고 여성들 각자의 천재성에 호소하는 것은 대문자 역사의 무게를 평가절하하는 한 가지 방식이 아니다. 그것은 여성적 조건과 인간 일반의 조건, 생물학적·사회적 또는 운명적 제약과 같은 다양한 결정론들이 강요하는 프로그램의 압력에 맞서, 주체의 의식적인 또는 무의식적인 주도권을 이용하여 이를 뛰어넘으려고 시도하는 한 가지 방식이다.

독특한 것보다는 조건에 관심을 가졌던 보부아르와는 구별되어야 하지만, 나는 어쨌든 조건을 고려할 때에만 이 독특성의 돌파구를 추적할 수 있다고 주장한다. 즉 여성을 유일한 여성적 조건으로 환원시키지 않고, 반대로 어떻게 이런 조건 아래에서 여성들 각자의 독특성이 실현되는지를 탐구할 때에만 그런 돌파구를 추적할 수 있다. 그러므로 모든 여성이라기보다는 여성들 각자가 자신의 독특성, 창조성, 자유를 긍정할 수 있어야만 하며, 동시에 이런 개별성은 어떤 공통 운명 위에서 드러난다는 점도 견지해야 한다. 이 공통 운명은 성적 차이에서 출발해 역사적으로 구성된다.

이쯤에서 정신분석학자로서 내가 여성의 성(性)심리적 차이를 어떻게 이해하는지 설명해야만 할 것 같다. 여성은 남성보다 훨씬 복잡한 성숙 과정을 통해 구성된다. 우리는 정신분석적 경험에서 그리고 여성적 주체 각자의 성장 과정에서, 어머니와의 최초 유대가 있다는 사실을 확인한다. 이것은 오이디푸스의 최초 버전인데, [이후] 억압된 채 남아 있으면서 프로이트가 "내생적인 여성적 동성애"라고 부른 것, 즉 다른 여성과의 공조와 경쟁으로 이루어진 매우 강렬한 유대를 지배하게 될 것이다. 이제 오이디푸스의 두번째 버전이 뒤따르는데, 여기에서 여성 쪽, 즉 어머니 쪽을 직접 이성애의 대상으로 선택하면서 자신의 성애적 대상을 찾으러 가는 소년과는 반대로, 소녀는 아버지, 즉 남성 쪽으로 가기 위해서 대상을 바꾸고 사랑의 대상으로서의 어머니를 포기한다. 우리는 이 대상 바꾸기가 요구하는 성(性)심리적 성숙을 상상할 수 있다. 그런데 마치 그것만으로는 충분치 않았던 듯, 이런 남성적 대상의 선택에서, 또 다른 이분화가 일어난다. 여성은 남성에게 사랑의 대상이 되는 동시에 남성적 가치들이 상징적 가치들인 한에서 이 남성적 가치들에 스스로 동화된다. 여성은 말하기를 배우고, 언어, 사유, 금지들을 배우며, 이를 이용해 대문자 법 안으로 들어가고, 결국 세계에 속하게 된다. 종종 우리는 이러한 귀속이 어떤 근본적인 소외감 위에서 체험된다는 인상을 받는다. "나는 그 세계에 속해 있지만, 내가 그 세계 속에 존재하는지는 확신하지 못한다." 또는 "나는 아마도 배제되었고 아마도 다른 곳에 있을 것이다." 다른 어디에? 감각 속에? 말로 표현할 수 없는 것 속에? 모성 속에? 고대적인 것 속에? 이렇게 어디에도 속해 있지 않다는 느낌은 여성적 경험의 측면에서 본질적이거나 절대적이며, 아주 분명하게 존재한다. 바로 이것 때문에 프로이트와 그 뒤를 이어 남성 사상가들이 다음의 물음을 제기하게 된 것이다. "한 여성은 무엇을 원하는가?" 헤겔 그 자신은 "공동체의 영원한 아이러니(로서) 여성들"이라고 말하기까지 한다. 사회적 가치들을 낯설게 느끼는 이런 여성은 더 쉽게 우울해진다. 우리는 여성들이 몇몇 역사적 상황 속에서 사회적인 의사결정에서 얼마나 소외되어 있는지 알고 있으며, 이로부터 점점 더 뚜렷하게 우울증을 키워간다는 것을 알고 있다. 이 우울증은 최상의 경우, 어떤 저항의 형태, 제약들에 대한 적극적인 반응의 형태가 될 수 있다.

예를 들어 경찰관 부인들의 요구에 대해 생각해보자. 그녀들이 자신들의 남편에게 좀 더 인간적인 대우를 해주고 (사회적으로) 인정해달라고 주장하게 되는 것은 이중적으로 사회적 질서와 모성 또는 아내의 소명에 귀속되고 난 다음이다. 문제는 이것이다. 이런 요구는 자신의 안위만을 염려하는 자기중심주의 속에 갇히는 것일 뿐만 아니라, 더 나아가 남성을 가족의 아버지라는 유일한 역할 속에 가두어버리는 것인가? 아니면 반대로 경찰관을 '번호 매겨진 국가의 구성원'으로서가 아니라 복잡한 한 인간존재로, 그러니까 자신의 권리가 인정받을 때, 자신의 의무를 더욱 잘 완수할 인간존재로 인정하자는 주장 속에 포함될 수 있을 것인가? 경찰관의 부인은 잔 또는 마리이며 마찬가지로 가족의 어머니 또는 아내이기도 하지만, 또한 교사, 회계원, 혹은 여가 시간에는 화가이기도 하다. 그리고 그녀는 자신의 독특성 속에서 인정받기를 바란다. 여성들은 자신들의 조건에 대한 인정을 요구하면서, 특수한 것이 인정받기 위한 길을 닦고 있다. 이것은 사회적 연대, 세계적 연대에 대한 하나의 위협인가? 반드시 그런 것은 아니다.

특수하게 여성적인 가치들

나는 그 증거로 내가 다룬 세 천재 여성의 몇몇 특징을 얘기하고 싶다. 클라인, 콜레트, 아렌트가 얼마나 다르던 간에, 그녀들은 적어도 세 가지 공통점을 갖고 있다. 첫번째는 20세기 서양 문화의 위대한 사상가들 또는 위대한 인물들과는 반대로, 그리고 또한 그녀들의 성취가 아무리 특수한 것이라고 하더라도, 그들이 중요시하는 가치는 자아도 개인의 고독도 아니라는 점이다. 세 명 모두 유대를 강조한다. 하이데거에 대한 아렌트의 투쟁을 생각해보라. 그녀는 자신이 하이데거에 충실하지만 또한 충실하지 않다고 말한다. 그녀의 불충실성은 특히 그녀가 사회적 유대를 비루한 익명으로 보지 않고, 반대로 차이 속에서 구성될 수 있는 어떤 것으로 본다는 사실에서 나타난다. 이 유대가 하나의 미적 판단으로 이해되지 않는 한에서, 유대는 차이 속에서 체험된다. 예를 들어 우리는 우리가 콘서트 도중에 느끼는 독특한 미적 감정을 공유할 수 있다.*

멜라니 클라인에게서도 마찬가지이다. 프로이트는 유아기가 시작될 때 나르시시즘이 발견된다고 생각한 반면, 그녀는 태어나면서부터 유아는 타자와, 이 경우에는 자신의 어머니와 유대관계를 맺는다고 주장한다. 클라인은 이로부터 이미 대상관계에 중심을 맞춘 주체 개념을 구성하게 될 것이다. 콜레트에 관해 말하면, 우리는 그녀가 사랑관계와 얼마나 밀접하게 연결되어 있었는지 알고 있다. 그녀는 이 관계를 본질적인 것으로 간주했다. 비록 그녀가 부부관계를 파괴하느라고 많은 시간을 보냈지만, 이는 그 너머에서 존재, 우주, 동물, 유아 등등과의 유대들을 발견하기 위한 것이었다.

두번째 여성적 특수성은 내가 보기에는 삶과 육체적 경험으로서의 사유라는 관념 속에 있다. 우리는 이 토론회 내내 남성 동료들의 열정적인 발표를 들었는데, 나는 이 발표들에 대해 자주 경탄하곤 했지만, 동시에 고도의 추상화에 아쉬워하기도 했다. 그런데 내가 기억하는 이 세 여성에게서는, 희열félicité로서의 사유라는 개념이 나타난다. 그녀들은 관념, 말, 정신분석적 치료 또는 글쓰기와 연루되는 것은 동시에 감각적인 것, 충동적 욕구, 성과 연루되는 것이라고 생각한다.

---

* (옮긴이 주) 유대는 '미적 판단'으로 이해되는 것이 아니라 '미적 감정'으로 체험될 때, 즉 유대가 이성적 사고보다는 감성적 느낌으로 경험될 때, 차이 속에서 구성될 수 있다는 말이다.

구체적인 것과 추상적인 것, 육체적인 것과 정신적인 것 사이에 형이상학적 이분법은 없다. 비록 변증법이란 말이 부적절하기는 하지만, 우리는 이런 연루됨을 변증법적이라고 특징지을 수 있을 것이다.'

여성적 특수성이 있다고 생각하게 만드는 세번째 특징은 시간에 대한 이해이다. 누구나 시간은 죽음의 시간이라는 것을 알고 있다. 한나 아렌트, 멜라니 클라인, 콜레트는 우리의 경험 속에서 죽음이라는 최후의 경험을 부정하지 않으면서도, 반대로 탄생을 매우 강조했다. 이들은 어떤 경우에는 아이를 가지지 않았음에도 콜레트가 '개화' '재개'라고 불렀던 것에 대해 지속적으로 주의했다. 우리는 이미 성 아우구스티누스에게도 있었던 하나의 생각을 아렌트에게서 발견하게 되는데, 하지만 그녀는 이를 예외적인 방식으로 발전시켰다. 그것은 바로 자유의 존재론적 토대는 탄생 속에 있다는 생각이다. 자유는 어떤 위반이 아니라 시작할 수 있는 가능성이다. 아기는 저마다 이해받지 못하고 죽을 운명에 처한 일시적이고 낯선 존재이지만, 무엇보다도 어떤 하나의 '다시 시작하는 존재'이기도 하다. 이 세 여성이 자신들의 상이한 경험 영역에 적용하고자 했던 것은 바로 이런 재개의 강박관념이다.

그러므로 여성적 경험은 특수하다. 그렇지만 비록 이 특수성이 여성들의 기원점이라고 하더라도, 내 의도는 모든 여성을 이런 특수성으로 환원해버리는 것과는 거리가 멀다. 나는 그녀들이 여성 대륙에 속해 있음에도 불구하고 각자 독특성을 드러내는 방식을 구분해보려고 한다. 삶에 대한 관심, 감각적 경험으로서의 사유에 대한 관심, 개화의 시간에 대한 관심이 내가 다룬 세 천재에게서 발견되며, 분명 우리들 각자에게서도 발견된다. 하지만 어떻게 우리가 개별적인 방식으로 이 세 가지 독특성에 반응하는지 아는 것이 중요하다.

성적 차이라는 강박관념에 사로잡혔던 20세기 역사가 만들어낸 교묘한 해결책들 중 하나는 아마도 이런 차이가 한편에는 남성, 다른 한편에는 여성이라는 어떤 이중성으로 응고되지 않아야 한다는 사실에 있을 것이다. 만약 이것이 정말 그런 교묘한 해결책들 중 하나라면, 이것은 이분법을 넘어 독특한 것을 향해 우리를 이끌어갈 수 있을지도 모른다. 우리들 각자는 상이한 하나의 성별을 가지고 있으며, 따라서 여성들은 개인들의 수만큼 상이한 성별을 갖고 있다. 〔그러므로〕 독특성을 특수한 가치로서 장려해야만 한다. 여성들의 투쟁은 아마도 이 독특성을 위한 하나의 길이 되어줄 것이다.

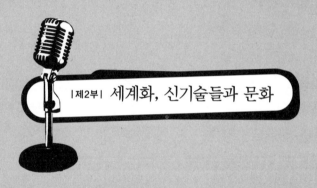

|제2부| 세계화, 신기술들과 문화

제1장

세계화와 '제3산업혁명'

제3산업혁명은 사회적·문화적·경제적·정치적 움직임에 대한 일군의 동질적이고 새로운 또 지구적 층위에서 유효한 규칙들이 출현하리라는 것을 예고하는가? 물론 이 주제에 대한 전문가들의 의견은 다양하다.

폴 케네디는 디지털 시대의 도래와 관련하여 이해관계에 얽매인 예측이 끼치는 영향들을 밝혀내고, 이와 함께 사회적 분열들이 점점 더 커지고 있다는 사실을 환기시킨다.

자크 데리다 또한, 매우 현실적인 '세계화의 영향들'—이것은 실제적인 보편성의 기회일 수도, 또는 헤게모니들이 승리하는 것을 보게 될 목전의 위험일 수도 있다—에 직면하여, '노동의 종말'과 '동질화시키는 세계화'의 수사적 아첨들을 경계해야 한다는 입장을 옹호한다. 그는 노동, 용서, 평화, 사형제도 폐지에 세계화가 끼치는 영향들에 대한 분석을 통해 일련의 가설들을 정식화하는데, 이 가설들은 정치적 결정과 국제법의 중요성을 강조하고 있다.

프란시스코 사가스티는 지금까지 과학적 진보를 이끌었던 베이컨적 이데올로기가 무너졌다는 사실에 주목하면서, 세계화에 대한 '탈중심적excentrique' 전망을 제안한다. 이런 세계화의 목표는 '개발'과 '진보' 개념을 재정의하는 필수적인 작업이 북-남 간의 상호 문화적 대화의 토대 위에 근거하도록 만드는 것이다.

세계화 속의 불만

폴 케네디

내 글의 제목은 물론 지그문트 프로이트 저작의 제목 『문명 속의 불만』에 대한 말놀이이다. 이 제목은 [프로이트의 제목과] 마찬가지로 역설적인 이중 의미를 가지고 있다. 문명이라는 매우 긍정적이고 동의할 수 있는 원리가. 그런 원리 안에서 살아가는 이들에게 난제를 던져주었듯이, 세계화를 향한 현재의 추세는 그것의 명백한 혜택들과 더불어 우리에게 문제를 불러일으킬 수 있다. 여기에서 내가 세계화를 정의한다거나 그것의 기원들과 역사에 대해 성찰해보는 일이 유용하지는 않을 것이다. 우리 모두는 과학과 기술이 국가 간의 생산, 교역, 소비 방식에 끼친 점증하는 충격의 영향을 받고 있다. 예를 들어 **하드웨어**와 **소프트웨어**의 동반 혁명 덕분에 우리는 컴퓨터를 이용해 옷이나 책을 주문할 수 있게 되었고, 전자 통신망을 이용해서 어마어마한 속도로 세계 통화 시장을 가로질러 돈을 옮길 수 있게 되었다.

수억 명의 사람이 이제 지역 시장이 아니라, 세계 시장을 위한 생산에 종사하고 있다. 그것이 의류 영역이 되었든, 전자상품, 신발, 부엌 용품의 영역이 되었든 모두 마찬가지이다. 브라질, 멕시코, 인도네시아, 중국에서 오늘날의 젊은 일꾼들은 쌀을 재배하거나 나무를 벌채하지 않는다. 그들은 은행들, 자동차 회사들과 화학 기업들의 합병과 인수에 종사하고 있다. 우리의 대학생들은 베이징, 키예프, 마드리드, 뉴델리에서의 발전에 관해 연구 보고서를 작성한다. 우리의 아이들은 그들이 어디에 있든 간에 바로 그곳에서 우리에게 전화한다. 이러한 가능성들이 생겨난 지 겨우 10년밖에 되지 않았음에도, 우리는 이미 이것들을 당연하게 받아들이고 있다.

이러한 움직임은 우리가 실로 단 하나의 세계 시장 또는 세계 공동체, 즉 상호 연결된 하나의 전체를 형성해가고 있다는 사실을 시사한다. 이런 상호 연결적 전체를 통해 『국부론』의 애덤 스미스 같은 사람들의 통찰력 있는 전망들이 마침내 실현되고 있는 것이다.

세계화되는 세계 속에서 배제되는 자

미국에서 비즈니스 저널들, 시장의 전문가들, 경제학 교수들, 그리고 고액의 연봉을 받는 컨설턴트들은 다가오는 세계적인 대변혁, 작업장의 변화, 기술혁명과 지식 폭발에 대해 끊임없이 이야기한다. 이는 세계가 서서히 실리콘밸리의 복제물이 되어가고 있다는 것을 의미한다. 사람들은 이것이 미래라고 주장한다.

하지만 이런 자기중심적 과대광고를 곧이곧대로 받아들이지 말고(실제로 세계화의 옹호자들은 거의 언제나 그러한 추세를 부추김으로써 투자

이익을 보게 되는 컨설턴트들, 투자자들, 사업가들이다), 우리는 뒤로 물러나서 이 지구를 하나의 전체로서 보아야만 할 것이다. 한편, 현재 코소보, 서아프리카, 르완다, 체첸, 카슈미르, 또는 그 밖의 다른 곳에서 벌어지고 있는 일들을 지적하는 비관주의적 견해도 있다. 심각한 문제들을 겪고 있는 이 지역들은 실리콘밸리나 다른 발전된 경제 지역들과는 상당히 다르다. 로버트 카플란Robert Kaplan이 『지구의 끝을 향하여』에 기록해놓은 여행을 따라가 보면 결국 많은 사람이 재앙과 자기 파괴에 직면해 있다는 사실을 발견하게 된다. 나는 그런 비관주의를 따르고 싶지는 않다. 하지만 무비판적이고 과도하게 열광적인 태도로 세계화를 묘사하는 이들에게 신중하라고 말하고 싶다.

개발 도구로서의 인터넷

기술혁명과 커뮤니케이션 혁명은 여전히 지구상의 사람들 중 매우 소수, 주로 더 부유한 국가의 사람들에게만 영향을 미치고 있다. 이 혁명은 다른 곳의 수십억 명의 사람과는 여전히 무관하다. 유네스코의 관측에 따르면, 인터넷은 다가오는 세기〔21세기〕에 전 지구적인 교육과 문화 발전들에 단일 매체로서는 가장 큰 영향을 미칠 것이다. 하지만 북미에서는 두 명당 한 명이 인터넷을 사용하는 반면, 전 세계적 비율은 10명당 한 명에 불과하다.*

나는 하루에 40개의 메시지를 주고받으며, 1년 내내 매일 인터넷을

---

* 여기에 제시된 통계들은 NUA 통계들(http://www.nua.ie/surveys/)을 토대로 UNFPA(미국 인구 재단United Nations Population Fund)의 인구학 자료들로 보충되어 업데이트되었다.

이용한다. 나는 새로운 자료를 찾기 위해 세계은행과 미국의 웹 사이트들을 찾아볼 수 있으며, 『뉴욕 타임스』를 읽고 내 집에서 예일 대학교의 도서관에 있는 900만 권의 책 제목들을 검색할 수 있다. 인터넷은 나와 내 학생들, 나의 아이들이 곧바로 지식에 다가갈 수 있게 해준다. 우리가 참여하고 있는 지식의 폭발적 증가는 세계 사회의 현대화 및 세계화의 핵심이다.

우리는 '만인을 위한 교육'과 '지식사회'에 대해 말한다. 하지만 한창 진행 중인 기술혁명은 빈부격차를 좁히기보다는 심지어 더 벌려놓는 것처럼 보인다. 지금까지, 인터넷은 기술적으로 진보된 자와 기술적인 약자 사이의 차이들을 전보다 더욱 크게 벌려놓았다. 미국 사회에서조차, 컴퓨터와 전자메일은 교육받은 사람들(주로 백인과 아시아인)과 잘 교육받지 못한 사람들(주로 흑인계 미국인) 사이의 간극을 넓혔다. 이 간극은 삶의 모든 측면에서 느껴질 것이다. 기회들 면에서건, 잠재력, 교육, 또는 구직 면에서건 간에 말이다. 미국은 컴퓨터를 사용할 수 있는 자들의 집단과 그렇지 않은 자들의 집단이라는 두 개의 집단으로 분할될 것이다.

이 현상은 국제적인 수준에서 매우 분명하게 되풀이되었다. 아랍 국가들에서, 40명 중 단 한 사람만이 인터넷에 접근할 수 있는 반면, 아프리카에서는 130명 중 단 한 사람만이 인터넷 사용자이다. 이런 상황은 이 나라들이 전력, 전화선, 그리고 기반시설이 부족한 한 바뀌지 않을 것이다. 이 나라들은 그들이 필요로 하는 컴퓨터나 비싼 소프트웨어의 비용을 감당할 수 없다. 만약 지식이 정말로 힘과 같다면, 개발도상의 세계가 가진 실질적인 힘은 그들이 30년 전에, 즉 인터넷이 개발되었을 당시에 가졌던 것보다 현재 더 작을 것이다.

만약 우리가 다가올 세기에 지식 기반 사회를 만들어나가기를 원한다면, 단지 유럽과 미국 지식인의 담론들만 한데 모을 것이 아니라 전자 기술을 이용해서 국가들을 한데 모아야만 한다. 우리는 더 가난한 사회들이 지난 20년에 걸쳐 발전되어온 전자 커뮤니케이션의 풍부한 지식 시스템을 이용할 수 있도록 집중적인 노력을 기울여야만 한다. 10퍼센트 미만의 사람들만이 새로운 지식 자원에 접근하고 90퍼센트는 배제되는 세계는 구조적으로 안정적이지 못할 것이다. 만약 어떤 성공 가능성이라도 있으려면 세계은행, UNDP, UNESCO, NGO 커뮤니티와 세계적인 비즈니스 공동체가 이런 노력을 조율해야만 할 것이다.

다른 대안은 단순히 아무것도 하지 않는 것, 더 가난한 나라들이 점점 더 뒤로 처지는 동안 기술 자원이 풍부한 사회들 속에서 지식 폭발이 더 깊어지고 강화되도록 내버려두는 것이다. 만약 이런 일이 일어난다면, 가진 자들과 가지지 못한 자들 사이의 점차 커지고 있는 간극은 만연된 불만들로 이어질 것이고, 이는 세계적 조화와 국제적인 이해에 관한 전망 일체를 위협하게 될 것이다. 이것이 우리가 직면한 가장 중대한 도전이다. 이에 대응하는 데 머뭇거릴 시간이 없다.

세계화, 평화, 범세계적 정치

자크 데리다

나는 단도직입적으로 일련의 명제들에 몰두하겠다. 나는 이 명제들을 테제와 가설로서라기보다는 신앙고백으로서 토론에 부칠 것이다. 이 유사 신앙고백은 모순적이고 외관상 양립 불가능한 명령들, 아포리아들을 통해 행해질 것이다. 즉 내 생각으로는 두 가지 이율배반적인 명령impératif을 따라야 하기에, 무엇을 해야 할지, 무엇을 하기로 선택해야 할지, 어떤 것에 우위를 두어야 할지 알지 못하는 상황들 속에서 행해질 것이다. 그런 상황에서 나는 사람들이 하나의 결정이자 책임이라고 부르는 것, 즉 책임 있는 결정을 내려야만 한다. 나는 어떤 화해, 타협, 협상의 규칙을 설정하고 스스로 고안해내야만 하는데, 이 규칙은 어떠한 지식, 학문, 의식을 통해서도 프로그램화될 수 없는 것이다. 심지어 실제로 그렇게 해야 하는 대로, 내가 이 주제에 관한 모든 가능한 지식, 학문과 통찰을 이용하거나 조사한다고 하더라도, 내 앞에는 무한한 비약이 남아 있다. 만약 책임 있는 결정이 모순적인 두 명령 앞에서의 결정이라는 사건이어야 한다면, 이 결정은 그러한 지식을 통해 단순히 강제되고, 프로그램화되고, 규정될 수 없기 때문이다. 내가 '신앙고백'에 대해 말하려고 했던 것은 이 때문이다.

세계화를 사유하기

〔일단〕이 공리를 제기해놓고, '세계화mondialisation'라는 프랑스어를 살펴보자. 내 생각에, 이 말은 분명 번역에, 즉 영어나 독일어에서 이른바 이 말의 동의어인 'globalization'과 'Globalisierung'에 저항하는 것 같다. '세계화'란 단어는 통계가 보여주듯이 우리 시대, 특히 최근 10년간의 우리 시대가 가장 징후적으로 사용하고 남용하는 표현이 되었다. 〔세계화란 단어의〕 남발, 더 나아가 정치적 담론들뿐만 아니라 언론매체 영역에서 이렇게 남발되도록 영향을 준 수사적 과장은 종종 세계화의 모순들 중 하나를 감추고 있는데, 나는 이 모순들에서 시작하고 싶다. 그리고 이 모순들의 관점에서 이루어지는 진정한 문화 비판, 새로운 교육 계약과 그에 더해 재교육 계약은 분명 방금 말한 세계화 현상에 대한 행복한 찬양과 악마화를 동시에 반대하는 데 필수적일 것이다. 찬양과 악마화는 종종 이해관계들과 전략들을 감추고 있는데, 우리는 이를 분간해내는 법을 배워야만 한다.

한편에서는 사실상 전대미문의 거부할 수 없는 몇몇 현상이 이 개념 〔세계화〕을 정당화한다. 이 세계화의 현상들은 본질적으로 기술·과학에 의해 조건 지어져 있으며(게다가 이 기술·과학의 생산과 혜택은 불균등하고 불평등하게 세계에 분배되어 있다), 그렇기 때문에 전자 시대

(정보화, 전자메일, 인터넷)의 원격 커뮤니케이션과 수송의 범위 및 속도 그리고 사람, 상품, 생산 방식의 순환과 연관되어 있고, 규제의 정도 차이는 있지만 개방되고 있는 시장에 대한 사회·정치적 모델들과 연관되어 있다. 국경들(이것들이 동시에 그토록 많은 적대적인 폭력, 금지, 배제를 야기하는 경우는 상당히 드물었다)의 (매우 상대적인) 개방, 국제법의 입법상의 진보와 실행, 그리고 이것들이 요청하는 주권의 제한과 이동에 대해 말하면, 이것들은 이제껏 그래왔던 것보다 기술·과학적 사실이나 지식·권력에 덜 의존한다. 이것들에 관여하는 것은 윤리·정치적 결정들과 정치·경제·군사적 전략들이다. 여기서 동질화하는 개방으로서의 세계화에 대한 이상적인 이미지 또는 행복한 이미지는 철저한 경계의 대상이 되며 심각한 이의에 맞닥뜨리게 되는 것 같다. 이는 단지 앞서 말한 동질화가 일어나거나 또는 일어나게 될 때, 이것이 그 자체 내에 어떤 기회와 무시무시한 위기—이 기회를 배가시키는—를 모두 포함하고 있기 때문만은 아니다. 이는 또한 외관상의 동질화가 종종 이전부터 있어왔거나 새로 등장한 불평등과 헤게모니, 즉 내가 '동질화·헤게모니화들'이라고 부르는 것을 숨기고 있기 때문이기도 하다. 우리는 그것들의 새로운 특징들을 밝혀내고 그런 새로운 특징들 속에서 싸우는 법을 배워야만 한다.

국제기구들은 그것들이 정부 기구이건 비정부 기구이건 간에 이 점에서 특권적인 위치에 있다. 그것들은 분석이나 실험의 장이며, 현실을 보여주는 지표인 동시에 싸움터이자 실제적인 맞대면의 장이기도 하기 때문이다. 이 기구들은 또한 불균형들에 대한 저항을 조직화하는 측면에서도 특권적인 위치에 있다. 이 불균형들 중 가장 뚜렷하고 가장 커다란 것은 언어적 불균형인데, 이를 문제 삼기는 매우 어렵다. 왜

냐하면——이 점은 또 하나의 모순이다——**한편으로는** 이 언어적 헤게
모니는 또한 보편적인 커뮤니케이션에 매우 유용한 것이고, 따라서 그
것이 미치는 영향들이 갖는 성격이 모호하기 때문이다. 그래서 어떤
하나의 언어적·문화적 헤게모니——나는 분명 앵글로-아메리칸 헤게
모니를 염두에 두고 있다——가 모든 기술·과학적 교환 방식들(**웹**, 인
터넷, 전문적인 학문 연구들 등등)을 통해 점점 더 많이 부과되거나 행
사되기 때문이다. 이렇게 해서 이 헤게모니는 권력의 나팔수가 되는데,
이때 권력은 민족국가적이고 주권적인 것일 수도 있고, 또는 이 경우
처럼 기업들과 새로운 형태의 자본 집중이란 의미에서 초국가적인 것
일 수도 있다.

이 모든 것은 잘 알려져 있으므로 나는 여기서 단지 아포리아적인 모
순에 대해서만 강조할 것인데, 이 모순 앞에서 책임 있는 결정들을 내
려야만 하고 계약들을 기획해야만 한다. 만약 어떤 하나의 언어적·문
화적 헤게모니가 그것이 포함하고 있는 윤리적·종교적·법적 모델들
과 함께 통합적인 동질화로서, 바람직한 세계화의 적극적인 조건이자
동시에 그런 세계화의 민주주의적 중심이라고 해보자. 왜냐하면 그 언
어적·문화적 헤게모니가 국가적 공동체나 그 밖의 공동체들이 다른
식으로는 접근할 수 없을 공통 언어, 교환, 기술·과학, 사회적이고 경
제적인 진보에 접근할 수 있게 해주며, 따라서 이런 앵글로·아메리칸
헤게모니 없이는 이 공동체들이 세계의 광장에 참여하지 못할 것이기
때문이다. 그런 경우라면 **다른 한편으로** 교환과 분배의 확장을 위태롭
게 하지 않고서 어떻게 이 헤게모니와 싸우겠는가? 타협이 매 순간,
독특한 정세 속에서 모색되어야 하는 것은 바로 이런 경우이다. 타협
은 바로 이런 경우에 사전의 기준들 없이 그리고 보증된 규범 없이 창

안되고 재창안되어야 한다. 그러한 타협을 위해서 규범 자체, 규범의 언어 자체를 재창안해야 하며, 바로 이 점에 이런 규범과 관련하여 떠맡아야 할 위험한 책임이 있다. 이렇게 규범을 재창안하는 일은 비록 선행자도, 미리 주어진 보장도, 마음대로 이용할 수 있는 기준도 없이 매번 처음부터 시작해야 하는 일이며 매번 달라지는 일이기는 하지만, 그렇다고 해서 상대주의, 경험주의, 실용주의, 기회주의에 맡겨져서는 안 된다. 재창안은 보편적으로 신뢰할 수 있는 방식으로 자신의 보편화 원리를 생산하고, 자신의 창안 자체를 통해 그 원리를 유효한 것으로 만들면서 스스로를 정당화해야만 한다.

이렇게 해서 나는 겉으로 보기에 모순적이며 **불가능한** 과제, 적어도 그 과제 자체에 직접적으로 일관적이며 동일하고 즉각적인 대답을 내놓는 것이 불가능한 그런 과제를 정식화하고 있으며, 이에 대해서 분명히 의식하고 있다. 하지만 나는 다음과 같이 주장한다. 즉, 단지 불-가능한 것만이 도래하며, 우리가 가능한 것, 가능한 지식을 전개시키는 것 이상의 일을 할 때에만, 가능한 것에 대한 예외를 만들 때에만 사건이, 즉 갑작스레 솟아나는 어떤 독특한 결정이 있을 수 있다.

세계 개념의 아브라함적 혈통

시간이 제한되어 있는 관계로 직접적인 분석을 해나가는 대신 '세계'와 '세계화' 개념을 예로 들어 세계 개념의 이 아브라함적 혈통을 유비적으로 설명해보도록 하겠다. 만일 내가 이 개념을 globalization과 Globalisierung의 개념과 구분하자고 주장한다면(그리고 내가 주목하고 있는 것은 '전 지구화globalisation'란 말 자체가 프랑스에서조차 점점 더 정치가와 언론매체의 수사법에 필요불가결한 것이 될 정도로 전 지구화 되고 있다는 점이다), 이는 **세계**라는 개념이 어떤 역사를 알려주고 있기 때문이다. 이 개념은 **지구**globe, **우주**univers, **대지**terre와 이 개념을 구분하는, 심지어 **코스모스**cosmos와도 구분하는 어떤 기억을 간직하고 있다—이때의 코스모스 개념은 적어도 기독교 이전의 의미에서의 코스모스인데, 이 개념은 이후 성 바울에 의해 기독교화되어 인간들, 동포들, 형제들, 신의 아들들 그리고 이웃들 서로 간의 **형제애적** 공동체로서의 세계를 의미하는 말이 될 것이다. 왜냐하면 아브라함적 전통, 그러니까 유대교적·기독교적·이슬람교적이지만 그 중에서도 기독교적 경향이 우세한 전통에서 **세계**가 의미하는 것은 무엇보다도 인간들의 형제애를 향하는 어떤 역사, 어떤 시공간이기 때문이다. 즉 끊임없이 인권 또는 반인륜적 범죄에 관한 근대적 개념들(이것은 내가 되돌아와 다루고 싶은 국제법의 현재적 형태의 지평들인데, 이 지평들이 원칙상 또는 권리상 세계화의 생성을 조건 짓고 있다)을 구조화하고 조건 짓는 바울적 언어로 말하면 세계는 사람들이 '세계의 시민들'—*sympolitai*, 신의 집에 거주하는 성인(聖人)들의 동향인들—, 즉 신의 피조물들이자 아들들인 한에서 형제들, 동포들, 이웃들이라고 부르는 것을 가리킨다.

만약 여러분이 내 의견에 동의하여 '세계' 개념과 모든 윤리·정치·법적 개념들이 기독교적이고 아브라함적인 혈통을 가진다는 사실을 증명할 수 있다고 해보자. 이 윤리·정치·법적 개념들의 목표는 세계화 과정, 곧 세계의 세계-되기를 규제하는 것인데, 이는 특히 국제법, 더 나아가 국제 형법까지도 **이용하며**, 세계 정치적 국제기구들이 겪는 어려움과 심지어 민족국가적 주권의 행복한 위기까지도 관통하며 이루어진다. 그렇다면 이제 책임, 즉 가장 필수적인 과제이자 가장 위험한 도전은 다음의 두 가지를 어느 하나도 포기하지 않고 한꺼번에 하는 일이될 것이다. 한편으로 지정학적인 공리들, 국제법의 전제들, 그리고 '세계' 개념을 이끌어온 모든 계보학적 특징, 즉 세계 개념에 대한 해석을 지배하는 모든 것을 세계화 과정 자체로서 냉철하고 엄격하게 분석해야 한다. 이런 〔세계 개념에 대한 해석의〕 세계화 과정은 유럽적·아브라함적 혈통으로 거슬러 올라가며, 주로 기독교적인 방식으로, 더 나아가 로마 가톨릭적인 방식(이것이 근본적으로 포함하는 헤게모니적 영향들과 함께)으로 진행되었다. 다른 한편으로는 문화 상대주의 입장을 취하거나 유럽 중심주의를 손쉽게 비판함으로써 보편적이고, 보편화하는, 진정 혁명적인 요구를 포기해서는 안 된다. 이 요구는 어쩔 수 없이 이러한 혈통을 뿌리 뽑고, 탈영토화하고, 탈역사화하려는 경향, 그 혈통의 한계들과 그 혈통이 갖는 헤게모니적 영향들에 도전하려는 경향을 갖는다. 〔이런 도전 경향은〕 '주권'이라는 신학·정치적 개념으로까지 나아가야 할 것이다. 오늘날 주권 개념은, 여러분도 알고 있듯이 전쟁과 평화 사이의 접경 위에서 진통을 겪고 있으며, 더 나아가 세계주의와 어떤 다른 국제적 민주주의 사이의 접경 위에서 혼란을 겪고 있다. 이때 세계주의는 국가의 주권을 세계의 시민성으로서 전제하는 반면, 국제적 민주주의는 민족국가를 넘어서고 시민성마저 넘어선다. 그러므로 이런 혈통 자체에서 그 혈통을 초과하는 원리를 재발견하고 창안하는 것, 즉 이미 거기에 잠재적으로 있는 것을 포기하지 않고 발견하는 것이 관건이다. 그것은 경험적 상대주의와 한 치도 타협하지 않고서, 이런 유럽적 계보학에서 스스로를 외부로 수출하면서 스스로를 넘어서고 있는 것을 해명하는 문제일지도 모른다. 비록 이런 수출이 여전히 어떤 무한한 폭력을 포함할 수 있었거나 포함할 수 있다고 하더라도, 사람들이 이런 수출을 제국주의, 식민주의, 신식민주의, 또는 신제국주의 같은 다소간 낡은 단어들로 부른다고 하더라도, 또는 이 수출이 더 세련되고, 교활하거나 더 잠재적이며, 이제 **민족국가**나 **민족국가적 집단**의 명칭들을 통해서는 파악하기 어려운 지배 방식들하에 나타난다고 하더라도 말이다.

여기에서 내가 생각하는 철학자의 과제는 우리가 사유하고 있는 이 새로운 세계 계약이 부과하는 것이면서 동시에 그 안에 함축되어 있는 것이다. 이것은 또한 이런 영역〔세계 계약〕에서 정치적 또는 법적 책임들을 떠맡으려고 하는 어떤 이의 과제이기도 할 것이다. 이 과제는 세계라는 개념이 지닌 이런 유산 속에서, 그리고 세계화 과정 속에서, 어떤 실제적인 보편화를 가능하게 만들고 필연적이도록 만드는 것을 일종의 신앙고백을 통해 받아들이고, 그에 대해 해명하는 것이다. 이 실제적 보편화가 자신의 고유한 역사적·지정학적 또는 민족국가적인 한계들 내지 뿌리들에서 해방되는 것은, 그것이 충실성──충실성은 신앙의 행위이다──을 통해 이 유산이 가진 최상의 기억을 되살리고, 동일한 전통이 생산할 수 있었으며 여전히 생산할 수 있는 불평등과 헤게모니의 영향들에 맞서, 말하자면 동질화·헤게모니화의 영향들에 맞서 싸우는 바로 그때이다. 왜냐하면 바로 이 유산의 토대로부터 어떤 〔긍정적인〕 동기들 자체 또한 솟아오르기 때문이다. 이 동기들은 국제법의 변화와 그에 대한 새로운 개념들을 통해 오늘날 보편화를 실현하고, 따라서 유럽-기독교적 유산의 공유, 혹은 더 선호할 만한 표현을 쓰면, 그 유산의 탈점유를 실현할 잠재력을 가진 것들이다.

나는 이런 추상 수준에 머무르는 대신, 서로 연결되어 있는 네 개의 예를 말하려고 하는데, 이 예들에 앞의 명제들을 적용함으로써 토론의 방향을 잡아보고 싶다. 서로 결합되어 있는 이 네 가지 예의 명칭은 노동, 용서, 평화, 사형이다.

노동의 종말, 세계화의 궁극적 형태인가?

내가 이 네 가지 주제를 동일한 문제 틀 안에 모으기 위해 선택할 공통 전제들은 어떤 하나의 세계화 과정 속에 모두 포함되어 있을 것이다. 이 과정은 자신의 리듬을 따라 가속화되어 진정한 변화나 단절의 수준으로까지 나아가는 것인데, 이를 이루는 법적인 사건들은 다음과 같다. 우선, 여러 차례 선언되면서 갱신되고 끊임없이 풍부해지는 '인권들'의 재긍정이 있다. 둘째로 1945년에 있었던 반인륜적 범죄라는 개념의 수행적 생산이 있는데, 이것은 전쟁 범죄, 인종학살 범죄, 침략 범죄와 함께 세계적인 공적 공간을 변형시키고, 국제 형법재판소를 위한 길을 열어놓았다. 우리는 이 재판소들이 민족국가의 주권을 제한함으로써 그런 만큼 비가역적으로 발전하기를 예상하고 기대해야만 한다(내가 예로 든 네 가지 범죄는 바로 국제 형법재판소의 권한을 규정하는 것들이다). 따라서 세번째는 민족국가의 주권이라는 거의 세속화되지 않은 신학적 원리에 대한 문제 제기이다. 이 문제 제기가 사실 대단히 불평등하고 실제로 상당히 문제적이라고 하더라도, 이는 매우 결정적이고 돌이킬 수 없는 것이다.

마치 세계가 노동이 끝나는 곳에서 시작되는 것처럼 생각해보자. 혹은 마치 세계의 세계화가 우리가 노동이라고 부르는 것의 소멸을 자신의 지평이자 동시에 기원으로 삼는 것처럼 생각해보자. 그토록 많은 역사와 의미(work, labor, travail 등등)를 고통스럽게 지고 있는 노동이라는 이 오래된 말은 언제나 현재의 노동, 즉 잠재적이지 않고 실제적인 노동이란 의미를 지니고 있다. '마치'라고 말한다고 해서, 우리가 가능한 미래에 대한 허구 속에 있게 되는 것도 아닐 테고, 역사적 또는 신화적 과거, 더 나아가 계시된 기원의 부활 속에 있게 되는 것도 아니다. 이 '마치'라는 수사는 도래할 유토피아(성 아우구스티누스의 『신국론』에서처럼 노동 없는 세계, '종말 없는 종말,' *in fine sine fine*, 영원한 안면(安眠)에 이른 세계, 따라서 밤 없는 안식)에 대한 공상과학에 속하지도, 황금시대나 지상 천국을 향한 향수의 시학에 속하는 것도, 원죄 이전의 순간, 즉 노동의 땀이 아직 남성의 노동과 경작을 위해서도 여성의 해산을 위해서도 흐르기 시작하지 않았을 창세기의 그 순간에 속하는 것도 아니다.

왜냐하면 '마치'를 공상과학이나 태고의 것에 대한 기억으로 보는 이런 두 가지의 해석 속에서, [사태는] 마치 세계의 시작들이 노동을 배제했던 것처럼 되겠기 때문이다. 아직은 또는 이미 더 이상은 노동이 없을 것이다. 원죄가 노동을 세계 속에 들여왔을 것이며, 노동의 종말은 속죄의 최종 국면일 것이다. 그러므로 상식적으로 노동 없는 세계, **또는 세계에** 속하지 않거나 **세계 속에** 있지 않은 노동을 상상하기 어렵지만, 세계와 노동 사이에서 선택해야만 할 것이다. 기독교 세계에서 **코스모스**라는 그리스적 개념의 바울적 전환은 그 개념에 연결되어 있는 그렇게 많은 의미 사이에 속죄적 노동의 부과란 의미를 도입한다. 노동의 개념은 의미들, 역사, 모호함으로 가득 차 있다. 선과 악을 넘

218

어서 사유하기란 어려운 일이다. 왜냐하면 만약 노동이 동시에 존엄성, 삶, 생산, 역사, 선, 자유와 연결되어 있다면, 그에 못지않게 종종 악, 고통, 괴로움, 죄, 벌, 예속도 내포하기 때문이다.

그러나 아니다. 지금 이 '마치'는 오늘날의 두 가지 상투어를 시험해보기 위해 이 상투어들을 고려하고 있다. 사람들은 한편에서 노동의 종말에 대해 자주 말하고, 다른 한편에서는 또 세계의 세계화에 대해, 세계의 세계-되기에 대해 이야기하곤 한다. 그리고 언제나 이 둘을 결합시킨다. 나는 '노동의 종말'이란 표현을 제레미 리프킨의 잘 알려진 저서 제목인 『노동의 종말, 지구적 노동력의 쇠퇴와 후기 시장 시대의 여명』*에서 빌려왔다. 이 책은 일종의 **견해들**doxa을 한데 모으고 있는데, 이것들은 리프킨이 '제3산업혁명'이라고 부르는 것, 즉 그에 따르면 "정보와 커뮤니케이션의 새로운 기술들이 무차별적으로 문명을 해방시키거나 불안정하게 만들 수 있게 될 때" "악과 마찬가지로 선에 봉사"할 수 있을 것에 관한 견해들이다. 리프킨이 말하는 대로 우리는 정말 '세계사의 새로운 국면'으로 들어가고 있는 것인지 나로서는 모르겠다. 그는 말한다. "지구상의 인구를 위한 재화와 서비스를 생산하는 데 필요한 노동자의 수는 점점 더 줄어들 것이다." 그는 다음과 같이 덧붙이고 있다. "노동의 종말은 기술적 혁신들과 경제주의에 관련되어 있는데, 이 경제주의는 우리를 노동자가 없거나 거의 없는 세계의 경계로 밀어붙인다."

이 명제들이 참인지를 알기 위해서는 종말, 역사, 세계, 노동, 생산, 재화라는 이 말들 각각의 의미에 대해 합의해야만 한다. 〔하지만〕 나로

---

* 제레미 리프킨Jeremy Rifkin, 『노동의 종말*La Fin du travail*』, trad. de l'américain par P. Rouve, Paris: La Découverte, 1996.

서는 여기에서 이 중대하고 막대한 문제 틀과, 특히 이 문제 틀에서 작동하고 있는 노동과 세계 개념들에 대해 토론할 만한 공간도 없고 그럴 의향도 없다. 실제로 우리가 '노동' '원격 노동,' 가상 노동이라고 부르는 것과 우리가 '세계'라고 부르는 것에, 따라서 아직은 인간이라고 불리는 자의 세계-내-존재에 어떤 중대한 것이 일어나거나 일어나려고 하고 있다. 이 어떤 것은 기술·과학적 변화에 상당 부분 의존해 있는데, 이 변화는 가상세계, 인터넷, 전자메일, 휴대전화의 세계 속에서 원격 노동, 시간과 노동의 가상현실화에 영향을 미친다. 그리고 이 어떤 것은 그와 동시에 지식의 커뮤니케이션, 모든 종류의 공유화, 공동성이기도 한데, 이는 장소lieu의 경험, 일어나는 것〔장소를 갖는 것〕l'avoir lieu의 경험, 사건과 행위, 말하자면 **도래하는** 것의 경험에 영향을 끼친다. 앞서 이야기한 이러한 '노동의 종말'이란 문제 틀이 마르크스나 레닌의 텍스트들에 부재했던 것은 아니다. 레닌 자신은 노동일의 점진적인 축소를 국가의 완전한 소멸로 이끌어갈 과정에 연결시켰다. 리프킨이 보기에 제3기술혁명은 어떤 하나의 절대적인 변화를 새겨놓는다. 19세기 증기와 석탄, 강철과 직물의 혁명과 그에 이은 20세기 전기, 석유, 자동차의 혁명, 이 첫 두 혁명이 노동의 역사에 근본적인 영향을 미친 것은 아니었다. 왜냐하면 둘 모두 기계가 침범하지 않았던 어떤 분야를 남겨두었는데, 이 분야에서는 기계적이지 않은, 기계의 보조를 받지 않는 인간 노동을 아직 이용할 수 있었기 때문이다. 이 두 기술혁명 이후 우리의 혁명, 세번째 혁명, 즉 가상공간, 마이크로컴퓨터, 로봇공학의 혁명이 왔다. 여기에 실업자들이 일할 만한 제4부문은 없는 것 같다. 그러므로 기계에 의한 포화 상태는 노동자의 종말 내지는 일종의 노동의 종말을 예고할 것이다. 하지만 리프킨의 책은 이런 진행 중인 변화에서 그가 '지식 분야'라고 부르는 것을 위해 별도의 자리를 마련해두기는 한다. 과거에는 새로운 기술들이 이런저런 분야에서 노동자들을 대체했을 때, 일자리를 잃은 일꾼들을 흡수하기 위해 새로운 공간들이 나타났다. 하지만 오늘날 기술 진보 때문에 농업, 산업, 서비스업이 수백만 명의 사람을 실업 상태로 내몰 때, 이를 면한 유일한 노동자 범주는 '지식' 노동자 범주, 즉 산업의 혁신가, 과학자, 기술자, 컴퓨터 전문가, 교사로 이루어진 엘리트 집단이 될 것이다. 그러나 이는 실업자 집단 전체를 흡수할 수 없는 협소한 공간으로 남아 있다. 리프킨에 따르면, 이런 점이 우리 시대의 위험한 독특성일 것이다.

나는 전술한 '세계화'에 대해서나 전술한 '노동의 종말'에 대해서나, 사람들이 이러한 담론들에 대해 제기할 수 있는 이견들을 다루고 싶지는 않다. 한편으로는 긴밀하게 연결되어 있는 이 두 경우에서, 만약 내가 정면으로 이 문제들을 다루어야 했다면, 나는 우선 하나의 구분을 시도했을 것이다. 즉, 우리가 이런 말들[세계화, 노동의 종말]로 기록하는, 좀 더 이론의 여지가 많은 숱한 현상들과, 우리가 개념 없이 이말들을 사용하는 것을 구분해야 한다. 왜냐하면 아무도 이 세기에 노동, 즉 노동의 실재와 개념에 어떤 일이 일어나리라는 점을 부정하지 않을 것이기 때문이다. 노동에서 일어나는 변화는 기술과학이 원격 노동의 가상현실화와 세계화하는 탈국지화la délocalisation mondialisante를 통해 미치는 영향의 결과물이다. 자크 르 고프가 잘 보여주었듯이, 노동시간에 관한 이런 모순들이 상당히 일찍부터, 즉 중세 기독교 시대 때부터 시작된 것이기는 하지만 말이다. [노동에] 일어나고 있는 변화는 노동시간을 실시간 노동으로 점근선적으로 환원하려는 경향을 매우 강화하는데, 이 실시간 노동은 노동자의 신체가 있는 바로 그 장소로 국지화된다. 이 모든 것이 국경들, 가상현실적 커뮤니케이션, 정보의 속도와 범위에 대한 새로운 경험들을 통해 우리가 물려받은 고전적 형태의 노동에 영향을 끼치고 있다. 이런 변화는 거부할 수 없으며, 매우 잘 알려져 있는 어떤 세계화를 향해 나아갈 것이다.

하지만 이런 현상적 지표들은 부분적이고, 이질적이며, 불균등하게 전개되고 있다. 이 지표들은 섬세한 분석을 요청하며 아마도 새로운 개념들을 요청할 것이다. 게다가 이 명백한 지표들과 ['노동의 종말'과 '세계화'라는 말의] 수사적doxique 용법 사이에는 하나의 간격이 있다. 어떤 이들은 이런 수사적 용법을 이데올로기적 인플레이션이라고 혹은 종종 우리를 '노동의 종말'과 '세계화'란 말들에 굴복하게 만드는 수사적이며 분명치 않은 아첨이라고 부를 것이다. 나는 이 간격을 잊은 이들을 혹독하게 비판해야만 한다고 믿는다. 왜냐하면 그들은 소위 '노동의 종말'과 '세계화'라는 이 운동으로부터 배제된 엄청난 수의 희생자인 세계의 여러 지역, 인구들, 민족들, 집단들, 계급들, 개인들을 숨기려고 하거나 받아들이지 않으려고 하기 때문이다. 이 희생자들은 [살아가기 위해] 필요할 노동을 할 수 없거나, 받는 임금에 비해 너무 많이 노동하고 있기 때문에, 그토록 폭력적으로 불평등한 세계 시장에서 고통을 겪고 있다. 절대 수치상으로 볼 때 이런 자본주의적 상황(자본이 현실과 가상현실 사이에서 핵심적인 역할을 하고 있는 상황)은 인류사 전체에서 그 이전보다 더 비극적이다. [하지만] 이 인류의 역사는 아마도 '노동'과 '노동 없음'으로 세계화하는 또는 세계화되는 동질화에서 결코 더 멀리 떨어져 있지는 않았을 것이다. 상당수의 인간은 노동하지 않고 있지만, 노동을 원할 것이고, 더 많은 노동을 원할 것이다. 또 다른 인간들은 너무 많이 노동하고 있기에 더 적은 노동을 바랄 것이며, 더 나아가 시장에서 헐값으로 지불받는 노동을 그만두고 싶어 할 것이다.

인권에 관한 웅변이 이런 경제적 불평등을 고려하지 않는다면, 그것은 객설이나 형식적인 말 또는 역겨운 이야기로 전락해버릴 위험에 빠진다. 우리는 여기에서 가트GATT, 국제통화기금IMF, 외채 등등에 대해 말해야만 한다. 이것들의 역사는 오래전에 시작되었다. 이 역사는 '생업métier'과 '직업profession'이란 말들의 실재적이고 의미론적인 역사와 얽혀 있다. 리프킨은 '노동의 종말'이 성 아우구스티누스의 『신국론』에서와 같은 안식과 주일의 의미를 갖지 못할지도 모르며, 그런 유의 노동의 종말은 또한 비극을 불러일으킬 수도 있다는 점을 의식하고 있다. 하지만 그가 도덕적이고 정치적인 결론을 내릴 때, 즉 "가까운 장래에 축적될 기술적 격동들" 앞에서, "세계화와 자동화의 새로운 시대" 앞에서 져야 할 책임들을 그가 정의하고자 할 때, 그는 "형제애" "자동화되기 어려운" 덕들, "삶에 대한 새로운 의미," 제3부문의 "부활" "인간 정신의 재탄생"이라는 기독교적 언어로 되돌아온다. 나는 이것이 우연도 아니고 검토 없이 받아들일 만한 것도 아니라고 생각한다. 리프킨은 심지어 자비의 새로운 형태들, 예를 들어 **하이테크** 시대의 서비스와 생산물에 대한 부가가치세(오로지 제3부문에서 노동하는 가난한 자들을 위한 사회적 임금의 재원 확보만을 목적으로 하는), 무보수 봉사자들을 위한 실질 임금의 지불" 등등과 같은 것들을 고안해낸다. 이제 그는 어떤 한 담론의 강조점들을 약간 주술적인 방식으로 재발견하는데, 나는 조금 전에 이런 담론에 대해 복잡하지만 냉철한 계보학적 분석이 요청된다고 말했다.

〔만약 나에게 여유가 있었다면〕여기에서 나는 종종 자크 르 고프의 작업들을 참조하면서 노동시간을 강조했을 것이다. 그의 『또 다른 중

세 시대』*의 「시간과 노동」 장(章)에서, 그는 14세기에 어떻게 노동시간의 연장을 위한 주장들과 단축을 위한 주장들이 이미 공존했었는지를 보여준다. 우리는 여기에서 노동의 권리와 노동할 권리의 전제들을 보게 되는데, 이 전제들은 훨씬 뒤에 인권들 속에 기입될 것이다. 인문주의자는 노동문제에 대한 하나의 대답이다. 인문주의자는 그 시대를 지배했으며, 분명 오늘날까지도 죽지 않은 노동의 신학 내에서 노동시간과 수도원적 일과표를 세속화하기 시작한 자이다. 시간은 더 이상 단지 신의 선물이 아니기에, 계산되고 팔릴 수 있게 된다. 14세기의 인물화에서 시계는 때때로 인문주의자의 상징으로 나타난다. 이 시계는 내가 지켜볼 수밖에 없는 것이면서, 여기 있는 나 자신인 세속적 노동자를 엄하게 지켜보는 것이기도 하다. 르 고프는 노동 세계의 통일성이, 비록 존재했다고 하더라도, 어떻게 해서 기도의 세계와 전쟁의 세계에 직면하여 오래 지속되지 않았는지 보여준다. '생업에 대한 경멸' 이후에 〔그에 따르면〕 "경멸의 새로운 경계가 정착되는데, 이것은 새로운 계급들 한가운데를 지나가며, 심지어 직업들의 중심을 지나간다." 비록 르 고프는 '생업'과 '직업'을 (내가 그렇게 해야만 할 것이라고 생각하는 대로) 구분하지는 않은 것처럼 보이기는 하지만, 그는 또한 12세기에 '노동의 신학'을 낳고 삼분 도식(*oratores, bellatores, laboratores*)**을 '더 복잡한' 도식들로 변환시키게 한 과정을 기술하고 있다. 이 과정은 경제적·사회적 구조들의 분화와 더 거대한 노동 분업을 통해 설명된다.

---

* 자크 르 고프Jacques le Goff, 『또 다른 중세 시대*Un autre Moyen Âge*』, Paris: Gallimard, coll. "Quarto," 1999.

** "기도하는 자들, 싸우는 자들, 노동하는 자들." 이는 특히 조르주 뒤메질Georges Dumézil이 연구한 인도·유럽 사회의 특징적인 기능적 삼분 도식과 관련 있다.

용서

오늘날 어떤 세계화, 즉 회개하고 용서를 구하는 장면에 대한 어떤 세계적인 무대화가 있다. 이러한 무대화는 아브라함적 유산의 대변동과 국제법의 새로운 상황 양자 모두를 통해서 조건 지어져 있으며, 따라서 세계화의 새로운 형태에 의해 조건 지어져 있는 것이다. 이것들은 지난 전쟁 이후로 인권에 대한 변화된 개념들, 또 반인륜적 범죄, 인종학살 범죄, 전쟁 범죄, 침략 범죄 같은 새로운 개념들, 그리고 이런 자기 고발을 위한 고소 조항들을 만들어냈다. 사람들이 이 문제의 진가를 알아보기는 어려운 일이다. 왜냐하면 우선 이것은 너무도 자주, 특히 전 세계적으로 이 관념[용서]에 반응하며 이를 변화시키고 있는 정치 토론에서 애매하게 언급되기 때문이다. 사람들은 종종 때로는 계산된 방식으로, 용서를 사과, 유감, 사면, 공소 시효* 등 그와 이웃한 무수한 주제들과 혼동한다. 이 많은 의미 중 어떤 것들은 법, 형법과 관련되어 있다. 그런데 용서는 원칙적으로 형법과 이질적이고 그로 환원될 수 없어야 할 것이다. 아무리 용서라는 개념이 그것의 엄밀한 의미에서 수수께끼로 남아 있다고 하더라도, 사람들이 애써 이 개념에 적합하게 맞추어놓은 장면, 형상, 언어는 어떤 하나의 종교적 유산(유대주의, 기독교주의, 이슬람주의를 한데 모아 아브라함적인 것이라고 말하자)에 속하게 된다. 그런데 이러한 전통은 그것이 아무리 복잡하고 분화되어 있고 더군다나 갈등적이라고 하더라도, 독특한 것인 동시에

---

* (옮긴이 주) '용서' '사과' '유감' '사면' '공소 시효'에 해당하는 원어는 각각 le pardon, l'excuse, le regret, l'amnistie, la prescription이다.

보편화의 길 위에 있는 것이다. 이 전통은 정확히 어떤 하나의 용서의 연극이 상연하거나 조명하고 있는 것을 통해서 그렇게 독특하면서 보편적이다. 그러므로 용서의 차원 자체가 이 세계화 도중에 삭제되는 경향이 있으며, 그와 함께 모든 척도, 모든 개념적 한계들도 삭제되는 경향이 있다.

지난 전쟁 이후 그리고 몇 년 전부터 가속화되어 지정학적 무대 위에서 증식되고 있는 회개, 고백, 용서, 또는 사과의 모든 장면에서, 우리는 개인뿐만 아니라 전체 공동체들, 직업적 동업조합들, 성직자 계급의 대표자들, 국가의 최고권자들과 수장들이 '용서'를 구하는 것을 보았다. 그들은 아브라함적 언어로 용서를 구한다. 이 언어는 그들의 사회에서 지배적인 종교의 언어가 아니지만(예를 들어 일본이나 한국의 경우에), 바로 이런 점 때문에 이미 법, 정치, 경제, 또는 외교의 보편적인 관용어가 되어버렸다. 아브라함적 언어는 이런 국제화의 작인인 동시에 증상인 것이다. '용서'를 구하고 회개하는 이런 장면들의 증식이 내포하는 여러 의미 중 하나는 아마도 기억이 갖는 **보편적인 절박성**일 것이다. 그것은 과거를 향해 돌아서**야만 한다**는 것, 그리고 이 기억 행위, 자기-고발 행위, '회개'의 행위, 법정 출두의 행위가 법적 심급과 민족국가적 심급을 동시에 넘어서게 **해야만 한다**는 것이다. 따라서 우리는 이 층위에서 무엇이 일어나고 있는지 자문하게 된다. 발자취들은 무수히 많다. 그 자취들 중 하나는 규칙적으로 〔우리를〕 일련의 예외적인 사건들로 데려간다. 이 사건들은 제2차 세계대전 동안 그리고 그 이전에 있었던 것들인데, 이것들 때문에 뉘렘베르크 재판소를 통해서 결국 '반인륜적 범죄' 개념과 같은 법적 개념의 국제적 제정이 '인가'받을 수 있었다. 비록 '반인륜적 범죄'와 같은 말들이 지금 일상 언어 속에서 유통되고 있기는 하지만, 여기에는 여전히 해석하기 어려운 규모의 하나의 '수행적' 사건이 있었다. 이 사건은 그 자체가 어떤 정해진 날에 어떤 국제적 공동체를 통해서, 그리고 그것만의 규정된 형태의 역사를 따라서 **생산되고** 인가받은 것이었다. 이 역사는 복잡하지만 인권들을 재확인했던 역사와 혼동되거나, 새로운 인권선언의 역사와 혼동되지는 않는다. 이런 종류의 '변전'은 어떤 극적 공간을 구축했으며, 이 공간 위에서 우리를 사로잡고 있는 거대한 용서의 장면, 거대한 회개의 장면——진지하게 혹은 그렇지 않게——이 상연되고 있다. 이 변전은 종종 그것의 연극적 본성 자체를 통해 거대한 사회적 혼란이 갖는 특징들을 갖는다. 우리는 과감하게 이런 혼란은 또한 때때로 광적인 충동과 닮았다고 말해야 할까? 아니다. 이 혼란은 또한 다행스럽게도 이를테면 '좋은' 운동에 부응한다. 하지만 만약 사람들이 거기에서 적어도 어떤 집단 최면 상태가 나타난다고 생각하려는 마음이 때때로 든다면, 이는 모방, 기계적인 의례, 위선, 계산 또는 허식이 종종 그것의 일부이며, 따라서 이런 유죄의 의식(儀式)에 기생적으로 불청객같이 끼어들기 때문이다. 이제 모든 인류는 모두가 만장일치로 바랄 만한 운동을 통해 해방되었다. 이제 여기 있는 인간이란 하나의 종은 실제로 그가 그 자신에 대해 저지른 모든 범죄, 즉 모든 '반인륜적' 범죄에 대해 단박에 그리고 공개적인 방식으로 화려하게 자신을 고발한다고 주장할 것이다. 왜냐하면 만약 사람들이 용서를 구하면서 과거의 모든 반인륜적 범죄에 대해 스스로를 고발하기 시작한다면, 더 이상 지상에 무죄인 자는 없을 것이며, 따라서 재판관이나 심판관의 자리에는 어느 누구도 없을 것이기 때문이다. 적어도 우리들 모두는 반인륜적 범죄들이 본질적이고 내적이며 표현할 수 없는 방식으로 흔적을 남겨놓은 사건들이나 인물들의 상속자이다. '적법한 것'으로 간주된, 위대한 전범적 혁명들일 수 있는 조직적이고 잔인한 대량의 죽음들, 사건들은 때때로 인권 개념이나 반인륜적 범죄 개념과 같은 개념들을 출현하게 만들고, 또 그런 개념들이 진보하게 만들었던 바로 저 사건들 자체였다.

그런데 이 혼란은 오늘날 어떤 개종의 윤곽이나 형태를 띠게 된다. 이 개종은 어떤 사실상의 개종, 어떤 경향적으로 보편적인 개종이다. 즉 세계화의 도상에 있는 개종이다. 왜냐하면 만약 내가 믿고 있는 것처럼, 반인륜적 범죄란 개념이 이런 자기-고발에 대한, 이런 회개와 요구된 용서에 대한 소인(訴因)이라면, 그리고 다른 한편 인간의 신성함만이 최종적으로 이 개념을 정당화할 수 있다면(이런 논리에서 인간의 인간성에 반하고, 인권들에 반하는 범죄보다 더 나쁜 것은 없다), 그래서 이런 신성함이 성서를 경전으로 삼는 종교들의 아브라함적 기억 속에서, 그리고 '이웃'과 '동포'에 대한 유대교적이지만 특히나 기독교적인 해석 속에서, 의미의 유일하지는 않더라도 주요한 원천을 찾는다면, 이제 반인륜적 범죄는 생명체 중에서 가장 성스러운 것에 반하는 범죄가 될 것이기 때문이다. 즉 만약 신성이 이미 인간 속에, 신이-인간을-만듦, 또는 신에-의해-인간이-신을-만듦(인간의 죽음과 신의 죽음은 여기에서 동일한 범죄로 드러날 것이다) 속에 있으며, 반인륜적 범죄는 이런 신성에 반하는 범죄라면, 그때 용서의 '세계화'는 진행 중인 엄청난 규모의 고백 장면과 비슷할 것이기 때문이다. 따라서 용서의 세계화는 잠재적으로 기독교적인 혼란─개종─고백 과정과 비슷할 것이며, 더 이상 기독교 교회를 필요로 하지 않는 기독교화의 과정과 비슷할 것이다. 그리고 이 기독교화 과정은 때때로 무신론적·인간주의적 태도나 승리를 구가하고 있는 세속화의 태도를 내보일 수 있지만,

여기서 바뀌는 것은 아무것도 없다. 인류 전체는 반인륜적 범죄에 대해 스스로를 고발할 준비가 되어 있을 것이다. 자기 자신을 고발하고, 자신에 대해 자신과 반하는 증언을 하고, 자신을 어떤 타자인 양, 즉 자기 자신을 타자로서 고발할 준비가 되어 있을 것이다.

　사람들이 여기에서 어떤 거대한 진보, 역사적 변전을 보거나 그리고/또는 자신의 한계 내에서 여전히 불명확하고 그 기초가 허약한 개념을 보든 간에(그리고 우리는 이것들을 동시에 할 수 있다—나로서는 그렇게 하고 싶다), '반인륜적 범죄'란 개념이 용서의 모든 지정학적 지평에 남아 있다는 사실만은 부인할 수 없다. 이 개념은 용서의 지평에 자신의 담론과 정당화를 제공한다. 남아프리카의 진실과 화해위원회의 충격적인 예를 들어보자. 이 위원회는 몇몇 남미 쪽의 선행자들, 특히 칠레의 선행자들과 비슷하지만, 단지 비슷하기만 할 뿐, 〔여전히〕 유일무이한 것으로 남아 있다. 그 위원회를 궁극적으로 정당화하는 것, 그 위원회에 공언된 적법성을 부여하는 바는 아파르트헤이트를 유엔 구성원들이 대표하는 국제 공동체가 저지른 '반인륜적 범죄'로 정의한다는 것이다. 사람들은 수백 가지 다른 예를 들 수 있을 것이다. 그 예들은 무수히 많은데, **모두** 이런 보증 형태의 준거*로 귀착된다.

---

* (옮긴이 주) '보증 형태의 준거'란 인간의 신성을 전제하는 것, 보증하는 것을 가리키는 듯 보인다. 반인륜적 범죄에 대한 고발은 인간 속에 신성이 있다는 전제 아래에서만, 즉 그런 전제가 보증될 때에만 유의미하고 정당화될 수 있는 것이다.

평화

　평화에 관해서는, 우리를 사로잡는 이 커다란 주제에 대해 더 적합하고 좀 더 그 비중에 걸맞은 분석을 여기에 할애할 수 없기 때문에 단지 한 마디만 하겠다. 이는 '21세기의 대화'의 제목인, "새로운 세계 계약을 향하여?"라는 질문을 보고 바로 떠올랐던 것이다. 더 최근에는 사람들이 더 이상 과감히 전쟁이라고 부를 수 없는 현상들이 나타나고 있다. 앞서 이야기한 걸프전, 르완다, 콩고, 코소보, 티모르 등등과 같은 '개입들'은 주권의 논리 면에서 각각 매우 상이한 현상들인데, 여기에는 바로 국가의 모호한 역할을 함축하는 의미론적 변환들이 있기 때문에 전쟁이라고 부를 수 없다. 만약 이런 현상들로부터 이끌어낼 하나의 교훈이 있다면―나는 그렇다고 생각하는데― 그 교훈은 뒤늦은 것이든 아니든, 잘 처리된 것이든 아니든 간에, 국제 형법재판소 앞에서 국가와 군대의 수장들을 심판하려는 취지에서, 보편적 인권이란 명목으로 이루어지는 이 개입들이 다행스럽게도 분명 국가 주권의 신성한 원리를 의문시한다는 것이다. 그렇지만 물론 그런 개입들은 종종 우려되는 조건들 아래에서 이루어지기도 했다. 한나 아렌트가 주목한 것처럼, 자신의 주권에 도전을 받았던 것은 약소국들뿐이다. 강대국이 보편적 원리를 내세워 약소국의 주권을 재검토했는데, 이 강대국들은 자신들의 고유한 주권이 의문시되는 것을 결코 용납하지 않을 것이다. 그뿐만 아니라 이들은 자신의 고유한 정치·군사·경제적 전략을 위해서, 권한이 있는 국제재판소들의 결정, 그리고 때로는 심의의 향방을 좌우하거나 그에 대해 우위를 점한다. 왜냐하면 필요한 경제적·기술적·군사적 잠재력을 오로지 그들만이 활용할 수 있기 때문이다. 다가올 세계 계약은 다음과 사실에 대해 행동을 취해야만 할 것이다. 즉, 국제재판소들이 심의, 결정에 대한 자율권, 그리고 특히 군사력을 이용하는 것과 관련한 자율권을 갖지 못하는 한, 이 재판소들이 자신이 대표해야 하는 법의 힘을 갖지 못하는 한, 인권이란 명목 아래 이루어지며 원칙 면에서는 분명 정당할 이런 모든 주권 침해는 여러 전략—언제나 엄격한 경계와 대상이 될—에 의해 오염되고 의심스러운 것이 되리라는 사실 말이다.

사형

세계 차원에서 사형에 관해 〔제기되는〕 중대한 물음은 내가 이제껏 말했던 것과 분리될 수 없다. 수 세기에 걸쳐 전개되었던, 심지어 미국에서조차 전개되었던 사형제도 폐지론자들의 오랜 싸움의 역사를 다시 되풀이하지 않기 위해서라도, 적어도 다음의 분명한 사실만은 명심해야 하기 때문이다. 지난 세계대전 이후, 많은 수의 민주주의 국가가 사형제도를 폐지했을 때 이 국가들이 이를테면 감지했었다고 할 수 있는 초국가적 압력을 직접적으로 또는 간접적으로 만들어낸 것은 언제나 인권들, 삶의 권리에 대한, 그리고 사형에 견줄 만한 잔혹한 학대들의 금지에 대한 **국제적** 선언들과 협정들(언급할 시간이 없지만 거의 모두 유엔에서 나온 선언들이다)이었다. 국가들(사형과 사면권은 언제나 이 국가들이 가진 주권의 탁월한 상징이었다)에게 사형제도를 포기하도록 명령했던 것은 언제나 국가 주권을 넘어서는, 어떤 초국가적이고 국제적인 심급이다(외관상으로는 그들 스스로 했지만 사실은 국제적인 강요에 따른 것이었다). 이것은 분명 유럽에서 일어났던 일, 프랑스에서는 적어도 20년 전부터 일어나고 있는 일이며, 세계 50여 개국에서 일어나고 있는 일이다. 몇몇 법학자가 생각하는 대로, 이렇게 사형제도 폐지를 위해 커가고 있는 움직임이 영어로 'customary norm of international law'*라고 불리는 것, 그리고 라틴어로는 *jus cogens***의 규범이라고 불리는 것이 되고 있다고 볼 수 있다. 그런데 이런 움직임에 저항하는 국가 중에서, 유럽-기독교적 전통의 위대한 서양 민주주의를 따른다고 자처하는 민족국가 중에서, 이와 관련한 파란만장한 역사(환기시킬 만한 시간이 없는, 오래되었으며 최근까지 지속되고 있는 어떤 역사) 이후 사형제도를 폐지하지 않을 뿐만 아니라 이를 대규모로, 점점 더 많이, 그리고 잔혹한 방식으로 이용하는 유일한 국가는 내가 알기로는 미국이다. 그리고 최근의 예들이 잘 보여주었듯이 사형제도가 맹목적이지 않을 때, 사형제도는 차별성을 갖는다는 점을 지적해야만 한다. 다른 국제적 연합들과 함께, 나 또한 영광스럽게도 그 구성원인 작가들의 국제회의와 함께, 이 기구들을 대표하여, 따라서 나 개인의 이름으로만이 아니라 [모두의 이름으로], 나는 사형제도에 대한 이 물음이 하나의 새로운 '세계 계약'에 관한 모든 텍스트에 엄숙한 호소의 형태로 기록되기를 요구한다. 이것으로 나의 신앙고백을 마치겠다.

---

* '국제법의 강행 규범'
** '강행 법규'

과학, 기술, 세계화

프란시스코 사가스티

북과 남의 세계화에 대한 시각들

세계화는 서양 중심 도시의 관점이 아니라 남반구의 도시와 마을의 관점에서 볼 때, 매우 다르게 보인다. 나는 세계화를 형성하는 역설적인 힘들이 다른 측면에서 볼 때 어떻게 보이는지 여러분들이 이해할 수 있도록, 우선 나의 조국인 페루에서 끌어온 네 가지 예를 들어보고 싶다.

몇 주 전에, 초등학생 28명이 페루 고산지대의 오지 마을에서 강력한 살충제를 담아놓았던 용기에 물과 분유를 섞어 먹은 뒤 죽었다. 이 아이들 중 아무도 글을 읽을 줄 몰랐기에, 아이들이 그냥 독극물을 섭취해버린 것이다. 덧붙이자면, 이 살충제는 사실상 거의 모든 산업화된 국가에서 금지되었다. 하지만 나의 조국과 같은 곳에서만은 계속 판매되고 있다.

둘째로, 페루 북부의 카자마르카에서 최근에 중요한 연례행사가 있었다. 감자를 경작하는 농부들은 이곳에 모여서 지난해에 그들이 생산한 가장 좋은 곡물들의 종자를 교환한다. 감자 생산을 증진시키는 데 도움이 될 종자들을 남과 공유한다는 것은 공동체에게는 자부심의 표현이다. 올해에는 다국적 기업들이 그 축제에 참가했으며, 이윤을 남겨 팔기 위해 현재 이 전통적인 식량들의 유전자에 대한 특허를 내는 작업을 하고 있다.

페루의 거시 경제 지표들은 훌륭하다. 월스트리트에서 또는 투자 은행가들의 사무실에서, 사람들은 당신에게 페루는 인플레이션이 낮으며 착실하게 부채를 상환하므로 좋은 투자 기회라고 조언할 것이다. 그렇지만 페루인들의 관점에서 본다면 그렇게 장밋빛 상황이 아니다. 지난 10년 동안 인구의 50퍼센트가 빈곤선* 이하의 수준에서 살아왔으며, 인구의 20퍼센트는 절대 빈곤선 이하의 수준에서, 즉 그들의 수입이 먹을 것을 사기에도 불충분한 상태에서 살고 있다. 사람들은 종종 노동의 종말에 대해 언급하곤 한다. 하지만 아마도 일터의 종말에 대해 언급하는 게 더 적합할 것이다. 페루에서 노동력의 3분의 2는 실업 상태이거나 불완전고용 상태에 있으며, 지금부터 2005년까지 유럽연합 전체의 구직자 수보다 더 많은 수의 구직자가 페루의 노동시장으로 들어올 것이다.

나는 최근에 저명한 정치학자인 벤저민 바버Benjamin Barber 박사와 함께하는 국제회의에 참가했다. 바버는 자신의 발표를 요약하면서, 미국의 민주주의는 한 무리의 악당들을 4년 동안 불러들이고는, 결국 그들을 내던지고 4년 동안 또 다른 무리의 악당들로 그들을 대체하는 수

---

* (옮긴이 주) 빈곤선Poverty line. 육체적 능률을 유지하는 데 필요한 최소한도의 생활수준. 영국의 사회학자 벤저민 라운트리가 『빈곤—도시 생활의 한 연구』(1901)에서 제기한 개념이다.

준으로까지 퇴보했다고 지적했다. 내 대답은, 남반구의 관점에서 볼 때, 그런 민주주의는 매우 훌륭하다는 것이다. 악당들이 선거를 조작하고 15년 또는 16년 동안 권력을 쥐고 있는 상황에서는, 4년마다 평화로운 선거를 통해 그들을 내던져버릴 기회를 고맙게 여길 것이다.

그러므로 북반구의 불평거리들은 종종 남반구가 열망하는 것들이다. 산업화된 국가들에서의 진보는 개발도상국가들에게는 위협일 수 있다. 이제 이 두 관점 사이에 중대한 차이가 있다는 것은 아주 분명하다.

균열된 세계 질서

1989년에 베를린 장벽의 붕괴를 뒤따랐던 서비스와 금융의 확장과 세계화에 대한 행복한 도취 속에서, 나는 우리가 균열된 세계 질서로 들어서고 있다는 생각을 개진했다. 나는, 우리가 극도로 복잡한 어떤 것, 선과 악 양면을 다 가지고 있는 역설적이고 모순적인 어떤 것을 경험하고 있다고 시사했다. 세계화는 우리가 서로 접촉하도록 만들지만, 또한 사회들과 소득의 측면에서는, 그리고 가장 중요하게는 지식을 생산하고 활용하는 우리의 능력 측면에서는, 깊은 분할들과 균열들을 유지하고 강화시킨다. 이런 균열들은 인류를 두 문명으로 나누고 있다.

오늘날 우리가 이 균열된 세계 질서로 들어섰다는 것은 분명해졌다. 사회들 내에서 그리고 사회들 사이에서 부와 권력의 집중도가 엄청나게 증가했다. 더욱 충격적인 사실은 지식을 활용하는 능력의 격차가 커진다는 것이다. 24개 최고 부유 국가와 42개의 가난한 국가 사이의 1인당 평균 수입의 현재 비율은 62:1에서 65:1이다. 하지만 연구 개발 부문에서 1인당 연간 지출 비율은 250:1 이상이다. 수십 년 또는 더 나아가 수 세기에 걸쳐 이 수치의 추이를 추정해본다면 지식을 생산하는 능력에서 축적되어온 엄청난 격차들을 보게 될 것이다.

세계를 바라보고 관계 맺는 두 가지 방식과 함께 실제로 두 개의 문명이 출현할 위험이 있다. 한 문명은 지식을 생산하고 활용하는 능력에 기반해 있고, 다른 문명은 해외로부터 오는 지식을 수동적으로 받아들일 뿐 이를 수정할 능력은 없다. 더 나아가면, 나는 최근에 시애틀에서 열렸던 한 회담에 참가했는데, 여기에서는 인간 유전자학과 유전학의 진보들을 통해 인간 종 내에서 구분되는 두 가지 아종이 출현하리라는 공포스러운 생각이 제기되었다.

무엇을 할 수 있는가? 우선, 세계화를 모든 문제에 대한 해답으로 묘사하는 자들의 과장으로부터, 그리고 무엇도 할 수 없고 우리는 현재의 추세가 가리키는 방향으로 계속 나아갈 운명이라고 말하는 자들의 비관주의로부터 거리를 둔 분별력 있고 균형 잡힌 관점을 찾아야 한다. 이 의제에서 두번째 요점은 과학과 기술 영역에서 국제적인 협력을 되살려낼 것을 포함한다. 이것은 새로운 생각이 아니다. 1963년, 제네바에서 저개발국가들이 이 영역에서 발전하는 것을 돕기 위해 유엔 회의가 조직되었다. 그때, 사람들은 과학과 기술의 진보는 거대한 슈퍼마켓의 상품과 같다고 믿었다. 개발도상국가들은 간단하게 그들이 원하는 것을 사서 사용할 수 있었다. 20년 전 몇몇 불균형을 바로잡을 목적으로 새로운 기획이 공표되었다. 산업화된 국가들은 과학과 기술은 잠재적으로 혜택들뿐만 아니라 피해도 줄 수 있다는 것, 거대한 분할들을 만들어낼 수 있다는 것, 그리고 전유되어 아주 소수 인간들의 이득을 증대시키거나 부유하게 만드는 데 이용될 수 있다는 것을 배웠다. 그 이후 20년 동안, 우리는 수많은 선언을 보았지만, 실질적으로는 어떤 것도 바뀌지 않았다. 개발도상 세계에서 6개 정도의 국가만이 과학적·기술적 능력들을 향상시킬 수 있었다.

발전과 진보를 다시 정의하기

국제 공동체는 국제적 협력의 기본 원칙들로 돌아가서 인터넷과 지식 자원에 대한 접근권을 포함한 최소 수준의 과학 기술력은 개발도상 국가들에게 절대적으로 필요한 것이며, 이것이 국제적 연대의 주제가 되어야만 한다는 생각을 받아들여야 한다. 이는 성취될 수 있다. 하지만 20년 전의 상황과는 반대로, 국가 정부들은 더 이상 과학과 기술의 게임에서 주요한 행위자가 아니다. 우리가 바라든 바라지 않든 간에, 민간 부문과 학자들의 국제 공동체는 정부와의 협상 테이블에 동석해서, 개발을 목적으로 과학과 기술을 운용하는 것에 관한 의제 토론을 시작해야만 한다. 이런 접근의 성공적인 예 중 하나는 WHO의 새로운 백신 기금이다. 유네스코가 해야 할 특정한 역할은 이런 국제적 협력을 되살리는 데 있다. 왜냐하면 유네스코는 유엔의 조직 체계에서 과학, 기술 분야에 대한 권한을 가진 유일한 기구이기 때문이다.

다음 20년 또는 30년에 걸쳐 우리는 '개발'과 '진보'란 말이 의미하는 바를 재정의하는 데 공동의 노력을 기울일 필요가 있다. 우리가 이해하는 대로의 '발전'이, 즉 고도로 산업화된 국가의 생활 기준들과 물질적 소비라는 측면에서의 '발전'이 전 세계에 적용될 수 있는 해석이 아니라는 것은 분명하다. 에너지와 물질 소비의 성장으로 측정되는 이런 종류의 발전이 개발도상국가들에서 손쉽게 이루어지지는 않을 것이다. 우리가 21세기로 들어감에 따라 '발전'과 '진보'에 대한 다른 개념화가 요구될 것이다.

우리는 베이컨적 기획의 종말을 보고 있다. 이 기획은 400년 동안 번영했다. 17세기 초에 베이컨이 말한 대로, 이 기획은 세 가지 요소로 이루어져 있었다. 지식을 생산하는 새로운 도구로 과학을 사용하기, 단순히 신의 신성한 설계를 발견하기 위한 소일거리로서가 아니라 인류의 이익을 위한 발견으로서 지식을 생산하기, 지식을 더 넓히기 위해 제도와 국가 지원을 활용하기. 베이컨은 '인간'을 믿었고, 인간을 그 자신의 사유 중심에 놓았다.

과학은 어떤 변형을 겪었다. 오늘날 과학은 지식을 생산하는 방법으로서 자신이 가지고 있는 한계들을 의식하고 있으며, 우리는 윤리학과 미학이 이성과 과학을 통해 이룬 발견들을 보충해주기를 기대하고 있다. 이제 우리는 인류를 향상시킬 수 있을 뿐만 아니라 새로운 위험들과 문제들 또한 만들어내는 지식의 능력과 그 모호한 특성을 의식하고 있다. '진보' 자체는 의문시되었으며 재정의될 필요가 있다. 끝으로 '인간'에 대한 베이컨적 개념은 남성과 여성 간의 관계뿐만 아니라 인류와 생명적·물리적biophysical 환경 간의 관계에 대한 더 섬세한 개념을 통해서 변화되었다. 오늘날 우리는 우리가 만들어야만 할 거대하고도 정교한 균형들에 대해 더 명확하게 알고 있다.

베이컨의 기획은 성공했지만, 그렇게 하면서 그 자신의 토대들을 침식했다. 새로운 기획을 재정의하는 것은 우리의 과제이다. 우리는 지난 400년간의 실수들로부터 배울 수 있다는 장점을 가지고 있다. 지식 생산에 대한 우리의 개념을 확장시켜서 순수한 합리성과는 다른 고찰들을 포함시켜야 한다. 윤리학과 미학이 가능한 선택들일 것이다. 게다가 베이컨적 기획은 서구 문명의 창조였다. 서구 문명이 자본주의적 팽창과 함께 전 세계에 걸쳐 일제히 전개됨에 따라, 그 기획은 다른 문화들을 말살하거나 무시했다. 이제는 이 문화들을 다시 현재로 불러들일 때이다. 변화에 관한 의제의 세번째 요점은 모든 문명을 포함하되 다음 20년 또는 30년에 걸쳐 '발전'과 '진보'가 의미하는 바를 재정의할 목적으로 이루어지는 대화이다.

제2장

신기술과 문화

    물리적 재화의 구매자와 판매자 사이에서 일어나는 일군의 거래들에 기초한 시장 경제는 소유권의 이전 없이 접근권 제공자들과 경험의 흐름의 이용자들을 불러모으는 네트워크 경제에 자리를 내주고 있는가? 예를 들어 이제부터 우리는 환경보호를 위한 몇몇 비용의 국제화 문제에서 그런 네트워크 경제가 가져다줄 수 있을 이득들을 기대해볼 수 있다. 하지만 그렇다고 하더라도 이 경제의 지평에서 솟아나는 위험들은 무수히 많다. 이런 점에서, 권력이 점점 더 집중되어간다는 사실과 특히 소유권을 독점하는 경우가 생겨나고 있다는 사실이 자주 거론된다. 문화의 완전한 시장화란 위험에 직면하여, 제레미 리프킨은 이에 대항하는 힘을 확립할 필요성에 대해 주장한다.

    미셸 세르는 문화를 어떤 개인적인 편력으로 재정의하는데, 이 편력은 기술과 콘텐츠를 독특하고 국지적인 방식으로 이용하고 전유하는 것에 기초해 있다. 그리고 이를 통해 그는 문화가 위험에 처해 있지 않다는 생각을 옹호한다. 신기술은 주관적 기억의 희생을 대가로 출현하는 집단적이고 객관적인 기억인데, 이런 신기술을 포함하는 변형들은 분명 우리에게 두려운 대상이 아닐 것이다. 미셸 세르에 따르면, 우리는 신기술을 인간 진화의 일부분으로 간주할 수 있다.

접근의 시대

제레미 리프킨

　최근 전자 상업 혁명, 즉 새로운 소프트웨어, 텔레커뮤니케이션 기술들, 웹, B2B(business-to-business, 기업 대 기업 간 거래), B2C(business-to-consumer, 기업 대 개인 간 거래), p2p(peer to peer, 개인 대 개인 간 거래), 세계화에 관해 엄청나게 많은 토론이 있었다.* 이는 무엇을 의미하는가? 내가 가르치고 있는 미국의 와튼 스쿨에서, 전 세계에서 방문한 비즈니스 지도자들이 나에게 묻는 첫번째 질문은 이것이다. 우리는 새로운 경제 속에 있는가? 내 대답은 다음과 같다. 새로운 경제가 아니라 실제로 더 깊은 어떤 것이 일어나고 있다.

---

* 이 글은 2001년 3월 9일 유네스코에서 '21세기의 대화'의 17번째 회기에 발표되었고, 2001년 7월 『르 몽드 디플로마티크 *Le Monde diplomatique*』지에 부분적으로 실렸다.

경제혁명

이 기술들은 시장자본주의가 그에 선행했던 상업자본주의와 달랐던 만큼이나 시장자본주의와 다른 어떤 새로운 경제 시스템을 낳고 있다. 우리는 완전히 새로운 경제 시대의 윤곽이 드러나는 것을 이제 막 보기 시작했다. 왜 나스닥은 어려움을 겪고 있는가, 왜 하이테크 주식들이 어려움을 겪고 있는가? 많은 이유가 있지만, 근본적인 이유가 하나 있다. 우리는 이 새로운 기술들을 오래된 시장 경제에 접목시키려고 애쓰고 있으나, 제대로 되고 있지 않다. 우리는 지금 광속으로 생활을 조직할 수 있게 해줄 기술들을 사용하고 있다. 이것은 그만큼 단순하면서도 심오하다. 나는, 21세기 중반에 시장자본주의는 이 세계의 경제와 상업 면에서 주변 분야가 될 것이라고 믿는다. 우리는 재화 교환과 시장으로부터 네트워크상의 관계들에 대한 접근으로 향하는 거대한 역사적 전환을 만들고 있는 중이다.

경제 시스템에서 최근의 거대한 변환은 1400년대와 1800년대 사이에 일어났다. 상업에서의 가능성들을 변화시킨 일련의 새로운 기술들이 유럽에서 나타났다. 중세 말에 새로운 농업기술들이 곡물 생산을 증가시켰다. 여러분은 잉여물을 갖게 되었고, 로마 제국의 몰락 이후 처음으로 거래를 시작할 수 있었다. 나침반은 유럽인들이 지구를 두루 항해하고, 새로운 자원들을 발굴하여 상품을 위한 새로운 시장을 만들 수 있게 해주었다. 상업은 베네딕트 수도사들의 하찮은 발명품인 시계장치를 시간과 상업 활동을 훨씬 더 효과적으로 규제할 목적으로 이용했다. 보급성과 연결성이 뛰어난 새로운 커뮤니케이션 형태인 인쇄기는 상업 활동이 가속화되는 데 기여했다. 끝으로 증기력이 있었다. 이제 사람들은 축적된 태양 에너지를 사용할 수 있게 되었고, 태양의 움직임을 넘어선 속도로 이동할 수 있게 되었다. 이 기술들은 모두 즉각적이며 빠르고 다른 것들과 연결될 수 있다. 그 결과는 무엇인가? 물물교환, 자급자족적 농업, 공유 재산권에 기초한 중세 경제는 너무 느리고, 너무 구식이며, 너무 시대에 뒤처진 것이라는 점이 입증되었다. 중세 경제는 이 기술들을 통해 가능해진 상업 활동의 속도에 적응할 수 없었다. 그 결과 공유 재산권은 재화 교환과 시장에 자리를 내준 것이다.

이와 비슷하게 오늘날, 우리는 전자혁명의 중간 지점에 와 있다. 우리가 지금 삶에 도입한 기술들은 우리를 광속으로 움직이게 해준다. 시장은 너무 느린 것으로 드러나고 있다. 출현하고 있는 이 새로운 경제 시스템—만약 이것이 하나의 새로운 경제 시스템이라면—은 모든 것을 바꾸고 있다. 즉 인간 본성에 대한 우리의 관념, 사회 계약, 동료 인간들과 우리의 관계, 우리가 살고 있는 지구를 바꾸고 있다. 1차적인 상업 커뮤니케이션 영역에서 보면, 우리는 지리적 공간에서 사이버 공간으로 옮겨가고 있다. 이 공간은 투명한 것이지만, 거주할 만한 가치가 있는 곳이다. 우리는 1만 년 동안 지리적 공간 속에서 경제생활을 조직해왔다. 1차적 커뮤니케이션과 경제가 에테르로 옮겨갈 때 무슨 일이 벌어지는가. 이것은 근본적으로 절차들을 변화시킨다. 그 결과는 시장에서 네트워크로의 거대한 전환이다. 시장에서 여러분은 판매자이고 구매자이다. 여러분은 함께 모여서 재화와 서비스의 교환에 대해 협상한다. 판매자는 거래에서의 판매 수익과 팔린 상품 단위의 양에 따라 돈을 번다. 이것이 우리가 와튼 스쿨에서 자본주의라고 가르치는 것이다. 네트워크에는 새로운 모델이 있다. 더 이상 판매자와 구매자는 없다. 단지 공급자와 사용자, 서버server[봉사자]와 클라이언트client [고객]만이 있을 뿐이다. 네트워크에서 재화는 여전히 존재하지만 이 것은 생산자의 손에 여전히 남아 있다. 클라이언트는 시간 단위로 멤 버십, 등록, 보유권, 임대, 저작권 동의를 통해 재화에 접근한다. 우리 는 공간상에서의 재화 거래에 대해 지불하는 것이 아니라 시간상에서 의 경험의 흐름에 대해 지불한다.

시장에서 네트워크로

시장들은 서로 분리되어 있다. 그것들은 불연속적이고 선형적이다. 여러분은 시작하고, 멈추고, 시작하고, 멈춘다. 새로운 기술들은 인공 두뇌학적cybernetic이다. 그것들은 광속으로 작동하며 24시간 1주일 내 내 연속적인 피드백 작용을 하고 있다. 따라서 불연속적이고 분리되어 있는 모델들은 너무 느리다.

여기에 하나의 예가 있다. 아마존닷컴은 하나의 시장이다. 베텔스 만-냅스터는 하나의 네트워크가 되려고 하고 있다. 아마존은 새로운 기술들을 사용하지만, 여전히 구식 교환의 한 경우일 뿐이다. 여러분 이 CD를 가지고 있다면, 판매자는 그것을 전자 거래를 통해 구매자에 게 팔고, 그다음 이 CD는 구매자의 집으로 배달된다. 베텔스만-냅스 터에서는 CD값을 치를 필요가 없다. 만약 새로운 모델이 작동한다면, 여러분은 자신에게 30일 동안 음악의 흐름에 대한 무제한적 접근권을 제공하는 30일짜리 등록을 하면 된다. 아마존이 단 하나의 판매 건을 기록하고 그 물리적 대상을 여러분에게 전달해주는 동안, 베텔스만-냅스터는 100만 명에게 다운로드해줄 수 있다. 시장에서 우리는 재화들을 상품화한다. 따라서 재화는 희귀 자원이며 가치 있는 상품이다. 네트워크에서는 인간의 시간을 상품화하며, 따라서 시간이 희귀 자원이며 가치 있는 상품이다. 마케팅에서 우리는 이를 LTV, 즉 고객 평생 가치lifetime value라고 부른다. 만약 내가 여러분 삶의 모든 순간을 상품화할 수 있다면 여러분은 얼마의 가치가 있는가? 시장에서 여러분은 판매 이익으로 돈을 번다. 문제는 여러분이 광속으로 작동하는 기술들을 가지고 있을 때 여러분의 거래 비용은 영Zero에 가까워지기 시작한다는 것이다. 전 세계에서 나와 함께 일하는 모든 기업은 나에게 거래 비용이 영에 가까워지고 있다고 말한다. 그리고 여러분의 거래 비용이 영에 가까워지고 있을 때 여러분은 시장을 유지할 수 없다고 말한다. 왜냐하면 이윤을 유지하기에 충분할 정도로 판매 수익이 남지 않기 때문이다. 이것이 모든 산업이 직면하고 있는 것이다.

하나의 예를 들어보자. 나는 저술가이다. 시장에서 나는 책 한 권을 한 출판업자에게 판매한다. 단계마다 가격이 인상되어, 판매자는 비용을 들인 다음 구매자에게 더 많은 금액을 부담하게 한다. 이렇게 해서 인쇄업자, 도매상, 배급자, 소매상이 있게 된다. 이들은 모두 여기에서 돈을 번다. 그렇다. 이것이 스티븐 킹이 2년 전까지 해왔던 방식이었다. 그는 책 하나를 사이먼앤드슈스터Simon&Schuster 사에 수백만 달러를 받고 팔았으며, 이 출판사는 이제 이를 전자 버전으로 내놓을 수 있다. 수백만 권이 아니라 단 하나의 전자 버전이다. 최초 구매 이후 어떤 거래 비용도 없다. 여러분이 시간에 따른 경험의 흐름에 대해 지불할 수 있을 때 어떻게 물리적인 책 100만 권의 시장을 유지하겠는가?

소유권에서 접근으로

진행 중인 깊은 변화는 여기에 있다. 즉 소유권에서 접근으로의 이동이 그것이다. 우리는 시장에서 물리적 재화를 획득하는 것은 가치 있는 일이라는 생각을 배우며 자랐다. 그 소유물의 가격이 시간이 지나면서 오르기 때문이다. 하지만 광속으로 움직이는 세계에서, 모든 것이 곧바로 시대에 뒤떨어진 것이 되고, 업그레이드되거나 어떤 다른 것으로 진화하고 있는데, 여러분이 계속해서 어떤 것을 쥐고 있으려고 할 이유가 있겠는가? 그렇기 때문에 우리는 시장에서 네트워크로, 지리적 공간에서 사이버 공간으로 이동하고 있다. 그리고 우리는 소유권으로부터 접근으로의 심원한 이동을 하고 있다. 우리는 시간에 따른 경험의 흐름에 대해 지불할 뿐, 공간상의 물리적 재화들에 대해서는 지불하지 않는다. 모든 것 중에서 가장 심원한 변화는 1차 생산물의 본성과 관련된다. 자본주의 시대의 시장에서, 1차 생산물은 물리적 재화들과 서비스였다. 이것들은 여전히 본질적이지만, 더 이상 판매 수익이 남지 않는다. 새로운 시대에는, 21세기에는 누가 주요 판매자들인가? 그들은 AOL, 타임워너와 디즈니, 비벤디, 소니, 언론 기업이다. 그런데 이 새로운 판매자들은 무엇을 파는가? 그들은 그것을 '콘텐츠'라고 부르는데, 이 표현은 수천 년의 문화적 경험과 우리가 삶 속에서 체험하는 지식과 은유의 복합체들을 빼앗은 다음, 이것들을 돈을 지불해야 하는 상품으로 만들면서 파괴해버리는 것에 대한 완곡어법이다. 우리는 우리 삶의 이야기들에 대해 지불한다. 새로운 상업은 문화적인 것이며, 기호적인 것이다. 결국 우리는 우리 삶을 경험하는 것에 대해 돈을 지불한다. 이것이 콘텐츠라고 불리는 바이다.

　이 변화들은 얼마나 깊은가? 내가 1960년대에 와튼 스쿨에서 경제학을 공부하고 있었을 때, 여러분의 물리적 자본이 여러분의 자산이라고 배웠다. 이것은 아이러니한데, 오늘날 여러분의 물리적 자본은 여러분의 빚이기 때문이다. 잘해봐야 운영 비용이다. 아무도 제너럴 모터스가 되고 싶어 하지 않는다. 모두들 나이키가 되고 싶어 한다. 제너럴 모터스는 서류상으로—이것이 시장과 네트워크 간의 커다란 차이이다—는 세계에서 가장 크고, 가장 강력한 자본을 가진 회사이다. 이 기업이 가진 자본은 기계들, 설비들, 재고들의 형태로 된 물리적 자본이다. 하지만 이 기업은 더 이상 뉴욕증권거래소에서 최상위 40개 기업에 들지 않는다. 이제 나이키를 보자. 나이키는 무엇인가? 이 회사는 어떤 설비도, 공장도 가지고 있지 않고 신발을 생산하지도 않는다. 모든 나이키 신발은 동남아시아와 베트남에 있는 익명의 하청업자들에게 하청을 맡긴다. 이것은 단지 운영 비용일 뿐이다. 나는 유럽과 미국의 젊은이들이 이런 하청 공장들에서의 아동 노동 착취에 반대한다는 것을 알게 되어 기쁘다. 실제로 신발은 생산하는 데 1달러가 든다. 그러므로 왜 아이들과 부모들이 1달러밖에 안 하는 신발에 100달러를 지불해야 하는가? 여러분은 무엇에 대해 지불하고 있는 것인가? 여러분은 나이키 이야기 안으로 발을 들여놓은 것에 대해 지불하고 있다. 신발은 하나의 지지대*이다. 이것은 마케팅적 관점에서는 훌륭한 일인 동시에 경험적·문화적 관점에서는 병리적이고 슬픈 일이다. 나

---

* (옮긴이 주) '지지대'로 번역한 영어 단어는 'prop'이다. 이 말은, 신발은 그 안에 진짜 상품인 콘텐츠를 담기 위한 하나의 지지대, 용기에 불과하다는 의미이다. 다음 문단의 레고 장난감의 예에서 사용하는 '플랫폼'이란 말과 같은 의미이며, 이런 까닭에 신발 공장은 진정한 자산이 아니라 계속 기업이 유지되기 위해 들여야 하는 운영 비용에 지나지 않는다.

이키는 문화적 이야기의 일부를 훔친다. 그리고 우리 자신은 그 이야기를 경험하기 위해 나이키에 지불한다.

나이키는 디자인 스튜디오이다. 그것은 하나의 개념이고, 아이디어이다. 그것은 지적 자본, 하나의 마케팅 공식, 즉 문화적 생산이다. 위르겐 하버마스와 프랑크푸르트 학파가 문화적 거래라는 아이디어를 1930년대와 1940년대에 만들어냈을 때, 그들은 다소 순진하고 미성숙한 상태였지만, 나는 그들이 도래하고 있었던 일에 대해 어떤 진정으로 선견지명적인 느낌을 가지고 있었다고 생각한다. 내가 함께 일하는 모든 기업은 물리적 자본은 자신들의 빚이라고 생각하는 반면, 우리는 여전히 여러분의 물리적 자본이 여러분의 자산을 나타낸다고 가르친다. 하지만 만약 여러분의 실재 자본이 지적 자본, 아이디어, 이야기들, 경험들, 상표들 등등 무형의 것이라면, 어떻게 여러분은 그것을 측정하고, 어떻게 양화하겠는가? 만약 여러분이 그 자본을 과대평가한다면, 정부는 여러분이 세금을 내지 않고 있다고 말할 것이다. 하지만 만약 여러분이 그것을 과소평가한다면 여러분의 주주들은 여러분이 배당금을 충분히 주지 않고 있다고 말할 것이다. 그리고 오늘의 나이키 이야기는 내일 아침이면 가치 없는 것이 될 수 있다. 그것은 그냥 이야기일 뿐이다. 그러므로 우리는 회계하는 법에 대해 다시 생각해야만 하지만, 어떻게 해야 할지 추측해볼 방법이 없다. 우리는 여전히 옛날의 시장 시스템 안에서 살고 있다.

시장에서 네트워크로의 전환을 이해하기 위해, 레고 장난감의 예를 들어보자. 전통적인 레고 장난감의 경우, 여러분은 상점에 가서, 그 장난감을 사 집으로 가져온다. 만약 여러분이 새 장난감을 가지고 싶다면, 상점까지 가서 집으로 가져와야 한다. 내가 시장들은 분리되어 있고, 불연속적이고 선형적이라고 한 것을 기억하자. 시장들은 너무 느리다. 미래—이미 전환이 시작되고 있지만—에 레고 장난감은 인터넷에 연결될 것이고, 여러분은 그 장난감이 하는 새로운 것들에 대해 지불하게 될 것이다. 장난감은 단지 하나의 플랫폼이다. 여러분은 멤버십 가입비 또는 등록료를 내고 계속해서 그 장난감과 함께할 수 있는 새로운 경험들을 다운로드할 수 있다. 여러분의 아이는 장난감을 자신이 가지고 있는 생산물로서, 소유물로서가 아니라, 시간에 따라 겪는 경험의 흐름으로 생각하면서 자라날 것이다. 이것은 거대한 전환이다. 소유물은 더 이상 남자나 여자를 평가하는 척도가 아니다. 시간에 따른 경험의 흐름에 대한 접근권이 다음 세대를 위한 새로운 신분이다. 이런 이유로 이 '접근access'이란 용어가 그렇게 강력한 은유가 된 것이다. 이것은 나의 세대에 소유권이 그랬던 것만큼이나 강력한 은유이다. 접근이란 낱말이 1991년 『옥스퍼드 영어 사전』의 어휘에 동사로 들어간 것은 우연이 아니다.

자동차를 보자. 여러분은 20세기는 자동차의 세기였다고 주장할 수 있을 것이다. 자동차는 산업 시대의 생활 방식에서 시장자본주의의 핵심적인 기반이었다. 우리가 가진 두번째로 중요한 소유물은 자동차이다. 나는 몇 달 전 로마에서 이탈리아 포드 사의 CEO와 직원들을 만났다. 나는 청중으로 모인 수백 명의 배급업자와 직원에게 다음과 같이 말하면서 이야기를 시작했다. "단도직입적으로 말해봅시다! 만약 상황이 지금처럼 계속된다면, 포드 사는 다시는 한 대의 자동차도 팔지 않으려고 할 것입니다. 차라리 포드 사는 여러분이 그들의 차를 2년간 임대하고 포드 사의 네트워크에 그 차를 연결시키도록 할 것이며, 그렇게 해서 탈 것으로서의 차에 대해서가 아니라 차라리 차를 모는 경험에 대해 지불하도록 할 것입니다. 그 증거는 지금 태(胎) 중에 있습니다. 임대를 갱신하는 비율은 54퍼센트인 반면, 만약 여러분이 포드 사로부터 차를 한 대 산다면 다시 차를 사는 비율은 25퍼센트 미만일 것입니다. 지금 미국의 도로 위를 달리고 있는 자동차와 트럭 세 대 중 한 대는 임대된 것입니다. 사람들은 탈 것에 대해서 지불하기보다는 운전 경험의 흐름에 대해 지불하는 것을 훨씬 더 좋아합니다. 이것이 우리가 소유물을 바라보는 관점에서의 커다란 변모입니다. 이제 시장이 아니라 네트워크입니다."

더 나은 환경 보호

사람들은 나에게 묻는다. 이것은 좋은 혁명일까요, 나쁜 혁명일까요? 사실, 이는 마치 우리가 5세기 전 여기에 둘러 앉아 있는 프란체스코 수도사들이고, 그중 한 사람이 이렇게 묻는 것과 비슷하다. 이 자본주의라는 새로운 것, 여러분들은 이것이 좋은 것이 되리라고 생각하오, 아니면 나쁜 것이 되리라고 생각하오? 여러분도 알다시피, 우리가 역사상의 거대한 경제적 시대들에 대해 가장 적절하게 말할 수 있는 것은 그 시대들이 동시에 소란스럽고, 도전적이며, 흥분되고, 무시무시하고, 불안정하며, 방향을 잃은, 유토피아적이며 디스토피아적이기도 하다는 점이다. 어떤 이들을 위한 혜택들이 있는가 하면, 다른 이들에 대한 착취가 있으며, 아마도 인류를 향한 전진 도약이 있는가 하면, 환경에서의 퇴보가 있다. 이것들은 혼란 상태이다. 경제 시스템들은 깔끔하게 포장되어 있지 않다. 우리가 직면했던 모든 경제 시대가 그러했듯이, 시장에서의 소유물 교환으로부터 네트워크에서의 접근관계들로 전환할 때, 이 전환은 혼란스럽고, 도전적이며, 흥분되고, 무시무시하며 불안정한 것이 될 수 있다. 그리고 어쩌면 더 심할 수도 있다. 내가 좋은 네트워크와 나쁜 네트워크라고 부르는 것의 예를 하나 들어보자.

나는 오랫동안 기업들과 그들의 환경 정책에 대해 비판적이었다. 나는 시장 경제에서 기업들은 재화나 서비스를 교환하고 있으며, 따라서 손익계산을 언제나 지속 가능성보다 앞에 두기 때문에 항상 그들의 비용을 외부로 떠넘긴다고 늘 생각해왔다. 여러분은 시장 경제에서 지속 가능한 발전을 할 수 없다. 생산자는 재화를 고객, 사회, 미래 세대에 이전함으로써 언제나 비용을 외부로 떠넘기고 있기 때문이다. 하지만 네트워크에서는, 재화가 언제나 생산자 곁에 머무른다. 그 밖의 모든 사람이 시간을 따라서, 등록, 멤버십, 임대를 통해서 그 재화에 접근하는 것이다. 우리는 경험의 흐름에 대해 지불한다. 그러므로 물리적 재화에 대해 지불하지 않는다. 이것이 회사들이 환경에 대해 생각하는 방식을 바꿀 수 있을까?

미국의 큰 에어컨 회사인 캐리어Carrier가 좋은 예이다. 시장 경제에서 이 회사는 여러분에게 여러분이 살 수 있는 가장 큰 에어컨을 판매하고 싶어 한다. 만약 이 에어컨이 많은 에너지를 사용하고 지구 온난화를 초래한다면, 이는 적자이며, 그 회사는 이 비용을 외부로 떠넘긴 것이다. 여러분이 그에 대해 지불하고, 사회가 그에 대해 지불하며, 미래 세대가 그에 대해 지불한다. 하지만 이제 캐리어는 문젯거리이다. 나는 캐리어를 왕 도매상Wang factor이라고 부른다. 왕은 시장에서 컴퓨터를 팔아 돈을 벌 수 있을 것이라고 생각해왔던 회사이다. 하지만 거래 비용이 영에 가까워지기 시작했고, 판매 이익은 없었으며, 그들의 생산 라인은 경쟁자들 것과 다를 바 없었기에, 세계 경제에서 이 회사는 파산했다. IBM은 제때에 변화했고, 네트워크에서의 관계들을 서비스하기 시작했다. 컴퓨터는 이제 IBM이 돈을 버는 방식에서 주변적인 것이다.

그래서 캐리어는 왕의 방식으로 가고자 하지 않는다. 에어컨을 팔아서는 돈을 벌 수 없기에, 이제 이 회사는 쿨 서비스라고 부르는 것, 하나의 네트워크를 내걸고 있다. 이 회사는 에어컨을 소유권은 회사가 가지고 있는 채로 여러분의 사무실이나 주거지에 두고, 여러분은 시원한 바람에 대해 30일짜리 등록료를 지불한다. 이 회사는 여러분이 이 에어컨을 다른 곳으로 돌리지 않을 것이며, 여러분은 단지 안락한 바람만 원한다는 것을 알고 있다. 어쨌든 이제 그 재화는 그들 것이다. 이 회사는 여러분에게 시원한 바람에 대한 30일짜리 등록을 해주기 위해 자신이 가능한 한 많은 에너지를 사용하기를 바라겠는가, 아니면 가능한 한 적은 에너지를 쓰고 싶어 하겠는가? 비용들이 내부화되었기 때문에, 그들은 덧창문들을 고쳐서 특수 채광창으로 만든다. 결국 그들은 그린피스보다 더 옛날 방식을 사용한다. 이는 그들이 [환경에] 관심을 기울이기 때문인가? 그와는 아무런 상관이 없다. 이것은 모두 최저 가격선과 관련 있다. 하지만 여기에 아마도 최저 가격선과 우리가 살아가는 지구의 지속 가능성을 1:1로 관계 맺게 할 수 있을지 모를 하나의 모델이 있다는 것이 흥미롭지 않은가? 나는 아마도라고 말했다.

위험 나누기

여러분에게 좋은 네트워크에 대한 또 다른 예를 들어보겠다. 시장에서 제약회사들은 여러분에게 가능한 한 많은 의약품들을 팔고 싶어 한다. 만약 여러분이 아프다면 제약회사들은 잘나갈 것이다. 하지만 이제, 어마어마한 판매 수익이 남는 이 고수익 산업에서조차도, 회사들은 상표 등록이 되어 있지 않은 약품들에 직면하고 있다. 우리는 남아프리카와 에이즈 약품에 대한 최근의 예를 보았다. 회사들은 상표 등록이 되지 않은 약품들, 세계화와 거래 비용을 영에 가까워지도록 줄여버리는 새로운 기술들과 직면하고 있다. 그래서 이제 글락소 스미스 클라인Glaxo Smith Klein은 영국에서 질병 관리라는 다소 시범적인 프로그램을 준비하고 있다. 그들은 무엇을 하고 있는가? 그들은 5개의 질병, 즉 중추신경 장애, 심장 발작, 뇌졸중, 암, 당뇨병을 선정한다. 그들의 새로운 과제는 여러분의 남은 인생 동안 여러분이 24시간 1주일 내내 건강하게 잘 지내도록 하는 것이다. 그들은 기업의 회의실에서 정신이 나가버린 걸까? 여러분이 건강하다면 그들은 약을 더 조금 팔게 될 텐데, 어떻게 돈을 번단 말인가? 그들은 보험회사인 부파BUPA 사와 기업 간 규모 경제적 관계를 맺는다. 만약 글락소 스미스 클라인이 여러분을 건강하게 유지시켜줄 수 있다면, 이는 여러분과 내가 시간 구간들에 따라 계속 살아 있기에 보험회사에는 의료 비용이 더 적게 든다는 것을 의미한다. 그래서 우리는 매년 멤버십에 대한 등록료를 지불하고 있다. 이런 방식으로, 두 회사는 수익 보전 협약을 맺는다. 그리고 이제 이 두 회사는 고용주들을 한데 섞어버렸다. 그들은 이렇게 말한다. 만약 여러분이 아프다면 우리는 생산성이 떨어질 것을 알고 있습니다. 그 결과 직장에서 장기 결근이 생기고, 사고가 발생하겠죠. 여러분은 이를 가늠해볼 수 있을 겁니다. 하지만 여러분이 건강하다면 생산성은 올라갑니다. 여러분은 이 또한 가늠해볼 수 있을 겁니다. 그래서 이제 글락소 스미스 클라인은 고용자들이 건강하게 지내도록 신경 쓰며, 그러면 고용주가 생산성 향상과 비용 절감을 통해 얻은 이익의 일부를 돌려주고, 이 회사는 이를 수익 보전 명목으로 네트워크상의 다른 파트너와 함께 나눈다. 그리고 이 네트워크들은 기업 대 기업 간, 기업 대 개인 간, 개인 대 개인 간의 관계를 통해 전 세계에 걸쳐 계속해서 확장될 수 있다.

여기에 네트워크와 시장 사이의 구별점이 있다. 시장에서 우리는 거래의 판매 수익과 우리가 판매하는 상품 단위의 양에 따라 돈을 번다. 네트워크에서는 정반대의 방식으로 돈을 번다. 우리는 생산을 최소화하고 위험을 함께 나누고 그 절감된 비용을 공유하여 돈을 번다. 네트워크에서는 적이 없기 때문이다. 이를 모든 사람이 협동조합에 있는 것처럼 자신들의 이익을 함께 나누는 하나의 거대한 경제적 가족으로 생각해보라. 이 가족은 지구 전체일 수 있다.

권력의 증가된 집중

미래에 결국 우리는 단지 한 줌의 산업 영역들만을 갖게 될지 모른다. 모두 네트워크로 작동하는 건강산업, 레저산업, 교육산업 말이다. 하지만 여기에 문제가 있는가? 나쁜 네트워크들에 대해 말해보자. 노바티스Novartis와 몬산토Monsanto가 농부에게 유전자 조작 특허 종자를 파는 사례에서, 우리는 나쁜 네트워크의 예를 보게 된다. 몬산토와 노바티스가 어떤 종자를 한 농부에게 제공할 때, 여기에는 시장도, 판매도, 판매자도, 구매자도 없다. 우리는 아직 이런 방식을 이해하지 못했다. 이것은 사업하는 새로운 방식이다. 노바티스와 몬산토는 농부가 특허 협약을 맺게 한다. 그래서 농부는 한 기간, 즉 작물을 한 번 재배하는 기간에 그 종자 속의 DNA에 대한 지적 재산권에 접근할 수 있다. 네트워크에서 재산은 그것이 지적 재산이든 물리적 재산이든 간에 언제나 생산자 곁에 머무른다는 사실을 기억하자. 여러분은 그것에 접근할 뿐이다. 몬산토와 노바티스는 다시는 종자 하나라도 팔고 싶지 않을 것이다. 그들은 프랑스와 세계의 모든 농부 한 사람 한 사람이 완전히 자기들에게 의존하기를 바라고 종자의 지적 재산 사용에 대한 시간 접근권을 갖기를 바란다. 이것은 엄청난 권력 집중이다.

그래서 여기에 하강 측면이 있다. 이 새로운 기술들을 이용하고, 지구적 차원의 기업 간, 기업 대 개인 간 관계를 만들어낼 수 있는 능력은 네트워크상에서 권력의 집중이 이론상으로나 실제상으로나 시장에서의 권력 집중을 왜소해 보이게 만들 정도가 될 것이라는 사실을 의미한다. 이 네트워크적 권력 집중은 심지어 수직적이면서 수평적으로 조직화되어 있기까지 하다. 우리는 지금 독점 금지를 재고해보아야만 할 것이다. 왜냐하면 우리의 모든 법규는 시장에 맞춰져 있는데, 네트워크는 본래 시장을 파괴하기 때문이다. 게다가 네트워크는 지구적 차원에 있으므로 우리는 지구적 독점 금지 체제를 생각해보아야 할 것이다. 하지만 좋은 네트워크들과 나쁜 네트워크들이 있다. 좋은 네트워크들을 보존하고, 나쁜 네트워크들이 확실히 지배하지 못하게 하기 위해

외과의적인 정확함으로 독점 금지에 대한 입법화를 펼쳐나갈 수 있도록, 우리는 냉철한 정신으로 사태의 복잡 미묘함을 충분히 의식하고 있어야 할 것이다. 21세기에는 이것이 이 새로운 경제 시대의 중대한 정치적 도전들 중 하나가 될 듯하다.

시간은 돈이다

네트워크에는 많은 이득이 있음에도 불구하고 네트워크의 진짜 문제는 우리가 어느 날 깨어났을 때 우리의 친구들과 함께하는 모든 낱낱의 활동이 잠재적으로 상업적인 것이 되어버렸다는 사실을 깨닫게 된다는 점에 있다. 네트워크에서 여러분은 시간에 따른 경험의 흐름을 상품화하고 판매한다는 것을 기억하자. 우리는 우리가 멤버십, 등록, 보유권, 임대, 특허 협약을 통해 경험의 흐름에 대해 지불하고 있는 네트워크들의 연속 속에 끼워 넣어진다. 적어도 시장에서는 한산한 때가 있다. 시장들은 분리되어 있고, 불연속적이며 선형적이기 때문에, 교환 이후에 여러분은 비상업적인 시간을 갖는다. 하지만 여러분이 시간 자체, 24시간 1주일을 상업화하고 있다면, 여러분이 포드 사와 2년 동안 연결되어 있다면, 여러분이 차를 몰든 그렇지 않든 간에 낮이나 밤이나 여러분은 연결되어 있다. 이를 레고 장난감과 여러분이 상상할 수 있는 모든 다른 각각의 것들로 확장시켜본다면, 여러분은 문제를 이해하기 시작할 것이다. 우리가 다른 이들 각자와 맺는 관계 대부분이 사회적이고 상호적이기보다는 상업적이며 계약적이라는 것을 어느 날 문득 깨닫게 될 때, 즉 시간 자체가 궁극적인 상품이 되는 곳에서, 무슨 일이 벌어지겠는가? 우리와 다른 이들의 관계 대부분이 상업적일 때에도 문명은 살아남을 수 있을까? 여러분은 나이든 사람들이니, 한번 따져 보자. 10년 또는 20년 전과 비교해서, 오늘날 여러분의 가족관계는 더 상업적이고 계약적인가? 훨씬 더 나아가 있는 미국으로 가보자. 삶은 더욱더 상업적인 것이 되며 그보다 덜 시민적이고 덜 사회적인 것이 되고 있다. 그래서 유럽인들은 미국에서 돌아와 미국에 대해 두 가지 이야기를 한다. 우선, 모든 사람이 뚱뚱하다. 두번째로, 생활이 비록 짜릿하기는 하지만 너무 상업적이다. 내가 보기에는 프랑스에서의 삶의 질이 더 나은 것 같다. 하지만 나는 미국적인 생활 방식이 유럽으로 오고 있지나 않은지 두렵다.

나는 실리콘밸리와 여기 유럽에서 CEO들에게 개인적으로 자문해주는 와중에 던져왔던 질문 하나를 여러분과 함께 생각해보고 싶다. 내가 그들에게 물어본 것은 자기 가족의 삶의 질이 회사가 도입하고 있는 모든 기술에 직접적으로 비례하여 향상되고 있다고 믿는가였다. 이것은 뻔한 질문 아닌가? 별다른 대답이 나오겠는가? 우리는 역사에서 가장 중대한 기술적·경제적 혁명의 첨단을 달리고 있다. 우리는 모든 노동-절약적·시간-절약적 편의 기술들을 개발하고 있는 중이다. 우리는 최초로 시간을 그 한계까지, 즉 광속으로 조직하기 시작하고 있다. 이것이 제대로 되고 있는가? 비록 내가 빌 게이츠까지 확인하지는 못했지만, 모든 CEO 한 사람 한 사람이 지난 2년 동안 나에게 무엇이라고 말했는지 여러분은 알겠는가? 그들은 아니라고 말한다. 그들의 삶의 질은 악화되고, 스트레스를 받으며, 더 시간이 없어졌다. 이는 우리가 지금 시간을 팔고 있기 때문에, 즉 우리는 이제 시간 자체를 상품화할 정도로 너무 시간을 빼앗기기 때문이다. 그리고 내가 그들에게 여러분은 터널 끝의 빛이 보이냐고 물을 때, 그들은 삶의 질이 더 나빠지고 있다는 것을 알기에 낯빛이 창백해진다.

우리가 기술을 이용하고 있는 방식에는 어떤 잔인한 면이 있다. 여러분은 시간을 절약하기 위해 그리고 편리하기 때문에 전자메일을 이용한다. 하지만 그렇기 때문에 다른 모든 사람도 그렇게 하고 있다. 그러므로 커뮤니케이션의 밀도가 높아진다. 몇 시간만 컴퓨터 앞에 있지 않아도 집에 왔을 때 나를 기다리고 있는 수백 통의 전자메일을 보게 된다. 어떻게 우리가 따라잡겠는가? 광속으로 생활을 조직하는 것은 이제 겨우 시작되었을 뿐이다. 현재 산업은 우리가 이것을 정리하는 일을 도와줄 소프트웨어로 만들어진 지능형 에이전트*를 갖게 되리라고 말한다. 하지만 우리가 피코 단위**나 나노 단위, DNA와 양자 컴퓨터 기술로 옮겨가고 있을 때에는 이것들도 도움이 되지 않는다. 여러분은 편리함 때문에 휴대전화를 이용하고, 모든 다른 이들도 휴대전화를 이용한다. 그래서 여러분은 원하든 원하지 않든 간에 연결되어 있다.

그러므로 잘못은 기술에 있을까? 잘못은 태어나고 있는 이 새로운 경제 시스템에 있을까? 아니면 잘못은 우리에게, 다음과 같은 중대한 질문을 할 수 없는 우리의 무능력에 있을까? 즉, 어떻게 우리는 이 기술혁명을 우리 존재의 대체가 아니라 우리 삶의 증대로 만들 수 있을

---

* (옮긴이 주) 지능형 에이전트intelligent agents. 인터넷상에서 사용자의 개입 없이 주기적으로 정보를 주거나 또는 일부 다른 서비스를 수행하는 프로그램을 가리킨다. 통상 '로봇' 또는 '봇'이라고 줄여 부르기도 한다. 일반적으로 에이전트 프로그램은 사용자가 제공한 매개변수를 사용하여, 인터넷의 전부 또는 일부를 검색하여 사용자가 관심을 가지고 있는 분야의 정보를 수집하고, 이것을 매일 또는 정해진 주기로 제공한다. 단순히 정보를 수집하는 것만이 아니라 정보를 조직하고 해석하는 역할까지 수행한다. (인터넷 위키사전 참조)

** (옮긴이 주) 1조분의 1. 10억분의 1인 나노 단위보다 더 작은 단위이다.

까? 우리는 우리 자신을 기술에 맞추기 위해 돌진하고 있는 중이다. 우리는 아직 뒤로 물러서서 어떻게 우리가 우리 존재의 나머지에 기술을 맞출 수 있을까라고 묻지 않았다. 그리고 우리가 이렇게 하는 한 우리는 더욱더 노예화되고, 더욱더 시간을 빼앗길 것이며, 우리가 찾고 있는 기술로부터의 해방은 머나먼 기억이 될 것이다.

상품으로서의 문화의 위협

이제 더 깊은 변화에 대해 말해야 할 것 같다. 그리고 만약 이를 토론할 만한 곳이 있다면 그곳은 파리의 유네스코 바로 여기이다. 더 깊은 전환은 산업 상업으로부터 문화 상업으로의 이동을 포함한다. 옛 경제는 사라지지 않는다. 그것은 다만 새로운 경제를 위한 상품이자 토대가 될 뿐이다. 농업은 여전히 여기에 있다. 하지만 농업은 이제 상품, 제조업 경제에 본질적인 상품이다. 제조업은 판매 수익을 내는 영역이 되어왔었다. 이제 제조업은 하나의 상품이다. 제3세계는 제조업을 하려고 하고 있다. 하지만 제조업은 서비스 경제의 중요한 토대이다. 서비스 경제는 20세기의 지난 20년 동안 판매 수익을 내는 영역이었다. 이제 이것은 상품이지만, 경험 경제에 중요한 것이다. 인구의 최상위 20퍼센트는 더 이상 다음과 같이 묻지 않는다. 우리는 무엇을 갖고 싶어 하는가? 그들은 이미 가지고 있다. 그들은 묻는다. 우리는 무엇을 경험하고 싶어 하는가?

세계 인구의 최상위 5퍼센트는 이제는 거의 상품들과 서비스에 대해서만큼이나 경험에 대해서도 많은 비용을 치르고 있다. 우리는 판매 수익이 있는 문화 상업으로 간다. 여행과 관광, 테마 공원, 엔터테인먼트 중심 센터, 영화, 텔레비전, 비디오, 컴퓨터, 월드와이드웹, 스포츠, 게임, 요리, 심지어 사회적인 대의들까지도 콘텐츠가 된다. 우리는 우리의 삶을 채우고 있는 이야기들에 대해 지불한다. 하지만 여기에는 메시지가 있다. 만약 이 새로운 자원이 문화적 자원들이라면, 만약 우리가 이 자원을 다 써버릴 경우 일어날 결과는 무엇이겠는가? 문화적 다양성은 생물적 다양성만큼이나 중요하다. 19세기와 20세기에 우리는 종들, 서식지들, 물리적 자원들을 고갈시켰다. 우리는 결국 유전자 풀을 엄청나게 좁히고 지구를 온난화시켰다. 21세기에 AOL-타임-워너와 비벤디스는 콘텐츠를 향해 가고 있다. 그리고 이는 수천 년의 인간 이야기를 채굴하고 개척하고 이용하며 상품화하는 것을 포함한다. 하지만 문화적 다양성은 고갈될 수 있다. 그리고 이런 일이 일어난다면, 우리가 생물적 다양성을 잃어버린 때와 마찬가지의 종말을 맞이하게 된다.

왜 나는 여기에서 이 이야기를 하고 있는가? 물론, 프랑스는 이 문제에서 광산 속의 카나리아이다. 내가 정확히 기억하고 있다면, 몇 년 전 문화가 중요하다고 말하면서, 미국과 큰 싸움을 벌인 것은 유네스코였다. 프랑스인들은 언제나 문화가 중요하다고 말해왔다. 미국은 비웃었으며, 위협했고, 다른 나라들은 여러분이 틀렸다고 말했다. 그래서 프랑스는 문화와 상업의 문제에서 세계 공동체로부터 고립되었다. 그렇지만 프랑스가 옳았다고 여러분들에게 말하고 싶다. 프랑스는 이 논쟁에서 서툴렀을 수 있지만, 그래도 옳았다.

21세기의 가장 커다란 투쟁은 문화와 상업 사이의 투쟁이다. 만약 상업적인 격투장이 우리의 전체 이야기를 파괴하여 상업적인 감상품으로 만들어버린다면 어떻게 되겠는가? 문화를 완전히 상업적 격투장 속으로 집어넣을 때에도 문명이 살아남을 수 있는가? 지금 어떤 사람들은 예라고 대답한다. 그리고 여기에서 나는 '제3의 길 정치'와 의견을 달리한다. 제3의 길 정치는 계몽으로 시작된 고귀한 전통의 일부이다. 만약 여러분이 돌아가서 프랑스와 영국의 계몽 철학자들을 읽는다면, 만약 여러분이 돌아가서 로크, 뉴턴, 콩도르세, 데카르트를 읽는다면, 이 철학자들은 물질적 조건이 우선이며, 물질적 조건이 고급문화, 문화적 환경을 위한 기초들을 놓으며, 이것들은 물질적 조건으로부터 형성된다고 믿었다〔는 것을 알게 될 것이다〕. 만약 여러분이 애덤 스미스, 리카르도, 카를 마르크스와 엥겔스를 다시 읽는다면, 그들은 모두 다음과 같은 점에 동의했으며, 이 점은 그들이 동의한 유일한 사실이라는 점을 알게 될 것이다. 즉 바로 물질적 조건이 인간의 삶이 기초할 수 있는 1차적인 토대이다. 문화는 2차적인 것이다. 하지만 프랑스는 결코 계몽주의 전통을 받아들이지도 않았고, 비록 엘리트들은 받아들였지만,〔실제로〕대부분의 유럽 대륙 또한 이를 받아들이지 않았다.

클린턴 대통령과 블레어 씨는 만약 여러분이 제3의 길 정치를 통해 건전한 세계 경제를 창조해낸다면, 그다음에는 문화와 사회를 위한 건전한 조건들을 창조해낼 것이라고 믿는다. 만약 우리가 단지 세계 무역을 하고 상업적 관계들을 맺을 수만 있다면, 모든 다른 것이 뒤따라올 것이다. 그들은 역사적 인간학을 잘못 알고 있다. 사실 상업은 하나의 파생물이고〔문화의〕수혜자인데도, 그들은 상업이 문화의 창시자라고 믿는다. 사실은 문화가 상업과 정부가 의존해 있는 수원인데도, 그들은 상업이 1차적 제도라고 믿는다. 여러분은 사람들이 처음으로 상업적 관계들을 맺고 그 뒤에 하나의 문화를 창조한 역사적 사례를 알고 있는가? 여러분은 사람들이 먼저 정부를 만들고 그 뒤에 문화를 세운 역사적 사례를 하나라도 알고 있는가? 우리는 애덤 스미스와 카를 마르크스, 그리고 제3의 길 정치를 통한 계몽주의 때문에 잘못 알고 있다. 상업은 창조자가 아니라 수혜자이다. 하지만 수혜자가 시혜자를 식민화할 때에는 어떻게 되는가? 문명은 그 공격에서 살아남을 수 있는가?

사이버 공간과 세계화의 강력한 출현에 저항하는 방법들이 있다. 바로 지리적 공간과 지역성, 문화적 다양성, 그리고 문화가 가져오는 모든 것을 활용하는 것이다. 그러면 문화란 무엇인가? 문화는 우리가 이 방에서 맺고 있는 비상업적이고 비정부적인, 형식적이거나 비형식적인 모든 연대이다. 문화는 제3부문보다 훨씬 더 크다. 문화는 교회, 세속적인 것, 우애, 스포츠, 예술, 시민적인 것, 재미, 놀이들이다. 문화는 우리가 놀이에 빠져 있는 영역이다. 그래서 프랑스인들은 실제로 다른 누구보다도 놀이에 몰두하는 것에 대해 많이 말해왔다. 우리는 여기에서 내적인 가치를 만들어냈다. 경제는 우리가 일에 빠져 있는 영역이다. 우리는 여기에서 사용 가치를 만들어냈다. 실제 세계에서 우리는 둘 다 하면서, 놀이에 깊이 빠지고 또 일에 깊이 빠지면서 살아간다. 우리는 근대에 이 모두를 망쳐버렸다. 놀이에 몰두하는 것은 언제나 사람들의 삶에서 더 근본적인 것이며, 일은 언제나 우리가 놀이하기 위해서 살아남을 수 있도록 해주는 어떤 것이었다. 우리는 일이 1차적이고 놀이는 여러분이 할 일들 사이에 하는 것이라고 말하면서, 이런 관계를 19세기와 20세기에 걸쳐 완전히 반대로 바꾸어놓았다.

그래서 만약 문화가 상업보다 앞서고, 세계화, 사이버 공간, 콘텐츠에 대한 해독제가 지리적 공간성, 지역성, 문화적 다양성이라면, 투쟁은 어디로 향하는가? 내가 아는 시애틀, 워싱턴, 프라하, 다보스의 길거리의 모든 젊은이는 새로운 기술들을 사용한다. 그리고 내가 아는 젊은이들 중에서 이 유행에 동조하지 않는 사람은 없다. 이 젊은이들은 그저 그들의 정체성이 그러는 동안 휩쓸려버리기를 원치 않을 뿐이다. 우리가 이 기술혁명에서 가장 좋은 것을 가질 수 있기 위해서, 그리고 경제 시스템의 수원, 즉 문화를 잃어버리지 않고서 새로운 경제 시스템을 만들어낼 수 있기 위해서, 어떻게 문화와 상업 간의, 놀이와 일 간의, 내적 가치와 사용 가치 간의 아리스토텔레스적인 지적 균형을 만들어낼 것인가?

나의 희망은 여기 유럽에 있다. 더 정확하게, 내 희망은 유럽 대륙, 특히 여기 프랑스, 이탈리아에 있으며, 내가 바라는 대로 만약 독일이 자신의 문화적 과거를 되찾고 그 어두운 면뿐 아니라 밝은 면도 볼 수 있다면 독일에도 있다. 여기 유럽 대륙에서 여러분은 여전히 문화가 상업에 앞선다고 믿고 있다. 만약 여러분이 프랑스에서 어느 날 일어났는데 문화 전체, 모든 제도와 연대가 사라졌다면, 프랑스는 얼마나 오래 살아남겠는가? 하지만 만약 여러분이 프랑스에서 내일 일어났는데 전체 경제가 붕괴되어 있다면, 여러분의 정부 전체가 붕괴되어 있지만 여러분의 문화적 가치들, 제도들, 관계들은 남아 있다면, 여러분은 재건할 수 있다. 이런 식으로 여러분은 문화가 상업에 앞선다고 생각하고 있다.

그런데 여러분은 우리 사업가 공동체가 이를 어떻게 깨달았는지 알고 있는가? 소련이 붕괴되고, 베를린 장벽이 무너졌을 때, 나와 함께 일하고 있는 사업가들 중 많은 사람이 점포를 세우려고 중유럽, 동유럽, 러시아로 달려갔다. 그들은 실패했다. 공산주의자들이 문화 부문에서의 빈약한 잔존물들마저 제거해버렸기 때문에, 예측할 수 있을 만한 상업적 관계들을 세우기에는 남아 있는 사회적 자본이 충분치 않았다. 헝가리, 체코슬로바키아, 폴란드는 예외였다. 여기에서는 문화 부문이 어두운 시절 동안 살아 있었기 때문이다. 문화를 세우는 데에는 여러 세대가 걸린다.

우리가 세계화와 문화 둘 다를 가질 수 있기 위해서는, 세계화에 대항하는 힘이 있어야만 한다. 이 대항하는 힘은 공동체 속에 있다. 하지만 이 대항하는 힘을 낳게 될 힘은 무엇인가? 정부들은 권한이 줄어들고 있기에, 지역 공동체에 덜 관여하고 있다. 정부가 한층 덜 관여함으로써 생겨난 이 공백을 누가 메울 것인가? 기업들은 한층 더 세계적이고 한층 덜 지역적이다. 그들은 사이버 공간에서 활동하면서, 지역 공동체에는 한층 덜 관여한다. 누가 이 공백을 메울 것인가? 지역성, 공동체, 문화적 조건 짓기를 다시 세우는 데서 서로 경쟁하고 있는 세 가지 힘이 있다. 우선 제4부문, 즉 비공식 경제, 암시장, 조직범죄가 있다. 제3부문인 문화가 제거되었기 때문에, 그 결과 중유럽과 동유럽, 그리고 러시아에서는 조직범죄가 맹위를 떨치고 있다. 그다음으로 공동체를 다시 세우기 위해 각각의 공동체 내에서 벌어지는 근본주의적 조직화들과 시민사회적 조직화들 간의 싸움이 있다. 이 두 조직화는 모두 지역성을 신뢰하고, 문화를 신뢰한다. 하지만 근본주의자 집단들, 우익 파시스트 집단들, 윤리적 청결주의 집단들, 종교적 근본주의자 집단들은 단 하나의 중요한 문화는 자기들의 문화이고 그 밖의 모든 문화는 경계선 너머의 적이라고 믿는다. 여러분이 여러분의 가정을 통해 속해 있는 시민사회는 지역 문화와 지리적 공간성을 믿지만, 또한 세계적 경험을 형성하는 다양한 문화적 전통들에 대한 존중〔의 중요성] 또한 믿고 있다. 우리는 문화를 소유물처럼 보호하고 방어해야 할 어떤 것으로 보지 않고, 함께 나누고, 세우고, 창조해야 하는 하나의 선물로 본다. 문화는 하나의 모자이크이다. 그것은 우리가 융합시키고, 함께 나누고, 창조하는 어떤 것이다. 그렇게 하지 않는다면 문화는 죽게 된다.

그래서 이런 이유로 내 희망은 여기 유럽에 있다. 나는 여러분의 문화적 정체성이 여러분의 상업적 정체성에 앞선다고 믿지 않는 프랑스인을 한 사람도 만난 적이 없다. 여러분은 상업이 여러분의 삶에 필수적인 것이라고 믿지만, 그리고 프랑스에는 대단한 사업가들이 있지만, 여러분이 누구인지를 정의하기에는 상업만으로 충분하다고 믿고 있지는 않다. 이것이 여러분의 자산이다.

여러분들에게 알려줄 뉴스가 있다. 내년 또는 그즈음에, 유럽연합은 제2차 세계대전 이후 처음으로 미국을 제치게 될 것이다. 우리는 이에 대해 어떻게 응답해야 할지조차 생각해보지 않았다. 〔신문·잡지의〕 경제 면에서 우리는 이제 다음과 같이 말하기 시작한다. "맙소사, 유럽연합이 내년에는 전 세계 제1의 경제력이 되겠는걸." 이 사실은 아직 일반 언론에는 퍼지지 않았다. 하지만 그것이, 여러분의 새로운 경제력 덕분에 유럽은 또한 지적이고 이데올로기적인 힘마저 가질 것이라는 뜻인가? 나는, 여기 유럽의 여러분들이 하나의 중대한 논쟁을 이끌어가는 데에 도움을 줄 수 있으리라고 기대한다. 아마도 여러분들은, 미국과 세계의 다른 나라들이 어떻게 우리가 문화와 상업 사이에, 놀이에 몰두하는 것과 일에 몰두하는 것 사이에, 내적 가치와 사용 가치 사이에 섬세한 균형을 유지할 수 있을지에 관한 논쟁 속으로 들어가도록 잘 이끌 수 있을 것이다. 그리고 여러분이 용기, 확신, 의지를 갖고 지적인 결단을 내려 다음과 같은 어려운 질문들을 묻기 시작하기를 바란다. 어떻게 세계화와 문화적 다양성의 풍부함 사이에서 이런 균형을 유지할 수 있는가? 우리가 공동체를 다시 강화시켜서 개방적이고 다양하며 다원적이고 모자이크적인 공동체로 만들도록 어떻게 도울 수 있겠는가? 만약 여러분이 이런 질문들을 던지기 시작한다면, 그때 우리는 두번째 르네상스, 즉 우리 아이들 세대에게 값진 유산을 물려주기 위한 전진 도약을 향해 이 기술혁명, 이 새로운 경제 시스템을 이용하려고 노력하게 될 것이다.

문화는 위협받고 있는가?

미셸 세르

'새로운' 기술들은 우리가 일반적으로 생각하는 것보다 더 오래된 것이다.* 영어에서 온 이 기술technologie이라는 낱말로는 구분하지 못하는 두 가지 종류의 기술이 있다. 호두까개에서부터 원자폭탄에 이르는, 인간 종의 차원에서 이용하는 방편들techniques, 즉 도구들의 총체가 있고, 고유하게 정보적인 본성을 가진 방편들이 있는데, 프랑스어에는 이 후자에 대한 어떤 낱말도 없다. 하지만 영어 낱말 **기술**technology은 이 두 관념을 모두 포괄하는데, 이로 인해 '단단한' 기술로부터 오늘날 우리를 둘러싸고 있는 '부드러운' 기술로의 이행은 어떤 직선적 발전이라는 환상을 갖게 된다. 〔그러나〕 그런 직선적 발전은 없다.

부드러운 기술들은 인간 역사와 함께했다. 이 기술들은 인간 진화 과정에서 결정적이기까지 했다. 예를 들어 문자의 발명은 정보 에너지

---

* 이 글은 2001년 3월 9일 '21세기의 대화'의 17번째 회기에 유네스코에서 발표되었고, 2001년 9월 『르 몽드 디플로마티크 *Le Monde diplomatique*』지에 부분적으로 실렸다.

또는 '부드러운 에너지'와 관련되는 하나의 방편이다. 그리고 인쇄기의 발명은 그와 관련되는 또 다른 방편이다. 그러므로 부드러운 기술들이 '부드러운 것'을 이용하고 단단한 기술들이 '단단한 것'을 이용했다는 것은 놀라운 일이 아니다.

제레미 리프킨이 일깨워주었듯이, 전통 경제에서 단단한 에너지와 관련되는 기술들은 단단한 에너지를 이용한다. 하지만 부드러운 기술들은 이미 존재하고 있었고 "접근의 시대"를 발견해냈다. 우리는 우리가 익숙하게 말하는 언어를 글로도 쓸 줄 알지만, 전 세계의 수천 개 언어 중에서 950개 이상이 여전히 단지 구어적 전달 방식을 통해서만 존재한다는 것을 잊지 말자. 이 언어들을 말하는 사람들은 문자에 접근하지 못한 사람들이다. 다른 한편, 인쇄기를 발명했을 때부터 독서, 문자, 도서관에 대한 접근은 이미 부드러운 에너지와 관련되어 있었다. 그러므로 단단한 기술들로부터 부드러운 기술들을 향하여 나아가는 역사의 직선적인 발전은 없다. 차라리 어떤 이중적인 역사가 있다. 즉 한편으로는 부드러운 에너지들의 역사가, 다른 한편으로는 단단한 에너지들의 역사가 있다.

성직 매매의 죄악

부드러운 것을 이용하는 부드러운 기술들, 즉 문화는 완전히 상승 기세이다. 그런데 유럽 전통에서, 사람들은 교회법적 개념의 관점에서 문화의 상품화를 성직 매매의 죄악péché de simonie〔시몬의 죄악〕으로 생각한다. 이 관념은 성물이나 증성물을 팔았던 시몬 마구스에 관한

『사도행전』의 텍스트로부터 온 것이다. 이렇게 해서 교양인들은 문화를 팔던 자를 '시몬 같은 자'로 간주하는 습관을 가지고 있었다. 오랫동안, 이런 시몬 이데올로기는 우리를 문화적인 것의 상품화로부터 보호했다. 그럼에도 불구하고 나는 최근에 내 의지에 반해 텔레비전 광고의 필요에 따라 이용된 나의 이미지를 보면서 이런 보호의 느낌이 단지 하나의 환상이었다는 것을 별안간 깨달았다. 내 신념과 반대되는 이 행위는 바로 성직 매매의 죄에 해당할 만한 것이었다!

현재의 거대한 변화 속에서, 우리는 우리가 얻는 것과 잃는 것을 정확하게 평가하는 데 집중해야 한다. 우리는 문화를 잃어버릴 위험에 처해 있는가? 두 가지 예를 들어보자.

여러 세대에 걸쳐서, 우리의 기억력은 약화되고 있다. 왜냐하면 문자 전통을 위해 구어 전통을 버리게 되면서, 우리는 이 인식 능력을 점점 더 드물게 사용하기 때문이다. 이렇게 해서 사람들이 믿고 있는 것과는 반대로, 구어 전통은 문자 전통보다 더 딱딱한 것일 수 있다. 우리의 문화에서 기억력은 주관적인 것, 각 개인에게 속해 있는 어떤 '영혼의 능력'으로 생각된다. 아무도 인간 신체에서 기억력의 위치를 알아내지 못했다. 내가 제안하는 시각은 이와 다르다. 이 시각에 따르면, 문자가 발명된 때부터 기억력은 어떤 부담으로부터 벗어났으며, 문자 기록은 하나의 객관적인 대상이 되었다. 예를 들어 인쇄기 발명 이전에는 호메로스나 플루타르코스를 알고 싶은 교양인은 그들의 텍스트들을 외워야만 했다. 인쇄기는 이런 필요성을 없애버렸고, 따라서 기억력의 짐을 덜어주었다.

이런 사정을 고려할 때 몽테뉴의 표현은 의미심장하다. "아주 꽉 차 있는 머리보다는 아주 잘 만들어진 머리가 낫다." 문자는 발명되었고,

우리는 기억력을 잃어버렸다. 우리는 기억이 주관적이고 인식적인 것이라고 믿고 있지만, 사실 기억은 집단적이고 객관적인 것이 되었다. 이런 과정이 인간 진화 과정의 항상적인 여건이다. 그러므로 잃어버릴 것을 두려워해서는 안 된다. 기억해야 한다는 과도한 강요의 부담을 덜어내면서 우리는 무언가를 얻기 때문이며, 이렇게 잘 만들어진 머리는 더 창의적인, 새로운 활동들에 전념할 수 있기 때문이다. 새로운 기술들은 세계에 존재하는 모든 기억을 우리가 마음대로 이용할 수 있게 해준다.

역사가 앙드레 르루아-구랑André Leroi-Gourhan은 이런 식으로 인간 진화 과정을 기술했다. 인간이 일어나서 돌아다니기 시작했을 때, 그의 앞다리들은 그때까지 맡고 있었던 이동 기능으로부터 해방되었다. 이제 손은 잡기 능력을 발전시킬 수 있었고, 인간은 **호모파베르**가 되었다. 손이 이런 잡기 능력을 획득하자, 그때까지 잡기 기능을 하고 있었던 입은 그 기능을 잃어버렸다. 이제 입은 말할 수 있게 되었다……그런데 만약 사람들이 이 과정에서 말의 획득과 이동 기능의 상실을 비교해본다면, 획득한 것이 잃어버린 것을 크게 넘어선다는 점은 의심할 여지가 없다. 이런 과정이 다시 일어나고 있는 것인가?

이 진화에서, 변화하는 것은 인식적 측면에서의 인간 주체 그 자신이다. 하지만 부드러운 기술들이 진화함에 따라 인간은 언제나 변화해왔다. 이는 특히 과학 영역에서 타당한 얘기이다. 아마도 모두들 고등학교에서 실험해본 기억이 있을 것이다. 제시된 대로 실시하여 측정하고 그다음 이를 하나의 그래프로 나타내고, 이렇게 해서 하나의 법칙을 도출하게 해주는 그런 실험 말이다. 이런 식으로 매우 적은 실험과 자료들을 통해 거대한 결과들에 이를 수 있었다. 뉴턴이 만유인력의 법칙을 발견했던 것도 똑같이 매우 적은 수의 자료와 실험을 통해서였다.

오늘날 기술들을 통해 우리는 자동으로 그리고 실시간으로 관찰하고 이 관찰들을 측정하며, 그다음에는 용량의 한계 없이 이 자료들을 기록하고 있다. 거의 2만여 대의 기계를 연결해서 그 자료들을 다룰 수 있도록 하기 위해 전 세계의 컴퓨터 사용자들에게 호소하자는 기획이 있을 정도이다. 그러므로 우리는 또한 과학적 패러다임도 바꾸고 있다. 현재 과학은 몇십 년 전까지는 아직 존재하고 있었던 것과는 더 이상 아무런 상관이 없다.

'문화'라는 말의 세 가지 의미

본래 '문화'란 말은 키케로가 만들어낸 것이다. 그에게 "철학은 영혼의 문화이다." 따라서 문화에 대한 이 첫번째 정의는 어떤 인문주의적 시각 속에 들어가 있는데, 16세기 철학자들은 '교양인'의 전통을 낳으면서, 이런 시각을 자신들의 관점에서 재수용했다. 문화의 두번째 의미는 독일적인 것이다. 이 말은 칸트가 처음으로 사용했고, 그 뒤에 문화투쟁Kulturkampf*을 통해 다시 수용되었는데, 인간사회 속에서 획득된 과정들 총체를 가리킨다. 이런 점에서, 내 어린 시절 농부들의 추잡한 문화는 '가스코뉴 문화'의 일부를 이루었다. 그렇지만 이 문화는 오페라의 무희들과는 공통점이 거의 없었다. 오페라의 무희들은 차라리

---

* '문화를 위한 투쟁.' 이는 비스마르크가 가톨릭교회에 맞서서 이끈 1870~1885년 사이의 투쟁을 가리키는 명칭이다.

문화의 첫번째 정의 속에 포함된다. 나에게 문화는 추잡한 것에서 오페라로 향하는, 또 그 반대로 향하는 이러한 길이다. 그러므로 이 정의에서, 남다른 예술적 취향을 가지고 있지만 문화란 말의 인류학적 의미에서 문화적인 어떤 것도 알지 못하는 인간은 교양 있는 사람*이 아니다. 예술적인 어떤 것도 이해하지 못하는 인류학자가 교양 없는 것과 마찬가지로 말이다.

더 최근의 것인 세번째 정의는 '세계화할 수 있는' 상품으로서의 문화라는 정의이다. 기업들은 이미 인간 경험과 관련되는 문화적 대상을 상업화하면서 얻는 막대한 이익을 깨닫고 있다. 영화「타이타닉」은 바다에 대한 보편적인 경험과 관련 있다.「버티칼 리미트」는 우리들 각자가 경험할 수 있었던 산에 대한 보편적 경험과 관련 있다. 비록 실제로는 극화, 즉 전면에 내세운 경험의 시각적 모사가 관건이라고 할지라도 말이다.

오늘날 사람들은 이런 전 지구적이고 세계화된 상업적 문화와, 문화란 말의 인류학적 의미에서의 지역적인 문화 사이에 벌어지고 있는 싸움에 대해 말한다. 세계화된 문화의 침략에 저항하기 위해 국경을 닫는 것은 가장 어리석은 방식으로 문제를 제기하는 것이리라. 사태를 이렇게 바라본다면, 우리의 운명은 디즈니랜드와 아야톨라** 사이의 양자택일이 되어버릴 것이기 때문이다.

---

* (옮긴이 주) 여기에서 '교양 있는'에 해당하는 프랑스어 낱말은 cultivé이다. 이 말은 '문화'를 가리키는 프랑스어 단어 culture와 동족어이다.
** (옮긴이 주) 아야톨라Ayatollah. 이란의 시아파에서 신앙이나 학식이 깊은 인물을 가리키는 말이다.

문화적 공간

어떻게 사람들은 하나의 문화를 획득하는가? 우선 인류학적 의미에서, 즉 우리가 태어난 장소, 우리 부모의 언어, 몇몇의 태도들, 습관들, 우리가 물려받은 관습들[을 습득함으로써이다]. 하지만 분명 이것만으로는 교양 있는 사람을 만들기에 충분치 않다. 문화는 폐쇄되자마자 질식해서 죽기 때문이다. 문화는 어떤 한 지점에서 출발하여 한 걸음 한 걸음씩 이웃에서 이웃으로 나아가며, 어떤 여행 속으로 우리를 이끌어가는 길의 발명이다. 이 여행 속에서 우리는 이웃한 하나의 문화를 발견하게 되고, 그리고 이어서 그것과는 조금 다른 문화를 발견할 수 있게 된다.

한 문화에서 다른 문화로 나아가는 이 길은 장애물로 뒤덮여 있으며, 타인을 만나기는 어렵다. 타인을 만난다고 하더라도, 이 타인은 우리가 생각했던 사람이 아니기 일쑤이다. 또한 사람들이 생각하는 것처럼 우리가 항상 다른 사람의 언어, 관습, 믿음에 쉽게 다가갈 수 있는 것도 아니다. 그렇지만 우리는 이 여정에서 우리에게 낯선 풍습들에 매력을 느끼고 그런 풍습들을 발견할 수 있다. 무엇이 브라질의 수공예품보다 더 아름답겠는가? 또는 어떤 관점에서 볼 때, 무엇이 일본 문화의 섬세함보다 더 특이하겠는가? 문화에는 국경이 없다. 문화는 스펀지와 같다. 17세기 때만큼이나 프랑스가 프랑스적인 때는 없었는데, 이때 몰리에르는 주로 이탈리아적인 것에서 영감을 받았고, 코르네유는 스페인적인 것에서 영감을 얻었었다.

지역적인 것과 전 지구적인 것 사이에, 즉 인간사회에서 획득된 과정들의 총체를 가리키는 문화와 상품화된 문화 사이에 선포된 전쟁은 문화적 공간이란 무엇인가에 대한 매우 깊은 몰이해를 보여준다. 문화적 공간은 작은 알갱이들로 이루어져 있다. 그것은 복잡하고, 사람들 각자마다 다 다르다. 그리고 그것은 통로들, 장애물들, 얕은 시냇물들, 고개들, 넘을 수 없는 산들 따위로 이루어져 있다. 특히, 우리들 각자는 여기에서 자신만의 독창적이고 유일무이한 길을 만들고, 우리들 각자의 문화적 독특성을 표현하는 자신만의 독창적인 지도를 그려낸다. 이 지역적인 문화들은 어떤 위협도 받지 않는다. 인터넷도 마찬가지이다. 왜냐하면 인터넷 또한 알갱이로 이루어진 공간이기 때문이다. 문화는 어떤 전 지구적인 공간이 아니다.

사실, 이 커뮤니케이션 수단들이 보편적인 것으로 간주되며 이를 통해 우리가 지구상의 어떤 장소와도 직접 연결될 수 있다고 해도, 이 수단들을 사용하는 관습들은 놀랍게도 지역적이다! 그래서 사람들이 생각하는 것과는 반대로, 휴대전화는 가족이 더 밀접하게 공동체적인 유대관계를 맺도록 만들었다. 물론 이 수단들은 또한 전 지구적 차원에서 사용된다. 하지만 바로 이런 휴대전화나 인터넷 같은 도구들의 지역적 사용과 전 지구적 사용의 조합이 문화적 공간만큼이나 스펀지 같고 구멍이 많은, 장애물과 통로들이 흩뿌려져 있는 공간을 만들어내는 것이다.

어떤 면에서 '참된' 문화는 위험에 처해 있지 않다. 그렇지만 내가 제레미 리프킨에 동의하는 한 가지가 있다. 실제로 마르크스가 생각했던 것과는 반대로, 문화가 하부구조이다. 석탄과 강철의 유럽은 유럽을 세우기에 충분하지 않았는데, 왜냐하면 경제는 하부구조가 아니기 때문이다. 중세 시대 이후로 유럽적인 문화가 있다는 것은 사실이다.

만약 그 시기에 문화가 하부구조라는 것을 사람들이 받아들였다면, 유럽 대학을 만들고, 젊은이들의 교류와 교육 프로그램들을 통한 하나의 공통 문화 건설을 장려하는 것만으로도 [유럽을 세우기에] 충분했을 것이다. 유럽에서 사람들은 스위스처럼 네 가지 언어로 말했을 것이고, 유럽은 완성되었을 것이다!

하지만 만약 우리가 문화를 진정으로 정의하고자 한다면, 내가 보기에 문화는 두 가지 것을 가리킨다. 한편으로 문화는 문화 변동, 즉 이웃에서 이웃으로 나아가면서 타자를 만나게 해줄 '여행'으로 특징지어진다. 다른 한편 문화는 개인이 "아니야, 나는 이 문화에 속하지 않아"라고 결정할 때와 같은, 그런 개인의 독특한 결정에 기초해 있다. 우리는 인식 주체, 객관적 과학, 집단적 문화에서 상당한 변형을 겪고 있다. 내가 열여덟 살이 아니라는 사실을 정말로 후회하게 만드는 것은 바로 이런 변형이다.

우리는 한 가지 형태의 문화적 세계화를 향해 가고 있는가, 아니면 여러 형태의 문화적 세계화를 향해 가고 있는가? 어떻게 문화적 다양성을 보존할 것인가?

세계화는 필연적으로 서양 중심적인 문화 모델을 강요하게 될 것인가? 이 모델에서 다원적인 정체성들은 포개질 수 있는가? 의미의 추구는 점점 더 개인적인 수준에서 이루어지지 않는가?

이란의 정체성에 관한 예를 참조하면서, 다뤼쉬 샤예간은 문화적 근대성을 반성적인 동시에 탈주술화되어 있는, 누적적이며 다원적인 정체성으로 정의한다. 이 정체성은 다른 유형들의 정체성에 대립되지 않고, 필수적인 보편적 필터 역할을 하며 '길들여진 분열증'의 길을 열어놓을 수 있을 것이다. 이런 의미에서 우리는 모두 서양인이다.

알랭 투렌은 또 다른 사실을 확인하면서 논의를 전개한다. 이에 따르면, 편재하는 도구적 세계와 이제부터 탈사회화되는 자기의식에 대한 탐구 사이에서 단절이 점점 커져가고 있다. 즉, 내용 없는 세계와 사람들이 성급하게 '문화'라고 부르는 개인적 경험의 무수한 조각들 사이의 단절이 커져가고 있는 것이다. 그는 총체성에 대한 향수를 느끼는 자들과도, 포스트모던적 파열을 중심으로 자신들의 담론을 구성하는 순수 운동의 변호자들과도 거리를 두면서, 권력의 사회적 세계에 맞서 권리들의 새로운 개인주의라는 관념을 옹호한다.

어떤 '길들여진 분열증'?

다뤼쉬 샤예간

세계화—하나의 새로운 문화

'정체성'이란 말 뒤에 숨어 있는 것이 무엇인지 알기는 어렵다. 한때 민족적·국가적·종교적 정체성들은 각각 자신의 고유한 역사를 가진 문화들 속에 뿌리내리고 있었다. 오늘날 우리가 살고 있는 세계는 18세기 마르코 폴로가 실크로드를 따라서 아시아를 가로질렀을 때 발견했던 세계와는 아무런 공통점이 없다. 그때 세계들은 서로 달랐다. 이슬람 문화, 인도 문화, 중국 문화는 민족 중심적이었고 외부와 단절한 채 살아가고 있었다. 근대성과 함께 이런 문화적 민족 중심주의는 파열되었다. 오늘날 이런 자기 동일적 정체성의 문화들은 '아직 아닌 것'과 '더 이상 아닌 것' 사이에 위치한다. 즉 아직은 근대적이지 않지만 더 이상 전통적이지도 않은 것이다. 이제부터 이 둘 사이에서 살아가는 이런 정체성들은 완전히 파열되어 있다.

278

따라서 새뮤얼 헌팅턴이 말한 "문화들의 전쟁"은 역설적인 것이다. 보편적 문화가 하나의 패러다임, 하나의 지배적인 **에피스테메**를 구성한다. 모든 다른 문화, 모든 다른 실존적 영역은 근대성의 내부에서 존재 환경을 창조한다. 이것들의 인간학적 내용(공생, 공감적인 소통관계들, 인정 등등)은 여전히 매우 풍부하다. 이 옛 문화들의 발자취들은 '거울 저편'으로 열려 있는 일종의 창이다. 우리 시대에 이런 문화들의 존속은 모든 거대한 존재론이 파열해버린 만큼 더욱 흥미롭다.

세계화는 세계 속에 편재하는 전 지구적 문화를 가리킨다. 세계에 대한 이 새로운 시각의 전제들이 무엇이든 간에, 세계화는 언제나 목적들에 무관심한 채로 있다. 상대적으로 창백한 이 세계적 문화는 오로지 경제적 기준들으로만 환원된다. 이렇게 하면서, 세계화는 언제나 기능적인 것으로 남아 있다. 비록 단지 법, 제도, **인신보호영장*** 등등의 수준에서만일지라도 말이다. 그것은 어떤 보편적 가치들, 우리 개개인의 문화가 무엇이든 간에 받아들여야만 하는 어떤 보편적 가치들을 실어 나른다. 이 탈주술화된 시각은 일종의 포괄 작용을 하는 시멘트이다. 이것은 어떤 자기장을 던져주며, 이 안에서 모든 다른 담론들(종교적 담론, 정체성 담론, 민족주의적 담론 등등)은 정면으로 충돌하거나 민족 간의 분쟁으로 변질되지 않으면서 공존할 수 있게 된다.

그러므로 이 담론은 필터 역할을 한다. 이 담론은 가장 폭력적인 것들의 폭발뇌관을 제거하고 그것들을 '탈(脫)이데올로기화한다.' 이 담론의 작동 규칙들은 매우 중요하다. 이 규칙들을 거부한다면, 우리는

---

* (옮긴이 주) 인신보호영장 *habeas corpus*. 타인의 신체를 구속하는 사람에 대하여 피구금자의 신병을 법원에 제출하도록 명한 영장을 말한다. 위법한 신체 구속에 대한 인신의 자유 확보를 위한 제도이다.

끝없는 민족 간 전쟁에 빠지게 될 것인데, 왜냐하면 모든 문화는 본질적으로 민족 중심주의적이기 때문이다. 이런 이유로, 우리가 양가적인 세계에서 살아가고 있는 만큼 더욱더 보편적인 담론이 필요하다. 넘쳐나는 다양한 종파들 속에서 우리는 어떤 새로운 초월에 대한 현기증 나는 추구를 목격한다. 동시에 무거운 속박으로 인해 광기, 소비주의, 소아병적 사고방식이 활개를 친다.

이렇게 해서 우리는 사막과 같은 실존의 공허함 곁에서 절대자에 대한 필사적인 추구를 목격하게 된다. 우리는 대중매체가 생산하는 우민화 곁에서 가상현실화를 통해 준비되고 있는 돌연변이 현상*을 확인하게 된다. 이 근본적인 현상은 우리가 세계 속에서 존재하는 방식을 전체적으로 바꾸어놓을 것이다. 그러므로 탈주술화와 병행하여, 일종의 기술적 애니미즘으로 인한 세계의 재주술화가 나타날 것이다. 우리는 사람들이 종종 **포스트적인 것**posty(포스트 세계화주의, 포스트 페미니즘, 포스트 식민주의 등등)이라고 부르는 국면으로 들어섰다.

그렇지만 우리는 이 지점에서 역설에 이른다. 영혼의 모든 풍요로움은 이성의 명령들에 따르는 시민사회에서만 얻어질 수 있다. 정신적인 존재가 되기 위해서는 세속화된 환경 속에서 살아야만 한다. 칸트가 자신의 『비판』에서 말했듯이, 우리를 위협하는 두 개의 재앙은 "성스러운 것의 성스러움과 권력의 권능"이다.

---

* (옮긴이 주) 원어는 hétérogenèse이다. 이 말은 돌연변이 현상을 가리키지만, 말 그대로는 '이질적 발생'이라는 뜻이기도 하다.

상호 연결성

우리는 파열된 존재론의 세계에서 살아가고 있다. 이 세계에는 더 이상 절대적인 진리, 특히 이성의 진리는 존재하지 않는다. 형이상학의 종말을 선언하는 니체와 하이데거의 근대성 비판은 이탈리아 철학자 바티모의 '약한 존재론'에 이르게 되는데, 여기에서 성스러운 것의 강력한 구조들은 해체되어버렸다. 이런 파열의 귀결은 넓은 의미에서 어떤 상호 연결성이다. 무수한 저자가 이 관념에 이르렀다. 에두아르 글리상Édouard Glissant은 '관계적 사유'를 통해, 질 들뢰즈는 '리좀적 관계'를 통해 이 관념에 도달했다. 이런 상호 연결성은 실재의 모든 수준에 반영된다. 문화들 속에서 상호 연결성은 리좀적 관계들을 전면에 내세운다. 이 관계들은 일종의 모자이크들의 형상화를 통해 이루어지는데, 이런 모자이크적 형상화에서 모든 문화는 틈이 있는 혼합지대들을 만들어내면서, 서로서로 기와 모양으로 포개어진 채 늘어서 있다. 인식의 수준에서, 상호 연결성은 각자가 세계를 자신들의 주관적인 가치들에 따라 번역해내는 해석들의 부채꼴로 나타난다. 이로부터 해석들의 투쟁이 생겨나는데, 이것들은 자기들 고유한 영역에서는 모두 나름의 가치를 가지고 있다. 옛 존재론들을 정초하는 거대한 형이상학적 진리들이 탈가치화됨에 따라, 각각의 해석은 이제부터 그들이 이해하는 대로 세계를 해석할 수 있는 권한을 부여받는다. 정체성들의 수준에서, 이런 상호 연결성은 아를캥*의 현상을 통해 표현된다. 유일한 하

---

* (옮긴이 주) 아를캥Arlequin. 16~18세기 이탈리아에서 유행한 즉흥희극 코메디아 델라르테의 등장인물 중 하나로, 교활하면서도 소박한 광대인데, 흔히 검은색 가면을 쓰고 마름모꼴

나의 정체성은 더 이상 나의 요구들에 응답할 능력이 없다. 그래서 나는 하나의 문화에서 다른 문화로 여행한다. 나는 문화들의 간극들 사이에 있는 이주민이다. 대중매체의 수준에서, 상호 연결성은 어떤 네트워크, 어떤 가상현실화를 생산하는데, 이 가상현실화는 전 지구적 층위에서 상호 연결성의 네트워크를 조직한다. 이를 특징짓는 순간성, 직접성, 편재성으로 인해 우리는 시간과 공간의 응축뿐 아니라 모든 감각의 공감각화를 목격하게 된다. 감각들은 모두 상호 작용적인 것이 된다. 마셜 맥루언이 눈의 폭정은 다른 감각들을 위해 사라졌다고 단언하면서 지적했던 것처럼 말이다. 오늘날 다감각적 지각들은 쌍방향적 역동성을 만들어낸다.

이 모든 사건은 일사불란한 믿음의 블록들, 물질의 기초적인 벽돌들, 사유의 수목형 체계를 거부하는 것에 상응한다. 그 대신에 이 사건들은 차례차례로 노마드적 사유, 공감적 관계 방식들, 상호 얽힘과 혼종성을 중시한다.

이런 '총천연색의' 세계화에 직면하여, 사람들은 분노한 국수주의들, 부족의 오래된 악마들과 경직된 자기 동일적 정체성들이 다시 생겨나는 것을 보게 된다. 그렇지만 이런 저항들에도 불구하고, 세계화 현상은 오늘날 되돌릴 수 없는 것이고, 후미의 싸움들은 전진하는 세계화에 족쇄를 채울 수 없다. 이 점에서, 현재 불교가 주는 매력은 이런 경향과 관련된다. 불교는 존재도 신성도 받아들이지 않는 유일한 세계 종교이다. 파열된 존재론의 종교인 불교는 세계에 대한 어떤 영화적 전망, 상호 의존적인 인과성의 전망을 제공한다. 이런 특징들로 인해

무늬가 있는 타이츠를 입는다. 영어로는 할리퀸Harlequin이라고도 한다.

이 종교는 신(新)과학의 법칙들, 특히 양자역학의 법칙들과 부합한다. 아마도 이 때문에 많은 학자가 불교와 물리학의 새로운 변형들을 비교하는 것 같다. 이 둘은 모두 존재의 산포와 실존의 **양자들***을 다시 포착한다. 더 이상 존재는 없다. 존재는 지속의 외관을 만들어내는 순간들의 연속이다. 여기에다 오늘날 불교는 모든 신성으로부터 특히 부족신으로부터 떨어져나온 구원의 길을 보여주면서, 세계의 부조리함에 대해 하나의 일관된 설명을 제공해준다는 점을 덧붙여야 한다.

이런 상호 연결성은 다문화주의의 문제를 통해 분석된 미국의 예가 보여주듯이, 하나의 혼성화 지대를 만들어낸다. 이 나라에서 사람들은 **경계선적 정체성과 경계선 횡단자**에 대해 말하는데, 이 말들은 이종교 배적인 의식을 가지고 이 문화들의 중간 휴지적인 균열을 가로지르는 자들을 가킨다. 로스앤젤레스의 베니스비치에 머물 때, 나는 수 킬로미터에 이르는 해변가를 따라 극히 다양한 문화들(미국 인디언들의 샤머니즘적 예식들, 타로 카드, 요가 자세들, 중국 문화, 일본 마사지, 가상현실의 기술들 등등)을 이야기하는 상점들이 쭉 늘어서 있는 것을 발견했다. 이 장소를 산책하면, 신석기 시대부터 정보화 시대까지의 모든 의식 상태가 열 지어 있는 것을 볼 수 있다. 마치 이 의식들이 어떤 거대한 요약화 속에서 나란히 늘어서 있는 것 같았다.

이런 식으로 지배적 담론의 소멸은 다문화주의를 낳는다. 이데올로기의 시대 이후, 오늘날 모든 사람은 각자 발언권을 가지고 있다. 의식의 억압된 수준들은 표면 위로 되돌아온다. 샤먼은 기술 관료 옆에서

---

* (옮긴이 주) '존재의 산포'와 '실존의 양자들'은 각각 l'éparpillement de l'être, des quanta d'existence를 옮긴 것이다. 존재라는 단일한 개념은 파열되어 흩뿌려지고, 양자들처럼 우연과 확률에 의존하는 존재 방식이 대두된다는 점을 가리킨다.

살고 있다. 물론 이런 근접성이 역사적 수준에서는 동시대적이지 않은 의식들 간의 소통과 이해에 관한 문제를 해결해주지는 않는다. 어떻게 이 역사적이고 인식론적인 균열을 가로지를 것인가?

결국, 우리는 모두 브리콜뢰르*가 되었다. 융의 제자가 "근대 예술은 카오스와 원형 사이에 위치한다"**고 쓴 지 40년이 지났다. 오늘날 티베트의 샤먼은 우리에게 모세, 부처와 똑같은 존엄성을 갖게 된다. 아스텍의 프레스코화는 중국의 풍경화나 이집트의 조각상 옆에 서 있다. 그렇지만 우리가 제3세계의 경우에서 보듯이, 이런 브리콜라주는 또한 위험하고 이데올로기적일 수 있다. 이란의 샤리아티***는 가장 충격적인 예이다. 이 인물은 관념들의 브리콜뢰르로서, 종교의 정서적인 폭발력을 되살려내는 동시에 이 폭발력을 마르크스-레닌주의의 틀 속에서 정초하고 바로 이를 통해 화염병이나 이데올로기적 괴물들을 만들어냈다.

더 잘 알려져 있는 예는 이란 혁명이다. 이란 혁명 와중에 2,500년 동안을 지배했던 제국적 질서를 하나의 종교가 전복시키고 권력을 획득했다. 그 시대에, 이 혁명은 이슬람의 거대한 세속화를 불러일으켰

---

* (옮긴이 주) 브리콜뢰르bricoleur. 원래 목공 일이나 수공 일을 하는 사람, 또는 이런저런 주어진 재료만으로 자질구레한 것들을 만들어내는 손재주 있는 사람을 가리키는 말이다. 레비-스트로스는 이 말을 야생적 사고의 특징을 보여주는 개념으로 사용한 바 있다. 본문에서는, 파열된 존재론의 세계에서 파편들을 가지고서 우리들 각자가 하나의 세계를 저마다 구성한다는 의미로 이해할 수 있다.

** 에리히 노이만Erich Neumann, 「예술과 시간Kunst und Zeit」, 『에라노스 연보』, Zürich: Rhein-Verlag, 1951.

*** (옮긴이 주) 알리 샤리아티Ali Chariati(1933~1977). 이란의 사회학자, 철학자로서 마르크스주의를 통해 이슬람을 재해석하여 팔레비 정권에 대항하는 이란 혁명 운동의 사상적 지반을 제공했다. 정권의 탄압에 시달리다 1977년 런던에서 의문사했으며, 그 이듬해 이란 혁명이 시작되었다.

으며, 이 종교를 위험한 모험들 속으로 이끌었고, 그것의 정신적 내용을 탈상징화하여 조금의 저항도 없이 이데올로기화의 과정을 겪게 만들었다. 한 종교가 역사의 원형 격투장으로 들어오면서 **사실상** 이데올로기화되었다.

종교의 회귀를 넘어서, 주술과 비이성적인 것에 대한 매혹은 편재하는 현상이다. 근대인은 수 세기에 걸친 세속화와 비종교화가 역사의 지하 감옥에 감금해두었던 비이성적인 것에 완전히 홀려버린 듯하다. 근대인은 점성술, 환생에 흥미를 느낀다. 그는 마치 자신의 전생들을 잘 알고 있었던 것처럼 전생들에 대해 말한다.

몇십 년 전부터, 우리는 거대한 종파들이 급작스럽게 태어나는 것을 목격하고 있다. 사이언톨로지교, 문선명의 통일교, 여호와의 증인, 신(新)아크로폴리스, 크리슈나의 헌신자, **뉴에이지** 신봉자 등등이 그런 거대 종파들이다. 프랑스에서의 종파들에 대한 자크 기야르Jacques Guyard의 보고서는 이 종파 운동들을 육각형 속에다 넣고 돌팔이 의사, 동양주의자, 종말론자, 정신분석가, 사탄주의자 등등 12개 그룹으로 나누어 분류하고 있다. 서양 문화에서 종파들의 전례 없는 이러한 증가는 명백하게 어떤 하나의 불안, 즉 기독교는 이런 정신적 파멸들에 대처하기에는 너무 세속화되어 [정신적 공백을] 채울 수 없다는 불안을 나타낸다.

기 소르망이 자신의 책 『세계는 나의 부족』*에서 말하는, 또는 해럴드 블룸이 『미국의 종교』**에서 말하는 미국 종교의 도전에 대해서도

---

* 기 소르망Guy Sorman, 『세계는 나의 부족Le Monde est ma tribu』, Paris: Fayard, 1997.
** 해럴드 블룸Harold Bloom, 『미국의 종교: 포스트 기독교 국가의 출현The American Religion: The Emergence of the Post-Christian Nation』, New York: Simon and Schuster, 1992.

마찬가지로 언급해야만 한다. 오늘날 미국은 어떤 포스트-기독교 시대로 들어가고 있는 듯 보인다. 이 종교는 예수의 부활과 그의 승천 사이에 있는 40일을 중심으로 조직되고 있는 것 같다. **첨단 기술을 스타 시스템, 원격 복음주의***와 뒤섞으면서, 이 종교는 세계 도처의 대중들, 아프리카나 유럽의 대중들뿐만 아니라 라틴아메리카의 대중들도 성공적으로 한데 모으고 있다.

문화적 다양성

오늘날 우리는 더 이상 유일한 정체성을 가지고 있지 않다. 근대적 정체성은 이제부터 우리가 우리 안에 이미 가지고 다니는 것들에 덧붙여진다. 각각의 존재는 어디에서 왔든 간에 그가 자신의 시간 속에서 살아가는 한 근대적 정체성을 가진다. 이 근대적 정체성은 하나의 닫힌 세계 속에서 살아가는 다른 이들과는 달리 스스로를 양분하고, 양극화하고 외재화할 수 있는 유일한 정체성이다. 이런 근대적 정체성은 반성적인 의식을 가질 수 있다. 즉 이 정체성만이, 비판적 능력을 부여받은 한에서, 모든 것을 의문시할 수 있다. 역설적으로 이 정체성은 의식의 가장 오래된 수준들을 부각시키고, 이것들이 표현될 수 있는 공간을 주고, 이것들이 다양하게 표현될 수 있도록 돕고, 상이한 시대에 속하는 세계들을 다시 연결할 수 있다. 예를 들어 모든 이란인은 이제 세 가지 정체성을 가진다고 말할 수 있다. 〔먼저〕 이란 왕조까지 거슬

---

* (옮긴이 주) 원격 복음주의télé-évangélisme, 텔레비전 등 대중매체를 통한 복음 전파.

러 올라가며 『열왕기』에서 결정적인 형태로 나타나는 전 이슬람적 정체성이 있다. 그리고 상대적으로 최근의 것(1,400년)인 이슬람적 정체성이 있는데, 이것은 고대 이란의 신화 대부분을 통합했던 것이다. 이것은 또 이란의 시아파가 어느 정도까지 메시아적 관념들을 동화시켰는지, 상징들이 얼마나 쉽게 메타 역사상의 대화를 통해 혼성화 지대를 거치지 않고 한 문화에서 다른 문화로 옮겨가는지 보여주는 것이다. 끝으로 근대적 정체성이 있다.

이 세 가지 정체성 사이에는, 거대한 균열들이 남아 있다. 그럼에도 불구하고 이 균열들에 대해 의식하며, 의식의 이 세 가지 수준을 표현한다는 점에서, 우리의 삶은 단지 하나의 유일한 문화 속에서 살아가는 사람보다는 훨씬 풍요로울 것이다. 우리는 땅과 물 양쪽 모두에서 살아가는 양서류적 존재가 될 것이다.

우리는 지금 여러 인식론적 장들의 교차로에 서 있다. 우리는 두 측면으로 열려 있는 밑그림이며, 따라서 우리 지식의 고고학적 과거(전통) 쪽으로 향하는 동시에 우리 미래의 목적으로 향한다. 이질적인 공간들과 정체성들을 다시 구획정리하는 이 조합술이 '제3의 길'이다. 이 길은 일사불란하고 견고한 인식들로의 환원과 실현할 수 없는 유토피아에 대한 환상들 양쪽 모두를 벗어난다.

이 길은 아마도 유일한 길, '길들여진 분열증'의 길이다. 또는 디드로가 절묘하게 말한 대로 "동시에 20개의 입으로 말하는 것"을 가능하게 해주는 길이다.

문화를 재건하기

알랭 투렌

이 논쟁의 순수하게 문제 틀적인 성격과 관련하여, 나는 하나의 깊은 확신에서 시작할 것이다. 이 확신은 전 지구적 사회, 문화, 정치란 존재하지 않는다는 것이다. 그러므로 차라리 문명들과 근대성 사이의, 합리화와 문화들 사이의 단절을 출발점으로 삼으면서 전통들과 헤게모니들의 파괴, 사회적 지배들의 파괴에 관한 논의로 방향을 잡아나가는 것이 바람직할 것이다. 나는 우선 근대성을 발명했던 세계의 한 지역, 즉 서양에 이런 생각을 적용시켜보고 싶다. 서양이 압도적인 권력을 갖게 해준 4~6세기 동안의 급격한 발전을 설명해주는 것은 무엇인가?

서양의 경제적·문화적 헤게모니

서양은 오로지 단절들에만 근거할 것을 받아들였던 세계 유일의 지역이다. 문화적인 차원에서, 서양은 도구의 세계와 자기의식의 세계 사이의 완전한 분리를 받아들이는 것으로 정의된다. 더 일반적인 말로 하면, 서양은 우선 종교적 세계의 죽음으로서 정의된다. 사회적 수준에서 또한, 서양은 전체적인 단절의 세계였다. 행위와 사유에 관한 사회적 범주들은 하나의 중심 원리, 즉 긍정적인 것과 부정적인 것, 이성과 비이성, 남성과 여성, 자본의 소유자와 노동의 행위자, 식민 지배자와 피식민자 등등을 양극화하고 대립시키는 원리에 맞추어 구성되었다.

서양과 근대성은 이런 이중적인 단절을 통해 정의된다. 이것들은 이상적인 모델도, 정당한 사회도, 본받을 만한 역사의 목적도 가지고 있지 않다. 이런 길로 나아가면서, 몇몇 정치가와 지식인은 완전히 근대화된 사회를 상상했는데, 그들에 따르면 이 사회는 구속 없는 방종의 과정을 겪은 이후에 자신의 숨결을 되찾게 될 것이다. 오늘날 이 방종의 과정은 계속되고 있으며, 이 몇몇 사상가는 과거의 참조점으로 남아 있을 뿐이다.

총체성에 대한 향수와 순수한 운동에 대한 변호를 넘어서, 다뤼쉬샤예간이 제시한 세계에 대한 시각과 내가 제시했던 단절로서의 서양이라는 정의 사이에서 공유되고 있는 문제는 다음과 같다. 우리는 분리되어버린 요소들, 즉 문화의 내면성과 경제의 외면성, 도구적 합리성의 세계와 인격적·개인적 또는 집단적 경험의 세계 간의 어떤 재조합과 어떤 재통합을 인식하거나 실현할 수 있는가? 한마디로 말해서 중심 문제는 이것이다. 재건하려는 경향들이 여기저기에서 나타나고 있는가? 그 경향들은 목적을 달성했는가? 그것들은 목적을 달성할 것인가? 우리는 문명, 사회의 관념들의 재탄생, **하물며** 종교의 관념들의 재탄생까지 상상할 수 있는가? 아니면 반대로 이 관념들은 더 이상은 존재하지 않으며, 새로운 길들은 파괴되어버렸던 것을 다시 태어나게 하기 위한 모든 노력과는 반대로 나아갈 것이라는 점을 인정해야만 하는가?

돌이킬 수 없는 하나의 단절

서양에서 자본주의가 드러낸 어마어마한 단절 이후에, 즉 마르크스가 프랑스에서 폭로한 "정치적 환상들"의 종말 이후, 그리고 경제가 정치에서 벗어났을 때 일어난 국가 관념의 종말 이후, 19세기에 우리는 엄청난 재건의 노력이 있었음을 알고 있다. 우선 독일과 영국에서, 그다음 50년 뒤 미국과 프랑스에서, 사회적 상황의 개별성을 권리나 시민성의 보편성과 조합한 '사회적 권리들'이라는 매우 새로운 관념이 나타났다. 이 관념은 **산업민주주의**의 개념 속에서 재발견된다. 오늘날 우리는 동일한 방식으로 '문화적 권리들'이란 관념이 출현하는 것을 보고 있다.

동시에 우리는 비서양 국가들 쪽에서 경제적 근대화를 위한 노력들을 목격한다. 그 첫째 예들은 독일과 일본인데, 이 나라들은 프랑스의 정치 모델을 통해 완성된 네덜란드와 영국의 중심 모델로부터 멀리 떨어져 있었다. 점차 모든 국가가 상이하지만, 중요한 문화적 구성요소들과 연결되어 있는 패러다임들(소련의 모델, 멕시코의 모델, 이집트의 모델 등등)에 따라 근대적 경제를 구축하고자 노력했다.

이런 노력들이 세계의 모든 지역에서 불러일으킬 수 있었던 긍정적인 효과들에도 불구하고, 이 노력들이 좌초되었다는 분명한 결론을 피하기는 어렵다. 오늘날 우리를 지배하는 이미지는 편재하는 도구적 세계와 강력하게 탈사회화된 자기의식의 추구 사이의 총체적인 분리라는 이미지이다. 우리의 세계에는 '사회'라고 불릴 수 있을 만한 어떤 것도 더 이상 존재하지 않는다. 사람들은 나란히 늘어선 경험들의 무제한적인 파편화를 발견하고, 이를 무반성적으로 '문화들'이라고 부른다. 또 사람들은 '모든 것 위로 지나가는' 하나의 세계를 발견하는데, 이 세계는 다소간 해소 가능한 욕구들 외에는 특정한 내용을 갖지 않는다. 오늘날의 세계에서, 우리가 자신들의 근대성 자체 속에서 파열된 것으로 정의되었던 문명들의 재구성을 보고 있다고 말하게 해줄 만한 것은 아무것도 없는 듯하다. 서양의 이중적 단절은 돌이킬 수 없는 것이다. 어떤 것도 우리에게 새로운 전 지구적 총체가 형성되고 있다는 사실을 보여주지 않는다. 독일이나 프랑스 같은 중유럽 국가들은 자신들의 모델과 그 조직화에 대해 토론하느라 점점 뒤처지고 있다. 반면, 미국과 같은 국가는 오늘날 세계화된 경제와 파편화된 정체성들이 나란히 늘어서 있는 것을 보여주는 충격적인 예이다. 나름의 고유한 판단 기준과 평가 기준을 갖고 있는 이 전 지구적 경제와, 자기에 대한 정의(定意)들, 더 나아가 타자들과의 상호 작용에 대한 정의들 사이에 공통적인 준거점은 없다. 일련의 개인 집단들은 오로지 외면에 의해서만 정의되는 세계 속에서 자신의 정체성 또는 자신들의 정체성들, 즉 내면에 대한 하나의 정의를 찾고 있다. 곳곳에서 우리는 순수성, 동질성에 대한 추구를 목격하고 있으며, 더 나아가 문명적 행위들이 시장이나 전쟁의 법칙으로 환원되고 있는 것을 목격한다.

그러므로 우리는 탈사회화의 상황에 처해 있으며, 더 나아가 사회적·경제적·정치적·문화적 활동들을 재통합하려는 모든 경향을 포기하는 상황에 처해 있다. 민족국가의 위기는 매우 일반적인 현상이다. 이렇게 해서 '종교들'의 재출현은 일반적으로 가장 왜곡된 형태로 나타난다. 비록 종교적인 것이 그 어느 때보다도 뚜렷하게 드러나 있다고 하더라도, 교회들(종교적 교회, 정치적 교회 등등)은 돌이킬 수 없이 와해되고 있다.

포스트 근대성인가, 재건인가?

절대적인, 포스트 근대적인 파열은 받아들여질 수 없다. 비록 이것이 불가피하다고 하더라도, 그런 결과를 받아들이는 것은 세계를 권력, 무력, 돈의 폭력에 맡겨버리는 셈이 될 것이다. 인간 경험의 상이한 영역들 사이의 연결은 전혀 없다고 단언하면서 세계를 재건하기를 바랄 수는 없다.

사회, 진보, 보편적 문명에 대한 모색을 사실상 단념하면서, 우리는 상반되지만 상호 보완적인 형태로 똑같은 일을 하고 있다. 즉, 근대성이 우리에게서 체계들, 질서들, 사회들, 더 나아가 우주들을 떼어놓을수록 그만큼 더 우리는 우리 자신과의 거리를 통해 우리를 정의하는 능력을 획득하게 된다. 우리 자신과의 이 거리는 우리가 살아가는 세계에 대한 점증하는 인위적인 반성을 통해 생겨나는 것이다. '근대성'이 문제가 아니다. 근대성은 세계의 파열과 종교적 질서의 단절로 표현된다. 반면에 '근대성의 근대성'에서, 근대성에 대한 의식화에서, '근대성 속에서의 반성'에서, 우리는 우리를 '비사회적으로' 정의할 필요성을 느끼고 있다. 이것이 우리의 경험과 우리의 영감이 있는 중심 장소이다. 우리 모두에게 주요 문제는 종교적 유산들, 육체적 살림살이(삶, 죽음, 성 등등), 대상과의 관계를 재조직하는 것이다. 도구성의 세계들과 집단적 거짓이 개인에 대해 승리를 거두게 되는 새로운 공동체주의들에 반대하면서 말이다. 다른 말로 하면, 문제는 어떻게 동시에 기억, 반성, 성을 통해 정치, 사회, 경제를 넘어서면서, 소비자적인 개인주의와 싸우는 개인주의를 만들어낼 수 있는가이다.

그러므로 사회적인 것이 거의 완전히 권력의 영역이 되어버린 이때 사회적이지 않은 모든 것과 거대한 동맹을 맺어야만 한다. 바로 이런 이유에서 '세계화' 같은 관념들은 강력한 이데올로기들인 한에서 우리에게 접어들지 말아야 할 길을 가리켜 보여주는 것이다. 우리에게는 어떤 지역적 차원을 보호하기 위해 세계화에 반대하려는 경향이 있다. 몇몇 낙관주의자는 이미 **세계적 지역화**glocalisation의 출현을 예견한다. 이런 개념화는 잘못된 것이다. 세계적인 것과 지역적인 것은 점점 더 서로 대립하지 않게 된다. 그 대신, 우리는 지난 세기처럼 권리들의 공간이 끊임없이 커지면서 권력의 공간과 싸우는 세계 속에서 다시 살아갈 수도 있다. 이런 가능성을 생각하지 못하게 만드는 어떤 근거도 없다. 이런 개인주의의 구축은 모든 사람이 다 함께 참여함으로써만 이루어질 수 있을 것이다. 그러므로 경제적인 성공의 노예가 되는 것과는 거리가 먼, 이 개인주의는 모든 기억, 모든 형태의 반성과 모든 형태의 성을 동원하여 권력의 다수적 형태의 세계에 대립시켜야 한다. 약간 빨리 와 닿는 표현을 쓰면, 우리는 '일이 잘못되고 있다'는 것을 받아들여야만 한다!

모든 것이 조직화되는 중심에 있는 근본적인 투쟁은 어떤 하나의 시각 형성, **여성적인** 성격을 갖는 문화적·사회적·정치적 우주 형성에 놓여 있는데, 이 우주는 권력의 공허한 우주에 대립한다. 오늘날 재성별화는 여성들을 통해서 또는 여성들과 관련하여 이루어지지만, 또한 문화적 기억을 형성하는 여성적 측면 모두와 관련되어 있기도 하다. 그러니까 아버지의 권위에 대한 추구의 측면이 아니라 어머니에 대한 추구, 연속성에 대한 추구 말이다. 모든 사회, 문화, 문명의 파괴 과정을 돌이킬 수는 없지만, 이 점이 서양적 유형의 합리화의 승리를 선언하는 것은 아니다. 우리는 차라리 어떤 경험들의 통일화, 통합을 향해 나아가며, 마르셀 모스Marcel Mauss의 표현을 다시 취하면, 심지어 그런 경험들에 대한 어떤 '재구성'을 추구하기까지 한다. 이 어떤 경험들이란 개인을 형성하고 행위자로서의 능력을 형성하는 경험들이며, 따라서 모든 측면에서 권력의 세계를 표현하는 이 비인격적·집단적·계산적 세계와 싸우는 능력을 형성하는 경험들이기도 하다.

서양 사람으로서, 나는 발전 양상들의 다원성을 믿는다. 비록 내가 이미 이루어진 단절들과 그 단절들에 고유한 어휘들(투쟁, 대결, 투자, 계급투쟁 등등)을 전적으로 받아들이기는 하지만 말이다. 물론 우리는 자본주의와 세계화된 기술들이 확립되고 있는 것을 보고 있다. 그러나 우리는 '문화들의 대화'에 대한 환상 없이 개인의 실존, 활동, 주도적 행위 능력, 고통, 행복의 조건들이 재건되리라고 믿을 수 있다. 다른 말로 하면, 적은 사회적인 것이다. 이제부터 우리는 이 사회적인 것, 이것의 조직화 규칙들, 이것의 가치 평가 기준들 외부에서 살아가도록 노력해야 한다. 이런 방식으로 우리는 세계의 다른 지역들, 다른 사유들, 다른 담론들, 다른 경험들과 소통하는 능력을 되찾는다. 이것은 더 이상 문명들이 아니다. 우리에게 인간 개인의 차원들을 재건하고 꾸려나가기 위한 요소들을 제공해주는 것들이다. 이런 개인의 차원들은 한데 모여, 의미가 박탈된 세계, 도구성, 이윤, 전쟁, 폭력의 세계에 저항한다. 사회적인 것 바깥으로 이처럼 도주하지 않는다면, 권력의 세계가 우리를 지배할 위험이 있다.

제4장

언어들을 위한 어떤 미래인가?

태곳적부터 언어들은 태어나고, 살아가고 죽는다. 그렇지만 세계에서 말해지고 있는 언어들 중 적어도 절반이 21세기에 사라질 운명인 것 같다. 인류는 어떤 불가피한 형태의 언어적 헤게모니를 향해 나아갈 것인가? 이렇게 언어적 다양성이 점점 더 빨리 쇠퇴하고 있음에도 불구하고, 우리는 새로운 언어들의 창조 과정을 분간해낼 수 있는가?

사람들이 자신의 언어를 스스로 포기하게 만들 가능성이 있는 이유들과 맥락에 대해 자문해보는 것은 중요하다. 살리코코 무프웨네가 보기에 세계화는 〔이에 대한〕 충분한 설명을 제공해주는 요인이 아니다. 식민화의 상이한 유형들과 이것들이 언어들에 끼치는 분화된 영향들을 역사적이고 생태학적인 접근 방식으로 다루면서, 그는 하나의 복잡한 상황을 분명하게 보여준다. 그가 보여주는 것은, 영향력 있는 언어들은 언제나 자신을 강요하지는 않으며, 이를 통해 때때로 매개 언어들의 발전이 가능해지기도 한다는 사실이다. 따라서 언어적 헤게모니의 영향들은 매우 많은 언어의 소멸 원인이지만, 그렇다고 해서 언제나 사람들이 예상하는 결과를 낳는 것은 아니다.

언어들은 생명체의 종들처럼 행동하는가? 클로드 아제주는 언어학에서 생기론적 은유의 한계들을 보여준다. 언어들은 사실 부활할 수 있다. 바로 언어들이 파롤들인 만큼 랑그들이기도 하기 때문이다. 다른 한편 언어의 크레올화가 오늘날 언어들의 (재)탄생의 주요 요인인 것으로 확인된다.

식민화, 세계화, 언어들의 미래

살리코코 무프웨네

나는 '식민화'란 용어를 정치적 관점에서보다는 집단유전학과 관련하여 사용하고 있다. 다른 말로, 내 글에서 식민화는 새로운 생태적 환경에서 살기 위해 자신의 고향을 떠나는 일부 주민들의 이동이란 의미에서 이해된다. 이런 의미에서, 식민화 과정에 대한 분석은 특별히 흥미로운 두 가지 문제를 제기한다. 이 생태학적 변화는 이동하는 주민에게 어떤 영향을 미치는가? 이 새로운 거주자들의 도착은 '원주인'의 생태학에 어떤 영향을 끼치는가?

식민 현상은 종종 엄격하게 정치적인 방식으로, 한 민족이 어떤 한 타자를 지배하게 되는 하나의 과정으로서 분석되곤 한다. 〔하지만〕 내 생각으로는, 식민화의 정치적 차원은 단지 집단유전학이란 각도에서 이해된 이 현상의 다른 측면들 중 하나이거나, 그것의 확장일 뿐이다. 생태학적 의미에서 분명 식민화는, 사람들이 어떤 언어들을 소멸시키고 또 어떤 언어들은 위협하는 요인이라고 치부하는 것들 중 하나이다.

그렇지만 이 논쟁은 이런 사실 확인으로 환원되지 않기에, 식민화가 세계 곳곳에서 획일적인 방식으로 작용하는지 자문해보는 것이 좋다.

식민화의 세 가지 유형

내 의견으로는, 식민화의 세 가지 형태가 동일한 언어적 영향을 끼치지 않는 한, 이것들을 구분해야 할 듯하다. 예를 들어 유럽에서 신세계로의 인구 이동과 같은 인구 이동의 식민화가 있다. 다음으로 착취의 식민화가 있는데, 이는 첫번째와 마찬가지로 사실상 유럽에서 비롯된 것으로, 특히 19세기 말부터 아프리카가 겪었던 식민화이다. 이 두 가지 식민화는 그 자체로 세번째 식민화와 다르다. 이 세번째 식민화는 노예무역의 식민화인데, 이것은 16세기부터 유럽과 아프리카 간의 관계 속에서 관찰될 수 있었던 것이며, 적어도 정치적인 각도에서는 상대적으로 평등한 관계들——비록 그 뒤에 이런 균형은 유럽의 이익을 위해 깨져버렸기는 하지만——을 통해 특징지어진다.

노예무역의 식민화

노예무역의 식민화는 언어들을 위험에 빠뜨리는 결과를 낳지 않았다. 비록 이것이 실제로 주민들을 노예로 만들어 세계의 다른 지역들로 추방하는 것이기는 하지만, 흑인 노예 상업은 어떤 특정한 민족 전체에 대해 행해진 것은 아니었으며, 따라서 이 대륙에서 전체 민중과 아프리카어 사용자가 절멸되는 결과를 낳지도 않았다. 반대로 이런 유형의 식민화와 함께, **피진어***와 같은 새로운 언어들이 아프리카에서 출현했다.

인구 이동의 식민화

반면 아메리카 대륙과 그 후 오스트레일리아와 뉴질랜드에서 있었던 것과 같은 인구 이동의 식민화의 목표는 식민지 개척자들을 위해 새로운 유럽과 새로운 조국을 재건하는 것이었다. 이 경우, 우리는 유럽 언어들의 새로운 변종들이 태어나는 것을 보게 된다. 예를 들어 퀘벡식 프랑스어, 아메리카식 영어, 오스트레일리아식 영어, 또는 아메리카 대륙에서 발전되었던 포르투갈어와 스페인어가 그런 것이다.

인구 이동의 식민화 현상은 또한 상이한 유럽 언어들의 경쟁을 통해 특징지어진다. 예를 들어 영어는 미국에 수출된 유일한 언어가 아니었다. 영어는 프랑스어, 스웨덴어, 독일어와 대결했다. 하지만 점차 이 유럽 언어들은 오늘날 미국에서 사용되는 새로운 형태의 영어에 자리를 내주었다.

이와 비슷하게, 노예들과 함께 아메리카에 온 아프리카 언어들은 모두 사라졌다. 현재 우리는 과거에 아프리카 언어들과 유럽의 소수민족

---

* (옮긴이 주) 피진어pidgin. 서유럽 언어를 바탕으로 어휘 수를 크게 줄이고 문법을 단순화한 언어. 중국 피진 영어, 아이티 프렌치 크레올어, 멜라네시아 피진 영어 등이 있다. 피진어는 공통된 언어가 없는 집단들 사이의 의사전달 수단으로 사용되며, 아무도 피진어를 모국어로 사용하지 않는다는 점에서 크레올어와 다르다. 피진어가 한 민족의 모국어가 되면 그때부터는 크레올어가 된다.

언어들이 그랬던 것처럼 아메리카 인디언의 언어들이 점차 소멸되어가는 것을 목격하고 있다. 오늘날 이런 현상이 왜 일어나고 있는지를 이해하기 위해서는, 이 현상을 인구 이동의 식민지 메커니즘의 관점에서 바라보고 아메리카 사회들의 사회·경제적 발전에 비추어 이 현상을 분석해보아야 한다. 우선, 아메리카 인디언들은 아메리카의 경제적·정치적 시스템들 안에 통합되어 있지 않았다. 이런 그들의 주변화는 그들의 언어들이 살아남을 수 있도록 만들었다. 그런데 통합 과정이 진전될수록, 소수 언어들은 더욱더 위기에 처한다. 왜냐하면 사람들이 점차 식민 지배자의 언어들을 자신들의 새로운 토박이말로 채택하면서 타고난 언어와의 연결고리를 잃어버리기 때문이다. 평화로운 시기에는, 사실 통합 과정 때문에 특히 소수 언어들이 위협을 받는다. 반면에 전쟁들은 언어들이 자율성을 유지하고 살아남을 수 있게 해준다. 한 민족 전체가 절멸하여 이 언어들이 사라져버리지 않는 한 말이다.

이런 식으로 상이한 유럽 이주민들 간의 통합 과정이 완벽하게 이루어졌기에 소수 유럽 언어들은 미국 땅에서 사라졌다. 아프리카인들에 관해서 말하면, 인종차별에도 불구하고, 이들은 자신의 언어들을 잃어버렸다. 이들이 경제 시스템의 톱니바퀴들처럼 다루어졌기 때문이다. 노예들이 경제적으로 통합되었다는 점 외에도, 그들끼리 여러 언어를 사용한다는 사실 또한 그들의 본래 언어들이 소멸하게 된 조건이었다.

인구 이동의 식민지들에서 작동하는 언어적 과정은 유럽 역사에 비추어 분석될 수 있다. 이 역사를 이해함으로써 우리는 미래에 생겨나게 될 현상들과 쟁점들을 더 잘 예측할 수 있을 것이다. 구대륙의 역사는 식민지 현상들과 이주로 여러 차례 덧씌어진 양피지로 나타나기 때문이다. 앙드레 마르티네의 책 『초원에서 대양으로』*는 인도-유럽 언어들의 역사를 추적하고 있다. 이 언어들의 역사는 인구 이동의 역사와 민족 간 지배의 역사와 밀접하게 연결되어 있다. 지배자의 언어를 강요하는 것이 지배의 주요한 벡터 요소이기 때문이다. 그래서 켈트 언어들은 로마 언어들 때문에 지금은 프랑스가 된 영토에서 사라졌다. 켈트 언어들은 이제 〔그나마〕 브르타뉴 덕분에 흔적의 상태로 남아 있을 뿐이며, 그마저 심각한 위협을 받고 있다. 〔오늘날〕 영국 제도(諸島)가 켈트 언어들이 완전히 지배했던 지역이었다는 것을 아무도 기억하지 못한다. 5세기 게르만족의 인구 이동에 따른 식민화로 인해, 게르만 언어들이 새로운 언어인 영어로 재구조화되는 과정이 일어났으며, 뒤이어 영어가 켈트 언어들에 대해 점차적으로 헤게모니를 쥐게 된 과정이 일어났다.

착취의 식민화

전망적인 관점에서 보면, 우리는 아메리카나 오스트레일리아에서 언어의 미래 문제를 분석하는 것과는 다른 방식으로 아프리카에서 언어의 미래 문제를 이해해야 한다. 19세기 이후 아프리카는, 아시아 대륙의 대부분 지역처럼 착취의 식민화에 종속되었다. 이런 유형의 식민지에서 유럽인들은 하나의 새로운 조국을 만들고자 한 것이 아니라 단순히 해외 상관(商館)을 세우고 본국을 위한 새로운 시장들을 개발하고자 했을 뿐이다. 식민지의 사회적 구조는 조금도 통합적이지 않기에, 식

---

* 앙드레 마르티네André Martinet, 『초원에서 대양으로. 인도-유럽어족과 '인도-유럽어들'*Des steppes aux océans. L'Indo-européen et les 《Indo-Européens》*』, Paris: Payot, 1986.

민 지배자들은 자신들의 언어를 토박이말로 강요하려고 특별한 관심을 기울이지는 않았다. 그렇지만 그들은 아프리카의 행정 보조원들의 도움을 빌려야만 했기에 그들에게 유럽 언어들을 가르쳤고, 그래서 점차 이 유럽 언어들이 아프리카 대륙과 아시아의 몇몇 지역에서 엘리트의 언어들이 되었다.

엘리트의 전유물이었기 때문에, 유럽 언어들은 아프리카 언어들에 대한 진정한 위협이 아니다. 진정한 위험은 무엇보다도 몇몇 아프리카 언어 그 자체로부터 온다. 착취의 식민화는 링갈라lingala, 키콩고kikongo, 볼로프wolof, 스와힐리swahili 같은 언어들의 비약적인 발전을 동반하기 때문이다. 이 언어들은 우선 매개 언어로서 점차 아프리카의 대도시들에서 토박이말이 되어갔다. 아프리카 대도시들의 영향력은 민족 언어들을 위험에 빠뜨리고, 심지어 때로는 프랑스어나 영어 같은 식민 지배자의 언어들까지도 위험에 빠뜨리는 하나의 역학관계를 만들어냈다. 그렇지만 식민 지배자들의 언어와 민족 언어들을 짓누르는 위협들이 같은 성질의 것이 아니라는 점을 분명히 해두는 편이 좋겠다. 첫번째 경우 언어 그 자체가 위험에 처해 있는 것은 아니기 때문이다. 오로지 그 언어의 헤게모니적이고 제국적인 특권만이 위협받을 뿐인데, 이 특권은 그 언어 사용자의 것이 아닌 영토와 그 언어를 모국어로 갖지 않는 민족들에 대해 행사되는 것이다.

언어들의 소멸

언어들이 사라지고 있는 현재의 과정을 어떻게 이해할 수 있는가?

너무 자주 학문적 문헌들은 언어들이 마치 그 언어들의 발화자의 삶과 독립적인 삶을 살아가는 것처럼 언어들을 다룬다. 내 생각으로는, 시선을 돌려 언어들과 어떤 위험들 간의 경합관계에 대해 고찰해보는 것이 좋을 듯하다. 이 위험들은 언어들 사이의 직접적인 투쟁들에서 온다기보다는 그 언어들을 사용하는 자들의 행동으로부터 온다. 자신들의 언어에 대한 애정이 깊은, 자신들의 정체성과 문화에 대해 자부심이 있는 민족들이 자신들의 언어를 포기할 위험을 무릅쓰는 이유에 대해 우리는 자문해보아야 한다. 우리는 마찬가지로 언어들과 문화들의 본성에 대해서도 성찰해보아야 한다. 이것들은 정적인 관념들인가, 아니면 반대로 동적인 과정들인가? 한 민족이 자신의 언어를 포기한다는 것은 자동적으로 자신의 문화를 포기한다는 사실을 의미하는가?

언어적 다양성을 축소시키는 현재의 과정을 설명하기 위해, 사람들은 이를 종종 경제의 세계화(영어로는 globalization)——몇몇 발화자가 자신들의 언어를 포기하도록 부추기는——와 연관시키곤 한다. 〔하지만〕 이런 설명은 내가 보기에는 약간 단순한 것 같다. 또한 나는 이 점을 최근 자메이카에 체류하면서 확인할 기회가 있었다. 크레올 영어는 자메이카에서 전례 없는 역동성을 갖게 되었는데, 사람들은 20년 전에 이 언어가 사라질 것이라고 예측했었다. 이 제3세계 국가에서 인구 대다수는 실업 상태이며, 특정한 자메이카적 정체성을 고취하려는 이데올로기적 맥락 속에 놓여 있는데, 이렇게 착취되는 계급의 이데올로기를 고수하려는 경향과 함께 특권적인 것으로 간주된 언어를 거부하고 크레올 언어를 자기 것으로 삼으려는 움직임이 나타난다. 이 현상과 아프리카에서 일어나는 이런 유형의 다른 과정들 간의 유사성은 명백하다. 예를 들어 킨샤사에서 링갈라어를 말하는 사람들은 자주 자신들의 정체성을 프랑스어를 말하는 사람들과 대립시키면서 정의하곤 한다. 점차 부유한 나라들과 가난한 나라들 사이에, 소유 계급과 착취 계급 사이에 간극이 깊어짐에 따라, '지배받는 자들'은 더 거세게 특권적인 언어를 거부하게 되며, 이러한 거부는 헤게모니적인 모델과 대립하면서 민족적 또는 사회적 정체성이 구성되는 과정을 보여준다.

그러므로 한 민족이 다른 언어를 위해 자신의 언어를 포기하는 선택을 하는 것은 매우 상이하고 복잡한 요인들로부터 귀결될 수 있다. 내 생각으로는, 특권적인 언어가 항상 끝에 가서는 우세하게 될 것이라고 주장할 때 과학적 연구 논문은 오류를 범하는 것 같다. 특권적인 언어의 헤게모니는 그 언어가 하나의 적으로 인식될 때에는 의문시될 수 있기 때문이다. 그러므로 현재 진행 중인 언어적 과정들을 이해하기 위해서는, 배타적으로 서양적인 관점을 버리고 비서구 사회들에서 언어들의 공존 역학에 관심을 가지고 이 공존 역학의 문제 틀을 각각의 국토에 고유한 경제생태학의 빛에 비추어 분석해야만 한다.

만약 **세계화**globalization가 프랑스, 영국, 또는 미국에서는 현실이라고 하더라도, 자메이카에서는 현실이 아니며, 콩고민주공화국이나 세네갈에서도 현실이 아니다. 내가 보기에 다음의 예는 특히 상징적인 것 같다. 9월 11일 미국에 가해진 범죄들 때문에 유럽과 미국에서는 항공 운행이 중단되었지만, 아프리카 공항들에는 아무런 변화도 없었다. 게다가 '세계화'를 가리키는 말들, 즉 프랑스인들이 채택한 'mondialisation'과 앵글로색슨인들이 제안한 'globalization'은 동일한 의미를 지니지 않는다는 점에 주목하는 것이 좋다. 첫번째 것은 보편화 과정에 적용되는 말인 반면, 두번째 것은 어떤 하나의 상황, 하나의 매우 복잡한 시스템을 이루는 상이한 요소들이 상호 연결되고 상호 작용하는 그런 상황과 관련 있다. 세계는 경제적 차원 위에서 획일적인 방식으로 조직되어 있지 않다. 전 지구화된 세계와 전 지구화되지 않은 세계 사이의 이런 상이성으로부터, 상이한 언어적 문제 틀들이 생겨난다. 내 의견으로는, 한 언어를 사용하는 것은 항상 하나의 이해타산적인 선택의 결과이다. 어떤 사람은 한 언어가 자기에게 유용하기 때문에 사용하기로 결정한다. 그러므로 지금 우리는 다음의 질문을 제기해야만 한다. 한 언어의 사용자가 자신의 원래 언어를 포기하는 것은 자신의 첫 언어가 덜 아름답고 표현력이 떨어지기 때문인가, 아니면 반대로 그가 경제적 상황들에 구속되어 자신이 살고 있는 국토에서 일어나는 생태적 변화들에 적응해야만 하기 때문인가?

따라서 위기에 처한 언어들에 관한 문제 틀은 겉보기보다 훨씬 더 복잡한 것으로 드러난다. 그러므로 우리의 사회들에서 작동하고 있는 경제적 변화들과, 이 변화들이 상이한 언어들을 사용하는 사람들에게 영향을 미치는 방식을 고려하지 않고서 이 문제 틀을 이해하기는 불가능할 것이다.

삶, 죽음과 언어들의 부활

클로드 아제주

나는 사람들이 때때로 언어들*과 생명체의 종들을 비교하곤 하는 것에 대해 성찰해보자고 제안하고 싶다. 어떤 방식으로, 나의 제안은 살리코코 무프웨네의 제안과 다시 만날 것인데, 왜냐하면 그의 제안이 사회적·문화적·정치적 환경을 고려하는 인간 언어들에 대한 생태학적 시각에 상당히 적합하기 때문이다. 하지만 나는 언어들이 은유적인 방식으로만 생명체적인 요소들로 연구될 수 있다고 주장하고 싶다. 언어들이 태어난다는 것은 맞는 말이며, 마찬가지로 언어들이 살아가고 죽는다——안타깝게도——는 것도 맞는 말이지만, 언어들이 부활할 수 있다는 것 또한 맞는 말이기 때문이다.

죽은 것으로 간주된 언어들이 이렇게 부활할 수 있다는 것은 언어와

---

* (옮긴이 주) 이 글에서는 langue와 langage를 구분하여 전자는 존재하는 다양한 형태의 언어들을 가리키고, 후자는 언어 능력, 언어 기능을 가리키는 의미로 쓰고 있으므로, 각각 '언어' '언어 기능'으로 옮기기로 한다.

생명체의 종 사이에 있는 하나의 근본적인 차이로 기록되어야 한다. 생명체들이 가진 특성 중 많은 것을 언어들도 공유한다는 것은 그에 못지 않게 정확한 이야기이지만, 언어들이 반드시 돌이킬 수 없는 방식으로 죽을 운명인 것은 아니다. 분명히 한 언어의 부활에 필수적인 조건들은 상당히 특정한 것들이며, 그 조건들 모두를 결합하는 것은 매우 어렵기는 하지만, 그러한 사례들이 있다.

만약 19세기에 성행한 생기론적 은유가 이 시대의 연구자들에게 그토록 매력적이었다면, 이는 바로 언어를 생명체의 왕국에 매우 근접하게 만드는 특성들이 언어에 있다는 것이 확인되었기 때문이다. 언어는 생물학, 동물학, 식물학, 더 넓게는 생명에 관한 학문들이 연구하는 생명의 왕국, 즉 이 학문들이 다루는 동물 종, 식물 종의 왕국과 유사한 특성이 있다. 이 모든 경우에서 우리는 생존 투쟁과 만난다. 다윈의 **생존 투쟁**을 언어학적 관점 속에 다시 들여와 적용해야 한다. 더 저항적인 언어들, 즉 더 강력하고 정복적이고 존속 수단들을 더 잘 확보할 수 있는 공동체가 사용하는 언어들은 더 약한 언어들을 희생시켜가며 유지되는 언어들이다. 실제로 언어들이 잘 죽지 않게 되는 것은, 그것들이 더 허약하거나 불안정한 다른 언어들에 비해 더 활기 넘치는 시기 동안에 계속 유지되고 전파될 수 있었을 때이다.

언어 능력은 인간 종에게 고유한 것이다

비록 생존 투쟁이라는 점에서 언어들이 생물 종들과 인척관계를 맺고 있다고 하더라도, 반대로 언어들이 진화하는 방식과 어족들이 구성되는 방식에서는 〔생물 종들과의〕 매우 두드러지는 차이들이 나타난다. 어떻게 보면 언어들은 이 언어들을 '만들어'낸 사회들의 처분에 맡겨진 생물 종들이다. 〔만들어졌다는〕 이 용어는 부적절한 것으로 보일 수 있는데, 이는 언어들이 인간 종과 함께 영원한 것이고, 따라서 언어들의 제조라는 용어는 순수하게 은유적이거나, 아니면 완전히 틀린 것이기 때문이다. 실제로 인간사회들은 커뮤니케이션 수단으로서의 언어들을 통해 만들어진 것이지, 이 사회들이 언어를 만들어낸 것은 아니다. 언어는 이 사회들과 함께 영원하며 인간의 유전자 코드 안에 새겨져 있다. '언어 기능'과 '언어들'은 두 개의 구분되는 관념인데, 이 구분을 유지하는 것은 중요하다. 이 두 관념 모두를 통해 우리는 인간 종으로 정의된다. 어떤 다른 동물 종도 언어 기능을 갖지 못하는 한, 아마도 언어 기능은 우리를 규정하는 어떤 유일한 기준일 것이다. 그리고 이 언어 기능은 언어들이라는 역사적 · 사회적으로 국지화된 도구로 나타난다. 따라서 언어들도 언어 기능도 우리가 아닌 다른 종의 유전자 코드 속에는 새겨져 있지 않다.

달리 말해 비록 우리의 탐구 도식들이 점점 더 불확실한 것이 된다고 하더라도, 나는 220만 년 전에(몇만 년 또는 몇십만 년을 더하든 빼든 간에) 인간 종이 출현했을 때 그 종의 유전자 코드 안에는 언어 능력이 기입되어 있었다는 것을 하나의 방어할 수 있을 만한 가설로 간주하겠다. 물론 두개골과 뇌의 부피는 우리 종을 한층 더 특정화하는 중요한 진화 과정들을 겪었다. 그렇지만 더 이상 원숭이 같은 커다란 유인원이 아니라 이미 인간과 같이 키 큰 영장류인 우리의 최초 인간 조상들 사이에서, 〔우리와의〕 접합점은 비록 상당한 기간이 걸렸을 수 있지만, 약간 갑작스런 방식으로 멀리서 나타났음에 틀림없다. 형태학적 측정의 관점에서는 상당히 근접하는 이 두 종〔유인원과 인간 조상〕 사이의 차이는 두번째 종이 매우 오랜 기간 전개된 일련의 변이들을 거쳤다는 점과 아울러 이 종만이 자신의 유전자 코드 안에 언어 능력을 갖고 있다는 점에 있다. 그렇다고 해서 이 차이가 인간 종이 곧바로 언어들을 가졌다는 것을 의미하지는 않는다.

이 최초의 인간 종의 역사에 관한 근거들에 따르면, 이 종은 아마도 아프리카에서 발원했을 것이므로(사람들이 더 오래된 조상들을 오스트레일리아, 뉴기니아, 또는 다른 곳에서 찾아내게 될 때까지는), 우리의 조상은 아프리카인들이다. 따라서 220만 년 전에, 아프리카 주(洲)는 새로운 종의 탄생에 적합한 조건들을 한데 결합하는 생태적 지위*를 구성했다. 이 새로운 종은 매우 특정하고 매우 불안정한 환경, 즉 살기에 적합한 수원(水原)들이 많이 있으며 수목이 우거지고 사냥감이 풍부하지만, 건기와 우기가 순환하는 사바나 대초원의 환경에서 태어났다. 나는, 이 종이 태어나자마자 물 부족과 식량 부족 때문에 죽지 않기 위해 이주해야만 했고, 수만 킬로미터를 돌아다녀야만 했다는 가설을 세워보겠다. **베이징 원인**이 아프리카 시원지의 것과 많은 유사점을 보여주는 소위 '뗀석기'의 문화를 만든 것은 이 때문인 듯하다.

의사소통 수단인 언어들은 언어 능력이 인간의 유전자 코드에 기입됨으로써 가능해지지만, 언어들이 인간에게 직접적으로 필수불가결한 것은 아니며, 따라서 반드시 언어들이 인간과 함께 태어나는 것은 아니다. 달리 말해 인간 종의 생존을 보장하는 데 필수적인 유목화와 대

---

* (옮긴이 주) 생태적 지위 niche écologique. 원래는 어떤 생물이 생물 공동체 중에서 차지하는 위치나 상태를 가리킨다. 위 문맥에서는, 인간 종이 출현할 수 있는 조건들을 갖춘 생태 환경을 구성했다는 의미로 파악할 수 있다.

규모 이주들이 일어난 것은, 언어 능력을 선사받았다는 점에서 분명 인간 종이 '완성되었'을 때였지만, 이때 인간 종은 아직 근대적 의미에서의 언어들을 사용하지는 않았다.

언어들의 증식

언어들의 탄생은 상당한 기간에 걸쳐 있다. 일련의 확장들, 규모의 증대가 뒤따른다. 나는 우리와 매우 근접한 기간인, 신석기 시대(기원전 2만~1만 2000년)에, 정착 사회들이 형성되고 늘어났으며, 그에 따라 언어들도 점점 더 빠르게 늘어났다고 생각한다. 사회들이 정착하고 늘어나게 된 것은 인간들이 자신들의 가축 떼를 위해 물을 찾는 데 모든 것을 바쳐야 하는, 불안정하고 어려운 유목적 방랑 생활을 그만두었기 때문이다. 이제 최초 배아 형태의 도시들이 나타난다. 성서에서 예리고는 세계사 최초의 도시로 나오는데, 분명 다른 도시들이 그에 앞서 있었을 것이다. 도시들의 출현은 들판을 이용하여 경작할 가능성을 동반한다. 우리를 즐겁게 하는 유머 작가 알퐁스 알레Alphonse Allais 의 "농촌에 도시를 세워야 한다"는 재치 있는 말은 그래서 나름의 근거가 있는 말이다.* 농촌이 아닌 다른 곳에 도시를 세울 수는 없다. 비록

---

* (옮긴이 주) 여기에서 '농촌'으로 번역한 말 campagne는 원래 시골, 농촌을 의미하고 그런 점에서 도시와 대립된다. 그런 의미에서 알레는 "농촌에 도시를 세워야 한다"는 말을 농담 삼아 한 것이다. 하지만 이 말에는 또 경작을 위한 들판이나 평야의 뜻도 있다. 글쓴이는 알레의 말을 좀 더 진지하게 도시와 들판 경작의 밀접한 관련성이라는 관점에서 보고, "들판 경작이 가능한 곳에 도시를 세워야 한다"는 의미로 이해하고 있다. 따라서 도시와 대립하는 시골의 의미와, 경작지의 의미 양자를 모두 포함하는 '농촌'을 번역어로 택했다.

이후 도시적 생활 방식이 주로 인공적인 방식이라는 점에서 농촌적 생활 방식과 근본적으로 구분되는 것으로서 나타나겠지만 말이다. 이 가설을 지지해주는 실제 증거들을 내세울 수 없기는 하지만, 내가 보기에 신석기 시대는 언어들이 상당히 늘어난 시기인 것 같다.

물리적 소멸로 인한 죽음

말을 탄 듯이 성큼 수천 년을 뛰어넘어, 이제 우리의 시대와 훨씬 더 가까운 시기를 고찰해보자. 이 시기는 식민지 시대의 시작을 나타내는 르네상스 시대이다. 주로 스페인과 포르투갈 사람으로 구성된 항해자들이 도착하면서, 그 뒤에는 영국인, 프랑스인, 네덜란드인이 교역을 할 생각에서 해외 상관을 세우러 오면서, 종교전쟁이 아메리카로 옮겨졌고, 사실상 동일한 양상으로 동남아시아의 몇몇 지역에도 옮겨졌다. 물론 어떠한 이타적 동기에도 기반하지 않은 채 도래한 이 식민지 시대는 너무나 엄청나고, 너무나 체계적인 대량학살을 동반했는데, 이것이 낳은 결과는 너무나도 확실했다. 그래서 우리는 16세기 초엽, 즉 매우 역설적이고 모순적인 방식으로 서양 유럽 문화의 관점에서 르네상스〔재탄생〕라고 불리는 이 시기를 인간의 언어에서는 실제로 대량학살의 시작으로 볼 수 있다.

이 점을 납득하기 위해서는 멕시코의 예, 즉 카스티야 왕이 이 나라에 준 이름인 Nueva España〔새로운 스페인〕만 생각해봐도 충분하다. 한 세기 만에, 콜럼버스 이전 시대에 존재했던 수백 개의 언어 중에서 **콘키스타도레스***의 '서사시'는 단지 수십 개의 언어만을 남겨놓았을 뿐이다. 오늘날 멕시코가 겪고 있는 나후아틀어nahuatl의 생존 문제, 멕시코 중앙 고원의 오토망게otomangue 언어들의 생존 문제나 20여 개 마야 언어의 생존 문제는 16세기의 언어적 다양성의 상실 문제와는 비교가 되지 않는다. 이때의 언어적 다양성은 서양이 폭력적으로 이 '새로운' 나라들로 대거 침입하면서 모두 소멸해버렸다.

　이런 조건들 속에서, 언어들은 엄청난 비율로 죽기 시작한다. 절멸에 의한 물리적 소멸을 야기하는 이런 원인에 다른 원인들이 추가되는데, 이 원인들은 말하자면 물리적 소멸을 필연적 귀결로서 낳는다. 서양이 저지른 중대 범죄와는 별도로, 자연적인 대변동으로 인해 지구상에서 한 민족의 전부 또는 거의 전부가 사라질 수 있고 그 때문에 사람들이 러시아어로 'nositieli,' 즉 언어들의 '운반자'라고 말하는 그런 의미에서 언어들을 실어 나르는 유전자 자체가 소멸됨으로써 언어들도 소멸될 수 있다. 사실 사람들은 하나의 언어를 싣고 있다. 이는 보물을 싣고 있는 것과 같다. 즉, 소통을 가능케 하고, 자신의 이웃에게 말을 걸고 결국 그를 사랑하게 만드는 신비한 아름다움을 싣고 있는 것과도 같다. 자연적인 재앙들과 관련된 이런 언어 소멸의 경우는 극히 제한되어 있다. 살바도르의 예가 종종 인용되곤 한다. 1930년대에 지진과 함께 일어난 화산 폭발 때문에, 이 나라에서 한 인디언 부족 인구가 거의 전부 죽어버린 일이 있었다. 이처럼 언어 사용자들의 물리적 소멸은 드물기 때문에, 그보다는 언어들이 소멸되는 다른 원인들이 훨씬 더 해롭고, 훨씬 더 위험하며, 실제로 훨씬 더 체계적인 것으로 드러난다. 이것들은 무엇인가?

---

* (옮긴이 주) 콘키스타도레스conquistadores, 스페인어로 '정복자'를 가리키는 말의 복수형으로 16세기 초 중남미 대륙에 침입한 코르테스와 같은 스페인 탐험가들을 가리킨다.

외국 모델의 강제

언어들을 짓누르는 주요한 위협들 중 하나는 서양이 문화 적응이라고 생각하는 것, 즉 침입한 문화와 지역 문화 사이의 접촉으로부터 온다. 나는 비단 아메리카 대륙의 예뿐만 아니라 오스트레일리아와 적어도 아프리카 대륙 일부의 예도 염두에 두고 있다. 살리코코 무프웨네가 강조한 대로, 아프리카 언어들은 매우 잘 저항했는데, 이는 이 대륙이 아메리카, 오스트레일리아, 동남아시아 일부 지역이 겪은 유형의 식민화를 운 좋게 피할 수 있었기 때문이다.

외국 모델들의 침입은 오래된 생활 방식과 새로운 생활 방식 사이의 비교를 불러일으킨다. 물론 새로운 생활 방식은 우선 거부되지만, 점차 모방될 만한 가치가 있는 것으로 나타나게 된다. 겉으로 보기에 이 방식이 더 큰 효율성의 원천이고, 더 나은 삶을 보장해줄 수 있는 것으로 경험되기 때문이다. 모방주의는 인간사회 발전의 주요한 사회적 원동력으로 간주될 수 있다. 만약 어느 유목민이 정착민들, 특히 외국인들을 우연히 관찰하게 되었을 때, 그들이 경제력과 군사력을 이용하며, 효율적인 행정적·상업적 조직화를 갖춘 것 같아 보인다면, 비참하게 살아가는 이 유목민은 여기에 매력을 느낄 것이다. 그는 자신의 세대에서 이 모델을 모방하지는 않더라도, 적어도 자신의 아이들은 이 모델을 모방하도록 할 수 있을 것이다. 바로 이런 이유로 많은 민족에서 전통 교육을 받는 인구가 줄어들고 있다.

이 현상은 오스트레일리아, 캐나다, 또는 미국에서도 관찰된다. 이 모든 경우에서, 백인 민족들은 단순히 하나의 모델을 제안하거나 강제하는 것보다 훨씬 더 멀리 나아갔다. 우리는 아이들을 그들의 마을로부터 빼앗아 강제로 감옥 같은 유형의 기숙학교에 데려다 놓고, 이 학교에서 아이들이 자신의 본래 언어를 사용하는 것을 엄격하게 금지했던 역사를 알고 있다. 타고난 언어를 죄악시하고 수천 가지 방식으로 자신이 태어난 마을에서 그 언어를 말했던 아이에게 부끄러움을 줄 때, 이 아이는 다시 돌아와서, 새로운 언어의 전달자, 외국인, 백인, 식민 지배자의 전달자, 부르지도 않았는데 온 자들의 전달자가 된다. 이것은 상당수의 언어가 소멸한 역사 자체이다. 캐나다, 오스트레일리아, 또는 미국의 예를 든 것으로, 모든 예를 다 열거한 것처럼 말하고 싶지는 않다.

2000년 시드니 올림픽 대회에서, 수많은 오스트레일리아 토착 원주민들이 자기 조상의 아이들에게 저지른 행위에 대해 정부가 인정할 것을 요구하는 시위를 벌였다. 그들이 내세운 많은 주장 중에서, 내게는 특히, 오늘날 영어를 쓰는 토착 원주민의 아이들이 태어난 곳에서 납치된 아이들이었다는 사실을 인정하라는 주장이 충격적이었다. 이런 행위로 인해 이 대륙에서 언어적 다양성이 소멸되었던 것이다. 이 대륙에서 언어들의 수는 서양 문화가 오기 전에는 약 4만~5만 개를 헤아렸다. 오늘날에는 몇십 개까지는 아니더라도, 몇백 개 언어만이 남아 있을 뿐이다. 가장 그럴듯한 추산에 따르면 200개 내지 300개의 언어가 살아남아 있지만, 그마저도 극히 불안정한 상황에서 대다수가 소멸되는 과정 중에 있다.

언어 전파의 실패

언어들의 대량 죽음은 외국 모델의 강제를 통해서만 일어난 것이 아니라 마찬가지로 내적 모델의 강제를 통해서도 일어났다. 탄자니아 같은 나라에서 유목 민족의 언어들, 부족 언어들은 공식 언어이자 국어로 격상되어 막대한 영향력을 누리는 스와힐리어에 의해 극도로 위협받고 있다. 그런 과정 속에서 지방 언어들은 부족 언어들보다는 분명 잘 대비가 되어 있다. 부족 언어는 변변치 못한 가축 떼들과 함께 유목 생활을 하는, 줄어들고 있는 부족들이 사용하는 언어이다. 〔반면〕 실제로 지방 언어들 중 몇몇은 활자 인쇄, 교육, 더 나아가 텔레비전이나 라디오 같은 대중매체들에 접근한다. 하지만 그렇다고 해서 이런 지방 언어들이 손가락으로 꼽을 정도라는 사실을 잊어서는 안 된다.

이런 맥락에 언어들의 삶에서 하나의 주요한 요소인 결혼과 같은 사적인 현상들이 접목된다는 것을 상기하자. 왜냐하면 결혼은 언어들의 생존을 보장할 수도 있고 또 언어들의 사형 판결에 서명할 수도 있기 때문이다. 크웨고어kwego를 사용하는 사람이 마사이어massaï를 사용하는 마사이족 여자와 결혼한다고 상상해보자. 마사이어는 탄자니아와 케냐의 주요 지방 언어이다. 이런 이유로 마사이어는 분명 스와힐리어에 의해 위협받고 있지만 ── 부족 언어들보다는 덜 하기는 하지만 ──, 마찬가지로 이 언어 자체는 부족 언어들에 대해 위협적인 언어이다. 그러면 극히 적은 가축만을 가지고 있는 유목민 또는 더 나쁜 상황으로, 호구지책의 경제로 자신의 생존을 영위하는 사냥 채집꾼을 상상해보자. 그가 마사이족 여자와 결혼하는데, 그녀의 아버지는 이 여자에게 지참금으로 혹우 몇 마리를 주었다고 가정해보자. 단지 이 사실만으로도, 그는 자기 아내의 문화적 영향력이 주는 유혹에 빠지며, 마찬가지로 가축 사육자의 지위를 얻을 목적으로 결혼하려는 욕망에 사로잡힌다. 이제 그는 마사이어에 대한 모방주의의 장난감이 된다. 이 경우 그는 자기 아이들에게 어느 언어를 전달하겠는가? 그것은 분명 크웨고어가 아니라 마사이어, 자기 아내의 언어일 것이며, 그때쯤이면 그는 이미 마사이어를 배웠을 것이다. 그의 아내에 관해 말하면, 그녀는 자연히 크웨고어가 아니라 자기 아버지, 자기 가족, 자기 지역의 언어인 마사이어를 아이들에게 가르칠 것이다. 이런 언어 전파의 수준에서, 우리는 아주 명료하고 첨예한 방식으로 언어들이 소멸하는 과정의 상이한 단계들을 보게 된다. 우선 언어들의 불안정화 단계가 오고 그다음에 그 언어들의 주변화 단계, 그리고 끝으로 전파의 실패로 인한 그 언어들의 소멸 단계가 온다.

영향력 있는 언어들이 지닌 매력

언어들이 죽는 또 다른 이유는 대중매체를 통해 전달되는 그런 영향력 있는 언어들이 지닌 매력에 있다. 아프리카는 식민지의 몇몇 언어를 뿌리 뽑아 소멸되게 만들었던 식민 지배자들의 행위와는 별개로, 언어들이 사라지는 과정에 대한 훌륭한 예화들을 제공해주므로, 아프리카를 떠나지 말도록 하자. 실제로 아프리카 언어들의 상당수가 그 스스로도 식민지의 멍에에 종속되어 있었던 민족들의 언어 때문에 위협을 받고 있다.

그러면 누비아족 이집트인, 즉 나일어군에 속하는 주요 아프리카어인 누비아어를 사용하는 한 사람을 상상해보자. 이 누비아족 이집트인은 북쪽의 대도시들, 아마 카이로나 카르툼까지도 자주 가기 때문에, 이슬람교도일 것이다. 비록 그가 이슬람교를 잘 알고 있다고 하더라도, 그는 아랍어 텍스트로 된 코란을 읽지 않으며, 아니면 읽는다고 해도 이해한다기보다는 더듬더듬 읽을 것이지만, 종교 방송과 카이로의 라디오 방송은 듣는다. 그는 아랍어로 말해지는 모든 것을 알아듣는다. 그가 자신의 마을로 돌아올 때, 이 누비아어를 사용하는 사람은 아랍어의 전달자가 되는데, 이 아랍어는 자기 종교의 성서인 코란의 언어이자, 대도시의 언어이다. 이 언어는 또한 매우 큰 영향력을 지니는데, 왜냐하면 이것은 이전에는 옛 식민지 체제에 대항하고 오늘날에는 상이한 유형들의 경제적 압력에 대항하여 민족국가적인 자기 정체성을 긍정할 수 있는 힘—국수주의적인 것은 아닐지라도—을 전달해주기 때문이다. 이런 조건 아래, 누비아어의 죽음은 계획되어 있다. 왜냐하면 카이로에 머무르다가 오랜만에 나타난 이 촌사람, 즉 이집트와 수단 두 나라에서 모두 아랍어로 된 인쇄 언론매체, 특히 라디오와 텔레비전, 미디어와 그저 규칙적으로 접촉할 뿐인 이 촌사람은 완전한 아랍화의 전달자가 될 것이기 때문이다. 이슬람화는 수 세기에 걸쳐 진행되지만, 이 이슬람화는 아랍화 과정으로 이중화되는 경향이 있다. 이렇게 해서 스스로를 보호하기 위한 수단을 가지고 있지 않은 지방 언어들, 부족 언어들은 소멸될 위험에 처해 있다. 심지어 때로는 이 언어들의 보관자였던 민족들의 때로는 열광적이기까지 한 동의를 통해 이런 위험에 처하기도 한다. 이 경우 언어는 전파 실패의 희생자이다. 사람들이 아이들을 지방의 선생님 곁에 두지 않고, 영향력 있는 언어를 가르치는 학교에 보내기 때문이다. 결국 영향력 있는 언어들과의 접촉은 언어 소멸의 보조적인 요인 중 하나이다.

상당수의 다른 이유들을 들 수도 있을 것이다. 특히, 소멸되어가고 있는 언어들의 사용자들이 진정으로 그 언어들을 보호하고 싶어 하는지 자문해보는 것이 좋다. 민족학자들처럼, 언어학자들은 언어에 대한 사랑 때문에 보통 다양한 언어들이 살아남도록 모든 노력을 기울이고 싶어 한다. 역설적이고 극적이게도, 언어학자들이 이런 기획에서 만나게 되는 주요한 적대자는 종종 이 언어들의 사용자들 자신이다. 이 사람들은 자신의 언어들을 되살리고 싶어 하지 않으며, 그들이 근대성에 접근하는 과정에서 이 언어들이 정말로 유용한 도구라고 생각하지 않는다. 이런 면에서 근대성은 언어들을 중대하게 위협하는 낱말이다.

유행과 속물근성

언어가 소멸되는 하나의 또 다른 요인이 언급되어야만 한다. 이 요인은 경제적 또는 사회적 질서에 속하지 않으며, 심지어 일반적으로 개진된 여러 논증의 엄격하고 진지하고, '학문적인' 특징을 벗어나는 것으로 보일 수도 있다. 왜냐하면 순수하게 심리적인 요인—비록 어떤 기분 같은 것은 아니라고 하더라도—이 관련되어 있기 때문이다. 이 요인은 그래도 극도로 중대한 위협이 되고 있다. 이것은 바로 유행과 속물근성이다. 상당수의 예에서, 실제로 어떤 효율성도 더 나은 삶을 보장해주지 못할 때, 어떤 전문적인 필요성도 없을 때, 어떤 경제적 또는 사회적 근거도 이를 정당화해주지 않을 때, 지배적인 언어를 위해 자신의 타고난 언어를 포기하도록 정치적 본성이나 다른 본성을 지닌 어떤 진정한 압력도 가해지지 않을 때, 젊은이들이 지배적 언어를 향해 일제히 뛰어드는 것은 적어도 이 때문이다. 속물근성은 이 언어를 아는 것이 세련된 일인 듯 보이게 만든다. 심지어 사람들이 매 음절마다 이 언어를 살해하고 있을 때에도 말이다.

언어들의 부활

언어들은 태어나고, 살아가다가 죽지만, 마찬가지로 부활할 수도 있다. 언어들이 부활하는 근본적인 근거가 하나 있다. 언어들은 단순히 언어들인 것만은 아니다. 만약 우리가 언어 기능을 인간 종을 정의하는 능력으로 그리고 언어들을 이 능력의 역사적·사회적 실현들로 본다면, 또 하나의 중요한 구분을 떠올려야만 한다. 지난 세기 초의 위대한 언어학자인 페르디낭 드 소쉬르Ferdinand de Saussure가 사용했던 구분, 즉 '랑그'와 '파롤' 사이의 구분 말이다.* 하나의 언어는 또한 하나의 **파롤**이다.

[하지만] 사실 언어는 음성학적 체계(자음과 모음은 음절에 따라 배치되고, 음절들은 단어들로 정렬된다)와 형태소-구문론적 체계(구문론적 구조는 단어들을 정렬한다), 그리고 의미론적이고 어휘적인 체계(단어는 의미의 전달자이다)의 결합이다. 비록 언어가 말해지지 않는다고 해도, 이 상이한 체계들이 구어적으로 일상적인 교환에 적용되지 않는다

---

* (옮긴이 주) 아래 문단에서 설명되듯이 랑그는 언어의 구조적·법칙적 측면을 가리키고, 파롤은 구체적인 언어 사용을 가리킨다.

고 해도, 언어는 여전히 언어로 남아 있다. 언어가 실현되기 위한 파롤을 갖지 않는다고 해서, 언어가 반드시 죽을 위험에 처하는 것은 아니다. 바로 이 때문에 언어들은 그 언어들이 되살려낼 수 있는 파롤들일 뿐만 아니라 랑그들이기도 하다. 언어들 중 하나가 죽을 때, 이 언어는 단지 파롤만 잃었을 뿐 생명까지 잃은 것은 아니다. 이 언어는 랑그인 한에서 사라진 것이 아니다. 이 언어는 파롤을 잃었는데, 내가 앞서 만든 언어 소멸의 원인론에 따르면, 이는 이 언어의 사용자들이 이 언어를 말하지 않기 때문이다. 그렇다고 해서 이 언어의 음성학, 형태소-구문론, 어휘들, 의미론들이 반드시 사라지게 되는 것은 아니다. 어떤 것도 이것들에게 사형선고를 내리지 않는다. 단, 이것들이 어딘가에 기록되어 있기만 하다면 말이다.

내 학위논문의 대상인 아프리카에서, 나는 다음과 같이 집단적 기억의 이례적인 현상을 관찰할 수 있었다. 나의 나이 든 정보원들은 나에게 자기들이 조상의 언어를 간직하고 있으며, 그 조상은 또 자기 조상에게서 그 언어를 배웠다고 말했다. 나는 구술 전통이 실재한다고 믿지만, 내가 보기에 이 전통은 비록 완벽하게 구체적인 것이라고 해도, 물질적인 대상으로 기록물을 남겨놓았던 문자 전통에 비하면 더 파악하기 어려운 것 같다. 현재의 가상현실적인 형태에까지 이르는 이 모든 기록물의 뒷받침은 분명 물질적 대상인 까닭에 노후화될 위험이 있지만, 그래도 언어들을 보존하는 전달자의 역할을 잘 해내고 있다. 이 중 어떤 것들은 심지어 파롤까지도 보존할 수 있다. 소위 죽었다는 언어 대부분의 경우, 그것들의 파롤이 죽은 것이며, 이제는 기록된 증거물들만이 우리에게 남아 있다.

부활—히브리어

만약 어떤 인간적인 의지, 한 언어를 되살리고자 하는 어떤 강력한 의지가 있다면, 이 언어의 부활은 가능하다. 사람들이 주로 인용하는 예는 히브리어의 예이다. 드레퓌스 사건 이후에, 차르 시대의 계획적인 유대인 학살 이후에, 그리고 20세기의 첫 10년 동안 유대인 공동체들이 점차 팔레스타인 지방에 오기 시작했을 때 이 언어는 되살아났다. 제2차 세계대전 이후, 이스라엘 정부가 만들어졌을 때, 유대인들은 떼를 지어 이미 오래전부터, 1920년대부터 히브리어라는 언어를 가지고 있었던 이 나라로 들어왔다.

어떻게 유대인 공동체들은 20세기 초부터 이 언어를 되살릴 수 있었을까? 이 공동체들은 단지 문자 기록들만을 토대로 이 언어를 재구성했다. 이 기록들은 우선 성경에서부터 시작되지만 마찬가지로 랍비, 탈무드, 또는 미드라쉬 전통의 문헌들과 수 세기에 걸쳐 히브리어로 학자들이 주고받은 모든 서신도 포함한다. 그렇지만 히브리어는 기원전 600년 이후 죽은 언어였다. 왜냐하면 기원전 594년에, 유대인 공동체에 대한 바빌론의 승리 이후, 유대인 귀족들은 집단으로 바빌론으로 끌려갔고, 여기에서 그들은 아람어를 발견했기 때문이다. 이 언어는 광대한 지역에 걸쳐 유목 생활을 하는 교역자의 언어이며, 이 교역자의 후손들은 오늘날 시리아, 레바논, 요르단의 주민들과 이라크의 일부 주민들이다. 게다가 아람어는 죽지 않았다. 오늘날에도 동방의 시리아어 또는 새로운 시리아어로 불리는 일종의 아람어를 말하는 아람어 공동체들이 레바논에 여전히 존재한다. 기원전 530년 또는 525년에,

바빌론을 정복한 황제 키로스 2세가 유대인 공동체들을 본국으로 돌려보냈을 때, 유대인 엘리트로 이루어진 이 공동체들은 아람어를 함께 들여왔다. 그래서 자신의 공동체의 언어 속에서 자라난 젊은 유대인인 나사렛의 예수는 이미 학자들의 언어가 되어버렸던 히브리어가 아니라 아람어를 사용했던 것이다.

19세기의 마지막 10년이 끝날 때부터 기획된 긴 작업 후에 이루어진 히브리어의 부활은 매우 예외적인 현상이었지만, 그와 유사한 다른 예가 없는 것은 아니며 모델로서의 가치가 없는 것도 아니다. 왜냐하면 인간의 의지만으로 충분했기 때문이다. 이 시기에 유대인들을 팔레스타인으로 데려온 이상에 따라, 이 공동체들은 유대인이 팔레스타인에서 의사소통하기 위해 사용할 유일한 언어는 히브리어일 수밖에 없다고 생각했다. 그런 언어는 이디시어나 유대-아랍어일 수 없고, 더더욱 예멘 아랍어나 이라크나 예멘의 유대인들이 쓰는 이라크어, 세르비아어, 러시아어, 폴란드어, 헝가리어, 루마니아어일 수도 없다. 또 중유럽과 동유럽에 수 세기에 걸쳐 정착했으며, 매우 오랫동안 오토만 제국의 영향력 아래 있었고, 그 뒤에는 러시아와 끝으로 합스부르크 왕가의 영향력 아래 있었던 유대인 공동체들이 사용하는 어떤 언어일 수도 없다. 이 모든 공동체는 매우 많은 언어를 사용했는데, 이것들은 모두 인도-유럽어였다. 이 공동체들에게 히브리어는 낯선 언어였고, 예배할 때 사용하는 언어였다. 그러나 히브리어는 그들에게 바람직한 유일의 의사소통 언어로 보였다. 이제, 이 언어는 여전히 무수한 문자 기록물이 남아 있었다는 점에서 2,600년 동안 죽지 않은 채로 죽어 있었기 때문에, 이 언어가 새로운 공동체의 언어가 되리라고 결정하는 것으로 '충분했다.' 바로 이렇게 해서 모든 일이 일어났다. 어려움이나 이의 제기가 없지 않았고, 공동체 내에서 그리고 공동체들 사이에서 문제가 없지는 않았지만 말이다.

언어들의 미래—크레올화

이 예는 한 언어가 인간의 의지만 있다면 승격될 수 있듯이 부활할 수도 있다는 것을 보여준다. 삶-죽음-부활의 3절판 그림에서 부활이라는 이 낙관주의적 국면에 이르러, 나는 죽은 것으로 간주된 언어들이 생명을 되찾은 다른 예들을 언급하는 것으로 내 이야기를 결론짓겠다.

콘월어의 예. 이 언어는 16세기 말부터 죽어 있었는데, 영국의 동쪽 끝에 있는 콘월에서 되살아나서 켈트 민족 사이에서 널리 퍼지고 있는 것 같다. 켈트 민족은 영국식 영어가 가하는 압력에 맞서 이 언어를 되살리려는 매우 강력한 의지를 보여주었다.

노르웨이에서 니노르스크어nynorsk의 예. 신(新)니노르스크어라는 이 언어는 부활한 것이 아니라 오슬로와 대도시들의 부르주아가 사용하는 다노-노르웨이어dano-norvégien에 대항하기 위해 이 나라의 남동쪽 지역 방언들로부터 거의 창조되다시피 재구성되었다. 다노-노르웨이어는 덴마크가 노르웨이를 수 세기 동안 식민지화하는 과정에서 강제된 것으로, 덴마크어에서 유래한 공동체 언어이다.

나갈랜드의 나가마이스어nagamais의 예. 나갈랜드는 인도 최동단 국가에 있는 히말라야 고지대에 위치해 있다. 여기에 거주하는 부족 공동체들은 아사마이스어assamais, 티베트어tibétain, 그리고 피진화와 그에 이은 크레올화를 통해 곧 민족어가 될 한 언어를 사용한다. 이 언어는 상업적 관계에서 비롯되어 거의 창조되다시피 했다. 실제로 시장은 피진어와 크레올어를 만들어내는 이상적인 장소이다.

티모르어의 예. 이 언어는 티모르 곳곳에서 약간은 매개 언어처럼 이 나라의 중요한 언어 중 하나인 테툰어tetun를 통해서 사용된다. 이 언어는 매우 제한된 자원들을 이용하여 크레올화되고 피진화되었다.

만약 히브리어의 재탄생이 성경 그리고 탈무드의 옛 기록 전통 덕분에 이루어졌다면, 위에서 말한 언어들의 경우는 이와 근본적으로 다르다. '부활'의 예에 해당하는 콘윌어를 제외하면, 이 언어들은 크레올화되는 상황에 속한다. 죽어가는 언어들의 숫자는 상당하다. 이 숫자대로라면 매년 25개 언어의 비율로 사라져서, 22세기가 시작될 때에는 오늘날 존재하는 5,000개의 언어 중에 2,500개만이 남게 될 정도이다. 그럼에도 불구하고 몇몇 언어가 태어나고 있다는 사실을 간과해서는 안 된다. 불행하게도 태어나는 언어는 죽는 언어보다 훨씬 더 적지만 말이다. 언어들은 주로 크레올화의 과정을 통해서 태어난다. 즉 처음에는 의사소통하는 어떤 개인에게도, 도시와 시장에 존재하는 어떤 공동체에도 모국어로서 그리고 조상으로부터 물려받은 언어로서 속해 있지는 않지만 교환을 가능하게 하는 언어로서 출현한다. 크레올어들은 각 언어가 혼합되는 일종의 과정을 거쳐, 점차 하나의 의사소통 수단으로서 출현하게 되는데, 이 크레올어들은 장기적 안목에서 보면 언어들의 미래 자체이다. 더 나아가 오늘날 하나의 세계적인 혼용의 언어가 이 언어가 겪고 있는 크레올화 과정의 결과로서 매우 희망찬 미래를 약속해준다. 바로 앵글로-아메리칸어가 말이다.

|제3부| 새로운 사회 계약을 향하여?

제1장

새로운 사회 계약과 모두를 위한 평생교육

　　교육 분야에서 20세기가 남긴 유산은 결코 가볍치 않다. 문맹은 엄청나게 감소했는데, 이는 상대치로 본다면 더욱 두드러진다. 중등교육과 고등교육의 실제 정원도 증가했다. 그렇지만 세계적 수준에서 여전히 존재하고 있고, 심지어는 사회들 내부에도 남아 있는 격차들은 새로운 사회 계약이라는 결론을 요청하는 것처럼 보인다. 다른 한편에서는, 경제 영역과 앎의 영역 간에 증가하는 상호 작용, 또 노동시장의 급격한 변형들로 인해 교육에 대한 새로운 정의가 요구되고 있다. 교육은 더 이상 인생의 어느 한 시기에만 한정되지 않는다. 교육은 이제, 아는 법을 가르치기, 하는 법을 가르치기, 존재하는 법을 가르치기, 함께 사는 법을 가르치기라는 이 네 기둥 위에 기초해야 한다. 이것들은 또한 새로운 과학기술과 더불어 교육의 새로운 활로로 탐색될 수 있다. 신기술은 접근의 용이성을 제공함으로써 교육의 보편화에 기여할 수 있을 것이다. 정치적 결단을 내려 신기술에 숨어 있는 가능성들이 개발되도록 한다면 말이다.

　　여기에서 자크 들로르는 변화 중인 우리 사회에서 받아들일 수 있는 모두를 위한 평생교육의 양상들을 분석하고, 민주주의와 교육 사이에 새로이 세워져야 할 변증법을 모색한다. 줄리우 줄레브는 개인들의 시민성 및 책임감 형성에서 교육이 떠맡아야 할 역할을 강조한다. 마지막으로 페이 충은 여성들의 교육에 대한 접근 가능성이 사회적·정치적·경제적으로, 특히 개발도상국가에서 얼마나 중요한지 상기시킨다.

만인을 위한 평생교육을 향해

자크 들로르

내가 우리 사회에서 교육이 맡아야 할 역할에 대해 성찰하게 된 것은 강력하면서도 서로 경쟁관계에 놓인 두 개의 아이디어 때문이다. 그중 하나는 교육 면에서의 불평등이 제기하는 문제인데, 이것은 세계적으로 여전히 존속하고 있을 뿐만 아니라 심지어 더 악화되고 있다. 다른 하나는 기술적·경제적, 그리고 지정학적인 엄청난 변화가 모든 사회에 미치는 영향이다. 나는 이 두번째 문제에 주안점을 두면서 국가적 차원에서 새로운 사회 계약을 규정하는 문제를 집중적으로 다루어보고자 한다.

교육에서의 불평등

1990년대 말, 문맹자의 수는 9억 명에 달했고 교육에 한 발도 내딛지 못한 어린이들이 1억 명이었다는 것을 상기해보자. 또 만인 교육을 향한 진보는 많은 나라에서 중단되어 있으며, 많은 교육자가 어려운 상황에 처해 있다는 것을 떠올리자. 실제로 5,700만 명의 교육자 중 70퍼센트가 그들의 지위나 그들이 사회에서 떠맡아야 하는 역할과 맞지 않는 물질적 조건들 속에서 살아가고 있다. 물론 나도 유네스코, 세계은행이나 그 밖의 기구들이 이 분야에서 노력을 기울이고 있다는 사실을 알고 있다. 그러나 더 많은 것이 행해져야 한다. 아마도 전 지구적 차원의 계약에는 교육을 위한 세계 기금 설립과 관련한 하나의 새로운 조항이 포함될 수 있을지 모른다. 이 기금에 필요한 만큼의 규모와 능력을 부여하기 위해서는 국제연합의 회원국들이 그들의 군사비 중 1퍼센트를 할애하기만 해도 충분할 것이다.

교육이 의존해 있는 보편 원칙들은 우리의 정신을 형성한 것으로서, 어떤 경우에는 3,000년 전까지도 거슬러 올라가는 여러 시대의 사상가들을 통해 표명되었던 것이다. 나는 이 사실을 환기시키면서, 거대한 변화가 던져놓은 도전을 다루고 싶다.

거대한 변화와 불변적인 것

과학기술의 혁신이 일어날 때마다 제기되는 물음은 무엇이 변화할지, 그리고 과연 모든 것이 변화할지에 대한 것이다. 사실 우리는 경험을 통해 사회에는 늘 어느 정도 불변적인 것이 있음을 알고 있다. 그러한 불변적인 부분을 우리가 겪고 있는 과학기술의 변동 속에서 구별해내는 것은 내가 다루는 주제를 넘어서는 어려운 문제인 듯하다.

여기에서 나는 거대한 변화를 주도하고 있는 매개변수를 그려보는 것에 만족하고자 한다. 그 변수들은 과학기술(새로운 정보과학기술과 생명공학)의 혁신, 세계화되고 있는 경제와 시장, 증대하는 교류, 새롭게 등장하는 이해관계자들, 변형되고 있는 자본주의와 상당한 쇠퇴를 겪고 있는 국가 관리주의이다. 이렇게 열거하고 보면, 경제학이 그 밖의 다른 인문과학을 지워버리고 있는 중이라고 생각할 수도 있겠다. 만약 상황이 정말 그렇게 되어간다면, 이는 중대한 과오를 범하는 일이 될 것이다. 이 열거 목록은 또한 경제학이 정치학의 역할을 **빼앗은** 것이 잘못된 일은 아니라고 생각하게 만들 수 있다. 〔하지만〕 정치학이 건강한 민주주의와 현명한 위정자들을 위해 필요한 것임을 생각해보면, 이는 애석한 일이 아닐 수 없다. 이것이 교육에 끼치는 직접적인 영향은 오직 영어를 통해서만 식별될 수 있다. 평생교육을 말하는 사람들 대부분이 이야기하는 것은 훈련training이다. 나는 그보다는 배움learning 이란 말을 선호한다. 배움과 훈련은 같은 것이 아니다.

변화의 이런 매개변수에 또 다른 매개변수들도 덧붙여야 한다. 그것들은 대중매체의 혁명, 세계적 여론의 탄생(이 세계적 여론은 특히 가장 부유한 열강들이 체첸이 아니라 코소보에 개입하게 된 이유에 대해 자문한다), 20세기 후반을 지배했던 다음의 사실들과 결부되어 체험된 가치들의 변화이다. 즉, 여성의 지위 향상, 생활 방식의 변화들, 가족의 붕괴, 최고조에 달한 자아실현의 열망, 몇몇 집단이나 공동체의 정체성 부각, 끝으로 세계적인 것과 지역적인 것 사이에 존재하는 엄청난 긴장이 그것이다. 우리의 지도자들은 점점 전 지구적 수준에서 생각하지만, 그들이 말을 거는 시민들은 지역적인 수준에서 생각한다. 세계화에 직면한 우리의 많은 동시대인에게 이러한 긴장은 어지러울 정도이다.

나는 불변하는 것이 있다는 점을 내 주제의 범위를 넘어서지 않는 한도 내에서 다시 한 번 단언하고 싶다. 에마뉘엘 무니에*는 "인간은 영원토록 자신의 분노들의 형태를 갱신한다"고 말했다. 진보를 향한 인간의 투쟁은 계속된다. 진보를 향한 투쟁이 완전히 승리를 거둔 적은 한 번도 없지만, 투쟁은 되풀이될 가치가 있다. 경제는 인간을 위해, 사회적 기획을 위해 존재하며, 교육은 서로 연결된 자유와 연대라는 가치들의 증진을 보장해야 한다. 우리는 이를 끊임없이 일깨워야 한다. 이와 함께 인간에게는 경쟁의 차원과 그것이 지닌 공격적인 요소가 늘 있었다는 점을 고려해야 한다.

매우 평범한 이러한 접근을 통해 우리는 결국 새로운 것에 대한 일방적인 열광을 조심하고, 과거를 망각하고 미래를 등한시한 채 정보가 직접적인 것과 순간적인 것에 집중되는 현상(교육체계의 책임이 얼마나 큰가!)을 경계하게 된다. 또 감정적인 사회와 그 사회가 당면할 당연한 귀결들——가령 여론의 독재와 권위 상실——에 대해 경계하지 않을 수 없게 된다. 교육의 기초에 있는 것은 권위를 통해 형성되는 교사와 학생의 관계이다. 그 권위는 학생에 의해 인정되며, 교사를 통해 현명하게 행사되어야 하는 것이다.

그렇지만 우리는 새로운 것에, 그 중에서도 세계화에 제대로 맞서야 한다. 이 세계화는 멀지 않은 미래에 세계적 층위에서의 새로운 게임 규칙을 낳고, 국제적 결정기관들을 새롭게 정비하게 될 것이다. 나는 그러기를 바란다. 사회에서 노동이 차지하는 지위와 노동의 내용 또한

---

* (옮긴이 주) 에마뉘엘 무니에Emmanuel Mounier(1905~1950): 철학자이자 사회운동가. 프랑스에서 일어난 인격주의 운동의 주창자였으며, 이 운동의 기관지인 『에스프리Esprit』(진보적 기독교 월간 평론지)를 발족시켰다.

불가피한 새로움을 구성한다. 여기에서도 역시 과학기술의 변화와 세계화가 동시에 야기하는 노동시장의 급변을 고려해야 한다. 미국의 전 노동부 장관인 로버트 라이시*를 참조하여, 나는 두 부류의 사람들을 구분하고 싶다. 한 부류는 정보사회에 완벽하게 적합한 기호의 조작자들, 언제나 필요한 조직자들과 관리자들, 기업의 내부나 외부에서 도움을 주는 전문가들이다. 다른 부류는 그 밖의 모든 사람, 즉 봉급 노동자들과 서비스업 종사자들인데, 이들은 노동시장의 제약과 유연성에 종속되어 있다. 기호를 다루는 사람들은 그들을 고용하고 싶어 하는 기업들과의 관계에서 어느 정도의 독립성을 누리고 있다. 그들은 이미 세계적 차원의 노동시장에 있다.

교육은 일정 수준의 기회 평등을 회복하는 데 중요한 역할을 담당해야 한다. 오늘날 40~50세 연령대의 사람들은 종종 노동시장에 충격을 주는 변화들에 제대로 대처하지 못한다.

노동의 지위

나는 제레미 리프킨**이 생각한 것과는 반대로, 사회에서 노동이 맡는 핵심적 역할을 여전히 긍정한다. 나의 입장은 반(反)멜더스주의인데, 이 입장은 역사적 경험을 통해, 그리고 30년 전 로마 클럽의 『제로 성장』 보고서 출간 후 있었던 우리의 논쟁을 통해 얻어진 것이다. 나의

---

* 로버트 라이시Robert Reich, 『세계화 경제 L'Économie mondialisée』, Paris: Dunod, 1993 참조.
** 제레미 리프킨, 『노동의 종말 La Fin du travail』, op. cit 참조.

입장은 또한 규범적이기도 하다. 사회에서 노동이 갖는 중요성을 확인한다는 사실이 소극적인 태도나 지식인의 통상적인 태도를 함축하는 것은 아니다. 우리는 기술 진보와 사회 조직화를 통해 얻어지는 자유시간을 고려하면서 행동해야 한다. 예전의 산업화된 사회에서 평균적으로 한 남성 혹은 한 여성이 일생 동안 노동에 할애하는 시간은 10만 시간이었다. 현재 한 남성 혹은 한 여성이 노동에 할애하는 시간은 7만~7만 5,000시간이다. 50년 안에 이 수치는 아마 4만 5,000시간까지 내려갈 것이다. 이 변화는 상당한 것이다. 우리는 이 변화에 대비해야만 한다. 그것은 사회를 조직하는 데 중대한 영향을 끼칠 것이다.

그러므로 사회 계약의 기초를 재정의할 필요가 있다. 다음과 같은 물음이 제기된다. 대중매체와 여론조사를 통한 여론 민주주의를 받아들일 것인가, 아니면 시민사회의 역할을 다시금 긍정하면서 간접민주 정치를 복원시킬 것인가? 그러면 인류의 시간과 자연의 요구들을 한층 더 존중하는 새로운 발전 모델을 제안해보자. 이 모델에는 시장과 공공 부문의 사이에서 제3의 활동 부문이 생겨난다는 점이 함축되어 있을 것이고, 이 제3부문 안에서 진취성, 자발성과 상상력, 그리고 공동체적 삶은 자신의 역할을 다할 수 있을 것이다.

교육을 지탱하는 네 개의 기둥

이 영역에서 교육이 할 수 있는 공헌이란 무엇일까? 21세기 교육에 관한 국제위원회의 보고서*가 정식화한 교육에서의 네 개의 기둥은 다음과 같다. 아는 법을 가르치기, 하는faire[만드는] 법을 가르치기, 존재하는 법을 가르치기, 함께 사는 법을 가르치기.

읽기와 쓰기, 산수와 표현력은 교육의 기초이다. 이러한 기초 없이
는 기회의 평등도 미래도 있을 수 없다. 이는 선진국의 경우에도 마찬
가지이다. 영국에서 토니 블레어 정부가 실행한 연구들은 12~13세의
어린이들 중 18~20퍼센트가 이러한 지식의 기본 여건들을 갖추지 못
하고 있음을 보여주었다. 그러니 어린 아이들이 재학 기간이 지나면
곧장 다시 문맹 상태가 되어버리는 개발도상국가들에 대해서는 더 말
할 것도 없다. 아는 법을 가르치기, 이것은 배우고자 하는 의욕을 불어
넣는 것이다. 그것은 물고기를 물속에 넣듯, 교육을 도로 사회 안에 넣
는 것이다. 체험 입사 교육**은 프랑스에서 오랫동안 매우 비판을 받았
지만, 그 생명력을 잃어버린 것은 아니다. 왜냐하면 산업사회가 탈산
업사회에 자리를 내주었기 때문이다. 그 원칙들은 여전히 남아 있다.
체험 입사를 통한 교육의 목적은 젊은이들에게 자신의 공부를 하면서
동시에 스스로를 시험하고, 경제적 현실과 사회적 현실들에 맞서도록
하는 데에 있다.

하는 법을 가르치기와 관련된 특정한 직업군들이 있다는 것은 분명
하지만, 오늘날 새로운 정보기술을 사용할 줄 아는 것은 절대적으로

---

* 자크 들로르가 진행한 국제위원회의 21세기 교육에 대한 유네스코 보고서인 『교육, 보물
이 안에 숨어 있다L'Éducation, un trésor est caché dedans』, Paris: Odile Jacob-Éditions
UNESCO, 1996.
** (옮긴이 주) 체험 입사 교육l'enseignement par alternance. 일종의 '일하면서 배우기-공부
하면서 일하기' 교육 방식. 보통 대학과 기업이 파트너가 되어 진행하는 교육으로 대학에서
공부하는 학생들이 자신의 전공 지식을 현실 세계에서 활용하고, 그러한 경험을 바탕으로 점
점 더 복잡해지고 많은 투자를 요하는 전공 분야의 전문가로 성장할 수 있는 기회를 제공하
는 데 주된 목적이 있다. 그렇지만 이를 위해 학생은 학교와 동등한 권리를 지닌 기업이 요구
하는 만큼의 학기 동안 기업 교육에, 즉 일에 종사해야 하고, 성과를 거두어야 하며, 급여를
결정하는 권한이 기업에게만 있는 등의 까다로운 교육 계약에 따라야 한다.

필요한 일이다. 직업 생활의 급격한 변화들에 직면하여, 수많은 노동자의 증대되는 자치권──노동자들은 생산할 뿐만 아니라 그 생산을 통제해야 한다──앞에서 새로운 직업적 정보들을 능숙하게 처리하고, 쓸모 있는 지식과 정보를 가려낼 줄 알아야 한다. 엄밀히 말하면, 오늘날 요구되는 것은 단순한 하나의 직업 혹은 전문 분야의 획득이 아니라, 어떤 능력의 획득이라고 말할 수 있을 것이다.

우리의 연구보다 앞섰던 에드가 포르Edgar Faure의 보고는 교육에서의 세번째 기둥, 즉 존재하는 법을 가르치기를 중심 주제로 삼았었다. 이 보고서는 1968년 이후의 열광적인 분위기에서 쓰인 것이었다. 존재하는 법을 가르친다는 것은 학생들 저마다가 지닌 잠재성 중 어떤 것도 간과하지 않는다는 의미이다. 그렇기 때문에 이는 초등학생들을 그들이 지닌 문학적 능력이나 이해 능력, 수학적 능력을 이유로 선별하는 것을 의미하지 않는다. 각 학생의 성숙도, 그 학생들이 다시 교육을 받고 싶어 하는 잠재적인 바람의 정도, 그들의 잠재력을 표현할 수 있는 가능성들을 고려하면서 차별화된 과정들을 마련하는 것이 필요하다. 결국 교육은 각자가 자신의 장점들과 약점들을 자각하여 개인적인 책임을 훈련해볼 수 있도록 도와주어야 한다.*

만일 우리가 시장사회에서 벗어나기를 바란다면, 또 유럽식 사회 모델이 사라지는 것을 피하고 싶다면, 집단적 책임과 개인적 책임 간의 화해를 받아들여야 한다.

함께 사는 법을 가르치기는 상호 이해를 위해 힘쓰는 것을 말한다.

---

* (옮긴이 주) 여기서의 '개인적인 책임'은 개인이 교육을 통해 자신의 능력과 자질을 깨닫고 스스로를 하나의 개인으로서 발전시켜나갈 책임을 진다는 것, 그래서 그 책임을 다할 수 있도록 계속 시행착오를 거치면서 연마해나가야 한다는 것으로 이해할 수 있다.

우리의 교실에는 이 상호적 이해가 이미 학생들의 민족적·종교적 기원과 연관되어 매우 다양한 모습으로 존재하고 있을 것이다. 교실에서부터 시작되는 함께 사는 법을 가르치기는 미래를 위한 하나의 보증수표이다. 함께 사는 법을 배운다는 것은 타인을 이해하는 일이고, 타인을 이해한다는 것은 사회에 적극적으로 참여하도록 자극받는다는 말이다. 그러한 관점에서 나는 시민교육, 역사와 종교사로부터 얻는 교훈들이 중요하다는 것을 강조하고자 한다. 통합된 유럽을 경험한다는 것은 그러한 관점에서 교훈들로 가득 차 있다. 우리는 지난 50년에 걸쳐 진정으로 함께 사는 법을 배웠다.

개인적으로는 **평생 배움**이란 말을 선호하지만, **평생 훈련**이란 말은 종종 쓰이는 말이다. 그러나 유감스럽게도 그 기획은 아직도 진정으로 착수되지 않았다. 이제 평생교육의 기본 원칙들을 고안하고 그것들을 실행에 옮기는 것이 필요한 시점이 되었다. 관건은 정부와 교직자들이 이에 대해 고찰하고 그들의 책임을 받아들이는 것이다. 우리의 보고서는 평생교육을 제안하면서, 각자에게 어떤 수단들을 제공해야 할 의무를 하나의 원칙으로 제시했었다. 이 수단들을 통해 각자는 한 인격으로서 존재할 수 있고, 지속적으로 새로운 교육을 받을 수 있으며, 그렇게 해서 살아가면서 부딪치는 문제들을 그것이 개인적인 것이든 직업적인 것이든 간에 극복할 수 있게 된다. 보고서는 이것을 다음과 같은 말로 강조하고 있다. "교육의 임무는 모든 사람이 예외 없이 그들이 지닌 모든 재능과 창조적 잠재력들을 통해 좋은 결실을 맺을 수 있도록 하는 것이다. 이것은 각자가 자신의 책임을 떠맡고 자기만의 목표를 실현하는 능력을 갖고 있다는 점을 함축한다."

이러한 목적으로 이루어져야 될 개혁들을 고안하고 실현하는 면에서, 몇 개의 원칙이 길잡이가 될 수 있을 것이다. 첫째, 평생교육은 기초교육과 지속적인 직업교육의 단순 합이 아니다. 평생교육은 그 자체로 하나의 새로운 체계이다. 교육정책을 책임지는 행정관청은 이 평생 동안의 교육에 대한 틀과 뼈대, 원칙들을 수립해야 한다.

둘째, 유네스코의 주된 관심사인 기초교육은 모든 나라에서 그리고 모든 학생에게 필수적인 선결 조건이다.

셋째, 중등교육부터 진행하도록 마련된 차별화된 교육 과정들은 각자가 스스로를 시험하고, 스스로 나아갈 방향을 정하고, 이를 통해 자신의 잠재성들을 완전히 활용할 수 있도록 도와주어야 한다.

넷째, 기회의 균등은 특히 16~18세 사이에 학교를 떠날 사람들에게 교육의 보증수표를 지급함으로써 이루어져야 한다. 이것은 사람들이 더 높은 단계의 학업을 추구하지 못하게 만들자는 이야기가 아니다. 다만, 일부 학생들이 16~18세 사이에 직업 인생을 시작하기를 바란다면, 이후 그들이 원할 때 재차 교육체계에 들어갈 수 있는 가능성이 그들에게 주어져야 한다는 뜻이다. 그들은 교육 보증수표를 통해 두번째 혹은 세번째의 기회를 누릴 수 있게 될 것이다.

다섯째, 고등교육은 사회에서 자신의 권위를 되찾고 스스로 체계화되어야 한다. 고등교육은 다시금 지식과 탐구를 낳고 전파하며, 또한 평생교육을 위해 그 역할을 다하는 신뢰받는 권력이 되어야 한다. 대학은 학문들의 구조를 조율하고 또 학과들을 연합하면서 생길 수 있는 강좌들의 변화에 대처할 수 있어야 한다.

이러한 개혁들이 이 새로운 사회 계약 안에 기입되고, 그와 함께 당국과 교육부 장관들, 경영자 조직과 노조 기구들, 그리고 또한 모든 단체를 결집시킬 때에만, 개혁은 가능성의 영역 안에 있을 수 있다. 이와 같이 진행되기 위해서는 무엇보다도 전통적인 삶의 주기가 부적절하다는 것, 혹은 그 순환을 뛰어넘어야 한다는 것을 인정해야 한다. 과거에는 교육을 받는 시기, 일하는 시기, 은퇴 생활을 즐기는 시기가 있었다. 이러한 구도는 더 이상 유용하지 않다. 우리는 우리가 평생 동안 교육받을 수 있다고 생각해야 한다. 60세가 된 사람들이라도 그들이 원한다면 계속해서 일할 수 있어야 한다.

게다가 우리는 이러한 변화들이 복지국가에 미칠 결과들을 확인하고 개인과 집단의 책임을 연결해야 한다. 평생교육에 드는 비용이 치솟는 것이 염려스럽다면, 시민들 스스로가 개인적인 책임과 선견지명의 일환으로 절약의 노력을 통해 그들의 자녀들과 그들 자신을 위한 장기 대출과 교육 자금을 마련함으로써 평생교육에 참여해야 하는 것은 아닌지 자문해볼 필요가 있다.

마지막으로 기회의 균등을 실현하되 결과적 평등이라는 위험한 착각을 버려야 한다. 내가 보기에, 미래는 분명 지식을 가장 잘 창조하고, 전수하고, 흡수하여 활용할 줄 아는 사람들의 것이다. 사람들이 '지식사회'에 대해서 말하는 것은 바로 이런 의미에서이다. 지식사회가 언제나 변화 중인 사회, 적극적인 참여사회와 항구적인 변증법의 관계를 맺고 있을 때에만 지식사회는 민주주의의 성숙에 일조할 수 있으며, 지식사회와 민주주의는 호혜적으로 성숙해나갈 수 있다. 이런 관점에서 교육과 민주주의는 긴밀하게 연결되어 있다.

21세기의 교육과 시민성

줄리우 줄레브

우리의 논의가 순전히 저널리스트적인 접근이 되는 것을 피하려면, 무엇보다 먼저 교육과 시민성이란 개념 속에 담겨 있는 것을 분명하고 정확하게 정의할 필요가 있다. 교육 개념에 관해 말하면, 잘 정비된 많은 양의 학술적 지식을 획득하는 것이 관건이다. 교육이 깨우침의 과정이 아닌 교육제도로 인식된다고 하더라도, 교육이 의미상 담고 있는 내용은 상대적으로 불변적이다. 〔그러나〕 시민성이라는 관념에 관한 한 사태는 아주 다르게 나타난다. 시민성이라는 개념은 여러 가지로 해석될 수 있다. 흔히 시민성은 '국가적 귀속'이라는 뜻으로 이해될 수 있다. 또 시민사회와의 연관 속에서 국가의 동반자나 반대자를 의미하는 것으로 고려될 수도 있다. 그런데 시민성은 '시민적 인성personnalité civique' 혹은 시민이란 관념을 지시하는 것일 수도 있다. 이 개념의 내포는 자국민에서 '공중의' 인성에 이르기까지 매우 다양하다. 분명한 사실은 교육이 개인, 시민의 자격으로서의 시민성을 생각하게 하는 가장 훌륭한 매개체가 될 것이라는 점이다.

시민 되기

개인은 어떤 순간에 시민으로 변모하는가? 〔시민이 되기 위해〕 개인
은 시민적 인성을 갖추어야 한다. 시민적 인성이란 개인이 국가와 맺
는 관계를 통해서보다는, 개인이 능동적이고 활동적인 일부로서 동참
하게 될 시민사회와 자신 사이에서 세울 관계들을 통해서 획득하게 되
는 자질이다. 민주주의의 근본 가치들을 지키면서 점차 사회적 공간의
주요 영역들 속에 합류하고 성공적으로 동화되어갈 때, 개인은 시민적
인성을 갖추게 된다. 개인은 이런 맥락에서 시민사회의 대표인 것처럼
보이며, 또 그 자체로 국가의 동반자이면서 동시에 국가의 반대자가
된다.

물론 시민 인성들과 국가의 관계는 결국 그 국가의 민주주의의 수준
에 의존하게 될 것이다. 한 국가가 민주적이면 민주적일수록, 그 국가
는 시민들 사이에 불화가 싹틀 때마다 더욱더 의욕적으로 대화와 타협
의 길을 따르고자 할 것이다. 바로 그렇기 때문에, 민주주의에서는 시
민들과 국가 사이에 등장하는 분열과 모순들이 자유의 공간을 확장시
키는 원천이 될 수 있으며, 과학, 예술, 문화의 새로운 도약을 위한 선
결 조건이 될 수 있다. 왜냐하면 자유로운 시민들만이 자신을 진정한
창조자로서 실현할 수 있을 것이기 때문이다.

민주주의, 전체주의, 그리고 교육

역사와 현대의 세계를 통해 민주주의와 시민사회가 학문, 문화, 교육제도의 완전한 성장 면에서 본질적인 것이라는 점은 아주 잘 드러난다. 실제로 아테네의 민주정이 교육의 원칙들에서 빛나는 발자취를 남겼다는 사실은 우연이 아니다. 교육 개념이 달랐다고 하더라도, 아테네의 민주주의가 오직 민주적인 사회에서만 허용될 수 있는 다방면의 연구들을 촉발시켰다는 것은 부인할 수 없는 사실이다. 우리 시대가 제공하는 예들 역시 민주주의, 시민사회와 교육 체제, 교육 사이의 연관성을 분명하게 보여준다. 우리가 생각하는 것은 물론 두 초강대국, 즉 전체주의의 소비에트 연방과 민주주의의 미국 사이에 있는 라이벌 관계이다. 이 모험의 비극적인 결말은 누구나 알고 있다. 소비에트 연방은 경쟁력을 잃었을 뿐만 아니라, 정치 체제와 교육제도의 측면에서도 스스로 무너지고 말았다. 왜, 어떻게 이런 일이 일어난 것일까? 소비에트 연방은 막대한 천연자원과 인적 자원, 지적 자원을 갖고 있다고, 어쨌든 미국 못지않은 자원들을 가지고 있다고 알려져 있는데도 말이다.

대답은 간단하다. 소비에트 연방에는 아주 핵심적인 두 개의 자원, 즉 자유로운 시민사회와 민주주의 국가 체제가 없었다. 자주적인 시민이 자동적으로 반대 세력이 되어버리거나 '민중의 적'으로 취급되는 국가는 인간이 지닌 창조적 에너지와 진취적인 정신을 자유로이 성장시키는 데 필수적인 조건들을 창출해내지 못하는데, 이것들이 바로 사회의 모든 번영과 진보의 원천들이다. 전체주의 국가들의 교육제도에 스며들어 있는 주요한 원칙은 집단주의이다. 집단주의는 국가가 시민이 아닌 신하를 양산하게 만든다. 이러한 풍조 속에서 교육이 포함하는 규정들은 다음과 같다.

1) 단체나 공동체가 개인보다 상위에 위치한다.

2) 개별적 개인은 단체의 의지에, 그것이 옳은 것이든 틀린 것이든 복종해야 한다(게다가 이러한 종류의 질문은 논의조차 될 수 없다).

3) 개인은 무엇보다도 '집단'에 의지하고 이를 믿어야 하며, 자기 자신의 역량에 의지하거나 이를 믿어서는 안 된다.

전체주의 체제의 실상을 그것의 교육제도와 관련하여 매우 신중하게 분석해야 한다. 몇 년 안에 교육 분야에서 떠오를 가장 큰 문제는 시민정신의 관념을 교육 안에 통합시키는 일과 관련될 것이기 때문이다.

인터넷 시대의 교육

컴퓨터들이 대규모로 도입되고 인터넷이 출현하면서 실질적으로 제약 없이 정보에 접근할 수 있게 되었다. 누구나 자신이 필요로 하는 모든 정보를 획득할 수 있으며, 중요하거나 유용하다고 판단되는 정보들은 무엇이든 다른 이들에게도 다시 전파할 수 있게 되었다. 실제로 이러한 상황에서 제기될 수 있는 중요한 문제는 이 정보들을 자유롭게 이용하는 인간이 과연 그 정보들을 분별 있게 또 합리적으로 활용할 수 있을 것인가이다.

시민들이 접근하고 있거나 접근하게 될 정보의 질은 어떠한가? 이러한 정보가 견고하고 일관성 있는 과학적 지식 혹은 교육을 형성할 수 있는 토대가 될 수 있을까? 만일 이에 대한 대답이 부정적이라면, 인터넷상에서의 무제한적인 정보와 엄밀한 의미에서의 교육제도 사이에서 상호 작용은 어떻게 이루어질 것인가? 또 이런 과정에서 학교와 교사의 역할은 무엇이 될 것인가? 이 모든 질문에 답한다는 것은 쉬운 일이 아니다. 그럼에도 불구하고 부인할 수 없는 분명한 사실은 정보과학과 인터넷이 창출하는 새로운 상황들에 부단히 순응하고 적응해야 하는 당사자는 바로 교육제도이지, 그 반대가 아니라는 것이다. 이러한 움직임은 과거에도 여러 번 관찰된 것이다. 통신수단과 정보 전달 체계의 급격한 변화는 매번 기존의 교육제도를 수정하는 결과를 낳았다.

고대 그리스, 로마 시대에 아이들은 모래나 서판 위에서 연산 작업을 했다. 그러나 체제는 특히 구텐베르크의 혁신적인 발견과 더불어 진화했고, 20세기에 또한 여러 시청각 매체가 정보 전달의 주요한 원천이 되면서 다시금 진화했다. 내일이면 교육제도는 인터넷과 함께 훨씬 더 중대한 변화들을 겪게 될 것이다. 이제 학교와 교사들의 역할이 진화할 차례라는 것은 너무도 당연하다. 정보가 제한적이었던 시절, 선생님은 아이들에게는 물론 그들의 부모들에게도 지식 세계의 문을 열어젖히는 일종의 메시아를 의미했다. 왜냐하면 선생님은 아이들과 그들의 부모들에게 지구가 어떤 모양인지, 해와 달, 행성들과 별들, 대륙들과 대양들이 무엇을 의미하는지를 처음으로 말해주는 사람이었기 때문이다. 교사의 역할은 오늘날 더 이상 똑같지 않다. 오늘날 선생님은 자신의 프로메테우스적인 후광을 잃어버렸다. 더 이상 누구도 교사를 유일한 지식의 원천으로 여기지 않는다. 아이들은 라디오, TV, 신문, 잡지 덕택에 아주 어릴 때부터 자신의 집에서 온갖 종류의 것들을 받아보고 습득한다. 이 초기의 지식들은 논리적으로 정리되지 않은 것일 수 있지만, 그것들이 현실의 다양한 모습들로서 습득된다는 것도 사실이다. 이런 맥락에서 볼 때, 선생님의 역할은 점차 바뀌어, 분명 지식을 논리적이고 일관성 있게 조직하고 제시하는 데 집중될 것이다.

　인터넷과 세계화의 시대에 떠오르는 도덕적 문제들은 정보의 확산과 이용에서 시민성, 시민적 책임, 시민적 통제가 필요함을 강하게 시사한다. 내가 강조하는 바는, 국가가 검열을 도입하고 정보의 접근을 제한하는 것이 문제가 아니라, 시민적이고 도덕적인 책임이 관건이라는 점이다. 젊은이들은 인터넷상에서 잠재적으로 위험한 정보들을 입수할 수 있고, 그것들을 활용하려고 시도할 수도 있다. 이 경우, 정보에 자유롭게 접근할 수 있으면서도, 그 정보를 이용할 때에는 시민적 책임감이 없을 수 있다는 이 충격적인 괴리로부터 위험이 생겨난다. 비록 학교의 가능성이 제한되어 있기는 하지만, 그래도 학교가 지식의 전파라는 임무뿐 아니라, 젊은이들에게 도덕적 책임 의식을 일깨우고 교육하는 임무까지도 담당할 수 있다면, 아마도 이는 상당히 바람직한 일일 것이다. 게다가 이러한 역할은 단지 학교와 교육제도에만 의무로서 지워진 것이 아니다. 이를 위해서는 국가의 모든 기관과 공공기관들, 특히 가족을 동원해야 한다.

20세기의 유산

21세기에 들어서면서, 지난 세기가 교육 분야에서 우리에게 물려준 유산 중 우리가 받아들여야 할 것과 배척해야 할 것이 무엇인지를 솔직하게, 또 분명하게 밝혀야만 한다. 우리의 세기를 위해서 잊어서는 안 될 교훈들은 어떤 것들일까? 내 생각에 그것들은 다음과 같은 방법으로 정식화될 수 있을 것이다.

국가에 의해 중앙집권화되거나 획일화되는 모든 교육제도는 거부되어야 한다. 국가가 젊은 세대들을 지도하고 교육하는 것을 그만두어서는 안 되겠지만, 국가의 개입은 어떤 경우라도 인권, 시민들의 시민적·정치적 자유, 법치국가, 소수 집단의 권리 등과 같은 민주주의의 기본 가치들을 위태롭게 만들어서는 안 된다.

더 이상 집단주의적 교설들과 교육제도들을 받아들일 수 없다. 그것들이 양성하는 것은 오직 국가에만 의존하는 신하이지, 자기 자신의 고유한 역량과 지적인 가능성, 개인적 재능들, 자신의 의지와 창조적 에너지를 신뢰하는 시민들이 아니다.

반대로 우리는 시민사회를 육성해야 한다. 시민사회야말로 시민들을 육성하며, 민주국가 건설을 위해 흔들리지 않는 토대가 될 수 있다. 마찬가지로 법치국가를 발전시켜야 할 것이다. 법치국가의 민주적인 법칙과 제도들은 인권 존중, 정치적이고 시민적인 자유의 존중, 소수 집단의 권리들과 모든 시민이 지닌 권리상의 평등을 시민 각자에게 보장해줄 수 있을 것이다.

여성과 교육의 미래

페이 충

통계에 따르면, 거의 모든 개발도상국에서 성별 간의 불평등은 매우 심각한 문제이며, 이는 교육의 모든 수준에서도 그러하다는 것을 알 수 있다. 이 격차는 중등교육, 고등교육으로 갈수록 더 커진다. 게다가 최저개발국*에서 여자 아이들의 약 40퍼센트는 초등교육조차 받지 못하고 있다.

소녀와 여성이 교육, 특히 중등 이상의 교육을 더 잘 받을수록 영아 사망률, 출산율이 낮아지고 생산성은 향상되는 등의 사회적 이익이 더 많아진다. 많은 연구가 이를 보여준다. 더 잘 교육받은 여성들의 수가 증가할수록 사회에 상당한 이익이 발생한다는 것은 논쟁의 여지가 없다.

---

* (옮긴이 주) LDC. 최빈국이라고도 하는데, 이 개념은 1971년 유엔이 제안한 것으로 1인당 국내총생산 개인소득 900달러 미만에 중등교육 수준, 성인 문맹률, 평균수명, 칼로리 섭취량, 경제구조의 취약성 등을 기준으로 한다.

오늘날 여성들의 상황과 변화 잠재력

우리의 주제를 다루기 위해서는 오늘날 세계의 상황과 그러한 맥락에서 여성들의 위치, 그리고 다가올 몇십 년간 그 상황을 더 좋게 변화시킬 수 있는 여성들의 잠재성을 검토해보는 것이 중요하다. 나는 개발도상국가에서 여성들이 처한 상황과, 특히 이런 여성들의 상황을 개선하고, 더 일반적으로는 사회적 상황을 개선하기 위해 교육이 제공할 수 있는 가능성들에 초점을 맞출 것이다.

물질적 필요와 경제적 필요

인구의 절반 정도가 빈곤선 이하의 수준에서 살아가고 있는 경우는 개발도상국가, 특히 최저개발국에서는 드물지 않은 일이다. 높은 영아 사망률과 산모 사망률을 통해 짐작할 수 있듯이, 높은 빈곤도는 여성들과 아이들에게 불리한 영향을 미치고 있다. 분명 인류 사회가 더 발전되고 소득이 더 높을수록 생활수준도 높아진다. 그러나 수준 높은 교육으로의 접근을 더 확대하는 것이 가난을 줄이는 데 결정적으로 중요하다고 하더라도, 교육 혼자서 모든 문제를 해결하는 만병통치약의 역할을 할 수 있을 것이라는 생각은 문제를 너무 극단적으로 단순화하는 것이다. 만인을 위한 기초교육은 다른 개선책들과도 결합되어야 하며, 사실 이러한 개선책 중 많은 부분은 물질적인 것이다. 가난에 시달리는 여성들에게는 자연 자원들의 특성을 더 잘 파악하고 더 잘 이용하는 것이 큰 도움이 된다. 예를 들면 깨끗한 물을 더 쉽게 공급받고, 좀 더 나은 공중위생 상태를 유지하며, 에너지원들을 더 낮은 가격에 언제나 이용할 수 있게 해주는 일과 같은 것들 말이다. 양질의 적절한 기초교육은, 여성들이 이렇게 생활에 필요한 자연 자원들을 더 잘 활용할 수 있도록 돕는 데 매우 중요할 것이다.

일종의 환경적 변화를 통해 가난에 찌든 사람들이 자연환경을 더 잘 제어할 수 있도록 해줄 필요가 있다. 이러한 사정은 아프리카의 많은 상습 가뭄 지역에서 특히 더 그러하다. 자연의 힘을 제어할 수 없다는 것은 가난을 극복하는 과정에서 가장 심각한 장애물 중 하나이다. 이것은 교육 분야와도 밀접하게 관련되어 있다. 국가들은 이러한 자연 정복을 가능하게 해줄 충분한 수의 중급, 고급의 기술자들을 길러내야 한다. 그렇지만 이런 기술자 양성 과정을 밟는 여성들이 거의 없다는 것은 익히 알려진 현상들 중 하나이다.

그런데 자연의 변덕을 더 잘 다스리도록 환경을 변화시키고, 농업 생산량을 증대시킬 수 있도록 지식과 기술을 제공하는 것 이외에도, 여성 자신의 재산권과 관련한 분야 또한 마찬가지로 중요하다. 많은 개발도상국, 특히 사하라 남부 아프리카의 많은 지역에서 여성들의 재산에 대한 소유권은 매우 제한되어 있다. 개발도상국가의 식량 대부분을 생산하는 여성 농업 종사자들은, 가령 토지권의 확보 없이는 그들의 생산성을 높이는 일이 어렵다는 사실을 실감하게 될 것이다. 이 토지권 문제는 법률적인 개혁만으로는 해결되지 않는다. 여성이 지닌 법적인 권리들에 대해 여성을 교육시키는 것 또한 필요하다. 설령 여성에게 유리한 법적 조치가 있다고 하더라도, 여성 대부분은 그러한 기본 인권을 요구하기 위해 필요한 까다로운 법 조항들을 알기에는 너무 무지한 상태이다.

정치적 힘

여성이 발휘할 수 있는 리더십은 여성이 얼마나 교육 시설을 이용할 수 있는가에 따라 크게 좌우된다. 많은 수의 여성이 문맹이거나 거의 제대로 교육받지 못한 곳에서, 여성 지도자가 나와 대다수 여성의 권리—그것이 경제적인 것이든, 정치적인 것이든 혹은 사회적인 권한의 부여이든—를 신장시킬 수 있을 가능성은 거의 없어 보인다. 여성들의 정치적 힘은 약한 경우가 많아서, 의사 결정 집단에 자신들의 뜻이 잘 대변되도록 하지 못한다. 여성들이 자신들의 기본 인권과 그것들을 어떻게 현실 속에 구현할지를 이해할 수 있도록 교육받는 것이 중요하다.

사회적 지위

교육은 많은 사회에서 여성의 사회적 지위가 향상되는 것을 도울 수 있다. 이것은 한 사회 내의 사회적 가치들의 문제, 그리고 그것이 그 사회 내의 사회조직에 어떻게 반영되는가와 맞닿아 있다. 사회 내에서의 양성 평등과 양성 대등을, 특히 사회에 대한 여성의 역할과 기여를 존중하면서 보장해야 할 때, 어떻게 양성이 교육체계 내에서 대우받아야 하는지에 관한 문제들 일체가 제기된다. 사회에서 이루어지는, 그리고 특히 교육기관들에서 이루어지는 교육 과정, 교수 과정, 그리고 행정 절차를 면밀히 검토해서, 모르는 사이에 그 속으로 성에 대한 편견과 고정관념이 들어가지 않도록 해야 한다.

여성이 직장을 얻을 기회—승진에 대한 전망을 포함하여—에 변화가 생긴다는 것은 중요한 변화이고, 교육의 유형과 교육의 질은 이에 상당한 영향을 미친다. 여성들은 많은 경우에 직업과 승진의 기회에서 제한을 받아왔다. 여성들이 모든 분야와 모든 수준에서 자리 잡을 수 있기 위해서는, 교육 프로그램의 목표를 조정하여 소녀와 여성이 동등한 고용 기회와 승진 기회를 가질 수 있도록 해야 한다.

변화를 불러오기 위한 특수교육의 개입

소녀들과 여성들을 위한 초등교육과 기초교육

모든 사람에게 교육을 제공하기 위한 수많은 국제적·국가적인 계획들에도 불구하고, 실제로 최저개발국에서 거의 40퍼센트에 달하는 여자 아이들은 여전히 초등학교도 다니지 못하고 있다. 전 세계 성인의 거의 절반이 아직도 문맹 상태에 있으며, 그 문맹자들의 대부분은 여성이다.* 그러므로 가장 절박한 요구 사항 중의 하나는 모든 소녀가 초등교육을 받을 수 있도록 제도화하고, 모든 여성에게 기초교육의 기회를 제공하는 것이다.

소년 소녀, 남녀가 동등하게 함께 공부할 수 있는 남녀공학제도가 세계적인 추세가 되어가는 동안, 이런 일반화된 남녀공학제도가 소녀와 여성이 받을 수 있는 교육에서는 양적으로나 질적으로나 부정적인 영향을 끼쳐왔을 수 있다. 어떤 사회에서는 여학교들이 특히 중등교육과 고등교육에서 매우 중요한 역할을 할 수도 있다. 이런 학교들을 통해 여성들은 가정에서 맡은 역할에서 벗어나 지도자의 역할을 할 수 있

---

* 유네스코, 「세계 교육 보고서World Education Report」, 2000, pp. 114~15.

도록 교육을 받을 수 있고, 자신의 운명을 스스로 이끌어나가는 데 필요한 도구들을 얻을 수 있을 것이다.

소녀와 여성이 받을 교육의 내용과 질을 검토하는 것, 어떻게 이 교육의 내용과 질이 여성들이 일하게 될 사회의 필요를 충족시킬 수 있을지를 검토하는 것 또한 중요하다. 몇몇 사회에서 소녀와 여성에게 제공되는 교육 기회들의 목표가 여성의 전통적인 종속관계를 강화하는 데 맞추어져 있다는 사실은 드문 일이 아니다. 간략히 말해, 기초교육은 수학, 자연과학, 기술, 외국어, 보건교육, 여성의 법적 권리에 대한 지식을 포함하는 현대식 교육 과정이 되어야 한다.

교육으로의 접근을 증가시키고 향상시키기 위한 원격교육의 활용

원격교육distance education은 지리적 제약뿐만 아니라 문화적 제약으로 인해 불리한 조건에 처해 있는 사람들을 위해 특히 중요하다. 특히 소녀와 여성이 이런 제약을 받고 있는데, 부모들은 안전상의 이유로 소녀들이 혼자서 장거리를 이동하도록 허락하는 데 주저할 수 있기 때문이다. 산업화된 나라에서조차, 여성들은 아내로서 그리고 엄마로서의 책임들 때문에 더 고등한 교육을 받을 기회가 상당히 제약되어 있다. 젊은 기혼 여성을 포함하여 젊은 여성들을 위한 교육 기회들을 통해, 이 여성들은 자신들의 경제적·직업적 잠재력을 강화시키는 데 큰 도움을 받을 수 있다.

특히 중요한 것은 여성들 안에 있는 지도자로서의 자질들을 향상시키고 개발하기 위해 특별히 고안된 원격교육 프로그램들도 가능할 수 있다는 점이다. 대부분의 나라에서 여성들은 지도자의 위치에 올라가지 못한다.

과학기술은 여성들에게 여러 가지 새로운 기회를 제공해준다. 가령 가정과 일터 사이의 거리는 최소화되어, 이제 여성들은 엄마로서의 역할을 수행하면서 동시에 좀 더 수월하게 노동 인구에 합류할 수 있게 되었다. 이제 직장의 위치는 예전처럼 문제시되지 않는다. 한 장소에서 요청된 일을 다른 장소에서, 심지어는 다른 나라에서 끝마치는 것이 가능하기 때문이다. 인도가 미국의 컴퓨터 공학 기술의 중심부 중 하나로서 성장한 것처럼, 전자 메일을 통해 국가를 넘나드는 업무의 이동을 보여주는 예들은 계속해서 늘어나고 있다. 그렇기 때문에 여성들이 과학기술이 제공하는 유연성과 개방성을 맘껏 누릴 수 있도록 교육 프로그램들을 개발하는 것이 필요하다.

결론

사회에서 여성이 차지하는 위치는 그 사회의 발전 수준을 가늠하는 중요한 지표이다. 여성의 대다수가 혜택을 받지 못하고 있고, 가난에 찌들어 있는 사회가 가난과 저개발로 인한 제약들에서 자유로워질 수는 없을 것이다. 이러한 제약들은 자연적·정치적·법률적, 그리고 과학기술적인 것들이다. 이 각각의 분야에서 교육은 문제들을 극복하고 체계들을 변화시키는 데 중요한 역할을 할 수 있다. 인구의 상당수가 가난에 시달리고 문맹 상태에 처해 있다면, 민주적인 정치 체제는 제대로 기능할 수 없다. 민주주의는 잘 교육된 사회와 법적 권리, 금융, 산업, 사업, 종교, 그리고 그 밖의 다른 사회적 상호 작용의 영역을 망라하는 강력한 시민사회의 제도들을 필요로 한다. 강력한 시민사회 제도들을 결여한 민주주의 다수당 제도는 형용 모순이며, 이는 최근 르완다와 유고슬라비아에서 목격했던 것과 같은 혼란으로 치달을 수 있다.

제2장

자연 계약과 개발

도를 넘어서는 자연 자원 개발, 생물 다양성이 고갈되는 염려스러운 상황, 온갖 종류의 오염, 환경 분야에 대해 인류가 축적해온 자생적 지식의 멸시 또는 약탈. 인류는 점점 더 기생적인 논리로 이 땅을 착취하며 살아가고 있다. 미래 세대들의 필요를 충족시킬 역량을 위태롭게 만들지 않으면서, 어떻게 오늘날의 필요를 충족시킬 수 있을까? 어떻게 하면 자연 유산으로 이루어진 이 과학 지식의 저장고를 최선으로 활용하고, 이에서 비롯되는 혜택들을 더 잘 공유할 수 있을까? 우리의 지배를 지배하는 것, 이것이 바로 자연 계약의 신조로서, 우리가 자연을 예속화시키지 않으면서 자연을 개발하고 이용하기 위해 고안해야만 할 것이다.

제롬 뱅데는 철학자 미셸 세르가 제시한 자연 계약의 개념을 재검토하면서, 자연 계약에 관한 성찰을 시작한다. 토머스 오디암보는 생물 다양성의 보호와 관련된 쟁점들을 부각시킨다. 모스타파 톨바는 환경 문제를 2020년을 전망하는 개발에 관한 성찰적 예측이라는 좀 더 큰 틀 속에서 제기한다.

21세기의 자연 계약과 개발

제롬 뱅데

최초의 사회 계약이 형성될 무렵인 17세기에 철학자 홉스는 다음의 등식을 제시했다. 자연 상태는 전쟁 상태와 같다. 『리바이어던』의 저자에게 자연 상태는 사실상 극도로 불안정한 상태, 만인의 만인에 대한 전쟁 상태, "인간이 인간에게 늑대"가 되는 상태였다. 홉스에 따르면, 이 목숨을 건 투쟁의 위험을 해결하기 위한 유일한 방법은 하나의 계약을 마련해놓는 것이다. 이러한 생각은 자연법 학파의 이론가들을 통해, 매우 복잡하고 새로운 가공 과정을 통해 전해졌는데, 계몽주의가 낳은 민주주의와 근대의 정치적 구성은 이로부터 비롯되었다.

사회 계약의 한계

21세기에 들어서면서 우리는 자연에 대한 전쟁 상태, 환경에 대한 전쟁 상태와 같은 또 다른 새로운 도전에 직면해 있다. 안전과 불안전이란 개념들은 확장되어, 이제 인류의 생존 조건 전체를 포괄하는 것이 되었다. 그래서 안전은 정치적인 개념인 만큼 동시에 생태적·보건위생적·사회적·문화적·인간적인 개념이기도 하다.

그런데 오늘날 우리는 사회 계약의 결함과 불충분성이 점점 더 명백해지고 있다는 것을 인정하지 않을 수 없게 되었다. 인권선언이 바로 그러하듯, 사회 계약은 자연 혹은 인간이 아니라고 정의되는 모든 것을 배제한다. 홉스의 예들을 되풀이하면, 『리바이어던』에서 정식화된 바대로 돌과 동물, 어린아이들, 그리고 신은 사회 계약에서 배제되어 있다. 여성 역시 계몽주의의 결실인 사회 계약으로부터 제외되어 있다. 분명 사회 계약은 본질적으로 미래를 목표로 하고 있다. 하지만 어떻게 보면 미래지향적인 이 같은 사회 계약의 본질은 동시에 계약이 지닌 현시대성이라는 특성으로 엄격하게 제한되어 있다. 계약은 언제나 현재적인 주체들 사이에서 체결된다. 원칙상 미래를 대상으로 하면서도, 사실상 사회 계약은 미래 세대들을 배제하고 있는 것이다. 이 현시대성의 특징은 세계화의 시대에 더욱더 뚜렷해진다. 세계화로 인해 모든 것은 시장에서 단기적 관점에 따라 측정되고, 이 때문에 사회 계약은 긴급성의 폭정에 종속된다.

그렇지 않아도 [이미] 역사 철학자들이 감지한 바 있는 사회 계약의 한계는 점점 분명해지고 있다. 헤겔은 『정신 현상학』에서 "어떤 것도, 돌도, 심지어 어린아이도 무죄가 아니다"라는 다소 충격적인 선언으로 홉스를 반박했다. 사회 계약은 더 이상 평화의 근거로 충분하지 않다. 이제부터는 환경에 대한 전쟁이 선포되기 때문이다. 사회 계약은 더 이상 계몽주의가 약속한 발전을 충분히 보장해주지도 못한다. 현재적 순간의 계약은 지속 가능한 개발을 충분히 뒷받침해줄 수 있는 방법을 알지 못하기 때문이다. 지속 가능한 개발은 현 세대가 요구하는 것들을 만족시키면서도 미래 세대의 욕구 충족을 위태롭게 만들지 않는 것이다. 여기에서 자연 계약의 필요성이 대두된다. 철학자 미셸 세르는 바로 『자연 계약』*이라는 표제가 붙은 자신의 저작에서, 이에 대한 가설을 최초로 정식화했다. 나는 그가 이 책에서 제시한 테제를 여기에서 요약하고 논평하겠다.

자연 계약의 기초

미셸 세르가 내놓은 첫번째 핵심적 견해는 사회 계약의 원동력과 자연 계약의 원동력 간에 엄밀한 대응관계가 존재한다는 것이다. 홉스에게 사회 계약을 촉발시킨 것이 공포였던 것과 마찬가지로——홉스는 한편 자기 어머니가 영국의 먼 바다를 가로지르는 스페인 무적함대를 봤을 때 느낀 범상치 않은 공포감에서 자신이 태어났다고 생각했었다——, 자연 계약의 기초에는 철학자 한스 요나스가 "공포의 발견술"**이라고

---

* 미셸 세르Michel Serres,『자연 계약 Le Contrat naturel』, Paris: François Bourin, 1990.
** (옮긴이 주) 한스 요나스가『책임의 원칙 Das Prinzip Verantwortung. Versuch einer Ethik für die technologische Zivikisation』에서, 비대해진 인간 중심적 자연관과 기술사회 문명이 가져야 할 새로운 윤리를 정초하기 위해 제안한 것이다. 그에 따르면, 자연뿐만 아니라 인간까지도 변형시킬 수 있는 막강한 기술권력에 부여되어야 할 새로운 의무는 '책임'이라는 개념으로 설명될 수 있는데, 그것은 이 기술문명과 지식이 이제는 미래를 예견하고, 미래의 가능성을 해치지 않으면서 지구의 전 영역을 인과성의 의식 속에 있게 하는 것과 관련 있다. 이 책임의 윤리에 동반되는 것이 바로 '공포'라는 감정이다. 그는 "악의 인식이 선의 인식보다 무한히 쉽다"고 전제하고, "실제로 우리가 무엇을 보호해야 하는가를 알아내기 위해서, 도덕철학은 희망보다는 공포를 논의의 상대로 삼아야 한다"고 주장한다.

불렀던 것이 있다. 미셸 세르에 따르면 "우리는 세계를 수호하기 위해 우리들끼리 평화협정을 맺어야 하며, 우리를 수호하기 위해 세계와 평화협정을 맺어야 한다."

두번째 중요한 견해는 인류의 심리정치학의 역사가 한 단계 변화함에 따라 자연 계약이 필요해졌다는 것이다. **나**는 이제 불가능한 것이 되었고, **우리**는 낡아빠진 구시대의 유물이 되었다. 이제부터 지구 위에 "생겨나는 것은 개인과 주체로서의 인간이나, 낡은 사회과학의 분석 대상이었던 집단, 군중, 정당, 국가, 군대, 작은 촌락이 아니다. 인간들이 **빽빽하게** 들어찬 거대한 판들plaques이 대거 생겨나고 있다." 미셸 세르는 "인류라는 주요 계약 행사자는 적어도 2억 5,000명의 영혼만큼의 무게가 나간다"고 적고 있다. 인간은 이제 집합적 전체로서 존재한다. "거대도시들이 물리적 변수가 되고 있다. 그 거대도시들은 사유하지도 배불리 먹지도 않는다. 그것들은 무게가 나갈 뿐이다." 세번째의 중요한 견해는 전체 집합으로서의 인류와 지구의 자연 사이에 동족관계가 있다는 것이다. "지구 전체는 이 새로운 인간들의 판들의 새로운 상관자이다. 지구는 그것의 국지적인 요소들과 그것의 거대한 구성 요소들, 즉 대양, 사막, 대기 또는 빙하가 서로 교차하며 상호 내적인 관계들을 맺는 장소이며, 인간들의 이 새로운 판은 개인들, 소집단들, 그들의 도구들, 대상-세계들, 그들의 지식들, 모임들이 서로 교차하며 상호 내적인 관계들을 맺는 장소이다. 이들은 점차 장소, 지역성, 이웃, 친지와의 관계를 상실하고 있다." 다른 말로 하면 '현존재'는 희박해지고 있다.

미셸 세르의 네번째 중요한 견해는, 자연 계약의 가설은 인간의 역사에서 증대되고 있는 과학의 역할을 무시할 수 없다는 것이다. 그런데 이 주제와 관련해 과학이 맡고 있는 역할은 매우 애매하다. 과학은 지식협정을 통해 사회 계약을 강화해왔다. 실제로 과학의 기원은 "마치 오누이처럼 인간사회의 기원을 닮았다. 지식협정은 일종의 사회 계약으로서 상호적으로 지식의 실현을 감독한다. 그러나 이 협정이 세계와 평화롭게 화해하는 것은 아니다. 그 협정이 세계에 아무리 더 가까이 다가간다고 해도 말이다."

다섯번째 중요한 견해는 우리가 곧 우리의 지배를 지배해야만 하리라는 것이다. 이제 이러한 계획은 불가피하다. 캐나다에서 진행된 연구에 따르면, 만일 북미의 개발 모델과 소비 유형들이 인간사회 전체로 확장된다면, 세 개의 지구가 필요할 것이다. 또 지구 전체가 북미식으로 번성하게 된다면, 이는 긍정적인 시나리오일지 모르지만, 그 경우 상황은 현 상태의 개발 모델들로는 문자 그대로 통제할 수 없게 될 것이다. 그렇기 때문에 이러한 발상들을 완전히 바꿔야 한다. 발전된 민주국가들이 이제 서로 간의 싸움을 멈췄다는 사실에 대해 많은 전문가가 자축한 바 있다. 그러나 거기에는 다음의 내용이 덧붙여졌어야 했다. 그것은 이 민주국가들이 하나로 뭉쳐 세계에 맞서게 되었고, 세계는 어떤 의미에서는 개발의 속죄양이 되어버렸다는 것이다. 이 전쟁은 "문자 그대로 세계적인 전쟁, 그것도 이중의 세계 전쟁이다. 왜냐하면 모든 사람이란 의미에서의 세계 전체가 사물들이란 의미의 세계에 손실을 입히기 때문이다. [……] 왜 이제부터는 우리의 지배를 통제하기 위해 애써야 하는가? 왜냐하면 통제되지 않고, 자신의 목적을 초과하며 반생산적인 것이 된 순수 지배는 결국 그 자신을 배반하기 때문이다. 그러므로 방향을 바꾸어야 하고, 과거에 데카르트가 철학에 부여한 노선은 포기되어야 한다. 내가 거론했던 이러한 뒤얽힌 상호 작용들 때문에 지배는 사실상 아주 짧은 기간 지속할 뿐이며, 곧 예속 상태에 빠진다. 소유도 마찬가지로 순간적으로 지배권을 가지거나 아니면 결국 파괴로 끝날 것이다."

여섯번째로 중요한 견해는 우리가 21세기를 시작하면서, 역사의 분기점에 서 있다는 것이다. 미셸 세르는 이 분기점을 "죽음 아니면 공생"이라고 요약한다. 즉 우리가 이제는 인간의 기생에 대한 여전히 패권주의적인 개념화와 작별해야만 한다는 의미이다. 나는 세계인권선언과 마찬가지로 사회 계약이 자연과 세계를 무시하거나 그들에 대해 함구하고 있다는 것을 강조했다. 우리는 여전히 권리를 권리 주체의 관점에서 사유하고 있는데, 이 권리 주체의 개념은 점차 확장되고 있다. 미셸 세르는 과거에는 "아무나 권리 주체의 지위에 이를 수 있는 것은 아니었다"는 점을 상기시킨다. 1789년의 시민과 인간의 권리선언은 모든 사람에게 이 권리 소유자의 지위를 획득할 가능성을 주었다. 그러나 모든 여성에게 준 것은 아니었다. 사회 계약은 여성들을 포함함으로써 완성되었다. 그러나 사회 계약은 스스로 폐쇄되었다. "세계를 놀이의 외부에 남겨두었기 때문이다. 사물들의 거대한 집합은 수동적인 점유 대상의 지위로 축소되어버렸다. 이러한 조건들로 인해 배타적인 사회성을 갖는 우리의 계약은 생물 종이 보존되어 객관적이고 전반적인 불멸성을 획득하는 데 치명적인 것이 된다."

그러면 자연은 무엇인가? 이 철학자의 말에 따르면, 자연은 우선 "인간 본성 자체의 조건들 일체이다. 말하자면 인간 종의 번성이나 멸종을 전반적으로 제한하는 것들이며, 인간에게 숙식과 온기, 음식을 제공하는 여관이다. 인간이 자연을 남용하는 순간 자연은 인간에게서 인간 본성의 조건들을 빼앗는다. 그래서 자연이 인간 본성에 영향을 미치고, 인간 본성은 다시 자연을 조건 짓는다." 자연은 마치 하나의 주체인 것처럼 행동한다.

미셸 세르의 일곱번째 중요한 견해는 이제 우리가 배타적 사회성을 갖는 계약에 상호성과 공생의 자연 계약을 필연적인 결론으로서 덧붙여야 한다는 것이다. 이 자연 계약을 통해 우리는 사물들에 대한 지배와 소유를 포기하고 호혜적이고 존중적인 관계를 맺을 것이며, 지식은 더 이상 소유를 전제하지 않고, 행위도 더 이상 지배를 전제하지 않을 것이다. 이 계약은 문자 그대로 평화와 휴전의 계약이 될 것이며, 자연과의 전쟁에 종지부를 찍을 것이다. 따라서 그것은 공생의 계약이 될 것이다. 미셸 세르는 다음과 같이 설명한다. "공생자는 타자의 권리를 인정한다. 반면 기생자——이것이 지금 우리의 지위이다——는 그가 거주하며 약탈하고 있는 자를 죽음으로 몰아넣는데, 그는 이것이 결국 자기 자신도 사라지게 만들 것이라는 사실을 의식하지 못한다." 오늘날 지배권과 소유권은 점점 더 기생 상태로 환원되고 있다. 반대로 공생권은 "호혜성으로 정의된다. 자연이 인간에게 주는 것만큼 인간도 이제 권리 주체가 된 자연에게 되돌려주어야 한다." 인류학자들의 연구에 따르면, 아주 오래된 문명들은 처음으로 이러한 지혜를 획득하여 널리 권장했다.

자연은 권리 주체인가?

미셸 세르의 여덟번째 중요한 견해는 다음과 같은 물음을 던진다. 자연 계약을 체결하는 데 자연을 하나의 권리 소유자로 만드는 가정이 반드시 필요한 것인가? 나는 개인적으로 그렇다고 생각하지 않는다. 나는 자연이 '마치 하나의 주체인 것처럼' 행동한다고 말했지 '주체로서' 행동한다고 말하지는 않았다. 자연이 권리 주체의 지위로 승격되는 것은 단지 철학적 은유에 지나지 않는다. 자연 계약을 비판하는 사람들은 언제나 쉽게 이런 이의를 제기할 것이다. 여러 해 전부터, 특히 앵글로색슨 사회에서는 이 주제와 관련해 사람들 사이에서 격렬한 논쟁이 있었다. 어떤 이들은 권리를 비인간적인 세계, 즉 동물이나 식물뿐 아니라 무생물계일 수도 있는 세계에까지 확장해야 한다고 생각하거나 이를 권유하는 반면, 다른 이들은 비록 우리가 생물 종들이나 지구에 대해 책임이나 의무를 지고 있다고는 말하지만, 그러한 권리 확장을 거부했다. 내가 방금 거론한 이 논쟁에서는 홉스와 반대로 짐승들이나 돌들이 권리 소유자라고 생각하는 사람들과, 짐승과 돌은 언어, 이성적 사유, 그리고 기호나 표적을 통해 계약을 법적으로 유효한 것으로 만들 능력이 없기 때문에 권리 주체가 아니라는 고전적인 논증을 고수하는 사람들이 대립하고 있다.

그런데 자연이 권리 소유자라는 은유적인 가설은 내가 보기에는 자연 계약을 체결하는 데 그다지 필수적인 것이 아니다. 그것은 다음의 두 가지 이유에서 그러하다. 첫번째 이유는, 생존의 단위는 다윈이 믿었던 것과는 달리 생식하는 개체도, 계통이나 종 또는 아종도 아니기 때문이다. 생존의 단위는 유기체와 그의 환경이 함께 구성하는 어떤 유연한 존재entité이다. 그레고리 베이트슨은 수십 년 전에 『마음의 생태학을 향하여』*라는 저서에서 예언적 통찰력으로 이 점을 보여주었다.

---

* 그레고리 베이트슨Gregory Bateson, 『마음의 생태학을 향하여 Vers une écologie de l'esprit』, Paris: Seuil, 1977.

이 생태학적 안전의 위상학을 이해하면, 우리는 사회 계약의 주체가 자연 계약의 주체와 불가분리적으로 연결될 수 있으며, 인간 정신의 생태학은 자연생태학에 부합해야 한다는 점을 동시에 간파하게 된다. 지난 두 세기 동안 환경과 절연한 인간을 위해 인권선언을 했듯이, 자신의 환경 속에 있는 인간을 위한 인권선언이 선포되어야 한다.

두번째로, 자연 계약은 각자의 환경 속에서 살아가는 현재 시점의 주체들과 유기체들 사이에서만 체결되는 것이 아니라, 미래 세대의 구성원이 될 잠재적인 권리 주체들과도 체결된다. 나는 이러한 견해가 몇몇 법학자에게는 여전히 문제시되는 것으로 알고 있다. 그러나 그것은 로마의 상속법이 태어날 아이들의 권리를 인정하며, 따라서 이 아이들을 잠재적인 권리 소유자로 만든다는 점을 망각하는 것이다. 그러므로 자연 계약은 이러한 견지에서 사회 계약을 미래의 방향으로 더 심화시킬 것이다.

자연 계약의 열쇠말들

미셸 세르의 아홉번째 중요한 시각은, 만일 우리가 정치학과 정치 지도자들에 대한 새로운 개념적 이해를 창안해내지 않는다면 자연 계약이 죽은 문자로 남아 있으리라는 것이다. 현재의 관료주의bureaucratie는 실제로 '사무실 논리bureaulogie'의 형태에, 즉 사무실이나 연구실에서 볼 때에만 존재하는 세계에 근거해 있다. 이제 정부는 인문과학에서, 도시의 거리와 벽에서 나와 물리학자가 되어야 한다. 또 사회 계약으로부터 빠져나와 '자연'이라는 말에 그 말의 본래 의미, 즉 우리가 그 속에서 태어났고 내일 다시 태어나야 할 [삶의] 조건들이라는 의미를 되돌려줌으로써, 새로운 자연 계약을 고안해내야 한다. 그러므로 문자 그대로 '공생적인' 이런 방식의 조종술을 '사이버네틱스'라고 불러야 할 것이다. 이런 통치술은 항해술에서 말하는 '키잡이의 특수한 기술'과 같다. 이 기술은 어떤 각도들에서 생겨나 다시 또 다른 각도들을 만들 어내는 루프들을 이용한다. 이 새로운 권력 지도 제작법으로부터 하나 의 지정학géopolitique이 도출될 것인데, 이것은 그 말의 어원이 갖는 의미 전체를 완전히 구현하는 것으로서, 국제 관계들의 오래된 게임을 넘어서는 실질적인 지구 정치학일 것이다.

열번째 중요한 견해는 자연 계약은 사회 계약과 같은 이유로, 또 학 문 계약과도 같은 이유에서 서명되지 않은 채 잠재적인 것으로 남아 있 다는 것이다. 중대한 기초 계약들은 암묵적으로 지속되는 것처럼 보인 다는 이유 때문이다. 하지만 비록 자연 계약이 잠재적인 채로 남아 있 다고 하더라도, 그것은 그래도 여전히 [사람들을] 결속시키고 또 [서 로를] 연결하는 계약이다. 왜냐하면 모든 계약은 "일련의 유대들을 창 조해내고, 이 유대들의 그물망을 통해 관계들이 신성시되기 때문이다. 오늘날 자연은 관계들의 총체로 규정되는데, 이 관계들의 그물망은 지 구 전체를 하나로 아우른다." 이런 의미에서 자연 계약은 하나의 그물 망 안에서 사회 계약과 학문 계약을 결합시킬 수 있다. 연결하고 사랑 하는 것, 이것들이 자연 계약의 열쇠말들이며, 자연 계약을 근대성보 다는 정신적인 것에 더 가깝도록 만들어준다. 근대성은 점차 자연의 영역을 종교와 반대되는 것으로 만들어왔는데, 이 종교의 반대 항은 무신론이 아니라 무시였다.

마지막의 중요한 견해는 자연 계약이 미래의 윤리학과 긴밀하게 연결되어 있다는 것이다. 나는 상당히 많은 글을 통해, 특히 『새로운 세계』*라는 보고서의 결론에서 이 미래의 윤리학의 윤곽들을 명확하게 하고자 노력했다. 미래의 윤리학은 미래에 있을 민주주의를 이해하는 데 기초가 되는 것이기도 하다. 왜냐하면 문제들은 여러 세대에 걸쳐 있는 것이므로, 21세기에는 민주주의를 공간적으로—근본적으로 초국경적·초국가적인 문제들을 다룰 줄 아는 국제적 통치의 방향으로—뿐만 아니라, 시간적으로도 더 심화시켜야 할 것이기 때문이다. 계약 안에 양도transmission를 재도입하는 것 또한 자연 계약의 중심적인 축이 될 것이다. 물론 시인 르네 샤르René Char가 말한 것처럼 "어떤 유언도 우리의 유산을 앞서지는 못한다." 자연 계약은 미래 세대들에게도 기회를 줄 수 있는 일종의 공란의 유산이 되어야 할 것이다.

　현재 우리가 하나의 중대한 위험에 직면해 있는 만큼 이러한 계약은 더더욱 시급하다. 그 위험은 유전공학적 발견들을 특허화함으로써 생명체를 점유하는 것이다. 자연 계약은 그러한 논리가 갖는 한계들을 확정하고 그것으로부터 파생되는 예기치 않은 변화들을 미리 방지할 수 있어야 할 것이다. 나는 이러한 관점에서 홉스의 사회 계약이 타인의 신체에 대한 소유와 예속을 합법적인 것으로 본 바와 반대로, 로크의 사회 계약은 인간 신체에 대한 소유를 금지하고 있다는 사실을 상기시키고 싶다. 산업의 자유가 인간의 기본적인 권리들보다 우월한 것일 수는 없다. 내가 보기에는 그렇기 때문에 자연 계약이 미래의 세계 계약을 풀어나갈 수 있는 중요한 실마리 중의 하나가 될 것이다.

---

* 유네스코, 『새로운 세계Un Monde nouveau』, Paris: Odile Jacob-Édition UNESCO, 2000.

생물 다양성의 미래

토머스 오디암보

생물 다양성은 자연의 창조적 생식력이 낳은 놀라운 결과이다. 이러한 사실은 유전적 다양성을 통해 잘 드러나는데, 지상의 풍경 속에서 볼 수 있듯이 유전적 다양성은 생태계의 다양성과 밀접한 관계에 있다. 과학계는 이미 25만 종 이상의 관다발 식물을 발견했다. 이들은 세계의 모든 지역에서 발견될 수 있지만, 대부분의 원산지는 열대 지방과 아열대 지방이다. 학계에서는 또 다른 2만 5,000개의 식물 종들이 더 발견될 수 있을 것으로 추정하고 있다.

하지만 한편으로는 세계의 관다발 식물 대다수를 간직하고 있는 열대 산림의 약 2,000~2,400만 헥타르에 이르는 면적이 매년 개간되거나 퇴화되고 있는 것으로 추정되고 있다. 새 천년이 시작된 이래 세계 산림의 거의 60퍼센트가 영구적으로 개간되었다. 이 무시무시한 통계치를 보고 많은 사람은 최후의 심판일이라는 이미지를 떠올린다. 미주리 연구소의 피터 레이번Peter Raven도 이들 중의 한 사람인데, 그의 말에 따르면 "6,500만 년 전 백악기 시대 말엽, 지상 유기체의 약 3분의 2가 공룡과 함께 사라졌는데, 그 이후로 멸종 비율이 지금의 수준에 도달했던 적은 없었다." 과학자들은 4만 종에서 대략 17만 종이나 되는 열대식물 종들이 곧 멸종될 것이라고 예측하고 있다. 이 생물학적 다양성의 생태계는 이 순간에도 생물학자들이 그 종들에 대한 지식을 쌓아가는 비율을 훨씬 뛰어넘는 엄청난 비율로 파괴되고 있다. 단지 이러한 종들에 대해 그들이 사라지기 전에 목록 작업을 해놓는 것만으로는 충분하지 않다. 우리가 이런 종들로부터 어떤 새로운 결실을 얻어내려면 우리는 그들에 대한 생물학적 정보와 그들이 생태계 안에서 하는 역할, 그들이 자연과 맺는 관계에 대해 배워야 한다.

생물 다양성과 생명공학의 필수적인 협력관계

최근 29개국이 모여 세계 생물 다양성 정보 기구Global Diversity Information Facility를 설립했다. 이 정보 기구는 3,900만 달러의 자금을 들여, 전 세계의 생물 종들에 대한 목록 작업을 시도할 계획이다. 실제로 이 작업은 인간 게놈 프로젝트에 투입되었던 것과 같은 10억 달러의 자금 조달을 필요로 하는 거대한 작업이다. 식물 종들을 분류하는 작업은 아마 이 기구의 임무 중 가장 간단한 일일 것이다. 세계 도처에 있는 식물 표본실과 식물원이 이미 그들 나름의 식물 대계를 발전시켜왔기 때문에, 세계 생물 다양성 정보 기구가 해야 할 주요 업무는 이 축적된 자료들을 교차 대조하는 일이 될 것이다. 다른 유기체들, 특히 미생물과 무척추동물들에 대한 분류 작업은 훨씬 더 힘이 든다. 예를 들면 세계적으로 300만 개 정도가 존재하는 것으로 추정되는 곤충 종들의 대부분은 열대지방에 있으며, 그들의 대부분은 아직 학계에 알려지지 않았다.

식물군과 동물군 조사의 역사는 18세기부터 20세기 초까지의 수많은 과학적 탐험에서 정점에 달했다. 대부분의 생명과학은 이 탐험들이 빚어낸 든든한 토대에 기초하고 있다. 진화론, 식물학의 경제 원리, 기능형태학에 대한 이해가 그 예들이 될 것이다.

하지만 지난 250여 년간 축적된 분류학과 생물지리학적 지식이 이룬 이 모든 광대한 진보에도 불구하고, 우리는 생명 유기체의 거대한 행렬에 대해 여전히 아주 소량의 지식만을 가지고 있을 뿐이다. 만일 우리가 다음 몇십 년 동안 대표 생태계 안에 살고 있는 대표 종의 집단에 대한 생리학적·생태학적·유전학적 지식 체계를 세우고, 이러한 깊이 있는 이해가 그 유기체들의 게놈에 대한 미시적 지식 체계와 상호적으로 연결된다면, 학계는 생물권을 훨씬 더 명료하고 새로운 방식으로 이해하게 될 것이다. 결국 좀 더 전체론적인 이러한 접근이 기술적 진보를 한 걸음 더 앞당기게 될 것이며, 이 진보를 통해 우리는 생물학적 지식에서 비롯된 새롭고 흥미진진한 산물과 혜택을 맛볼 수 있을 것이다.

이러한 방식을 통해서 생물 다양성의 미래는 양적인 측면에서의 종들의 생존과 보존에 대한 관심사를 훨씬 넘어서는 것이 된다. 1988~1993년 사이에 생물 다양성에 불어 닥친 위기를 전 세계에 알리는 데 많은 노력을 기울였던 크루서블 그룹The Crucible Group은 이를 아주 잘 말해주고 있다. "오늘 생물학적 다양성을 보존하는 것이 앞으로 상당한 경제적·사회적 이익을 가져다줄 것이라는 게 분명하다고 하더라도, 우리는 그 경제적 이득이 조금씩 성장할 것이라는 것, 또 그로 인한 경제적인 초과 이득은 거의 기대할 수 없다는 것, 그리고 단지 생물 다양성을 위해 보존과 개발을 동시에 추구했던 국가들만이 소중한 보답을 거둬들일 수 있을 것임을 알고 있다."* 세계 전체와 생물 다양성의 수탁자들은 이 점을 반드시 고려해야 할 것이다.

이 개발과 공존하는 보존 전략은 1973년 생명공학 연구가 폭발적으로 증가하기 시작한 이래, 생물학적 지식과 그 지식의 활용에서 처음으로 거둬들인 실질적인 약진이 될 것이다. 풍부한 생물학적 다양성을 보유하고 있는 나라들—이들 중 대부분이 열대지방의 개발도상국가들이다—은 결국 20년 전에 시작했어야 했으나 그렇게 하지 못했던 것을 책임지고 완수해야 한다. 그것은 바로 분자생물학에 대한 지식을 획득하고 향상시키는 것, 새로운 과학적 이해를 위해 생명공학 연구와 기술 발전에 착수할 수 있는 능력을 개발하는 것, 그리고 새로운 생산물과 서비스 영역을 개척하여 개발도상국가들의 식량 안전과 세계 모든 사람의 건강을 보장해주는 것이다. 나는 이 범주에 에이즈, 암, 퇴행성 질환, 주요 열대성 질병들로부터의 보호 또한 포함된다고 생각한다. 생물 다양성과 생명공학 간의 협력관계, 이는 개발도상국가들과 전 지구촌에서 인류의 공익을 위해 고안되어야만 하는 것이며, 개발도상에 있는 국가의 과학자들이라면 누구라도 받아들여야 하는 과제이다.

---

* 크루서블 그룹, 『사람, 식물, 그리고 특허권: 지적 재산권이 무역에 미치는 영향, 식물 다양성과 농촌 사회 People, Plants and Patents: The Impact of Intellectual Property on Trade, Plant Biodiversity and Rural Society』, Ottawa: IDRC, 1994.

새로운 체계들

이제 막 21세기에 접어든 지금, 우리는 열대지방의 농경문화가 수천 년에 걸쳐 발전시켜온 광대한 지식 기반을, 근대 산업 문화가 실험과 시험 관찰을 통해 축적해온 근대의 과학적 지식에 긴밀하게 결합시키는 작업에 착수해야 한다. 세계는 열대 개발도상국가들에서 활발하게 움직이고 있는 혁신-공동체 체계를 주목하기 시작했다. 이 체계는 특히, 약용 식물 및 국내 식량 보유를 위한 종자 선별과 관련해서 주목받고 있다. 이러한 지식은 토착민들이 이제껏 지켜온 윤리-종교-문화유산의 맥락 속에서 존재하고 있다. 크루서블 그룹은 다음처럼 간결하게 결론짓고 있다. "우리는 종(種)과 생태계를 보호하는 것이 반드시 지켜야 할 도덕적 의무라는 사실을 잘 알고 있지만, 또한 모든 건전한 보존 정책은 가장 밀접하게 생물 다양성에 의존해 있는 사람들의 이익에 부응해야 한다는 것도 알고 있다. 그 사람들, 즉 토착민들의 필요에 부응하는 보존 프로그램을 가동할 기회가 많이 있는데도, 우리는 위험을 무릅쓰면서 이 사실을 외면하고 있다." 보존과 지속적인 이용 사이에 놓인 인위적인 장벽들은 반드시 붕괴되어야 한다. 농촌 공동체가 생물의 다양성을 이용하는 까닭은 그들에게 그것이 필요하기 때문이다. 그들에게 생물의 다양성은 선택과 기회를 의미한다. 농촌 공동체는 인정받고 권한만 주어진다면, 틀림없이 생물 다양성을 위한 가장 효과적이고 효율적이며 경제적인 봉사자가 될 수 있다.

최근의 형태와 같은 지적 재산권은 이러한 긴밀한 결합관계를 방해하는 요지부동의 장애물이다. 지적 재산권으로 인해, 국제 공동사회는 토착민들이 발전시켜온 기술혁신과 지식에 대한 토착민의 완전한 소유권을 인정하거나 승인하지 못하고 있다. 1992년 6월에 있었던 리우 지구촌 정상회담을 계기로 벌어졌던 토론들과 의제 21에서 비롯된 후속 협상에서, 생체 자원에 관한 지적 재산권은 가장 논쟁적인 정치적·상업적 주제로 다루어졌다. 이 문제가 사라질 것 같지는 않다. WTO가 규정들을 비준하고 있는 와중에도, 이 분야의 지적 재산권의 핵심적 요소들과 관련해서는 여전히 논쟁 중에 있다.

특허화

조인국들이 특허권을 통해서, 아니면 어떤 실질적인 **독자적** 체계를 통해 다양한 식물 종을 보호하는 한, 그들은 식물과 동물의 특허화를 금지할 수 있다. 추가로, 서명국들은 반드시 미생물에 대한 특허를 허용해야 한다.

대립을 합리적으로 해결하기 위한 공동체 연구 프로그램

전통 가치와 산림 관련 지식에 관한 공동체 연구 프로그램을 수립하자는 제안이 있었다. 이것은 공동체 혁신 체계가 지닌 전통적이고 제도적인 방법론과 가설에 근거한 혁신 체계의 방법론을 한데 아우름으로써 진행된다. 이 같은 프로그램은 전통적 공동체의 연장자들을 포함하여 각양각색의 이해관계자들, 공동체에 기반한 조직들, 토착민들의 조직들, 지역 공동체, 비정부 시설, 정부 시설, 학술 연구원, 그리고 심지어는 FAO 유엔 식량 농업 기구와 유네스코와 같은 국제기구들까지도 포함하고 있다. 이 프로그램의 목표는 현재 여러 분야에서 대립적인 입장을 취하는 지식과 혁신의 상이한 두 원천으로부터 합리적인

제휴를 이끌어내는 것이다

농민들의 권리

여러 단체가 농민의 권리에 관한 협정을 수립하기 위해 애쓰고 있으며, 이들은 이를 위해 FAO위원회가 설립한 유전학적 식물 자원 관련 기구들과 리우 정상 회담에서 조인된 생물 다양성에 관한 협정을 이용하고 있다. 토착민들의 생물 다양성 네트워크도 이런 권리들 중 하나이다.

특허권에 관한 요구들을 조율하기

생명 특허권에 관한 격렬한 논쟁의 핵심적인 물음은 유전자 자원과 그 혜택의 공유에 관한 것이다. 선진국의 요구와 개발도상국의 요구 사이에서 정확한 균형을 잡는 것이 중요하다. 산업화된 국가들은 지적 재산권 제도를 전적으로 포용하고자 애쓰는 반면, 농촌 공동체들과 토착 사회들은 생물의 다양성과 식량 안전을 위협하고 자신들의 고유한 공동체-혁신 체계를 무시하는 독점 체계를 거부한다. 의제 21 협정서는 공정하고 평등한 이익 분배를 거듭 거론하고 있지만, 어떤 국가도 공동체-혁신 체계의 권리들과 거기서 파생되는 혜택들을 보호, 강화하기 위한 이 국제적인 공약을 충족시키지 못하고 있는 만큼, 이 협정서는 순전히 수사학적인 것으로 남아 있다. 실제로 지적 재산권 제도는 점점 토착민의 지식들을 약탈하고 있다.

유전자에 대한 특허 취득

자연 그대로의 유전자들은 그것들이 이미 존재하고 있는 것이고, 또 유전학자들에 의해 단순히 '발견된' 것이기 때문에 특허권의 대상이 될 수 없다. 그러나 조작된 유전자는 자연 상태에 있는 유전자의 조각들을 한데 잇거나 삽입해서 발명해낸 것이기 때문에 특허권의 대상이 될 수 있다. 특허권의 대상이 되는 것은 새로 생겨난 유전자와 그것이 낳은 생성물이다. 그렇지만 이에 대해서는 신랄한 언쟁이 계속되고 있다. 일반적으로 유럽인들, 특히 영국 사람들은 미국으로부터 수입되는 유전자 변형 식품에 대해 격렬하게 반대한다. 그렇기 때문에 심지어 과학자들이 유전자 변형 식품을 안전한 것이라고 발표하더라도, 소비자들은 과학적 판단으로는 충분치 않다고 여긴다. 그들이 요구하는 것은 위험에 대한 절대적인 안전보장이다.

혁신상의 상호 동등성

의학적 용도로 사용될 수 있는 새로운 화학물이나 합성물을 찾으려는 생명 탐사의 노력들은, 특히 다국적 제약 상사가 토착민들과 명백하게 부당한 계약을 체결해온 이래 상당한 물의를 빚어왔다. 가령 머크Merck 제약 상사가 최근에 서명한 계약들은 과학 지식과 기술들을 공동체 혁신자들과 공유하는 것에 관한 조항들을 포함하지 않고 있다. 이와 유사하게, 법률적으로 특허권을 확립하는 데 공동 등록이 가능한 연구 개발 프로그램이 만들어진 적은 없다. 분명 그 두 혁신 집단은 작업과 그 성과 혹은 혜택 면에서 동등한 대접을 받지 못했다. 만일 우리가 현재와 미래의 생물 다양성을 보호해야 한다면, 우리는 반드시 협력자가 동등한 대우를 받도록 보장해야 할 것이다.

세계 유산 모델

지금까지 전 세계 약 150개국의 3만여 지역이 보호구역으로 지정되었다. 이 지역의 총 면적은 1억 3,200평방킬로미터이며, 세계 지표면의 약 9퍼센트에 걸쳐 있다. 여러 유형의 보호구역들이 있는데, 서식지와 종(種) 관리 구역, 국립공원, 자연보호구와 자원 관리 보호구역 등이 그것이다. 자연보호구와 자원 관리 보호구역은 자연 생태계를 지속적으로 이용 가능한 것으로 만들 목적에서 관리되고 있다. 생물 다양성의 측면에서 미래에 가장 잠재성이 높은 보호구역은 아마도 생물권 보호구와 야생 유산지일 것이다. 이 지역들은 보유국들과의 협동 아래 관리되고 있다. 유네스코의 활동은 이러한 약진과 긴밀하게 연결되어 있다.

유네스코 총회는 1972년 세계 유산 협정을 채택했으며, 이 세계 유산 협정 아래 세계유산 등록지World Heritage Sites제도가 실행되고 있다. 세계유산 협정은 현재 153개의 가맹국을 가진, 세계에서 가장 널리 인정받고 있는 보호 조약이다. 세계 자연보호 연합World Conservation Union이 자연유산 프로그램의 총괄 책임을 맡고 있으며, 이 프로그램을 통해 142개에 달하는 자연유산지들이 세계유산 목록에 등록되었다. 이 등록지들은 바로 다음의 목표들을 달성하기 위한 계획의 일환으로 지정되었다. 그 목표들이란 특별히 보편적인 가치를 지니는 구역들을 선정하여 보호하고 보존하는 것, 국가들이 세계유산 목록에 포함시킬 만한 지역들을 지정하도록 장려하는 것(뉴질랜드는 앞으로 남극권에 접한 뉴질랜드의 일부 섬들이 이 목록에 포함될 것으로 기대하고 있다), 국가들이 이러한 지역들을 전문적인 교육 내지 기술적 원조, 재정적 지원을 통해 보호할 수 있도록 도와주는 것, 국제 공동 사회가 자연유산 보존에 협력하도록 의무화하는 것 등이다.

이 목표들은 협력, 연대, 보편적 가치들을 실천하는 것이기 때문에 중요하다. 협력과 연대, 보편적 가치는 모두 21세기의 보증수표가 될 것이다. 새로운 질서 안에서 전통적인 소유 방식을 조화롭게 일치시키는 것이 산림 보존을 촉진하고 생물 다양성의 근원지들을 보전하는 데 효과적인 수단이 될 수 있다.

이 세계유산 등록지들이 지닌 가장 매력적인 특징들 가운데 하나는 그것들이 하나의 광범위한 네트워크를 형성하여 산림 생태계의 전 영역을 아우르게 될 것이라는 점이다. 이 네트워크를 통해 생태적 생존 환경과 완전성이 유지될 수 있을 것이고, 이 생태계 안에서 생물 다양성이 보존될 수 있을 것이다. 등록지들은 또한 생명이 살아갈 수 있을 만큼 충분히 넓고, 서로 인접해 있거나 생태학적 통로를 따라 연결되어 있다. 이 생태학적 혁신이 궁극적으로는 생물 다양성을 지켜낼 수 있을 것이다.

결론적으로 인류 전체가 지난 세대들이 남겨준 지식의 도서관에서 눈을 떼지 않을 때, 인류는 자연이 남겨준 유산을 가장 완벽하게 이용할 수 있을 것이다. 그 도서관의 지식들은 가설에 기초한 연구 개발 혁신 체계를 통해서뿐만 아니라 공동체 혁신 체계를 통해서도 축적되고 시험을 거쳐온 것이다. 인간의 뇌가 그러하듯, 그 도서관은 오직 그것이 완전한 전체로 있을 때, 또 필요한 순간에 바로 접근 가능할 때에만 유용할 것이다.

2020년경의 환경과 개발

모스타파 톨바

1992년 국제연합의 환경 개발 회의가 그 유명한 의제 21을 협의하기까지 3년이라는 준비 기간이 필요했다. 이 회의 전후로도 법적 구속력을 지니는 엄청난 수의 조약이 체결되었다. 이렇게 해서 세계적 층위, 지역적 층위, 지역 간 층위에서 환경에 관한 규칙들이 수립되었다. 내가 이와 같은 일련의 결정들을 언급하는 까닭은 미래에 입안될 모든 환경 계약의 배경 맥락을 서술하기 위해서만은 아니다. 이는 또한 다음 세기로 나아가기 위해 우리가 취할 중요한 전략을 세우는 과정에서 이런 문제 속에 끼어드는 어려움을 보여주기 위해서이기도 하다.

지속 가능한 개발

21세기를 시작하는 단계에서, 우리가 구상하고 있는 환경 책임은 거의 200년 전에 처음으로 표명되었던 기본 원리에 기초하고 있다. 1864년 조지 퍼킨스 마시George Perkins Marsh는 그의 고전적 저술인 『인간과 자연』에서 "인간은 환경을 악하게 지배할 수도, 선하게 지배할 수도 있다"고 말했다. 그는 또 "지혜는 자연의 균형을 보존하려는 노력 속에 있으며" "지금 세대는 무엇보다도 미래 세대의 복지를 책임져야만 한다"고 역설하고 있다. 오늘날 우리가 벌이고 있는 토론은 200여 년 전에 개괄적으로 제시되었던 생각들을 리허설해보는 것에 지나지 않는다. 이제 시간과 노력을 낭비하는 일 없이 행동으로 옮겨야 할 때이다.

세기의 전환점에서 마하트마 간디는 해방된 인도가 영국과 같은 나라가 되기를 바라는지 질문을 받았다. 그는 대답했다. "물론 아닙니다! 오늘날의 영국이 되기 위해 지구 자원의 절반이 필요하다면, 인도는 얼마나 많은 지구를 필요로 하겠습니까?"

지속 가능한 개발에 관한 현재의 이론과 실천은, 1972년 스톡홀름의 인간 환경에 대한 국제연합 회의에서 표명된 우려들, 그리고 그 이후 1992년 리우데자네이루 지구촌 정상회담과 지속 가능한 개발 위원회로 이어지는 일련의 국제회의들을 통해 나온 것이다. 이러한 구상은, 현재 하고 있는 일들로 인해 미래의 삶의 기준들이 약화되어서는 안 되며, 경제 체제는 미래 세대를 위해 자신의 자원과 환경 기반을 유지하거나 개선해야 한다는 것을 중심 원리로 삼는다. 미래 세대들에게 현재 세대와 똑같거나 아니면 더 좋은 기회들을 보장하기 위해서는 지속 가능한 개발이 경제 성장, 사회 발전, 환경보호 모두를 총망라해야 한다는 점에 대해서는 모두들 동의하고 있다.

21세기의 도전 과제

나는 다음 세기에 우리가 직면하게 될 것이라고 여겨지는 몇몇 도전을 제시해보고 싶다.

사회·경제적 그리고 정치적 도전

개발도상국들이 있는 지역들——대부분은 아프리카에 있다——의 빈곤 수준은 여전히 높다. 이러한 빈곤이 존재한다는 사실과 대조적으로, 북반구의 부유국들과 남반구의 일부 부유한 도시들에서는 사치스런 소비 패턴이 계속되고 있다. 세계의 인구는 계속해서 증가하고 있고, 그러는 동안 그 인구는 지구의 다양한 지역들로 이주하고 있으며, 연령 구조를 변화시키고 있다. 이런 인구 증가는 개발도상국들의 지속적으로 높은 문맹률과 결부되어 있다.

우리는 노동력 분야에서 여성의 지위와 역할이 변화하는 것을 목격해왔다. 무역 제도와 정보 체계가 진화를 거듭하는 동안 상업 경제 시장은 세계화에 발맞추어 변화되어왔다. 경제의 지역화regionalization 또한 주목할 만한 추세이다. 자동화는 노동력, 일, 여가, 불완전 고용 등 노동시장과 관련한 개념들을 변모시키는 주요한 원인이 되고 있다. 마지막으로 기업들은 낮은 노동비용, 생산성 향상에 중점을 두는 방향으로 나아가고 있으며, 기업의 효율성 향상을 위해 매진하고 있다.

또 다른 주요한 경향들로는 다음과 같은 것이 있다. 우선 테러리즘의 확산을 들 수 있는데, 테러리즘은 점점 파괴적인 것이 되고, 또 막기 어려워지고 있다. 조직범죄는 점점 정교해지고 있으며, 현재 테러

조직들과 새롭게 연계되고 있다. 다음으로 종교적 · 윤리적 · 인종적인 갈등이 점점 첨예해지고 있다. 〔환경 문제에서는〕 오염 물질이 거래되고, 허용치들은 흥정되며, 이산화탄소 배출권, 공동 이행 프로그램이 도입되고 있다. 이어서 외국인 직접 투자의 중요성 증가를 들 수 있는데, 이것은 사회개발 원조의 계속적인 쇠퇴와 결부되어 있다. 마지막으로 무역과 환경의 상호 관련성 문제가 부각되고 있다. 부유한 사람들과 가난한 사람들 간의 생활수준의 격차는 더욱더 극으로 치달으면서 분열을 예고한다. 세계은행의 통계에 따르면, 1986년부터 1994년까지 저소득 국가들에서의 1인당 평균 소득은 3.4퍼센트 증가했다. 이는 고소득 국가들에서의 1인당 평균 소득이 1.9퍼센트 증가한 것과 견줄 만하다. 이 정도면 부(富)는 부유 국가들에서나 빈곤 국가들에서나 모두 증가하고 있다고 결론짓고 싶어진다. 그렇지만 실제로 이 수치에서 인도와 중국을 제외하면, 저소득 국가들의 소득 증가율은 1.1퍼센트로 떨어진다. 『1996년 인적 자원 개발 보고서』*에 따르면 거의 90여 개국은 10년 전보다 경제적으로 더 가난해졌다. 산업국가와 개발도상국들 간의 1인당 소득의 격차는 1960년부터 1993년 사이에 세 배가 되었다.

오늘날 세계에서 가장 부유한 억만장자 358명의 순 자산은 세계 인구에서 가장 가난한 사람들의 45퍼센트, 즉 23억 명 인구의 수입을 합한 것과 같다. 이 수치가 지닌 도덕적 함축을 고려하지 않는다면, 이 문제는 불안 상태의 증가와 사회적 이민으로 이어질 수 있고, 그것은 결국 더 부유한 국가들을 경제적으로 그리고 정치적으로 수렁에 빠뜨

---

* 『1996년 인적 자원 개발 보고서1996 *Human Development Report*』, UNDP, 1996.

릴 것이다. 소득의 격차는 일류 국가들과 제3세계 사이에서뿐만 아니라 같은 국가 안에서도 커지고 있다. 미국에서 사회의 1퍼센트에 해당하는 가장 부유한 사람들은 90퍼센트에 해당하는 가난한 사람들보다 더 많은 부를 소유하고 있다. 결국 우리는 민주주의와 정의를 위한 기초 공사도 하지 않은 채, 위험스럽게 21세기를 향해 움직이고 있는 것이다. 아마도 이것이 우리가 곧 직면하게 될 가장 어려운 문제인 것 같다.

환경, 과학, 기술의 도전

다시 환경, 과학, 과학기술의 영역으로 돌아와 우리가 새 천년을 시작하면서 대면하게 될 도전들을 정리하면 다음과 같다.

- 개발도상국가들이 점차 산업화됨에 따라 환경과 자연 자원에 상당한 압력이 가해진다.
- 생명공학(특히 유전자 조작)과 초소형 전자기술, 정보기술을 포함하여 모든 형태의 과학기술들이 급격하게 변화하고 있다.
- 자연 자원의 부족 현상, 특히 관심의 대상이 되고 있는 물 부족 현상은 여전히 지속되고 있으며, 점점 더 심해지고 있다.
- 심각한 지구촌 환경문제도 계속되고 있다. 우리의 관심사는 기후 변화와 지구 온난화, 오존층의 파괴, 생물 다양성의 상실 등의 문제들이다. 유독 산업 폐기물의 생산과 운송, 위험한 화학제품으로부터 발생하는 문제들, 공기 오염과 수질 오염, 바다 환경의 오염 또한 다음 세기로 이어질 도전 과제들이다.
- 새로운 질병들이나 다시 출현한 질병들과 면역성이 강화된 미생물들

이 우리를 위협하고 있다. 최근 인도에서 있었던 선(腺) 페스트의 창궐, 미국에서 발견된 약에 내성이 있는 결핵균은 세계가 공중위생에 대해 재고하도록 만들었다. 에이즈 전염병의 지속적인 확산 또한 중요한 관심사가 아닐 수 없다.

• 전 세계의 원자력 발전소는 낙후되어가고 있다. 현재 존재하고 있는 발전소들은 30~50년 정도의 기간 동안 작동되도록 설계된 것이다. 이 기간이 끝나면 발전소는 철거되어야 하고, 그 지역이 달리 이용될 수 있도록 안전이 확보되어야 한다. 결론적으로 세계에 있는 300개 이상의 시설이 2010년까지 폐로 조치되어야 한다. 그러나 지금까지 단지 약 70개의 상업 원자로만이 철거되었을 뿐만 아니라, 내가 보기에는 원자로 해체 기술도 결코 만족스러운 것이 아니다.

• 이전에는 예상치 못했고 알려지지 않았던 것들이 등장하고 있다. 30년 전에 우리는 기후 변화와 오존층의 파괴, 생물 다양성의 상실에 대해 언급하지 않았다. 오늘날 이것은 우리가 의제로 삼아야 할 주요 논점들이 되었다.

행동이 필요한 영역들

주제넘은 이야기가 아니기를 바라면서, 나는 다가올 20년 혹은 30년 안에 무언가 행동을 취해야만 할 몇몇 영역을 생각해보고자 한다.

우선, 새로운 정보기술을 이용하여 개발 정책 및 프로그램을 계획하고 이를 실행하는 과정에서 여성, 젊은이, 가난한 사람들이 참여할 수 있도록 적절한 수단들을 고안해내야 한다. 이 주제에 대해서 많은 논란이 있어왔지만, 지금까지는 어떤 실용적인 대안도 얻을 수 없었다. 우리에게는 참여를 가능케 할 방법론이 없다.

민주주의의 증진 역시 당연히 행동이 요구되는 중요한 영역이지만, 우리는 이것이 실제로 완수될 수 있는지 아닌지를 물어봐야만 한다. 민주주의를 강제로 부과할 수 있을까? 개발도상국가의 민주주의는 정말로 민주주의적인가? 아니면 우리는 대부분의 경우 민주주의의 이상에 대한 입에 발린 말만을 보는 것인가? 우리에게는 솔직하고 정직한 토론이 절실하다. 이는 좀 더 발전하기 위한 기본적인 요구조건이다.

국제 수자원 기관들은 줄어드는 담수(淡水) 자원을 효율적으로 관리하기 위한 정책과 전략을 수립하도록 최대한 도와야 한다. 담수 이용률, 특히 세계가 공유하는 담수 자원의 이용률이 21세기의 **최대** 쟁점이 될 것이다. 우리가 그것을 반기든 반기지 않든 간에 말이다. 현실을 회피하는 것은 무의미하다. 수자원을 공유하는 국가들 간에 일어날 분쟁을 해결하기 위한 장치를 마련하는 것이 필요하다.

식품과 의약품 생산에서 유전공학을 신중하게 활용하는 것이 기술개발 전반에 관한 전략이 되어야 할 것이다. 또한 우리가 기후 변화, 오존층 파괴, 생물 다양성 상실에 관해 더 깊이 이해하기 위해 많은 진보가 필요하다.

관건은, 적절한 국제조약의 이행을 위해 경제적인 수단을 사용하고 환경 및 천연자원의 활용에 대해 대가를 지불하도록 하는 것과 관련 있는 논점들이다. 이 논점들이 제기하는 문제들을 해결하지 않고서 환경과 환경의 구성 요소들, 혹은 환경의 천연자원들을 합리적으로 이용한다는 것은 불가능하다.

세계의 식량 안전을 보장하고, 천연자원을 보존하며, 발전소를 재생

가능한 새로운 에너지원에 발맞추어 신속하게 변모시키는 것에 전략의 초점을 맞추어야만 하고, 이런 노력은 환경과 천연자원을 파괴하는 비합리적이고 전혀 지속할 수 없는 소비 패턴을 변화시켜야 한다는 좀 더 큰 맥락 속에서 이루어져야 한다.

우리는 현재 일어나고 있는 시장 중심market-driven의 세계화가 지닌 함의와 충격을 더 잘 파악할 수 있도록 힘써야 한다.

결론

두말할 나위 없이 우리 앞에 놓여 있는 길은 평탄하지 않을 것이다. 그 길은 일련의 개혁들을 통해, 실패했던 경제정책들에 맞서 새로운 구조 조정 프로그램을 세우도록 요구할 것이다. 그 길은 무엇보다도 돈을 필요로 한다. 이런 개혁들을 통해 장기적으로는 빈곤이 완화되고, 인간의 기본적 욕구들이 충족될 뿐만 아니라 환경을 악화시키는 경제적 여건을 종식시킬 수 있는 가능성이 생겨난다. 국제 경제 질서에 단단하게 뿌리내린 불공정함과 보호무역주의를 몰아내고, 물가 변동 문제를 해소하며, 사회의 숨통을 조이는 만성적인 빈곤과 무거운 부채를 극복하기 위해서는 상상력과 결단력 그리고 용기가 필요할 것이다.

그 길은 길고도 험난한 여정이다. 1992년 리우에서 지구촌 정상회의가 개최된 지 5년 뒤, 국제연합에서는 의제 21의 실행 면에서 얼마나 진전이 있었는지를 평가하기 위해 특별 회기를 조직했었다. 그 당시 참석했던 국가의 정상들은 일부에서는 진전이 있었음에도 불구하고,

1997년 6월의 전반적인 상황이 5년 전보다 더 악화되었다고 발표했다. 그래서 그 당시 약속을 실천으로 옮기자고 모두들 서약한 바 있다. 오늘날, 그 실천은 여전히 실현되기를 기다리고 있다.

제3장

21세기의 문화 계약은 어떤 것인가?

2001년 9월 11일 이후, 언론매체들은 앞을 다투어 새뮤얼 헌팅턴의 개념인 '문명의 충돌'을 이야기했다. 다수의 전문가들에 따르면, 자기 충족적 예언과 비슷한 이 담론은 과도한 단순화를 통해 세계적 차원에서의 문화적 문제가 갖는 심오한 복잡성을 숨기고 있다. 다른 전문가들은 문명 또는 문화의 충돌이란 개념에 맞서, 결국 '문화 계약'이 필요하다는 가설을 내놓는다. 문화 계약을 구상한다는 것은 그럼에도 불구하고 어떤 점에서는 문제를 지니고 있다. 지금은 문화를 더 이상 정적인 실체로 간주할 수 없으며, 세계화를 통해 동질화와 파편화라는 역설적인 이중의 움직임이 문화 영역에서 생겨나는 듯 보이는 시대이기 때문이다. 어떻게 어떤 하나의 헤게모니적 문화가 지배하는 새로운 질서의 탄생이라는 위험에 빠지지 않으면서, 어떤 보편적인 원칙들을 재확인할 수 있을까? 문화는 항상 어떤 위반의 공간을 전제하는데도, 문화 계약을 생각하는 것이 가능하기나 할까?

알랭 투렌은 이러한 계약의 가능 조건들에 대해 자문하면서, 문화적 권리의 문제를 역사적 맥락 속에 놓고, 인정(認定)이란 주제로 풀어낼 것을 제안한다. 엘레베지는, 문화적 다양성을 보전하는 일이 문화가 인간이 지닌 모든 것이라고 주장하는 것이 되어서는 안 된다고 역설한다. 마지막으로 에두아르도 포르텔라는 생식의 기술적 모델, 더 나아가 클로닝의 기술적 모델에 혼혈의 관점에서 이해하는 문화적 접근 방식을 대립시키고 있다.

문화 계약을 위해서

알랭 투렌

문화 계약이 어떤 것일지 정확하게 말할 필요는 없지만, 자명하지 않은 이 표현을 정당화할 필요는 있을 것이다. '문화'와 '계약'은 완전히 상반되는 말처럼 보인다. 사람들이 자연 계약과 사회 계약에 대해 말하는 것은 납득할 만하다. 그렇지만 문화 계약에 대해 말한다는 것은 어려운 일이고, 심지어 불가능해 보이기까지 하다. 왜냐하면 문화는 언제나 보편성의 차원과 특수성의 차원을 동시에 지니고 있기 때문이다. 우리가 단지 차이들만을 강조한다면, 우리는 소통 불가능한 세계, 때로는 무관심하거나 순수하게 관용적인 세계로 내던져질 것이다. 하지만 그보다 대개의 경우 우리는 신들의 전쟁이 벌어지는 세계, 폭력의 세계로 내던져지고 만다.

정치적 권리와 문화적 권리

정의 가능한 형태를 지니는 보편성이란 무엇일까? 여러 종교는 보편적인 기획들을 만들어내기 위해 꾸준한 노력을 기울이고 있다. 그러나 이런 유형의 시도들은 늘 실패로 끝나고 만다. 제안된 교파를 초월한 보편주의는 그냥 좋은 얘기가 되어버리거나, 아니면 상이한 종교들 간의 긴장을 견뎌내지 못하는 것이다. 그러니까 우리는 각각의 문화가 지닌 보편적 성격과 개별적 성격을 어떻게 따로 다루거나 조합시킬 수 있을지 알 수 없는 상황에 처해 있다. 문화들 사이에서 어떤 계약을 모색한다는 것은 너무나도 모순적인 일이기 때문에, 우리들은 으레 문화 간에 소통과 존중의 규칙들을 확립할 수 있는 유일한 방법은 정치적 차원에 자율성을 부여하는 것뿐이라고 주장한다.

문화는 언제나 하늘 높이 있거나 저 아래의 지상에 있는 것처럼, 그러니까 사회적인 것과 신성한 것의 중간에 있는 듯 보였다. 정치가 발명, 기획된 것은 서로 경쟁 중인 상이한 문화들이 조화를 이루는 사회 형태를 찾아내기 위해서였다. 만일 정치적인 해결이 훌륭한 해결책이라면, 논의는 끝날 것이다. 이 논의는 1789년의 시민과 인간의 권리선언과 함께 종결되었을 것이고, 사람들은 그것이 오늘날 재개되는 이유를 알 수 없을 것이다. 이 논쟁은 왜 재개되는가?

우리가 직면한 중대 문제는 정치제도의 쇠퇴이다. 비시민권자들이 시민권자들과 함께 존재했던 만큼, [정치제도의] 목표는 모든 사람이 시민권을 획득하도록 하는 것이었다. 약 150년이 지나, 우리는 우리가 그저 시민으로서만 존재하는 것이 아니라고 주장하기 시작했다. 우리 생각으로는, 우리가 가진 권리들은 우리가 한 도시의 시민이 되도록 만드는 것만을 목표로 해서는 안 된다. 우리가 노동환경, 차별 혹은 격리 정책으로 인해 억압받는 경우, 시민으로 존재한다는 것은 별 의미가 없다. 1848년 우리는 처음으로 스스로에게 하나의 중대한 질문을 던졌다. 어떻게 우리는 권리들을 사회적 영역 위에 있는 정치 세계가 아니라 사회와 문화계 전체에 적용시키면서도, 이 권리들의 보편성을 주장할 수 있을까?

우리는 우선 많은 어려움 끝에 사회적 권리, 즉 노동권에 대해 생각하기 시작했다. 산업화된 나라들은 그 당시 노동자의 권리를 옹호하고 프롤레타리아 독재를 지향한다고 선언했다. 영국인을 본보기로 삼아, 우리는 조금씩 산업적 민주주의 또는 사회적 민주주의의 관념을 형성했다. 50~100년에 이르는 기간 동안 우리가 채택한 최초의 대답은 다음과 같다. 시민은 보편적인 속성을 지닌다. 노동자는 사회적인 관계들을 통해 규정된다.

오늘날 우리는 이와 유사한 문제에 직면해 있다. 우리는 정치적이면서도 동시에 사회적인 민주주의를 원하지만, 문화적인 민주주의 역시 원하고 있다. 노동자의 권리가 어떤 하나의 특정한 사회 범주에 속한 권리가 아닌 것과 마찬가지로, 문화적 권리는 다를 수 있는 권리가 아니다. 오늘날 문제시되는 것, 그것은 모든 사람이 저 나름대로 공통적인 세계—우리는 모두 우리 세계의 기술·경제적 현대성에 참여하기를 원하고, 이 현대 세계의 통신 도구들과 생산 도구들은 전 지구 곳곳에 퍼져 있다—에 참여하면서, 조화롭게 하나 내지 여럿의 정체성을 보유하고, 재해석하고, 심지어 창조해낼 수 있는 권리이다. 정치에 관한 보편주의가 와해되어 사회적 갈등 또는 문화적 몰이해와 합류하는 위기에 직면하여, 우리는 보편적인 것은 어떤 하나의 내용이 아니라, 어떤 하나의 권리임을 주장하고자 한다. 보편적인 것은 우리 모두가 평등하면서 동시에 다를 수 있을 권리이다. 우리가 가진 권리는 합리적인 근대 사회를 만들어낼 권리가 아니라, 각자가 독특한 해답을 만들어낼 권리이다. 우리가 모두 각자 나름의 방식으로, 똑같은 문제에 대해 독자적인 해답을 찾고 있음을 인정하는 것, 이것이 문제이다. 상이한 독자적 해답을 추구할 권리를 다른 이들에게 인정해줄 때에만, 우리는 우리의 독자적인 해답을 찾을 수 있다. 우리가 서로 소통하는 이유는 우리가 우리들 사이에서 보편적인 소통의 조건들을 발견하기 때문이 아니라, 우리 모두가 어떤 해답들, 전적으로 독자적이지만 그럼에도 불구하고 전적으로 소통 가능한 해답들을 만들어가는 중임을 인정하기 때문이다.

소통 계약

모든 사람이 경제적·기술적 세계화와 각자의 문화적 유산들, 창조물들, 변화들을 한데 결합하여 각자의 개별적 체험을 형성할 수 있는 것은 어떤 조건들 아래에서일까? 나는 모두가 하나를 이룬다는 생각을 버리는 것이 필수적인 조건이라고 생각한다. 문화적인 요소들과 개별적인 경험들 간의 소통은 신앙, 법, 관습이 분리될 때에만 가능하다. 신앙들 간의 소통은 언제나 가능하지만, 제도화된 신앙들 간의 소통은 어렵고, 관습들 간의 소통은 완전히 불가능하다. 사람들이 경제는 모든 사회적 유대로부터 자유로워야 하고, 심지어 다른 사회 체계들에 대해 헤게모니를 행사해야 한다고 여길 때 생각하고 있는 것은, 한 덩어리가 된 사회이다. 내가 거론한 것과 같은, 개인들이 독자적인 해답을 표현할 수 있는 그런 사회를 건설하는 것은 세계를 엄밀하게 자본주의적 개념으로 이해하는 한 실현 불가능하다. 그러한 개념화는 신정(神政)적인 개념화와 마찬가지로 전체주의적이다.

문화를 하나의 본질이나 정체성이 아닌, 다양하게 변화하는 구성 활동으로서 받아들일 때에만 우리는 소통할 수 있으며, 우리들끼리 소통의 계약, 형식과 내용을 지니는 문화 계약을 수립할 수 있다. 이것은 정치, 경제, 사회, 문화 등 상이한 차원들이 분리될 것을 전제한다. 이것은 그러므로 우리가 정치적인 것, 공동 영역, 심지어 시민사회가 지닌 자율성을 인정하고 있음을 전제한다. 관건은 다양하고 무수히 많은 약속, 문화적인 소속관계들을 어떻게 일반적인 정치의 장에 담아내는 가이다.

나는 '계약'이라는 말에 회의를 드러내면서 글을 시작했었다. 글을 마치면서 그 단어를 다시 끌어들여야 할 것 같다. 나는 심지어 유사한 것과 차이 나는 것 사이에는 소통과 통합의 체계는 없다고까지 말하고 싶다. 만약 각자가 나름대로 일반적인 것과 개별적인 것을 결합할 수 있을 보편적 권리를 보호하고, 이 양자 간의 관계들을 제도적으로 인정하지 않는다면 말이다. 문화 계약이라는 아이디어는 문화적 권리들이라는 아이디어와 분리되어서는 안 된다. 반복하면, 문화적 권리는 다를 수 있는 권리가 아니다. 그것은 전체 세계에 참여하면서 동시에 문화적으로 개별적이고 특별하며, 독자적일 수 있을 권리이다. 이런 의미에서 문화 계약이란 주제는 바로 이 새로운 세기에 우리의 관심사가 되고 있다. 정치적 민주주의의 틀 속에서 사회적 권리들을 인정하는 문제가 1848~1914년에 이르는 한 세기가량의 중심 관심사였듯이 말이다. 이렇게 사회적 권리로까지 확장된, 이 동일한 정치적 민주주의의 틀 속에서, 오늘날 우리는 민주주의적으로 각자의 문화적 권리들이 인정되도록 노력해야만 한다.

문화 다원주의의 미래는 어떤 것인가?

엘레 베지

나는 우선 근대적 진보가 지닌 근본적인 특징 하나를 강조하고 싶다. 그 특징이란 우리의 민주적 의식과 떼어놓을 수 없는 원리인 문화의 평등이다. 더 이상 문화의 서열, 우수한 문화와 열등한 문화는 존재하지 않는다. 문화들은 모두 인간적 존엄성, 동등한 정신적 가치, 평등하게 인정받을 권리를 지니고 있다. 식민지의 해방과 함께 이 역사적 원리는 되돌릴 수 없는 것이 되었다. 이러한 진보는 단 하나의 동일한 세계 문명이라는 평등주의적 목표를 향해 나아가면서 모든 문화를 해방시켰지만, 이를 위해 또 다른 부담을 지게 되었다. 문화적 원천들이 이에 저항하면서 서로 갈라져버렸고, 가장 주관적인 형태의 기억을 추구하는 문화적 심성이 되돌아온 것이다. 이 두 극단 사이에 바로 근대성의 팽팽한 긴장이 존재한다.

마치 웅장한 건축물의 서로 결합된 부분들처럼, 문명은 우리들 모두를 같은 높이로 비상하게 해준다. 하지만 우리가 그것의 기계적인 그립자가 되지 않고 우리의 인간성을 상실하지 않도록 문명은 자신의 대안을 우리에게 제공하는데, 그것은 인도주의적인 행위 속에서 보람을 느끼고, 우리들 모두의 문화적 개성을 표현하며, 우리가 속한 곳에 애정을 갖는 일이다.

이 내적 분열이 근대 의식의 한가운데 있다. 기술을 통해 차이들을 삭제해버리는 것은 차이들의 내재적 다양성이 이에 저항하게 만든다. 이것은 지나치게 비인격적이고 추상적인 미래의 궤도가 결국 기원의 궤적에 흡수되어버리고, 또 오늘날 생겨나는 일들이 단지 과거의 회귀로서만 경험될 수 있는 것과도 다소 비슷하다.

문화적 열정

이런 다양한 형태로 부활하는 문화적 전통들은 미래 사회들의 상징적인 잠재성을 상당히 확장시켰어야 했는데, 과연 이런 약속을 지킨 것일까? 유럽 문명의 위상이 상실되는 동안(식민지 붕괴로 인해 몰락했다), 떠오른 다른 문화적 상상들은 그들 자신의 빛을 발할 수 있었던가? 에릭 바일Éric Weil의 감탄할 만한 문구에 따르면, "합리적인 나머지 제정신을 잃을" 위험이 있는 세상의 혼란에 대한 응답으로, 우리는 더 생명력 있고 더 인간적인 사회가 탄생하는 것을 보았는가? 문화의 기원들에 대한 탐색은 인간들 사이에 한층 더 우호적·사교적·인간적인 협약을 정초하여 근대 사회가 결여한 사회적 유대관계들을 보충하는 데 성공했는가?

그렇지 않아 보인다. 다양한 문화적 희망들은 더 인간적인 정치적 상상으로 이어지지 않았다. 예를 들면 식민지에서 해방된 국가들에서 그들 고유의 문화적 가치들의 복권은 정치적 자유들의 풍요로운 융합으로 이어지지 못했다. 몇 개의 문화부만이 만들어졌을 뿐, 식민 지배에 대한 결정적 비판을 구현했던 문화 저항 자체는 높은 정치적 비전으로 변모하지 못했다. 유럽이 일찍이 알리고 퍼뜨린 사회 모델을 대체할 확실한 대안은 없었다. 유럽 이외의 국가들은 아직 더 나은 세계의 유토피아를 만들어내지 못하고 있다.

야심적인 문화적 취지가 정치적으로는 빈곤하게 표현되고 마는 이 간격은 왜 생겨나는 것인가? 이는 아마도, 우선은 문화적 이상주의가 의심스러운 이데올로기적 경향들을 숨기게 될 수도 있기 때문일 것이다. 문화적 소속감이 곧 건실한 정치 행정을 보장하는 충분한 담보물일 것이라고 생각해서는 안 된다. 동일한 문화를 공유한다는 것이 우리를 동포의 태만과 부패, 부당함으로부터 보호해주지는 않는다. 동료 시민들을 인간적으로 통치하기에는 문화적 우애만으로는 부족하다. 우리의 문화적 공감대는 정치적인 덕성들과 결코 뒤섞이지 않는다. 정치적인 유대는 본성상 문화적이지 않다. 그것은 **시민적**이다. 정치에서 인간성의 토대가 되는 부분은 문화적인 것이 아니라 **시민적인 것**이다.

특히 자신이 누리는 문화의 기원에 대한 찬양 속에는 순수함에 대한 환상이 있을 수 있는데, 이는 인종주의적 망상에 가깝다. 자신의 문화에 대한 주관적 옹호 속에서(종교적 이데올로기가 이에 대한 극단적 은유가 될 것이다) 우리는 어떤 정신적 혹은 도덕적 강요를 간파해낸다. 이 제약이 갖는 과격성은 반(反)계몽주의자의 계획에서 그리 멀리 있지 않다. 고유한 문화적 기준은 언제나 불명확하다. 문화가 항상 정신적인 고상함과 진심 어린 관용인 것은 아니다. 증오나 잔혹함이 문화 자체의 세련됨으로 인식되어 문화를 사로잡을 수도 있다. 그래서 하나의 문화적 담론이 또한 온갖 종류의 잔인한 열망과 복종 서약에 불을 지피는 결과를 낳을 수도 있다.

이 폭정의 가능성은 모든 문화가 취할 수 있는 배타적 형태 속에 숨어 있는데, 문화 다원주의를 통해 피할 수 있는 것으로 여겨졌다. 사실 차이 나는 문화들이 공존하는 것, 문화들이 끊임없이 뒤섞이는 것보다 더 훌륭한 문화들 간의 상호 이해법이 있을까? 그 공존과 뒤섞임 속에서, 문화들은 그들 각각이 지닌 열망이 갈등을 일으킨다고 할지라도 서로를 너그러이 인정해야 하고, 또 상대방의 이야기를 들어줄 때에만 신뢰받고 표현의 권리를 행사할 수 있다는 점을 받아들여야 할 것이다.

그러나 한 가지 난점이 생긴다. 어떻게 각 문화에 고유한 문화적 권리들을 인정하는 공통 원칙을 세울 것인가? 문화들 각각은 자신만의 결정권과 자신만의 규범을 지니며, 또 합법성과 불법성, 선과 악, 공정함과 불공정함, 준수와 위반, 선량함과 폭력에 대한 자신의 기준들을 쉽게 버릴 수 없다는 것은 잘 알려져 있지 않은가? 각각의 문화적 신념에는 어떤 독특한 불가해성이 내재하기 때문에, 문화들 사이에 있는 존재론적인 불일치는 해소 불가능하다. 문화적 권리라는 관념, 즉 각각의 문화는 제 나름의 정당성을 지닌다는 관념에는 이미 모든 사람에게 타당한 도덕에 대한 거부가 함축되어 있다. 그러므로 보편 의식의 관점에서 보면 더 이상 어떤 행동도 비난받을 수 없다. 그 이유는 그것이 그 자체로 비난받을 만하지 않기 때문이 아니라, 더 이상 그것을 주장할 위치에 있는 어떤 보편 의식도 없을 것이기 때문이다.

이 딜레마를 극복하기 위해 하나의 상급재판소를 상상해야 할지 모른다. 이 재판소는 자신의 천재적인 비교 판단력을 통해 모든 문화를 대상으로 하는, 새로운 초문화적 융합주의를 이끌어낼 수 있을지 모른다. 그러나 누가 이 논란의 여지 없는 절대권한을 차지할 수 있을 것인가? 만일 '이성'이란 말이 모든 문화에서 비슷한 의미를 가지고 있고, 다양한 문화적 판단의 기준들이 이성 자체에 대한 도전이 아니라고 가정한다고 하더라도, 〔그런 여러 이성 중〕 어떤 우월한 **이성**이 모든 문화적 **열정**을 이길 것인가? 우리는 다원주의를 통해 문화들 간의 지적인 오해와 정서적인 오해에 대한 물음과 만나게 된다.

피할 수 없는 인권 문제

최고의 권한을 지닌 이성으로부터 나온, 양립할 수 없는 것을 능히 양립시킬 수 있는 이 이상적인 계약은, 돌이켜보면 1789년의 시민과 인간의 권리선언 속에서 역사적으로 이미 공포되었던 것이 아닐까? 인권선언은 문화들 간의 부조화를 제거할 우월한 원칙에 관한 열쇠를 쥐고 있는 것일까? 사실은 전혀 그렇지 않다. 그 이유는 간단한데, 인간의 권리와 문화적 권리가 정확히 모순적이기 때문이다. 인권은 문화적인 권리와 대립되는 자연권으로서 정의된다. 인권의 토대가 되는 원칙은 바로 인간을 그 자신에 대한 문화적 규정들로부터, 또한 소위 '편견'이라고 부르는 것들로부터 벗어나게 하는 데 있다. 인권은 문화적 구분이 소멸되고, 문화적 우선권이 사라질 때 나타난다. 인권은 문화적 논의 자체가 어떤 법적인 원칙의 권위를 요구할 수 없다고 말하고 있다. 모든 인간은 그들의 출신과 언어, 신념이 어떠한 것이든, 권리상 자유롭고 평등하다. 반대로 문화적 권리는 인간의 상호 인정에서 문화적 기원에 더 높은 가치를 부여한다. 인권이 개인을 고려할 때 문화적 기준을 유보하는 것과 달리, 문화적 권리는 이 문화적 기원을 전제 조건으로 삼고 인간들의 관계에서 결정적인 논거로 만든다.

그런데 인권과 문화적 권리는 또 다른 측면에서 차이가 있다. 이 측면 또한 매우 중요하다. 인권은 인권을 통제하며 모두에게 적용되는 시민법을 따르는 반면, 문화적 권리는 그것을 수호하는 사람들의 자유로운 평가에 맡겨져 있다. 나는 1789년의 시민과 인간의 권리선언의 조항 4를 인용하고자 한다. "자유는 타인에게 방해되지 않는 한 어떤 것도 할 수 있다는 데 있다. 그렇기 때문에 모든 인간의 자연권 행사는 오로지 다른 사회 구성원들이 똑같은 권리들을 누릴 수 있도록 하는 한에서만 제한된다. 이 제한은 오직 법에 의해서만 정해질 수 있다." 그러므로 법은 권리들을 공권력을 가진 권력기관에 종속시킨다. 권리는 결코 제약 없는 무한정한 향유나 무제한의 만족 상태로 방치되지 않는다. 권리는 항상 법 앞에서 자신의 남용에 대해 책임을 져야 한다.

[반면] 어떤 법칙이 문화적 권리들의 향유를 통제하게 될 것인가? 지금으로서는 꼭 들어맞는 법적 규범이 존재하지 않는다. 그렇다면 사람들이 정당화할 수 없는 것을 정당화하고자 자신의 문화적 권리를 사용하는 것을 어떻게 막을 수 있을까? 실제로 모든 문화에는 인간의 양도할 수 없는 부분이 포함되어 있다고 말할 수 있다. 하지만 양도할 수 없다는 것을 구실로 처벌받지 않으며, 무책임하고 잔인하게 행동할 수 있다고 말하는 것은 그와는 다른 이야기이다. 의무 없는 권리는 욕구일 뿐이며, 제멋대로 힘을 행사하는 것이거나, 아니면 그런 자의적인 힘을 은밀히 욕망하는 것일 뿐이다.

그렇기 때문에 문화적 권리는 아주 쉽게 무력적인 공격으로 치달을 수 있다. 식민화는 그 자체의 관점에서 보면 하나의 문화적 권리, 개화되지 않았던 사람들을 '개화'시킬 수 있는 권리였다. 오늘날 누가, 각각의 문화는 그 자신의 타고난 재능을 추구할 권리가 있다는 바로 그 이유에서, 몇몇 문화가 세계적 사명을 띠고 등장하는 것을 막을 수 있을까? 무엇보다도 서양 사회는 정말로 우리에게 매우 복잡한 하나의 거대한 부족인 것처럼 보인다. 이 부족은 탐험, 발견, 호기심, 프로메테우스적인 취미와 같은 자신의 가치들로부터 자신의 에너지와 존재 근거를 끌어낸다. 비록 그 와중에 지평선 너머에 무엇이 있을지 염려하지 않고 자신의 삶에 만족하는 다른 이들이 희생될지라도 말이다.

만일 문화적 교리들이 약자들의 지위를 높였다면, 강자들에게는 가공할 만한 성공의 패를 제공했다. 자신들의 시대를 문화적으로 지배하여 그 시대에 예속되지 않는 것, 이 내기가 바로 강자들의 놀이이다.

여기서 또 다른 어려움이 나타나기 시작한다. 현대의 문화들이 세계에 대한 최선의 의지를 갖는다고 하더라도, 그것들은 어쩔 수 없이 이전의 문화들을 짓밟게 된다. 이는 현대의 문화들이 이전의 것들보다 지성이나 인간성 면에서 우월하기 때문이 아니다. 때로는 현대의 문화들이 더 어리석고 더 인간미가 없다. 이유는 그것들이 현재의 문화이기 때문이다. 현재가 과거보다 질적으로 더 좋은 것은 아니지만, 현재는 지금 여기에 있다. 반면 과거는 더 이상 존재하지 않고, 현재가 자신의 시대를 만들어내는 능력에 비하면 항상 무력하고 비현실적인 상태로 나타날 것이다. 그러니까 여기에서 우리는 문화들의 동등성에 관한 물음이 어느 정도까지 현존하는 문화적 힘들에서 비롯된 사실상의 불평등에 직면해 있는지 알 수 있다.

소통, 문화 관현악을 위한 악기인가?

이 현대성은 다른 관점에서는 매우 무자비하지만, 여기에 아마도 그에 대한 치유책 또한 숨어 있을 것이다. 사라질 운명에 처하기를 바라지 않는 각각의 문화에, 현대성은 그것들이 현대 문화의 본질 자체와 연결될 수 있는 수단을 제공했다. 그 수단이란 **소통하는 것**이다. 소통은 모든 문화에 맡겨진 하나의 도전 과제이다. 즉 문화들은 인류 전체가 이해할 수 있고 파악할 수 있는 자신만의 형태를 스스로 찾아내야 한다. 소통이 우리에게 문화적 관현악의 유일한 악기, 다양성을 희생하지 않고 다원성을 포용할 수 있는 악기를 제공해주지 않을까? 그 문화의 관현악 속에서 모든 문화는 서로를 짓누르지 않으면서 인정하고, 서로를 파괴하지 않고 마주 보며, 서로를 억압하지 않고 표현하게 될 것이다. 소통은 우리에게 이 같은 위대한 조정과 정돈의 심급으로서, 문화들 사이에서는 발견될 수 없는 어떤 이성으로서 나타나는 것 같다. 이 이성은 문화들을 하나의 공통된 전달 방식으로 전환시킬 수 있을지 모른다. 소통하라는 명령과 현대 의식 간의 관계는 기도하라는 명령과 종교 의식이 갖는 관계와 같다. 우리는 이 행위를 통해 구원을 받을 것이며, 그것 없이는 지옥에 떨어지게 될 것이다.

문화협정의 원칙이 이제부터 가능하게 될지 알아보기 위해, 소통이 이끌 변화들을 검토해보자. 우선 소통하는 행위에서는 메시지의 내용과 진실성보다, 그것이 반향을 일으키는 정도나 확산되는 범위가 더 중요한 작용을 한다는 점을 지적할 수 있다. 여기에서는 이해보다 이미지나 기호의 지각이 더 큰 힘을 발휘하며, 이런 지각에 내포된 낮은 수준의 지성 작용은 단순화 작용을 통해 진실과 거짓을 똑같이 만들어 버리는 일종의 환각 효과를 낳는다. 따라서 비록 소통이 우리에게 가장 먼저 정보를 전해주는 것이라고 하더라도, 아마 우리에게 그만큼의 지성적 이해의 도구 역할까지 해주지는 않을 것이다. 소통을 통해 각각의 문화는 어쩌면 우리가 생각하는 것보다 덜 지성적이게 될 수 있다.

두번째로 지적할 수 있는 것은, 이런 분별력의 상대적인 상실은 자극 자체가 극대화되면서 더 커진다는 것이다. 실제로 **무차별성**이 가장 쉽게 승리를 거두는 곳은 아마도 바로 차이들의 강화, 차이들의 경쟁적 격화 속에서일 것이다. 반대로 이 증가하는 문화적 무차별화는 구별되고자 하는 욕망을 자극한다. 문화들이 서로 뒤섞이면 뒤섞일수록, 문화들은 순수성에 대한 요구를 드러낸다. 다른 문화들로부터의 압박으로 인해 우리가 더 이상 우리에게 고유한 것을 우주의 중심으로 여기지 않게 될지는 확실하지 않다. 다양성이 우리를 방황하게 만들 때, 제자리를 찾는 것은 바로 인간의 〔자기〕중심이다.* 여기서 자신의 차이를 긍정하는 것은 자신의 우월함에 대한 은밀한 긍정에 지나지 않을 것이다. 물론 소통의 시대는 문화를 상호 간에 더욱 접근 가능하도록 해줄 것이다. 그러나 또한 더욱 나르시스적인 것이 되게 한다. 문화들은 끊임없이 눈에 띄고자 하기 때문에, 결국 서로 경쟁관계 속에 빠지고 만다.

세번째로, 사람들은 기호들이 널리 퍼지도록 기호들의 편재성ubiquity을 위해 기호들의 복잡성을 포기하고, 기호들의 과시를 위해 기호들의

---

* (옮긴이 주) '제자리를 찾는다'고 번역한 revenir à soi는 숙어적인 표현으로 '제정신을 차리다' 란 의미가 강하지만, 여기서는 다양성이 득세할수록 자기중심적인 태도를 취한다는 의미로 이해 되므로, 문자의 의미를 그대로 살려서 자기 자신에게 되돌아온다는 뜻이 들어가도록 번역했다.

깊이를 포기한다. 그리고 이를 통해 소통 속에서 일종의 정신적 길들이기에 익숙해지고, 그 결과 어떤 헤게모니적 방향이 음모를 통해서가 아니라 의견들의 점진적인 평준화를 통해 부각되는 것에 익숙해진다. 바로 이렇게 해서 소통은 문화적 패권을 추구하는 방향에서 '세계적인 것'이 되려는 경향이 있다. 반면 '보편적인 것 l'universel'은 '세계적인 것'과 구별되어야 하는 것으로, 오히려 인류의 하나됨(*unus*+*versus*: 하나를 향하여)을 추구하는 것이며, 모든 구성원의 자유로운 동의를 통해 공통의 세계를 보호하는 일이 될 것이다.

끝으로 나의 마지막 지적은 소통의 세계에서 시사적인 것 l'actuel에 대한 숭배가 각 문화에 미칠 제약에 주안점을 두고 있다. 시사는 현재 le présent와 구분되어야 한다. 현재는 일시적이지 않은 것 l'intemporel이다. 반면 시사는 세계를 의미하는데, 이 세계 속에서 기호들은 그것들이 출현하고 곧바로 망각되어버리는 작용 자체 속에서 시효가 만료된다. 이렇게 해서 우리는 어쩌면 처음으로 역사에 **기억 없는 문화**의 가능성이 등장하는 것을 보게 될지도 모른다.

그렇기 때문에 소통이 정의와 진실에 관한 엄격한 잣대가 되어 문화 계약의 항들을 채울 수 있을 것인지는 실제로 확실치 않다. 소통은 관중석과 같다. 그 안에서 모든 문화는 자신을 표현한다는 착각에 빠져 있지만, 서로를 알아볼 능력이 없다.

윤리적인 요구

나는 문화 다원주의가 지닌 이런 모든 난점의 몇몇 특징을 소묘하기만 했을 뿐인데, 이런 난점들을 통해 우리는 사실상 단지 문화적인 것에만 국한된 계약은 그 원칙 면에서 오염될 수 있으며, 내용 면에서는 일관성을 잃을 수 있다는 사실을 어렴풋이 알게 된다. 왜냐하면 문화계약은 본질적인 무언가를 결여하고 있을 것이기 때문이다. 그것은 바로 윤리적인 염려이다. 다른 말로, 문화가 더 이상 도덕적 문제를 청산하기 위한 구실이 되어서는 안 된다. 만약 차이들의 찬양이 어떤 새로운 궤변으로서 양심의 침묵을 인가하는 것이라면, 나는 차이들을 **존중하지 않겠다고** 선언하겠다. 어쩌면 이 문화적인 편파성, 자기 정체성의 초상화에 대한 이 열광이 드러내는 것은 도덕감 자체의 결핍, 인간에 대한 표상의 공백, 인간적 감각의 상실일 것이다. 정체성에 대한 추구는 우리의 인간성 상실을 과도하게, 또는 과장되게 보충하는 것이 되어버렸다.

그러나 이 모든 것이 무의미하지는 않다는 점을 인정해야 한다. 문화적 자기주장들이 현대인의 고향 상실에 대한 비극적 예감과 만날 때, 무자비한 현대성에 맞서 증가하는 것이 그리 이상한 일은 아니다. 이 문화적 요구들은 인간이 추상적으로는 시련에 저항할 수 없음을 말해준다. 인간은 신념, 본능적인 행동, 익숙한 안정감 등, 세계의 무관심에 맞서 자기를 안전하게 보호하는 느낌을 주는 것들에 기댐으로써만 저항할 수 있다. 다만 이 자기주장들은 고향의 부재에 맞서 고향의 과잉이라는 또 다른 형태의 비인간성을 내세울 위험을 안고 있다.

한편에는 광신이, 다른 한편에는 뿌리 뽑힘이 있다. 이 두 가지의 일종의 부도덕한 성향들이 문화들 간의 인간적 계약이 피해야만 하는 것이다. 만일 그 계약이 문화적 열정들이 빚어낸 혼란과 그 문화들의 영육 분리라는 단일한 형벌 사이에서 제기되는 윤리적 문제를 피하고자 하지 않는다면 말이다.

문화들의 범람에도 불구하고, 문화들은 적어도 도덕적 물음과 관련해서는 한데 모일 수 있다. 문화에 특권을 부여함으로써 인정의 도덕, 인간들이 서로를 인정할 수 있는 진정한 방법이 정초될 수 있을까? 인간의 존엄성을 그가 지닌 문화의 기원으로 환원하는 일은 인간을 왜소하게 만드는 것이 아닐까? 이런 문화적 주의주장이 인간의 모든 것을 말해준다고 주장할 수 있을까? 오히려 문화적 주의주장을 구실 삼아 인간적인 것이 교묘히 회피되고, 문화의 가면은 우애의 특징뿐만 아니라 억압의 특징도 지닐 수 있다는 사실이 잊혀지는 것은 아닐까?

인간은 단지 문화를 가졌다는 이유에서 인간인 것일까? 대답은 명백히 '아니오'이다. 인간은 또한 **본성상** 인간이다. 루소라면 그렇게 말했을 것이다. 인간은 '자연의 빛'을 갖추고 있고, 이것이 인간이 문화적인 동일시를 도덕적인 견해들로 간주하지 않도록 해준다. 이성과 어떤 문화보다도 앞선 이 자연적 인간성이 루소가 감수성sensibilité, "모든 감정적 존재, 특히 나와 같은 인간이 죽거나 고통당하는 것을 보는 일에 대한 천부적인 혐오감"*이라고 정의한 것이다. 루소가 도덕의 기초로서 **연민**이라고 부른 것은 어떤 문화적 규율에도 의존하지 않는, 본성에서 나온 바로 이 순수한 마음의 동요이다. 그는 말한다. "사실 나는, 만일 내가 나와 같은 인간에게 어떤 종류의 해도 끼치지 않아야 할 의무가 있다면, 그것은 내가 이성적인 존재이기 때문이 아니라, 감정적인 존재이기 때문이라고 생각한다."** 우리는 식민지의 원주민들이

---

* 장-자크 루소 Jean-Jacques Rousseau, 『인간불평등 기원론 Discours sur l'origine et les fondements de l'inégalité parmi les hommes』(1754), Préface, Paris: Flammarion, 1992.
** Ibid.

그토록 잔인하게 다루어졌던 까닭은 그들이 이성을 부여받지 않은 것처럼 보였기 때문에, 말하자면 그들의 문화가 우리의 문화와 같지 않았기 때문임을 알고 있다. 비록 그들이 이성적이지는 않을지라도, 여전히 감성적 존재라는 점은 잊혀져 있었다. 그렇지만 결국, 이러한 본성 자체는 그것을 이해할 수 있는 문화 없이도 의미를 가질 수 있을까? 루소를 읽지 않고서도, 우리 스스로 이상적인 본성을 만들어냈을까? 우리에게 우리가 지닌 자연스런 감정의 힘을 되살려준 것은 루소의 언어가 지닌 아름다움이 아니었을까? 문화가 없다면, 본성은 우리의 눈에 하나의 그림처럼 보일 수 있을까? 문화 없이, 본성이 우리에게 말을 걸 수 있을까? 본성은 언어를 가지고 있을까? 물론 아니다. 바로 이 때문에, 문화는 자기 자신의 방황에 대답해야 한다.

그러므로 문화 계약의 선결 조건은 모든 문화가 순진무구하다는 믿음을 버려야 한다는 것이다. 각각의 문화가 지닌 도덕적 모호함을 받아들이고, 각 문화에서 폭력적 본능이나 평화적 본능, 인간적인 혹은 비인간적인 편향들, 자유로운 행동과 강압적인 행동이 차지하는 몫을 인정해야 한다. 조만간 양심에 대한 각 문화의 입장들을 재검토해야 하며, 더 이상 문화의 기원을 상위의 근거로 삼거나, 특정 문화의 신념을 하나의 권리로 만들거나, 문화적 차이를 숭배의 대상으로 삼거나, 어떤 문화에 속해 있다는 점을 자랑거리로 만들고, 문화적 정체성을 하나의 덕으로 삼아서는 안 된다. 간략히 말해, 우리에게 돌연 닥쳐오는 본성과 본래적 본능, 즉 연민의 힘을 통해 **나 아닌 것**을 **나 자신**과 마찬가지로 감정을 가진 존재가 되게 할 수 있어야 한다. 〔그런데〕 루소에 따르면, 연민이 "인간들 사이에서 가지고 있던 힘들은 사회(이 말은 '문화'로 대체될 수 있다)들 사이에서는 완전히 상실된다. 연민의 힘은 이제는 오직 모두를 분열시키는 상상의 장벽을 뛰어넘을 몇몇의 위대한 범세계적인 영혼들 안에, 그리고 그들을 창조했던 최상의 존재가 그러하듯이 온갖 종류의 사람을 그의 자비로움 속에서 포용하는 영혼들 안에만 남아 있다."*

---

* *Ibid.*

21세기의 문화
— 클로닝 또는 이종교배

에두아르도 포르텔라

무엇이 문화 계약의 쟁점들인가? 나는 문화 계약이 '매우 난잡한 상태'에 있는 계약이라고 말하는 것도 당연하다고 생각한다. 나의 관점은 라틴아메리카적인 것이고, 서양의 지배적인 사유의 흐름과 멀리 떨어져 있다. 우리가 직면하고 있는 쟁점들 대부분은 문화들 간의 관계와 관련된 문제들이다. 모든 정황으로 볼 때, 미래의 변화하는 사회에서는 비물질적인 것, 주관적인 것, 문화적인 것이 차지하는 몫이 점점 커져나갈 것이다. 이러한 관점에서, 정보사회로 이행하는 과정에서 문화적 인식이 맡는 역할은 과학적 지식이 산업사회 형성에서 맡았던 역할과 같을 것이다.

오늘날 문화에 대한 물음은 진행 중인 세계화와 존속하려는 국가 정체성이 서로 합류하고, 서로 어긋나는 교차점에서 제기된다. 문화들은 여전히 국가적 맥락 속에 정박해 있지만, 정체성이나 민족 또는 국가의 개념처럼 다소 안정된 연속성에 기초한 규범적인 국가의 신성불가침성을 믿는다는 것은 점점 더 어렵고, 점점 더 바람직하지 않은 것으로 드러난다. 지금만큼 우리 사회가 수백 년의 전통들과 광범위한 단절을 겪었던 적은 없었다. 비록 우리가 전통 없이는(그것이 단지 재창조된 전통일지라도) 살아갈 수 없음에도 불구하고 말이다. 거의 언제나 민족-국가에 대한 잠재적인 위협으로 나타나는 이러한 움직임들이 문화를 위한 비옥한 땅, 말하자면 다양성들이 공존하는 데 유익한 토양을 마련해줄 수 있을 것인가? 이런 자문이 시의적절하지 못한 것은 아닌 듯하다. 이런 다양성들의 공존은 어떤 순응적인 단결이나 인위적인 통일에서 멀리 떨어져 있다.

오늘날의 문화

사정이 어떠하건, 현재의 문화는 보편적인 것, 지역적인 것, 국가적인 것, 공동체적인 것 사이에 있는 내재적이고 실존적인, 생명적 긴장관계를 벗어나서는 더 이상 형성될 수 없다. 세계화가 처음 진행된 이래, 우리와 함께해온 문화적 정체성이란 주제는 나름대로 자신의 길을 개척해왔다. 헤게모니적 정체성의 모델은 집단 수용소 이상으로 유일무이하고 전체적이며 지배적인 문화 개념에 입각하여 만들어졌었다. 정체성은 응고된 어떤 것, 앞서 주어져 있는 어떤 것, 그러면서도 또한 빼앗거나 소멸시킬 수 있는 것, 만들어내고 분산시킬 수 있는 것으로 인식되었다. 사람들은 그것을 무기인 양 휘둘렀다. 인종주의는 문화적 정체성의 절대화와 함께 번성한다는 것을 우리가 깨닫고, '인종' 개념을 '문화' 개념으로 대체하기까지는 어느 정도 시간이 걸렸다. 20세기에, 우리는 소위 더 '세련된' 문화들이 야만주의에 굴복하는 것을 보아왔다. 배제의 문화는 불가피하게 문화의 배제를 가져온다.

오늘날 문화 정체성이란 관념은, 세계주의planétarisme에 대한 기대로 둘러싸인 채, 보편주의의 윤곽을 다시 그려낼 채비를 하고 있다. 보편주의는 우리를 만들어온 것이면서 때때로 우리를 파괴해온 것이기도 하다. 그렇지만 탈국가적 정체성이 불평등, 불의, 소외와 폭력에 대항할 수 있는 능력을 지녔다는 것은 아직 증명되지 않았다. 문화를 국유화할 수 없다는 말은 문화를 '세계화'에 팔아넘기려는 것도 '민영화'에 넘기려는 것도 아니다. 문화를 지배계급의 이성이 연구실에서 만들어낸 기준들에 따르도록 만드는 것은 문화에 필수불가결한 사회적 산소 공급을 문화에서 제거하고, 창조적 긴장을 시장의 스트레스로 대체하는 것과 마찬가지이다. 그 이성은 오직 주식시장의 변동, 수요와 공급이라는 변수, 기능상의 장애들과 긴급한 문제들에만 관심을 둘 뿐이다.

이 문화 없는 걱정스러운 발전은 오늘날 우리가 봉착한 난관들을 가중시키는 지적·도덕적·주체적·사회적인 장애와도 무관하지 않다. 사람들은 사회적 균열의 회복은 또한 문화적 균열을 해결하는 과정을 거치면서 일어난다는 것을 너무도 자주 망각한다. 문화에 대한 투자는 또한 사회에 대한 투자이다. 비록 현실적이지도 현대적이지도 않지만, 그럼에도 불구하고 여전히 효력을 발휘하는 문화에 대한 규범적 접근은 문화를 잉여생산물의 목록에 밀어 넣으려는 경향을 지니고 있다. 새로운 천년에 진입하려는 지금, 근대성의 대표적인 특징이었던 문화가 눈에 띄게 그 기력을 상실했다는 것은 인정하지 않을 수 없는 사실이다. 내가, 우리가 거쳐가고 있는 이 시기를 근대의 곡선이 바닥을 향하는 시기로 그려보고자 하는 이유 중 하나가 여기에 있다. 왜 일부의 사람들이 근대성을 'post'라는 접두사의 뒤에 묻어버리는 것을 좋아하는지 이해하기란 어렵지 않다. 우리는 이 기획을 그 결론까지 이끌어가기에는 너무 불안한 시대에 살고 있다. 해방의 기획인 근대성은 우리의 희망 속에서는 늘 살아 있다. 하지만 그것은 일의적 형이상학의 파도에 휩쓸려버렸으며, 끝이 없는 불평등과 소외, 도처에서 여전히 번창하고 있는 권력관계들을 목격하고, 그것들에 당황하며, 그것들로 인해 무력해진 불구의 상태에 있다. 동시에 아직 식민 지배에서 벗어나지 못하고 있는 나라들에서는 인간 존엄성과 관련된 가장 기본적인 원리들에 개의치 않는 전쟁이 계속해서 활개를 치고 있다. 물론 해체적인 활기는 충분하다. 그러나 유감스럽게도 재건의 의지는 불충분한 상황이다.

지구촌 정보화 사회가 내뿜는 시끄러운 소음 속에서 통신 비용은 현기증이 날 정도로 낮아지고 있고, 이 소음에서 벗어나는 유일한 탈출구는 **채널을 돌리는 것**뿐이다. 여기서 감지할 수 있는 것은 소위 민주적인 체제들이 낳는 권위주의적인 영향력이다. 비디오 정치에 파묻힌 민주주의의 몸 안에 반민주주의적 힘들이 은폐된 채 뿌리박고 있다는 것을 우리는 알 수 있다. 일종의 전자 근본주의가 우리에게 밀어닥치고 있다. 즉흥적이고 일시적인, 그 유명한 여론조사들이 게으른 청중의 무관심한 눈에 비춰주는 것은 고작해야 사로잡힌 소비자들의 꼼짝 않으려는 열망들뿐이다. 약물의 유토피아, 마취제와 같은 시청각 기법, 진보의 부작용들이라는 배경 위에서, 사람들은 역사의 마감은 물론이고, 심지어 인류의 종말까지도 선언한다. 아직 현대의 예술과 문화가 말할 무언가를 가지고 있다면, 그것은 이 같은 예속 상태, 예고된 어떤 클로닝 연대기에 대한 거부일 것이다. 출생 이전의 선별에서 문화적인 생명공학화로, 근대적 아이콘들에 대한 일련의 재생산에서 재활용으로 치닫는 이윤 추구적인 우생학적 문화에서, 사람들이 듣게 되는 것은 그에 맞서는 전(前)클론들*의 반항이 담긴 아이러니한 메시지이다. 기술화된 문화는 스스로 자신에게는 '본성적인 것'이 없다고 선언한다. 클로닝은 단지 극단까지 치달은 기술화에 지나지 않는다.

창조적 공간으로서의 문화적 이종교배

우리는 어떻게 문화를 과학적으로 기술화할 수 있고, 일련의 동일한 것들로 환원할 수 있으며, 그것이 항상 **문화**라고 주장할 수 있을까? 클로닝된 문화는 낙태된 문화이다. 문화가 관계로 존재하기를 멈출 때, 문화는 문화로 존재하기를 멈춘다. 관계는 문화의 주요한 발자취, 문화를 식별하게 해주는 흔적이다. 문화는 교배를 통해 생겨난다. 교배종은 클론과 정반대의 것이다. 클론이 **동일자**를 생산하는 것이라면, 교배종은 **타자** 이상의 어떤 것, 즉 동일자에 대한 이해를 간직한 어떤 타자를 창조하는 것이다. 여기서 교배종과 유전적으로 변형된 유기체 GMO를 구별하는 것이 좋겠다. 중앙화된 또는 '순수한' 문명권에서 이종교배는 종종 색다르고, 비일상적인데다가 이국적인 현상으로 인식되고 있지만, 실제로 이종교배가 일어나는 경우를 보면, 자연스러운 특징, 완전히 자연발생적인 특징이 드러난다. 그것은 귀속 개념을 넘

---

* (옮긴이 주) 클로닝cloning은 개체 세포의 DNA 조각을 무성생식으로 복제하는 것이고, '클론'은 이처럼 단일 개체에서 무성생식으로 생긴 개체 또는 개체군을 말한다. 말하자면, 여기서의 전(前)클론pré-clone은 클론 이전에 있었던 정상적인 생명체, 즉 무성생식에 따른 단순 복제가 아니라, 암수 교배의 유성생식을 통해 생겨났던 생명체를 뜻한다.

어, 새로운 연대의 창조 위에서 만들어진 것이다. 그것은 배척을 치료하는 방법일 수도 있다. 앙드레 말로를 패러디하면, 나는 세번째 밀레니엄은 이종교배적인 것이 되거나 아니면 아예 없을 것이라고 말하겠다.

문화적 교배를 긍정한다고 해서 과학과 기술의 보편성을 부정하거나, 근대화란 명백한 사실 또는 일상적인 삶에 침입한 네트워크 사회의 물결을 부정하는 것은 아니다. 우리가 해야 하는 일은 보수주의자들의 세습적 개념들과도, 마찬가지로 쓸모없는 강단의 지성주의적 편견들과도 거리를 두면서, 문화매체에 대해 다시 사유하는 것이다. 책, 도서관, 연극뿐만 아니라 공연, 경기장, 동아리, 웹, 스크린이나 네트워크 같은 메시지의 전달 수단에 따라 단순하게 메시지의 질을 속단해서는 안 된다. 개인과 사회의 신경 체계가 마주치는 이미지들과 언어의 복잡성을 고려하지 않고 문화에 대해 사유한다는 것은 더 이상 불가능하다. 예전에는 교육이 문화를 전달하는 둘도 없이 소중한 끈이었으며, 교육의 중요한 목적은 남성과 여성을 양성하는 일이었다. 대중 전달 매체들이 근대 사회의 중심에서 화려하게 꽃을 피우면서, 학교는 자신이 맡았던 책무들을 잃어버리거나 분할해야만 했다. 그 옆에서 시간과 공간의 한계를 넘어, **사실상**의 교육 시설들이 종종 제멋대로 생겨났다. 이러한 시설들의 목표는 어떤 새로운 소요학파적 교육법을 세우는 것이었는데, 이 교육법은 불안한 것인 동시에 탐욕스러운 것이기도 했다.* 문화 공장에서 문화 슈퍼마켓까지, 가판대에서 영화 스크린에

---

* (옮긴이 주) 소요학파는 고대 철학자인 아리스토텔레스가 학원 안의 나무 사이를 산책하며 가르쳤다는 데서 유래한 교육법의 명칭이다. 즉 학교라는 이전의 제약적 공간을 떠나면 사실 그 밖에 있는 생활의 전 범위가 교육의 자료이며 내용이라는 의미에서 소요학파적임을 의미하는데, 그 경우 다양한 매체와 상업화된 대중문화가 여과나 반성 없이 받아들일 수 있다는 점에서 불안한 것이고, 그러한 경향은 개인과 공동의 이성이나 이성적 소통과 무관하게 환경이 부

이르기까지, 근대성의 강당에서는 근대성 고유의 이미지에 대한 교육과 재교육이 행해지고 있다. 수공업적인 문화 메커니즘으로는 더 이상 군중 속에 인간미와 독특한 개성을 녹여버리는 대중화로부터 문화를 충분히 해방시킬 수 없다. 이런 의미에서, 과거를 동경하는 대신 우리의 사회가 대중사회임을 인정하는 것이 필요하다. 그러나 동시에 군중을 '대중화로부터 벗어나게 하는 것'이 오늘날 교육의 기능 중 하나라는 점 또한 깨달아야 한다. 이 일에 헌신하기 위해서는 무엇보다 문화에 관한 엘리트주의적인 편견을 버려야 하지만, 또한 문화 생성과 문화활동에 대한 새로운 가설들의 가능성에 대해 열려 있어야 할 것이다.

그러므로 도전 과제는 사이버 공동체의 윤리적 차원을 확장하는 것이다. 시청률의 유혹에 우리를 내맡길 것이 아니라, 어쩌면 탁월한 이성과 분별력을 함양해야만 하는 것인지도 모른다. 위르겐 하버마스는 "시민 국가의 정치적 자의식은 언제나 공공의 의사소통 행위를 매개체로 삼아 형성된다"고 보았다. 구경꾼과 시민을 뚜렷하게 구분하는 것이 시급한 과제가 되고 있다. 전자는 다소 수동적이고, 이미지들의 단순 소비자이지만, 후자는 구경꾼의 개인주의를 벗어난 사회적 개체로서 책임 있는 선택을 내릴 합법적인 지위에 있다. 능동적인 시민 공동체는 정보 조작, 정보 부족, 거짓된 정보, 잘못된 정보, 모든 비디오 마니아와 비디오 혐오증의 덫들로부터 거리를 둘 때에만 존재할 수 있다. 시민에 기초한 국가가 세계화를 뒷받침할 때에만 세계화는 전 지구적인 민주주의의 안내자가 될 것이다.

추기는 욕망을 끝없이 만족시키려는 데서 올 염려가 있기 때문에 탐욕스러운 것이기도 하다.

정체성으로부터의 해방

대중사회에서 문화와 민주주의에 관한 토론은 그럴듯한 결정 심급들의 정당화와만 결부되어 있는 것이 아니다. 이 토론은 또한 정체성의 생명력 없는 저장고로서의 전통에 대한 거부와도 결부되어 있다. 보편적 전통이란 명목으로 우리를 지배하고 있는 자기 동일적 정체성의 중심으로부터 벗어나기 위해서는, 자기 동일적 고립과 그것의 종교적·윤리적 왜곡들로부터 해방되어야 하며, 또한 변덕스럽고 보복을 일삼는 단순한 차별주의로부터 해방되어야 한다. 국가적 정체성은 애국자들이나 안보 이론가들이 가정하듯 불가침의 본질로 환원될 수 없다. 내가 아는 한에서, 어떤 참다운 문화도 결코 국가 소유의 공장들에서 솟아난 적이 없다. 비록 지금까지 국가가 문화를 민주화시키거나 장려하기 위한, 아니면 반대로 문화의 숨을 조이기 위한 위치에 놓여 있었다고 하더라도 말이다. 국가와 문화의 관계는 전면적으로 개조될 필요가 있다. 닫혀 있는 국가에 준거하여 문화를 창조한다는 것은 더 이상 생각할 수 없는 일이다. 열린 문화적 정체성으로 국가를 재건하는 것이 문제이다. 문화적 정치가 아니라 차라리 정치적 문화로의 이동이 관건이다. 우리를 자기중심적 형태의 정체성에서 해방시키는 일은 문화적이고 잠재적인 정체성을 상호 주관적인 경험으로 재건하는 것으로 이어진다. 이것은 자기 정체성의 자유이며, 혼합적 이성, 이제껏 예측 불가능했던 인식들과 오늘날의 인식 불가능한 예측들이 서로 교차하는 합류점이다. 자기 정체성은 자폐증과 무관하게 이해되어야 한다. 바로 그러한 이유에서 정체성으로부터의 해방은 매 순간 행해져야 하는 작업이다.

문화 계약을 향해서?

우리가 문화 계약의 뼈대를 만들 수 있을까? 그런 뼈대를 만들어야
만 할까? 이 질문은 두 개의 역설을 낳는다. 우선, 계약은 어떤 규준에
따라 체결된다. 반면 문화는 문화를 위반하고 있는 것에서 자양분을
공급받는다. 그러므로 만일 문화 계약이 타당한 합법성을 갖추어야 하
는 것이라면, 문화 계약은 몇몇의 열린 조항, 규준을 초월할 수 있는
일부의 공간을 명시해두어야 한다. 둘째로, 이렇게 해서 가능한 문화
계약은 사회 계약과 자연 계약의 사이에 위치한다. 근대적 합리성의
지배적 형태는 그 발전 과정 내내 끊임없이 자연과 사회를 분리시켜 결
국 인간을 분열된 두 개의 반쪽으로 절단해버렸다. 이런 각본에 따르
면, 문화 계약의 가설은 지적인 장애물 경기처럼 보일 수 있다. 토론의
문화가 문화의 토론을 거쳐가기 때문이다. 관건은 논의를 실천 이성의
한계를 무효화하지 않고 극복할 수 있는 탈형이상학의 관점에서 다시
이어가는 것이다. 차이를 가질 권리를 보호하는 것은 물론 맞다. 그러
나 충동적 정화(淨化)와는 간격을 두어야 한다. 이런 충동은 다양한 형
태로 구체화되고, 가장 최근에 이르러서도 그런 형태들은 매우 폭력적
인 것으로 드러나고 있다.

교배종은 자유로운 계약이고, 클론은 강제적인 계약이다. 활기 넘치
는 토론과 시민들 간의 협의에 기초하는 새로운 가치들은 문화적 교배
의 생명력 있는 자연적 진화, 따라서 우연적인 진화를 통해서만 만들
어질 수 있다.

제4장

윤리 계약을 향해서?

　정치와 윤리의 관계에 대한 물음이 새로운 것은 아니다. 이 둘은 종종 도덕적 엄격주의와 냉소적 현실주의 사이를 갈팡질팡하면서, 서로 양립할 수 없는 것으로 간주되어왔다. 마찬가지로 과학의 도덕적 함의에 대한 문제 제기가 21세기에 들어서야 시작된 것도 아니다. 오늘날 생명공학의 혁명은 생명체와 관련해 우리를 전대미문의 입장에 처하게 한다. 세계화로 인해 동시대가 겪는 현상들 간의 상호 의존성은 더욱 강화되고 있다. 이 세계화는 우리로 하여금 전 지구적이고, 새로운 층위에서 윤리적 물음을 고찰하도록 압박하는데, 이 층위에서 우리가 운명 공동체라는 점을 간과한다는 것은 더 이상 불가능하다. 그럼에도 불구하고 우리는 아직까지 인류를 위한 진정한 윤리적 기획이 무엇인지, 즉 개인과 사회가 겪는 모험들에 새로운 의미를 부여해줄 기획이 무엇인지 알지 못하고 있다. 이러한 것이 윤리적 계약의 도전이다.

　류이치 이다는 국제적인 차원에서 생명 윤리 원칙들을 규정하는 것이 이론적·법률적·실천적인 어려움들로 점철되어 있음을 보여준다. 에드가 모랭은 윤리와 정치의 갈등적인 관계를 되새기면서, '고향 지구'의 한가운데에 인간의 윤리를 꽃피울 수 있을 민주정치의 틀을 기대하고 있다. 메그나드 데사이 경(卿) 또한 이러한 세계적인 층위에서 좀 더 공평한 발전을 꾀할 수 있는 조건들을 검토한다. 반면 뤼크 몽타니에는 인간과 시간의 관계, 인간과 공간의 관계를 좀 더 날카롭게 분석하면서, 우리의 관점을 한층 더 넓히기를 권한다.

생명 윤리와 생명체의 미래

류이치 이다

과학적 발전, 특히 생명과 관련한 과학의 발전은 20세기의 가장 주목할 만한 현상들 중의 하나이다. 그것은 인간 지성의 승리를 의미하지만, 동시에 이 동일한 인간이 실존에 심각한 도전을 받고 있음을 의미하기도 한다. 왜냐하면 생명과학의 진보, 생명의학 기술과 유전학 기술의 발달로 인해 인간의 생명, 더 나아가 생명체란 개념을 재검토해야만 하기 때문이다. 예전에 불임 진단을 받았던 부부는 오늘날 보조 생식 기술의 도움으로 수정할 수 있는 기회가 있다. 그전에는 출생 이후에나 그 유전적 이상을 찾아낼 수 있었던 배아도 오늘날에는 출생 이전의 단계에 테스트를 거쳐, 필요한 경우라면 유산의 대상이 되고 있다. 외양적으로는 완벽한 건강 상태에 있는 젊은 사람에게서도 헌팅턴 병*을 진단해낼 수 있다. 오늘날의 유전자 테스트가 그와 같은 진단

---

* 퇴행성 신경질환이다.

을 가능하게 하는 것이다. 살아가는 데 없어서는 안 되는 ADA*가 결핍된 유아는 유전자 치료의 도움을 받을 수 있다. 이런 사례들을 통해, 오늘날 생명의학 연구의 성과들이 어떻게 응용되는지 개괄적으로나마 이해할 수 있다. 이 사례들은 또한 앞으로 삶과 죽음, 정상과 비정상, 정당함과 부당함을 구별하는 것이 얼마나 모호할지를 보여준다. 생명과학의 진보가 제기하는 문제는 사회, 윤리, 법, 문화 모두와 관련되어 있다.

생명체에 대한 정의

생명체란 무엇인가? 인간에게 삶과 죽음의 경계를 설정한다는 것은 어려운 일이 되었다. 무엇이 생명체의 삶을 구성하는 것인가? 생명체의 삶은 언제 시작되는가? 살아 있다는 것은 무엇을 의미하는가? 생명체가 죽게 되는 것은 언제인가? 이 모든 물음은 우리로 하여금 생명체의 가치에 대해 자문하게 한다. 이러한 물음들을 배경으로 할 때 문제시되는 것은 생명체와 비생명체의 구별뿐만 아니라, 과학적 연구나 의학적 치료를 목적으로 비생명체의 신체나 기관, 조직들을 이용할 수 있는가이다. 이것은 생명체를 그것의 출생 이전에 또는 뇌사나 심장사 이후에 물질화할 수 있는가의 문제이기도 하다.

배아에 관한 연구를 예로 들어보자. 배아를 하나의 연구 대상으로 이용한다는 것은 가능한 일인가? 그 여부를 법적으로 해결하는 것은

---

* ADA 결핍은 매우 심각하고 드문 면역 질환이다(신생아 10만 명당 한 명꼴로 이 병에 걸린다). 이 병은 종종 '거품 아기'와 연관되어 언급된다.

국내법의 사정에 따라 다르겠지만, 도식적으로나마 다음의 두 입장으로 개괄해볼 수 있다. 우선 한쪽의 입장에서는 배아는 인간의 생명과 맞닿아 있는 것이므로 과학적 연구나 의학적 연구를 위해 배아를 이용하는 것은 금지되어야 한다고 이야기한다. 다른 한쪽의 입장은 배아를 한 사람의 생명과 같은 것으로 간주할 수 없으며, 그렇기 때문에 배아에 관한 연구를 허용할 수 있다고 주장한다. 이 두 진영의 대결에서 논란거리가 되는 것은 바로 배아의 본성 자체이다. 왜냐하면 배아는 다른 세포들과 같은 단순한 세포가 아니기 때문이다. 배아는 미래에 한 인간이 될 세포이다. 우리는 이 두 입장 사이에서 어떤 최종적인 보편적 해답도 가지고 있지 않다. 많은 나라가 수정 이후의 일정 기간 동안 이루어지는 배아 연구를 금지하지 않고 있기는 하지만, 그 외의 나라들은 배아에 관한 모든 연구를 금하고 있다.

또 다른 물음이 제기된다. 배아에 대한 유전자 검사는 허용되어야 하는가? 허용되어서는 안 되는가? 이 검사는 배아를 진단하는 것을 가능하게 한다. 만일 검사 결과, 배아의 유전적 이상이 드러난다면, 그 배아는 유산이나 유전자 변형을 겪을 수 있다. 여기에 새로운 우생학을 태동시킬 위험이 도사리고 있다. 그렇지만 연구의 목적이 순수하게 생물학적이고, 인간 생명의 메커니즘들에 대한 이해를 겨냥하는 한, 배아에 관한 모든 연구를 완전히 금지할 수 있는 근거를 찾는다는 것은 쉬운 일이 아니다. 바로 여기에서 다시 새로운 문제가 발생한다. 연구를 목적으로 사용되는 배아는 어디에서 나오는가? 과학 연구에 사용되는 배아들은 주로 낙태나 다태 임신*으로부터 나온 것들이다. 물론 그

---

* (옮긴이 주) 다태 임신les grossesses multiples. 동시에 두 개 이상의 난자가 난소에서 배출되고, 각각 동시에 수정이 되어 태(胎) 안에 배어 있는 상태를 말한다.

렇게 되지 않았으면 버려졌을 배아들이 과학의 발전을 위해 사용되는 것이라고 말할 수도 있다. 그러나 이것은 그 자체로 악용되면서, 낙태와 다태 임신 감소 시술*에 대한 거짓된 정당화의 구실로 이용될 위험을 안고 있다.

인간 게놈과 관련된 또 다른 예를 들어보자. 인간의 게놈에 관한 연구는 베일에 가려졌던 인간 생명의 신비를 들춰내고 있다. 이 연구는 살아 있는 생명체 각각이 지닌 모든 유전적 특성, 개인들 사이에 존재하는 정확한 유전적 차이들을 드러내며, 유전적인 원인으로 인한 질병들 또는 유전적인 이상을 식별할 수 있게 해준다. 이러한 연구들의 결과는 질병들을 예방하거나 유전자 치료를 위해 이용될 수 있다. 이것이 이른바 '맞춤 치료'이다. 인간 게놈 분석이 완료되면 여러 개인의 게놈들 사이에 존재하는 차이들을 밝혀낼 수 있을 것이다. 그런데 유전적 특성은 한 개인의 정체성에 대한 과학적 토대이다. 개인들의 인간 게놈에 대한 지식은 인종, 민족, 직장, 보험, 결혼, 교육 등과 연관된 다양한 형태의 차별을 양산할 수 있다. 반드시 모든 인간은 유전적으로 동등하다는 것에 대한 인정이 동반되어야 한다. 그러나 사회적으

---

* (옮긴이 주) 선택적 유산술selective fetal reduction이라고도 한다. 1978년 쌍태임신된 산모에게서 24주에 Herler's desease에 이환되지 않은 정상 태아를 보존하고, 이 질환에 이환된 태아만 선택적으로 유산시키는 방법의 일환으로 정착되었으나, 이후 보조생식에서 종종 발생하는 다태 임신의 경우 이로 인해 산모와 태아가 겪게 될 합병증을 최소화하고, 임신율을 최대화하기 위한 가장 안전한 방법이 되었다. 체외수정의 경우, 체내에 1개의 배아를 이식할 때보다 3~4개의 배아를 이식할 때 임신 성공률이 더 높다는 것이 너무 분명하기 때문에 다태 임신을 예방하기 매우 어렵다. 그럼에도 불구하고 임신 초기인 7~12주 사이에 행해지는 이 수술은, 아직 확실하지 않은 산과적 위험성을 줄이기 위해 직접적으로 살아 있는 태아를 목표로 한다는 점, 수태된 태아의 수가 몇 명일 때 행해지는 것이 바람직한가의 문제, 또 수술 대상의 선별과 진단(보통 심박수나 태낭의 크기를 고려한다)으로 인해 안락사의 전례가 될 수 있다는 점 등과 관련해 무거운 윤리적 부담을 안고 있다.

로 열등한 것으로 간주된 가치들에 해당하는 요소들을 찾다 보면, 유전자 테스트 해석은 중심을 잃고 한쪽으로 치우칠 수 있다. 이로 인해 이러저러한 공동체에 대한 차별도 가능해질지 모른다. 이것은 생명체의 가치가 걸려 있는 문제이다. 어쩌면 우리가 지금 놀누하고 있는 영역에서 생명체의 존엄성이 모든 윤리적 고찰의 토대가 되어야 할 것이다. 인간의 존엄성은 언제나 생명 윤리의 근본적 틀이며, 이 생명 윤리는 다음의 세 가지 원칙에 근거하고 있다. 즉 인간 생명의 신성불가침성, 모든 인간존재 사이에서 인정되어야 할 생명의 동등성, 인간의 생명에 대한 조작 금지이다. 물론 우리는 이미 생명과학의 발전과 의학 기술의 발전, 유전학 기술의 발전 앞에서 이 세 개의 생명 윤리 원칙을 확고히 견지한다는 것이 얼마나 어려운 일인지 시사한 바 있다.

그러나 무엇이 인간의 존엄성인가를 아는 문제가 제기된다. 만일 이 물음에 따라 생명 윤리의 견고한 핵이 구성된다면, 인간 생명의 존엄성은 동물 또는 식물의 생명 존엄성과 관계해서 어떻게 고려되어야 하는 것인가? 인간의 존엄성이란 개념은 인간의 생명과 다른 형태의 생명들을 구별하게 하는 것인가? 아니면 인간처럼 인격을 지니고 살아가는 존재와 다른 존재들 사이에서 구별을 도입하는 것인가? 내가 보기에 인간의 존엄성이란 개념은 기독교적 세계에서는 자명한 것이다. 이 세계에서 인간은 그 기원에서부터 다른 생명체들과 다른 존재로 간주된다. 반대로 불교는 모든 살아 있는 존재에 대한 순환적인 이해에 정초하고 있다. 어떤 사람은 전생에서는 한 마리의 개였을 수도 있다. 또 어떤 여자는 내생에서는 한 마리의 새가 될 수도 있다. 모든 존재의 생명은 순환한다. 이렇듯 모든 생명은 동등한 가치를 지닌다. 인간의 존엄성은 동물 혹은 식물과 관련하여 생각할 수 있는 것이 아니다. 우리는 생명체 자체의 존엄성이란 개념을 찾아야 한다.

생명에 대한 또 다른 개념적 이해가 가능하다. 그것은 생명체를 사물과 대비시키는 것이다. 여기서 또한 한 인격을 하나의 사물처럼 다루지 않기 위해서 존엄성에 호소할 수 있다. 인간과 같은 존재에게서 중요한 것은 정신이지 신체가 아니라고 말할 수도 있을지 모른다. 그렇지만 정신과 신체를 분리 불가능한 것으로 이해하는 방식도 존재한다. 간단히 말해서, 인간의 존엄성이라는 개념은 결코 자명하지 않다. 최근 일본에서는 인간 생식 클로닝을 금지하는 것과 관련하여 논의가 있었다. 일본 국민의 대다수는 인간의 존엄성을 제1의 위치에 놓았다. 그러나 인간 존엄성의 실체가 무엇인지를 명확히 해야 할 필요가 있었다. 사람들은 결국 다음과 같이 결론을 내렸다. 한 사람의 인격적 존재를 도구화하는 것, 인간 게놈을 사전에 결정하는 것, 클로닝으로 태어난 사람이 보호를 받지 못하는 것은 인간 존엄성 문제와 관련 있다. 인간의 장기이식을 합법화하는 것에 대해서도 논쟁이 벌어졌다. 논쟁의 핵심은 뇌사가 한 인간에게 합당한 죽음으로 간주될 수 있는가에 있었다. 심장사를 지지하는 사람들은 뇌사를 죽음으로 인정하는 것에 강하게 반대했다. 그들에 따르면 심장이 뛰는 한 인간은 죽은 것이 아니다. 관련 법 자체는 이 두 입장이 타협한 결과물이다. 법은 당사자의 자필 동의서가 있고, 가족들이 만일의 장기 기증에 동의한다는 조건에서, 뇌사자 신체의 장기이식을 허용하고 있다. 이 사람은 장기이식이 된 이후에야 죽은 것으로 간주된다. 달리 말하면, 그 사람은 심장사 이후에만 죽은 것으로 간주되는 것이다. 이렇게 해서 일본의 법은 단정적인 입장을 취하는 것을 피했다. 결국 생명 윤리가 논의들의 결과에 힘을 실었던 것처럼 보이지는 않는다.

생명 윤리의 보편성

생명 윤리는 보편적인 것인가? 모든 개념에 적용할 수 있고, 지구상의 모든 나라의 모든 생명체에 적용할 수 있는 새로운 생명 윤리는 가능한 것일까? 그러한 윤리를 어떻게 확립할 수 있는가? 이 물음들에 답하기 위해서는 많은 요인을 고려해야 한다. 우선 우리가 다양성의 세계, 즉 인종, 발전의 수준, 환경, 종교, 사유 등에서 매우 다양한 세계에 살고 있음을 인정해야 한다. 이 사실을 고려할 때에만 우리는 새로운 생명 윤리를 구축할 수 있다. 사실 윤리는 풍습과 관습, 종교 또는 해당 사회가 지닌 사회적 가치들에 매우 의존적이다. 윤리는 종종 각각의 인간 공동체에 '고유한' 것으로 말해지기도 한다. 문제는 세계가 반대로 단 하나의 윤리, 그러니까 단 하나의 생명 윤리를 가질 수 있는가이다.

하지만 이 세계에서 다양성은 결코 파편화를 뜻하는 것이 아니기 때문에, 세계 자체는 다양성 속에서 통일되어 있는 것이지 파편화되어 있는 것은 아니다. 그렇기 때문에 인간 공동체가 지닌 또 다른 특징을 받아들여야 하는데, 그것은 인간 공동체의 상호 의존성이다. 어느 누구도 혼자서는 살 수 없다. 어떤 나라도 자급자족으로는 더 이상 살아갈 수 없다. [다양성과 상호 의존성이라는] 이 두 축이 확고하다면, 우리는 21세기의 세상을 위한 생명 윤리의 구축을 기대할 수 있을 것이다. 비록 인간의 존엄성이 무엇인지 분명하게 규정되지 않았다고 하더라도, 우리는 이 원리를 생명 윤리의 근본적인 원리로서 인정해야 한다. 국적과 종교와 지역이 어떠하든, 누구도 생명체의 존엄성이라는 근본적인 가치를 부인하지 않는다. 모든 인간존재는 그 자신만의 존엄성을 지닌다. 사회마다 상이한 생명 윤리의 원칙들을 준수하는 것은 각각의 사회가 나름대로 존엄성을 이해하고 적용한 결과이다. 서양 국가들에서는 개인주의가 최우선의 가치인 반면, 아시아 국가들에서는 집단주의가 제일 앞에 온다. 그렇다고 아시아의 집단주의가 서양의 개인주의와 모순되는 것은 아니다. 모든 개인은 인간 공동체 안에서 살아가고 있다. 그가 속한 공동체가 인간의 존엄성을 보장할 수 없다면 그는 존중받을 수 없다. 그러므로 쟁점은 이런 혹은 저런 가치가 우월하다는 것이 아니라, 어떤 방식으로 인간의 존엄성이 적용되는가이다.

우리는 동시에 인간의 존엄성에 대한 법적인 표현인 인권을 고려해야 한다. 1948년의 세계인권선언*은 제1항에서 "모든 인간은 존엄성과 권리 면에서 자유롭고 평등하게 태어난다"고 규정하고 있다. 인권 개념은 이처럼 생명 윤리와 법 사이에서 중계자 역할을 할 수 있다. 게다가 1997년 유네스코 총회가 채택하고 국제연합 총회가 비준한 인간 게놈과 인권에 관한 보편 선언은 생명 윤리의 선언이기도 하지만, 인권과 관련된 국제 공동사회의 협정서들 중의 하나이기도 하다. 생명체의 존엄성은 인권이라는 명목으로 기록되고 보호된다. 인권 보호가 보편적인 제안으로 받아들여지는 한, 그것은 인간 존엄성의 존중 또한 보편적인 것으로 인정된다는 사실을 의미한다.

보편적 생명 윤리는 다양성, 상호 의존성, 인권이라는 세 개의 다리로 서 있다. 그러나 이 보편적 생명 윤리는 생명 윤리의 골격일 뿐이며, 이 골격에 따라 해당 사회는 제 나름대로 자신만의 생명 윤리를 확

---

* (옮긴이 주) 세계인권선언Déclaration universelle des droits de l'homme. 1948년 12월 제3차 국제연합 총회에서 채택된 선언이다.

립해나가는 것이다. 이 때문에 인간의 게놈에 관한 보편 선언은 여러 전문 분야에 걸친 다원주의적인 독립기관으로서 국가 생명윤리위원회들이 맡고 있는 역할의 중요성을 강조하고 있는 것이다. 생명 윤리는 국내적 층위, 지역적 층위, 세계적 층위에 이르는 모든 층위에서 확립된다. 내가 의장을 맡고 있는 유네스코의 국제 생명윤리위원회의 역할 역시 중요하다. 그 위원회의 임무는 21세기의 공동의 생명 윤리를 구축하도록 무수한 국가적·지역적·국제적인 노력들을 총괄 조정하는 데 있다.

우리는 새로운 생명 윤리 계약을 위해 두 개의 요소를 더 고려해야 한다. 그 요소들이란 과학적 연구의 자유와 경제이다. 과학의 진보가 자유로운 연구에서 비롯된다는 사실은 의심할 여지가 없을 것이다. 혹자는 과학이 때때로 지구상에 원자폭탄, 환경오염과 같은 악을 들여놓는다고 주장한다. 그렇지만 과학에는 선한 혹은 악한 연구도 존재하지 않는다는 것을 깨달아야 한다. 연구 결과의 응용만이 선하거나 악할 수 있다. 생명 윤리가 개입할 지점이 바로 여기이다. 연구는 그 자체로 가치 있는 것이다.

시장경제는 과학 연구에서 막대한 비중을 차지한다. 인간의 게놈에 관한 최첨단의 과학 연구는 재정적 자원에 의존하며 경제적 이익을 낳는 결과들을 산출한다. 연구 결과의 응용 역시 생명과학 분야에서 그것을 '경제화'할 수 있는지의 여부에 달려 있다. 만일 연구 결과들을 적용하고 전파하는 데 드는 비용이 너무 많다면, 사회보장 체제의 상황을 감안할 때, 약들을 이용할 수 없을 우려가 있다. 가령 C형 간염 환자들은 인터페론Interferon이 낮은 가격으로 상업화될 때까지 오랜 기간을 기다려야 했다. 신장이식은 이식에 드는 비용이 다른 치료 방법에 드는 비용보다 낮아진 이후에야 모든 사람이 이용할 수 있었고, 사회보장제도를 통해 비용 보조를 받을 수 있었다.

다른 한편 특허 가능성 역시 게놈 과학에서 중요한 논쟁거리이다. 특허는 원칙상 발명된 것에 주어진다. 문제는 인간의 게놈에 관한 연구가 특허를 받을 수 있는 것인가, 없는 것인가에 있다. 내가 보기에는 경제적 이익 때문에 생명 윤리의 원칙들이 꼼짝 못하게 될 가능성이 있다.

결론

수많은 질문이 열린 채로 있다. 생명 윤리는 높은 곳에서부터 강제되는 것이 아니라 해당 사회의 공개적인 토론을 통해 정립되어간다. 나는 국가 생명윤리위원회의 중요성을 강조했었다. 국가 생명윤리위원회는 생명 윤리의 원칙들을 강요하지 않는다. 대신에 가능한 해결 방법들을 제시한다. 국가 위원회들의 논의와 공개 토론이 한데 모여 생명 윤리의 원칙을 더 명확하게 만들 것이다. 유네스코의 국제 생명윤리위원회는 생명 윤리의 보편적 원칙들을 끌어내기 위한 토론들의 포럼과 같다. 종종 이 주제에 관한 입장들이 상반된다면 어떻게 보편적인 생명 윤리에 도달할 것인가? 우리 위원회는 하나의 국제적이고 보편적인 공동체를 위한 토대로서 조화와 공생의 정신을 권장한다. 생명 윤리가 자신의 보편성을 실현하는 방식은 바로 이와 같을 것이다. 생명 윤리에 관한 모든 논의는 조화와 공생이라는 이 핵심적인 두 단어로 수렴된다.

미래의 윤리와 정치

에드가 모랭

윤리와 정치의 관계는 상호 보완적이어야 함에도 불구하고, 종종 매우 적대적이다. 국가와 정부의 정책에서 실용적인 계산, 즉 **현실 정책***이나 권력과 정권에 대한 계산에 따라 윤리적 고찰들이 뒷전으로 밀려나는 것은 그나마 가장 좋은 경우이며, 최악의 경우(그런데 이는 가장 빈번한 경우이다) 윤리적 고찰들은 억압된다. 정치에는 단지 윤리적 문제 틀을 피하려는 경향만 있는 것은 아니다. 윤리는 또한 현실주의 내지 정치적 현실에 맞서 저항할 수 있다. 이 대립은 매우 다양한 수위에서 표면화된다.

---

* (옮긴이 주) 현실 정책Realpolitik. 현실 정치라고도 하며, 현실에 적절하게 대응하는 실리주의적 정치를 말한다. 이상주의 정책과 대립되는 권력 정치power politics를 의미하는 것으로 사회주의적인 현실 정치와도 구별되며, 정치를 이념이나 윤리적 계기보다 지배자 또는 국가가 자기 이익 추구를 위한 권력투쟁으로 파악한다. 과거, 비스마르크가 행한 정책들이 가장 대표적인 예이다.

정치에 맞선 윤리

대립은 우선 반체제 운동dissidence을 통해 표출된다. 고대 신화가 보여주는 안티고네의 예가 여기에 해당된다. 우리는 최근에도 역시 이러한 반체제적 행위들을 보았다. 반체제 운동은 정의에 대한 요구나 진실에 대한 요구, 또는 이 양자 모두에 대한 요구에 응답하는 것으로서, 순수한 광기로 보일 수 있다. 정신 병동이 옛 소련의 수많은 반체제 인사들을 맞이하도록 마련된 장소로 보였다는 것은 우연이 아니다. 가령 젊은 시니아프스키Siniavski가 소련 체제를 비판하기 위해『콤소몰스카야 프라우다』*에 편지를 보냈을 때, 그의 반체제적 행위에는 분명 무언가 광적인 것이 있었다. 자신의 주소를 알려준 셈이므로, 이는 체포되기에 충분한 짓이었다. 이 반체제 운동은 미친 짓이거나 심지어는 절대적 범죄로도 보일 수 있다. 나치 체제하의 뮌헨에서, 학생들이었던 한 남매**는 반체제 학생운동에 가담했다는 이유로 사형에 처해졌다. 안티고네에서 솔제니친에 이르기까지 반체제 운동은 불합리하거나, 비현실적인 것으로 보인다. 그럼에도 불구하고 나는 이 광기가 필연적이고 미래를 꿰뚫어보는 성격을 가지고 있다고 생각하는 사람들 중의 하나이다. 왜냐하면 이 광기는 분명 현실주의로는 환원될 수 없는 윤리

---

* (옮긴이 주)『콤소몰스카야 프라우다*Komsomolskaya Pravda*』. 옛 소련의 공산당 기관지.
** (옮긴이 주) 한스 숄Scholl과 소피 숄 남매를 가리킨다. 당시 20대 초반의 젊은 대학생이었던 이들은 1942년 5월 뮌헨에서 6명의 비밀결사단인 백장미단을 조직하여 수천 장의 유인물을 몰래 뿌리면서 반나치 운동을 펼쳤으나 이듬해 2월 게슈타포에 체포되어 사형당하고 말았다. 뮌헨 대학교에는 이들을 기려 백장미 기념관이 세워졌으며, 2005년 마르크 로트문트 감독은 이들의 이야기를 토대로「소피 숄의 마지막 나날들」이란 영화를 만들었다.

적인 명령을 입증하는 것이기 때문이다.

반체제 운동이 있다면, 저항 또한 존재한다. 저항은 정치적 수단을 이용하여 윤리적 봉기를 일으키는 것이다. 물론 이 수단들은 그 목적에서 벗어나 반윤리적인 것이 될 수도 있다. 테러리즘의 경우가 그러하다. 흥미로운 사실은 저항이 초기에는 언제나 비현실적인 것으로 보인다는 것이다. 1940년 여름의 프랑스 레지스탕스들을 생각해보자. 이 시기는 프랑스가 나치 군대에 패해 완전히 와해되었던 때이다. 그 해에 유럽은 전부 히틀러 독일의 지배하에 있었다. 그러므로 저항은 철저히 비현실적인 것이었다. 그렇지만 그 뒤 2~3년 동안 저항은 점점 현실적인 것이 되었으며, 나치 독일의 패배는 점점 더 가능한 일로서 현실화되어갔다.

또한 거짓을 말하지 않는 방법도 있다. 솔제니친이 옛 소련의 지도자들에게 보낸 편지에는 나에게 매우 깊은 인상을 주었던 것이 있다. 솔제니친은 그들에게 그저 거짓말을 하지 말라고만 요구했던 것이다. 세상에는 침묵을 지킴으로써 강압이나 위선적인 선전에 동참하지 않는 사람들도 존재한다.

정치적 현실주의

정치적 현실주의라는 개념은 그 자체로 재검토되어야 한다. 그것은 사실상 목표 지향적 현실주의이며, 결국에는 가장 덜 나쁜 것을 선택하자는 현실주의로 변모된다. 만일 나치 독일의 지배가 몇십 년 동안 거역할 수 없는 기정의 사실이며, 그것을 받아들일지, 아니면 '필요한 것만 챙겨 도망갈지'를 선택해야 한다고 가정하면, 사람들은 그나마 덜 나쁜 쪽을 선택할 것이다. 즉 독일에 협력할 것이다. 이러한 유형의 현실주의는 언제나 현실의 표면을 그대로 따른다. 그러나 이 현실의 표면은 일시적인 것이다. 역사는 불확실하며 변화무쌍하다. 1943년 히틀러 독재 상황이 흔들리면서 불가능한 것이 가능한 것으로 변화했고, 그에 따라 현실주의는 점차 비현실주의가 되어갔다.

규격화된 세계에서, 철학자 헤겔이 "늙은 두더지"라고 불렀던 지하의 세력들은 조금씩 기초와 토대를 갉아먹으면서 작업 중에 있다. 과거의 소련은 전투에서 패배한 것이 아니었다. 소련의 토대는 내부의 작업을 통해 무너졌다.

마찬가지로 윤리가 반드시 비현실적인 것은 아니다. 또한 유토피아가 단지 불가능한 것을 의미하지는 않는다. 사실 어떤 나쁜 유토피아, 갈등도 대립도 없이 전체적으로 조화를 이룬 사회라는 유토피아가 존재한다. 선한 유토피아는 아직은 실현할 수 없는 가능성들 위에서 세워진다. 오늘날 지구에서 살아가는 모든 사람을 먹여 살리는 일은 정치적인 이유로 인해 불가능해 보인다. 그러나 그것은 물리적으로나 기술적으로는 가능한 일이다. 지구의 평화 역시 하나의 가능성으로 있으며, 우리는 다음의 천년 동안 그것의 실현을 볼 수 있기를 희망한다.

정치에서는 대화, 말하자면 보완적이면서도 대립적인 관계가 정치와 윤리 면에서 필수적이다. 정치 속에서 윤리가 하나의 축으로서 유지되어야만 한다. 나는 윤리와 정치의 대화 속에서 윤리가 맡은 역할을 발전시키는 것이 미래의 정치를 위해 필요한 일임을 강조하고 싶다. 인도주의적 견지에서의 내정 간섭권에 관해 수많은, 상당히 모호한 토론들이 있었다. 현재의 정치 체계가 받아들이고 있는 규칙들의 일부를 인도주의적인 이유에서 위반할 수 있다는 생각은 미래전망적인 생각이다.

철학자 요나스는 또한 미래를 위한 특별한 하나의 윤리를 그려 보였는데, 거기에서 그는 우리 서로가 타자를 위해 지구를 책임져야 할 뿐만 아니라, 우리의 아이들과 그 아이들의 아이들을 위해 지구의 미래도 책임져야 한다고 주장한다. 오늘날 생물권에 대한 생태학적인 위협, 핵의 위협, 인간의 광기가 다시금 휘몰아치면서 생겨난 모든 위험 때문에, 우리는 미래에 대해 책임을 져야 한다. 우리는 미래를 예견할 수도 그려볼 수도 없다. 그렇지만 인류의 운명을 개선하기 위해 모든 종류의 재앙들을 피하도록 노력해야 한다.

인류의 윤리를 향해

나는 여기에서 미래의 윤리를 인간 윤리, 즉 인류의 윤리와 연결하고 싶다. 인간은 무엇인가? 인간은 하나의 개인적 존재이면서 동시에 사회와 인류의 부분이다. 그렇다고 해서 이것이 인간은 이렇게 삼중적으로 33퍼센트의 개인적 측면과 33퍼센트의 사회적 측면, 33퍼센트의 생물학적인 측면을 지닌다는 것을 의미하지는 않는다. 관계는 훨씬 더 복잡하다. 종은 개체에 내재적이다. 우리가 아는 것처럼 종은 두 개체가 짝짓기를 할 때에만 유지된다. 그러니까 유전학적으로 종은 개체 속에 현전해 있는 것이다. 만일 우리가 사회 안에 있다면, 마찬가지로 사회가 우리 안에 있는 것이라고 말할 수 있다. 우리의 탄생 순간부터 사회는 그것의 언어와 문화를 우리에게 주입시킨다. 이 관계는 순환적이거나 반복적인 것이다. 종을 재생산하고 사회를 만들려면 개체들이 필요하고, 마찬가지로 문화와 언어를 전달하면서 개체들을 생산하기 위해서는 사회가 필요하다.

이런 여러 분석으로부터 미래 윤리에 관한 결론을 도출해낼 수 있다. 이 미래 윤리는 사회/개인들의 관계와 개인들/인류의 관계와 관련되어 있다. 어떤 사회 속에서 개인과 사회가 상호적 조율의 관계를 맺을 수 있을까? 그 대답은 분명 민주적인 사회이다. 오늘날 이 민주사회는 몇몇 문제를 겪고 있으며, 어떤 경우에서는 뒤로 후퇴하고 있다. 그러나 사회와 개인 모두를 위한 윤리가 수립되기를 바란다면, 미래는 민주주의 사회에 근거를 두어야 한다. 민주적인 관계란 개인에게 자아실현의 가능성들을 제공하는 관계이다. 그것은 또한 사회가 지닌 복합성을 용인한다. 민주적인 사회에는 생각과 견해의 다원성과 함께 일탈에 대한 관용도 포함되어 있다. 민주주의를 위해 활동하는 것은 동시에 개인과 사회를 위해 일한다는 뜻이다.

개인들/인류의 관계와 관련하여, 나는 우리 시대에 인간존재들의 총체로서의 인류는 더 이상 추상적인 개념이 아니고, 구체적인 개념이라는 것을 강조하고자 한다. 인류는 지구의 모든 지역에서, 정당한 문화적·개인적 차이들을 통해 자기를 알아본다. 인류와 개인의 관계는 지구 시민권의 맥락에서만 성숙할 수 있다. 만일 기술·경제의 세계화가 어느 정도 절차와 원칙들에 따라 균형 잡히지 않는다면, 그러한 세계화는 위험하다. 커뮤니케이션의 폭발적인 성장, 문화들 간의 상호적 영향, 세계를 향한 문화 개방, 서로를 알고자 하는 욕망 등이 기술·경제의 세계화가 위태롭게 만들어버린 차이들의 보호 장벽이 되어줄 것이다.

오늘날 모국으로서의 지구라는 주제는 개개의 모국들을 포함해야 하며 이들을 파괴해서는 안 된다. 지구 시민권의 발전은 인류와 개인의 관계를 전진시킨다. 시민은 스스로 책임감과 연대감을 갖는 사람이다. 국경없는의사회가 바로 지구 시민권의 운동 중 하나이며, 국제사면위원회, 그린피스, 그 밖의 다른 정부 간 기구들 역시 마찬가지이다.

미래는 썩어 있지 않다. 그러나 우리는 이제 윤리와 정치의 대화가 통과하는 큰길들을 볼 수 있게 되었다. 그 대화는 민주주의와 지구 시민권을 지나가고 있다.

21세기의 발전은?

메그나드 데사이

나는 경제학자이지 윤리학 전공자는 아니므로, 경제학적 관점에서 출발하여 어떤 하나의 윤리적 결론에 이르고자 시도해볼 것이다. 20세기 말 지구에는 60억 명의 사람이 살고 있으며, 이들은 자신의 부모나 조부모의 기대 수명보다 더 긴 기간을 살아가고 있다. 인간의 수명을 연장하는 능력은 금세기 최상의 성취들 중 하나이며, 이런 금세기의 성취들은 대부분 지난 30년 사이에 이루어졌다. 세계 인구는 세 배가 되었고, 그 사이에 수입은 그보다 훨씬 더 증가했다. 당연히, 그리고 고맙게도 우리는 불평등과 가난, 환경, 세계화, 인권 등으로 인해 곤란을 겪고 있다. 사실 마치 우리가 1950년대와 1960년대에 있는 듯, 즉 세계가 질서정연한 곳이 되리라고 생각하면서 점잔을 빼고 있는 것은 옳지 않은 일이다. 아니면 마치 1970년대와 1980년대에 있는 듯, 지구 전체의 고통을 무시하기로 맘먹는 것도 잘못이다.

인도와 중국은 10억이라는 거대한 인구 규모의 살림살이를 꾸려가야 함에도 불구하고, 배고픔과 기아를 제거함으로써 위대한 일을 해냈다. 1960년대에는 이러한 일이 가능할 것인지 분명하지 않았었다. 같은 기간에 대한민국의 한 법인이 스코틀랜드에서 회사를 경영할 수 있을 것이라거나, 또는 스코틀랜드인이 언젠가 아시아의 경제적 위기에 대해 걱정하게 될 것이라고 상상한 사람은 아무도 없었다. 이것들은 모두 발전의 긍정적인 모습들이다. 반면 아프리카가 이런 지구촌의 발전에 참여하지 못했다는 것은 슬픈 일이다. 우리는 그저 아프리카도 아시아가 이루어낸 것을 성취하게 되기를 바랄 수밖에 없다. 케냐, 가나, 모리셔스, 보츠와나 이 모든 지역에서 그러한 진보를 향한 움직임의 조짐이 보이고 있다. 우리는 지난 20년에 걸쳐 발전의 의미가 무엇인지 배웠다. 발전은 더 이상 1인당 소득의 문제가 아니라 건강, 교육, 젠더, 평등, 인권 또한 포함하고 있다. 우리는 이제 철강 생산이나 무기 생산을 통해서 발전을 가늠했던 1960년대적인 개념화로부터 벗어났다. 대신에 가난한 사람들 중에 얼마나 많은 여성이 있는지, 얼마나 많은 사람이 문맹이고, 또 얼마나 많은 사람이 생계를 스스로 유지할 수 있는지를 묻는다. 우리는 발전의 기초는 정부의 결정들이 아니라 개인의 행동들에 있다는 것을 깨달았다. 차별이 존속하는 한 발전은 일어날 수 없다. 간단히 말해 발전은 인간의 존엄성, 인간의 권리 그리고 인간의 기회와 관련된 문제이다.

세계화로 인해 제1세계가 자신들도 제3세계처럼 피해를 입을 수 있다는 것을 처음으로 깨닫게 된 점에서 세계화는 긍정적인 발전이라고 할 수 있다. 세계 자원의 85퍼센트를 관리하고, 세계 인구의 15퍼센트인 제1세계 사람들이 지구의 그 나머지 인구와 마찬가지로 세계화의 역효과에 대해 불평한다는 것은 역설적이다. 제1세계에서 실업률이 3퍼센트 올라가면, 제1세계 국가들은 일자리가 없다고 생각하며 전전긍긍한다. 그렇지만 실제로 제3세계와 비교해보면, 그것은 사소한 불편함에 지나지 않는다. 제2차 세계대전 이후의 25년간은 케인스주의 또는 자본주의의 황금기라고 알려져 있지만, 그렇다고 해서 반드시 제3세계에게도 그런 황금기였던 것은 아니다. 그 당시 제1세계가 해외에 제공했던 원조의 규모는 아주 작았으며, 제1세계는 자신들의 원조를 정치적으로 신중하게 통제했다. 오늘날 약 3,000억 달러 정도가 시장을 통해 제3세계로 흘러들어간다. 아시아의 경제적 위기와 그 밖의 문제들에도 불구하고 자본은 여전히 흘러간다. 차이는 현저하다. 1980년 멕시코가 누적 채무 위기를 겪었을 때, 회복하는 데 8년이 걸렸다. 1994년의 페소화(貨)의 위기를 회복하는 데에는 단지 18개월이 필요했을 뿐이다. 결국 사적 자본은 공적 자본보다 훨씬 더 관대한 것이다.

물론 세계화는 많은 사람의 이권을 위협하는데, 여기에는 제1세계의 강력한 노동귀족의 이권들도 포함된다. 이 노동귀족들은 제3세계의 정당들에게 자금을 지원해주고 있기 때문에, 제3세계에서 산업화가 늦춰지기를 바라고 있다. 이것이 바로 제1세계의 NGO들이 제3세계의 임금에 대해 불평하는 이유이다. 〔하지만〕 임금이 낮지 않다면 그 나라들은 결코 산업화를 진행시킬 수 없게 될 것이다. 만약 누군가가 제3세계에서 제1세계와 비슷한 임금을 지불한다면, 그 체계는 멈추게 된다. 동독의 예가 이것을 잘 보여준다.

21세기는 20세기보다 훨씬 더 좋아질 수 있을 것이다. 사실 더 나아지지 않기가 어려울 것이다. 그러나 이를 위해서는 평등과 법적 규범이 마련되어야만 한다. 제1세계는 자신들이 제3세계를 위해 수립한 이 법규범을 준수해야 한다. 국제연합은 현재 안전보장이사회에서 관용적으로 인정되고 있는 불균형—국제연합의 안전보장이사회에서는 거부권을 가진 다섯 나라가 모든 결정을 내리고 있다—을 없애야 한다. 부유한 나라 이외의 나라들이 브레튼우즈 체제를 운영해야 하고, 르완다의 대량학살을 막는 것이 코소보의 대량학살을 막는 것만큼이나 중요한 일이 되어야 한다. 법규범은 오직 제1세계가 낙담하기를 멈추고, 다른 나라들에게 고통을 주는 일을 그칠 때에만 존재하게 될 것이다.

빈곤 국가들의 군비가 상승하는 동안 부유국들의 군비는 현저하게 떨어졌다. 부유국들은 군축으로 인한 이 평화 이익금을 제3세계에서 자본으로 사용하는 것이 아니라 제3세계의 실업 자금 조달이나 감세 또는 복지 정책을 위해 사용하고 있다. 나라면 단서 조항들이 딸려 있는 돈보다는 주식시장을 통해 움직이는 외국 자본을 훨씬 더 신뢰할 것이다. 게다가 정부는 그들이 해외 원조를 제공하고 있는 피원조국들을 협박할 수 있다. 나는 가능한 한 이런 상황은 피하고 싶다.

대중매체가 어떤 역할을 하게 될지는 모르겠다. 과거, 우리는 만일 시민들이 TV에서 폭력 장면을 보게 된다면, 시민들은 결코 그 폭력을 관대히 보아 넘길 수 없을 것이라고 생각했다. 르완다는 대중매체와 국제연합을 모두 기소함으로써 이것이 거짓임을 증명해 보였다. 이와 동시에 인터넷과 같은 새로운 매체를 통해 NGO 단체들은 어떤 계획들에 대해 전 지구적으로 저항하기 시작할 수 있었다. 일례로, 인도에서는 민주적으로 선출된 정부가 댐 하나를 건설 중인데, 이것은 그간 상당한 불만을 야기해왔다. 200명의 사람이 해직되고 있는 실정이다. NGO 운동은 제국주의적 연결망을 이용하여, 세계은행과 서방 국가들에 호소했다. 유사하게, 그린피스는 석유 굴착 장치 건설에 반대하기 위해 그린피스의 전통적인 풀뿌리grassroots 시스템을 이용했다. 매체가 어떤 유일한, 1차원적인 역할을 하지는 않을 것이다. 매체란 어떤 때에는 해로운 반면, 다른 어떤 때에는 유익한 것일 수 있다. 세계는 복합적이며 때로는 모순적이기도 하다.

보편 의식의 쟁점들

뤼크 몽타니에

예언한다는 것은 불가능한 일이다. 우리가 할 수 있는 것은 단지 예측하여 행동을 하고, 우리 자신의 역사를 적는 것뿐이다. 이러한 점에서 볼 때, 우리는 다른 생명 체계들과 다를 것이 없다. 사실 살아 있는 체계들은 각기 다양한 유전적 메커니즘들을 통해 그들의 진화 과정 중에 생겨나는 사건들을 예측할 수 있다. 내가 보기에, 21세기를 정신의 세기로 특징지으려는 시나리오는 다소 낙관적인 면이 있다. 개인적으로 나는 우리가 오히려 극도로 깨지기 쉬운 상태에 있는 피라미드의 꼭대기에 있다고 생각한다.

시간과 공간의 심연

지난 50년간의 과학 지식은 시간의 심연을 드러내었다. 살아 있는 모든 종은 35억 년 이상 동안 동일한 유전자 언어를 따라 진화하고 있다. 실제로 박테리아로부터 인간 단백질(가령 인슐린과 같은)을 만들어 내는 것은 완벽하게 가능한 일이다.

이 단일한 지구 생명의 역사로부터 인류가 나온 것인데, 이 역사는 분명 상이한 유전암호들 간의 오랜 경쟁을 통해 진행되어왔을 것이다. 그러나 결국 우리의 유전암호가 지배하게 되었고, 우리는 이런 자연선택에서 성공적으로 빠져나왔다. 그러므로 우리는 자연에 대한 책임을 지고 있다. 지배적인 종으로서, 우리는 우리의 출현을 이끌었던 유전적 다양성을 유지해야 할 책임이 있다.

물리학의 발전 덕택에 우주의 규모에 대해 우리가 가졌던 시각은 완전히 부서져버렸다. 우리는 이제 우리가 우주의 중심이 아니라는 것을 안다. 우리는 별들, 성운들, 은하계들 주변의 미세한 점에 지나지 않는다. 이런 사실에서 우리는 일종의 무한을 의식하게 된다. 이 세계관은 우리를 겸손하게 만든다.

그렇지만 우리는 또한 고도의 유기적 체계로서 자부심을 가질 만하다. 만일 우리가 음가 엔트로피의 정도를 광자로 대체한다면, 지구는 매우 반짝이는 하나의 점이 될 것이며, 태양은 하나의 검은 점이 될 것이다.* 나는 이런 여건들로부터 어떤 새로운 깨달음이 생겨날지도 모른다는 생각이 든다. 하지만 불행하게도 실상은 그렇지 않다.

---

* (옮긴이 주) 엔트로피entropy가 무질서도 또는 불규칙도를 나타내기도 하는 개념이므로, 음의 엔트로피는 질서와 유기적 조직화의 정도가 높을수록 커진다. 그런데 이 음의 엔트로피 현상은 유기체의 생명활동을 통해 발생하는 것이므로, 음의 엔트로피 정도를 광자로, 즉 빛나는 정도로 바꾼다면, 결국 우주에서 지구가 가장 빛나게 될 것이라는 의미이다.

세기의 위험들

살아 있는 유기체를 지배하는 과정들을 우리 사회의 층위에 기계적으로 옮겨놓으려는 의도는 없지만, 우리 사회에는 통제 시스템(뇌와 같은)이 결여되어 있다고 볼 수 있다. 특히 (신경과 비슷하다고 생각할 수 있는) 커뮤니케이션과 매우 효과적인 정보교환이라는 현실적인 맥락에서 볼 때 말이다. 물론 급증하는 인구가 그러하듯 몇몇 체계는 스스로 자기 조절을 할 수 있을 것이다. 그러나 제어 능력이 없다면, 가령 환경적 차원에서 볼 때, 인류의 미래는 매우 염려스러운 상황으로 치달을 수 있다.

20세기에 인류는 스페인 독감과 에이즈를 겪었으며, 에이즈는 오늘날에도 여전히 남반구의 나라들에 큰 피해를 입히고 있다. 그러나 다른 종류의 더 끔찍한 전염병이 발생할 수도 있다. 비록 유전적 다양성이 있는 한 개체들은 언제든 생존할 수 있다는 것이 사실이라고 하더라도, 우리의 문명을 위태롭게 하는 커다란 파괴적 위험들은 존재하고 있다.

만성 질병들의 중요성이 점점 커지면서 인간의 생명 연장과 관련해서도 새로운 문제들이 제기된다. 생물학과 의학이 그 해답들을 가져다줄 수 있을지는 확실하지 않다. 우리가 만일 퇴행성 신경질환들과 암을 극복할 수 있게 된다면, 인류 사회의 활동적인 삶은 20년 연장될 수도 있으며, 이것은 우리가 사는 행성의 사회·경제적 구조들을 뒤엎을지 모른다.

마지막으로 불평등의 심화가 아마도 가장 큰 위험일 것이다. 이 불평등의 심화 과정은 새로운 과학기술의 발전과 맞물려 가속화되고 있는 추세이다. 물론 이런 발전의 여파로 점점 더 많은 '신흥' 국가들이 이득을 취하는 일도 벌어지지만, 21세기의 사회가 10억 명의 인류를 배제한다는 것은 용납될 수 없다.

세계화의 도움으로 우리는 이와 같은 보편적이고 예측적인 깨달음을 얻을 수 있을 것이다. 또한 세계화의 도움을 통해 우리는 혼란에서 벗어나 시대착오적 '앙금들'을 벗어던진 사회를 향해 진보할 수 있을 것이다. 우리는 현재 이런 사회를 어렴풋이 예감하고 있다.

|제4부| 과학과 지식, 그리고 전망

제1장

유전학의 혁명과 인간

유전공학 기술은 이제 충분히 실현 가능한 것이 되어, 인간 스스로 자신의 유전 형질을 선택할 수 있는 가능성을 열어놓았다. 에드워드 윌슨이 강조한 것처럼, 자연선택은 더 이상 진화를 이끄는 유일한 힘이 아니다. 유전자 선택이 자연선택을 대체할 것인지는 두고 봐야겠지만, 이와 같은 대체가 고개를 들도록 만드는 것은 기술적·과학적 필연성이 아니라 인간의 선택이다.

게다가 유전학이 지녔으리라고 가정되는 힘은 미디어에 의한 일종의 신비화 대상이 되었다. 종종 기아 문제에 대한 기적적인 해결책으로 제시되는 유전자 변형 유기체, 혹은 '게놈학'과 그에 수반되는 불확실성의 문제가 그런 것들이다. 자크 테스타르에 따르면 유전학의 진정한 위험은 유전학이 통제와 경쟁적 우생학의 측면에서 열어놓은 가능성들로 인해, 유전학을 일상적으로 사용할 수 있다는 점에 있다.

잔니 바티모는 절대 권력이나 경제적 이해관계가 유전학을 전유(專有)하는 것을 막을 수 있는 보호막을 설치하고자 한다면, 유전학의 이용과 관련된 문제들을 무엇보다도 정치적으로 다루어야 한다고 역설한다.

자연선택은 여전히 진화를 이끄는가?

에드워드 윌슨

자연선택의 미래에 관한 물음이 단지 인간 유전공학이 열어놓은 새로운 가능성들이라는 맥락 속에서만 제기되는 것은 아니다. 이 물음은 1970년대 농작물에 대한 유전공학이 상당히 진보했을 무렵 처음으로 핵심적인 논쟁거리로 전면화되었다. 나는 유전공학이 우리 인간 종에 대해 제기하는 문제들을 토론하기에 앞서, 유전자 변형 유기체로 알려진 것들에는 무엇이 있는지, 그리고 그것들이 던지는 물음은 무엇인지에 대해 언급하고자 한다.

유전자 변형 유기체

세계 식량 공급은 생물 다양성 측면에서 보면 가느다란 실에 매달려 있는 상태이다. 현재 인간에게 알려진 25만 종의 식물 중에서, 100종이 조금 넘는 식물이 세계 식량 공급량의 90퍼센트를 제공하고 있다. 그중에서 20종이 공급량의 대부분을 떠맡고 있으며, 이 중 단 세 가지 (밀, 옥수수, 쌀)만이 인간으로 하여금 기아와 싸울 수 있게 해주고 있다.

지구상에 알려진 모든 식물 종과 유기체는, 유전공학을 통해 곡물 종에 이식되어 능력을 향상시킬 수 있는 유전자들을 제공할 가능성을 지니고 있다. 적절한 DNA 조각들을 끼워 넣어 새로운 변종들, 즉 추위에 견디거나, 해충을 막거나, 다년생이거나, 급속히 성장하거나, 영양분이 많거나 하는 등의 변종들이 생겨날 수 있다.

분자유전학의 혁명이 몰고 온 파급효과는 1970년대에 처음으로 나타났다. 유전학 혁명은 1980년대와 1990년대에, 세계가 무슨 일이 일어나고 있는지 깨닫기도 전에, 이미 성년기에 도달했다. 옥수수 알과 목화, 감자 모종의 염색체에 바실루스 투렌지엔시스 *bacillus thurengiensis* 박테리아의 유전 인자 일부가 삽입되었는데, 이를 통해 이 작물들에서 해충을 죽이는 독소가 생성될 수 있었다. 살충제를 살포할 필요가 없게 된 것이다. 이제는 유전공학에 의해 조작된 농작물들이 스스로 이런 작업을 하게 되었다. 이와 비슷한 다른 예들도 인용할 수 있는데, 이러한 예들은 경작지를 각종 질병에 대비해 관리하면서도 거기에서 자라는 작물에는 아무 해도 입히지 않는 것이 이제 가능하다는 사실을 보여준다.

유전공학의 막대한 잠재성으로 인해 이런 과정은 훨씬 더 멀리까지 나아갈 수 있었다. 원숭이에게 박테리아 유전자가 이식되었고, 해파리의 생물 발광 유전자가 식물에 이식되기도 했다. 그렇지만 이런 획기적인 발전이 결코 보편적으로 받아들여질 수는 없을 것이라거나, 격렬한 반대를 불러일으킬 수도 있으리라는 점은 간과되었다. 많은 점에서, 인간은 모르는 사이에 근본적인 변형을 겪고 있었다. 거의 아무런 경고도 없이, 유전자 변형 유기체가 우리의 삶 속으로 들어왔으며, 이로 인해 어쩌면 자연의 질서까지도 변화했는지 모른다. 이 새로운 산업에 반대하는 운동이 1990년대에 시작되었고, 1999년 때마침 종말론적인 분위기 속에서 밀레니엄의 사건이 자리 잡을 때, 그 극에 달했다. 유럽 연합은 변형된 유전자 작물을 금지했고, 급진적인 행동가들은 모든 유전자 변형 농산물의 전 세계적인 수출입 금지를 요구했다.

오늘날, 여론과 정부 정책은 각 나라에 따라 상당한 차이를 보인다. 프랑스와 영국은 유전자 변형 유기체에 대해 강하게 반대하는 반면, 중국은 매우 우호적이다. 브라질과 인도, 일본, 미국은 우호적이면서도 다양한 방식으로 경계하고 있다. 특히 미국의 대중들은 '변형된 유전자'가 그 한계 수위를 초과한 이후에야 이 문제를 깨달았다. 1996~1999년 사이에, 미국에서 유전자 변형 농작물을 재배하는 농지의 총계는 380만 에이커에서 7,090만 에이커로 폭발적으로 늘어났다. 지난 세기 말 무렵에는 옥수수의 28퍼센트, 그뿐만 아니라 재배 콩과 목화의 절반 이상이 유전자 조작 작물들이었다.

유전공학의 위험성

유전공학에 대해 걱정하는 데는 몇 가지 타당한 근거들이 있다. 철학자들이나 신학자들뿐만 아니라 많은 사람이 유전자 변형의 진보와 관련한 윤리적 문제 때문에 곤란을 겪고 있다. 농업이 시작된 이래 인간이 새로운 변종 유기체들을 만들어온 것은 사실이지만, 그렇다고 그것이 유전공학만큼 빠른 속도로 진행되어온 것은 결코 아니었다. 과거 전통적 작물 개량의 시대에, 교배는 거의 항상 같은 종의 변종들 간에 유전자를 섞기 위한 것이었으며, 아니면 기껏해야 아주 비슷한 종들 간에 유전자를 섞기 위한 것이었다. 지금의 유전공학 작업은 생물의 왕국 전체에 걸쳐 행해지고 있다. 어느 정도로까지 계속 이런 과정을 허용해야 하는지는 미래의 윤리적 토론거리로 남아 있다.

새로운 유전자 변형 식품이 인간의 건강에 미치는 영향은 예견하기 어렵고, 〔따라서〕 결코 위험으로부터 자유로울 수 없다. 그렇기는 해도, 그 식품을 시장에 있는 다른 새로운 식품들처럼 검사하는 일은 가능할 것이다. 유전자 변형 식품이 근본적으로 다른 방식으로 영향을 미칠 것이라고 가정할 이유는 없다. 그렇지만 대개의 과학자들은 이구동성으로 경계를 늦추어서는 안 된다고 강조한다.

변형 유전자가 변형 작물에서 빠져나와 이 작물과 매우 가까이에서 자라는 친족관계의 다른 야생식물들에 전해질 수도 있다. 물론 교배는 언제나 자연스레 발생해왔으며, 심지어 유전공학이 출현하기 이전에도 존재했었다. 그러나 전통적인 방식으로 파생된 혼성 교배종들은 그들의 부모격인 야생식물들을 변형시키지는 않았다. 보통 재배종들과 그 변종들은 야생종들에 비해 자연적 환경에서든 인공적으로 변화시킨 환경에서든 경쟁력이 떨어진다. 물론 변형 유전자는 이런 상황을 앞으로 변화시킬 수 있을 것이다. 지금 말하기에는 너무 이르다. 되풀이하자면, 철저한 관리와 감독이 유지되어야 할 것이다.

유전자 변형 작물들은 그 밖의 방식으로 생물 다양성을 감소시키는 의도치 않은 결과를 낳을 수 있다. 이는 부수적 피해로 인식되고 있다. 해당 분야는 아직 유전자 변형 작물이 환경에 미치는 세부적인 영향들을 연구하지 못하고 있다. 그 영향이 얼마나 심각할지는 두고 볼 일이지만, 역시 높은 수준의 감시가 필요할 것이다.

많은 사람이 유전자 가공이 자신들의 식량 공급에 미칠 잠재적인 위협에 대해 깨닫기 시작하고 있다. 이들은 통제할 수도 없고 이해하지도 못한 과학기술을 이용하는 기업들에 의해 자신들이 지닌 또 다른 선택의 자유가 침해당한다고 나름의 근거 아래 생각하고 있다. 사람들은 또한 최첨단 과학기술에 의존적인 산업화된 농업이 예기치 않은 실수하나로 크게 잘못될 것을 두려워하기도 한다. 여론의 영역에서 유전자 가공과 농업의 관계는 원자력 발전이 에너지와 맺는 관계와 같다.

그렇다면 어떻게 향후 10년간 10억 명에 이르는 사람에게 식량을 조달하고, 자유와 안전을 위협하는 파우스트적 거래의 덫에 빠지지 않으면서, 자연환경과 그 속에서 살고 있는 생물의 다양성을 지킬 것인가? 이 딜레마의 해결책은 아무도 모른다. 양쪽 면을 모두 연구해온 과학자들과 경제학자들은 위험보다 혜택 쪽의 무게가 더 많이 나간다는 것에 동의한다. 그들 중의 일부는 심지어 '늘 푸른 혁명,' 즉 지속 가능한 혁명에 대해서까지 말한 바 있다.

130개 이상의 국가가 시범적으로 카르타헤나 생명 안전 의정서*에 동의해왔다. 이 의정서는 변형 유전자 상품의 수입을 막을 수 있는 권리를 부여하고 있다. 이 의정서는 또한 공동 생명-안전 정보센터Clearinghouse 설치안을 제정하고 있는데, 이 센터는 국가 정책과 관련된 정보들을 공표하는 것을 임무로 삼고 있다. 이와 거의 같은 시기에 미국의 국립 과학 아카데미United States National Academy of Science는 브라질, 중국,

---

* (옮긴이 주) 2000년 1월 29일, 캐나다 몬트리올에서 개최된 특별당사국총회에서 생물 다양성 보존 협약Convention on Biological Diversity의 부속 의정서로 채택된 것으로, 유전자 변형 생물체LMO: Living Modified Organisms의 국가 간 이동을 규제하는 최초의 국제협약이라는 데 의의가 있다.

인도, 멕시코의 과학 아카데미들과 공동으로 유전자 변형 작물의 개발을 승인했다. 그들은 위험도 평가와 사전 동의 허가제를 권고하는 한편, 개발도상국들이 미래의 연구 프로그램과 자본 투자를 필요로 하고 있다는 점을 강조했다.

이것이 과학과 과학기술을 발전시키면서, 유전자 변형 작물의 측면에서 인류 전체가 진보할 수 있는 길이다.

인간의 유전공학

인간이란 존재는 과거 수천 년간 그러했듯이 여전히 유전적 변화를 겪고 있는 것일까? 아니면 문명으로 인해 우리의 유전자는 정향 진화를 멈추었는가? 자연선택은 여전히 진화를 추진시키는 것으로서 작동하고 있는가? 대답은 기본적으로 '아니오'이다.

전반적인 변화 중 유일하게 의심의 여지가 없는 것은 전 세계적으로 일어나고 있는 피부색, 머리카락 유형 같은 인종적 특징들의 빈번한 변화이다. 이것의 원인은 개발도상국들의 더 급속한 인구 증가이다. 1950년대에는 세계 인구의 68퍼센트가 개발도상국에서 살았다. 2001년이면 이 수치는 80퍼센트까지 올라갈 것이다. 이런 총계 변화는 이전까지 존재해왔던 유전자들의 총계에도 영향을 미치고 있다. 그러나 위에서 말한 특징들 중에서 지적 능력이나 인간 본성의 근본 요소들에 영향을 주는 것은 하나도 없다.

인간의 진화에서 중요한 사건은 종의 정향 진화가 아니라, 이민이나 혼혈을 통한 균질화이다. 균질화는 전 지구적 차원이나 진화사의 차원에서 보면 그리 활발하지는 않다. 균질화는 종종 재빠르게 지역 인구를 변화시키지만, 혼자 힘만으로 인간의 진화를 하나의 방향이나 또다른 방향으로 진행시키지는 못한다. 피부색, 외관상의 특징, 기질, 그 밖에 유전자의 영향권 아래에 있는 상이한 특징들 간의 조합은 현재, 그 어느 때보다도 더 많이 발생하고 있다. 이미 전 세계의 상이한지역들에 사는 사람들 사이에 있는 평균 차이는 좁아지고 있다. 만일현재 진행되고 있는 이민과 인종 간 결혼inter-marriage의 비율이 수십 혹은 수천 세대에 걸쳐 계속된다면, 전 세계 모든 인구가 갖는 차이들은 사라지게 될 것이다.

의학 연구자들은 질병의 유전적 기초를 알아야 할 필요성에서 출발하여, 5만 개의 유전자 구성 인자를 지도로 그리기 시작했다. 생물 복제 연구자들은 양을 복제했고, 그 절차가 허락된다면 아마 인간 유전자도 똑같이 복제할 수 있을 것이다. 인간 게놈 프로젝트 덕분에 유전학자들은 몇 년 안에 그 완전한 결과를 읽어낼 수 있을 것이다. 과학자들 또한 적합한 DNA 조각들로 대체하여, 유전자를 원하는 방향으로 변경시킬 수 있는 분자공학을 제한된 형태로 실험 중에 있다.

만일 이러한 지식상의 진전이 단지 부분적으로만 달성되었을 뿐이며, 이런 지식들이 일반적으로 이용 가능해질 수 있다면(논란거리이기는 하지만), 인류는 자신의 궁극의 운명을 통제해야 하는 입장에 서게 될 것이다. 인류가 마음먹기만 하면, 인류는 종의 해부학적 구조와 지능뿐만 아니라 바로 인간 본성의 핵심을 이루는 감정과 창조적 충동까지도 바꿀 수 있다. 만일 그러한 일이 일어난다면 인간 게놈의 공학기술은 인간 진화의 역사에서 괄목할 만한 세 시기 중 최후의 시기를 열게 될 것이다.

호모사피엔스에서 절정에 달했던, 200만 년에 걸친 **인간** 속(屬)의 거의 전 역사 동안, 인간은 인간의 형태를 결정하는 극히 미소한 유전암호에 대해 무지했다. 지난 1만 년간의 역사 시대에도 먼 과거와 마찬가지로, 인류는 여전히 인종적인 분화——대개는 지역적인 기후 조건들에 적응하기 위한 것이다——를 겪었다. 다른 종들과 공유하는 진화의 시기 내내 이러한 이행 과정을 겪으면서, 인류 역시 자연선택이 안정적으로 이루어지도록 해야 했다. 질병이나 생식 불능을 일으키는 유전자 돌연변이는 탈락되었다. 그러나 근대 의학의 도래와 함께, 인간 진화는 진화의 두번째 시기에 접어들었다. 이제 우리가 유전적 결함들을 임의로 변형시키거나 피하는 것이 점점 더 가능해지고 있다. 현재의 의사들은 이런 종류의 치료를 통해 증상들을 완벽하게 예방할 수 있다. 그렇지만 자연선택의 이러한 불안정화가 너무 멀리까지 가게 될까 봐 걱정할 필요는 없다. 인간 선택의 제2시기는 곧 끝날 운명이기 때문이다. 그 시기는 전체적으로 종의 유전에 영향을 줄 만큼 충분히 오래 지속되지 않을 것이다. 왜냐하면 그 시기를 가능하게 했던 지식이 재빠르게 우리를 제3의 시기, 의지적 진화의 시기로 데려가기 때문이다.

유전자 치료에서의 진보는 초기에는 느렸지만 가속화될 것이다. 실패를 허용하기에는 너무 많은 기대와 벤처 자본이 걸려 있다. 나는 그래도 다음 세대들은 유전학적으로 보수적일 것이라고 예측한다. 불구의 원인이 되는 결함들을 치료하는 것은 논외로 하겠지만, 미래의 세대들은 유전적 변이에 저항할 것이다. 그들은 우리를 인간이란 종으로서 정의할 수 있게 해주는 정신적 진보의 감정들과 규칙들을 구하기 위해 그렇게 할 것이다. 왜냐하면 인간의 영혼을 구성하는 것은 바로 이러한 요소들이기 때문이다.

유전학적 허풍에서 분자 감시로

자크 테스타르

역사의 어느 한 시기에, 그때의 과학기술적 상황으로부터, 세계가 그 뒤 어떻게 될지 예견하고 논하는 방법에는 적어도 두 개의 극단적인 방법이 있다.* 그중 하나는 과학의 담론들에서 가장 좋은 전망들을 재빨리 포착하여 제시함으로써 더 행복하고, 더 건강하고, 더 자유로운 사회를 꿈꾸도록 만든다. 이와 반대로 다른 하나는 과학기술이 지닌 의혹들과 부족함들, 그것들이 건강, 사회, 경제에 미치는 파괴적인 영향들을 전해주고, 도래할 세계에 있을 불행들을 칠판에 기록하자고 제안한다. 사람들이 항상 현명하다고 판단하는 수많은 절충적 견해들은, 불가피하게 이 대립적인 두 가지 전망 사이에 교묘히 끼어든다.

그렇지만 진리가 가능성들이 그리는 부채꼴의 양 극단들 중 하나보다는 그 가능성들의 폭 가운데 어딘가에 있으리라고 기대한다면 이는

---

* 2001년 5월 15일 '21세기의 대화'의 18번째 회기에 발표된 이 보고서는 『퓌튀리블 *Futuribles*』지(2001년 7~8월, No. 266)에서 미리 공개되었다.

그저 통계 규칙을 적용하는 것일 뿐이다. 이런 예측은 마음 편한 것이 기는 하지만, 또한 [사람들을] 무감각하게 만들기도 하다. 사람들은 심각한 이유가 있을 때에만 장기적으로 결속될 것이기 때문이다. 이런 미온적 태도는 절제된 태도로 제시되지만, 그것의 정당화는 오직 과학 기술의 다양한 노선들이 서로 결합하여, 각각의 실천에 영향을 미치며, 삶의 모든 양식과 소통하는 기술적 조직망을 형성하는 데 이르지 못했을 때에만 가능하다.* 게다가 이 중간적 입장은 과감하게도 합리적인 것이라고 자처하면서도, 경쟁관계에 있는 모든 가설이 다 똑같은 실현 가능성이 있다는 것은 아니라는 점은 무시하려고 든다. 각 기술의 실현 가능성 이외에도, 기술은 그것이 사회적 요구에 응하거나 이 요구를 창출할 능력이 있는가에 따라 비교 대상이 된다. 따라서 변화 중인 어떤 상황을 촉진하거나 그에 제동을 걸 수 있고, 객관적으로 확인된 힘들을 가장 잘 고려하는 예측을 가장 현실적인 것으로 간주해야만 한다.

기후 변화를 예측하는 절차가 이러한데, 이는 유전학의 활용과 관련해서도 타당하다. 그리고 이런 과학적 절차는 인류 또는 인류의 운명과 관련하여 불합리한 신념에 근거해 위안을 얻는 방식과는 완전히 다르다. 이렇게 위안을 얻는 방식이 의존하는 것들은 다음과 같다. 즉, 중대한 혁신이 일어날 때마다 동반되는 불행이 예상되었음에도 불구하고, 그래도 결코 최악의 상황은 일어나지 않았다고 하는 결정적인 논증, 상상할 수 없는, 거의 마술적인 자원량에 대한 호소, 인간의 운명에 대한 신비스럽고 호의적인 통제에 대한 전제, 과학은 중립적이면서

---

* (옮긴이 주) 과학기술이 하나의 전체로 조직화되어 우리 삶의 모든 영역에 영향을 미칠 정도로 전면화되고 강력해지면 절충적 입장은 불가능하다는 말이다.

도 이롭다는 주장이 그것이다. 이런 식으로 전문가와 정치인들은 사회에 위안을 주는 종교적 메시지들을 전한다. 그러면서도 그들은 동시에 '비합리적인 것으로의 회귀'에 대해 분개한다. 기술과학의 교리를 거부할 시민들은 극히 적기 때문이다.

무엇이 유전학 혁명의 현실이고, 그 영향력이 미치는 범위는 어디까지일까? 우선 현장의 상태를 간략하게 살펴보자.

유전학적 지배라는 허풍

시사 매체는 유전학 혁명이라는 제목으로, 게놈 지도 작성과 DNA* 판별 방법들을 생명체 게놈의 의도적인 변형(변이 유전자, 유전자 변형 유기체) 또는 결함 조직의 의도적 변형(유전자 치료)과 마구잡이로 한데 모아놓는다. 심지어 **시험관** 수정이나 클로닝과 같은 유전학의 발전과 전혀 무관한 기술들까지도 여기에 함께 모아놓는다.

게놈 지도 작성은 DNA 분자의 미세한 구조를 밝혀내는 데 있다. 유전학자들은 이 작업이 최근 들어 완성되었다고 공표했지만, 유전자의 수를 헤아리고 특정한 활동을 맡고 있는 DNA 부분들을 조사하는 것은 아직 불가능하다. 1999년에 유전학자들은 우리에게 10만 개의 유전자가 있다고 밝혔고, 2000년에는 이 수를 3만 개로 줄였으며, 2001년에는 그 산정치를 더 높게(약 6만 개로) 수정했다고 사람들은 지적할 것이다. 〔하지만〕 사실 게놈 지도 작성은 단지 분자적인 구조만을 드러낼

---

* DNA(디옥시리보 핵산)는 염색체의 주요한 구성물질이다. 유전자들로 조직된 DNA의 부분에는 개체에 따라 다양한 정보들이 포함되어 있다. 이 정보들 전체가 게놈을 구성한다.

수 있을 뿐이고, 유전학 연구에 동반되게 마련인 신비화에도 불구하고, DNA를 구성하는 요소들의 기능을 알아내는 것은 여전히 우리와는 멀리 떨어진 일이다.

그렇기 때문에 대부분의 경우 유전자들은 아직 잠재적 가능성을 지닌 존재들일 뿐이다. 하지만 유전학에 관한 허풍은 '인간 게놈' 프로젝트의 예찬과 함께 이미 시작되었다. 프리온 단백질을 통해 입증된 것처럼,* '유전자의 생성물'인 단백질의 구조적 형태는 유전자 배열 안에 기입되어 있지 않기 때문이다. 분명하게 밝혀진 것은 게놈이 어떤 프로그램이 아니라 단지 정보들만을 간직하고 있을 뿐이며, 신체적 또는 병리학적인 특성들의 대부분은 이 다중적인 정보들 사이에서 일어나는 상호 작용과 게놈에 이질적인 수많은 요소에 의해 생겨난다는 점이다.

게놈의 각 부분을 **판별하는 과정**은 눈에 띄게 효과적이다. 바로 이 때문에 법정은 '유전자 지문'에 점점 더 의존하고, 의학은 개인의 DNA 표본에 근거하여 병리학적 예측을 할 수 있는 것이다. 법적인 증거이든 의학적인 진단이든, DNA 특성의 판별은 분자 구조를 논리적으로 적용하는 데 있다.

그렇지만 의학적 진단의 경우 테스트의 결과는 대상 유전자가 단일 유전자 표현형 체계를 벗어나는 순간 해석에 의존한다. 그런데 단 하나의 유전자가 단 하나의 형질만을 담당한다는 것을 공리로 내세우고 있는 이 단일 유전자의 표현형 체계는 실제로는 거의 입증되지 않는다.**

---

* (옮긴이 주) 프리온prion은 protein과 virion의 합성어로 단백질 감염성 입자proteinaceous infectious particle를 줄인 말이다. 바이러스를 제외한 유기체들은 DNA→RNA→단백질의 경로를 거쳐 생명 현상이 발현되지만, 프리온 단백질은 DNA나 RNA 없이 단백질만으로 자기 복제가 일어난다. 즉 DNA를 알면 모든 생명 현상을 알 수 있다고 생각하지만 프리온 단백질에는 DNA가 없다.

따라서 진단은 거의 언제나 확률적이다. 게놈과 환경의 공유-인자co-factor들이 모두 알려진 것이 아니며, 그것들 간의 복합체 상호 작용이 계속해서 최종 결과와 관련한 미결정성을 증가시키고 있기 때문이다. 그렇기 때문에 예측의학은 관찰 의존적이다. 그것은 생리학적인 이해보다는 확인된 사실에 의거한다. 즉 해당 유전자 표지*가 한 개인의 게놈 안에 존재한다는 것, 이 유전적 상황이 특정한 비율의 인구 집단 속에서 이러저러한 형질이 된다는 사실에 의존해 있는 것이다. 예측의학은 무지를 관리하는 것과 같고, 전문적인 학술 통계에 근거해서 움직인다. 예측의학은 그것이 임상에서 단지 집단적인 실효성만을 갖는 것임에도 불구하고, '개별적인 진단'을 권장함으로써 이중성에 빠진다. 예측의학은 점점 더 각 개인에게 생존하기 위한 소극적 행동을 강요할 것이고, 이렇게 행동해야 할 필요가 있는지는 결코 확실한 것일 수 없기 때문에, 생존은 그만큼 우연적인 현상이 되어버릴 것이다.

미국에서는 이렇게 '잠재적인 위험에 처한' 것으로 분류된 사람들이 예방적 차원에서 유방이나 전립선같이 질병에 걸릴 수 있는 기관들을 절제하는 수술을 받고, 또 도처에서 보험회사와 제약회사들은 확률론적 건강관리라는 이 새로운 시장에 대비하고 있다. 그러나 사람들이 간과한 부분이 있는데, 그것은 병을 고치던 치료의학이 각 개인을 자

** (옮긴이 주) DNA 유전자 배열만으로는 표현형을 알 수 없는 두 가지 이유가 있다. 첫번째 이유는, DNA 유전자 배열은 exon들과 intron들로 이루어져 있지만, RNA로 발현되는 DNA 부분은 exon뿐이라는 데 있다. 두번째 이유는, 여러 유전자가 각각 발현을 한 단백질들이 결합하여 한 종류의 단백질을 만들어내고, 이것이 한 가지의 표현형을 결정할 수 있다는 점이다. 가령 A 유전자에서 α 단백질이 발현되고, B 유전자에서는 β 단백질이 발현된다고 했을 때, 실제로는 α와 β가 결합하여 또 다른 δ 단백질을 이루고, 이것이 하나의 표현형을 나타내게 된다. 이에 예외가 되는 경우는, 세균과 같은 단세포 생물 정도일 뿐이다.
* 이것은 정상적인 유전자, 분실된 유전자 또는 소위 가장 자주 발견되는 '정상적인' 구조와의 관계에서 그 구조가 변형된 유전자와 관련될 수 있다.

신의 사례 환자로서 예측하고 기록하는 예측의학 또는 예방의학으로 진화할 때, 바로 진보에 대한 어떤 시각이 곤경에 빠지고 만다는 점이다. 과학은 알기 위해, 확실성을 확립하기 위해 고안된 것이었는데, 그 덕분에 사람들이 얻은 것이라고는 단지 불확실성을 학문으로 치장하는 일뿐이다. 어쩌면 인간은 처음부터 자신이 과학의 진짜 능력을 잘못 파악하도록 방관해온 것일까? 어쩌면 인간은, 얇은 가능성들을 점점 더 잘 분간할 뿐 확률 자체를 제거하지는 않는다는 사실을 단지 간과했던 것일까? 어찌되었든 최종 결과는 '생명체에 대한 지배'에 도달하거나 '생명의 비밀'을 꿰뚫어보았다면서 들떠 있는 전문가들의 의기양양한 주장들과는 잘 맞지 않는다. 이들은 그러면서도 이에 귀가 솔깃해진 일반인들이 확실하고 결정적인 결과를 요구한다는 사실에 놀라고 있다.

유전자 변형 유기체를 통해 지배를 향한 전진은 또다시 한 걸음 앞으로 나아간다. 문제는 더 이상 단순한 게놈 판별이 아니라, 이로운 유전자를 게놈에 덧붙임으로써 의도적으로 게놈을 변형시키는 것이다. 인간 GMO를 만들어내는 데 제동을 거는 것은, 아마 우등한 인간을 특징짓는 게놈을 규정하는 데 따르는 어려움들인 것 같다. 초인에 대한 그와 같은 유전학적인 명령은 윤리에 대한 도전일 뿐만 아니라 이성에 대한 도전이기도 할 것이다. 따라서 현재로서는 식물, 동물 또는 미생물의 GMO만이 존재한다. 이런 생명체들은 모두 인간이 자신의 배타적 이익을 위해 통제 관리를 떠맡았던 것들이고, 그로부터 최대한의 이익을 끌어내기를 바라는 것들이다.

GMO와 관련하여 대두되는 중요한 문제는 동물 혹은 식물의 생산성을 높이거나, 동물이나 식물이 자연상의 또는 산업상의 적대자에 맞서 높은 저항력을 갖도록 하는 것, 또는 인간에게 유용한 물질을 제조해 내도록 하는 것이다. 단지 이런저런 GMO 제조 계획을 발표하기만 해도, 곧바로 이것은 대중에게 새로운 성공처럼 나타난다. 냉해나 기생충에 저항력이 있는 식물, 비타민이 풍부한 식물, 심지어 석유를 생산하는 식물, 마찬가지로 장기 제공용 동물, 젖에서 사람의 단백질을 분비하는 동물에 관한 소식들이 쏟아지고 있다. 그러나 애석하게도 현실은 덜 유쾌하다. 왜냐하면 GMO로 인해 시작된 사회-경제적 논쟁들이나 공중위생의 문제를 차치하더라도, 공언된 〔GMO의〕 장점들이 아직까지 조금도 증명되지 않았다는 사실을 인정할 수밖에 없기 때문이다. 이렇게 변형된 어떤 식물이나 동물도 인간 종에게 돌아올 유용함을 규칙적이고 안정적으로, 확연하게 개선할 능력을 보여주지 않았다.

그러므로 자연이 유전학의 지배 아래 있다고 믿도록 만드는 것은 일종의 허풍에 지나지 않는다. 기업들과 그 기업의 전문가들, 그리고 그들에 이어 정치가, 은행가, 언론매체가 취하는 이런 태도는 분개와 염려를 불러일으킬 뿐이다. 분개할 수밖에 없는 이유는 GMO가 미래에 어떤 효능을 지니든, GMO는 그것의 위험은 물론 그것의 장점들과 관련해 어떤 증명도 제시되기 전에 강요된 것이기 때문이다. 또 과학과 정치의 권력 기관은 유전학의 지배를 믿거나 믿게 만들려는 이데올로기적 의도를 드러내고 있는데, 이는 거의 사실 날조에 가까운 무책임한 짓이므로 걱정스럽지 않을 수 없다. 기술의 사용을 정당화하기 위해서는 과학적 검증이 필요한데도 그런 검증에 의지하지 않고 기술을 사용하려는 움직임이 있는데, 어떻게 침착하게 미래를 예측할 수 있겠는가? 유전학에 대한 제도적 신비화는 강력한 압력 단체들의 이해관계에 맞추어지고, 이를 통해 준비되는 21세기는 '진보'가 거짓말과 기정 사실을 통해 강요되는 시대이다.

흥미로운 것은 미생물이나 분리 배양된 세포는 동물이나 식물과는 달리 유전자 조작에 적합하다는 사실이다. 단순화된 기계론자는 유기체 세포들을 변형시킴으로써 우리가 유기체를 지배할 수 있다고 믿지만, 실제로 다세포 생명체의 복합성은 이런 기계론자의 견해가 잘 맞지 않는다는 점을 보여주는 것 같다. 그렇지만 최근, 아픈 아이들의 골수에서 세포 주(株)를 추출하여 **체외** 이식수술을 한 뒤 이를 다시 삽입하는 방법을 통해 '유전자 치료'가 처음으로 성공을 거둔 바 있다. 언론매체의 대대적인 선전이 은폐한 측면은, 이 수술이 **시험관 내에서** 얻어진 GMO를 기초로 한 세포 치료였으며, 다른 질병에는 적용하기 어려운 상황이라는 점이다. 그리고 이는 복잡한 유기체가 아니라 분리된 세포에 유전자를 주입함으로써 연구 성과를 얻을 수 있다는 점을 입증해준다.

우리가 내릴 수 있는 잠정적인 결론은 다음과 같다. 유전학은 아직 인간의 몸에 직접 개입하는 어떠한 방법도 가지고 있지 않지만, DNA 판별 작업을 기초로 신속하게 진단 기능을 발전시키고 있다.

유전학은 무엇에 이용될 수 있는가?

유전학 기술의 진보가 불가능하다고 주장하는 것은 신중하지 못한 일일지 모른다. 언젠가 우리의 뜻대로 기능하는 GMO와 효과적인 유전자 치료를 마침내 실현할 수도 있을 것이다. 우리가 지금까지 보여주고자 했던 것은 유전학을 점령한 기만적인 환상이 다가올 역사에서 결정적인 영향을 끼칠 수 있다는 점이다. 이제, 아직 발전 중에 있는 과학기술들로부터 조심스럽게 기대할 수 있는 바가 무엇인지를 검토해보고, 예측의 문제로 되돌아오는 일이 남아 있다. 예측은 미래 의학의 진정한 패러다임이라고 할 수 있다. 왜냐하면 상식적으로 생각해봤을 때, 의학 논리, 보건 경제, 웰빙과 삶의 질에 대한 관심 등의 이유들로 인해 사람들은 의학적 도움이 아무리 효과적이라고 해도, 매번 여러 신체기관 때문에 의학적 치료를 받기보다는 건강한 신체를 갖기를 원하기 때문이다. 게다가 개인의 신체가 지니는 생물학적 성질이 본래 그 자신의 유전자 구성에 의존한다는 점에는 이론의 여지가 없다. 비록 게놈이 성장 과정에서의 우연들로 인해 뒤로 물러선다고 하더라도 말이다. 그렇기 때문에 논리적으로 가정해보건대, 기본적인 보건 활동은 아이들이 '정상'이 되도록, 즉 최대한 병리적 이상이 없도록 보장해줄 게놈을 가지고 태어나게 하는 일이 될 것이다. 이것이 의료계의 주역들(유전학자들, 생물학자들, 의사들), 생명과학기술 사업이나 질병 보험 기금 사업의 관심사가 될 것이며, 미래의 부모들 또한 미리부터 이 점에 관심을 기울이고 있다.

따라서 의학은 점차 어떤 이중적 의료 활동을 향해 나아갈 가능성이 높다. 즉 우선은 개인들의 유전자 선별을 통해 질병을 예방하고, 이어서 각 개인이 그 뒤 살아남기에 적합한 조건들을 규명해나갈 것이다. 왜냐하면 미래의 모든 아이가 실험실 안에서 수태되고 선별된다고 하더라도, 생명체는 완벽하지 않다는 것이 특징이기에 여전히 관리가 필요하기 때문이다. 이미 제약 단체들은 각 게놈에 가장 적합한 자연환경과 인공환경을 제시해줄 수 있는 건강관리 소프트웨어 생산에 투자하고 있다. 전염병까지도 포함한 모든 질병과 관련하여, 병에 걸리기 쉽게 만드는 유전적 소인들을 찾아내는 일은 일반화된 유전적 병인론을 주장하는 것이 되어버렸다. 이는 마치 병에 걸릴 가능성은 생활 조건보다 게놈 안에 기입되어 있을지 모를 운명에 더 많이 의존해 있다고 주장하는 것과 같다. 이렇게 해서 정부는 복지 정책에 인색해지는 반면, 의료 산업에서는 불필요한 처방전들이 부과되고 보험회사는 통계에 따른 보증 권리를 이용한다.

게놈에 관한 연구 덕택에 모든 사람은 자신이 처한 상태의 심각성을 모르고 있을 잠재적인 환자가 된다. 따라서 그들은 건강 산업의 영원한 고객이 된다. 이미 미국에서는 새로 태어나는 모든 아이가 평균 다섯 가지 유전자 테스트를 받아야 하며, 일부 주에서는 그 수가 20까지 올라간다. 3종의 유전자 테스트가 함께 있는 표준검사 비용은 25달러로 2년 전에 비해 10배나 싸졌다. 하지만 다른 게놈을 거부하고 '적당한' 게놈을 선택하는 것이 아직 가능한 순간, 말하자면 수정 직후에 테스트 전체를 시행하면 분명 더 효과적일 것이다.

배아 선별에서 기준을 세울 수 있는 것은 한 쌍의 부부에게서 나오는 배아의 게놈이 다양성을 지니고 있기 때문이다. 한 쌍의 부부가 수십 억의 자손을 낳을 수 있다고 가정하면,* 이 자손들은 일란성 쌍둥이라는 아주 드문 경우를 제외하면, DNA의 어느 지점에서건 모두 다를 것이다. 생식의 이와 같은 무작위성은 20세기 초의 우생학 작업이 불합리한 것이었음을 드러낸다. 우생학은 새로운 개체의 게놈은 오직 수정

---

* (옮긴이 주) 사람의 염색체 개수는 23쌍이고, 이 중 상염색체가 22쌍, 성염색체가 1쌍으로 총 46개의 염색체를 이룬다. 남녀가 생식을 할 때, 남녀 각각은 23쌍 중 한 개씩 23개의 반수체를 가지는 생식세포를 만들어낸다. 그래서 염색체만을 고려했을 때도 $2^{23} \times 2^{23}$ 가지의 다른 수정란이 생길 수 있다. 또한 생식세포 생성 과정 중 쌍을 이루는 염색체 간에 교차가 발생하여 더욱 다양한 종류의 생식세포를 만들어내므로 생길 수 있는 수정란의 가짓수는 훨씬 많아진다.

시에만 형성되는 것임에도 불구하고, 조상을 선별함으로써 인류를 개량할 수 있다고 주장했었다.

내가 보기에 유전의학은 점점 아이들을 난자 안에서 선별하는 방향으로, 생식 과정에서 생식세포*의 생산성을 높일 것을 요구하는 전략을 취하는 방향으로 나아갈 것이다. 인간 부부의 생식력과 좀 더 일반적으로는 포유류의 생식력이 다른 동물 집단(가령 물고기나 곤충과 같은)에 비해 상대적으로 낮은 이유는 바로 배우자 형성(생식세포가 양쪽 성에 의해 형성된다)과 수정, 발달이 갖는 여러 다양한 특징 때문이다.

분명, 배아의 발달은 암컷의 신체 안에서 이루어지기 때문에, 동시에 자라나는 자손의 수는 엄격하게 제한된다(종에 따라 1에서 15까지). 알다시피 인간 종에서 쌍둥이의 발달은 적절한 의료 환경이 제공되면 큰 위험 없이 가능하다. 그래서 생식 기술의 보조로 태어난 아이들의 절반이 이란성 쌍둥이인 것이다. 〔아마도〕 진화에 의해 선택된 메커니즘들이 여러 수준에서 작용하면서 포유류의 생식 생산성, 특별히 인간 종의 생식 생산성을 제한하는 것으로 보인다. 물론 임신 단계보다도 앞서서, 수정을 통해 생겨나는 배아의 수에 부과되는 〔난모세포와 관련된〕 제한, 말하자면 이용 가능한 생식세포의 생산 리듬과 그 양이 문제가 된다. 남성의 경우, 한 사람이 매일 1억 개의 정자를 만들기 때문에 오히려 생식세포가 넘쳐나는 것을 볼 수 있다. 〔하지만〕 이 잉여량은 자연적으로 무용해지고, 보조 생식의 경우 하나의 난자를 수정시키기 위해 단 하나의 정자만을 필요로 하기 때문에 급격히 감소한다. 자

---

* 생식세포Gamete: 성숙한 반수 생식세포로서 생식 과정에서 반대 성의 또 다른 반수 생식세포와 결합하여 접합체를 형성한다(『옥스포드 영어 소사전Shorter Oxford English Dictionary』, 5th edition, Oxford: Oxford University Press, 2002).

식의 출생을 제한하는 많은 장벽은 바로 여성의 편에서 나타난다. 그 중 일부를 인용해보자.

- 수정 가능한 난자로 진화하는 난모세포*의 수: 여아의 난소는 600~700만 개의 난모세포를 포함하고 있는데, 이 중 단지 300~400개만이 퇴화에서 벗어나 수정될 가능성이 있다.
- 수정 가능 기간은 사춘기에서 폐경기까지의 기간이며, 그렇기 때문에 여성 일생의 반보다 더 작은 기간을 차지한다.
- 생식 능력의 주기적 순환은 임신 가능성을 월경과 〔다음〕 월경 사이의 기간으로 제한하는데, 이는 수정 가능 기간의 약 20퍼센트, 다시 말해 여성 일생의 약 5퍼센트에 해당한다.
- 이미 언급했듯이 한 번의 임신으로 감당할 수 있는 태아의 수와 한 사람의 엄마가 젖을 주고 양육할 수 있는 자손들의 수 〔또한 제한되어 있다〕.

이처럼 손실과 제한은 생식, 특히 인간 종의 생식에서는 일반적인 것이다. 그리고 이 다양한 자연적 과정들은 너무도 한 방향을 향해 수렴하고 있어서, 이러한 과정들이 과연 진화의 필요성에 상응하는 것인지를 자문하게 한다. 만약 여성이 자식을 수백만 명 낳을 수 있었다면, 운이 좋은 몇몇 부부가 다른 부부들이 이용 가능한 자원들을 확보하지 못하도록 제한함으로써 다른 부부들의 출산을 방해할 수 있었던 경우를 보았을 것이다. 모두에게 강제된 한계는 일종의 유전자 민주주의를 설립한다. 이 민주주의의 장점은 생물 다양성을 유지하고 증가시키며,

---

* 난모세포Oocyte: 난자의 어미가 되는 세포로 감수 분열을 통해 성숙한 난자를 발생시킨다 (『옥스포드 영어 소사전』, 5th edition, Oxford: Oxford University Press, 2002).

따라서 우발적인 조건들 속에서 종이 살아남을 수 있는 능력을 확보해 준다는 것이다. 소위 '인위적' 생식이 불임 부부들로 하여금 다음 세대에 기여하게 함으로써 이러한 유전적 다양화 과정을 지탱해주고 있다는 점에 주목하자. 반대로 유전학자들에 의한 배아 선택은 순식간에 인간의 다양성을 자의적으로 제한하는 것을 추진하는 수단이 되어버릴지 모른다. 현재 막대한 의료 투자의 대상인 배아 선별이 1만 명 중 오직 한 아이만 관련되는 '특히 심각한 질병들'에 국한된 채 남아 있을 것이라고 믿을 수 있을까?

단 하나의 아이만을 선택할 목적으로, 각 부부가 수많은 배아를 만들어내는 것이 가능해진다고 생각해보자. 게놈 쌍에서 '가장 우수한 것'을 추출할 수 있다는 이러한 전망은 논란의 여지 없이 매력적일 것이다. 왜냐하면 이것이 모든 부모에게 제안하는 바는, 지난 수천 년 동안 한 쌍의 부모가 가질 수 있었던 아이들의 수보다 더 많은 수의 잠재적 아이들 중에서 자신의 후손을 선택하는 일이기 때문이다. 이 전망을 클로닝에 대한 전망과 비교해볼 수 있다. 클로닝은 무한히 보존적이다. 이제 이 두 가지 방식이 지닌 각각의 매력에 대해 자문해볼 수 있을 것이다. 자신을 동일한 모습으로 물려줄 것인가, 이상적인 모습으로 물려줄 것인가. 의심할 여지 없이, 사회는 능력 없는 클론들을 퍼뜨리는 자기중심주의를 거부하고, 게놈 정제를 우선시할 것이다.

그렇지만 배아 선택 기술은 다른 것들 중에서도 생물 다양성과 대립하게 될지 모른다. 배아 선택이 따르는 기준들은 외모의 아름다움에 대한 선호, 사회적 경쟁력에 대한 고려, 그리고 불충분한 지식에서 비롯된 자의적인 기준들이기 때문이다. 이 기준들은 점차 유전 구조적인 능력들을 대체하면서 우연적인 규범들을 세우게 될지 모른다. 여기서 배아 선택을 거의 보편화시킬 기술상의 절차에 대해 상세하게 설명하지는 않을 것이다. 이런 종류의 착상 전 유전자 진단PGD 전략을 구성하는 단계들만을 열거해보자.

부부가 안고 있는 제약을 감소시키기

이미 우리는 어린 여포들, 특히 젊은 여성의 여포에 아주 풍부하게 있는 난소 피질에 대해 생체 조직 검사를 수행할 수 있으며, 장래에 있을 **시험관** 수정을 위해 이 표본을 냉동시킬 수 있다. 따라서 남성 생식세포의 보관과 별도로 여성의 생식세포 보관이 이루어질 수 있는데, 이를 통해 여성에게 행해지는 의료 시술은 어떤 통제 관리나 호르몬 자극 없이, 단 한 번의 난소 채취로 제한될 수 있다.

매우 많은 배아를 생산하기

이렇게 보존된 최초의 여포가 포함하고 있던 난모세포들을 난자로 진화시킬 수 있다면, 배아들은 10개 중 하나꼴로 수태될 수 있다. 여러 동물 종에게 시행된 연구 작업들은 이러한 방식이 실행 가능하다는 것을 보여주는데, 이를 통해 자연적인 조건에서 관찰된 난모세포들의 퇴화 현상을 억제할 수 있을 것이다. 난모세포-여포 복합체를 **생체 내에서,** 경우에 따라서는 어떤 다른 종의 암컷 안에서 배양하는 것이 가능하다. 그러나 우리는 곧 수정 가능한 난자를 획득할 때까지 이 복합체를 **시험관 안에서** 배양할 수 있는 방법을 알게 될 것이다.

유전학적으로 '최고의 질'을 가진 배아를 선택하기

이용 가능한 배아들이 매우 많기 때문에, '특히 심각한 질병들' 뿐 아니라 다양한 질환들을 유발할 위험이 있는 소인들을 판별하고, 더 나아가 가능한 신체적·정신적 특징들까지도 판별하기 위해 많은 유전자 테스트를 충분히 시행해볼 수 있을 것이다. 이 어린 배아들 안에 있는 난할구* 수가 한정된 것이라고 해도 다양한 테스트들이 제약받는 것은 아니다. 이 세포들을 계획에 따라 증식시킬 수 있고, 하나의 세포 안에서 엄청난 수의 DNA 구성을 식별할 수 있는 '바이오 칩'을 이용해서 검사할 수도 있기 때문이다.

선택된 배아를 아이로 만들기

자궁 안으로 이식된 배아가 출생할 확률(오늘날에는 10퍼센트 정도이다)이 증가하지 않는다고 하더라도, 선택된 배아의 클론들이 성공적인 이식을 목적으로 냉동 보관이 되기만 한다면, 이렇게 의학적으로 정당화된 배아 클로닝을 통해, 모든 PGD 검사를 받은 한 아이의 출생은 분명 보장되어 있을 것이다. 한 배아에서 출발해 단 한 명의 아이를 출생시키는 것, 바로 이것이 생명 윤리와 생식 클로닝 간의 화해를 가져오게 될지 모른다.

몇몇의 심각한 부차적 문제

이 같은 시나리오가 상업적인 이익을 먹고 자라는 집단 환상을 위해 이미 실현되었거나 연구 중에 있는 기술들을 재조합할 때, 이 시나리

---

* 수정된 난자의 제1분할에서 생긴 세포.

오는 공상과학소설이 되어버리는가? 분자적 차원일 뿐이라고 말하면서 더 나은 것을 뽑듯 인간을 선별하는 것은 여전히 '예측의학'에 속해 있는가? 전문가의 만장일치된 의견의 범위 내에서 개인적으로 아이들을 선택하는 것과 친절한 국가가 '정상 게놈' 지도라는 명목으로 제안할지 모르는 선택 사이에 실질적으로 차이가 있을까?

이제 유연하고, 친절한, 합의를 통한 우생학의 시대가 오고 있다. 자식을 낳는 것에 대한 패러다임이 변화하면서, 모든 부모는 가능성을 평가받은 수백 개의 배아 사이에서 자신의 잠재적인 아이들 중 가장 아름다운 아이를 기대할 수 있을 것이다. 사람들은 계속해서 우리의 유전자 개수조차도 개의치 않을 수 있겠지만, 그래도 여전히 이런저런 DNA 구조와 사람들의 이런저런 특성들 간에 상관관계를 세우고 여기에서 통계적 법칙들을 도출해낼 것이다. 이러한 상황은 눈에 보이는 특징들과 몇몇 위험 간에 인과관계를 세우는 전통적인 지식의 상황을 떠올리게 한다. 하지만 이처럼 게놈이 포함하는 심층적이고 대단히 개별적인 특징들에 준거함으로써 각 개인의 지위를 뒤흔드는 기계장치가 준비되고 있다.

이런 유전적 감시에 대한 선구자인 미국 과학자 자크 코헨Jacques Cohen에 따르면, 우리는 조만간 우리 아이들의 신장과 체격, 머리색과 피부색, 심지어는 지능지수까지도 선택할 수 있는 '행운'을 갖게 될 것이다. [하지만] 생명체의 변덕스러움은 미래의 인간들이 자신들의 게놈 운명에 따라 살지 않도록 만들 것이다. 어쩌면 이것이 자유의 마지막 보루가 되지 않을까? 기업가들이 PGD 프로젝트를 용인하는 것은 바로 완벽함은 존재하지 않기 때문이다. 이 PGD 시장은 그로 인해 예방의학 시장이 제한되지 않을 때에만 기업가들에게 매력적인 것으로 다가오는 것이다.

만들어진 아이의 주체성, 과학적 실패들의 미래, 여전히 한 침대에서 임신되는 아이들이 지닐 구별될 권리에 대해 많은 중대한 문제가 제기되고 있다. 한 가지 근본적인 위험은 유전자 차별주의가 피부와 출신에 기초한 케케묵은 인종주의를 대체하고 이에 관해 과학의 승인을 얻었다고 주장하는 데 있다. 과학과 의학뿐만 아니라 문화, 상상, 정치까지 사로잡아버린 유전학적 신비주의와 보조를 맞추어, 법에도 불가피하게 규범 및 인간의 사용에 관해 어떤 관점이 부과된다. 그에 따르면 연구를 목적으로 하는 배아는 제조될 수 있다. 그러니까 인간도 그것을 파괴하려는 목적이라면 만들어질 수 있다(이것이 프랑스에서 생명윤리법을 개정하려는 정부 측 프로젝트의 목표였지만 결국 거부되었다). 또한 출생부터 장애를 지닌 아이는 태어나지 않을 권리 혹은 '정상으로' 태어날 권리에 의해 배상을 받을 수 있다('페뤼슈 판결,' 2000년 11월).*

유전자 하나에 타고난 결함이 있는 배아들을 교정하는 일은 불합리한 일이 될 것이다. 왜냐하면 언제든 '정상적인' 쌍둥이 배아를 보존할 수 있기 때문이다. 따라서 유전자 정제는 자유 사회의 법칙들에 따라

---

* (옮긴이 주) 프랑스 법원은 2000년 11월 의사가 임산부의 풍진을 발견하지 못해 심각한 뇌 손상을 입은 채 태어난 중증 장애 소년인 니콜라 페뤼슈(당시 17세) 판결을 통해 장애인의 '태어나지 않을 권리,' 즉 임신 중 태아기 때 장애가 발견되었더라면 낙태되었을 장애인이 의사의 장애 발견 실패로 인해 태어났을 경우 배상받을 수 있는 권리를 인정한 바 있다. 이 판결은 의료계, 장애인 단체, 법률계 등을 통해 사회·윤리적으로 큰 논쟁을 불러일으켰다. 법원은 이후 2001년에도 임신 중의 초음파 결과, 다운증후군이 발견되지 않아 태어난 장애인 두 명에게 배상권을 확인한 바 있지만, 이 권리와 이에 따른 금전적 보상의 의미가 더 이상 논란을 빚거나 오해되는 것을 막고자, 2002년 이른바 이 '태어나지 않을 권리'를 정면으로 부인하여, 의사의 명백한 과실이 없는 경우 장애인이 단지 태어났다는 사실만으로 손해배상을 청구할 수 없으며, 의사의 과실이 인정되는 경우라도 의사 개인이 아닌 국가 의료보험기구가 이를 배상해야 한다는 안을 통과시켰다.

난자 속에 있는 인간을, 그 사람이 지닌 경쟁적인 자질이 무엇이냐를 고려해, 거부하거나 받아들이는 방식으로 실행될 것이다. 사람들이 인간 종에 전대미문의 특성들을 덧붙임으로써 종을 개량하는 데 몰두할 시기가 올 것이다. 그러나 어떤 자질들을 목표로 하고 있는가?

이와 같은 지배의 입장에서 가장 염려스러운 일은 매 순간 요구되는 완전한 지배를 감당할 능력이 우리에게는 없다는 것이다. 이제는 인간 실험이라고도 명명할 수 있는 모험, 되돌릴 수 없는 아주 위험스러운 모험만이 남아 있다. 이러한 진행을 멈출 수 있는 것은 실험실의 차원에서는 존재하지 않는다. 쟁점들은 과학적이라기보다는 정치적이고 이데올로기적인 것이다.

장애를 가진 아이를 낳는 것에 대한 두려움은 태곳적부터 있었던 것이고 당연한 일이다. 또, 개인의 사회적 위치가 추상적이고 '경쟁적인' 어떤 모델에 얼마나 적합한가에 달려 있다면, 장애가 무엇인지에 대해 명확하게 경계를 그려줄 정의는 존재하지 않는다. 그러므로 '이상적인' 아이에 관한 연구는 단지 그것이 가능하다고 주장되기 때문에 새로운 것일 뿐이다. 이미 산업화된 나라들에서는 인간존재에 대한 일종의 문화적 표준화가 진행되고 있다. 만약 인격이 유전적 요소의 산물인 동시에 물질적·사회적 환경(타고난 그리고 후천적인)의 산물이기도 하다는 것이 사실이라면, PGD를 통해 가능해진 몇몇 게놈에 대한 집중적인 선택은 문화적 지구화와 결합하여 진정한 사회적 클로닝으로 향할 것이다. 앞으로 인간의 진화는 문화를 통해, 정신적인 발전을 통해 추구될 것이다. 그런데 생물학적 탐구는 유기체에 관한 연구(생리학)에서 분자에 관한 연구로 이행하면서 진보한다. 말하자면 문화가 지구화되는 반면, 생물학적 탐구는 국지화된다. 사실상 생물학도 유전자가 그러했듯이 일단 분자들이 분류되고, 등급화되고, 그것들로부터 기대하는 이익을 고려해 선택되면, 지구화를 지향해나갈 것이다.

유전학의 미래는 어쩌면 오늘날 그것이 쥐고 있는 과학적 헤게모니와 신비스러운 분위기가 믿게 만드는 만큼 화려하지는 못할 것이다. 그런데 만일 유전의학이 단순하지만 가공할 위험을 지닌 분자 감시로 귀결된다면? 한스 요나스가 예고한 것처럼 "자연과학에 토대를 둔 기술이 품고 있는 진정한 위협은 기술의 파괴적인 수단들이 아니라, 그것의 일상적인 평화적 사용에 있다."*

오늘의 인류가 미래를 결정하는 것이고, 미래가 그들의 운명으로서 예정된 것이 아니라면, 인류는 타자성이 중심적인 자리를 차지하게 될 문명의 기획을 위해 자신의 노력을 기울여야 할 것이다. 왜냐하면 타인이 없을 때 나는 나의 자유를 잃어버리기 때문이다. 과학기술을 민주화하는 것이 가능하기 위해서, 인류는 또한 유전학의 공상적이고 기만적인 약속들을 탈신비화해야 할 것이다. 이러한 일들은 종종 〔신비화에〕 현혹되는 대중들과 최신 유행에 민감한 정치가들에게는 만만치 않은 작업일 것이다.

---

* 한스 요나스Hans Jonas, 『책임의 원칙: 기술문명의 윤리 *Le Principe responsabilité: une éthique pour la civilisation technologique*』 trad. fr. Jean Greisch, Paris: Cerf, 1990.

유전공학에 관한 정치적 쟁점들

잔니 바티모

나는 유전학의 힘을 탈신비화할 필요가 없다고 생각하는 사람들 중의 한 사람이다. 왜냐하면 나는 유전학이 우리가 믿고 싶어 하는 만큼 그렇게 결정적이지는 않다고 생각하기 때문이다. 유전자 조작 기술의 활용에 대한 우리의 염려들은 대부분 우리가 어떤 일종의 결정론을 믿고 있다는 사실과 관련되어 있는데, 반면 우리는 이 물음들을 정치적 관점에서 제기해야 하는 것인지도 모른다.

유전학에 관해 처음으로 언급한 철학자는 니체였다. 어쩌면 과학의 힘을 과장해가면서까지, 그는 유전학의 관점에서 선택되는 사회를 예상했다. 특히 그는 그전까지 운 좋은 경우에 자연적으로 생겨났던 것을 〔이제 인간이〕 만들어내는 시대가, 예를 들어 초인을 탄생시키는 시대가 도래했다고 생각했다. 니체는 또한 신의 죽음에 관한 이론가이기도 했다. 그러니까 자연의 한계들을 넘어설 수 있다는 생각은 결국 신의 죽음에 대한 생각과 같은 것이다.

오늘날 논변적인 윤리학이 요구된다고 말하는 것은 결국——아마도 덜 선정적인 방식으로——신의 죽음을 선언하는 것이다. 우리에게는 논변적인 윤리학이 필요한 것 같은데, 왜냐하면 우리는 더 이상 명증하고 완벽한 토대를 갖고 있지 않기 때문이다.

토대들에 대한 사유의 와해는 기술·과학의 조작력과 결합하여, 우리의 연구와 유전학적 실천이 따라야 할 규칙이 어떤 것일지에 대해 물음을 던진다. 이 규칙은 더 이상 자연의 질서일 수 없다. 물론 권위 집단들은 오늘날에도 여전히 자연 존중에 근거를 둔 도덕을 전도한다. 그러나 권위 집단들의 논리를 검토해보면, 그들이 자연에 대해 말하는 것이 아니라, 어떤 이데올로기에 대해 말하고 있다는 것을 알게 된다. 이 이데올로기는 역사적으로 주어진, 더 바람직한 것으로 간주되는 형식 속에 자연을 고정시켜놓는다. 가령, 교회는 여성이 사제 서품을 받는 것을 거부한다. 여성의 본성이 그것을 배제하는 듯 보인다는 이유에서이다. 이와 같은 이해는 예수의 시대, 말하자면 여성이 권위와 권력이 있는 지위를 차지할 수 없었던 시대가 여성의 본성에 대해 가졌던 인식에 기초한 것이다. 그런 만큼 원칙이 자연적일 때에만 어떤 윤리적 명령을 존중할 수 있다고 믿을 필요는 없다.

자연은 권위 집단들이 분쟁 속에 있을 때 중요해진다. 자연의 규칙을 무엇으로 대체할 수 있을까? 현재의 상황에서 우리가 추상적으로 문제를 제기해서는 안 된다는 것을 명심하자. 우리는 그것이 과학의 영역에 속하든 철학적 사유에 속하든, 인문과학에 속하든, 아니면 윤리적 고찰에 속하는 것이든, 정해진 조건 안에서 문제를 제기한다는 것을 망각해서는 안 된다. 우리 사회에서 유전학에 관한 토론들은 소위 절대적인 권위 집단들 사이에서 전개된다. 한 권위 집단이 자연적인 것이라고 자처한다면, 그것의 권위는 아마 자연선택의 보이지 않는 손일지 모른다.

나는 사회생물학에 대한 반발이 다음과 같은 관념에 대한 반발이 아닐까 염려스럽다. 그 관념에 따르면, 윤리가 주장하는 원칙들은 우리에게 더 나은 것들로 보이는데, 왜냐하면 이것들이 가장 유용하기 때문이다. 나는 철학자로서 이 점과 관련하여 보들레르를 떠올리고 싶다. "내가 덕을 만났던 곳에서 나는 항상 반(反)자연과 마주쳤다."* 나는 우리의 진화가 지닌 본성이 실제로 이타주의나 협력의 원칙에 우호적이라고 믿지 않는다. 윤리가 던지는 물음은 아마도 비이론적인 상호적 인정과 관련 있을 것이다. 자유에 관한 예를 들어보자. 우리는 자유를 증명할 수 없다. 우리는 자유를 쟁취한다. 자유가 주장된다면, 자유는 확실한 이론을 근거로 해서 존중되어야 한다. 그럼에도 불구하고 어느 누구도 결코 자유가 자연권이었다는 것을 증명함으로써 정치적 질서를 변화시키지 않았다.

유전학의 적들은 자연 원칙도, 넘을 수 없을 한계들도 아니다. 반대로 그 적들 중의 하나는, 오히려 정치권력이 될 수 있다. 유전학을 억압하기 위해서든, 지배하기 위해서든, 정치권력이 이를 독점하기를 바랄 수 있다는 점에서 말이다. 동의의 원칙은 우리가 모든 권위주의에 맞서 세울 수 있는 유일한 원칙이다. 자문해볼 필요가 있는 것은, 충분한 정보를 가지고 행해지는 동의에 관한 이 원칙이 유전학의 모든 문제에 적용될 수 있는가이다. 비교해보자. 교회는 낙태를 반대할 때 아직 말을 할 수 없는 이들을 대신하여 말을 한다. 그러나 나라면 엄마가 새

---

* "인간이란 동물은 어머니의 뱃속에서부터 죄악에 대한 취향을 길러왔으며, 죄악은 본래 자연적이다. 반대로 덕은 인위적인 것, 초자연적인 것이다[……]." 샤를 보들레르Charles Baudelaire, 「화장 예찬Éloge du maquillage」, 『현대 생활의 화가Le Peintre de la vie moderne』, Paris: Le Club Français du Livre, 1995 참조.

로 태어날 아이의 자연적 보호자로 지명되는 것이 더 바람직하다고 생각한다. 실제로 우리는 태아를 임신한 여성에게 완전히 낯선 의지를 강요할 수 없다. 자유로운 존재가 인정하지 않는 어떤 자연을 구실 삼아 우리가 〔그에게〕 명령을 내릴 수는 없는 일이다.

기독교는 나에게 인간은 자유로운 개인이며, 폭력은 개인의 고유한 자유에 반하는 것으로 규정된다고 가르쳐주었다. 그러므로 우리는 정치적 지평에서 절대적 권력자들이 지배권을 장악하지 못하게 하기 위해서든, 경제적 지평에서 유전학이 품고 있는 가능성들이 이해관계자들의 노예가 되는 것을 피하기 위해서든 노력해야만 한다.

우리는 또한 유전학의 문제점들을 어떻게 자연주의적이지 않은, 인간적인 방법으로 해결할 수 있을지 숙고해보아야 한다. 이는 장기적인 계획의 문제이다. 우리가 절대 권력의 힘, 신비한 힘, 그리고 여전히 자연의 힘에 의지하는 것은, 바로 우리가 이러한 물음들에 대답할 수 없기 때문이다. 한 개인으로서 말하면, 나는 나의 인간 동료들의 권위를 인정하는 쪽을 택하겠다.

우리는 우리와 닮았다는 이유에서, 우리의 종에 속하거나 우리 편에 속한다는 이유에서 선택된 권위를 참조해서는 안 된다. 현대의 민주주의 앞에 놓여 있는 중요한 문제들이 바로 이러한 것이다. 참조의 영역을 어떻게 확장시킬 것인가? 나는 다수 의견으로 연구를 방해하는 것은 바라지 않는다. 그렇지만 자유로운 사회 안에서 살기를 바라는 개인으로서, 민주주의의 결정이 과학의 이 매우 빠른, 또는 너무 빠른 발전을 지연시키는 것은 받아들일 수 있다. 자연의 관점에서 봤을 때, 이러한 발전은 부도덕한 것일까? 기술의 관점에서 이는 예상할 수 있는 발전인가? 이 물음들은 열려 있다.

제2장

세계화와 유전자 혁명 시대가 품고 있는
새로운 인종주의의 얼굴

　인종주의의 토대에 대한 과학적 해체는 인종주의를 사라지게 하는 데 충분하지 않았다. 도시 공간이 겪는 새로운 현실, 이주 물결에 대한 통제 정책들을 가로질러, 현재 새로운 형태의 사회적·문화적 인종주의가 나타나고 있는데, 이것은 역설적이게도 시장 자유화와 병존하고 있다. 게다가 유전자 혁명으로 인해 유전자주의le génisme와 같은 새로운 유형의 차별에서 오는 위험이 등장하고 있다. 유전자주의에 따르면, 개인들의 구별되는 특성과 성품은 무엇보다 유전자로 결정된다.

　계몽주의에 근거한 비판적 기획은 인종차별주의를 완전히 해소하는 데 불충분했던 것으로 드러났다. 이 장의 저자들은 이러한 접근이 지닌 불충분성을 지적하면서 미래적 진단과 예방적 수단들을 폭넓게 제시하고 있다. 제롬 뱅데, 나딘 고디머와 피에르 사네는 세계화와 유전자 혁명 시대가 품고 있는 인종주의의 새로운 양상들을 다루고 있다. 조지 아나스는 '유전자주의'의 위험과 유전자주의가 함축하는 전대미문의 인종주의적 형태들, 그리고 '유전학적 종족 말살'에 대해 경계하면서, 인류 보호를 위한 국제조약을 만들 것을 제안한다. 악셀 칸은 유전자 결정주의 이데올로기를 재검토하면서, 현대 생물학은 인종주의적인 편견들 중 어떤 것도 입증할 수 없음을 보여준다. 아킬레 음벰베는 인종주의와 상상의 실천 사이에 있는 관계에 대해 물음을 던진다. 엘리키아 음보콜로는, 오늘날 문화라는 개념은 '차이'의 이데올로기적 담론 내에서 인종 개념의 역할을 떠맡는 불운한 개념이 되었다는 사실을 강조하면서, 역사적으로 변화해온 인종주의의 모습들을 분석하고 있다.

인종주의, 세계화, 그리고 유전자 혁명
— '세계들 중 가장 좋은 세계'를 향한 것인가?

피에르 사네·제롬 뱅데

　지난 두 세기 동안 인종주의, 인종차별, 외국인 기피증, 그리고 이 세 개의 사회적 재앙과 분리 불가능한 불관용은 종종 '인종적' 불평등에 관한 사이비 생물학 이론에 의지해왔다. 그러나 지난 수십 년간 이러한 이론들이 부질없으며, 또 인종이란 개념 자체가 공허하다는 것이 널리 입증되어왔다. 과학, 특히 현대 유전학은 끊임없이 인간 종의 단일성과 '인종' 개념의 무근거성에 대해 주장해왔다. 인간 게놈과 인권에 대한 세계 선언이 1997년 11월 11일 유네스코 총회에서 채택되었고, 1998년 12월 9일에는 국제연합 총회에서 승인되었는데, 이 선언의 제1조항은 "인간 게놈은 인류의 모든 구성원이 지닌 고유한 존엄성과 다양성을 인정하도록 뒷받침해줄 뿐만 아니라, 그들이 근본적으로 하나임을 뒷받침해준다"고 규정하고 있다.

　그럼에도 불구하고 인종주의와 인종차별은 사라지기는커녕, 과학이 '인종' 개념을 파괴한 이후에도 살아남아, 세계 대부분의 지역에서 다시 만연해 있는 것처럼 보인다. 주목할 만한 사실은 이제는 인종주의와 인종차별, 외국인 기피증이 문화들은 평등하지 않다는 것을 주장하고자 하는 논증들을 통해 합법화되려고 한다는 것이다. 제3의 산업혁명, 즉 신기술 혁명에 동반되는 거대한 기술적·경제적·정치적·사회적·문화적 변형들은 종종 '세계화'란 말로 요약되는데, 이것은 새로운 형태의 인종주의와 인종차별이 확산되는 데 유리한 환경을 조성하는 것 같다. 왜냐하면 세계화에 따라 사회적 불평등과 불확실성이 증가하게 마련이며, 이에 대한 반작용으로 공동체주의적 현상이 폭발적으로 늘어나고, 민족, 국가, '인종' 또는 종교적 귀속에 근거한 정체성을 추구하려는 열정적인 분위기가 고조되기 때문이다. 특히 세계 모든 지역에서 일반화되고 있는 민족적·'인종'적 혹은 신앙적 폭력은 이를 잘 보여주고 있다. 이러한 폭력의 일반화는 종종 이웃 간의 학살, '민족의 일소,' 종족 말살의 부활과 같이 극에 달한 형태를 취하기도 한다.

게다가 지금은 **아파르트헤이트*** 제도가 남아프리카에서 무너졌다는 것을 축하해야 할 때인데도 불구하고, 우리는 세계 대부분의 지역에서 다양한 형태를 한 사회적·도시적 **아파르트헤이트**가 증가하는 것을 보고 있다. 이 다양한 형태의 **아파르트헤이트**들은 구조적 차별에 상당히 자주 의존하는 듯 보이는데, 이 구조적 차별은 '인종적' 유형의 차별임에도 불구하고, 명시적으로든 암묵적으로든 간에 더 이상 인종주의적

---

* (옮긴이 주) 아파르트헤이트l'apartheid. '분리' '격리'를 뜻하는 아프리칸스어로, 1948년 네덜란드계 백인의 단독 정부 수립 이후 더욱 강화되어 법률로 공식화된 남아프리카공화국의 흑인에 대한 극단적인 인종분리(차별) 정책과 제도를 말한다. 또는 그와 같은 인종차별이나 인종차별 정책을 뜻하기도 한다. 남아프리카공화국에서는 이 인종차별과 인종격리 정책으로 인해 16퍼센트의 백인이 84퍼센트에 이르는 비(非)백인을 정치적·경제적·사회적으로 차별해왔다. 대표적으로는 반투 홈랜드Bantu Homeland 정책이 있으며, 이후 1994년 5월 넬슨 만델라의 집권과 함께 폐지되었다.

유형에 관한 표상들에 의식적으로 호소할 필요가 없다. 벽으로 가로막힌 도시들과 스며들 수 없는 구역들로 된 이 세계 속에서, 공공적 공간의 개념 자체는 그것이 민주주의 개념과 분리 불가능한 것이라고 하더라도, 후퇴의 길을 걷거나 사라지는 것처럼 보인다. 도시적 공간에서 커지고 있는 이러한 분리주의séparatisme는 학교와 교육에서의 **아파르트헤이트**가 다양한 형태로 급성장하면서 배가된다. 이런 형태의 사회적·도시적·교육적 **아파르트헤이트**의 급속한 확산은 일종의 '보이지 않는 인종주의'와 가면 쓴 인종차별의 체계를 구축하는데, 이것은 공공연하게 표명된 인종주의와 차별만큼이나 위험하다.

그러므로 미래를 내다보는 성찰적 노력을 기울일 필요가 있다. 만약 '계몽의 빛'이 인종주의의 그림자를 쫓아버리기에 충분했다면, 대중교육의 진보와 인종주의 이데올로기의 '해체'를 통해 '추한 짐승'은 오래전에 완전히 박멸되었어야 했을 것이다. 그렇지만 그러한 사태는 일어나지 않았다. 또한 바로 인종주의와 인종차별이 가장 극단적인 결과를 낳았던 곳은 종종 가장 높은 교육 수준을 누리는 나라들이었다는 점을 강조해두는 것이 좋겠다. 그러니 이제 인종주의적 편견이 존속하는 까닭을 좀 더 잘 해명하기 위해서, 과학적 탐구의 장을 다시 열고, 가령 심리학과 정신분석학이 제공하는 것과 같은 개념들과 도구들을 한층 더 활용하는 것이 좋지 않을까?

게다가 현대 유전학의 혁명은 인류에게 큰 희망을 열어놓은 반면, 염려스러운 문제들도 야기하고 있다. 우리는, 종의 완벽화라는 유혹 뒤에서 우생학의 유령이 나타나는 것을, 더 정확히 말하면 상업적 우생학이 '두 가지 속도로 달리는 인류'라는 위험과 함께 나타나는 것을 보고 있지 않은가? 여기에서 '다음-인간post-human'의 가설은 비인간화의 위험에 이를지 모른다. 우리는 인간 종의 자기 길들이기라는 꿈, 더 정확히 말하면 그런 길들이기 과정을 지배할 자들에 의해 이루어지는 인간 종 길들이기라는 꿈에 담긴 위험들에 대해 숙고했던가? 현대 유전학의 진보는 올더스 헉슬리가 예언했던 "세계들 중 가장 좋은 세계"에 언젠가 도달할 위험에 처해 있는 것은 아닌가? 이 가장 좋은 세계는 유전적으로 '향상된 초인'이라는 새로운 종과, 새로운 유전학의 낙원에서 제외되거나 사회 통제 또는 착취를 위해 유전적으로 조작될 다수의 '하급-인간' 종이 우리를 위협하는 세계이다.

과학적 진보와 그것의 기술적 활용이 새로운 형태의 차별로 귀착되지 않기 위해서는, 윤리적 성찰이 함께해야 한다는 것은 분명하다. 우선, 특정한 지역에 살고 있는 몇몇 인구 집단의 특징적 유전자 배열에 대한 판별 검사가 이루어진다면, 이 검사 결과들이 종교적 차별이나 윤리적 차별을 위해 이용될 위험이 있지 않을까?

둘째, 인간 생식과 관련한 새로운 과학기술들은 배아 선별의 위험, 그러므로 차별의 위험을 안고 있는 것인가? 이러한 선별 작업은 몇몇 표현형에 유리한 방향으로 실행될 수 있다. 그 결과 어떤 유전적 특징을 지닌 사람들이 적게 태어나도록 하거나, 아니면 가령 어떤 작업을 수행하는 데 필요한 신체적 능력을 지닌 사람들이 많이 태어나도록 만들 수 있다. 그러므로 국제적인 차원에서, 그런 기술들을 이용하는 면에서, 그리고 그 기술들이 어떤 식으로든 차별을 목적으로 사용되는 것을 금지하는 면에서, 국가들의 길라잡이가 되어줄 윤리적인 기준을 정하는 것이 중요하다.

셋째, 유전 형질에 관한 연구는 인간의 자유라는 개념 자체를 재고해보도록 유혹할 수도 있다. 오늘날 많은 유전학자가 인간의 게놈에 대한 배열 측정법을 이용해 유전자 배열에 관해 연구하고 있는데, 이 유전자 배열이 어떤 행동적 성향들(우울, 분노, 기억력 등)로 표현된다고 생각될 수 있을지 모른다. 게다가 사회생물학과 같은 새로운 이론들도 등장하고 있다. 이 이론들은 개인적 행동들과 사회적 행동들을 생물학적으로 정초하려고 하고, 인간의 자유를 박탈하는 데까지 나아갈 수도 있다. 생명 윤리 논쟁은 이러한 문제들 전체와 대결할 수 있어야 한다. 그래서 인간의 기본적인 존엄성, 권리, 자유에 대한 존중을 보장하고, 몇몇 개인이 다른 이들과의 관계 속에서 낙인찍히는 것을 피할 수 있어야 한다.

결론적으로 21세기는 위험을 안고 있다. 새로운 형태의 인종주의와 차별이 전개될 우려가 있다. 이것은 문화들은 불평등하다는 생각에 기초해 있으며, 세계화와 세계화가 양산하는 불확실한 결과들, 증가하는 물질적 불평등, 사회제도와 교육제도 간의 분열을 먹고 자란다. 게다가 사회·문화적인 이 새로운 인종주의는 또 다른 위협으로 수렴될 위험이 있다. 즉 소비주의적인 본성, 특히 상업적인 본성을 지닌 새로운 우생학이 출현할 수 있으며, 새로운 형태의 차별이 현대 유전학의 진보와 기술과학의 거의 조물주와 같은 새로운 능력들에 의해 시작될 수 있다.

이러한 위협들로 인해 미래에 관한 더 심화된 성찰, 국제적이고 국가적인 층위에서의 예방 조치에 관한 더 깊은 연구가 요청된다. 특히 다음의 세 분야와 관련해서 말이다.

• **교육**: 물론 학교와 교육제도에 모든 사회적 병폐를 치료하는 불가능한 역할을 위임할 도리는 없다. 사회 스스로도 이런 모든 병폐와 맞설

수 없으며, 또 맞서기를 원하지도 않는다. 그렇지만 교육은 인종주의와 인종차별에 대항하는 가장 유용한 수단이 될 수 있다. 물론 우리가 점점 공고해지고 있는 다양한 형태의 '교육적 **아파르트헤이트**'를 거부하고, 모든 수준에서 진행되는 공식적인 교육뿐만 아니라 비공식적인 교육에 까지 노력을 기울인다면 말이다. 교육 프로그램들은 지금까지 확인된 도전 과제들을 해결하기 위해, 특히 새로운 과학기술과 교육 '네트워크'를 이용하면서 근본적으로 재고되어야 한다.

• **생명 윤리**: 앞서 강조되었던 것처럼 유전학을 인간에게 적용함으로써 파생될 수 있는 만일의 결과들과 여러 형태의 유전자 인종주의나 유전자·차별에 의해 지탱되는 새로운 과학기술의 확산을 예방하기 위해서는, 보호막이 설치되어야 한다. 사실 몇몇 집단을 이런저런 관점에서 부적합하다고 낙인찍는 것과 같은 오래된 유령들이 다시 나타날 위험이 있기 때문이다. 특히 우생학, 즉 '인간주의의 초월'이나 '다음-인간'의 꿈이란 명목으로 행해지는 종에 대한 조작의 위험은 이제 엄청나게 증대되어 있다. 국가적·국제적 수준에서 윤리적 틀이 마련되어 인권에 대한 가장 심각한 위협들을 예방할 수 있어야 한다. 그리고 기술과학을 활용할 때 생길 수 있는 탈선들과 기술과학이 경제적·상업적으로 이용될 위험들에 대해 인류가 경계를 게을리 하지 않도록, 세계적 수준에서 토론과 포럼을 열고 미래를 감시하는 활동이 있어야만 한다.

• **도시 정책과 인권**: 공고해지고 있는 다양한 형태의 '도시적 **아파르트헤이트**'는 가난에 맞선 투쟁뿐 아니라, 민주주의와 관련해서도 하나의 도전 과제이다. 이에 직면하여, 도시의 치안을 확보하기 위해서일 뿐만 아니라 공공장소와 도시가 정치적·문화적·생태적 차원에서 되살아나도록 보장하기 위해서는 도시 정책들을 재고해야 되지 않을까? 만약

21세기의 삶을 바꾸고 인종주의, 인종차별, 외국인 기피증, 불관용에 효과적으로 맞서기를 바란다면, 도시를 변화시키는 것은 하나의 의무사항이다.

중요한 사실은 앞서 거론되었던 변화들 중의 어떤 것도 불가피하지 않다는 점이다. 확인된 도전 과제들을 평가하고, 적합한 정책을 채택함으로써 시민 의지를 보여주는 것은 정부의 몫이다. 또한 시민사회가 원칙상 야만에 빠지지 않고, 개개인이 자신의 모든 권리를 실제로 누리고 있다고 믿을 수 있도록 힘을 모으는 일은 시민사회의 주요 활동가들에게 속한 몫일 것이다.

세계화 시대 인종주의의
새로운 측면들과 유전자 혁명

나딘 고디머

세계화는 인종주의의 새 얼굴인가?

세계의 수많은 공동체는 세계화가 새로운 형태의 차별이라고 믿는다. 그리고 외부에 있지만 그러한 공동체에 인간적으로 관심을 가지고 있는 많은 개인 또한 그렇게 믿고 있다. 즉 세계화가 자신들의 막강한 이권을 팽창시키고 보호하면서 경제적 특권을 누리는 자들로 이루어진 하나의 세계적 집단이 행사하는 차별이라고 믿는 것이다. 세계화는 21세기에 시작된 현상인 것처럼 보인다. 그러나 세계화의 역사적 선례들을 들여다보고, 그것의 함정들과 성공 가능성을 모든 측면에서 검토해보는 일은 유익할 것 같다. 여기에는 과학 연구의 측면도 포함되는데, 이것은 이제 21세기에 인간의 행복 추구에서 지배적인 동기가 되었다. 세계화의 발단은 수 세기를 거슬러 올라간다.

세계화에 대한 최초의 관념주의적/이상주의적인 형태는 탐험이었다.

탐험은 지배권력을 통해 영토를 정복하고 균질화하는 데 성공을 거두었던 고대의 전쟁과도 구별되고, 중국, 아랍의 고대 무역과도 다른 것이었다. 탐험가들이 전제한 것은 지식을 통해 '세계' 개념을 확장시키는 것이었고, 이것이 탐험의 지적·과학적인 윤리가 되었다. 그리고 바로 뒤를 이은 탐험의 인류애적 윤리에 따르면, 기독교 신앙은 인류를 하나로 아우를 수 있는 유일한 정신적 계몽으로 간주되었고, 〔따라서〕이런 신앙을 자기 나름의 신앙을 가지고 있는 민족들에게 가져다주어야 했다. 그렇지만 기독교 신앙은 탐험가들이 떠나온 고국의 민족 내에서는 그 인기가 이미 떨어진 것이었다. 기독교 정신의 사절단을 전 세계에 퍼뜨리는 것globalizing과 동시에 서방세계의 무역 사절단이 들어왔다. 기독교의 이 전 세계적 전도를 따라서 서방세계의 무역 거래도 이루어졌고, 노예무역보다는 상품무역이 주를 이루었다. 노예들은 이미 여기에 포함되어 있었다. 즉 말하기도 싫은 형태의 세계화, 한 나라에서 사람들을 구매한 뒤 다른 나라의 사회적 위계질서 속에서 이들을 노예로 동질화시켜버리는 세계화는 이미 이루어지고 있었다.

1602년에 설립된 네덜란드의 동인도회사는 세계화의 초기 형태인 다국적 기업 무역의 가장 좋은 예 가운데 하나이다. 이 회사의 남아프리카 케이프Cape에 있던 전진기지는 식민 개척지가 아니라 인도로 가는 배들을 위한 보급기지로 예정되어 있었다. 순전히 사업적 기획이었던 것이다. 그러나 보급기지가 네덜란드 제국의 케이프 점령의 견인차 역할을 했다는 사실을 통해 우리는 세계화의 다음 단계, 즉 식민화로 넘어가게 된다. 비록 내가 고국의 역사를 예로 들기는 했지만, 유럽이 침입해오기 전까지는 '발견되지 않았던' 아메리카와 그 밖의 다른 지역들에서도 같은 일이 일어났거나 일어나고 있는 중이었다.

하나의 세계, 세계화라는 새로운 이름 아래 있는 바로 그 세계는 정치가, 과학자, 예술가, 또 그 밖의 지성인으로서의 우리가 우리 앞에 가지고 있는 이상이며, 근대의 잡다한 국가적·국제적 제도 결합 이후에 등장한 것이다.

현대사에서 세계화를 실현하려는 가장 대담한 시도는 정치적 이데올로기였다. 말하자면 공산주의, 특히 소련 공산주의였다. 우리가 잘 알고 있는 바와 같이, 공산주의의 윤리는 생산수단의 혁명적 통제를 통해 인간의 이기적 추구가 공동선을 위한 어떤 경제적 실천으로 변형되기를 요구하고, 또 그렇게 되리라고 믿었다. 이 윤리가 고귀한 이상이었음에는 논란의 여지가 없었다. 우리들 중 많은 이가 공산주의 윤리가 종교적 이상보다 성공 가능성이 더 높다고 믿었다. 종교적 이상은 이런 목적[공동선]이 정치 위에서 정치를 넘어서 성취되리라고 믿었기 때문이다. 소련 공산주의는 우선 누구도 인간의 이기적 추구가 변형되리라고 믿을 수 없기 때문에 세계화에 실패했다. 둘째로, 반대로 소련 공산주의의 생산수단이 점점 자라서 고삐 풀린 권력을 형성했다는 점에서 실패했다. 하지만 이 권력 자체는 자본주의의 권력과는 겨룰 수 없는 것이었다.

서양도 동양도 세계의 권력들과 사람들이 공동선을 위해 하나로 모이도록 만드는 데 성공하지 못했다.

하나의 세계라는 개념이, 그것의 덜 과장된 등가물인 세계화 속에서 실현될 성공 가능성은 얼마나 될까?

우리가 과거를 들여다본다면, 과거의 시도들이 필연적으로 항상 강요된 협력관계였다는 사실로 드러난다는 것을 간과할 수 없다. 세계화는 항상, 자신의 도덕적 근거를 주장해야 할 뿐만 아니라, 권력의 다른 형태들이 가진 힘들과 협력해야 했다. 인간의 이기적 추구가 인간적 정의로 변형되기 위해서는 그렇게 만들 행위자가 있어야 한다. 정치와 거대 금융은, 그들이 미래를 위해 짊어진다고 선언했던 고귀한 책임이 무엇이었든 간에, 언제나 손에 고삐를 쥐고 있었다. 과학 실험 역시 마찬가지였다. 그렇지만 확산되는 반세계화 운동이 말하는 바대로, 세계화가 지금껏 세계 경제의 함수로서 부유국의 행위자들에 의해 경영되어왔다는 사실을 인정하지 않는다면, 이는 문제를 너무 단순화하는 것이다. 이런 세계화의 행위자인 부유국들은 자신의 이익을 위해서만 움직일 뿐, 세계화의 현실이 요구하는 세계 자원의 공정한 분배에 대해서는 고려하지 않았다.

분명 오늘날의 세계무대는 다국적 기업들로 이루어진 세계의 이미지—이것이 세계화이다—라는 점을 우리가 굳이 상기시킬 필요는 없을 것이다. 세계화의 최고 수혜자 중 한 사람인 빌 게이츠는 다음과 같은 결론에 도달했다. "컴퓨터는 매우 놀라운 일들을 해낼 수 있다. 그러나 컴퓨터는 인간적 가치의 관점에서 봐야 한다. 그리고 물론 두 아이의 아빠로서, 내가 일상적으로 이용하는 약을 다른 곳에서는 구할 수도 없다는 점을 생각할 때면, 이것이 맨 첫번째에 있어야 할 것임이 분명해진다."* 여기에 세계의 가난한 사람들에 대한 과학과 의학의 책임들이 함축되어 있다. 거대 금융의 경우도 마찬가지이다.

빌 게이츠만이 지금의 현실이 드러내는 사실들을 통찰하고 있는 것은 아니다. 세계 경제 포럼의 창시자인 클라우스 슈밥은 최근 다음과 같이 공언했다. "세계 재정 관리의 체계적 패배는 실망스러운 결론을

---

* 유엔개발계획UNDP의 총재인 마크 말록 브라운Mark Malloch Brown이 『초이스 매거진 Choice Magazine』(2001년 6월 호)지에 인용한 부분이다.

피하기 어렵게 만든다. 우리가 그렇게 수고를 아끼지 않고 세워 온 국제연합UN, 국제통화기금IMF, 세계은행World Bank, 국제무역기구WTO와 같은 국제기구들은 우리가 직면하는 수많은 문제를 처리하기에는 적합하지 않다. 〔……〕 체계적 실패는 우리 모두를 위협한다. 〔……〕 나는 세계 평화와 재정 안정, 사회·경제적 발전, 재화와 서비스의 자유로운 흐름을 증진시켜야 할 책임이 있는 제도들이 혼자 힘으로 다시금 이와 같은 도전 과제들에 착수할 수 있을지 〔……〕 매우 회의적이다."*

 슈왑은 새롭고 효율적인 협력관계를 창출해나가기 위한 첫번째 움직임으로서 G8**이 G20이 되어야 한다고 제안했다. 이는 이미 타보 음베키Thabo Mbeki 대통령***이 고안했던 것이기도 하다. 나는 이 변화의 움직임이 부분적 인종주의의 수정으로 간주되기를 바란다. 이 부분적 인종주의는 그간 잘 인정되지 않았지만, 세계화의 출현이라는 아이디어에 반하는 역할을 해왔다. G8은 서방세계의 오래된 고향으로부터 온 식민주의가 마지막으로 국제무대에서 표현된 것이라고 봐도 과언이 아닐 것이다. 이는 세계화가 그것의 모든 함축 속에서, 어떤 수단이 되어 식민주의를 영원히 끝낼 의무를 지닌다는 것을 의미한다.

---

 * 클라우스 슈왑Klaus Schwab, 「세계는 더 큰 무대가 필요하다The World Needs A Bigger Stage」, 『뉴스위크 인터내셔널Newsweek International』(2001년 7월 25일).
 ** (옮긴이 주) 서방 8개국 선진 공업국의 연례정상회담. 1975년 프랑스 랑부예에서 처음 시작될 당시, 프랑스·미국·영국·독일·일본·이탈리아·캐나다의 7개국으로 이루어졌으나, 1997년 이후 러시아가 참가하면서 8개국이 되었다. 이 외에도 유럽연합EU의 의장국이 참가한다.
 *** (옮긴이 주) 넬슨 만델라에 이어 제2대 흑인 정권을 탄생시킨 남아프리카공화국의 대통령. 아파르트헤이트를 실질적으로 종식시키는 데 주도적인 역할을 했다.

유전자 조작은 세계화 속에서 부상하는 인종주의의 새 얼굴인가?

내가 세계화의 밀레니엄에 일어날 것으로 예고되는 유전자 혁명이란 주제에 관해 언급할 자격이 있다고 생각하지는 않는다. 나는 단지 관심 있는 적극적인 한 개인으로서, 불안함과 경계심을 이야기할 수 있을 뿐인데, 이런 감정들은 바로 우리 뒤편으로 사라진 한 세기가 경험했던 끔찍한 유전이론들과 인간에 대한 그 이론들의 실제 적용에 근거한 것이다. 내가 언급하는 것은 물론 나치 체제이다.

지금은 나 같은 문외한이 세포 복제와 배아 생성에 관한 이론들과, 유전 정보가 들어 있는 인간 게놈 프로젝트*를 명확하게 이해하기에는 아직 관련 지식이 불충분한 때이다. 따라서 이 발견들이 가져올 의약적 이익들이 그 같은 연구의 윤리적 한계가 될 것인지, 아니면 결국 세계 차원에서 유전적인 특권계급을 만들어냄으로써 어떤 차별이 생겨나게 될지 판단하는 것은 어려운 일이다. 이 과학적 길은 의도하지 않았더라도, 인종주의가 실천될 가능성이 매우 높은 새로운 세계로 향할 수 있다. 왜냐하면 가진 자들과 못 가진 자들 간의 커다란 경제적 차이가 계속해서 유지되는 한, 승인된 의약 분야 내에서조차, 신체적 질병에 대항할 여유가 있고, 더 오래 더 잘살 수 있는 사람은, 거무스름한 피부의 못 가진 자들이 아니라, 주로 서양의 하얀 피부를 하고 있는 가

---

* 2000년 6월, (국립 인간 게놈 연구소 National Human Genome Research Institute에 의해) 인간 게놈 배열, 즉 유전 정보를 함유하고 있는 300만 DNA의 정돈된 구조가 잠정적인 형태로 얻어졌다. 니콜라스 웨이드 Nicholas Wade의 「인간의 뿌리를 깨우기 Tapping The Human Root」(『선데이 인디펜던트 *Sunday Independent*』, Johannesburg, 2001년 7월 22일)를 보라.

진 자들일 것이기 때문이다.

이것은 인종주의적 측면이고, 과학자들이 묻고 답해야 할 물음이다.

유전자주의와 인종주의, 그리고 유전학적 종족 말살이라는 미래의 가능성

21세기가 인간유전학의 시대가 될 것이라는 점에는 의심의 여지가 거의 없다. 새로운 유전학 기술은 우리가 우리 자신과 서로에게 무엇을 할 수 있을지를 변화시킬 뿐만 아니라, 더 중요하게는, 우리가 우리 자신과 서로를 바라보는 바로 그 방식까지도 변화시킬 수 있을 잠재력을 지니고 있다.

과거에는 우리가 서로에 대해 갖는 피상적인 인식 때문에 종종 인종주의가 생겨나곤 했다. 간단히 정의하면, 인종주의는 '인종이 인간의 변별적 특성들과 능력들을 결정한다는 이론'이다.* 유전자 사냥, 특히 인종 분류를 따라 구별된 집단들에 대한 유전자 탐구는 DNA 배열 특징에 기초해 있는 '유전자주의' (아직 공식적으로 승인된 용어는 아니지만, 나는 이 용어를 유전자가 인간의 변별적 특성들과 능력들을 결정한다

---

* 『옥스퍼드 영어 사전 *Oxford English Dictionary*』, 2nd ed., Oxford: Oxford University Press, 1989.

는 이론으로 정의하려고 한다)에 이를 수 있다. 이 유전자주의는 그 결과로서 인종주의만큼이나 파괴적인 차별을 불러올 수 있다.

새로운 유전학이 가져올 두번째 결과는 우리의 새로운 힘을 우리 자신을 변형시키는 데 이용하고 싶어 하는 마음에서 비롯된다. 우리는 '더 나은 아기,' 심지어는 다음-인간이라는 완전히 새로운 부류를 창조하려고 시도할 것이다. 이는 헉슬리가 『멋진 신세계』에서 경고했던 사태이다. 헉슬리의 세계는 어떤 검사를 통해 이루어진 세계였는데, 이 검사를 통해 유전적으로 '우등한 자들'이 범주적으로 '열등한' 인간을 노예 상태로 만들 수 있었다. 그보다 더 있음직한 결과는 유전학적 종족 말살이다. 이는 기존의 인간들이 새로운 인간들을 제거하는 것일 수도 있고, 또는 그 반대가 될 수도 있다. 나는 이러한 위험들을 각각 간략하게 설명하고, 그것들을 피할 수 있는 방법을 제안하고자 한다.

유전적 보편성, 아니면 유전자주의?

유전체학의 커다란 희망은 다음과 같다. 즉 유전체학이 인간은 본질적으로 모두 같다는 것을 과학적으로 증명하고, 이러한 증명으로 인해 우리는 인간들 내에 구별을 만들려는 경향을 버리고 모든 인간은 본질적으로 같다는 시각을 가지게 될 것이라는 점이다. 그리고 유전체학은 이미 과학이 맡은 부분을 완수했다. 일례로 지난여름 인간 게놈의 밑그림이 발표된 이후, 런던 자연사박물관의 크리스 스트링어Chris Stringer 는 "우리들은 모두 피부 밑으로는 아프리카인이다"라고 말했다. 다른 유전학자들도 다른 말들을 통해 동일한 지적을 했다. 한 유전학자는

"인종은 단지 피부 두께에 지나지 않는다"고 지적했고, 또 다른 학자는 "인종에 관한 어떤 것도 과학적이지 않다. 인종의 경계를 규정하는 어떤 종류의 어떤 유전자형도 존재하지 않는다"라고 언급했다. 사적 부문에서 게놈 지도를 작성하려는 시도의 선두주자인 크레이그 벤터Craig Venter는 "인종은 사회적 개념이지 과학적 개념이 아니다. 우리 모두는 지난 10만 년 동안 아프리카에서 이동하여 세계〔곳곳〕에 이주한 소수의 같은 부족들로부터 진화했다"고 결론지었다.*

이것은 아주 바람직한 일이며, 따라서 유전학자들은 이러한 반인종주의의 메시지를 일반 사회에 알렸다는 점에서 칭찬받을 만하다. 그러나 불행하게도 이 유전학의 메시지는 인종주의를 약화시키는 동시에 그것의 사악한 형제인 유전자주의에 활력을 불어넣는다. 이것이 유전자주의가 작동하는 방식이다. 매사추세츠 과학기술연구소의 유전학 지도자인 에릭 랜더Eric Lander는 우리 모두가 99.9퍼센트 유전적으로 동일함에도 불구하고, 0.1퍼센트의 차이가 우리의 게놈 속에서 300만 개의 변이들을 구성해낸다고 지적했다. 이러한 유전적 변이들 하나하나가 유전적 속성에 기초하는 차별을 지지해줄 사이비 과학의 근거로 사용될 수 있다. 주요 게놈 연구자들은 이 점을 인정해왔으며, 고용과 건강보험, 생명보험과 신체장애보험에서 유전자상의 차별을 금지하는 입법 조치를 요구해왔다. 그러나 이것들이 우리가 관심을 가져야 하는 차별의 유일한 격투장은 아니다. 가장 중요한 것은 게놈에 관한 우리의 지식이 우리가 우리 삶의 가능성들을 바라보는 방식, 심지어는 우리의 친구들과 가족들이 우리를 바라보는 방식에 끼치게 될 영향들이

---

* 2000년 6월 26일 워싱턴에서의 발표.

다. 유전학자들은 게놈 암호를 이해한다면 분자 수준에서 우리의 삶을 이해하는 것도 가능하리라고 말해왔다. 그러나 우리는 분자나 원자 혹은 아(亞)원자 수준에서 살아가는 것이 아니라, 피와 살이 있는 완전한 몸을 가진 인간존재로서 살아간다. 인간을 유전자들의 집합으로 보는 이러한 환원주의적 시각이 바로 유전자주의의 핵심에 있다.

그 하나의 예로 이제는 사라진 인간 게놈 다양성 프로젝트를 들 수 있다. 이 프로젝트는, 종종 '사라지고 있는 세계의 부족들'로 칭해지는, 약 700개에 달하는 세계의 고립된 민족 집단들로부터 DNA 샘플들을 모으고자 노력했다. 이 프로젝트의 취지에서 보면, 그 집단의 사람들을 돕기 위해 실제로 어떤 행동을 하는 것보다 과학이 그들로부터 DNA를 수집할 수 있는 기회를 얻는 것이 더 중요했다. 전 세계에 있는 토착민은 몹시 완강하게 이 프로젝트를 거부했고, 그들의 인권이 미덥지 않고 환원주의적인 이 프로젝트보다 상위에 놓여야 한다고 주장했다.

"우리들은 모두 피부 밑으로는 아프리카인이다"라는 것은 사실이다. 그러나 만일 우리가 우리의 DNA 중 차이를 만들어내는 0.1퍼센트 내에서 유전적 차이들을 찾아내려고 마음먹는다면, 우리가 그것들을 발견할 수 있으며, 우리들 서로에 대해서 그런 차이들을 이용할 것이라는 점 또한 사실이다. 철학자 에릭 유엥스트Eric Juengst는 이 점을 잘 지적했다. "우리가 서로 연결되어 있다는 사실을 보여주기 위한 인구 유전체학의 잠재력이 아무리 대단하다고 하더라도, 그것이 우리의 차이들을 기술하는 데에서부터 출발한다면, 그것은 불가피하게 과학적 쐐기를 생산하여 이미 우리를 갈라놓고 있는 사회적 균열 안에 박아 넣게 될 것이다."

피부색의 차이를 분자적 차이로 대체함으로써 인종주의가 남긴 자리를 유전자주의가 이어받는 것을 막는 일은 쉽지 않으리라. 그럼에도 불구하고 다음의 두 개 조치는 반드시 취해져야 할 것으로 여겨진다. 우선 유전자 프라이버시genetic privacy는 반드시 보호되어야 한다. 어느 누구의 유전자도 권한 부여를 명시하지 않고서는 분석될 수 없다. 물론 어떤 '유전자 신분증'도 허용되어서는 안 된다. 두번째로, '인종들' 간의 유전자 차이들을 파악하는 것을 취지로 하는 사이비 과학적 프로젝트는 거부되어야 한다.

유전학적 종족 말살이라는 미래의 가능성

차이들을 찾아내기 위해 게놈들을 선별해내는 것은 더 많은 차별의 여지를 만들어낸다. 유전공학에 의한 '더 나은 인간' 만들기를 시도하기 위해 새로운 유전학을 이용하는 것은 차별을 넘어 제거로까지 치달을 수 있는데, 이는 유전학적 종족 말살의 가능성을 제기한다. 이 선동적인 언어는 정당화되는가?

유전공학의 프로젝트는, 간단하게는 클로닝으로 알려져 있는, 체세포 핵 전이를 통한 인간의 유전자 복제에서부터 출발할 것이다. 실존하는 한 인간의 유전자 복제물이 되는 아이를 창조하기 위한 클로닝 작업은 복제아clone child의 개성과 자유를 훼손하고, 동시에 그 아이를 우리 자신의 의지와 과학기술의 생산물로 만듦으로써 인간의 존엄성을 우롱한다. 물론 당장의 위험은 다음과 같다. 즉, 생산물이라는 점에서 복제된 아이들의 인권이 의문시될 것이며, 원본의 복제물이라는 점에서 이 아이들은 어쩔 수 없이 이류의 시민으로 취급받고 그들 스스로도 그렇게 처신할 것이다.

그럼에도 불구하고 클로닝은 유전공학 프로젝트의 시작에 불과하다. 다음의 단계들은 유전병을 '치료'하거나 '예방'하려는 시도, 그다음에는 초인이나 다음-인간을 창조하여 유전적 특성을 '개선'하거나 '향상'시키려는 시도들을 포함하고 있다.

유전학적 종족 말살이라는 전망을 가장 개연성 높은 귀결로 낳게 되는 것이 바로 이 프로젝트이다. 그 까닭은 인류의 역사를 돌이켜보건대, 우리가 다음-인간들이 우리와 동등한 권리와 존엄성을 지니고 있다고 보거나 또는 다음-인간들이 우리를 그들과 동등한 사람으로 볼 가능성이 극도로 희박하기 때문이다. 대신에 우리가 그들을 위협적인 자들로 여겨서, 그들이 우리를 죽이기 전에 가두거나 아니면 그냥 먼저 그들을 죽이려고 할 가능성이 가장 크다. 아니면 반대로, 다음-인간이 우리(보통의 흔한 인간)를 노예로 삼거나 우선적으로 대량학살되어야 할 인권이 없는 열등한 하위 종으로 여기게 될 수도 있다.

내가 '유전학적 종족 말살'이라고 이름 붙인 바 있는, 유전자 차이에 근거한 종족 말살의 가능성, 이것이 바로 종을 개조하는species-altering 유전공학을 잠재적인 대량학살 무기로 만들고, 책임 없는 유전공학자를 잠재적인 생물학적 테러리스트로 만든다. 조금은 과장된 것처럼 보일 수 있다. 그러나 르완다에서의 종족 말살을 막기 위해 미국이 조치를 취하지 못한 사실에 대한 분석이 보여주듯, 행위를 하지 못한다는 것이 반드시 사실을 알지 못했기 때문은 아니다. "종족 말살을 충분히 인식하지 못하는 어떤 경우도 정치적·도덕적·상상적 결함들에서 기인하지, 정보의 결함들에서 기인하지는 않는다." 새로운 유전학의 희망적인 측면은 유전학이 우리를 새롭게 그리고 좀 더 근본적으로 이해하는 데 견인차의 역할을 할 수 있다는 점, 그리고 바클라브 하벨 Vaclave Havel이 우리의 '종적 의식'이라고 말한 바 있는 것을 형성하도록 도울 수 있다는 점에 있다. 우리는 이 종적 수준의 의식을 통해 우리의 유전과학에서 일어날 수 있는 결과들을 생각해보고, 예견 가능한 재앙을 막기 위해 효과적인 조치를 취할 수 있을 것이다.

무엇을 해야 하는가?

새로운 유전학의 잠재적인 폐해들로부터 우리를 보호하기 위해 생명 윤리가 요청되어왔다. 그러나 생명 윤리가 의사-환자의 관계라는 맥락에서 형성된 개인의 결정에 초점을 두고 있는 한, 생명 윤리는 종(種) 전체에 걸쳐 있는 문제들과 대결하는 데 도움을 줄 수 없다. 생명 윤리가 도울 수 있다고 하더라도, 잠재적으로 훨씬 더 효력을 갖는 기틀은 국제 인권이란 말과 그 실천이다. 나의 개인적 견해로는, 인간사회의 주변부에서 활동하는 이단 종파나 그 밖의 이들이 인간 복제를 하겠다고 위협하는 것은 세계에 어떤 계기를 마련해준다. 세계가 여태껏 극도로 어려웠거나 혹은 불가능했던 방식들로 예방적 조치를 취할 수 있는 계기 말이다.

특히, 유네스코의 인간 게놈과 인권에 관한 세계 선언, 그리고 전 세계 사람과 정부가 보여준 인간 복제 계획에 대한 압도적인 반발은 인간종의 보전에 관한 공식적인 조약의 체결로 이어질 수 있다. 나는 지금 이를 제안하는 것이 합당하고 책임 있는 일이라고 믿는다. 이 조약은 종 개조 기술과 종을 멸종 위기에 빠뜨리는 실험을 모두 금지해야 한다. 특히 인간존재가 지닌 유익한 근본적인 특성들에 대한 개조를 꾀하는 과학기술들을 금지해야 한다(이런 개조는 인간이 아이를 가질 수 있는 방법에 클로닝——무성 복제——을 추가함으로써 유성생식을 선택 가능한 것으로 만들고 그 결과 우리의 특성들도 선택 가능한 것이 되는 방식으로, 아니면 배아의 유전암호를 바꿈으로써 그 결과로 나온 아이가 인간의 아종이나 혹은 새로운 종의 일원으로 간주되게 하는 그런 방식으로 이루어질 수 있다). 종을 멸종 위기에 빠뜨리는 실험들이란 종 전체를 위험에 처하게 만드는 실험들이다. 이종 이식을 위해 돼지의 기관을 이용하려는 요즘 유행하는 기획들이 그런 실험들인데, 이 기획은 HIV*와 유사할 수 있는 새로운 치명적 인간형 바이러스를 생겨나게 할 위험이 있다.

이 조약은 또한 감시하고 검토할 수 있는 본부를 가진 민주적이고 책임 있는 시행 메커니즘을 내포하고 있어야 한다. 종을 개조시키거나 멸종시키는 범주 안에 있는 어떤 실험도 이 본부의 우선적인 조사 검열과 승인 없이는 합법적인 일이 될 수 없을 것이다. 과학자들과 기업들의 개입이 생명 종에게 해가 되기보다는 훨씬 유익할 것이라는 점을 그들 스스로 증명하도록 책임을 부과함으로써 이 조약은 종을 개조시키고 멸종 위기에 빠뜨리는 개입에 대해 환경운동의 사전주의 원칙 입장을 채택하게 될 것이다.

솔직히 우리에게는 과학이 자기 마음대로 우리를 이끌고 가도록 내맡겨두려는 경향이 있다. 그러나 과학은 우리의 삶을 더 나은 것으로

---

* (옮긴이 주) HIV: Human immunodeficiency virus(인류 면역결핍 바이러스). 가령 AIDS 바이러스가 있다.

만드는 측면과 종적 자멸의 위험을 높이는 측면 양쪽 모두에서 너무 강력해졌기 때문에, 우리는 인류의 구성원으로서 서로에 대해 지는 상호적 책임을 더 이상 방기할 수 없다.

결론

나딘 고디머는 남아프리카의 아파르트헤이트 이후에 관한 그녀의 기존 관념을 뒤흔드는 시사적 소설 『가정의 총』에서, (친구를 죽인 한 젊은이의 부모인) 해럴드Harold와 클로디아 린드가드Claudia Lindgard에 대해 다음과 같이 적고 있다.

린드가드는 인종주의자가 아니다. 만일 인종주의자가 다른 색의 피부에 대해 극도의 혐오감을 가지며, 피부색이나 종교, 국적이 당신과 다른 사람들은 모두 지적으로 그리고 도덕적으로 열등하다고 믿거나 믿고자 하는 사람을 의미하는 것이라면 말이다. 물론 의사인 클로디아는 피부 아래에서는 살과 피, 그리고 고통이 모두 같다는 것을 명확하게 알고 있었다. 해럴드 역시 자신의 신앙을 통해 모든 인간은 그리스도를 닮은 신의 피조물이며, 누구도 다른 이보다 위에 있지 않다는 것을 명확히 알고 있었다. 그러나 그 둘 중 아무도 운동에 참여하거나, 항의하거나, 공개된 시위에서 행진을 하거나, 이러한 신념을 지키기 위해 의견을 털어놓은 적이 없었다. 그들은 단순히 자신들이 그런 종류의 사람이 아니라고 생각했다. 마치 그것이 실패한 용기의 문제가 아니라, 혈액형과 같이 변경할 수 없이 결정된 문제인 듯 말이다.*

아파르트헤이트를 극복하기 위해서는 직접적인 행동이 취해져야 한다. 비록 린드가드 집안의 사람들은 행위의 유전적 결정주의를 믿는 것 같지만, 당면해 있거나 임박할 우려가 있는 인권유린 앞에서 아무런 행위를 취하지 않도록 유전암호화되어 있거나, 그런 행위를 변명해 줄 어떤 유전자(혹은 혈액형 특성)도 없다. 유전자주의에 직면하여 행위를 하지 않는다는 것은 선택 사항이 아니다. 우리는 다 함께 유전자 프라이버시를 촉진하고, 인간에 대한 클로닝과 유전공학을 막아야 하며, 존엄과 평등에 근거해 있는 보편적 인권을 촉진하고 보호해야 한다.

종적인 차원에서의 행동이 없다면, 유전자주의는 지구상의 가장 파괴적인 병폐로서 인종주의를 무색하게 만들 것이다. 우리는 모두 아프리카인이다. 우리는 모두 인간이다.

---

* 나딘 고디머Nadine Gordimer, 『가정의 총*The House Gun*』, Rockland: Compass Press, 1998.

게놈, 생물학, 그리고 인종주의

악셀 칸

2001년 2월 12일, 세계의 주요 과학 잡지 중 양대 산맥인 『네이처 *Nature*』와 『사이언스 *Science*』가 동시에 인간 게놈 배열에 관한 두 판본을 출간했다. 하나는 여러 나라의 여러 대학 실험실의 공동 작업 결과 얻어진 것이고, 다른 하나는 셀러라 제노믹스Celera Genomics*라는 미국의 사적(私的) 단체의 노력의 산물이었다. 이렇게 해서 우리는 인간은 약 3만 5,000개의 유전자를 지니고 있으며, 이 사람과 저 사람의 차이는 아주 작다는 것을 알게 되었다. 유전학의 알파벳은 각각의 부모에게서 물려받아 32억 개의 기호 연쇄를 형성하는 A, C, G, T, 네 개의 문자로 구성된다. 더군다나 유전자 수준에서의 이 문자의 연쇄는 아프리카, 아시아, 또는 유럽 출신 어디의 남성들과 여성들 사이에서도, 1만 개의 유전자 연쇄당 단 한 번의 차이만을 가진다. 세계 곳곳에서 논평

---

* '21세기의 대화'의 19번째 회기인 2001년 9월 3일 (남아프리카의) 두반에서 소개된 이 보고서는 2001년 9월 4일 『르몽드 *Le Monde*』지에 발표되었다.

자들은 인간과 같은 경이로운 존재가, 단지 다른 포유류 정도의, 초파리와 같은 곤충들보다 단지 두 배 많을 뿐이고, 유충보다는 세 배 많으며, 밀, 튤립과 같은 식물들보다는 적은, 아주 작은 수의 유전자들로부터 탄생할 수 있다는 것에 대해 놀라워하고 있다. 서로 수천 킬로미터나 떨어져 있는 지역에서 태어나, 다른 민족적 배경을 가진 사람들의 게놈 사이에 아주 큰 유사성이 있다는 것은 안심이 되는 사실이다. 왜냐하면 그것이 바로, 주장된 바대로, 인종들은 존재하지 않는다는 것, 그러므로 인종주의는 더 이상 어떤 가능한 정당화도 가질 수 없다는 것, 인종주의는 우리가 바라듯, 곧 사라져야만 한다는 증거이기 때문이다.

아! 그런데 슬프게도 나는 무지 때문에, 또는 이데올로기적 전제들의 영향 때문에 문제를 너무 순식간에 해결해버린 것은 아닐지 두렵다. 무엇보다도 먼저 유전자의 역할로 되돌아갈 필요가 있다. 분명, 각각의 물리적 혹은 정신적 특성, 천부적 재능, 행동의 특성에 해당하는 단 하나의 유전자는 존재하지 않는다. 그렇지 않다면, 인간처럼 발달한 인식 능력을 가진 존재는 반드시 다른 보통의 동물들보다 훨씬 많은 수의 유전자를 가지고 있어야 했을 것이다. 실제로 유전자의 작용 방식, 즉 유전자가 생물들의 고유한 속성들에 영향을 미치는 메커니즘은 단어들의 조합이 구나 텍스트에 의미를 부여하는 방식처럼 조합에 의한 것이다. 그런데 글이 지닌 문학적 특질을 형성하는 것이 사용된 단어들의 수가 아니듯, 마찬가지로 인간이 지니고 있는 잠재성의 범위를 설명해주는 것은 유전자들의 수가 아니다. 여기에서 나는 일부러 잠재성이란 말을 사용했는데, 왜냐하면 유전자 조합은 단지 한 인간이 그와 닮은 존재들의 공동체와 접촉하면서 교육될 수 있을 가능성만을 좌우할 뿐이기 때문이다. 고립된 채 동물에 의해 길러진 어린 소년은 역사에 기록된 수많은 예가 보여주듯, 인간 종이 지닌 정신적인 특성의 능력들을 배울 수 없는 야만적인 아이들 쪽으로 진화해갈 것이다. 98.4퍼센트나 동일한 유전자를 소유하고 있음에도 불구하고 외양이나 능력들에서 확연히 구별되는 인간과 침팬지의 예가 증명하는 것처럼, 유전자들의 조합이 만들어내는 결과는 아주 작은 유전적인 차이들이 존재들에게는 엄청난 결과를 가져다줄 수 있다는 것을 설명해준다.

유전자가 직접적으로 개인과 인간사회의 특질들과 행동들을 결정한다는 '유전자 전체주의'의 이데올로기가 만연해 있다. 이와 같은 이데올로기는 인간이 겨우 당나귀나 소 정도의 유전자를 가지고 있다거나, 심지어 두꺼비보다 훨씬 적은 유전자를 지니고 있다는 소식을 접했을 때, 많은 사람이 의아해하며 놀랐던 직접적인 원인이다. 지능이나 호전성, 또는 그 밖의 심리적 특징을 지배하는 유전자들을 발견했다는 선정적이지만 거의 비과학적인 발표들 배후에서 우리가 만나게 되는 것은 여전히 이런 유형의 편견이다. 이와 같은 결정론적 이데올로기의 존속과 인종주의는 분명 관계가 있다. 가령 지능과 연관된 염색체상의 특정 부위가 추적되었고, 이러한 부위는 민족에 따라 다양한 형태를 띤다고 동시에 발표된다면, 이런 발표가 유전자의 절대적인 힘을 믿을 준비가 되어 있는 사람들에게 끼칠 폐해를 상상하는 것은 어렵지 않다. 게놈 연구를 통해 확인된 바 있는 전 세계 인간이 지닌 커다란 유전적 동질성은 유감스럽게도 이렇듯 인종주의로 탈선해버린 생물학의 위협을 쫓기에는 충분하지 않다. 여기에는 두 종류의 이유가 있다.

우선 유전자는 본래 조합을 통해서 발현한다는 사실은 매우 가벼운 차이일지라도 그 차이가 생물체들에게는 중대한 결과들을 가져올 수 있다는 것을 의미한다. 다른 한편 생물학적 차원, 유전학적 차원에서 인종이 존재하지 않으므로 인종주의가 부당하다고 주장하는 것은, 만일 인종이 존재한다면, 결국 인종주의가 받아들여질 수 있다고 인정하는 셈이 된다. 그런데 거기〔생물학, 유전학의 차원〕에는 인종주의의 기원이 될 만한 것도, 반인종주의를 정당화해줄 만한 것도 전혀 없다. 물론 우리가 다른 구별되는 동물 종들에 대해 말할 때의 의미에서 인종이란 존재하지 않는다. 여기에서 어떤 한 종의 동물들이 지니는 모습은 다른 어떤 종과 혼동되지 않으면서 상대적으로 동질적이다. 셰퍼드와 푸들, 수레를 끄는 무거운 말과 재빠른 순종 말을 생각해보자. 이 경우 동질성은 인위적으로 사육자에 의해 유지된다. 인종의 경우 역시 유형들의 가변성이 상당히 큰 편이지만, 이 가변성은 실제로 민족들 간의 끊임없는 교잡(交雜)을 통해 연속적인 것이 된다. 사실 모든 인간은 그들의 공통된 조상이 생명 진화의 관점에서 볼 때 얼마 되지 않았다는 점에서 유전적으로 매우 큰 동질성을 지닌다. 인류의 공통 조상이 아프리카에서 살았던 것은 기껏해야 20만 년 전이다. 일군의 사람들이 약 7만 년 전 아프리카를 떠나면서 모든 대륙에 인류가 정착하기 시작한 것 같다. 인종차별적인 편견에서 매우 중요한 역할을 하는 피부색은 유전적인 분기 현상을 반영한다기보다는, 남극에서 적도를 향해 갈수록 점진적으로 피부가 갈색으로 변하는 현상을 반영할 뿐이다. 다른 두 민족 집단 사이에서보다—심지어 스칸디나비아인들과 멜라네시아인들처럼 외관상 서로 닮지 않은 두 민족을 비교한다고 할지라도—평균적으로 특정한 어느 한 민족의 개인들 사이에서 유전적 다양성이 더 크다.

이 같은 과학적인 증명은 필수불가결한 것이기는 해도 불충분할 것일 수 있다. 첫째, 이러한 증명은 거리에서 황인종, 백인종, 흑인종, 갈색 피부의 지중해 사람들과 금발의 스칸디나비아 사람들을 알아보는 데 아무런 어려움이 없는 평범한 사람들의 체험에는 거의 영향을 끼치지 않기 때문이다. 둘째, 이러한 증명은, 가령 종종 대도시의 혜택을 받지 못한 인구 집단에 존재하는 불만 및 빈곤과 관련된 사회적·경제적 측면에서의 인종주의가 왜 매우 빈번하게 발생하는지를 고려하지 않기 때문이다. 셋째로 가장 중요한 이유는 현실의 인종들과 인종주의 사이에는 역설적이게도 거의 아무런 관계가 없다는 것이다. 사실 누구나 관찰할 수 있겠지만, 최악의 극단적 인종주의들은 인종이 존재하지 않는다는 것을 그대로 받아들이고 있다. 옛 유고슬라비아에서 남슬라브인들은 인종차별의 형태를 띤 가장 끔찍한 일들을 [서로에게] 자행하면서 그들끼리 대립하게 되었는데, 그중 일부(크로아티아인)는 가톨릭으로 개종한 이들이고, 다른 일부(보스니아인)는 이슬람으로, 그 나머지(세르비아인)는 동방정교로 개종한 이들이었다. 내가 생각하기에는 이와 동일한 수많은 예를 아시아나 아프리카에서도 쉽게 찾아볼 수 있을 것이다. 근래에 있었던 인종주의에 관한 담화에서 양립할 수 없거나 불평등하다고 밝혀진 것은 종종 더 이상 인종들이 아니다. 그것들은 관습이거나 종교, 문명이다. 여기서 언급되는 것은 문화적 충격이다. 거부되는 것은 더 이상 흑인이거나 백인, 황인과 같은 차이가 아니다. 문제는 말하자면 식사 준비와 냄새, 종교 의식, 억양, 타인의 관습들이다.

종종 경제 세계화를 동반하는 증가하는 문화적 획일화의 압박과 서구적인 표준의 강요는 그 반작용으로, 공동체로 후퇴하려는 경향을 불러일으킨다. 이 경향은 우리로 하여금 소외와 자신의 뿌리 상실이라는 이중적인 위협을 느끼게 하는 거만하고 부유한 문명에 맞서는 방어적인 반사 작용과 관련 있다. 때때로 소수 집단들의 정체성 주장, 다수 집단에서 비롯된 불관용 또는 때로는 더 나쁜 것인 멸시, 무관심이 서로 뒤섞인 결과는 우리를 사실상의 문화적 **아파르트헤이트**로 이끈다. 그런데 이러한 배타적 공동체주의 형태로 드러나는 그런 경향은 나에게는 비인간적인 것으로 보인다. 실제로 문명과 문명들의 진화를 특징 짓는 것은 바로 문화적 교류이기 때문이다. 페니키아인들은 그렇게 히타이트인들과 수메르인들, 아시리아인들, 또 이집트, 그리스와 교류했던 바빌로니아인들의 영향을 받았다. 에트루리아인들은 그리스와 페니키아의 예술과 기술을 공급받아 로마 문화의 기원이 되었다. 이 로마 문화는 콘스탄티노플에서 그리스 문명을 통해 개조되었으며, 그 후 많은 동양적인 요소를 통합했다.

인간사회의 역동성은 언제나 문화적인 교류와 차용을 통한 것이었다. 이 문화적 교류와 차용은 지배적인 한 문화에 의해 강제되는 획일화에 대립하여, 다양성을 창조하고 인간 정신의 발전을 위한 새로운 공간을 연다. 현대 동양 예술의 급부상 속에서 아프리카의 음악, 춤과 조각이 맡았던 역할은 이러한 과정을 설득력 있게 보여주고 있다. 반대로 동물 종들은 결코 그들의 습성을 교환하지 않는다. 그들은 자신의 행태적 특수성들을 간직하는데, 이 특수성들은 본질적으로는 오직 유전적이거나 생태적인 변이의 영향을 통해서만 진화한다.

인간의 다양성은 그러므로 그 다양성이 교류와 결합되어 있을 때에만 서로를 풍요롭게 하는 원동력일 수 있다. 획일화는 자폐와 똑같은 결과를 초래한다. 이 두 경우, 대화는 비생산적이며, 문명은 쇠퇴한다.

결국 현대의 생물학과 유전학은 인종차별적 편견들을 어떤 점에서도 확증해주지 않는다. 그리고 분명 과학에게는 이런 인종차별적 편견들을 구원하기 위해 여전히 너무 자주 나타나는 생물학적 테제들을 거부해야 할 책임이 있다. 이것은 상대적으로 쉬운 일이지만, 확실히 불충분하다. 인종주의가 번성하기 위해 인종들이 생물학적으로 실재할 필요는 없다는 것은 너무도 분명하기 때문이다. 반대로 반인종주의적인 참여의 기초를 과학에서 찾으려는 바람도 오해일 것이다. 왜냐하면 인간의 존엄성에 관한 과학적 정의는 존재하지 않기 때문이다. 그것은 철학적인 개념의 문제이다. 마찬가지로 반인종차별 투쟁, 모든 인간에게 그들의 다양성을 넘어서 평등한 존엄성이 있음을 인정하기 위한 투쟁은 무엇보다도 도덕적인 성질의 것, 어떤 심오한 확신의 반영인데, 이 확신은 분명 과학자의 배타적 전유물이 결코 아니다.

상상적 실천으로서의 인종주의

아킬레 음벰베

다양한 분야에서 지식이 진보해왔음에도 불구하고, 인간 종이 근본적으로는 하나라는 주제는 그 실천에서는, 특히 상상적 영역에서는 여전히 많은 논란의 소지가 있다. 인종주의와 관련하여 검토해봐야 하는 것은 실천과 상상의 구분이다. 인종차별적인 상상 그 자체가 본래 사회적·문화적인 실천을 이루기 때문이다. 이것이 바로 여전히 존속하는 인종주의자의 편견들, 더 나아가 세계의 거의 모든 곳에서 새롭게 출현하고 있는 인종주의를 설명해준다. 여기에는 문화적 동질성이란 특징을 가지고 이민의 압박에 거의 노출되지 않는 듯 보이는 사회도 포함되어 있다.

대상 없는 편견?

　엄밀히 말하면 인종이 전혀 존재하지 않는 것인데도 인종주의는 여전히 존속한다는 사실을 달리 설명할 수 있는 사람은 사실상 없을 것이다. 실제로 '인종'이 전혀 존재하지 않는 것이라면, 도대체 인종주의의 대상은 무엇이란 말인가? 속성상 텅 빈 것에 기초하게 될 이 편견의 본성은 무엇인가? 그리고 무엇이 이 텅 빈 것의 원동력이 될 것인가?

　사실 존재하지 않는 어떤 것이 존재한다고 믿는 한, 인종주의자들은 그저 자신의 무지에 대해 무지한 자들일 수도 있다. 이 경우 인종주의는 어떤 믿음의 결과일 것이고, 이 믿음을 실천하는 자들은 그 믿음의 합리적 토대 자체가 부재한다는 사실을 모른다. 실제의 경우가 이와 같다면, 이 경우 지식은 혼자의 힘만으로 인종주의를 완전히 해소할 수 없다. 믿음과 지식은 가치 형성과 사실 판단이라는 구별되는 두 양상을 띠는 것이므로, 믿음에 대한 최선의 비판이 이성일지는 확실치 않다. 이성과 믿음은 진리에 대해 대립되는 두 정의에 기초하고 있다. 과학적 진리는 믿음에 의한 진리를 뒤흔들기에는 충분하지 않다. 그러므로 학식과 지식이 반드시 인종주의를 치료하는 것은 아니다.

　따라서 자리를 옮겨서 인종주의를 순수 사회학적인 개념(즉 학식과 이성이 치료할 수 있는 단순한 편견)으로 파악하는 대신, 인종차별적 편견을 심리적 경제의 성질을 가진 것으로 고려할 필요가 있다. 이 심리적 경제를 결정하는 요인들과 그것의 주요한 지표들은 계몽주의가 세운 합리적인 것과 상상적인 것을 가르는 구분선을 넘어서 있다. 인종주의의 힘은 그것이 이성과 비합리적인 것, 상상적인 것을 아주 독특한 방식으로 연결한다는 데 있음을 우리는 이렇게 해서 발견하게 된다.

이 독특한 접합은 우연한 사태 주변에서 또는, 말하자면 근본적으로 임의적 것인 신체의 주변에서, 역시 본래 임의적인 것인 피부색을 매개로 이루어진다. 인종주의는 이 임의성을 가장 깊이 감추어져 있고 종종 가장 수치스러운 공포와 욕망, 충동들의 집합소로 변형시키고, 더 나아가 심리적 차원의 구조로 변형시킨다. 이 심리적 구조는 이런 것들만을 원동력으로 삼으면서 객관성을 벗어나게 되고, 누구도 처음부터 끝까지 통제할 수 없는 무의식적이거나 의식적인 무수한 의미들을 낳는 문을 열어젖힌다. 왜냐하면 정확히 말해 이 심리적 구조는 이제부터 속성상 상상의 영역과 상상의 작업에 속하기 때문이다.

인종주의의 이 심리적 차원이 인정된다고 하더라도, 아직도 현대 세계에서 인종주의의 재생산에 기여하고 있는 고유한 사회학적인 요인들을 간과해서는 안 될 것이다. 실제로 지난 수십 년 동안 상당히 많은 역설이 지구적 차원에서 인종차별적인 상상의 수문을 다시 여는 결과를 낳았기 때문이다.

아마도 가장 중요한 것은 사람들, 재화들, 기호들의 일반화된 이동 (이것이 세계화라고 불리는데, 인도의 인류학자 아르준 아파두라이는 이 세계화의 문화적 차원을 아주 잘 연구했다)이 만들어낸 역설이다. 이 이동의 이면, 그것은 문화적·정치적·정체성의 기획들의 증식인데, 이런 기획들은 차이들의 재창조 안에 토대해 있다. 하지만 그뿐 아니라 이 이동의 이면은 또한 불필요하다고 간주되는 인구 집단을 통제하고, 조절하고, 정체시키며, 심지어 일부의 경우에서는 해체하는 것을 겨냥한 미시적 차원에서의 실천과 정책들의 증식이기도 하다.

'세계화'는 세계적인 수준에서 사람과 시장 재화의 가속화된 이동,

이미지들의 재빠른 순환, 어떤 유동적 세계의 출현으로 표현된다. 이 세계는, 비록 어떤 특정의 장소에서 기원한 것일지라도, 거의 언제나 각 지역에 맞추어 재전유되는 과정을 겪는다. 세계화는 우리가 이동성의 역사라고 부를 수 있을 것의 새로운 국면을 열었다.

이 국면이 펼쳐지는 배경은 탈영토화/재영토화라는 이중적인 과정의 특징을 띠고 있다. 이 이중적인 과정은 생산과 소비란 두 극 사이에서, 그 기능이 끊임없이 복합화되고 있는 도시-세계와 그것의 지역 환경 사이에서 새로운 조합들을 만들어낸다. 탈영토화의 역동성이 갖는 본질적인 양상 중의 하나는 거대도시의 출현이다. 분산적이고 범세계적인 진정한 문화 형성을 의미하는 이 거대도시는 그 존재만으로도, 종종 고전적인 민족-국가 개념과 모순을 일으킨다.

이 이중적 과정과 연결된 새로운 인종주의의 형태들은 다음의 세 현상들과 관련되어 있다. 첫번째 현상은 한편으로는 사람들의 권리와, 다른 한편으로는 시장 상품과 재화들의 사이에서 첨예화되고 있는 대립과 관련 있다. 규제 완화 덕분에, 금융자본 흐름에 영향을 미치는 이동들은 거의 자유롭다. 비록 자본이 거의 늘 같은 방향을 취하고, 이런 이동들은 세계의 모든 지역을 끊임없이 지나가는 것으로 나타나지만 말이다. 반대로 사람들의 왕래는 엄격하게 규제받고 있다.

두번째는 이주 현상이다. 이주는 다양한 형태를 띤다. 국제 이민에 대한 규제가 엄격하고, 또 국제 이민을 제한하고 저지하기 위해 더욱 가혹한 정책들이 마련되고 있다는 점을 감안해보건대, 은밀하고 불법적인 이민은 이제 세계화를 구성하는 한 부분이 되어버렸다. 사람들(어린 아이들이건, 여성들이건, 불법 노동자들이건)의 암거래 또한 지구촌 경제의 일부가 되면서, 지구촌 경제의 내부도 점점 더 은밀한 것이

되어가고 있다. 그런 반면 외국에 있는 이주자들로 인해 시민과 외국인, 토착민과 이민족 간의 관계가 첨예하게 문제시된다.

토착민과 이민족들 사이의 투쟁에서 쟁점 사항 중의 하나는 종종 자원에 대한 접근 가능성과 관련되어 있다. 국가든 더 한정된 공동체이든 간에, 어떤 명확하게 규정된 집단에 소속되어 있는 경우에만 자원에 대한 접근이 가능할 때, 이 투쟁은 더욱 고조된다. 접근과 재산, 소속을 긴밀하게 묶으려는 술책은 개인의 출신이 어떠하든 오직 노동 능력을 통해 번 것들만으로 살아갈 수 있는 가능성을 부인하는 결과를 가져온다. 이런 술책은 또 사회적 행위자로 하여금 이 소속의 징표들을 만들어내고, 이런 징표들이 전혀 자명하지 않은 지점에서까지도 배제의 징표들을 창안하도록 만들면서, 소속과 배제의 논리에 우선권을 두게 된다.

이렇게 해서 1980년대 초부터, 우리는 정치적 수준에서 이민 의욕을 그 자체로 꺾을 뿐만 아니라, 말 그대로 요새화된 몇몇 지역으로 사람들이 이동하는 것을 막기 위한 입법 추진을 보아왔다. 이러한 진전을 가장 잘 보여주는 것이 비자visa 정책이다. 특정 국가들을 대상으로 하고, 다양한 형태로 범주화한 덕택에 이 정책은 전적으로 합법적인 견지에서 세계의 인종 지도와 거의 대부분 일치하는 이동 지도를 다시 그렸다.

우리가 세계화라고 부르는 것은, 이렇게 외부를 향해 실행된 감시 기술에 힘입어, 국경의 입구를 봉쇄하고, 새로운 벽을 세우고, 종종 이동성의 훌륭한 상징인 공항 한가운데에 출입 금지와 압류 지역을 설치하는 일과 나란히 가고 있다. 내부적으로는 '불법 노동자' '범법자' 혹은 '신분증 없는 불법 체류자'에 대한 규정들의 복잡성에 주목하는 것만으로도 충분하다. 미로와도 같은 행정절차 때문에, 외국인들은 사실상 점점 더 대대적으로 추방당하고 있으며, 외국인의 생활은 불안정해지고 있다. 그 결과, 민주주의적 이상에 새겨져 있는 보편성의 약속은 이와 같은 민족-국가 형태의 규제로 인해 곤경에 처해 있다. 세계화가 반드시 보편적 시민권의 획득으로 이어지는 것은 아니다. 이러한 관점에서, 자유롭게 왕래할 수 있는 권리는 진정한 세계주의적 세계의 조건으로 남아 있다.

세번째 현상은 전쟁인데, 이것은 (적어도 이론상으로는) 예외적 상황이지만, 불행히도 (적어도 세계의 일부 지역에서는) 점점 통상적인 것이 되고, 일상의 논리 속에 포함되어가고 있다. 점점 전쟁과 가난은 서로 짝을 이루며, 극단적인 폭력의 두 형태가 되고 있다. 여기에서, 현대의 전쟁이 지닌 두 모습을 구분하는 편이 유용할 수 있겠다. 이 두 모습은 전적으로 (가장 광범위하게 받아들여지고 있는 의미에서) '인종'이란 문제의 틀, 또는 더 일반적으로는 차이라는 문제 틀과 결합되어 있다.

우선 적을 파괴하는 것을 목적으로 하는 일반적 현상으로서의 전쟁이 있다. 이 파괴는 무엇보다도 물리적인 것이어서, 적의 신체, 적의 재산과 기반 시설, 적의 부를 독점하거나 더 간단하게는 적의 영토를 점령하지 않고 적을 불능의 상태로 만드는 것을 목적으로 한다. 그런데 특히 아프리카—이 또한 서양이 아닌 다른 지역에서 일어난 경우지만—에서 전혀 새로운 형태를 갖춘 전쟁이 등장했다.

아주 드문 경우를 제외하면, 이러한 전쟁들의 대부분은 더 이상 압제로부터의 해방(예를 들면 식민지 해방전쟁의 경우가 그랬다)을 기도하는 것이 아니다. 이 전쟁들은 더 이상 조직된 군대를 다른 군대에 맞서게 하지 않는다. 매우 자주, 이 전쟁들은 무장한 사람들과 무장을 전혀

하지 않은 사람들을 맞서게 한다. 그래서 이 경우 민간인 상태와 전쟁 상태의 구분은 깨지기 쉽다.

현재 전쟁의 중심에 있는 방정식은 자원과 생명의 관계가 갖는 방정식이다. 문제가 되고 있는 것은 바로 약탈관계의 전쟁인데, 여기에서는 자연 자원——특히 광물——의 물질성과 인체의 물질성이라는 두 가지 유형의 물질성이 대립한다. 물리적 소멸(종족 말살)을 겨냥한 전쟁을 제외한다면, 이러한 전쟁들의 대부분은 타인들의 신체를 표적으로 삼아 그를 훼손하거나 불구로 만들려고 한다. 그 결과 전쟁은 희생이 었다고 판단하는 어떤 **권리침해**injuria(피해)에 대한 보상을 얻을 목적으로 일어나는 것이 아니게 된다.* 전쟁은 더 이상 정치단체들 사이에서는 일어나지 않는다. 인간과 인간의 관계가 인간과 사물이 맺는 관계(이것이 인종주의의 정의 자체이다)와 동일한 것인 한, 이제 전쟁과 종족 말살의 계기가 되는 것은 인간과 인간이 맺는 관계이다.

이렇게 해서 우리는 새로운 형태의 인종주의가 어떻게 이전의 인종주의와 마찬가지로 인간의 신체를 계속해서 담화의 대상으로, 공격 표적으로 삼는지를 알 수 있다. 왜 타인의 신체에 이 특권적인 지위가 부여되는가?

왜냐하면 대체로 가장 직접적이며, 가시적이고, 물질적인 것은 타인의 신체, 특히 타인의 피부색이기 때문이다. 타인의 피부색이 우리 앞에, 우리와 같은 공간을 차지하며 거기에 있는 한, 사람들은 이 현실에 대해 그것이 결코 허구에 속하지 않는다고 말할 수 있다. 이러한 직접

---

* (옮긴이 주) 즉, 과거에 약탈관계의 전쟁이 자연 자원을 대상으로 한 것이었다면, 현재의 전쟁에서는 신체라는 물질을 대상으로 한다는 점에서 변화했고, 신체가 자원의 자리에 있게 되었다는 의미이다.

성과 인접성은 부인할 수 없다. 신체는 해부학적인 구조를 가진다. 우리는 그것을 보고 만질 수 있으며, 느낄 수 있고, 구체적으로 상처를 입힐 수도 있다. 이런 의미에서, 신체는 모든 인종주의가 적대적으로 맞서 있는 수수께끼 혹은 벽이다.

새로운 유전자 혁명을 수단 삼아 인간 유기체가 점점 더 투명해지면 투명해질수록, 타인의 신체에 관한 상상은 한층 더 깊은 불투명함 속으로 빠져들 것이라고 예상할 수 있다. 그러니까 이 신체는, 아마도 지금까지보다 훨씬 더, 역설적으로 과학의 진보만이 결집시킬 수 있는 원초적 공포와 미신의 집합소가 될 것이다.

마지막으로, 인종주의라고 불리는 것의 대상과 목표는 거의 대부분 인간의 생명이다. 우리는 인종주의를 어떤 명제에 대한 능동적이고 실천적인, 그리고 상상적인 의심이라고 정의할 수 있는데, 그 명제에 따르면, 모든 인간의 생명은 그 자체로 그리고 다른 것과 비교해서도 우열이 없고, 동일한 대가, 동일한 비중, 동일한 가치를 지니며, 그렇기 때문에 당연히 우리는 각각의 생명에 대해 동일한 빚을 지게 된다. 인간 각각의 생명에 관한 동등한 채무의 원칙에 등을 돌리고 있는 인종주의자는, 습관적으로 그리고 상상으로, 타인의 존재를 자신의 죽음을 내포하는 장애물로서 경험하는 사람이다.

차이의 이데올로기가 폐지하고자 애쓰는 것이 바로 이 모든 인간 생명에 관한 동등한 채무의 원리이다. 이것은 또한 전적으로 새로운 인간주의가 다시 주장해야 하는 원리이기도 하다. 과학은 물론 이 새로운 인간주의의 주장에 기여할 수 있을 것이다. 그러나 인종주의는 그 정의상 상상의 실천이기 때문에, 과학의 도움이 과대평가되어서는 안 될 것이다.

변화하는 인종주의의 얼굴

엘리키아 음보콜로

인종주의라는 복합적인 문제를 명확히 하기 위해 우리는 때로는 사회과학에, 때로는 다른 학문들에 호소했다. 또 과거와 미래를 차례로 검토하기도 했다. 마찬가지로 우리는 집단적인 상상과 일상적 삶이 지닌 물질적 양상들 사이에서, 심리학과 도덕적 문제들 사이에서 갈피를 못 잡았다. 새로운 형태의 인종주의와 관련하여 뒤따르는 비관론은 세 개의 큰 축을 지니는 듯 보인다.

무엇보다도 먼저, 우리가 깨달은 것은 여러 학문과 사회과학이 점진적으로 도달한 '계몽'에는 다수의 역설이 존재한다는 사실이다. 모든 연구가 인종주의와 인종이란 관념이 무효하다는 결론에 도달했음에도 불구하고, 인종주의에서 비롯된 편견들과 인종차별적인 행위들은 여전히 존속하고 있는 것처럼 보인다. 우리는 이러한 현상이 영속할 것이라는 느낌을 받으며, 유감스럽게도 최근 몇백 년 동안의 경험들은 실제로 그렇게 될 것이라고 생각하게 만든다.

두번째 역설은 이 세계에 존재하는 가능성들과 아직도 남아 있는 어려움들 사이에 존재한다. 전자의 가능성들은 분명 민족들을 조화로운 합의로 이끌 수 있을 테지만, 소외, 다수의 문화에 의한 지배, 자신의 모든 권리를 박탈당한 민족 집단과 소수 집단이 겪는 억압은 여전히 후자의 어려움들에 속해 있다.

세번째 역설은 세계화 과정과 그 과정이 초래하는 모든 것에 관련된다. 재화와 자본, 사상들의 자유로운 왕래는 강화되는 여권 발급 요건들, 국경 지대의 여러 제약과 모순된다. 이 세 가지 역설이 우리를 비관론자로 키우는 요인이 되고 있다.

게다가 우리가 과거 경험들로부터 교훈을 얻지 못한 것 같다는 점을 확인하는 것은 상당히 낙담스러운 일이다. 우리는 이제 막 지나온 두 세기 동안 인종차별 행위가 폭발적으로 증가하는 것을 목격했다. 우리가 그로부터 이끌어낸 지적 · 문화적 · 법리적 교훈들에도 불구하고, 우리는 언제나 낡은 혹은 새로운 형태의 인종주의를 재발견한다. 이전의 인종주의는 멀리 떨어진 곳에 사는 사람들을 대상으로 했고, 개인의 피부색과 경제적 상황이 그런 차별을 '정당화'해주었다. 새로운 인종주의의 형태는 발칸반도와 아프리카의 일부 지역에서 볼 수 있었던 것처럼, 지리적으로 더 가까운 사람들, 우리와 공존하고 있는 우리의 이웃을 대상으로 한다. 우리는 왜 과거의 가르침으로부터 아무것도 얻지 못하는가? 질문은 한편 다르게 표명될 수도 있다. 사회와 국가, 지식인과 행동가들은 그들이 이용할 수 있는 역사적 사실로부터 그들이 해야만 했던 모든 것을 끄집어냈는가?

내가 제시하는 종합적 관점의 세번째 부분 또한 어떤 비관론에 도달하게 만든다. 그것은 한편으로는 상상적인 것, 인종주의에 연결된 이데올로기와 담론들, 일상적인 폭력의 행사와, 다른 한편으로는 우리의 국가들이 몰두하는 정치적이고 경제적인 이해들, 커다란 쟁점들이 맺는 밀접한 관계에 관한 것이다.

　나는 인종주의의 오래된 형태들과 새로운 형태들을 다시 다루어보고 싶다. 멀리 떨어진 사람들을 목표로 삼는 인종주의, 또 이웃을 겨냥하는 인종주의가 그것이다. 아킬레 음벰베의 표현을 빌리면, 우리가 연구와 과학을 통해 발견해놓은 것들에도 불구하고, 어떻게 오늘날 인종주의가 확산될 수 있는가? 나는 우리가 하나의 상황을 다른 상황으로 바꾸어버린 것이라고 말하고 싶다. 우리는 이를 사회과학의 진화에서 볼 수 있으며, 또 대중매체나 몇몇 개인이 취하는 담론들 안에서도 볼 수 있다. 이 개인들은 전문가로 자처하거나, 멀리 떨어져 있는 집단에 대해 의견을 표명할 권리를 스스로에게 부여하는 사람들(대중매체, 개발 전문가들, NGO 단체들)이다.

　인종이란 개념의 생물학적 토대를 무효화한 이후, 우리는 문명을 무효화했다. 일부 단체들이 자신들의 이익이나 자산을 위해 이용하는 술수들을 볼 때면, 인종이란 관념이 하나의 문화적 개념이 되었다는 것을 알 수 있다. 이런 변화로 인해 어떤 새로우면서도 염려스러운 세태가 생겨난다. 사회과학의 견해에 따르면, 문화는 역사 속에 기록된 과정들이다. 그러나 일상적인 담론들——이것은 그에 수반되는 강한 신념들에 기대어 있다——에 따르면, 문화는 조직화된 국가와 정부로부터 나온다. 오늘날 문화는 개인이나 공동체에 결부된 어떤 선입견들의 집합체이다. 그 결과 망명 요청자나 불법 이주자들은 더 이상 개인적 정체성이 아니라 정부의 정체성, 즉 국가적 또는 민족적 정체성을 지닌다.

사회과학적 시각에 따르면, 문화는 언제나 참여적이고 개방적인 과정이었다. 문화는 교류를 유도한다. 그러나 오늘날의 담론에서는, 문화는 닫혀 있는 어떤 것, 다른 곳에서 기원한 것, 공간 속에서 분할된 어떤 장소가 되어버렸다. 사회과학을 통해 우리는 문화가 다양한 시간적 우주 속에서 수많은 접점을 지니고 있음을 증명하려고 시도했다. 이 접점들은 서로 다시 만날 수도, 나아가 상호 보충적인 것으로 드러날 수도 있다. 내적인 시간과 외적인 시간, 임박한 시간과 멀리 있는 시간, 연장된 시간과 단축된 시간이 있다. 그러나 다른 담론에 따르면 문화는 1차원적인 것, 반복되고 순환되는 것이다.

또한 우리는 문화가 다양한 투쟁들로부터 나온 공간들, 장소들, 산물들의 총체라고 주장했었다. 그런데 현재의 담론에서, 문화는 정신적 유산의 한 요소나 개방성이라기보다는 하나의 제약이 되어버렸다. 과거에 인종이 차이를 증명하는 데 이용되었던 것과 마찬가지로, 문화는 현재 타자들—가령 아시아인과 아프리카인—이 다르다는 것을 증명하는 데 이용되고 있다. 이 비주류 인구에 대한 역사적 배제가 지금 존재한다. 과거 인종 개념이 그러했던 것처럼, 오늘날에는 이렇게 문화를 이용하는 것이 강력한 이데올로기적 담론을 위한 토대의 구실을 한다. 이 새로운 개념이 개발과 좋은 정부, 근대화에 관한 담론 속으로 도입되는 것이 나는 걱정스럽고 불안하다. 실제로 문화는 너무도 자주 차이와 불평등, 접근 차단과 연결된다. 우리는 역사—현재에 기록되고 있는 것으로서의 역사뿐만 아니라, 긴 세월 동안 펼쳐진 것으로서의 역사까지 포함하여—가 추방된 세계에 들어왔다. 우리는 문화 개념이 불행하게도 인종 개념을 대체하면서 겪은 변화가 낳은 부정적 결과들에 직면해 있다. 그럼에도 불구하고 우리가 목격하고 있는, 기억의 의무와 보상의 요구에 대한 지금의 토론은 현재의 담론 속에 어떤 변화가 일어나고 있음을 알려주는 것 같다.

제3장

자기에 대한 앎
─영혼의 병에 대한 전망과 예방

세계의 수많은 지역이 겪는 광범위한 세속화가 두드러지는 우리 사회에서, 영혼은 구시대적인 개념이 되었는가? 영혼은 여전히 존재하고 있고, 미래를 지니는 것일까? 영혼의 미래를 전망한다는 것은 이론적인 문제 제기를 넘어 여전히 의미가 있을까? 혹자는 영혼이 여전히 모든 인간존재가 지닌 핵심적인 정신적 실재라고 생각한다. 또 다른 이들에게는, 영혼은 단지 정신적 장치를 지칭하는 또 다른 방법일 뿐인데, 이 정신적 장치는 인간에게 육체와 마찬가지로 살아 있는 것이다. 실제로, 상당히 자주 개인들의 〔정신적인〕 병은 그들의 육체를 통해 드러나거나, 신체에 고통스러운 흔적을 남긴다. 북반구의 선진 국가들이 능력 숭배, 삶의 한 방식으로서 일반화된 스트레스, 새롭게 출현하는 불평등으로 특징지어지는 시대를 살고 있을 때, 남반구 개발도상국가들이 가난과 소외로 고통을 받을 때, 우리는 고통을 겪는 영혼을 재발견하게 되는데, 이 영혼은 우울증과 중독, 충동적 행위, 자신과 타인을 향한 폭력 등의 새로운 형태를 취하면서 그 모습을 드러낸다. 이 영혼의 새로운 병들을 어떻게 예방하고 치유할 수 있을까?

줄리아 크리스테바는 현대인의 영혼이 지닌 정신적 결핍을 검토하고, 정신분석의 경험을 '반항적인' 창조성의 경험으로 기술하고 있다. 드니즈 봉바르디에는 자신의 입장에서 현대 사회에서 시간의 평가절하가 갖는 병인적 특성에 대해 주장한다. 아달베르토 바레토는 심리치료사로서 자신의 경험을 사회적 소외의 맥락 속에서 보고하면서, 공동체 치료의 새로운 양식을 고안하기 위해서는 틀에 박힌 대학 교육과 의학적 관습에서 벗어날 필요가 있다고 강조한다.

새로운 영혼의 병

줄리아 크리스테바

이 발표문의 주제가 우리를 이끄는 곳은 위험천만하면서 동시에 특권적인 특별한 교차로이다. 한편에서는 생물학과 의미, 신체와 정신, 정신의학과 정신분석, 심리학이, 다른 한편에서는 형이상학이 이 교차로에서 서로 마주치고 있다. 나는 물질과 정신의 이 교차를 중심으로 내 발표를 구성해보겠다. 나의 저서 『새로운 영혼의 병』*에서 상세하게 이야기한 바 있는 임상 사례들을 다시 취하지는 않을 것이다. 다만 임상 사례들이 제기하는 본질적인 문제들 —— 다소 추상적일 위험이 있겠지만 —— 을 우리의 문제와 연관 지어 살펴볼 것이다.

사실 내가 바라는 바는 다음의 세 가지 물음에 답함으로써 정신분석이 현대 사회의 위기와 현대 문명에서 비롯된 질병들에 맞서는 데에 적합함을 증명해 보이는 것이다. 그 질문들은 다음과 같다. 첫째, 당신과

---

* 줄리아 크리스테바Julia Kristeva, 『새로운 영혼의 병 *Les Nouvelles Maladies de l'âme*』, Paris: Livre de Poche, 1993.

우리는 영혼을 지녔는가? 둘째, 이 영혼은 여전히 반항할 수 있는가? 셋째, 어째서 정신분석이 무신론과 희망의 새로운 버전인가 또는 그런 버전일 수 있는가?

우리는 영혼을 지녔는가?

이 질문은 그저 구시대의 유물인 것처럼 보인다. 그러나 나는 정신분석이 인간존재에 대한 어떤 시각을 제안하고 있다는 것을 보여주고 싶다. 그 시각에서 볼 때, 만일 인간이 영혼을 지니지 않는다면, 만일 프로이트가 그리스 철학, 유대인의 경험, 기독교적 역사의 계보 속에서 '정신적 장치appareil psychique'라고 불렀던 것을 가지고 있지 않다면, 인간은 살아 있다고 할 수 없다.

정신분석은 당신이 오로지 정신적인 삶을 지니고 있을 때에만 살아 있다는 원칙에서 출발한다. 그래서 당신이 당신의 육체를 살아 움직이게 해주는 것인 이 정신적 삶을 소유할 있도록, 정신분석은 정신적 삶을 재구성하고 그것의 트라우마를 치유하기 위해 노력한다. 이러한 시각에서 보면, 정신분석은 서양이 철학적·종교적·과학적 형태 속에서 다듬어온 인격 윤리의 계승자인 것처럼 보인다. 프로이트에 따르면, 정신적 장치는 육체와 의미 사이의 이행 통로로 나타난다. 그래서 정신분석은 성(性)/사유의 '공동 현존coprésence'에 관한 이론과 실천으로 보인다. 정신분석이 성적 발화가 갖는 의미에 개입함으로써 우리 삶의 의미와 신체에 동시에 개입할 수 있는 까닭은, 바로 우리의 성이 신체 생물학에 뿌리를 내리고 있고, 또한 의사소통적 의미에 종속되어 있기도 하기 때문이다. 따라서 프로이트는 자신의 정신적 장치 모델을 통해, 영혼에 대한 복합적인 정신 신체적 개념을 내놓는다. 그 개념은 의식, 무의식, 전의식 또는 자아, 초자아, 이드라는 세 위상topique을 중심으로 구조화되어 있다.

물질과 정신 사이를 이동하게 만들며, 전통적인 형이상학의 이분법들을 재해석하게 하는 영혼 관념, 사유의 역사상 완전히 새로운 이 영혼 관념은 체험된 것인가? 21세기의 경계에서도 여전히 프로이트의 정신적 삶에 대한 이해는 현실성을 지닐까? 영혼은 사라졌는가? 아니면 반대로, 우리는 영혼에 대한 이 프로이트적 통찰을 이용하여 우리의 내면을 재구축하고, 그럼으로써 우리의 신체에 다시 생기를 불어넣을 수 있을까?

생물학과 신경과학의 진보가 영혼을 화학적인 물질과 분자로 대체하리라고 생각할 수도 있다. 그러나 이보다 더 불확실한 것도 없다. 이러한 관점에서 나는 생물학자들과 신경과학 전문가들의 견해 중 특히 흥미로운 인용들을 모아보았다. "뇌 안에서는 대상에 앞서 이미지가 먼저 있다" "인지 활동이 신경조직망을 침투하여 거기에서 펼쳐지는 것이지, 인지적 축조물이 신경조직망의 제약을 받는 것은 아니다" "우리는 목표와 주체를 피할 수 없다. 나는 목표를 표상하지 않고, 다시 말해 기대된 목표를 상상하고자 애쓰는 자신인 주체 없이, 정신의 작용을 어떻게 이해할지 알 수 없다." 말을 바꾸면, 가장 과학기술적이고 생물학적인 모델들조차 주체와 목표라는 개념을 필요로 한다. 우리는 의미를 제거하기는커녕, 재도입하지 않을 수 없다. 우리가 목격하는 것은 새로운 정신주의의 탄생이 아니라, 이처럼 프로이트가 예견했던 신체와 정신의 재통합, 성과 사유의 재주조이다.

과학의 길이 이러하다면, 몇몇의 현대적 생활 방식이 반대로 영혼을 제거하고 곤경에 처하게 하도록 이끈다고 생각해야 하지 않을까? 미국의 소프 오페라,* 즉 우리를 자기만족적인 심리 드라마에 진력나도록 만드는 이 TV 연속극들을 한번 보는 것만으로도, 우리는 이 TV 연속극들의 인물들이 자신의 갈등을 스스로 표상할 수 없으며, 그로 인해 고통스러워하고, 자신의 히스테리적인 자기만족은 정신적인 삶에 의미를 부여하지 못하는 무능함과 불행에 대한 자백이라는 사실을 충분히 깨닫게 될 것이다.

한편, 종교에 대한 관심이 되살아나는 건 영적인 삶에 대한 추구에서 비롯된 것인가? 아니면, 반대로 그것은 정신적 빈곤이 잘려나간 주체성을 대신할 영혼의 인공 보철물을 필요로 한다는 사실을 시인하는가? "나는 내가 누구인지 모른다" "사느냐 죽느냐"라는 햄릿의 물음은 "알약을 먹느냐 먹지 않느냐?"로 변형된다. 그러니까 주체들은 그들이 결여한 영혼에 해당하는 보충분을 종교에게 마련해달라고 요구하고 있는 것이다! 그들은 자신이 만들어낼 수 없는 단독적 영혼, 주관적 독특성을 고대의 케케묵은 법전에서 찾고 있다.

내가 볼 때, 이런 일반적인 문제 틀은 정신분석 환자용 소파에서의 특정한 경험과 관련되어 있다. 몇 해 전부터 우리는 전통적인 피분석자의 외양(신경증, 강박증, 히스테리 등) 아래에는 훨씬 더 심각한 영혼의 질병들이 감추어져 있다는 것을 확인해왔다. 비록 그와 별도로 강박 신경증과 히스테리는 언제나 있지만 말이다. 이러한 영혼의 질병들은 상처 입은 나르시시즘, 삐뚤어진 인격, 극한 상태, 정신 신체상의

* (옮긴이 주) 소프 오페라soap operas. 주부들을 위한 주간의 TV(라디오) 연속극. 본래 주로 비누 회사가 스폰서였던 데에서 비롯된 명칭이다. 그냥 soap이라고도 한다.

장애들과 결부되어 있다. 이 병들은 그 각각이 지닌 상이성들을 넘어 그들 간의 공통분모를 가지며, 마약 중독, 반달리즘* 등과 같은 영혼의 또 다른 질병과도 공통분모를 갖는데, 그 공통분모란 바로 표상 능력 장애이다.

이러한 정신적 표상의 결핍은 무언증의 형태를 취하거나, 공허하게 또는 작위적으로 느껴지는 다양한 신호들로 표출될 수 있다(환자들은 사회화되고, 보살핌을 받을 때조차 그들이 마치 꼭두각시인 것처럼, 거짓되고 작위적인 말만을 하는 느낌을 받는다고 고백한다). 그런데 이러한 결핍은 감각적이고 성적이며, 지적인 삶을 방해하면서, 생물학적인 기능 자체를 훼손하고 생리적인 질병으로 변형되어 두통 혹은 복통, 암으로까지 진행될 수 있다. 그래서 환자는 정신적 삶을 되살리고 그를 통해 육체적 삶을 회복하고자 정신분석가에게 위장된 형태로 호소하는 것이다.

이 새로운 환자들은 현대적 삶의 산물인가? 현대의 삶은 가족의 상황과 아이의 상황을 악화시키고 있다. 우리 모두는 알고 있다. 엄마가 거의 곁에 없다는 것, 아빠는 권위를 손에 쥐고 있지 않다는 것, 그 결과 주체성을 발휘하게 해주었던 전통적 구조들이 사라졌다는 것을 말이다. 갈등을 주체적으로, 개별적으로 표상하지 못하는 현대인의 무능력은 약물 의존과 연관되어 있는 것인가? 모든 것은 생물학적이고, 모든 것은 물질적이라는 이데올로기, 즉 결국 많은 사람을 약품에 기대도록 만들고, 심적 이미지를 마약과 신경 안정제가 되게 하는 이데올

---

* (옮긴이 주) 반달리즘vandalisme. 도시의 공공시설이나 예술 문화를 고의적으로 혹은 무지에 의해 파괴하는 행위, 또는 비문화적인(야만적인) 파괴 행위를 일컫는 말로, 5세기 초 활동했던 반달vandal족이 훈족을 피해 서쪽으로 내려오면서, 갈리아의 일부 지역과 로마에서 자행했던 국토 황폐화, 문화재 약탈, 유적 유린 등의 무자비한 파괴 행위에서 유래했다.

로기와 연관된 것인가?

아니면, 끝으로 단순히 분석가들의 듣기가 달라진 것일까? 분석가 자신은 인격이 겪는 심오한 갈등에 더 이상 주의를 기울이지 않는가? 곳곳에서 억제 또는 리비도의 금지에 묶여 있는 히스테리와 강박증을 보는 것이 아니라, 분석가는 그보다 심각한 결핍들을 확인하고 있는 것 아닌가? 이 결핍들은 엄마와의 관계로 들어가게 되는, 오이디푸스 콤플렉스 형성 이전의 상황과 인격성의 더 원초적인 구조들과 연관되어 있는데, 멜라니 클라인*은 이런 엄마와의 관계를 상징화에 접근하는 관문으로서 폭넓게 연구한 바 있다.

이처럼 갈등을 표상하고 상징화하는 데 무능력한 까닭에 고통을 받는 환자들은 두 부류로 나누어질 수 있다. 한 부류는 욕망 끝까지 치닫는 것으로 인해 고통스러워하며 다양한 형태의 성도착에 직면하는 사람들로서, 주체성을 자신의 방어 진지로 밀어 넣으며 타인과의 관계를 파괴하고 자신의 신체를 파괴하는 데까지 나아간다. 또 다른 부류는 자신의 욕망을 발견하지 못한 사람들, 그래서 특히 거식증이나 과식증으로 표출되는 자기 파괴 속에서 자신을 배반하는 사람들이다.

영혼은 반항할 수 있는가?

이제 현대의 문화는 더 이상 금기의 문화일 수 없다. 우리는 가정을 짓누르고, 이따금 자신을 표현하는 면에서 장애를 낳는 여러 가지 제

---

* 멜라니 클라인Melanie Klein, 『유아들의 정신분석*La Psychanalyse des enfants*』(1932), Paris: PUF, 1969 참조.

약을 거론했다. 그러나 우리는 아직 도덕적·종교적·정치적 금기의 완화, 더 나아가 취약함에 대해 논하지 않았다. 이 취약성은 권위의 취약성, 가치의 위기와 보조를 같이한다. 물론 금기들은 언제나 존속하게 마련이고, 금기의 모든 형태가 다 드러나지도 않았다. 설령 그것이 경제적 제약에 지나지 않는다고 할지라도 말이다. 그러나 현대 사회의 특징은 금기가 어찌되었든 타협되어 있다는 사실에 있다. 왜냐하면 금기는 반항과 대면하고 있기 때문이다. 우리는 이를 일상생활 속에서, 예를 들어 교육 개혁, 퇴직 연금 개혁 계획으로 인해 야기된 사회적 불안, 불만족, 분쟁을 통해 규칙적으로 확인하고 있다.

이 문제는 사실 더 심오한 문제이고, 정신 상태, 정신적 삶과 관련된다. 우리의 유대-그리스도교의 전통에서 영혼을 특징짓는 것은 바로 반항하는 능력이다. 나는, 내가 우리 시대의 위대한 반항인들 중의 한 사람으로 여기는 프로이트와 반항의 한 형태인 정신분석으로 되돌아갈 것이다. 그러나 무엇보다도 먼저 성 아우구스티누스에서 잠깐 멈춰 설 것인데, 왜냐하면 그를 거론하지 않고서 영혼에 대해 말할 수는 없기 때문이다. 신비주의와 기독교 신학의 계보 속에서, 아우구스티누스는 영혼은 스스로 질문을 제기하고 자신을 문제 삼을 수 있기 때문에 영혼이라고 생각했다. 그런데 '반항révolte'이란 단어의 의미는 어원학적 측면에서 볼 때 '회귀와 다시 시작함,' 즉 다시 문제 삼는 여정에 해당한다. 게다가 그는 기도가 하나의 문제 제기라고 여겼다. 그에 따르면, 자아는 하나의 문제 제기로 만들어진다. 그러나 신자가 이처럼 신의 권위 아래에서 스스로를 문제 삼았을 때, 그는 보호를 받고 있었다. 그의 문제 제기는 절대자에 의해, 영원과 안정된 삶의 약속, 귀의와 불멸의 약속을 통해 제지되기 때문이다. 정신분석이 내놓는 분제 제기는 훨씬 더 위험하다. 왜냐하면 정신분석 치료를 받게 되면서, 우리의 정신적 외상과 절망에 문제를 제기하면서, 우리는 우리의 즐기는 능력과 고통을 느끼는 능력을 만나기 때문이다. 그런데 이 두 가지의 능력은 매우 뿌리가 깊고 강렬해서, 우리에게 그것들 간의 화해와 안정은 곧바로 일시적인 것으로 드러난다. 우리에게는 오직 그것들의 강도(强度)만이 영원한 것처럼 보인다. 영혼은 어떻게 보면 사도마조히즘적인 것이다! 그리고 우리의 절대자는 이러저러한 제도로 인해 자본화될 수 있는 신성한 심급이 아니라,* 타인에게 말을 거는 규정되지 않는 목소리이다. 다른 말로 하면, 정신분석은 '갈등을 말함'으로써, 갈등을 질문 속에서 규정되지 않은 방식으로 표상하는 법을 배움으로써, 환자에게 영혼을 견고하며 닫혀 있는 하나의 성과 같은 것이 아닌, 지속적인 물음으로 재구축할 것을 제안한다.

이것이 바로 정신적 삶 깊숙이 암들을 감추고 있는 이 영혼의 새로운 질병들(반달리즘, 마약, 정신 신체상의 장애들)에 직면하여, 정신분석적 듣기(그리고 해석)가 하나의 용서일 수 있는 이유이다. 내가 생각하기에, 용서한다는 것은 성도착자가 어떤 행동들 속에서 찾아내는 불안, 고통 혹은 환희를 제거하는 일이 아니다. 그 행동들은 달리 보면 그 자신을 파괴하는 것이기도 하다. 오히려 용서한다는 말은 표상 불가능한 것을 넘어서, 고통스러워하거나 황홀경에 빠진 신체에 의미를 부여하는 것이다.

그렇다고 해도 이 용서의 시간은 사회적 영역에서는 존재하지 않는다. 사회는 용서라기보다는 심판의 영역이다. 사회는 소아성애 도착이

---

* (옮긴이 주) 기독교가 후대에 제도화되면서 면죄부 판매 등을 통해 자본화되었던 역사를 비판적으로 지적하고 있는 구절이다.

나 사디즘과 같은 범죄, 정치적 범죄에 직면했을 때 심판하기 위해 존재한다. 그렇지만 고통, 쾌락, 그리고 존재할 수 없는 것을 무한정으로 최대한 멀리까지 표상할 수 있도록 해주는 호의적인 듣기 덕분에, 소아성애 도착자나 가학성 변태성욕자, 마약중독자 혹은 정신 신체상의 장애 환자들이 자문해볼 수 있는 장소 또한 존재한다. 의미 부여의 역할을 하는 이 듣기는 청산이 아닌 재출발이란 의미에서 용서의 기능을 한다. 그래서 환자는 자신의 정신분석가와 함께 공유할 수 있는 어떤 다른 방식들로 즐기고 고통을 느끼는 법을 모색하게 된다.

이 환자는 처음으로 자신의 고통을 자신의 분석가와 함께 나누고, 둘-사이라는 이 독특한 형식 아래에서 인간적 공통성을 끌어안거나 되찾게 된다. 오직 그러한 다음에만 환자는 아마도 타인과의 '이 유대를 되찾을' 수 있을 것이다. 이것이 최소한의, 그러나 그럼에도 불구하고 변하지 않는 확실한 사회화의 형식인데, 이를 통해 자기 고통의 의미를 모르던 개인은 그것의 의미를 발견하고, 규정하고, 공유할 수 있다.

정신분석, 반항적 창조성

정신분석은 화해 불가능한 갈등, 모든 인간존재를 구성하고 있는 극적인 분열을 발견한다. 이 분열로부터는 어떤 통일성도, 어떤 절대성도 가능하지 않다. 우리 모두는 하이데거의 말을 빌리면 "기투된" 존재, 또는 프로이트의 견해에 따르면 반항자로서, 안정적일 수 없고, 질문과 문제 제기만이 유일한 탈출구인 어떤 통일성 속에 있다. 동시에 분석을 가능하게 했던 이 반항 능력은 우리가 유대관계들을 창조하도록 이끈다. 일단 분석이 끝나면, 나는 분석가가 나에게 표상해주었던 절대자로부터 나를 분리시켜서, 매번 새로운 유대관계들을 재창조하고 창조성의 어떤 단계로 진입할 수 있게 될 것이다. 이 창조성의 단계에서 나는 새로운 상황들과 대면할 수 있고, 사회적 삶을 영위해나갈 수 있을 것이다.

사르트르는 "무신론은 가혹하면서도 많은 노력을 요하는 기획"이라고 말했었다. 마찬가지로 정신분석의 경험은 고통과 표상 불가능한 것의 드러냄이고, 이 표상 불가능한 것의 의미에 관한 영원한 탐구이기 때문에, 사실상 가혹하고 많은 노력을 요하는 무신론의 한 형태이다. 비록 정신분석이 안정에 대해 어떤 희망도 제공하지 않기는 해도, 그것은 그 대신 어떤 반항적 창조성에 대한 희망을 제공한다.

시간의 속박과 영혼의 질병

드니즈 봉바르디에

오늘날, 누가 아직도 시간을 존중해야 한다고 믿을까? 글쓴이 나 자신은 현대적 시간의 문제와 밀접하게 관련되어 있다. 텔레비전 기자인 관계로, 나는 시간을 조각조각 나누고, 시간을 조롱하고, 끊임없이 시간에 맞서 싸워야 하는 직종에 종사한다. 다른 한편, 작가로서 나는 시간에, 이 거의 우회해갈 수 없는 글쓰기의 시간에 복종해야만 한다. 고백컨대 시간은 나를 끊임없이 괴롭히며, 사로잡는다. 이러한 시간에 관한 불경이 영혼에 야기하는 질병을 분석하는 임무는 정신과 의사와 정신분석가에게 맡기겠다. 나는 단지 이와 같은 시간과의 끊임없는 경주가 나에게 불러일으키는 몇 가지 생각을 따라갈 것이다.

오늘날의 사회와 시간

오늘날의 사람들은 하나 이상의 시계를 소유하고 있으며, 그 시계들 중의 일부는 땅 위에서뿐만 아니라 물속에서도 시간을 확인할 수 있도록 방수 처리가 되어 있다. 그렇지만 사실 물에서는 시간이 멈춘다. 이제 집 안의 모든 방 안에서, 모든 공공장소에서 시계를 발견할 수 있다. 단 카지노는 예외인데, 왜냐하면 사람들은 보통 도박꾼에 대해 이렇게 말하기 때문이다. 그들은 인생 전체를 따기 위해(또는 잃기 위해) 건다!

우리는 또한 휴대전화 중독과 같은 새로운 정신적 질병들이 생겨나고 있는 것을 목격한다. 그런데 휴대전화가 기다린다는 관념을 사라지게 만들었다는 사실은 누구나 잘 알 것이다. 사생활이라는 관념에 대해서는 더 말할 것도 없다.

모두가 "나는 버릴 시간이 없다"라고 말한다. 그렇다면 우리는 이처럼 사회가 모든 인간의 활동을 단축시키도록 강요하는 방식에 대해 성찰해보아야 한다. 예를 들면, 의학에서는 사용할 수 있는 자연 그대로의 기관들을 좀 더 내구력 있는 인공적인 기관들로 대체하려고 들 뿐만 아니라(이에 대해 우리 모두 매우 만족스러워한다), 어떻게 하면 외상의 치유에 걸리는 시간을 단축시킬 수 있을지에 대해서도 연구한다. 너무 많은 비용이 드는 우리의 보건 체계에서, 시간은 바로 돈이다! 요즘의 그 대단하다는 외과 수술들을 받으면, 여러분은 아침에 악성종양을 제거하고 나서 정오에는 다시 집으로 돌아갈 수 있다. 환자가 병원에서 머무르는 시간은 체계적인 방식으로 줄어든다.

이와 비슷하게 퀘벡에서는 빈소에서 망자들을 공개하는 기간이 전통적으로 3일이었으나 하루로 줄어들었다. 게다가 죽은 사람들이 곧바로 매장하거나 화장해달라고 유언으로 요구하는 일도 있다. 고인과 가까웠던 사람들이 소중한 존재가 사라졌다는 생각에 적응할 수 있게 해주었던 이와 같은 통과의례는 더 이상 존중되지 않는다.

시계의 관습적인 시간은 그것이 풍요 사회의 시간이냐 제3세계의 시간이냐에 따라 높은 가격이 매겨지거나 아니면 싸구려로 취급된다. 우리와 같은 서구 사회에서 시간이란 자원은 아마도 경제 시스템에서 가장 값비싼 재산일 것이다. 주식시장은 기술을 통해 가능해진 즉각성 덕분에 불타오른다. 눈 깜빡하는 순간이 100만 달러의 소득으로 혹은 손해로 변해버린다. 수익성을 계산해보면, 시간이란 항목은 최고의 중요성을 갖는다. 하나의 재화를 이루는 각각의 요소에는 시간 지수가 있다. 생산하는 데 걸리는 시간, 소비하는 데 걸리는 시간, 낡은 것이 되는 데 걸리는 시간, 그리고 곧이어 제거되는 데 걸리는 시간과 같이 말이다. 따라서 미래의 고인이 유언을 통해 자기가 죽은 뒤 친지들이 애도하는 데 들일 시간을 〔미리〕 확정해놓는 행위는, 살아 있는 사람의 시간에 대한 이와 같은 상업적 접근을 통해 정당화된다. 가장 충격적인 것은 이 혐오스러운 계산에서 사건들, 마음의 상태들, 행복과 불행의 단편들 등 우리의 삶에서의 몇몇 측면을 예외로 할 수 있는 특권이 우리에게는 허락되지 않는다는 사실이다.

빠르게 살아가기

다른 한편, 여가 활동을 짜는 과정에서 더 이상 고독에는 어떤 시간도 남겨두지 않는다. 북미 지역에서는 모든 것이 분단위로 구성된다. 그런데 여가란 정의상 자신의 시계를 쳐다보지 않는 것, 그리고 시간의 압박을 받지 않는 것이 아니라면 무엇이겠는가?

나는 25년 이상 TV에서 일해왔다. TV는 시간의 적이다. 가득 채워져 있는 것 같지 않은 시간, 또는 우리를 지루하게 만드는 시간에 대한 성마름이 아니라면 무엇이 채널 돌리기란 말인가? 언젠가 우리는 채널 돌리기가 지식의 전달, 아이들의 집중력, 타인과의 관계 구축에 미치는 영향에 대해 자문해봐야 할 것이다. 몇몇 철학자는 이미 시작하고 있는 일이다. 채널 돌리기는 분명 젊은 사람들이 수업 시간 동안 수업에 집중하는 데 어려움을 겪는 것과 관련이 있다. TV 앞에서 채널을 돌리면서 시간을 보내는 아이가 자신의 선생님을 '채널 돌리듯' 할 수 없다는 것을 깨달았을 때, 순식간에 공격적으로 변한다는 것은 그럴듯한 이야기이다!

창조적인 고독의 시간, 또는 잃어버린 시간과 자유 사이에 어떤 본질적인 관계가 있는 것은 아닐까? 유일하게 자유로울 수 있는 존재는, 독특한 정신적 추진력으로 시간의 이 상업적 모델을 떨쳐내고, '선함과 좋음을 관조'하는 데 헌신할 수 있는 사람이 아닐까? 성인군자 시대에 흔히들 말했었던 것처럼 말이다.

조금씩 조금씩 인간으로부터 그 자신을 앗아가는 이 고통 없는 인원 모집에 맞서, 인간이 거의 저항하지 않는다는 사실에 대해 경종을 울려야 하는 것 아닌가? 사랑의 관계가 꾀하는 바는 일종의 조화로운 완벽함으로의 회귀이다. 행복이 당신을 엄습해올 때, 당신은 시간이 멈추었으면 하는 강렬한 욕망을 느낀다. 그렇다면 다른 감정들처럼 사랑도 앞으로는 그에 도달하기 위한 모든 준비를 다 해놓았을 몇몇 사람만의 희귀한 특권이 되지 않을까? 예전에 성인의 경지에 도달하는 것이 그러했듯이 말이다. 우리는 사랑의 관계가 점점 짧아지는 경향을 띤다는 것을 알고 있다. 북미에서는 두 쌍 중 한 쌍이 이혼을 한다. 각자의 삶이라는 한정된 시간 속에 새겨진 이 정서적 삶의 파열들은, 그것들이 진행되면 될수록, 각자가 가질 수 있는 자기 확신을 조각조각 가져가버리는 경향이 있다.

시인은 말한다. "오 시간이여, 너의 비행을 멈추고 그대, 자비로운 시간들이여, 당신의 흐름을 멈추시오." 지나간 과거의 passé 시인 라마르틴을 우리는 정말로 넘어선 것일까 dépassé? 어쩌면 우리의 관례적인 인사말인 "어떻게 지내세요?"가 "시간 있어요?"라는, 끔찍하면서도 슬프게도 그토록 자주 쓰이는 이 다른 문구로 바뀌는 것을 모면하기 위해, 우리는 더더욱 그의 이야기를 들어야 하는 것 아닐까?

소외와 마음의 병

아달베르토 바레토

나는 12년 이상을 포르탈레자Fortaleza 근방에 위치한 거주자 28만 1,000명의 한 **파벨라***에서 일해왔다. 포르탈레자는 인구 200만 명의 대도시이다. 여러 **파벨라**의 주민들이 가뭄 때문에 농촌에서 빠져나와 도시로 이주했고, 소외를 야기하는 불공정한 경제정책이 빚어낸 조용하고 보이지 않는 전쟁의 가담자들이 되었다. 외관상 무기가 없는 이 전투는 개인들의 영혼에 깊은 상처를 입힌다. 이 이주의 움직임이 그 개인들을 어떤 상실의 과정 속으로 끌어들이는데, 이 과정은 경제적 빈곤화로 시작하여 문화, 전문 지식, 사회적 관계와 자긍심의 빈곤화로 이어진다.

대도시로의 도착 자체가 가장 뿌리 깊은 쓸쓸함 속에서 이루어진다. 도시는 그들을 환영하지 않으며, 그들을 맞이하기 위해 자신의 문을

---

* (옮긴이 주) 파벨라favela. 브라질의 슬럼가, 빈민가. 뒤어어 나오는 파벨라두favelado는 파벨라의 주민을 말한다.

열어주지 않는다. 이주자들은 도시 주변의 외곽, 빈민 지대에 머무른다. 더 나은 미래에 대한 꿈이 단지 악몽에 지나지 않음을 그들이 깨닫는 데에는 아주 짧은 시간만이 필요할 뿐이다. 이제 일련의 또 다른 문제들이 시작된다. 어디에 살아야 하나? 수단도 없이 어떻게 집을 지을 것인가? 어떻게 아이들을 부양할까? 직업 훈련도 받지 않고 어떻게 일자리를 구할 것인가? **파벨라두**가 된다는 것은 지옥의 고통을 겪는 혼령이 되는 것만큼이나 불안하고 절망스러운 일이다. 사람들과의 접촉을 추구하지만, 살아 있는 자들의 세계는 결코 그를 보거나 듣지 못한다. 추방당한 이들의 주변에서 들려오는 이 친숙한 주제들은 아마도 인정받지 못한 삶, 살아갈 공간을 가질 권리가 없는 삶의 실질적인 감정을 담아내고 있을 것이다. 지옥의 고통에 빠진 혼령은 21세기 브라질에 나타난 마음의 질병들의 원형일까?

공동체 치료의 고안

이러한 맥락에서, 맨 처음 우리는 **파벨라** 인권 센터의 중개로, 정신적 고통을 겪고 있는 사람들 곁으로 가서 정신의학적인 상담을 해줄 것을 요청받았다. 단지 일회적이었던 이 개입들을 통해, 우리는 예를 들면 실직당한 남편을 두고 집도 먹을거리도 없는 여성과 비슷한 상황에 처한 한 개인을 어떻게 돌볼 수 있을 것인가에 대해 늘 자문하곤 했다. 대학에 몸담은 사람으로서, 우리는 또한 개인적이고 생의학적인 틀을 넘어서, 가족과 공동체의 수준으로 배려를 확대할 필요가 있었다. 대학에서 우리는 한 사람을 양성하는 것은 그 사람이 계속해서 다른 사람들을 보살필 수 있도록 하기 위해서라고 배운다. 그러나 이러한 방법은 수많은 사람이 즉각적인 치료를 필요로 하고 있는 **파벨라**의 상황에서는 효력이 없다. 그러므로 우리는 타인들에게 더 가까이 다가가기 위해서 우리의 작업 방식을 바꿔야 했다. 또한 우리는 구원자의 모델, 해결책을 실어 나르는 전문가의 모델과 단절하고, 빈곤함을 넘어 인간적 그리고 문화적인 잠재력을 보아야 할 필요가 있었다. 처음에, 빈곤함에 너무도 충격을 받은 사람들은 예외 없이 강연을 열고 싶어 하고 약품들을 주거나 조언을 주고 싶어 하지만, 그런 것은 사람들이 기대하는 바가 아니다.

이 도전에 응하기 위해서 우리는 위기에 처한 사람들과 1주일에 한 번씩 만남을 가졌고, 우리가 '공동체 치료'라고 불렀던 것을 발전시켰다. 관건은 자각과 집단적인 반성의 공간, 모든 사람이 타인의 말을 경청하고 자신을 표현하도록 시도해볼 수 있는 장소를 제공하는 것이다. 고함 소리가 난무하고 폭력이 곧 행동으로 옮겨지고 가장 강한 자가 이기는 공간인 이 **파벨라**에서, 우리는 대담하게도 '이 고통을 말'로 옮길 수 있도록 대화와 표현의 공간을 창조하고자 했었다. 이 계획은 야심찬 것이었지만 결실을 가져왔다.

이러한 만남들을 통해서 우리는 그 집단이 치료 능력을 발휘하게 만들 수 있었다. 그런데 집단 속에서 사회조직이 공고해지고, 사회적 소속감이 일깨워지는 것은 바로 고통에 대한 상호적인 표현과 개인적인 경험들의 교환, 타인에 대한 지지와 애정 어린 관계, 문화적 가치의 강화를 통해서이다. 개인들은 문제를 극복하는 방법을 발견하고 심사숙고한 끝에, 결국 성공적으로 더 나은 사회 통합에 이른다.

우리는 여기에 여러 해 전부터 우리가 채택해오던 R.A.P, 즉 '적극적 참여 행위 연구Recherche Action Participative'의 방식을 접목했다. 이 방식은 대학이 지식 생산을 독점하는 것에 대한 거부로 정의되며, 일반인을 향한, 일반인의, 일반인을 위한 지식에 호소한다. 우리의 경험을 통해 우리는 마음의 질병들이 집단 자체에 의해 치료될 수 있다는 것을 확신했다. 고통을 호소하는 사람들은 그들 자신 안에 해결책을 가지고 있다. 그래도 그들이 그것을 찾을 수 있도록 도울 필요는 있다.

이 모델은 우리가 이미 브라질의 가난한 13만 개의 공동체와 함께 작업하는 브라질 가톨릭교회의 기관인 아이들의 목자Pastorale de l'Enfance와 협력하여, 2,600명의 정신 보건 요원——우리는 이들을 공동체 정신 치료 전문의로 부른다——을 양성한 이래, 오늘날 전 세계로 확대되고 있다. 이 정신 치료사들은 정신의학적인 어떤 해석이나 성찰을 행하는 대신, 문제에 대한 해결을 찾도록 집단을 동원한다. 가령 집단의 구성원 중 한 사람이 불면증으로 인해 고통스러워하면, 정신 치료사들은 다른 구성원들이 과거에 유사한 상황을 경험한 바가 있는지, 그리고 그들이 어떻게 그로부터 벗어날 수 있었는지 알아보도록 다른 구성원들의 관심을 유도한다.

병의 원인이 되는 세 가지 근본 축

버림받음

여러 **파벨라** 지역의 주민들은 사회로부터 거절당해 버림받았다는 감정과 애도의 감정에 빠져 있다. 어느 누구도 그들을 부축해주지 않는다. 이런 버림받음의 영향들은 개인적인 수준에서 나타나고, 신체적 외관에서도 볼 수 있다. 상대적으로 젊은 사람들의 때 이른 주름들, 갈라진 치아를 가진 턱, 덥수룩한 머리. 그 영향들은 또한 가족의 수준에서도 드러난다. 남편에게서 버림받은 여성들은 여러 명이 되는 아이들의 교육에 대한 책임을 떠맡아야 한다. 가족들은 거리에서 살아간다. 버림받음의 영향들은 또한 사회적인 수준에서도 표면화된다. 허술한 건축, 마분지와 목재 조각들로 이루어진 동네 모습은 이러한 삶의 이야기들, 가족의 조각난 실존, 개인적 실존이 지닌 내면의 상처를 반영하고 있다.

이 버림받은 상황을 극복하는 데에는, 매우 다양한 제각각의 방법이 존재한다. 지역 단체들과 조합들은 생필품과 음식물을 한데 모아, 연결망을 구축하는가 하면, 다른 한편 젊은 사람들은 모여서 종종 범죄에 빠지고, 그들 중 가장 감수성이 예민한 젊은이들은 (우울증, 알코올 중독, 약물 중독과 같은) 정신병적 대응물에 빠져들기도 한다.

종교적인 의식에 호소하기도 한다. 종교적인 예식들은 점점 집단적 카타르시스의 장소가 되고 있다. 신체가 느끼는 고통의 감정은 그 안에 깃들어 있는 영혼을 움직인다. 가톨릭적인 것이든, 아프리카계 브라질의 토속 종교적인 것이든, 개신교적인 것이든 간에, 일반적으로 모든 종교적 의식은 실존에 중점을 둔 진정한 배려가 되고 있으며, 그 안에서 사람들은 삶의 가혹함 때문에 생기를 잃은 영혼을 사랑하게 된다. 일부 종교들은 위협적이기도 하다. 특히 펜티코트스파*의 새로운 교회들과 하나님 왕국의 범세계적인 교회(최근 들어 파리에 등장한)는 그들의 추종자들에게 모든 문화적인 믿음을 거부하도록 요구하고 있으

---

* (옮긴이 주) 펜티코티즘pentecôtisme. 성령의 작용을 강조하고 생활의 성성(聖性)을 역설하는 미국에서 발생한 종교운동.

며, 여러 세대를 거쳐 내면화된 준거 모델들과 단절하기를 권하고 있다. 이들이 야기하는 것은 사실상의 정체성 상실이며, 모두가 전적으로 따라야 하고, 다른 종교를 부정함으로써 긍정되는 종교적 가치에 맞추어진 거짓된 자아의 탄생이다. 악을 몰아낸다는 구실로 인간에게서 그 자신, 그의 믿음들, 그의 비판적인 생각, 그가 가진 가치들, 그리고 그의 영혼을 몰아내고 있는 것이다. 그렇지만 아프리카계 브라질 종교인 움반다Umbanda와 같은 다른 종교들은 정체성 형성의 다양한 이미지들이 동거하는 새로운 가족 형태 안에서 환대받을 수 있는 가능성을 품고 있다. 이 정체성 형성의 다양한 이미지들은 민초들의 문화를 존중함으로써 좀 더 관용적인 형태의 공동체에 어울리는 것이 될 수 있다.

치안 불안

치안 불안의 분위기는 사회 내부를 폭력과 분열로 들끓게 만드는데, 이는 그 분위기가 양산하는 비이성적인 행위들이 주는 공포로 인해 자극받고 지속된다. **파벨라**에서 비행과 범죄, 공격 본능과 같은 폭력은 실업과 맞물려 더 심해진다. 부자가 자신의 키보드를 통해 가상세계의 **웹**에 들어간다면, 가난한 사람은 자신의 반사회적인 인터넷을 만들어내는데, 이는 범죄로 생계를 꾸려감으로써 생겨난 조직망이다. 이 단체들은 자신들의 규칙을 따르도록 강요하고, 치안 불안과 공포 분위기를 조성하는데, 이는 다른 사회단체들에까지 뻗어나간다. 나는 폭력 문화에 대해 언급하고 싶지는 않다. 이 폭력 문화는 모든 선진국의 패러다임이고, 영화 속에서 표현되는 첨단 기술적 대항-문화를 통해 유지되고 있다. 브라질에서는 TV가 폭력, 특히 모든 **파벨라** 지역 내에서 일어나는 폭력을 생방송으로 보여주는 프로그램까지 내보내고 있는 상황이다.

사회적 요소로서 치안이 상호 간의 신뢰를 만들어가는 데 필수적인 것과 마찬가지로, 치안이 보장된 삶은 또한 자신감을 가지고 자신의 본능을 지배하여 그것을 삶을 지탱할 힘으로 변형시키는 데 필수불가결한 것이기도 하다.

자존감의 상실

가장 비극적인 비참함은 눈에 보이는 것이 아니라, **파벨라두**의 내면화된 비참함, 말하자면 무능력이라는 깊이 박힌 감정이다. 그들은 더 이상 자신을 신뢰하지 않으며, 소외되었고, 사랑하고 사랑받을 수 있는 모든 능력을 상실했다. 이 자존감의 상실은 개인적인 수준에서는, 가령 침묵 같은 것을 통해 드러난다. 브라질 사람들은 습관적으로 입술이 침묵할 때에는, 장기들organes이 말을 한다고들 이야기한다. 이 사람들이 집단 한가운데에서 자신의 생각을 표현할 수 있도록 돕기 위해, 그들이 타인들과의 접촉을 통해 배울 수 있는 가능성을 그들에게서 박탈하지 않기 위해 상당한 노력을 기울여야 한다는 것은 두 말할 필요가 없다. 가족 내에서도 아이들을 깔보는 억압적인 교육은 아이들의 자존감을 무력화시키는 결과를 낳는다. 사회적 수준에서, 자존감의 상실은 직업상의 실패를 초래한다. 일자리는 구했지만 한 달 이상 자리에 머무르지 못하는 사람이 대다수이다. 불안감이 하도 커서 결국 그만두고 마는 것이다.

공동체 치료 기간과 병행하여, 우리는 자존감을 일깨우는 집단 프로그램을 실시했다. 사람들이 자신들의 잠재력과 자신의 문화가 가진 잠재력을 재발견하도록 하고, 또 이 잠재력을 한데 모아 개인적이면서 집단적인 동력을 만들어내도록 할 목적에서 말이다. 이 동력은 그들 각자가 자기 역사의 주체가 되고 자신의 존재를 책임질 수 있도록 이끌 것이다.

예방 정치를 위하여

버림받음과 치안 불안, 자존감의 상실과 관련된 문제들은 국가적인 차원에서 염려해야 하는 사태이다. 이 문제들로 인해 사회 내부가 폭력과 분열로 들끓게 되는 것이다. 그것들이 야기하는 공포와 비이성적인 행동들은 긴장과 절망, 불안의 분위기를 가중시키는데, 이것은 오직 집단적으로 활동하는 참여제도가 있을 때에만 해소될 수 있다. 이러한 제도들이 없거나 효력이 없을 때, 개인들은 자신의 규칙과 제도를 창조한다. 이 '자신의 일에만 충실한 각자'는 동족상잔의 폭력을 한층 더 강화시킨다.

고통을 받는 개인들이 창조적 활동을 하도록 북돋워주는 적합한 수단을 고안하는 것은 반드시 고유한 개인적 가치들과 이전에 실추된 문화적 가치들에 근거해야 한다. 이 새로운 수단은 참여적이고 공동체적인 맥락 속에서만 만들어질 수 있다. **선험적인** 가치 체계를 자신에게 강요하지 않으면서, 각자가 지닌 경험과 다양성의 관점에서 가장 적합한 해결책을 낳는 것은 바로 집단이다. 이러한 접근은 고통을 설명하는 모델과 이 모델이 함축하는 개입으로부터 비판적 거리를 유지할 것을 치료 전문가들에게 요구한다. 이러한 모델은 거의 대부분의 경우 선형적이고 환원적이다. 예를 들면 화학요법을 권장하는 생의학 모델이나, 때로는 교육적이지만 때로는 억압적인 행위들을 외부로부터 강요하는 사회적 모델이 그러하다.

개인의 자기 계발은 사회집단을 변화시키는 요인으로서, 절대 권력을 지닌 근대의 복지 국가 모델과 같은 간섭주의적 모델을 떨쳐버릴 수 있게 해주어야 한다. 그 모델은 종속을 강화하고 창조성을 질식시킨다. 예산 투자를 기다리는 것이 문제가 아니다. 관건은 소외된 개인의 사회문화적 자본을 실제로 활용하여, 개인이 자신의 운명을 결정하는 과정에서 수동적인 희생자의 지위에서 벗어나 능동적인 주체가 될 수 있도록 하고, 그렇게 하여 그 개인이 사회 재건의 책임을 함께 떠맡고, 독립적인 삶을 영위하는 존재로서 비판적 선택을 할 수 있는 능력을 갖도록 하는 것이다.

정겨운 사회적 유대를 촉진시킬 만한 장소, 그래서 생활공동체에 새겨진 문화적인 소속감을 솟아나게 하는 장소를 만드는 것은 주체에게 필수적이다. 하지만 중요한 것은 장소에서 유대로 이동하는 일이며, 단 한 사람이나 정책이 모든 어려움을 해결해주리라고 기대하는 개인적인 모델을 벗어나는 일이다. 우리는 해답이 공동체적인 것에 있다고 확신한다. 참여 운동을 시작해야 하며, 이 운동을 통해 각자는 집단이 하나의 전체로서 완전하게 발전하고 풍요로워질 수 있도록 집단의 발전에 기여해야 한다.

자존감의 상실은 자기에 대한 앎과 관련하여 무지의 상태에 있다는 것을 의미한다. 누구나 자유롭게 발언할 수 있는 정체성 회복의 장소들을 마련하고 발전시키는 것이 필요하다. 학문적인 지식은 결국 소위 대중적 지식을 인정하고 한데 아울러야 한다. 소외당한 자들의 자존감 회복은 21세기가 지닌 마음의 질병들에 맞선 투쟁의 초석이 될 것이다.

치료 요법을 실시하는 동안 내가 들은 일화를 소개하는 것으로 글을 끝마치고 싶다. 세상의 혼란과 무질서에 반항하는 자신의 아들을 진정시키기를 바랐던 한 아버지가 세계 지도를 작은 조각들로 찢어버리고는, 세상을 바꾸기를 원했던 아들에게 그 지도를 자기 방식으로 다시 맞추라고 요구했다. 그 아버지는 아들이 지도를 다시 완성하지 못할 것이라고 확신하고 있었다. 그럼에도 불구하고 30분이 흐른 후 아들은 그 지도를 다시 복원했다. 매우 놀라는 아버지 앞에서, 아들은 아버지가 그 지도를 찢기 전에 그 지도의 뒷면에 한 사람의 초상화가 그려져 있던 것을 보았다고 설명했다. 그러니까 그 아들의 유일한 관심은 그 사람을 '되찾고자' 하는 것이었고, 그 사람을 되찾으면서, 세상을 되찾았던 것이다.

제4장

우리는 어디로 향하는가?
우주의 미래와 마주한 인간

우주의 기원과 구조에 관한 물음은 세상 모든 신화의 중심에 있고, 이 신화들은 거의 언제나 우주론이다. 인간이 이 질문을 제기함으로써 묻는 것이 단지 세계-내-존재로서의 인간의 기원, 우주에서의 인간의 위치, 인간의 실존의 의미 그 이상도, 그 이하도 아닌 한, 이 질문은 사실 근본적인 논쟁거리이다. 종교와 신학의 영역에서부터 점진적으로 생겨난 학문인 천문학이 오늘날 이 질문들에 과학적 형식을 부여해줄 수 있을까? 우주의 팽창은 무한한 것인가? 아니면 반대로 빅뱅Big Bang과 반대되는 형태(빅 크런치Big Crunch)가 있을 수 있을까? 별들의 소멸 이후, 즉 전통 물리학의 법칙들이 더 이상 아무것도 설명해낼 수 없는 조건들 아래에서, 무슨 일이 일어날지 어떻게 생각할 수 있을까? 인간과 인간의 지성이 우주의 진화와 보조를 맞출 수 있는 것은 언제까지일까? 이 물음들이 근거하고 있는 시간적 층위와 인간적 삶이 지닌 시간적 층위, 혹은 심지어 역사가 지닌 시간적 층위 사이에는 어떤 공통된 척도도 없다. 그러나 우주의 죽음을 전망하는 것은, 그것이 아무리 멀리 떨어져 있다고 할지라도, 인간의 의식에는 현기증을 일으킬 만큼 엄청난 일이다.

트린 슈완 촨은 우리가 어떤 추론들을 통해 우주의 단기적·장기적 미래를 예견할 수 있는지, 또 이런 예견이 어떤 한계들을 지니는지 보여준다. 니콜라스 프란초스는 순환적 시간 모델에 따라 파악된 우주론에서 우주의 개연적 죽음이라는 견해에 도달하는 논리적 전개 과정을 추적하고, 그와 함께 우주의 죽음이 결과적으로 우리가 우주에서 인간의 위치를 이해하는 데 함축할 수 있는 바 또한 다룬다. 마지막으로 앙드레 브라이크는 과학적 추론, 특히 천문학 영역에서의 과학적 추론을 옹호하면서, 구체적인 예들을 제시하고 있다.

우주의 미래

―빅뱅일까, 빅 크런치일까?

트린 슈완 환

우주는 150억 년 전에 극도로 작고 뜨겁게 응축된 한 지점에서 탄생했다. 거대한 폭발이 발생했고, 그 폭발의 에너지가 아인슈타인의 공식 $E = mc^2$ [에너지 = 질량 × 광속의 제곱]에 따라 시간과 공간을 창조하면서 우주를 이루는 물질적 내용물을 탄생시켰다.

이 폭발에 뒤이은 최초의 3분 동안, 물리학자들에 따르면 물질의 기초를 이루는 소립자들 중의 하나인 다량의 쿼크가 세 개씩 결합하여 양자와 중성자가 형성되었다. 그 후 우주는 밀도가 낮아지면서 식어갔고, 이 과정에서 우주의 물질이 형성될 수 있었다. 지금의 물질은 이렇게 밀도가 낮아진 결과 생겨난 것이다. 이 **빅뱅** 이론은 시간적·공간적으로 매우 멀리 떨어져 있는 물질에 대한 관찰에 기초해 착안되었다는 점을 분명히 해두자.

100만 도까지 내려간 냉각 과정 덕분에 물질은 '부서지지' 않았고(온도는 소립자들의 운동을 의미한다), 원자의 핵들, 특히 우주를 구성하는

554

가시 물질의 98퍼센트에 해당하는 수소와 헬륨의 핵이 형성될 수 있었다. 이 물질이 중력의 영향을 받아 뭉쳐져서 별들이 생겨났으며, 수천억 개가 되는 이 별들의 집합이 은하계를 형성했다.

오늘날 1,000억 개 정도의 은하수가 존재하며, 각각의 은하수는 1,000억 개의 별을 가지고 있다. 이 은하계의 집합이 하나의 거대한 우주의 '융단'을 만들고, 이 중 일부 요소들은 수백 광년이나 떨어져 있다. 이 흥미진진한 지형은 천체 망원경을 이용하여 연구할 수 있다.

완결된 팽창, 무한한 팽창

우주의 팽창은 영원한 것일까? 우주는 최대 반경에 이르게 될 것인가? 은하계들은 서로 가까워질 것인가? 어떤 분쇄 내지 붕괴를 낳을, **빅뱅**에 반대되는 현상(**빅 크런치**)으로 인해, 모든 것은 다시 에너지와 빛이 되어버릴 것인가?*

사실 **빅뱅**의 최초 폭발력과 우리를 지구의 중심으로 끌어당기는 중력 사이에는 영원한 대립이 존재한다. 중력은 바로 행성들이 별들의 주위에서 궤도를 돌게 하고, 별들을 은하수의 내부에 붙잡아두며, 은하계가 그들 간에 상호 작용하도록 해주는 것이다. 이 두 힘의 대립이 우주의 운명을 결정짓게 될 것이다. 만일 중력의 힘이 충분히 크다면, 그 힘은 우주의 팽창을 멈추게 하고, 우리를 **빅 크런치** 쪽으로 이끌 수

---

* (옮긴이 주) 빅뱅Big Bang이 '뻥' 하고 폭발하면서 우주가 생겨났다는 말이라면, 빅 크런치 Big Crunch는 '꽝' 하고 모든 것이 서로 부딪치게 된다는 말이다. 즉 서로 멀어지는 팽창을 멈추고, 서로 충돌하고 겹쳐지는 우주 수축의 마지막 상태를 뜻하는 것으로서, 우주의 '대(大)파국'이라고도 불린다.

있다.

최초의 팽창력은 은하계의 운동을 통해 알 수 있다. 반면에 중력의 힘을 재기 위해서는 우주의 총 질량을 측정하고 임계 밀도라는 개념 (단위 부피당 질량)에 의존해야 하는데, 임계 밀도 이상에서는 중력의 힘이 최초의 팽창의 힘보다 더 크다.

사실 이 밀도는 입방미터당 세 개의 수소 원자가 있는 밀도에 해당한다. 1그램의 물이 $100만 \times 10억^2$개의 원자들을 포함하고 있다는 것을 생각해보면, 이것은 인류가 지구 위에 창조할 수 있는 가장 완벽한 진공 상태를 의미한다. 매우 방대한 우주에서 이 입방미터당 세 개의 수소 원자라는 밀도는 우주의 팽창을 정지시키는 데 충분하다. 문제는 우주의 밀도가 임계 밀도보다 더 큰지 아닌지를 아는 것이다. 만일 더 크다면, 우주는 **빅 크런치**를 겪게 될 것이다(닫힌 우주). 만일 우주의 밀도가 더 작다면, 우주는 영원히 팽창하게 된다(열린 우주). 만일 우주의 밀도가 임계 밀도와 같다면, 이는 시간이 무한한 극단적 경우인데, 이때에도 영원히 팽창하게 될 것이다.

1,000억 개의 은하계 각각에는 1,000억 개의 별이 있다는 것을 알고 있으므로, 별들을 세어서 이 문제를 해결하는 것이 쉬워 보일 수도 있다. 하지만 이 곱셈을 통해서는 단지 빛을 내는 물질〔가시적 물질〕의 밀도만 계산할 수 있을 뿐이다. 결과로 얻은 밀도는 임계 밀도의 1퍼센트 아니면 2퍼센트와 같다. 그러므로 50배에서 100배를 곱해주어야 〔임계 밀도에 도달하여〕 우주의 팽창을 멈출 수 있다. 그럼에도 불구하고 천문학자들은 X선과 감마선, 혹은 전자파를 포함해 어떤 종류의 빛도 방출하지 않는 물질의 존재를 발견했다. 이 암흑 물질을 어떻게 계산할 수 있을까?

천문학자들은 이 보이지 않는 '암흑' 물질의 현존을 정확히 알아낼 수 있는데, 왜냐하면 이 물질이 중력을 갖고 있어서, 별들의 궤도나 은하계의 운동을 변경시키기 때문이다. 그렇게 비가시적인 물질에 대한 데이터들을 고려하면, 우주의 밀도는 임계 밀도의 30퍼센트를 나타낸다. 달리 말하면, 우주의 팽창을 멈추기 위해서는 세 배의 밀도를 더 필요로 한다. 그러니까 우리는 우주라는 빙산에서 살고 있는 것이다. 우주 물질의 90~98퍼센트는 우리가 지닌 측정 도구들로 접근하는 것이 불가능하다.

이 비가시적인 물질의 본성에 관해 천문학자들이 아는 바는 전혀 없다. 그것은 빛을 내지 않는 것이면 무엇이든 될 수 있다. 이를테면 행성, 혜성, 또는 어떤 통로 같은 것이 될 수 있다. 사변적 추측들이 넘쳐나지만, 어떤 이론도 이 영역에서 적극적인 호응을 얻어내지 못하고 있다. 최근의 몇 년간, 우리는 또한 우주의 팽창을 가속시킬 반(反)중력의 존재 가능성에 관한 연구들이 등장하는 것을 보아왔다. **빅뱅** 때의 열에 대한 관찰에 기초하여 얻은 몇몇의 지수는 우주가 굴곡이 없는 외형을 가졌다는 것, 다시 말해 우주가 '평평하다'는 것을 보여주는 듯하다. 위상학적으로 우주는 말안장 형태를 한 열린 우주와 구와 같은 닫힌 우주 사이의 중간에 있다.

여러 증거는 우주가 영원히 팽창할 것임을 보여준다. 하지만 아무도 그것에 대해 확신할 수 없는데, 이는 특히 **빅뱅**의 최초의 순간들에 태어난 소립자들이 존재하기 때문이다. 이것들은 은하계와 무관하게 반응하는 물질을 가지고 있으며, 그렇기 때문에 은하계의 운동을 통해서는 측정 불가능하다.

가까운 미래—은하수와 태양계

30억 년 안에 우리의 은하계는 우리 은하계 주위를 도는 단지 10억 개의 별을 가진 두 개의 '난쟁이' 위성 은하인 마젤란 성운을 흡수하게 될 것이다. 우주에서는 '카니발리즘'*의 원리가 매우 잘 적용되는데, 이 원리는 거의 다윈적이다. 정확히 하면, 이 성운은 단지 적도의 하늘에서만 보인다는 이유에서, 그리고 마젤란이 그것을 본 최초의 사람이었다는 이유에서 마젤란으로 불린다.

우리 은하계와 같은 크기를 가졌으며, 우리와 가장 가까운 은하계인 안드로메다는 70억 년 안에 우리의 은하수와 부딪치게 될 것이다. 분명히 해둘 점은 이 은하가 지구로부터 200만 광년 떨어져 있다는 것이다. 달리 말해, 오늘날 안드로메다에서 우리에게 도달하는 빛은, 지구상에 처음으로 인간이 출현했을 때 안드로메다에서 출발했던 빛이다.

그러나 우리에게 초당 90킬로미터의 속도로 다가오고 있는 이 은하계가 대재앙을 불러일으키지는 않을 것이다. 왜냐하면 별들 사이에는 (3광년에서 4광년 정도의) 많은 공간이 존재하고 있기 때문이다. 기껏해야 우리가 걱정할 만한 일은 약간의 지진을 동반하는 태양이나 지구 궤도의 작은 굴절이 될 것이다.

그렇지만 인간의 관점에서 보면, 태양의 변화는 더 큰 중요성이 있다. 태양 에너지가 없다면, 우리는 태양에 대해 말하면서 여기에 있을 수도 없을 것이며, 지구상에 생명체는 존재하지 않을 것이다. 태양에

---

* (옮긴이 주) 카니발리즘cannibalisme. 식인(食人) 풍습을 의미하며, 동족이 동족을 잡아먹는 일이나 그러한 문화를 의미하기도 한다.

있는 수소가 헬륨으로 전환되는 작용이 끝나게 될 500억 년이 되면, 태양은 수성과 금성을 삼키고, 지구 하늘의 10퍼센트를 차지하면서, 100배 더 팽창하고, 더 붉게 될 것이다.

이렇게 해서 태양은 바다를 증발시키고 산불을 일으키면서, 지표면의 온도를 1,000도까지 올려버릴 것이다. 그래서 우리의 후손들은 되도록이면 명왕성에서, 즉 이 붉은 거인의 발톱을 피해 태양계에서 가장 멀리 떨어져 있는 행성에서 살아가야 할 것이다. 그럼에도 불구하고 그들의 휴식은 오래 지속되지 못할 것이다. 왜냐하면 20억 년이 더 지나면, 태양은 자신이 보유한 헬륨을 다 소진하고, 백색왜성이 되어서 안에서부터 붕괴되어버릴 것이기 때문이다.

실제로 일단 핵반응이 정지하면, 중력이 이길 것이다. 그러면 태양은 상상을 초월하는 밀도(cm^3당 1톤)를 지니면서, 지구와 마찬가지로 직경이 약 1만 킬로미터가 될 것이다. 환언하면, 우리의 후손들은 에너지를 얻기 위해 또 다른 태양을 찾아야만 할 것이다. 그렇게 되면 공상과학소설 작가들이 그토록 즐겨 이야기하는 우주 거주지 개발이 시작될 수 있을 것이다.

별들의 소멸

마침내 모든 별은 자기 연료를 다 써버릴 것이고, X선과 다른 비가시적인 방사광원을 구별할 수 없는 우리에게 우주는 검게 변할 것이다. 어쨌든 10조 년 안에 별들의 불은 꺼질 것이다. 별들의 불이 소등된다면, 10^{18}년 안에 은하계들은 은하의 블랙홀이 될 것이다. 은하계의 성단은 10^{27}년 안에 은하계 사이에 위치한 블랙홀이 될 것이다. 그러면 이 블랙홀들은 '검은' 것임에도 불구하고, 양자역학의 원리에 따라 증발하면서 빛으로 변환될 것이다.

어쨌든 매우 멀리 떨어져 있는 시간(세상의 모든 책도 이 햇수에 붙는 영을 다 적는 데는 충분치 않을 것이다)이 지나면, 우주는 얼음처럼 차가운 극도의 추위 속에서 끝날 것이다. 심지어 지금도 은하계 사이의 온도는 -270°C이다. 우주의 밀도가 낮아짐에 따라, 우리는 절대 0도*에 다가갈 것이다. 서로 가까워지고 있는 은하계를 따져보면, 은하계의 성운은 **빅 크런치**가 일어나기 1억 년 전에 서로 합쳐져 끝나게 될 것이다. 별들은 **빅 크런치**가 일어나기 10만 년 전에 열기로 인해 증발할 것이다. 물질은 그것이 지독한 화염 덩어리가 될 때까지 점점 뜨거워질 것이고, 별들은 **빅 크런치**가 일어나기 1,000년 전에 폭발하게 될 것이다. **결국**, 우주는 유황과 전자, 중성자, 반입자와 반물질**들로 채워지게 될 것이며, 이들은 붕괴될 것이다.

그다음에 무엇이 일어나게 될지는 알기 어렵다. 그처럼 극단적인 밀도의 한계에서, 전통적인 물리학은 더 이상 아무것도 설명해줄 수 없다. 이것이 '플랑크Planck의 벽' 혹은 인식의 벽으로 불리는 것이다. 우주는 불사조처럼 소생할 것인가? 또 다른 우주가 다른 물리 법칙들과 함께 재창조될 것인가? 아무도 알 수 없다. 하지만 오늘날 우주에 있

---

* (옮긴이 주) 섭씨온도 -273.16°C에 해당하는 절대온도의 기준 온도(OK)로서, 열역학계가 최저의 에너지 상태에 있는 온도이다.

** (옮긴이 주) 보통의 물질을 구성하는 입자(양성자, 중성자, 전자 등)와 질량, 성질은 같으나 반대 전하를 갖는 입자(반양성자, 반중성자, 양전자 등)를 반입자라고 하고, 이들로 이루어진 물질을 반물질이라고 한다. 반물질의 존재는 실험실에서 확인되었지만, 물질과 반물질이 충돌하면 양전자와 전자의 인력으로 인해, 즉각적으로 물질이 가진 질량을 모두 엄청난 에너지로 방출하며 쌍소멸하기 때문에, 반물질은 보통의 물질에서는 거의 존속할 수 없다.

는 물질의 밀도를 아주 정확하게 측정하고, 아인슈타인의 방정식을 이용해 우주의 미래를 결정하는 것은 가능하다.

미래의 우주론

니콜라스 프란초스

우리가 미래를 보는 관점은 오랫동안 '영원회귀' 사상의 지배를 받았다. 과거의 모든 위대한 문명(힌두, 마야, 바빌로니아)은 **순환적인 시간**개념에 기초한 우주론을 발전시켰다. 말하자면 일정한 시간이 지난 후 우주는 다시 태어났고, 새로이 운행을 시작했다. 아마도 과거 농경 문명에서 아주 중요했던 달의 상들, 계절의 순환과 같은 주기적인 자연현상이 이러한 순환적인 시간개념을 불러일으켰을 것이다.

그렇지만 기독교의 도래는 그리스도의 죽음과 부활이라는 유일무이한 사건에 토대를 둔 **선형적인 시간**개념을 출현시켰다. 성 아우구스티누스가 『신국론』에서 아주 잘 표현했듯이 "그리스도는 우리의 죄를 위해 한 번 죽었고, 한 번 부활했다. 그는 이제 다시는 죽지 않을 것이다." 이런 순환적 시간개념과 선형적 시간개념은 다소 다른 형태이기는 하지만 현대 우주론에서도 발견된다.

현재의 이론들에 따르면, **빅뱅**에서 생겨난 뜨겁고 밀도 높은 최초의 균일 상태에서 출발한 우주는 조금씩 변모하고 있다. 우주의 구조물들은 그 내부에서 팽창과 중력의 결합 작용을 받으면서 나타난다(별, 은하계, 은하계 성운 등). 우주의 미래는 우주의 밀도에 의해 결정된다. 임계 밀도 밑에서라면 팽창은 언제나 계속될 것이고(열린 우주), 시간에 대한 선형적인 이해의 틀 안에서, 우주는 항상 이전의 것과 다른 상태를 향해 진화해갈 것이다. 이 밀도를 넘어서면(닫힌 우주), 팽창은 정지되어 수축으로 변할 것이고, 우주는 우주 최초의 상태와 같은 상태로 되돌아갈 것이다(**빅 크런치**). 그러나 순환적 시간개념이 바라는 것처럼, 그 후 하나의 새로운 순환이 이어질 것인가에 대해서는 누구도 알 수 없다. 사실 가장 최근의 견해들에 따르면, 우주의 팽창은 심지어 가속되고 있으며, 영원히 계속될 것 같다.

별과 은하계의 열역학적 죽음

19세기에 과학자들은 처음으로 우리를 둘러싸고 있는 경이로운 복잡성이 어쩌면 사라질 것으로 예정된 유예 상태에 불과한 것은 아닐지 의심하기 시작했다. 산업혁명에 뚜렷한 공헌을 했던 열역학의 발전은 이러한 회의를 품을 수 있는 발단이 되었다. 두 물체 사이에 있는 온도차——이것이 생명과 복잡성의 기원이다——는 저절로 수평 상태가 되려는 경향이 있다는 사실이 우리에게 알려진 것은 그때이다.

19세기에 독일 물리학자인 루돌프 클라우지우스Rudolf Clausius가 우주의 열역학적 죽음이라는 생각을 제안했다. 그는 "우주가 최대한의 엔트로피 상태에 접근하면 할수록, 이후의 변화 가능성은 더욱더 감소한다. 이 상태가 종국에 도달한다고 가정하면, 더 이상 어떤 변화도 일어날 수 없을 것이고, 우주는 영원한 죽음의 상태에 있게 될 것이다"라고 적고 있다.

19세기 후반에 폭넓게 논의되었던 이 견해들은 세상을 바라보는 시각에 엄청난 충격을 주었으며, 그 시대를 지배하던 낭만주의의 흐름과도 무관하지 않았다. 그럼에도 불구하고 19세기의 물리학자들은 우주의 열역학적 죽음이 일어날 날짜를 확정할 수 없었는데, 왜냐하면 그들은 별 에너지의 원천에 대해서도, 은하계의 변화 원리에 대해서도 알지 못했기 때문이다.

20세기가 되면서 과학자들은 이 물음들에 답할 수 있게 되었다. 별은 그들의 에너지와 광도를 핵반응으로부터 끌어오는데, 이 핵반응은 별의 질량 일부분을 에너지로 전환시킨다. 막대하기는 하지만 이 에너지원은 마르지 않는 샘이 아니다. 가장 어두운 빛을 내는 별(우리의 태양보다 10배 작은 질량을 갖는)조차 수 조($兆$) 년이 지나면 자기 연료를 다 쓰게 될 것이다.

다른 한편, 별은 **빅뱅**에서 나온 은하계의 가스로부터 끊임없이 형성된다. 이후 가스 보유량이 상당히 감소되었다는 것을 생각하면, 다가오는 몇십억 년 동안 형성될 별의 새로운 세대들은 죽은 별들의 소실을 보상할 만큼 충분하지 않을 것임이 분명해진다. 이 점과 관련하여 나는 50년 전에 아서 클라크가 쓴 『미래의 모습』이라는 제목의 주목할 만한 책의 한 구절을 인용하고 싶다. 이 책은 내가 할 수 있을 것보다 더 시적인 방법으로 별과 은하계의 미래를 묘사하고 있다.

우리의 은하는 지금 그의 일생에서 짧은 봄을, 직녀성과 천랑성 같은 매우 반짝이는 파랗고 하얀 별들의 존재로 인해, 그리고 좀 더 소박한 규모를 가진 우리의 태양으로 인해 영광스러운 나날의 봄을 지나고 있다. 그러나 그들의 눈부신 젊은 날에 이 모든 것이 타오른 이후 몇십 억 년이 지나야 비로소 우주의 진정한 역사가 시작될 것이다.

이 역사는 우리의 눈에는 거의 보이지 않는, 느리게 성장하고 있는 작은 별들의 연약한 붉은 섬광과 적외선으로만 빛나게 될 것이다. 그럼에도 불구하고 이 우주의 어두운 색조는 이 우주에 적응하면서 살아갈 낯선 피조물들에게는 아름다움과 색으로 가득한 것처럼 보일 수 있으리라. 그들은 그들 앞에 우리의 지질대가 측정할 수 있는 몇백만 년이 아닌, 통상적인 별의 일생인 몇십억 년조차도 아닌, 문자 그대로 몇백만조 년이 펼쳐지고 있음을 알게 될 것이다. 그들은 이 끝없는 오랜 세월 동안 거의 모든 것을 시도해보고, 또 모든 것을 습득하는 데 충분한 시간을 갖게 되리라. 그들이 신들처럼 되지는 않을 것이다. 왜냐하면 우리의 영혼이 상상했던 어떤 신도 결코 그들이 가지게 될 권능을 가져보지 않았기 때문이다. 그러나 그들의 권능에도 불구하고, 그들은 창조의 빛나는 미광에 감싸였던 우리를 부러워할 것이다. 왜냐하면 우리는 우주가 아직 젊었을 때 우주를 알았기 때문이다.[*]

어두운 미래들

150억 년 동안 존재해왔지만, 우주는 상대적으로 젊다. 그러나 오랜

---

[*] 아서 클라크Arthur C. Clarke, 『미래의 모습 *Profiles of the Future*』, London: Gollancz, 1962.

기간이 지나면, 우리 앞에 펼쳐지는 별들로 가득 찬 하늘의 광경은 존재하기를 멈출 것이다. 몇백만조 년이 지나면, 대우주에서 일어나는 주요한 현상 대부분의 기원이 되는 중력은, 은하계 구조를 이루는 몇몇 성분(별, 은하, 성운)을 블랙홀의 소용돌이 속에 내던짐으로써 그리고 다른 성분들은 은하계 사이의 공간으로 쫓아냄으로써, 이 복합적인 현상들을 파괴하게 될 것이다. 10^{27}년이 지나면, 서로 멀리 떨어져 고립된 물체들만이 있을 것이고(열린 우주의 경우), 모든 별은 오래전에 사라져버렸을 것이다.

더 오랜 기간이 지나면, 미시적 차원의 영향들이 물질을 파괴하는 데 기여하게 될 것이다. 영국의 물리학자 스티븐 호킹이 1974년에 지적했던 것처럼 모든 블랙홀은 증발할 것이다. 지금의 원자물리학 이론들에 따르면, 양자는 더 이상 영원한 것이 아니고, 더 가벼운 소립자(전자, 양전자, 감마 광자 등)로 전환되어야 할 것으로 보인다. 이렇게 해서 물질의 구조를 장기간 유지하는 일은 불가능해질 것이다.

모든 이해를 벗어나는 우주의 시간 규모, 나는 이것과 관련하여 북유럽 신화를 떠올려보고자 한다. "아주 먼 나라에 정육면체 모양을 하고, 각 면의 길이가 100킬로미터나 되는 거대한 바위가 하나 있었다. 1,000년이 될 때마다, 작은 새 한 마리가 그 바위 위를 날다가 잠시 동안 자신의 부리를 바위에 문지른다. 그 바위가 이렇게 문질러서 완전히 침식되어 사라지게 될 때, 영원성의 차원에서는 단 하루가 비로소 지나가게 될 것이다." 다른 문명들 속에서도 이와 유사한 신화를 찾아볼 수 있다. 이 신화를 문자 그대로 받아들인다면, 이 바위가 사라지게 만드는 데에는 약 10^{30}년이 필요할 것이지만, 그럼에도 불구하고 이 거대한 지속은 영원성에 비하면 아무것도 아니다. 양자가 사라지는 데에는 10^{33}년 이상의 시간이 필요하고, 또 블랙홀이 증발되는 데에는 10^{66}년 이상의 시간이 걸릴 것이다.

현대 우주론은 우리에게 19세기의 물리학자들이 의심했던 것보다 훨씬 더 길고 복잡하며 더 많은 사건으로 가득 찬 미래를 보여주었다. 그러나 우주 세계의 이 긴 여정의 최종적 결말은 열역학적 죽음의 이미지와 그리 다르지 않다. 만일 양자가 불안정하다면, 에너지원은 존재하지 않을 것이며, 생명과 지성도 영원히 살아남을 수 없을 것이다. 거의 모든 물질이 차갑고 희미해진 복사로 변환될 것이다. 드물게 살아남은 몇몇의 소립자는 영원히 팽창하는 우주의 광대함 속으로 점점 사라질 것이다.

인간의 위치

이러한 상황에서 지성의 운명에 관해 비관적인 결론을 피하기는 힘들다. 이러한 결론들은 영국의 철학자 버트란트 러셀의 유명한 구절 속에 요약되어 있다. "과거의 모든 노동, 모든 헌신, 모든 영감, 인간의 모든 천재성은 태양계의 광대한 죽음 속에서 소멸될 운명에 처해 있다. 그리고 인간이 이루어놓은 모든 신전은 불가피하게 폐허가 된 우주의 파편들 아래 묻히게 될 것이다. 이 모든 것이 현재 거의 너무도 확실해서 어떤 철학 체계도 이것을 거부할 수 없다."* 하지만 러셀은

---

* 버트란트 러셀Bertrand Russell, 「자유인의 기도A free Man's Worship」(1903), 『신비주의와 논리, 그리고 다른 에세이Mysticism and Logic and other Essays』, London: George Allen And Unwin, 1917.

이 어두운 운명에 대해 지나치게 걱정하지 않았다. 러셀은 다음과 같이 덧붙이고 있다. "흔히 이러한 세계관은 침울한 것이어서, 만일 사람들이 이것을 믿는다면 그들은 자신의 삶을 지탱할 수 없을 것이라고들 말하곤 한다. 그러나 실제로 어느 누구도 몇백만 년 후에 일어날 것을 걱정하지 않는다. 그래서 심지어 이 세계관이 우울한 것이라고 할지라도, 삶을 견딜 수 없는 것으로 만들 정도까지는 아니다. 아주 간단히 말해서, 우리는 이런 관점으로부터 주의를 돌려 다른 것들에 관심을 가져야만 한다."

러셀은 실제로 실증주의 학파의 가장 뛰어난 대표적 학자들 중 한 사람이다. 그러나 다른 사람들은 이 체념적인 염세주의를 받아들이는 데 어려움을 느꼈다. 진화론의 아버지인 찰스 다윈은 자서전에서 다음과 같이 말하면서 진화의 패배와 마주한 자신의 혼란을 표현하고 있다. "먼 미래의 인간은 오늘날 그러한 것보다 훨씬 더 완벽한 피조물일 것이라고 믿는 나에게, 인간, 그리고 다른 생명체들이 아주 긴 진보의 기간이 지난 후 소멸할 운명이라는 생각은 견딜 수 없는 것이다."*

현대 공상과학소설의 아버지이며, 『타임머신』의 저자인 허버트 조지 웰스는, 1902년 런던의 영국 왕립과학연구소에서 '미래의 발견'이란 주제로 열렸던 회의에서 암담한 미래를 명백한 사실로 인정하면서, 인간 종의 미래에 관한 자신의 신념을 밝혔다. "태양이 언젠가 꺼질 것이고, 지구는 잠든 채 얼어버리며, 모든 생명체도 이와 마찬가지일 것이라는 사실은 거의 확실하다. 그렇게 인류도 분명 사라지게 될 것이다.

---

* 그때 당시 다윈은 현대 우주론이 제공하는 미래의 초상이 아닌, 19세기 물리학이 제안했던 열역학 죽음을 생각하고 있었다. 찰스 다윈, 『자서전: 한 사람의 학자, 하나의 시대Autobiographie: un savant, une époque』, Paris: Berlin, 1985 참조.

이것은 모든 악몽 중에서 일어날 개연성이 가장 높다. 그럼에도 불구하고 나는 그것을 믿지 않는다. 왜냐하면 나는 세계가 하나의 방향을 가지고 있고, 인간도 운명을 가지고 있다고 믿기 때문이다. 세상이 얼수 있고, 태양은 소멸될 수 있다. 그러나 우리 자신의 내면 깊숙이에서는 소멸할 수 없는 무언가가 움직이고 있다."

모든 사람이 자신의 철학적인 신념에 따라 우주의 미래에 대해 물리학과 우주론이 함축하고 있는 것들을 다른 눈으로 본다는 것은 분명하다. 그렇기 때문에 이 암울한 전망 앞에서 패배감을 느끼고 싶지 않았던 일부 물리학자들은 미래의 우주에서 생명을 무한정 연장하기 위한 대안들을 연구했다.

프린스턴의 저명한 물리학자이자 20년 전에 과학적 종말론의 기초가 된 글을 저술했던 프리만 다이슨이 바로 그런 경우이다. 그는 원칙적으로 영원한 것들인 소립자와 전자, 양전자의 구름에 지성을 옮겨다 놓는 것을 상상했다. 또 심령체와 같은 존재들이 우주의 팽창과 냉각 리듬에 따라 자신의 온도를 하향 조절할 것이며, 영원히 살아남기 위해 점점 길게 동면 기간을 취할 것이라고 제시하기도 했다. 그는 다음과 같이 적으면서 자신의 글을 끝마치고 있다. "우리가 향해가는 미래가 아무리 멀다고 하더라도, 우리는 항상 새로운 것들의 전개, 탐구해야 할 새로운 세계, 새로운 정보, 언제나 삶을 위해 확장되는 영역, 또 의식과 기억을 발견하게 될 것이며, 우주의 한없는 풍요로움과 복잡성, 우주의 영원한 삶을 발견하게 될 것이다."*

---

* 프리만 다이슨Freeman Dyson, 「끝없는 시간: 열린 우주에서의 물리학과 생물학 *Time Without End: Physics and Biology in an Open Universe*」(시간과 시간의 신비들에 관한 제임스 아서James Arthur 강의 시리즈, NYU, 1978), 『현대물리학 리뷰*Reviews of Modern Physics*』, vol.51, pp. 447~60.

이 낙관론이 정당한 것인지는 확실하지 않다. 양자역학의 계산 가능성을 연구 틀로 삼는 최근의 작업들은 팽창하는 우주에서 생명과 지성을 무한히 연장하는 것은 불가능하다는 사실을 보여주었다……

우리를 둘러싼 경이로운 복잡성은 계속해서 영원히 존재할 것인가? 그것은 단지 사라질 것을 선고받은 숭고한 집행유예일 뿐인가? 오늘날 아무도 그 답을 모른다. 하지만 언젠가는 분명 그 답을 알게 되리라!

미래의 세대들에게

마지막으로 나는 1930년대 영국에서 철학 교수였던 올라프 스태플던의 책의 서문을 발췌하여 인용하고 싶다. 그의 책 『최후의 인간들과 최초의 인간들』에서, 그는 태양의 소멸까지 이르는 인류의 미래에 관한 이야기를 그려보고자 시도했다.

이것은 소설 작품이다. 나는 가능한 것으로 보이는, 아니면 적어도 완전히 불가능한 것은 아닌 인간의 미래에 관한 이야기를 만들고자 시도했다. 미래 소설은 단지 놀라움의 재미를 주기 위한 근거 없는 사색의 결과물로 보일 수 있다. 그렇지만 이 분야에서 잘 제어된 상상의 작업은 현재와 현재가 지닌 잠재성들에 관심 있는 정신에게는 매우 유용한 시도일 수 있다. 오늘날 우리는 인류의 미래를 파악하게 해줄 모든 가능성을 매우 신중하게 고려해보아야 한다. 이것은 우리에게 예비되어 있는 다양한, 종종 비극적인 운명에 익숙해지기 위해서뿐만 아니라, 우리의 가장 소중한 많은 이상이 더 진화된 영혼들에게는 유치한 것처럼 보일 수도 있음을 깨닫기 위해서이기도 하다. 그러므로 멀리 있는 미래를 상상한다는 것은 우주 공간에서의 우리의 위치를 확인하고 새로운 가치들을 만들어내기 위한 시도이다.*

여기서 20세기 초 과학자들은 현재의 물리학이 뿌리를 내리고 있는 두 원리, 즉 상대성 이론과 양자역학에 대해 무지했다는 사실을 강조할 필요가 있을 것이다. 가까운 미래에, 새로운 이론들은 아마도 미래에 대한 우리의 생각과 우리가 미래에 대해 품고 있는 이미지를 근본적으로 변화시킬 것이다. 따라서 스태플던은 미래 인류의 역사가 그 자신의 시대의 물리학 지식에 기초하여 씌어졌다는 것을 의식하고서, 계속해서 다음과 같이 적고 있다.

이 책이 언젠가 미래의 어떤 사람에게 발견된다면, 이 책은 분명 그를 미소 짓게 할 것이다. 왜냐하면 현재의 우리는 대부분의 미래 사건들을 예측하게 해줄 최소한의 지표도 가질 수 없기 때문이다. 근본적인 변화들이 곧, 심지어는 우리 세대가 지속되는 동안에도 이 글을 웃음거리로 만들 수 있을 것이다. 그러나 그런 것은 조금도 중요하지 않다. 오늘의 우리는 우리가 우주에서 우리 이외의 것들과 맺는 관계를 이해하기 위해 우리가 할 수 있는 만큼 노력해야 한다.**

나는 이 견해에 전적으로 동의한다. 나는 나의 책 『우리 우주의 미래

---

* 올라프 스태플던Olaf Stapledon, 『최후의 인간들과 최초의 인간들 *Last and First Men*』, New York: Dover Publications, 1968; 프랑스어로는 클로드 소니에에 의해 다음의 제목으로 번역됨. 『최후의 인간들과 최초의 인간들 *Les Derniers et les premiers*』, Paris: Denoël, 1972.
** *Ibid*.

Our Cosmic Future』의 결론으로 스태플던의 서문을 활용했다. 우주의 미래 그리고 미래의 우주 안에서 인간이 차지하는 위치에 대한 성찰은 21세기에 대한 성찰의 중요한 일부이다.

과학적인 물음
——의심과 확신

앙드레 브라이크

몇천 년의 시행착오 끝에, 인간은 마침내 도구들을 개발하는 데 성공하여, 우주에서의 인간의 위치에 관해 오래전부터 제기되어오던 커다란 질문들에 답할 수 있게 되었다. 우리는 누구인가? 우리는 어디로 가고 있으며, 어디에서 오는가? 과학의 괄목할 만한 진보는 단순하고 보편적이지만 매우 복잡하게 적용되는 소수의 법칙들에 의해 지배되는 합리적인 세계를 우리에게 드러내고 있다. 최근 몇십 년간, 특히 천문학과 생물학에서, 인간의 앎은 폭발적으로 증가했기에, 우리는 아직까지도 그것들이 실용적인 차원에서 가져올 결과뿐만 아니라 인간 개념 자체에 끼칠 중대한 영향들을 가늠하는 데 필요한 거리를 두지 못하고 있다. 과학적 사유의 발전사는 의심과 겸손, 엄격과 정직, 그리고 비판적 정신이 살아 있는 하나의 훌륭한 학교이며, 이것들은 모두 앎을 향한 열정을 뒷받침하는 최고의 덕들이다.

과학의 문화는 성찰하기를 거부하는 사람들과 거리를 두고, 광신도들의 '진리'와도 멀리 떨어져, 모든 시민에게 한층 더 널리 보급될 필요가 있다. 이렇게 해서 그들은 과학자는 무엇이 거짓인지를 밝혀낼 수 있다는 사실을 배우게 될 것이다. 모든 과학적 명제는 비판받기 위해 언표되기 때문에, 과학자는 어떤 경우에도 진리를 보유하고 있다고 주장할 수 없다. 과학 중 가장 오래된 것이면서도 가장 현대적인 것인 천문학의 예는 이를 잘 보여준다.

세계에 대한 과학적 접근 방식의 두 기둥—관찰과 이론

많은 사람은 확실한 것을 갈구한다. 그들이 정당과 종교, 혹은 어떤 부족 한가운데에서 찾는 것도 그와 같다. 그런데 과학적 절차를 이해하기 위해서는, 진보가 끊임없는 문제 제기로부터 비롯된다는 점을 반드시 알아야 한다. 하나의 명제는 그것이 틀릴 가능성이 있을 때에만, 달리 말해 누구나 그것을 검증하고 파기할 수 있는 것일 때에만 과학적일 수 있다. 두 손으로 잡고 있는 물체를 놓으면 떨어진다고 진술하는 것은 누구나 언제든 검증해볼 수 있는 사실이므로 과학적인 명제이다. 이 명제는 지구나 달 위에서는 참이지만, 우주 탐사선 안에서는 거짓이다. 한편, 나는 지난 7월에 유령이나 신의 현현을 보았다는 진술은 과학적인 명제가 아니다.

과학적인 절차를 지탱하는 것은 관찰과 이론이라는 두 개의 기둥이다. 해석 없이 세계를 관찰하는 일이 큰 이익을 가져다주는 것은 아니다. 하지만 관찰에 따르지 않거나, 실제 세계를 고려하지 않고, 세계를 원하는 대로 상상하는 것은 위험하다. 종교재판에서부터 나치 수용소나 시베리아 수용소에 이르기까지, 수 세기에 걸쳐 수많은 사람이 바로 이런 상상으로 인해 학살되었기 때문이다.

이성적 절차는 고대 그리스가 우리에게 물려준 것이다. 우리는 모든 원인은 결과를 낳고, 모든 결과에는 원인이 있다는 것을 안다. 불행하게도 그 시대에는 세계를 불완전한 것이라고 생각하는 많은 사람이 순수 사유를 위해 관찰을 무시했다. 관찰이 복권되기 위해서는 중세 시대까지 기다려야 했다. 16세기 말에 시작된 과학의 르네상스는 이 두 개의 접근 방식〔즉 이성적 절차인 이론, 그리고 관찰〕을 종합하여 근대 과학의 토대를 놓았다. 바로 이 시기부터 과학과 종교의 분열은 돌이킬 수 없는 것이 되었다. 나폴레옹과 그를 찾아가 행성들의 형성에 관한 자신의 새로운 이론을 소개했던 라플라스의 만남에 관한 일화는 이러한 상황을 압축적으로 잘 보여준다. "후작님, 당신의 이론에서 나는 신을 잘 보지 못하겠군요." 황제가 그에게 지적하며 말했다. "폐하, 그것은 저에게는 필요하지 않은 가정이옵니다." 그가 황제에게 대답했다.

이론적인 해석은 종종 새로운 관찰들을 통해 그 해석을 시험해볼 수 있도록 해주는 하나의 도구, 하나의 모형에 지나지 않는다는 것을 분명히 이해할 필요가 있다. 프톨레마이오스는 서기 150년에 행성들의 움직임을 설명하기 위해 지구 주위의 원환〔주전원(周轉圓)〕*들이 겹치는

---

* (옮긴이 주) 주전원épicycle. 코페르니쿠스 이전에 행성의 불규칙한 운동(또는 역행운동)을 설명하기 위해 고안한 원. 어느 원의 원주 위를 도는 점을 중심으로 하여, 다시 또 하나의 작은 원을 부여할 때, 이 작은 원을 주전원이라고 하며, 주전원의 원주 위를 도는 제2의 점의 운동을 주전원 운동이라고 한다. 주전원 이론은 B.C 2세기의 히파르코에 의해 처음 고안되었으며, 2세기 프톨레마이오스의 『알마게스트』에서 거의 완성되었다. 프톨레마이오스에 따르면, 우주의 중심에는 지구가 있으며, 태양계의 천체들은 달, 수성, 금성, 태양, 화성, 목성, 토성, 행성의 순으로 모두 지구의 주위를 돌고, 주전원 운동의 조합을 통해 천체의 운동을 설명할 수 있다고 여겨졌다. 그렇지만 점점 정밀해지는 관측이 제공하는 행성의 운동을 이 이론으로

것을 보여주는 모델을 고안했다. 13세기 파리 대학교의 교수였던 요한 드 사로보스코Johan de Sarobosco는 그 모델을 개선하기 위해 거의 30개 정도의 원환을 생각하기까지 했다! 이 주전원 모델은 틀린 것이었지만, 우연히도 미래의 목성의 위치 파악을 가능하게 했다.

그러므로 하나의 모델과 우리가 추구하는 진리는 분명하게 구분되어야 한다. 천체물리학자들은 모델이나 이론을 뒤엎는 데 많은 노력과 시간을 투자한다. 그리고 이렇게 비판과 검토를 통한 점근법(漸近法)에 따라 가망이 없는 길들을 제거하여 가장 정확하게 '세계의 실재'를 파악해낸다. 이 과정을 견뎌내는 모형이 우리에게 주는 확신은 단지 우리가 올바른 방향으로 가고 있다는 것뿐이다.

20세기의 천문학 혁명

천문학은 가장 오래된 학문이다. 왜냐하면 천문학은 아주 오래전부터 있어왔던 인간의 두 가지 주요 관심사, 즉 경작을 위한 달력의 필요성과 신들이 하늘에 살고 있다는 형이상학적인 생각에 부응하던 것이었기 때문이다. 오늘날 천문학의 발전은 적어도 다음의 세 가지 이유, 즉 문화적 · 실용적 · 경제적인 차원에서의 이유 때문에 매우 중요하다.

• 우리가 살고 있는 우주에 대한 이해는 역사, 지리, 음악, 미술과

정확하게 설명하기 위해서는 7개의 행성이 수백 개의 주전원을 타고 돌아야 하는 등 무리가 따랐다. 16세기 코페르니쿠스는 이 같은 발상을 전환시켜, 태양을 중심으로 놓으면서 이 체계의 복잡성을 제거했고, 지동설의 시대를 열었다.

마찬가지로 문화를 구성하는 중요한 요소이다. 천체물리학에 대해서도, 생물학에 대해서도 아는 바가 없다면 철학자가 어떻게 우주에서의 인간의 위치에 대해 말할 수 있겠는가? 우리의 기원에 대한 이해, 즉 최초의 원자가 출현한 이후 최초의 별이 등장했으며, 마침내 지구가 출현하고, 이후 우리가 처음으로 등장하게 된 역사에 대한 이해는 우리의 문화적 자산의 일부임이 분명하다. 또 지구의 진화를 지배하는 핵심적인 메커니즘에 대한 앎은 우리가 우리의 미래를 지켜내도록 노력하는 데 분명 도움이 될 것이다. 과학적 절차의 본성을 파악하는 것은 엄격함과 인내심, 지적인 정직함을 학습하는 원천이 된다. 불행히도 학교와 대중매체는 최근 몇 년 동안 있었던 지식의 빠른 발전에도 불구하고 진보한 과학의 현재 상태를 거의 반영하지 못하고 있다. 오늘날에는 단지 그때그때 일회적인 몇몇의 정보만이 확산되고 있으며 이 중 대부분은 본래 맥락에서 벗어나 있다.

· 우주 일반 그리고 특히 태양계는 실험실에서는 실현 불가능한 극한적인 온도와 압력, 밀도 등의 조건들이 유지되고 있는 굉장히 훌륭한 실험실이다. 천문학적인 관찰은 물질의 운동을 더 잘 알 수 있게 해주고, 그렇게 해서 물질을 더 잘 지배하고, 이용할 수 있도록 해준다.

· 유럽과 미국, 일본이라는 세계의 주요 열강들이 벌이는 경제 경쟁 속에서, 우주 공간에서의 활동은 핵심적인 역할을 한다. 왜냐하면 우주에는 발사된 우주 탐사선이 그 노정 중에 입을 수 있는 고장을 수리하기 위한 '정비소'가 없기 때문에, 우주선의 발사는 빈틈없는 기술적 안전성과 신뢰성을 요구하기 때문이다. 오늘의 우주 연구를 지배하는 것이 내일의 경제계의 패권을 보장한다.

새로운 과학기술의 출현과 우주 연구의 성장은 1960년대 이후부터 우리의 인식이 진정으로 전환되는 계기가 되었다.

우주 공간의 탐험

지구 대기권 너머로 인공위성을 쏘아 올림으로써, 우리는 천체들이 발하는 모든 광선에 접근할 수 있게 되었다. 지난 세기까지는 '가시적인' 빛만을 관찰할 수 있었지만, 오늘날 인간은 방사선, 자외선, 적외선, X선, 감마선까지 탐지할 수 있다. 지구의 대기는 해로운 광선으로부터 우리를 보호해주지만, 대신 우리가 전 우주를 관찰하는 것을 불가능하게 만든다. 그 너머로 나아갈 때, 우리는 우주가 당초에 상상했던 것보다 훨씬 더 풍요로우며, 다양하고, 활기에 차 있다는 사실을 발견하게 된다. 게다가 행성들의 주변과 그들의 위성들에 우주 탐사선을 보냄으로써 그때까지는 하늘에서 반짝이는 점에 불과했던 새로운 세계들을 발견할 수 있게 되었다. 우리는 이렇게 어떤 의미에서는 크리스토퍼 콜럼버스의 모험을 반복했지만, 이번에는 인간에게 다소 덜 위험한 편이었다. 이 우주선들은 멀리 던져진 우리의 귀와 눈과 같다. 우주 공간 위를 떠다닌다는 사실은 세계를 바라보는 우리의 시각을 완전히 바꿔버렸다.

나는 운 좋게도 **보이저 호**와 함께 태양계 탐사에 참가할 수 있었다. 우리는 탐사선을 매개로 이전까지 알려지지 않았던 세계들 앞으로 나아갈 수 있었다. 태양계 탐험은 천문학자들이 상상할 수 없을 만큼 훨씬 더 아름답고 풍요로웠으며, 다채로운 세계를 우리에게 드러냈다. 미란다*에 있는 절벽들의 기복은 27킬로미터 이상이며, 트리톤**의 간헐온천들은 높이가 8킬로미터 이상이나 된다. 화성의 화산들은 그 높이가 25킬로미터를 넘고, 위성의 끝에서 다른 끝까지 펼쳐져 있는 에우로페의 균열들***, 이오****의 화산이 내뿜는 그 높이가 300킬로미터를 넘는 증기의 위엄, 그리고 수많은 화려한 또 다른 별들은 태양계가 빚어내는 다채로운 절경을 제대로 보여주고 있다.

유럽과 미국이 공동으로 자금을 조달하고 있는 **카시니-호이겐스** Cassini-Huygens**호** 덕분에 내 동료들, 그리고 나 자신에게, 우리 시대의 모험은 계속되고 있다. 1997년 10월 15일에 항해를 시작한 **카시니-호이겐스 호**는 2000년 12월 31일 저녁에 목성의 상공을 비행했으며, 2004년 7월 1일에는 토성에 도달하게 될 것이다. 이 항해는 질소 대기권을 가진 티탄*****의 세계—일종의 '얼어버린' 지구—와 우리 지구를 비교하고, 우리 행성의 진화에서 기온이 하는 역할을 더 잘 이해할 수 있도록 해줄 것이다. **카시니-호이겐스 호**는 2011년까지 토성의 세계와 토성의 위성들, 그리고 토성의 고리 주변을 돌면서, 우리에게 이 흥미진진한 세계에 관한 정보들을 끊임없이 보내올 것이다.

---

* (옮긴이 주) 미란다Miranda. 천왕성의 제5위성으로, 천왕성의 주요 위성 가운데 가장 안쪽에 있으며, 가장 작다.

** (옮긴이 주) 트리톤Triton. 해왕성의 제1위성으로, 해왕성의 위성 중 가장 크다. 1846년 영국의 물리학자 윌리엄 러셀이 처음으로 발견했지만, 1989년 미국의 보이저 2호 탐사선이 이 위성에 3만 8,600킬로미터까지 접근하기 전에는 거의 알려진 바가 없었다.

*** (옮긴이 주) 에우로페Europe. 목성의 제2 위성인 에우로페는 다른 위성들과 달리 대기 없이 온통 얼음으로 뒤덮여 있다. 그렇지만 위성사진에서 보이는 진한 부분들과 균열들은 그 밑에 존재하는 다른 물질들이 비치거나 물이 틈을 통해 다시 솟아 얼음이 된 것이라고 추측하게 해준다.

**** (옮긴이 주) 이오Io. 목성의 제1위성으로, 목성의 4대 위성 중 가장 안쪽에 있다. 1610년 갈릴레오가 처음으로 발견했고, 1979년 보이저 1호의 근접 탐사로 인해 9개의 활화산이 있다는 것이 관측되었다. 지구 밖의 천체로서는 유일하게 활화산을 가진 것으로 알려져 있다.

***** (옮긴이 주) 티탄Titan. 토성의 제6위성으로 토성의 위성 중 가장 크다.

이성인가, 비이성인가?

20세기 후반기 동안 놀랄 만한 지식의 진보가 있었지만, 그럼에도 불구하고 이것이 우리의 현실을 은폐하지는 말아야 한다. 세상에 대한 비합리적인 접근 방식이 지나간 과거에 속한 것이라고 믿어서는 안 된다. 과학은 여전히 수많은 공격의 대상이고, 이러한 공격은 편협하고 광적인 몇몇 종교적 근본주의자의 전유물이 아니다. 과학적 절차의 본성을 이해하지 못하는 모든 사람은 과학을 깔보며, 과학을 배척하려는 경향이 있다. 과학이 우리가 가진 모든 해악의 원인이라고 생각하는 사람들, 비이성적인 것에 귀를 기울이는 사람들 혹은 더 나아가 세상에 대해 알지도 못하면서 장황하게 연설을 늘어놓는 사람들이 여기에 속할 것이다.

과학이 우리의 불행에 책임이 있을 것이라고 믿으면서 동시에 비행기로 혹은 자동차로 이동하고, TV를 보고, 전화를 걸고, 최고의 의료 서비스를 요구하며, 전기로 난방을 하거나 불을 밝히거나 하면서 사는 것은 너무도 역설적이다. 이는 문제가 과학 자체가 아니라, 오직 과학을 사용하는 인간들, 그러니까 시민들에게 있을 뿐이라는 점을 받아들이기를 거부하는 것이다. 한 희생자가 권총에 맞았을 때, 비난받아 마땅한 것은 총을 쏜 사람이지, 탄도학의 법칙이 아니다. 앎을 목적으로 하는 과학과, 과학의 적용을 목적으로 하는 기술을 혼동해서는 안 된다. 비록 이 둘 모두가 필수적인 것이라고 하더라도, 이 둘이 동일한 본성을 갖지는 않는다.

방사능에 대한 두려움은 비이성적인 태도의 또 다른 예이다. 지구의 표면이 생명을 출현시킬 수 있는 온도에 도달할 수 있었던 것은 바로 방사능 덕분이다. 방사능의 의학적인 활용은 수많은 사람의 생명을 구할 수 있게 해주었다. 그러나 원자폭탄이 불러일으키는 공포, 체르노빌의 대재앙을 일으켰던 소련 행정부의 그릇된 관행들이 불러일으키는 공포는 과학에 책임을 전가했고, 그러한 행동에 대해 책임이 있는 사람들에게는 책임을 묻지 않았다. 무색, 무취, 무미한 방사능은 1997년 미국에서, 거리낌 없이 스캔들을 폭로하는 선동적 언론 보도에 의해, **토성을 향해 카시니-호이겐스 호**를 발사하는 것에 반대하기 위한 항의 운동이 형성될 정도로 두려운 대상이 되었다. 이 로봇〔무인 우주선〕에는, 태양으로부터 15억 킬로미터 떨어진 곳까지 가는 데 필요한 에너지를 공급하기 위해서 작은 양의 플루토늄이 들어 있다는 것이 그 이유였다. 나는 지식에 목말라하는 인간들을 훨씬 더 진보시킬 이 우주선 앞에서, 너무도 터무니없는 이유 때문에, 기술적 진보의 첨단에 있는 나라에서 벌어지는 두려움으로 가득 찬 운동을 목격하고 깜짝 놀라지 않을 수 없었다. 이 특정한 문제에 한해서는 유럽인들이 좀 더 세련된 태도를 보였다.

다시, 미국에서 소란스러운 한 소수파는 모든 과학적인 접근 방식을 거부하고, 지구와 인류는 수천 년 전부터 있는 그대로 창조되었다고 생각하고 있다. 이 순수하면서도 비타협적인 반다원주의 단체들은 학교에 창조론 교육을 강요하기 위해 온갖 수단을 동원하여 활동을 펼치고 있다. 단지 몇몇 용감한 교육 단체만이 이 종교적인 광신도들에 대항해 싸우는 중이다. 그와 같은 운동은 미국처럼 기술적으로 진보한 나라도 반계몽주의로부터 안전하지 않다는 것, 무엇보다도 교육이 중요하다는 것을 보여준다. 유럽에서는 이 창조론 지지자들이 아직은 비밀리에 활동하고 있지만, 이 퇴행적 관념들이 대서양을 건너지 않도록 주의를 기울여야 한다. 베르톨트 브레히트의 경고를 잊어서는 안 된다. "더러운 짐승을 낳은 그 배는 아직도 아이를 낳을 수 있으니……"* 행성들이 대단히 불가사의한 것이었던, 그래서 초자연적인 힘을 부여받은 것이라고 여겨졌던 시대의 원시적인 암중모색은, 점성술, 그리고 '비행접시'와 같은 매우 어리석어 보이는 믿음들 속에서 존속하고 있다. 한 개인이 탄생하는 순간의 행성들의 위치는 그 사람의 미래에 엄격히 말해 어떤 영향도 미칠 수 없으며, 우리가 할 수 있는 일은 단지 그 탄생을 축복하는 것일 뿐임은 분명하다. 마찬가지로 수천 명의 천문학자는 같은 등급을 갖는 것으로 알려진 수천 개의 별 사이에서 완전히 새로운 별이 출현하는 것을 단 몇 초 안에 알아낼 수 있을 정도로까지 점점 더 정교해진 도구들로 하늘을 탐사하지만, 외계인이 우주선에서 내리는 장면은 한 번도 목격한 적이 없다. 그럼에도 불구하고 바로 천문학자들이야말로 가장 먼저 외계인이 존재할 수 있다고 믿고, 진지하게 외계인의 현존을 드러내는 징표들을 찾으며, 그들을 환영하기 위해 샴페인을 준비하는 사람들이다!

그보다 치밀하지만 마찬가지로 위험한 비이성적인 태도들도 있다. 가령 일부 철학자들은 우리는 참과 거짓을 구별할 수 없고, 우리를 둘러싸고 있는 세계는 환영에 지나지 않으며, 모든 이론은 서로 동일한 가치를 지닌다고 주장한다. 과학적 모험의 역사는 그 반대를 입증해준다. 좀 더 공감이 가는 다른 철학자들이나 사회과학 전문가들도, 그들의 견해들로부터 종종 얻는 바가 많기는 하지만, 그들이 이해하지 못

---

* 『아르투로 우이의 저지 가능했던 출세La Résistible ascension d'Arturo Ui』의 후기. 베르톨트 브레히트Bertold Brecht, *Aufhaltsame Aufstieg des Arturo Ui*, Berlin: Suhrkamp, 1968 참조.

하고 있는 과학의 용어들을 종종 문맥을 벗어나서 사용할 때면, 과학에 아무런 도움을 주지 못한다. 최근의 사례들*은 과학의 단어들이 경망스럽게 다루어질 수 없다는 것, 그리고 아무리 엄밀하게 다루어도 지나치지 않다는 점을 증명해주고 있다.

자신의 연구 분야에 중요한 기여를 해온 일부 과학자들도 이따금씩 사변에 빠져 원시 신화에 의지하기도 한다. 우리는 최초의 카오스에서 어떻게 저렇게 질서정연한 체계가 탄생하는지를 관찰하면서 날마다 감동한다. 그 체계가 행성들에 관한 것이든, 은하계에 관한 것이든, 생명에 관한 것이든 간에 말이다. 그런데 그렇다고 해서 거기에서 일말의 합목적성을 보아야 하는 것일까? 오늘날 합목적성을 확인시켜주는 것은 아무것도 없다. 나는 이 점과 관련하여 이미 17세기에 시라노 드 베르주라크Cyrano de Bergerac가 저서 『달나라 여행』에서 말했던 것을 인용하고자 한다. "거기에 참을 수 없는 인간의 오만을 덧붙여라. 인간은 자연이 단지 그들만을 위해서 만들어졌다고 확신한다. 마치 태양이 예전부터 오로지 그들의 모과 열매를 여물게 하고, 그들의 배추를 살찌우기 위해 빛나고 있었다는 것이 사실인 양 생각한다."

현대의 일부 과학자들이 어떤 값을 치르더라도 우주에 합목적성을 부여하고 싶어 한다는 사실은 그들이 지구 중심설과 그것이 양산했던 박해의 역사에 면역되어 있지 않다는 것을 보여준다. 그들은 자기들만의 방식으로 인간을 우주의 중심에 놓는다. '엔트로피와 안트로피'의 논쟁 속에서, 그들은 인간이 우주의 궁극적인 목표임을 암시하기 위해 별에서 지구로, 이어 지구에서 인간으로 갈수록 복잡성이 증가한다고

---

* 알렌 소칼Alan Sokal, 장 브리크몽Jean Bricmont, 『지적 사기*Impostures intellectuelles*』, Paris: Odile Jacob, 1997.

주장한다. 대단한 과대망상이 아닌가! 어떻게 약 200만 년 전에 지구 상에 출현했던 인간이란 존재가 우주의 거대한 설계도의 일부분이라고 생각할 수 있는가? 만일 그것이 사실이라면, 우리는 비웃으면서 우주가 그다지 효율적이지도 않고 빠르지도 않은 기계라고 지적할 수 있을 것이다. 여기에서는 디드로를 인용하는 것으로 만족하도록 하자. "우리는 결코 하늘이 무엇을 원하는지 혹은 원하지 않는지 알 수 없을 것이다. 아마 하늘 자신도 알지 못하리라."*

이성적 사유의 힘에 대한 열광이 물리학이 세계를 이끌어야 한다는 믿음으로 이어져서는 안 된다. 각각의 학문은 나름의 고유한 탐구 방법을 고안해내야 하지만, 결코 엄격함, 비판 정신, 사실들에 대한 절대적 존중을 잃어서는 안 된다. 과학적 절차를 특징짓는 것은 이러한 부분들이다.

20세기의 천문학자들이 우리에게 드러내 보여준 우주에 열광하고, 이성적 추론의 역량에 감탄한다고 해서, 이것이 곧 만사를 제쳐놓고 반(反)종교적인 사회운동에 착수해야 함을 의미하게 되는 것도 아니다. 과학과 종교는 현실적으로 서로 아주 멀리 떨어진 길을 추구하고 있다. 과학을 통해 신의 존재를 증명하려는 바람은 그 반대의 태도만큼이나 합리적이지 않다. 종교적 광신, 도를 넘어서는 포교, 근본주의, 다른 종교에 대한 거부만은 용납될 수 없다. 이 주제와 관련하여 나는, 가장 중요한 말은 관용이라고 믿는다. 우리가 지닌 모든 생각을 공유할 수는 없다고 할지라도, 우리는 타인의 문화와 독창성을 받아들여야 한다. 근대 과학의 여명기에, 과학자들이 기록된 텍스트들을 비판하고 그들

---

* 드니 디드로, 『운명론자 자크 *Jacques le fataliste*』.

의 분석 방법을 정교하게 가다듬을 수 있도록 하는 데 종교와 원시 신화들은 중요한 역할을 했다. 〔하지만〕 그 이후, 이 두 영역에서 제기된 물음들과 추구되는 목적들은 같지 않다.

어느 날 저녁, 태양계의 기원과 행성들의 탐사에 관한 강연을 막 끝낸 후, 나는 동일한 강연자에 의해 동일한 순간에 행해진 연설을 들었던 두 청자가 서로 완전히 상반되는 결론을 도출한 것을 보고 아주 놀랐다. 한 명은 매우 유쾌한 얼굴을 하고는 끝난 후 나를 찾아와서, 나의 강의가 그에게 신이 존재한다는 결정적인 확신을 주었다고 말했는데, 그에 따르면 이렇게 아름다운 우주를 지을 수 있는 것은 신뿐이었기 때문이다. 다른 한 사람은, 역시 유쾌한 표정으로 몇 분 뒤에 나에게 와서는, 나의 강연이 이 세계를 설명하기 위해 어떤 신도 내세울 필요가 전혀 없음을 증명해주었다고 털어놓았다. 그들의 지적은 나에게는 적어도 내가 편향적인 강의를 하지 않았다는 것과, 관용이라는 필수불가결한 덕이 그날 저녁에 통용되었다는 것을 보여주었다. 그러나 고백컨대 나는 그 두 반응 앞에서 당황하지 않을 수 없었다.

과학적인 접근 방식이 20세기에 창안된 것은 아니었다. 나는 주저 않고 기꺼이 세네카를 인용하겠다. 그는 거의 2,000년 전에, 혜성과 관련하여 자신의 논리를 그의 동시대인들이 가졌던 미신에 대립시켰다.

같은 것이 혜성들과 관련해서도 일어난다. 이 보기 드문 기이한 형태의 불꽃들 중 하나가 하늘에 나타나면 〔……〕 이 현상에 대한 공포를 확산시키고, 그것의 가공할 의미를 단언하는 사람들이 있다〔……〕. 혜성들은 주기적으로 자연에 의해 정해진 경로를 따라 움직인다〔……〕. 아주 드물게 세상에 그 장관을 드러내는 혜성들이 아직 우리의 엄격한 법칙에 지배를 받지 않는다는 것, 우리가 그것들이 어디에서 오는지 또 엄청난 간격을 두고 되돌아오는 이 물체의 도착 지점이 어디인지도 알 수 없다는 것에 대해 왜 그렇게 놀랄까? [……] 우리에게는 불가사의한 것이 시간에 의해 그리고 오랜 세월을 거쳐 축적된 연구들을 통해 밝혀지게 될 시대가 올 것이다[……]. 언젠가 혜성들이 하늘의 어느 부분을 떠도는 것인지, 혜성들은 왜 다른 행성들과 그렇게나 멀리 떨어져서 움직이는 것인지, 그것들의 크기는 어떠하며, 그것들의 특성이 무엇인지를 보여줄 사람이 나타날 것이다.*

나는 아직 많이 배우지 못한 젊은 학생들의 눈에는 과학이 다소 엄격하면서 복잡해 보인다는 것을 안다. 우리의 사회에서 점점 더 중요해지고 있는 과학의 역할을 고려할 때, 과학 문화를 발전시키고, 과학이 단순하며 아름답다는 것, 그리고 유용하면서도 매력적인 것이라는 사실을 알게 할 필요가 있다. 우리의 미래는 과학에, 그리고 특히 인문학적 지식과 자연과학적 지식 간의 균형에 놓여 있다. 인문학적 지식이 없는 과학자는 빈곤하다. 과학적 지식을 결여한 법학자와 문학가는 불구이다. 물론 오페라의 가수나 무용가의 경우가 그러하듯이, 어떤 전문 기술을 완전히 숙달하기 위해서는 상당한 노력이 필요하다. 그렇지만 과학적 성과들은 모든 이에게 영향을 미친다. 내가 보기에 우리의 미래를 더 잘 이해하기 위해서는 시민들이 과학적 절차의 중요성에 대해 인식하는 것이 중요한 듯하다.

---

* 세네카Seneca, 『자연의 의문들 Questions naturelles』, 7권.

우리의 기원에 관한 논쟁─창조 혹은 영원?

우리의 기원에 관한 물음은 언제나 인간의 정신을 따라다닌다. 그것은 세상의 기원, 신들의 기원, 종족들의 기원에 대해 언급하는 수많은 신화적 이야기를 낳았고, 오늘에 와서는 여러 과학적 연구의 중심에 있다. 태곳적부터 사람들은 우리의 세계가 끊임없는 변형들의 결과인지, 아니면 어느 날 갑자기 창조된 것인지에 대해 논쟁을 벌여왔다. 그러나 어떻게? 무엇으로부터? 회의주의자들이 말해온 바에 따르면 과거는 예측 불가능한 것이지만, 마침내 베일의 한쪽 끝이 막 벗겨지면서 20세기의 발견들은 그들을 거짓말쟁이로 만들었다.

인간들은 상상의 세계를 만들어내느라 몇천 년을 보냈다. 최근에 사람들은 변화했고, 실제 세계를 발견하기 위한 강력한 도구들을 갖추었다. 이 모험의 첫번째 교훈은 자연은 모든 인간을 합한 것보다 훨씬 더 상상력이 풍부하다는 사실이다. 두번째 교훈은 우리는 현재 관찰들을 통해, 상상적 세계에 부과된 수많은 제약 조건 덕분에, 일어나지 **않은** 일이 무엇인지를 안다는 것이다. 우리의 선조들은 환상을 품으면서 시간을 낭비했던 것일까? 아니다. 왜냐하면 그들의 시행착오가 땅을 개간했고, 우리가 새로운 개념을 형성하도록 도와주었기 때문이다. 우리의 선인들이 가졌던 생각과 교리에 대한 비판이 근대 과학을 낳은 것이다!

지구와 하늘, 태양과 별들은 언제나 존재하고 있었던 것일까? 그것들은 영원한가, 아니면 어느 날 갑자기 창조된 것인가? 인간은 이 물음을 수천 년 전부터 그리고 모든 대륙에서 제기해왔다. 아리스토텔레스는 시작도 끝도 없는 영원한 세계라는 생각을 처음으로 제시했고, 이 견해를 강력하게 옹호했다. 이러한 생각은 유일신이 세계를 창조했다고 믿는 기독교도의 매우 강한 주장과 반대되는 것이었다. 시초가 존재하느냐 혹은 존재하지 않느냐에 관한 논쟁은 수 세기 동안 격렬하게 진행되었고, 13세기 파리 대학교 내의 극도로 첨예한 대립, 그 한가운데에 있었다. 파리 대학교는 당시 지식과 배움에서 세계의 중심이었다. 이 언쟁은 몇 세기 후에 코페르니쿠스나 다윈의 이론을 둘러싸고 등장했던 논쟁들만큼이나 활기 넘치는 것이었다.

우리의 기원을 탐색하는 것은 전형적인 과학의 주제이지만, 그럼에도 불구하고 형이상학이 물리학에 앞서 이것을 독점했다. 보편적이라고 자처했던 세계의 모든 종교와 사상 체계들은 창조의 역사를 제시했다. 수 세기 동안 모든 광신과 모든 종교적 편협함의 대상이었던 이 탐색은 동시에 인간의 천재성을 보여주는 놀라운 증거이기도 하다. 그러나 그와 같이 모든 것을 설명해내려는 오만함이 단지 종교에만 해당되는 것은 아니었다. 역사를 따라가다 보면, 우리는 우리의 기원을 두고 벌어지는 관념적인 언쟁들 속에서 종종 당대의 사회-경제 체제의 갈등을 재발견한다. 프랑스와 영국이 세계에서 우위를 점하던 150년 이상 동안, 프랑스 학교와 영국 학교는 행성들의 형성에 관하여 서로 대립되는 견해를 가졌었다. 1945년과 1990년 사이에 일어난 논쟁은 두 이론에 집중된 것이었는데, 하나는 미국 학파의 이론이었고, 다른 하나는 소련 학파의 것이었다!

우리의 기원에 관한 연구는 주로 천문학자, 물리학자, 화학자, 수학자, 광물학자, 지구물리학자들의 관심거리임에도 불구하고, 그것의 철학적·사회학적 함의가 너무도 대단한 까닭에, 계속해서 열정을 불러일으키며 이따금씩 논쟁을 만들기도 한다. 과학자들 사이에서조차 논의들은 수없이 많다. 가능한 탐험의 경로도 너무나 다양해서, 많은 저자는 일부러 서로를 모른 체하기도 한다. 우리들의 기원에 관한 물음에 바쳐진 글들을 검토하다 보면, '전문 기술자'보다 더 많은 '철학자'를 그리고 때때로 물리학보다 더 많은 형이상학을 발견하지만, 상황은 바뀌고 있는 중이다. 우주 공간에 대한 연구, 관찰과 분석 수단의 발달이 제공하는 도구들은 매우 고성능으로 발전하여 우리는 지식 획득의 역사에서 진정한 혁명을 체험하고 있으며, 어느 누구도 더 이상 관찰과 모델을 통해 부과된 제약 조건들을 간과할 수 없게 되었다.

이제 우리에게는 지구, 달, 태양, 별, 그 밖의 하늘에 있는 물체들은 과거의 어느 날 형성되었으며, 진화해왔다는 것이 분명해 보인다. 우리가 지닌 선입견과 기호가 어떤 것이든, 우리는 반드시 관찰한 사실들을 따라야 한다. 과학은 이 점과 관련하여 인간들에게, 그가 정치인이든 지도자이든 혹은 명령을 수행하는 사람이든 간에 겸손해야 한다는 훌륭한 가르침을 준다. 순수 사유, **선험적** 관념, '위대한 경전들'은 그다지 대단한 유용성을 갖지 않는 것으로 드러났으며, 창조 신화의 진실성을 열렬히 믿기 위해 명백한 사실을 등한시하는 맹목적인 애착은 종종 걸림돌이 되고 있다. 반대로 이 **선험적인 것**에 대한 비판적인 분석, 그리고 특히 관찰한 사실들 간의 대조는 생산적인 것으로 드러났다.

우리의 기원에 대한 탐구의 모든 역사는 수 세기에 걸친 예견과 망설임, 난관들의 연속이다. 이것들은 종종 결정적으로 관찰의 제약을 결여하면서, 몇몇 인상적인 진보와 함께한다. 폴 발레리가 말했듯이, "형이상학이 많으면 많을수록, 반대로 물리학은 점점 줄어들며 그 반대도 마찬가지이다!"

우리의 기원이라는 문제는 거대한 퍼즐을 다시 짜 맞추는 것과 비교할 수 있다. 특히 20세기 마지막 10년간 있었던 우주 공간의 탐험, 태양계 최초의 순간들에 대한 수많은 정보의 도움을 받아, 마침내 끈기 있게 조각들을 다 모음으로써, 과학자들은 지구의 형성에서 다섯 개의 주요 단계를 역추적할 수 있게 되었다. 최초의 성운으로부터 생겨난, 매우 뜨거웠던 원시 태양은 안으로 무너져내리면서, 그 주변 지대들이 가스 원반을 형성했다. 먼지 원반이 이 첫번째 단계에 이어 형성되었으며, 이어서 크기가 약 1킬로미터 정도 되는 물체인 미행성체들이 한데 모여 수백 킬로미터 정도 되는 천체인 원시 원반을 형성했다. 현재의 태양계와 유사한 행성 원반이 다섯번째 단계로 등장했다. 이 다섯 단계라는 큰 선들에 대해서는 과학자들 간에 어느 정도 합의가 된 상태이지만, 진화와 하나의 단계에서 다른 단계로 이행하게 하는 연결 고리에 관한 세부 내용들에 대해서는 첨예한 논쟁이 여전히 이어지고 있다.

우리의 기원에 관한 이러한 설명이 확고부동한 하나의 교리가 아니라는 것을 확실하게 알아야 한다. 그것은 비판받을 수 있고, 관찰과 대조에 열려 있는 하나의 도구이다. 과학자의 역할이란 도구들을 가져다 주고, 그것들을 시험해보는 것이다. 과학자는 결코 하나의 견해를 강요하거나, 자신이 진리를 붙들고 있다고 믿어서는 안 된다.

이 도구들 중의 하나로, 오늘날 우리는 별들이 여러 세대에 걸쳐 충분한 원자들을 생산해내지 않았다면 지구와 행성들이 등장할 수 없었을 것이란 사실을 알고 있다. 몇십억 년 전에는, 수소와 헬륨의 양이 이 행성들이 나타나기에는 충분치 않았을 것이다. 그러므로 태양계의 나이가 45억 6,000만 년인 것을 고려하면, 행성들 그리고 지구상의 생명이 출현하고 진화하기 위해 시간이 필요했다. 공무원이 나에게 나이를 물어볼 때면, 나는 "60억∼120억 년 사이, 나의 원자들이 만들어지고 있던 시기 어디쯤입니다. 그 나머지가 나의 사적인 삶에 속합니다"라고 대답한다. 우리는 모두 시간의 자손들이다!

지구를 더 잘 파악하기 위한 행성들의 탐사

궁극적인 목표 중의 하나는 지구를 더 잘 파악하는 것이다. 천문학자는 물리학자가 실험실 안에서 하듯 우리의 행성 위에서 실험해볼 수 없다. 지구가 어떻게 움직이는지를 알아보기 위해 지구를 둘로 나누어보고, 데워보고, 지구에 충격을 가하거나 지구의 구성을 변화시킨다는 것은 생각할 수 없는 일이기 때문이다. 우리는 지구보다 더 크거나 더 작은, 혹은 더 뜨겁거나 더 차거나 한 행성들을 관찰함으로써 각각의 물리적 요소가 하는 역할을 파악할 수 있을 것이다.

20세기 말의 위대한 모험인 행성 탐사는 비교를 통해 지구의 진화를 지배하는 메커니즘을 파악할 수 있도록 해준다. 우리는 지구의 온실효과를 더 잘 알아보기 위해, 온실효과가 아직 진행되지 않은 화성에서 무슨 일이 일어나는지, 또 온실효과가 극도로 활발한 금성에서 무슨 일이 일어나는지를 연구할 수 있다. 위성과 행성들의 표면에는 셀 수도 없을 만큼 많은 화산이 산재해 있다. 비교를 통해서, 그것들은 지구의 화산의 진화를 좀 더 일반적인 어떤 현상의 특별한 경우로서 더 잘 파악할 수 있게 해준다. 대기의 비교 연구는 지상의 기상학과 기후학을 진보하게 할 것이다.

우리는 태양계 탐험을 목격한 최초의 세대라는 행운을 가졌다. 우리가 얻은 첫번째 교훈은 풍경들과 현상들의 다양함이다. 자연은 가장 명석한 이론가들이 상상할 수 있는 것보다 훨씬 더 풍요롭다! 지금 우리의 지면으로는 최근의 몇 년 동안 우리의 이웃 행성들이 우리에게 드러내 보여준 산과 협곡들, 화산과 단층들, 분지와 평지들, 급사면과 간헐온천들, 분화구와 거대한 광경이 펼치는 다채로움을 가로질러 여행을 시작할 공간이 부족하다. 우리는 지금 수만 개의 사진에 감탄하고 수백만 개의 관찰을 살펴볼 수도 있다.

나는 어느 만화가가 상상한 작은 일화로 이 글을 끝마치고 싶다. 그는 달을 바라보고 있는 선사시대의 두 여인을 그리고 있다. 첫번째 여인이 두번째 여인에게 말한다. "이봐, 언젠가 남자들〔사람들〕이 달 위를 걷게 될 거야." 두번째 여인이 첫번째 여인에게 응수했다. "너는 그걸 믿니?" 첫번째 여인이 다시 덧붙였다. "그리고 그런 일이 일어나는 동안, 우리가 권력을 갖게 될 거야!" 이것이 바로 정확히 20세기 말에 일어난 일이다. 사람들〔남자들〕은 달에 가며, 선진국에서는 여성들이 마침내 당연히 가져야 할 지위를 갖게 되었다. 천문학 연구가 거의 진전되지 않고 있는 나라들에서 여성들의 사회적 상황이 보잘것없다는 사실은 주목할 만하다. 이 작은 일화는 그저 과학 문화가 사회의 올바른 행보에서 중요한 역할을 한다는 사실을 일깨우기 위한 것일 뿐이다.*

---

* 여기에 소개된 견해들에 대한 좀 더 완벽한 정보들은 『태양의 아이들 *Enfants du soleil*』(Paris: Odile Jacob, 1999)이라는 저작에서 찾을 수 있다. 위에 소개된 글의 일부분은 이 책에서 발췌한 것이다.

결론

——미래의 윤리를 향해서?

제롬 뱅데

우리는 "가치들은 어디로 가는가?"라고 자문했었다. 우리는 우리의 성찰들을 따라, 미래의 큰 윤곽들이 그려지는 것을 보았다. 이 윤곽들이 가능할 수는 있지만, 그것들 모두가 반드시 바람직하지는 않다. 바람직한 미래, 또는 다채로운 인간사회에 어울릴 법한 바람직한 미래들은, 인류에게 인간다운 내일을 제공해야 하는 미래들이다. 가치들이 어디로 가는지를 질문할 때, 우리는 다음의 물음을 피할 수 없을 것이다. 우리는 가치들로 무엇을 할 것인가? 미래를 준비하기 위해서는 미래를 위한 윤리, 시간의 윤리가 필요하다.

그런데 인간들의 사회는 시간과의 잘못된 관계로 인해 고통을 받고 있다. 우리의 사회가 중대한 모순으로 곤란을 겪고 있는 것이다. 인류의 사회는 생존하고 번영하기 위해, 점점 더 자신을 미래로 기투projeter 해보아야 한다. 그러나 우리에게 기획projet은 점점 더 부족해지고 있다. 어떤 이들은 **기투와 기획 간의 반목**을 언급하기도 했다. 이 반목은 점점 심화되어가는 경향이 있다. 한편으로는 장기적인 표상과 사유의 거대 도식들이 무너진 것처럼 보이고, 다른 한편으로는 세계화와 과학 기술의 출현이 사회에 '실시간'의 논리, 단기적 시야를 강요하고 있는 까닭이다. 자금과 대중매체의 논리가 헤게모니를 장악하고, 민주사회에서의 정치적 결정들은 다음 선거를 염두에 두고 조정되며, 인도주의적 행위가 지나칠 정도로 중요시되면서도 정작 개발 원조는 쇠퇴하고 있다. 군주들이 "나 다음에야 무슨 일이 일어나든 무슨 상관이랴"식의 태도를 취하기 위한 변명거리였던, 이 즉각성의 폭정에는 긴급성의 폭정이 상응한다. 이와 함께, 집단적 기획이란 관념에 대한 언급들은 점점 더 빨리 소멸되고 있다. 우리는 더 이상 장기적 전망 속으로 우리 자신을 기투하지 못한다. 이러한 관점에서 긴급함은 시간을 파괴하고, 유토피아를 불법화한다. 시간은 순간에 의해 폐지된 듯하다. 오늘날의 인류는 도처에서 내일에 있을 인류의 행복과 안정, 때로는 생명까지 위협하면서, 그들의 권리를 가로채고 있다.

긴급함의 논리는 일시적인 대책이기는커녕, 영속적인 것이 되고 있다. 그 논리는 즉각적 결과를 요구하는 명령을 집단적 행위의 원칙으로 승격시키면서, 모든 사회적 절차에 스며들고 있다. 그렇게 긴급 대책을 사용한다고 해서 장기적 문제들의 해결에 이르게 될까? 세계적 차원의 문제들에 대한 다국적 대처에서, 인도주의적 활동들의 실패와 국제 공동사회가 얻어낸 초라한 결과들은 그 반대를 입증해주는 것 같다.

그렇다면 **세계화**globalisation**의 시대에 시간을 어떻게 재건할 수 있을까**? 어떻게 장기 시간을 복권시킬 것인가? 벨기에의 철학자 프랑수아 오스트François Ost가 지적했듯이, 미래를 포착하는 것에 맞서는 두 개의 장애물이 있다. 첫번째 장애물은 **사회 계약적인 윤리 모델의 지배**이다. 이 모델은 단지 상호적 조항들에 근거한 교환관계에 참여하는 거의 동등한 주체들 간의 의무만을 만들어낸다. 반면 미래의 윤리라는 관점에서 볼 때, 문제가 되는 것은 '우리와 완전히 비대칭적인 관계를 맺고 있는 미래의 주체들에까지 윤리 공동체를 확대하는 것'이다. 두번째 장애물은 이 시대가 지닌 '시간적 근시안'이다. "이것은, 심지어 가까운 과거까지도 잊어버리는 기억상실인 동시에 합리적인 미래 속에 우리를 기입할 수 없는 무능력으로 나타난다." 미래의 윤리의 1차적 요소들을 제시함으로써, 이 두 장애물을 극복할 방법들에 대해 성찰해야 할 필요가 있다.*

시간의 재건은 또한 사회 활동가들과 결정권자들이 '순응하거'나 '적응하는' 것을 그만두고, 미리 생각하고, 앞질러 갈 것을 전제한다. **21세기는 전망적인 것이 되거나 그렇지 않으면 아예 존재하지 않을 것이다.** 예방하기 위해 예견하는 것, 그것이 목표이다. 왜냐하면 하나의 생각이 공표된 뒤 그것이 실현되기까지의 기간은 대부분 너무 길기 때문이다. 하나의 정책은 최소한 한 세대, 심지어 여러 세대가 지나고서야 완전히 결실을 맺는 경우가 많다. 결국 중단기적 계획들이 이미 '궤도에 오른' 상황에서, 점점 더 미래 세대의 운명은 장기적 시각과 현재의 결정들을 연결하는 우리의 능력에 달려 있게 될 것이다. **그러므로** 정부들, 국제조직들, 학문협회들, 사적 부문, 사회 활동가들에게, 그리고 우리들 각자에게는, **예측하고 미래를 전망하는 능력이 가장 중요하다.**

그런데 위그 드 주브넬이 주목하고 있는 것처럼 사람들은, 특히 서양에서 변화가 점점 더 가속화되고 단절적 요인들이 늘어난다는 점을

---

* 제롬 뱅데Jérôme Bindé, 「미래의 윤리, 왜 잃어버린 시간을 되찾아야 하는가?L'éthique du future. Pourquoi faut-il retrouver le temps perdu?」, 『퓌튀리블*Futuribles*』지, Paris, 12월, 1997.

근거로 미래는 점점 더 예측 불가능해진다고 주장한다. 그리고 이들은 이로부터 유연성만이 중요하다고 결론짓는다. "이렇게 해서 사람들이 점점 '그때그때'의 문화에 대립시키는 것은 〔……〕 장기 시간의 문화이다. 그럼에도 불구하고 이 장기 시간의 문화는 참다운 발전 전략들이 가동될 수 있는 유일한 틀로서 남아 있다."* 그러므로 미래의 윤리를 세우기 위해서는, 유연성을 절대적 원리로 승격시키고 미래에 관한 전망을 거부하는 태도에 좌우되는 경영 방식들을 재검토하는 일이 필요하다.

그러나 더 멀리까지 가야 한다. 만일 우리가 제때에 행동하지 않는다면, 미래 세대들에게는 대처할 시간이 전혀 없게 될 것이다. 그들은 통제권을 벗어난 과정들의 포로가 될 위험에 처하게 될 것이다. 급격한 인구 증가, 지구 환경의 파괴, 선진국과 개발도상국 간의 격차, 심지어는 같은 사회 내에 존재하는 격차, 사회적 **아파르트헤이트**, 증가하는 마피아의 영향력 등이 이러한 과정들에 속해 있다. 내일은 언제나 너무 늦다. 예를 들어보자. 지구촌 정상회의가 있은 지 12년이 지난 후, 온실효과를 일으키는 가스 감축에 관해 교토 정상회의에서 있었던 소심한 진전과 그 후에 이어졌던 회의들을 제외하면, 의제 21은 결국 죽은 문서로 남아 있다. 얼마나 오랫동안 우리는 무위(無爲)하는 호사를 누릴 수 있을까? 사람들은 나태함과 미래 윤리의 부재에 대해 치러야 할 대가를 계산해봤을까?

미래의 윤리를 세우기 위해서는 **가치들의 미래 연구**가 시작되어야 한다. 왜냐하면 가치들은 응고된 유산과는 거리가 먼 것, "어떤 유언장도 앞세우지 않는 상속"(르네 샤르), 따라서 운동 속에서 미래를 향해

---

* 위그 드 주브넬Hugues de Jouvenel, 「장기 시간의 차원과 공공의 결단Dimension du long terme et décisions publiques」, 『퓌튀리블Futuribles』지, Paris, 1997년 1월, 216호, p. 3.

있는 상속이기 때문이다. 폴 리쾨르가 지적했듯이 "가치들이 자리한 곳은 [……] 어떤 하나의 역사 공동체가 지닌 견고한 확신들과 끊임없는 재평가들 사이의 중도이다. 이 재평가는 새로운 문제들의 부상과 맞물린 시대적 변화와 상황적 변화들이 끊임없이 요구하는 것이다."

이 문제에서 결정적인 역할을 하는 것은 세 개의 진화이다. 첫번째는 **책임의 시간 이동**이다. 리쾨르에 따르면 "지금까지 사람은 오직 그의 과거 행위들에 대해서만 책임을 질 수 있다고 생각되어왔다[……]. 『책임의 원리』에서의 한스 요나스는, 반대로 **먼 미래를 향한 책임**을 고안해낸다. 우리가 의지해온 것은 본질적으로 깨지기 쉬운 어떤 것" 그리고 소멸될 수 있는 것, 즉 삶, 지구 또는 국가이다. 국가는 소멸될 수 있기 때문이다. 국가의 생존은 우리에게 달려 있다(한나 아렌트). 사실상 어떤 제도적 체계도 "다 함께 살려는 의지가 뒷받침되지 않는다면 생존할 수 없다[……]. 이 의지가 무너질 때, 모든 정치조직은 급속도로 해체된다."*

불확실성에 기초한 **예방 원칙**의 국제적인 부상이 중대한 진화를 구성하는 두번째 요소이다. 실제로 모든 전망은 예측 불가능한 것, 불확실한 것, 그렇기 때문에 위험을 관리하는 것이다. 프랑수아 에발드에 따르면, 예방에 관한 새로운 패러다임은 "과학과 맺는 관계가 근본적으로 뒤집어졌음을 보여준다. 이 새로운 관계 속에서 과학은 그것이 제공하는 지식들과 관련해서라기보다는 그것이 암묵적으로 불러일으키는 의심들로 인해 문제시된다. 도덕적 의무는 여기서 윤리학의 형태를

---

* 폴 리쾨르Paul Ricœur, 「국가는 근본적으로 소멸하는 것이다La cité est fondamentalemant périssable」, 『르 몽드 *Le Mond*』지에 발표된 로제 폴 드루아Roger Pol Droit와의 대담(1991년 10월 29일).

띤다."*

 세번째 진화는 다음과 같다. 즉 이제는 **세습되는 유산**이 끊임없이 그 외연을 확장함으로써, 미래 세대에 대한 인류의 책임을 정초한다는 점이다. 유산은 단순한 과거의 유증물이었다. 그러나 이제 그것은 결국 모든 문화와 자연을 하나로 잇는다. 그것은 더 이상 비석에 그치지 않고, 비물질적 · 상징적 · 윤리학적 · 생태학적, 또 유전학적인 유산을 아우른다. 그것은 타자와의 관계를 규정하는 요소가 된다. 타자가 공간상의 타자라면, 그것은 세습되는 유산이 인류 모두의 것이기 때문이다. 또한 타자가 시간상의 타자, 즉 미래의 세대들이라면, 그것은 인류가 역사를 가로지르는 주체이기 때문이다. 마르틴 레몽-구이우에 따르면, "그러므로 유산의 기능은 대상들과 가치들을 전달하고 영속화하는 것이 아니다. 그보다는 전달을 위한 도약을 창조하고, 세대 간의 연대에 역동적 의미를 확립하는 것, 즉 인류의 영속화에 **의미를 부여하는 것**, 인간에게 살아야 할 이유를 주는 것이다."**

 21세기의 윤리를 세우는 일은 에드가 모랭이 환기시켰듯이, 이와 같은 '사유의 개혁'을 요구한다. 블레즈 파스칼은 예리한 선견지명으로 정확하게 보았다. "올바르게 사유하도록 노력하는 것, 바로 이것이 도덕의 원칙이다."*** 그와 같은 개혁은 또한 **사유와 행위의 관계들에 대한 개혁**을 전제하는데, 이것은 예를 들면 인류 "공통의 법"(미레유 들라마-마르티)을 향한 진보와 같은 것에 기초해야 한다. 프랑수아 오스

---

* 프랑수아 에발드François Ewald, 「예방의 철학Philosophie de la précaution」, *L'Année sociologique* 46, 2호, 1996.

** 마르틴 레몽-구이우Martine Rémond-Gouilloud, 「세습되는 유산의 미래L'avenir du patrimoine」, 『에스프리*Esprit*』, 1995년 11월, 216호, pp. 59~72.

*** 블레즈 파스칼Blaise Pascal, 「철학자들Les philosophes」, 『팡세*Pensées*』, VI, 347〔63〕.

트에 따르면 "과거와 미래 간에 살아 있는 관계가 결여된다면, 전통을 참조하는 모든 행위는 신경질적인 이데올로기적 반응이나, 더 나아가 역행적 근본주의로 나타날 수밖에 없다. 그러는 동안 내일을 위한 계획의 수립은 이제는 단지 유토피아를 평가절하는 형태로만 주어지게 된다."*

그런데 폴 리쾨르가 환기시키고 있듯이, "순수하게 유토피아적인 기대라는 유혹에는 저항해야 한다. 그런 기대들이 할 수 있는 것이라고는 단지 행동을 좌절시키는 것뿐이다〔……〕. 기대들이 **책임 있는 참여**를 낳을 수 있기 위해서는 한정된 것, 따라서 유한하고 상대적으로 겸손한 것이어야 한다." 에두아르도 포르텔라는 유토피아의 유언장을 작성하기에 적절한 말들을 찾아낼 수 있었다.** 그러나 리쾨르가 암시하고 있듯이, "**기대의 지평선이 멀어지는 것을 막아야 한다. 중간 계획들을 단계적으로 실행해나가면서** 그 지평선을 현재 가까이로 가져와야 한다."

동양, 서양, 그리고 남반구에서 정치의 위기는 대체로 '미래의 위기'와 그것의 점증하는 해독 불가능성과 일치했다.*** 정치는 일단 무엇보다도 **시간을 조직화하는 것**이라는 점을 떠올려야 할 때가 되었다. 왜냐하면 "정치적 인간 본연의 업무"는 "미래이며 미래에 대한 책임"이기 때문이다(막스 베버). 라인하르트 코젤레크Reinhart Koselleck가 "경

---

* 프랑수아 오스트François Ost, 「계약에서 양도로: 동시적인 것과 연속적인 것Du contrat à la transmission: le simultané et la successif」, 『21세기의 환경L'Environnement au XXIᵉ siècle(Actes du colloque de Fontevraud)』, Paris: Germès, 1996.

** 유네스코의 철학과 인문과학 분과, 미래전망 분과에 의해 조직된 '21세기의 대화'의 첫번째 선집인 『21세기의 실마리 Les Clés du XXIᵉ siècle』(Paris: Seuil-Édition UNESCO, 2000)를 보라. 이 선집은 영어로는 Keys to the 21st Century(Berghahn Books-UNESCO Publishing, Cambridge, New York, 2001)란 제목으로 출간되었다.

*** 이 마지막 지적과 관련해서는 마르셀 고셰Marcel Gauchet의 『세계의 탈마법화Le Désenchantement du monde』(Paris: Gallimard, 1985)를 보라.

험의 공간"과 "기대의 지평"이라고 불렸던 것 사이의 관계를 재구축해야만 할 것이다.

그렇다면 현재 세대에 대한 연대와 미래 세대에 대한 연대를 대립시켜야 할 필요가 있을까? 관대함은 쪼개지지 않는다. 제3세계와 제4세계의 소외된 사람들에 대한 배려의 부족은 동전의 앞면이고, 미래의 세대들에 대한 망각은 동전의 뒷면이다. 미래의 윤리는 근본적으로 시간의 윤리이며, 이는 미래뿐만 아니라 현재와 과거도 복권시킨다. 미래의 윤리는 무기한 연기되는 미래**에서의** 윤리가 아니다. 그것은 **지금 여기**의 윤리, 그래서 나중에도 여전히 지금과 여기가 있도록 하기 위한 윤리이다.

리쾨르가 강조하고 있는 것처럼 "우리 뒤에는 미완의 계획들, 지켜지지 못한 약속들이 너무나도 많기 때문에, 우리는 이 무수한 상속들을 되살려냄으로써 미래를 세우게 될 것이다."* 구성되고 있는 중인 전 지구적 국가 속에서, 우리가 시간에 시간을 다시 주게 되는 경우는, 오직 전망적 목표, 정치적 의지, 시민들의 참여를 장기적인 계획들의 확정과 실행에 긴밀하게 연결시킬 때뿐이다. 왜냐하면 막스 베버에 따르면 "만약 세계 속에서 사람들이 불가능한 것을 언제나 계속해서 다시 시도하지 않는다면, 가능한 일은 성취되지 않을 것"이기 때문이다.**

만일 우리가 이 21세기의 입구에서 시간과 맺는 관계를 근본적으로 바꾸기를 원한다면, 시인과 예언가의 말에 귀를 기울여야 할 것이다. 앙리 미쇼가 뭐라고 말했던가? "속도를 늦추면, 우리는 사물의 맥박을

---

* 폴 리쾨르, 「국가는 근본적으로 소멸하는 것이다」, *loc. cit.*
** 막스 베버Max Weber, 『학자와 정치*Le Savant et le politique*』, Paris: La Découverte-Poche, 2003.

느낀다. 우리는 존재한다, 우리에게는 시간이 있다. 우리는 늦춰짐 자체이다."* 이렇게 해서 우리는 어쩌면 선인의 지혜를 재발견하게 될 것이다. 그것은 시간 안에 거주하는 것이다. 그것은 『잃어버린 시간을 찾아서』**의 저자가 우리에게 권유했던 것처럼, 잃어버린 시간을 되찾는 것이다.

---

* 앙리 미쇼Henri Michaux, 「늦춰짐La ralentie」, *Œuvres complètes*, 1, Paris: Gallimard, "Bibliothèque de la Pléiade," 1998.
** 마르셀 프루스트Marcel Proust, 『잃어버린 시간을 찾아서*À la recherche du temps perdu*』, Paris: Gallimard, "Bibliothèque de la Pléiade," 1990.

가치들은 어디로 가는가?—진행 중인 물음

이 책의 원래 제목은 "가치들은 어디로 가는가?"이다. 우리가 살아가는 세계를 진단하고 전망한다는 의도에서 유네스코가 기획한 '21세기의 대화' 연속 강연을 엮은 이 책은 2001년 프랑스어로 먼저 출간되었고, 2004년 '가치의 미래'라는 제목을 달고 영어로 번역되어 나왔다. 여기 한국에서는 2008년에 번역되었으니, 그간의 세월 속에 일어났던 변화들과 숨 가쁘게 이어졌던 우리의 삶을 감안한다면 늦어도 한참 늦은 것일지 모른다. 하지만 이 책에서 제공되는 대답들보다 그 대답 배후에서 여전히 자신의 존재를 알리는 이 근본 물음에 귀를 기울인다면, 이 책이 여전히 현재진행형임을 알 수 있을 것이다.

이 책에 실린 54편의 글은 모두 그만큼의 상이한 관점들 속에서 변형되고 굴절된 이 물음의 현재적 울림들이며, 이 책을 읽는 독자라면 누구든 이제 이 물음이 각자의 관점에서 새로운 현재들로 탄생할 차례임을 깨달을 수 있다. 이 때문에 이 책은 완결되지 않은 채로, 마지막

장을 개방해놓은 하나의 커다란 물음표로 남아 있다. 이미 훌륭한 서론과 결론을 갖춘 이 책에 번역자들이 감히 약간의 군말을 붙여야 한다면, 바로 이 물음표를 강조하기 위해서이다.

그러니 이제, 우리에게도 이름이 친숙한 이들을 포함하여, 다양한 학자들이 모여 미래에 대한 전망을 개진했던 이 강연들을 꿰뚫고 있는 "가치들은 어디로 가는가?"라는 물음 자체로 되돌아가보자.

이 물음은 단순해 보이지만, 그 의미는 그리 간단하지 않다. 이 물음은 오히려 더욱 많은 물음을 낳는다. 우선, 어떤 가치를 말한다는 것인가? 가치에는 선, 악과 같은 윤리적 가치들도 있고 미적 가치들도 있으며, 문화적 가치, 경제적 가치, 상품적 가치 또한 존재한다. 사실 가치는 무엇보다 먼저 어떤 대상에 대한 평가이며, 그런 한에서 언제나 인간과 대상의 관계, 인간과 세계의 관계 속에서 존재한다. 니체는 이미 "우리의 가치들은 우리가 사물들 안에 들여놓은 해석들"이라고 말한 바 있다. 이렇듯 가치는 대상, 세계를 인간화한다. 이와 동시에 가치 평가는 필연적으로 대상들 간에 위계를 세우며 이를 통해 인간이 지향해야 할 바에 대한 지침을 준다. 윤리적 가치는 인간의 사회적 관계를 규정하는 초점들로서 선과 악의 기준을 제시하며, 경제적 가치는 인간의 이윤 추구 활동의 방향을 규정한다.

요컨대 가치는 인간이 주변의 사물들에 대해 또 그 자신과 동료들의 삶에 대해 무엇이 옳고 그른지, 무엇이 중요하고 중요하지 않은지 질문하고 해답을 구하는 일련의 활동과 관련 있다. 어떤 중심도 없이 무차별적으로 존재하는 대상들의 세계 속에서, 인간은 비교하고 평가하고 측정하는 활동, 가치를 만들어내고 그것을 추구하는 활동을 통해 세계를 인간화하고 인간들의 공동체를 확립하고 있는 것이다. 그러므로 어떤 대상의 가치가 얼마인가라는 물음 대신 가치 자체에 대해 물음이 제기된다는 것은 인간이 세계 속에서 살아가는 방식 자체에 대해 문제가 제기되는 상황에 처해 있다는 반증이다. 물론 이런 상황은 새로운 것이 아니다. 이 책의 몇몇 필자들이 지적하고 있듯이 이는 이른바 근대적 인간 자체의 조건이기 때문이다. 특히나 우리 사회는 이러한 근대성에 내재한 방황을 가장 심도 깊게 겪지 않았던가? 이 근대적 조건의 지속이 "가치들은 어디로 가는가?"란 물음의 맥락을 1차적으로 규정한다.

하지만 가치들 자체에 대해서, 가치들을 확립하는 방식 자체에 대해서 의문을 제기하게 되는 더 직접적인 또 다른 맥락이 있다. 그것은 바로 9월 11일의 사건들로 상징화되는 새로운 형태의 폭력이다. 근대적 상황이 인간들로 하여금 세계와 어떻게 관계 맺어야 할지, 인간들 서로가 어떻게 관계 맺어야 할지에 대해 의문을 제기하게 만들었다면, 21세기의 상황을 특징짓는 것은 이런 가치들 자체에 대한 문제 제기가 단순한 고민으로 끝나지 않고 인간들이 서로에게 또 세계에 행하는 폭력으로 이어졌다는 사실이다. 어째서 고정된 가치 체계들에 대한 의문은 인간과 세계에 위계로부터 벗어난 자유의 지평을 열어주지 않고, 서로에게 폭력을 행사하는 자기 파괴적 귀결을 낳게 되는가? 이것이 바로 "가치들은 어디로 가는가?"란 물음을 제기하게 만드는 또 하나의 물음이다.

이 책 제1부에 실린 비교적 철학적이고 원론적인 논의들은 이처럼 한편으로는 근대적 상황이 야기한 전통 가치 체계들의 붕괴와 그것이 낳은 가치들의 공백 상태에 대한 물음과 다른 한편으로는 21세기의 새로운 폭력 형태들이 제기하는 가치. 자체에 대한 더 근본적이고도 시급한 물음이라는 이중적 맥락 속에 자리하고 있다.

하지만 현재에 대한 이러한 진단이 미래에 대한 전망을 닫아버리는 것은 아니다. 그렇기 때문에 우리의 물음은 단순히 가치들 자체에 대한 문제 제기에 그치지 않고 가치들이 나아가는 방향과 연결된다. 그런데 이 물음이 가치들이 주어가 되는 형태로 제기된다는 점에 주목할 필요가 있다. 이것은 가치를 정립하는 것이 더 이상 인간 자신일 수만은 없다는 점을 함축한다. 사실 세계화되는 자본주의는 더 이상 인간 주체의 의지에 따라 통제될 수 없는 상황들의 대표자가 아니던가? 거의 날마다 역사를 새로 쓰고 있는 유전공학과 첨단과학의 눈부신 발달 역시 내부적으로는 자본주의와의 결탁을 통해 인간 주체의 의지적 통제라는 부담을 벗어던진 논리에 따라 무한대로 돌진하고 있다. 최신 장비와 기계를 동원하면 할수록 더욱 예측을 벗어나는 듯이 일어나며, 주체성의 문제뿐 아니라 인간존재 자체를 무력화하는 전 우주를 포함한 환경 세계의 변화는 또 어떠한가? 인간들의 관계 역시 헌팅턴식의 문명 충돌론이나 그에 함축되어 있는 인종주의적 편견들, 근대를 통해 극복했다고 여겨진 어두운 힘들에 다시 사로잡힘으로써 서로로부터 주체로서의 지위를 빼앗고 있지 않은가? 그렇지만 이 인간 주체의 수동성 속에는 또한 인간 주체가 자의적으로 통제할 수 없는 새로운 긍정적 힘들, 사건들의 출현 가능성이 포함되어 있다. 자본이 주도하는 세계화는 다른 한편으로는 문화들 간의 전례 없는 상호 교류와 소통의 가능성을 포함하고 있으며, 인터넷과 같은 통신 수단의 비약적 발달은 어느 순간이든 온 인류가 서로에 대해 깨어 있는 거울이 되도록 해준다. 또 유전공학을 비롯한 첨단과학의 발달은 여전히 인류에게 밝은 미래를 약속하는 듯 보인다.

따라서 "가치들은 어디로 가는가?"라는 물음은 한 가치 체계로부터 다른 가치 체계로의 시대적 이행 사이의 공백 속에서 어떻게 새로운 대안적 가치 체계들을 창안하고 인간의 세계를 만들어낼 것인가라는 문제만을 가리키지 않는다. 그것은 또한 어떤 연속성 속에서 가치의 문제를 생각해볼 것을 요구한다. 문제는 이제 인간 대 세계의 단순한 이원적 구도가 아니라, 인간과 인간 자신이 만들어낸 가치들이 공진화하는 세계라는 더 복합적인 관계 속에서 제기되기 때문이다. 인간은 인간과 세계의 관계 맺음으로서의 가치들과 다시 관계 맺어야 한다.

이 책의 제2, 3, 4부는 바로 이렇게 가치들의 진화와 그 명암이라는 관점, 인간이 만들어낸 가치들과 인간이 다시 관계 맺는 방식에 대한 희망과 절망이 교차하는 물음의 관점에서, 각각 세계화와 그것의 귀결들, 새로운 사회 통합을 위한 사회 계약과 그와 연관된 교육, 환경, 윤리의 문제, 유전공학 및 과학기술의 발전과 그것이 야기하는 사회적 문제들을 논하는 글들로 이루어져 있다.

이처럼 "가치들은 어디로 가는가?"라는 물음은 이 책의 네 부분을 거치면서 변화하며, 또다시 각각의 글 안에서 다양하게 분화한다. 번역자들로서는 이러한 물음들의 울림이 서툴고 투박한 번역을 뚫고서 독자들에게까지 전달되기를 바랄 뿐이다.

이 책을 번역하는 데에는 소중한 분들의 많은 도움이 있었다. 먼저 책을 소개해주고 좋은 기회를 마련해준 진태원 선배께 심심한 감사의 마음을 전한다. 제1부와 2부, 3부와 4부의 번역 초고를 꼼꼼히 검토해준 김도영 님과 송병찬 님에게도 각각 고마움을 전하고 싶다. 또 기회가 되는 대로 조언을 아끼지 않았던 다른 학우들과 보이지 않는 손이 되어 늘 곁에 있어 주었던 가족에게도 기꺼이 고개를 숙인다. 끝으로 오랜 기간 기다려주면서 서툰 번역이 그나마 읽을 만한 것이 되도록 많은 도움을 주신 문학과지성사에 감사를 표한다.

2008년 6월
이선희 · 주재형

인명 목록

조지 아나스 George J. Annas

보스턴 대학의 보건과 법학부, 생명 윤리와 인권학부 교수이다. 저작으로는 *The Rights of Patients*(1975), *Some Choice: Law, Medicine, And The Market*(1998), *Health and Human Right*(1999) 등이 있다.

아르준 아파두라이 Arjun Appadurai

인도의 인류학자로 현재 뉴욕에 있는 New School University의 학장이다. 예일 대학의 교수였으며, 예일 대학에서는 '도시와 세계화' 프로그램을 지도하고, 인류학과에서 정치학과 사회학을 가르쳤다. 『퍼블릭 컬처*Public Culture*』지의 공동 창간자이면서 편집자로도 일했고, 집단 저작물인 *Globalization*(2001)을 이끌었던 인물이기도 하다. 주요 저작으로는 *Worship and Conflict under Colonial Rule*(1981), *Modernity at Large: Cultural Dimensions of Globalization*(1996)이 있고, 뒤의 저서는 프랑스에서 *Le Colonialisme: les conséquences culturelles de la mondialisation*(2001)이란 제목으로 출간되었다. 그의 연구 작업은 특히 세계화의 맥락에서 나타나는 인종 갈등과 거대도시 문제를 주된 주제로 삼고 있다.

모하메드 아르쿤 Mohammed Arkoun

알제리 태생으로 소르본 대학의 명예 교수, 프린스턴 고등연구소 특별 회원이다. 현재 『아라비카*Arabica*』지의 과학부장이고, 런던에 있는 이스마일 연구소Institute of Ismaili Studies의 초빙 교수이다. 프랑스 국민 건강 및 생명과학에 대한 국립 윤리위원회 회원(1990~1998), 인구 및 가족 정책 고등심의회 회원(1995~1998)이었던 그는 2001년 그루네바움 근동 연구 센터Grunebaum Center for Near Eastern Studies 로부터 '레비 델라 비다Lévi della vida' 상을 받았다. 주요 저서는 다음과 같다. *Pour une critique de la raison islamique*(1984), *L'Islam, morale et politique*(1986), *L'Islam, approche critique*(1998), *Penser l'islam aujourd'hui*(2002), 그리고 조제프 마일라Joseph Maïla와 함께 작업한 *De Manhattan à Bagdad-au-delà du Bien et du Mal*(2003).

아달베르토 바레토 Adalberto Barreto

정신과 의사이자 민족학자. 세아라 연방 대학 의과 대학 교수, 통합된 지역 사회 정신 보건 운동의 브라질 총괄 책임자이다. 그는 노르데스테의 빈민가 지역들, 특히 포르탈레자에서 작업하고 있다. 그는 여러 저작을 출간했으며, 그 중에는 *L'Indien qui est en moi*(1996)가 있다. 엘리안 콘티니Éliane Contini의 저서 *Un Psychiatre dans la favela*(1995)는 그의 경험을 기술하는 데 바쳐진 것이다.

장 보드리야르 Jean Baudrillard

사회학자이며 철학자이자 작가이다. 2007년 3월 6일 사망했다. 파리의 제10대학 낭테르 대학에서 가르쳤고, 세계 곳곳의 많은 대학에서 강연했다. 주된 저서로는 *Le Système des objets*(1968), *La Société de consommation*(1970), *L'Échange symbolique et la mort*(1976), *La Transparence du mal*(1990), *L'Illusion de la fin*(1992), 프랑수아 리보네François L'Yvonnet와 함께 작업한 *D'un fragment l'autre*(2001), *L'Esprit du terrorisme* (2002) 등이 있다. 그리고 에드가 모랭Edgar Morin과 함께 집필한 *La Violence du monde*(2003)가 있다.

엘레 베지 Hélé Béji

작가, 수필가, 소설가이며, 튀니지 단과대학의 퇴임 교수이다. 그녀는 튀니지 국제중학교의 설립자이며, 현재 이 학교의 교장으로 있다. 그녀의 연구는 식민지 해방인류학에 중점을 두고 있다. 그녀의 많은 글은 『르 데바*Le Débat*』지와 『에스프리*Esprit*』지에 소개되었다. 그녀가 출간한 저작은 다음과 같다. *Désenchantement national*(1982), *Itinéraire de Paris à Tunis*(1992), *L'Imposture culturelle*(1997).

제롬 뱅데 Jérôme Bindé

유네스코 미래전망 사무국의 국장이며, 미래이사회의 사무총장이자 로마 클럽의 회원이다. 고등사범학교를 졸업 후 대학 교원 자격을 취득하고, 에콜 폴리테크니크Ecole polytechnique에서 사상사를 가르쳤다. 「미래의 윤리, 왜 잃어버린 시간을 되찾아야 하는가?」(1997)와 「21세기를 위한 준비는 완료되었는가?」(1998)를 포함하여, 문화와 사회, 미래전망에 대한 물음들에 관해 수많은 글을 썼다. 그는 '21세기의 대화' 최초의 선집인 *Les Clés du XXIᵉ siècle* (2000)을 주재했으며, 미래를 전망하는 세계적 보고서인 *Un Monde nouveau* (1999)의 총괄 책임자이며, 주요 공동 집필자 중의 한 사람이다.

드니즈 봉바르디에 Denise Bombardier

의사소통에 관한 사회학 박사이며, 수필가이자 소설가이다. 라디오-캐나다Radio-Canada의 기자인 그녀는 국제적으로 저명한 TV 방송의 작가이기도 하다. 그녀가 저술한 많은 책은 성공을 거두었다. 주요 저서로는 *Une enfance à l'eau bénite*(1985), *La Déroute des sexes*(1993), 특히 최근의 *Ouf*(2002)가 있다. 또한 정신과 의사이자 정신분석학자인 클로드 생-로랑Claude Saint-Laurent과 함께 *Le Mal de l'âme. Essai sur le mal de vivre au temps présent*(1988)을 출간하기도 했다.

앙드레 브라이크 André Brahic

천체물리학자이자 파리 제7대학 드니 디드로 대학의 교수이다. 사클레 원자력위원회 감마 중력 연구소 소장인 그는 윌리엄 허버드William Hubbard와 함께 해왕성의 고리를 발견한 것으로 유명하다. 그는 주로 태양계의 기원에 중점을 두고 연구하고 있으며, 그 분야 세계적인 주요 전문가들 중 한 사람이다. 그는 보이저 호와 카시니 호 영상팀의 일원으로서 태양계 탐험에 참여했다. 특히 그가 출간한 *Enfants du soleil* (1999)는 베스트셀러가 되었다.

페이 충 Fay Chung

전(前) 교육부 장관과 문화부 장관, 고용 창출과 짐바브웨 협동조합을 위한 이전 주(州) 장관을 역임했고, 21세기 교육에 대한 국제위원회의 회원이었다. 그녀는 또한 유니세프의 교육부장이었으며, 아프리카 연합 전속 교육에 대한 특별 고문관이었다. 그녀는 2003년 말 은퇴하기 전까지 아프리카의 능력 구축을 위한 유네스코 국제기관의 창립 이사로서 일했다.

자크 들로르 Jacques Delors

1981~1984년 프랑스 재무장관, 이후 1985~1994년 유럽위원회 의장. 그는 또한 평생 교육에 관한 프랑스 입법이 있게 한 주인공이다(1969). 유네스코에 의해 창시된 21세기 교육에 관한 국제위원회의 전(前) 의장으로서, 그는 『교육, 보물이 안에 감추어져 있다』라는 국제적 보고서의 총괄 책임자였다(1996).

자크 데리다 Jacques Derrida

알제리 태생의 프랑스 철학자이다. 파리 고등 사회과학 연구원(EHESS)의 연구주임으로, 전 세계 각지에서, 특히 미국에서 수많은 세미나를 진행했다. 2004년 사망했다. 주요 저서는 다음과 같다. *L'Écriture et la différence*(1967), *De la grammatologie* (1967), *La Dissémination*(1972), *Du droit à la philosophie*(1990), *De l'hospitalité* (1997), *Foi et savoir*(2001).

메그나드 데사이 경 Lord Meghnad Desai

경제학 교수이자 런던 정치·경제 대학에 있는 (세계적 규모의) 공동 통치를 위한 센터Centre for the study of Global Governance의 설립 이사이며, FAO와 세계은행과 같은 많은 기구들의 고문이었다. 그는 현재 *Journal of Applied Econometrics*지의 편집장이며, *International Review of Applied Econometrics*와 그 외의 여러 전문화된 평론들의 편집위원회 회원이다.

술리만 바쉬르 디아뉴 Souleymane Bachir Diagne

다카르의 세이크 안타 디옵 대학과 일리노이 노스웨스턴 대학의 철학 교수. 고등사범학교를 졸업하고, 철학 교수 자격시험을 통과한 뒤 세네갈공화국 대통령의 교육 및 문화 특별 고문을 지냈다. 그는 또한 아프리카 사회과학 연구 발전 자문위원회의 회원이기도 하다. 인식론, 이슬람 철학사, 문화 문제에 관해 강의하고 있다. 주요 저서는 다음과 같다. *Boole, l'oiseau de nuit en plein jour*(1989), *Reconstruire le sens: textes et enjeux de prospectives africaines*(2001), *Islam et société ouverte: la fidélité et le mouvement dans la pensée de Muhammad Iqbal*(2001). 최근에는 *100 mots pour dire l'islam*(2002)을 출간했다.

티에리 고댕Thierry Gaudin

Prospective 2100(21세기 전 지구화 프로그램을 예비하기 위한 국제연합) 회장. 그는 10년간 프랑스 연구과학기술부의 미래전망과 가치 센터의 감독직에 있었고(1982~1992), 저술 *2100, Récit du prochain siècle*(1993)의 출판을 지도했다. 저서로는 *Introduction à l'économie cognitive*(1997), *Préliminaires à une prospective des religions*(1998) 등이 있다.

나딘 고디머Nadine Gordimer

소설가, 시나리오 작가이며 에세이스트이다. 그녀가 행했던 남아프리카공화국의 아파르트헤이트 제도에 대한 투쟁은 강하게 각인되었고, 그 창조적인 성과를 인정받아, 1991년 노벨 문학상을 수상했다. 저서로는 *A World of Strangers*(1958), *A Guest of Honour* (1970), *Sport of Nature*(1987), *My Son's Story*(1990), *The House Gun*(1998), *The Pickup*(2001) 등이 있다. 국제 펜PEN클럽의 전(前) 회장이며, 국제연합개발계획(UNDP)의 친선대사이다.

장-조제프 구 Jean-Joseph Goux

텍사스의 휴스턴 라이스 대학 철학 교수. 프랑스 국제철학학교에서 교과 과목을 지도했으며(1989~1991), 고등사회과학 연구원의 객원 연구 지도 교수였고(1988), 미국의 여러 대학에서 가르쳤다(버클리, 샌디에이고, 듀크, 브라운). 새로운 훈육과 상징경제의 시조이다. 그의 연구들은 특히 경제, 철학, 정신분석, 미학 간의 접합에 기초하고 있다. 주요 저서는 다음과 같다. *Économie et symbolique*(1973), *Les Iconoclastes* (1978), *Les Monnayeurs du langage*(1984), *Frivolité de la valeur*(2000).

클로드 아제주Claude Hagège

언어학 박사. 콜레주 드 프랑스의 언어이론 교수이다. 1995년 그동안의 연구를 인정받아 CNRS에서 금메달을 수상했으며, 사회적 차원과 인간적 차원을 언어의 장에서 재통합하는 일련의 시도들을 통해 대중에게도 잘 알려져 있다. 관련 저서는 다음과 같다. *L'Homme de parole*(1985), *Le Français et les siècles*(1987), *Le Souffle de la langue*(1992), *Halte à la mort des langues*(2000).

류이치 이다Ryuichi Ida

교토 대학의 국제법 교수. 유네스코의 국제생명윤리위원회 회원이며, 1998년부터 2002년까지 이 위원회의 회장을 역임했다. 또한 유네스코에 의해 창설된 세계과학기술윤리위원회(COMEST)의 회원이다.

줄리우 줄레브Jeliou Jelev

철학자로 1989년 불가리아에서 있었던 민주화 운동의 선구자이자 조정자이다. 공산체제의 주요 반대자들 중의 한 사람이었고, 이후 1992년 민주적으로 선출된 최초의 불가리아 대통령이 되었다(1992~1997). 주요 저서로는 특히 *Bulgarie. Terre d'Europe* (1998)가 있다. 현재는 발칸반도 협력을 위한 재단을 운영하고 있다.

악셀 칸Axel Kahn

유전학자, 의사이자 코친 분자유전학 연구소 소장이다. 국가윤리자문위원회(프랑스) 회원, 유럽위원회 생활과학 전문가 단체 회장이다. 주요 저작으로는 *La Médicine du XXIᵉ siècle: des gènes et des hommes*(1996), *Copies conformes: le clonage en question*(1998), *Et l'homme dans tout ça?*(2000) 등이 있다. 또한 *L'Avenir n'est pas écrit*(2001)를 공동으로 집필했다.

폴 케네디Paul Kennedy

역사가, 교수, 미국 예일 대학의 국제 보안 연구 프로그램 학장이다. 국제 정치 전문가로서, 주요 저서는 다음과 같다. *Strategy and Diplomacy 1870-1945*(1983), *The Rise and Fall of the Great Powers*(1987), *Preparing for the 21st Century*(1993).

줄리아 크리스테바Julia Kristeva

언어학자, 기호학자, 정신분석가로 Institut universitaire de France, 파리 제7대학 드니 디드로 대학의 교수이며, 뉴욕 컬럼비아 대학과 토론토 대학에서 정기적으로 강연을 하고 있다. 작가로서 그녀는 특히 다음의 저작들을 출판했다. *Les nouvelles maladies de l'âme*(1993), 카트린 클레망Catherine Clément과 함께 저술한 *Le Féminin et le sacré*(1998), *Le Génie féminin: Hannah Arendt*(1999), *Melanie Klein*(2000), *Colette*(2002) 등이다.

미셸 마페졸리Michel Maffesoli

1981년부터 파리 제5대학의 사회학 교수로 있다. Le Centre d'Etudes sur l'Actuel et le Quotidien(CEAQ)과 Le Centre de recherche sur l'imaginaire à la maison des science de l'homme(MSH)의 소장이다. 그는 다음과 같은 많은 저서를 출간했다. *Le Temps des tribus*(1988), *Au cruex des apparences*(1990), *La Transfiguration du politique*(1992), *Éloge de la raison sensible*(1996), *Du nomadisme*(1997), *Le Mystère de la conjonction*(1998), *L'Instant éternel*(2000), *La Part du diable*, *Précis de subversion postmoderne*(2002). 또한 그는『소시에테*Socitétés*』지,『카이에 드 리마지네르*Cahiers de l'imaginaire*』지의 편집장이기도 하며, 국제사회학연구소의 부소장, 과학과 유럽예술학회의 회원이다.

빅토르 마쉬Victor Massuh

아르헨티나 철학자이자 작가이다. 부에노스아이레스 대학의 교수였으며, 강단에서 역사철학과 종교철학을 가르쳤다. 부에노스아이레스 대학의 철학 학과장을 역임했다. 그는 다음의 많은 저서를 출간했다. *El diálogo de las culturas*(1956), *El rito y lo sagrado*(1965), *La libertad y la violencia*(1968), *Nietzsche y el fin de la religion*(1969), *Nihilismo y experiencia extrema*(1975), *Agonía de la razón*(1994), *Cara y contracara: una civilisación a la deriva?*(1999). 이전 유네스코 주재 대사, 벨기에 주재 대사, 유럽연합 주재 대사였다. 유네스코 집행부 이사회 회원을 두 번이나 역임했고, 그곳에서도 역시 의장으로서 활동했다.

아킬레 음벰베Achille Mbembe

요하네스버그 비트바테르스란트 대학의 경제와 사회 연구를 위한 연구소의 회원이자 카메론 출신의 탐험가이다. 1996년부터 2000년까지 아프리카의 사회과학 연구개발위원회(CODESRIA)의 사무총장을 역임했고, 2001년에는 캘리포니아 대학(버클리)의 객원 교수였다. 주목할 만한 저서로는 *Afriques indociles*(1988), *De la postcolonie. Essai sur l'imagination politique dans l'Afrique contemporaine*(2000) 등이 있다.

엘리키아 음보콜로Elikia M'bokolo

콩고(RDC) 출신의 역사가이다. 10년 동안 파리 고등 사회과학 연구원 아프리카 연구센터의 소장이었다. 현재는 연구 지도를 맡고 있다. 그는 아프리카에 관한 다수의 저작들, 특히 *Noirs et Blancs en Afrique équatoriale*(1981), *L'Afrique noire. Histoire et civilisations*(1992), *L'Afrique entre l'Europe et l'Amérique*(collectif, 1997)를 집필했다. 그는 최근 필리프 생트니Philippe Sainteny와 함께 "Afrique, une histoire sonore"라는 연작 다큐멘터리로 시청각 연구상을 수상했다.

칸디도 멘데스Candido Mendes

1963년부터 리우데자네이루의 칸디도 멘데스 대학의 학장으로 있다. 브라질 문학회 회원, Latinity 학회 사무총장이다. 국제사회과학 협의회 회장과 세계정치학회(IPSA) 회장을 역임했다. 브라질의 교황 직속 정의와 평화위원회 회원, 국제 유엔 대학 위원회 회원, 브라질 의회 연방 대표였다. 많은 저서를 집필했고, 그중 일부를 소개하면, *Contestation et développement en Amérique latine*(1979), *Justice, faim de l'Église*(1977), 특히 최근에 출판된 *Lula et l'autre Brésil*(2003)이 있다.

뤼크 몽타니에Luc Montagnier

프랑스 태생의 과학 탐구가, 에이즈 바이러스의 공동 발견자이며, 프랑스 국립 의학 아카데미와 과학 아카데미의 회원이다. 국립과학연구센터(CNRS)의 명예 연구소장이며, 파스퇴르Pasteur 연구소의 명예 교수이다. 또한 1997년부터 2001년까지 뉴욕 대학 퀸스 칼리지의 분자생물학 센터의 교수이자 소장이었다. 1993년 페데리코 마요르 Federico Mayor와 함께 에이즈 연구와 예방을 위한 세계기금을 창설했으며, 현재 이 기금의 이사이다. 그의 저작 *Des virus et des hommes*(1994)는 고전이 되었으며, 아주 최근에는 공동 저술로 발표된 *Quel avenir pour la recherche? Cinquante savants s'engagent*(2003)에서 "Où va la recherche biomédicale française?"라는 제목으로 글을 발표했다.

에드가 모랭Edgar Morin

사회학자, 프랑스 국립과학연구센터(CNRS)의 명예연구소장이다. 그는 또한 유네스코 유럽 문화기구의 회장이다. 그의 작업들은 그에게 많은 영예를 가져다주었다. 그의 저작 중에는 *La Méthode*(1980~2001), *Introduction à une politique de l'homme* (1999), *L'Humanité de l'humanité*(2001)가 있으며, 장 보드리야르Jean Baudrillard와 함께 저술한 *La Violence du monde*(2003)가 있다.

살리코코 무프웨네Salikoko Mufwene

콩고 태생의 시카고 대학 언어학 교수이며, 카리브 언어학회 부회장을 맡고 있다. 국제 프랑스어 위원회 회원이기도 하다. 특히 크레올화 현상들에 관한 연구들로 국제적인 명성을 얻었다. 주요 저서로는 *The Ecology of Language Evolution*(2001)이 있다.

토머스 오디암보Thomas Odhiambo

수련 곤충학자인 그는 국제 곤충생리학과 생태학 센터(ICIPE)의 창립 지도자였다. 그는 또한 케냐 나이로비에 있는 RANDFORUM(아프리카의 과학이 주도하는 발전을 위한 포럼)과 제3세계 과학 아카데미의 설립자이다. 케냐 열대의학 대학과 아프리카 과학학회의 전(前) 학장이었던 그는 수많은 과학 출판물을 집필하기도 했다. 그는 이러한 저작들로 1991년 유네스코의 앨버트 아인슈타인Albert Einstein 금메달을 수상했다. 2003년에 세상을 떠났다.

에두아르도 포르텔라 Eduardo Portella

철학자, 작가, 문학 비평가이다. 리우데자네이루 연방 대학의 명예 교수, 과학문학개발기구 창립 이사, 콜레지오 두 브라질의 연구소장이다. 브라질 국립 도서재단의 전(前) 이사이며, 현재 문화 개발을 위한 국제기금 이사이다(유네스코). 그는 브라질 문예 아카데미의 회원이기도 하다. 전 브라질 교육 문화부 장관이며, 유네스코의 부총재이고, 유네스코 총회 의장이다. 그는 현재 유네스코의 '제3의 천년의 시작을 위한 사유의 길' 프로젝트의 총괄책임을 맡고 있다.

니콜라스 프란초스Nicolas Prantzos

그리스 태생의 천체물리학자이다. 프랑스 국립과학연구센터(CNRS)의 연구 책임자이며, 파리의 천체물리학 연구소에서 별의 진화와 원소 합성, 은하계의 진화와 고(高)에너지 천문학에 관한 연구를 추진하고 있다. 그의 연구 성과로 그는 1994년 프랑스 천문학협회 상을 받았으며, T. 몽메를T. Montmerle과 공동으로 작업하여 저술한 그의 저서 *Soleils éclatés*(1988)로 과학 아카데미와 프랑스 과학작가협회Association des écrivains scientifiques로부터 각각 앙리 드 파르빌Henri de Parville 상과 황금펜 상을 수상했고, 'Que sais-je' 시리즈로 출판되었던 *Naissance, vie et mort des étoiles*(1998)로 Mouvement universel de la responsabilité scientifique(MURS)로부터 장 로스탕Jean Rostand 1999 상을 받았다. 끝으로 그는 베스트셀러인 *Sommes-*

nous seuls dans l'univers?(2000)의 작가 네 명 중 한 사람이다.

폴 리쾨르 Paul Ricœur

파리 소르본 대학과 파리 제10대학 낭테르 대학, 스트라스부르 대학의 교수를 역임했다. 또한 『에스프리*Esprit*』지의 편집위원회의 일원으로 일했다. 국제문화연구소 Académie universelle des cultures와 같은 여러 다양한 연구소의 회원이기도 했다. 그의 저작들은 그에게 수많은 영예를 안겨다 주었고, 그 또한 다음과 같은 저작들을 출간했다. *Philosophie de la volonté*(1950~1961), *Le Conflict des interprétations* (1969), *Soi-même comme un autre*(1990), *La critique et la conviction*(1995), *La Mémoire, l'histoire, l'oubli*(2000).

제레미 리프킨 Jeremy Rifkin

경제학자, 미래학자이며, 워싱턴에 설립된 경제동향재단의 창립 회장이다. 그가 쓴 매우 유명한 두 권의 책, *The End of Work*(1995)와 *The Biotech Century: Harnessing the Gene and Remaking the World*(1998)는 국제적으로 커다란 논쟁을 불러일으킨 바 있다. 최근 다음의 저서를 출간했다. *The Age of Access: The New Culture of Hypercapitalism Where All of Life Is a Paid-For Experience*(2000), *The Hydrogen Economy: The Creation of the Worldwide Energy Web and the Redistribution of Power on Earth*(2002).

프란시스코 사가스티 Francisco Sagasti

페루의 경제학자이다. 페루 수상의 고문으로 활동한 바 있다. Agenda de Foro Nacional-Internacional의 회장이다. 세계은행에서 전략 기획부의 부장이었으며, 발전을 위한 미국 과학기술자문위원회의 회장을 역임했다. *The Uncertain Quest: Science, Technology and Development*(1994)를 공저했다.

피에르 사네 Pierre Sané

유네스코의 사회학과 인문과학 분과의 부회장이다. 세네갈 태생이며, 런던 경제 대학을 졸업했고, 캐나다 국제개발연구센터(CRDI)의 이사였다. 1992년 국제사면위원회의 사무총장이 되었는데, 그곳에서 10년 동안 조직의 권한 확장을 주관하며, 냉전 종결 이후의 상황에 대한 더 나은 이해를 꾀하고 있다.

미셸 세르 Michel Serres

철학자, 작가, 아카데미 프랑세즈 회원이며 스탠퍼드 대학의 과학사 교수이다. 수많은 저서를 출간했고, 주요 저서는 다음과 같다. *Les Cinq sens*(1985), *Le Contrat naturel* (1990), *Le Retour au contrat naturel*(2000), *Hominescence*(2001), 그리고 최근에는 다음의 두 저서를 출간했다. *L'Incandescent*(2003), *Les Référents: éléments d'histoire des sciences*(2003). 1994년 Futuroscope의 국제 미래학상을 수상했다.

다뤼쉬 샤예간 Daryush Shayegan

이란 철학자, 이란의 문명연구센터 소장을 역임했으며, 테헤란 대학의 인도학과 및 비교철학과 명예 교수이다. 주요 저서는 다음과 같다. *Qu'est-ce qu'une révolution religieuse?*(1991), *Le Regard mutilé*(1996). 최근에는 *La Lumière vient de l'Occident* (2003)을 출간했다.

페터 슬로터다이크 Peter Sloterdijk

칼스루에 조형예술학교의 총장이며, 빈 대학의 철학·미학 교수이다. 그가 1999년 하이데거에 관한 심포지엄에서 연설했던 'Règles pour le parc humain'이란 제목의 강연은 있을 수 있는 '휴머니즘의 종말'에 대해 전 세계적인 논쟁을 불러일으켰다. 주요 저서로는 *Critique de la raison cynique*(1987), *Règles pour le parc humain* (2000), *La Domestication de l'être*(2000), *Sphères I, Bulles*(2002), II, III, *Globes et Écumes* 등이 있으며, 계속 번역되어 나오고 있다.

로제 쉬 Roger Sue

사회학자, 캉 대학과 파리 제5대학 교수이다. 특히 SOFRES에서 사회학 연구 소장, 그리고 도시공학 및 주거부의 정보국 부국장을 역임했고, 일반 도시계획위원회 대표를 지낸 바 있다. 주요 저서는 다음과 같다. *Vers une société du temps libre*(1982), *Temps et ordre social*(1994), *Vers une économie plurielle*(1997), *La Richesse des hommes. Vers l'économie quaternaire*(1997), *Renouer le lien social. Liberté, égalité, association*(2001), *La Société civile face au pouvoir*(2003).

트린 슈완 촨 Trinh Xuan Thuan

베트남에서 태어나, 캘리포니아 공과대학, 프린스턴 대학에서 공부했다. 버지니아 대학의 천체물리학 교수이며, 은하계 밖의 천문학에 관한 전문가이다. 그는 은하계의 형성과 진화에 대한 수많은 과학적 글들을 저술했다. 그의 여러 저술은 큰 성공을 거두었고, 주요 저서는 다음과 같다. *Secret Melody*(1988), *The Birth of the Universe: The Big Bang and After*(1993), *Chaos and Harmony*(2000), *The Quantum and the Lotus: A Journey to the Frontiers Where Science and Buddhism Meet*(2001). 최근에는 *Origines*(2003)을 출간했다.

자크 테스타르 Jacques Testart

생물학자이자 프랑스 국립보건의학연구소(INSERM) 소장이다. 프랑스에서 최초로 시험관 아기를 탄생시킨 과학의 아버지이며, 인간의 존엄성을 존중하는 과학을 위해 많은 전투적인 글을 저술하기도 했다. 그의 저작으로는 *Le Désir du gène*(1994), *Pour une éthique planétaire*(1997), *Des hommes probables: de la procréation aléatoire à la reproduction normative*(1999), *Le Vivant manipulé*(2003)가 있다.

모스타파 톨바 Mostafa Tolba

미생물학 교수이다. 1971~1973년까지 젊은 각료로서 이집트의 교육부 장관을 역임했으며, 1976~1992년까지 국제연합 환경 프로그램의 전무이사였다. 1994년 이래 환경과 개발을 위한 국제센터의 창립 회장으로 재직하고 있다.

알랭 투렌 Alain Touraine

사회학자로, 파리 고등 사회과학 연구원(EHESS)에 사회운동 연구 센터를 설립했다. 라틴 아카데미와 유럽 아카데미 회원이며, 주요 저서는 다음과 같다. *Critique de la modernité*(1992), *Qu'est-ce que la démocratie?*(1994), *Pourrons-nous vivre ensemble? Égaux et différents*(1997), *Comment sortir du libéralisme?*(1999), *La Recherche de soi*(2000).

잔니 바티모 Gianni Vattimo

튀니지 대학의 철학 교수이자 유럽의회 의원이다. 포스트모던 철학의 주역들 중의 한 사람인 그는 예일 대학, UCLA, 뉴욕 대학 등 미국의 여러 대학에서 강의했다. 그는 특히 다음과 같은 책을 저술했다. *La Fin de la modernité*(1987), *La Société transparente*(1990), *Espérer croire*(1998), *Dialogo con Nietzsche*(2001), *Nichilismo ed emancipazione*(2003).

볼프강 벨쉬Wolfgang Welsch

독일 이에나 대학의 이론철학 교수이다. 막스 플랑크 연구상(1992)을 수상하고 오스트리아와 일본에서 많은 학술 연구 장학금을 받기에 앞서, 독일의 많은 대학에서 강의했다. 그의 탐구는 미학과 이론예술, 문화철학을 중심으로 진행되고 있다. 그의 저서는 다음과 같다. *Unsere postmoderne Moderne*(1987), *Ästhetisches Denken*(1990), *Vernunft*(1995), *Grenzgänger der Ästhetik*(1996), *Undoing Aesthetics*(1997), *Aesthetics and Beyond*(2002).

에드워드 윌슨Edward O. Wilson

생물학자이자 곤충학자이며, 하버드 대학의 동물학 교수이다. 생물 다양성 보존에 관한 출중한 옹호자이자 사회생물학의 창시자로서, 수많은 상과 상패를 받았다. 그의 저서로는 *Sociobiology: The New Synthesis*(1975), *On Human Nature*(1978), *Consilience: the Unity of Knowledge*(1998), *The Future of Life*(2002) 등이 있다.